戦国期細川権力の研究

馬部隆弘 著

吉川弘文館

目　次

第二部　澄元・晴元派の興隆

図表目次

凡　例

一、参考文献の副題は、原則として省略した。

一、頻用する古記録類の出典は以下の通りで、本文中では逐一明記しない。
「瓦林正頼記」…『続群書類従』第二〇輯上／「祇園執行日記」…『群書類従』第二五輯／「経厚法印日記」…『改定史籍集覧』第二五冊／「後奈良天皇宸記」…『続史料大成』二一／「厳助往年記」…『改定史籍集覧』第二五冊／「再昌草」…『桂宮本叢書』第一一巻～第一三巻／「拾芥記」…『改定史籍集覧』第二四冊／「稙通公記」…『図書寮叢刊九条家歴世記録』四／「親俊日記」…『続史料大成』一三・一四／「長享年後畿内兵乱記」…『続群書類従』第二〇輯上／「東寺過去帳」…馬田綾子「中世東寺の過去帳について」（『東寺における寺院統括組織に関する史料の収集とその総合的研究』研究代表者高橋敏子、二〇〇五年）／「不問物語」…和田英道「尊経閣文庫蔵『不問物語』翻刻」（『跡見学園女子大学紀要』第一六号、一九八三年）／「二条寺主家記抜萃」…『続々群書類従』第三／「細川大心院記」…『続群書類従』第二〇輯上／「細川両家記」…『群書類従』第二〇輯／「蓮成院記録」…『多聞院日記』第五巻

一、天野忠幸編『戦国遺文　三好氏編』第一巻～第三巻（東京堂出版、二〇一三年～一五年）の出典を示す場合は、『戦三』と略し、文書番号を併記する。

一、今谷明・高橋康夫編『室町幕府文書集成　奉行人奉書篇』上・下（思文閣出版、一九八六年）の出典を示す場合は、『室奉』と略し、文書番号を併記する。

一、東寺百合文書は、京都府立京都学・歴彩館東寺百合文書ＷＥＢに拠っている。

一、引用史料は、可能な限り写真などで内容を確認した。それに伴い、既刊本の翻刻にも適宜訂正を加えている。

序章　問題の所在と本書の構成

はじめに

統一権力は、京都を掌握した三好長慶・織田信長・豊臣秀吉といった権力者の交代を重ねた末に成立した。阿波や尾張を出身地とする彼らには、必ずしも身分が高くないという点が共通する。では、身分秩序の厳しい京都において、彼らはなぜ支配者として次々と台頭し得たのであろうか。その疑問に対しては、彼らが優れた政治力を有していたから、あるいは幕府や朝廷の権威が失墜していたから、という漠然とした答えしか用意されていないように思われる。これでは、下剋上の世であったからという一点張りで説明しているのと、さほど変わらない。そこで本書では、下位身分の者が上に立つ諸条件が歴史的に調っていく過程について、具体的な私案を提示する。いわば、統一権力成立の前提を説明することが本書の主たる目的となる。

身分秩序が厳しいということは、見方を変えると先例が重視される社会ともいえる。つまり、信長以後の権力については、前代の先例に倣ったというおよその見通しは立つ。したがって、長慶を生み出した環境こそが、まずは問われるべきであろう。長慶が細川京兆家の内衆出身であることから、本書の主たる対象も、自ずと戦国期の畿内政治史と京兆家になる(1)。

一　研究史の整理

ここでは、細川京兆家に関わる範囲で、戦国期の畿内政治史について研究史を整理しておく。手はじめに幕府を対象とし、①京兆家、②その他の守護家、③三好長慶、④その他の京兆家内衆の順に、目線を落としながら視野を広げていくこととする。

戦国期の畿内政治史に関する研究は、今谷明氏によって本格的に先鞭がつけられた(2)。今谷氏の研究は多岐にわたるが、その理論的支柱ともいうべきは、明応二年（一四九三）の政変を機に京兆家の細川政元が幕府の実質的な統治者となり、「京兆専制」を遂げるというものであった。また、大永七年（一五二七）の桂川合戦を機に、足利義晴と細川高国を京都から追うことで成立した「将軍」足利義維と「管領」細川晴元による体制を「堺幕府」と位置付ける。そして、「堺幕府」のもとで茨木長隆が「管領代」なる立場に就き、のちに三好長慶がその立場を踏襲することで畿内の覇権を握ったとした。さらに、天文二二年（一五五三）に将軍足利義輝を京都から追放すると、「長慶裁許状」を発給するようになり、幕府を前提としない独裁体制を築いたという。この体制がのちの統一権力に繋がったとするように、今谷氏の所説は中世から近世にかけてを連続的に捉えようとしている点に特徴があった。

今谷氏の研究は、形骸化というイメージが先行していた戦国期の幕府について、実態分析が必要であることを気付かせる契機となった。それは、今谷説への批判という形に結果する。まずは、奥野高広氏によって、義維は将軍職についていないうえ、義晴も依然として影響力を持っているとして「堺幕府」論への批判がなされた(3)。また、「管領代」は実際のところ京兆家奉行人なので表現が不適切で、地位もさほど高いものではないという批判も、小泉義博氏らから寄せられた(4)。さらには設楽薫氏・山田康弘氏によって、幕府の実態研究が進められ、京兆家とは別個に機能していることが明らかとなった(5)。これによって、「京兆専制」論は根本から立ち行かなくなる。

一方で、細川京兆家の研究からも批判が加えられた。「京兆専制」論は、京兆家が本来守護分国としていなかった山城の守護職を獲得したことに論拠の一つを求めていた。それに対し末柄豊氏は、山城の守護職を確保していないという事実を踏まえたうえで、京兆家は摂津・丹波の守護分国と山城をはじめとした分国外の被官関係を一元化することで、畿内領国化を進めたとする(6)。つまり、今谷氏のいう「京兆専制」の実態は、幕府という枠組から相対的に独立して進められたものであったと批判したのである。

同様に川岡勉氏も、京兆家による山城国人の被官化に着目するが、それを末柄氏のように領国化にストレートに結びつけるのは、被官人統制の論理と守護支配の論理を混同した誤りだと指摘した(7)。しかし、あくまでも山城国一揆を対象とした分析に留まっていたためか、川岡氏の指摘を継承せず、前段階に立ち帰るような見解も京兆家の研究には根強く残っている(8)。そのため、川岡氏の指摘については、京兆家による支配に即して改めて検討する余地が残されているといえよう。

さらに末柄氏は、小川信氏が概念を提示した「同族連合体制」についても(9)、その実態を分析している。そして、その内実は、内衆を介した京兆家による庶流守護家の統制であったとする。かくして、京兆家による守護・被官支配という内向きの視点のみならず、庶流守護家との関係という外向きの視点も新たな論点として加わることとなった。

末柄氏の指摘に対しては、山下知之氏が内衆を介した庶流守護家統制は史料的根拠に乏しいとし、「同族連合体制」は相互補完的な関係にあると批判している(10)。また、末柄氏は応仁・文明の乱を契機として「同族連合体制」は解体へ向かうとするのに対し、山下氏はなおも継続していたことを明らかにした。山下氏の指摘はいずれも首肯しうるものだが、京兆家内衆が和泉守護の動きを規制している事例もみられるように[11]、庶流守護家が足並みを崩した場合は、当然のことながら京兆家による統制の側面も出てくる。このように、相互補完と統制は裏腹の関係にあるため、必ずしも二者択一で捉える必要はなかろう。

庶流守護家については、和泉両守護家を対象とした岡田謙一氏の研究もある[12]。論点は多岐にわたるが、京兆家との関係に的を絞るならば、京兆家の分裂抗争が庶流守護家でも連動している実態が明らかになった意義は大きい。同様の視点から、守護家のみならず他の庶流家も分析の対象とすることで、単なる家督争いに留まらない京兆家内訌の広範な実態が明らかになるものと思われる。

その後、古野貢氏は、京兆家と庶流守護家の分国双方に展開する内衆に着目して、これを「京兆家―内衆体制」と規定した[13]。そして、この体制によって幕府内で優越性を保持した京兆家は、幕府権限を代替したとする。「京兆家―内衆体制」という概念については、すでに浜口誠至氏が詳細に批判を加えているように、既存の「同族連合体制」という概念を古野氏なりの言葉に置き換えただけで、幕府権限を代替したという「京兆専制」論に立ち帰った主張も史料的根拠に乏しいため、有効とは思われない[14]。

その浜口氏は、幕府儀礼や奉行人奉書などの検討を踏まえて、京兆家は幕府制度の枠外から幕政を補完したと結論づけ、この立場を「在京大名」と規定する。なお、幕政における京兆家当主は、従来「管領」という概念で説明されてきたが、戦国期は儀礼時のみの臨時職となっているうえ、立場的にもふさわしくないとする[15]。京兆家の研究は、内なる支配体制と外なる庶流家との関係という両輪で進められてきたが、「京兆専制」論が批判されて以降は、上なる幕府との関係が看過されがちであった。その欠を補うという意味において、浜口氏の視点は極めて有効と思われる。だからこそともいえるが、かくして京兆家の多面性が浮き彫りになってきた以上は、そのいずれかを切り離してしまっては、権力としての全体像が捉えられないことも明白となってきた。また、「在京大名」と括った場合、検討の対象や時期が限定され、在京していない京兆家当主が視野に入らないという限界もある。

今谷氏に対する批判は、他の守護家を対象とした研究からも加えられた。例えば小谷利明氏は、今谷氏以来の畿内政治史が「細川両家記」に依存しすぎている点を批判する[16]。なぜなら、「細川両家記」は高国方の評価が淡白であるほか、将軍や畠山氏の動きがほとんど視野に入っていないなど、様々な問題点を含んでいるからである。その視点から、畠山氏の研究を進めた小谷氏は、「長慶裁許状」も守護内衆の判物と同列でみるべきと指摘する。また、西島太郎氏も、将軍の避難先となる東方の勢力に関する視点が欠けているとし、六角氏など近江の勢力を対象とした分析を進めた[17]。京兆家以外の守護を対象とすることで、今谷説の相対化を図る試みは、畠山氏を対象とした弓倉弘年氏の研究や、六角氏を対象とした村井祐樹氏の研究など、相次いで登場した[18]。このように「細川両家記」の欠は、他の守護家を対象とすることで埋められつつあるが、肝心の京兆家については「細川両家記」の問題点が整理されたのみで[19]、そこから脱却した政治史が再構築されているとはいいがたい。

その後、小谷氏は、統一権力が畿内で成立した意義を追究すべきとして、畠山氏を主たる対象として畿内政治史を論じている[20]。冒頭に述べた本書の根本にある課題意識も、この視点を継承するものであるが、小谷氏の課題設定に即すならば、まず対象とすべきは三好長慶の母体ともいえる京兆家であろう。このように、今谷氏の研究や「細川両家記」の相対化を意識するあまり、京兆家の研究に遅れが目立つという逆転現象が生じつつある。

ここまでみてきた研究とは対照的に、三好家の研究では、批判が加えられつつも基本的には今谷氏の所説が踏襲されてきた。例えば仁木宏氏は、三好家による京都支配がそれ以前と異なり、都市共同体と直接交渉を持つようになった点に画期を見出しているが、権力そのものの理解については今谷氏のそれを踏襲している[21]。また、今谷氏が対象としていなかった年欠文書を取り上げて、三好家の裁許を分析した高橋敏子氏や野田泰三氏の研究も[22]、今谷氏の延長線上に位置付けられる。

そして、三好長慶を統一政権の前提に位置付ける今谷氏の視点を批判的に継承したのが天野忠幸氏である。天野氏は、今谷氏による三好家の研究は、地域支配の構造や家臣団編成の分析を行わず、畿内社会との関係も不明確であったため、京都をめぐる武家の政争論に矮小化され、戦国期の他の地域権力や統一政権と比較するための視角を持たなかったと批判する。(23) そのうえで、三好家による先進的な支配の実態を分析し、「プレ統一政権」と呼ぶにふさわしいものとした。全体としては、今谷氏の三好政権論を具体化したという性格が色濃い。

今谷氏以降の三好家研究に概ね共通するのは、支配の画期性を指摘する反面、それを可能にさせた要因については、具体的な説明がほとんどなされないという点にある。わずかに仁木氏が、「京都近辺に十分な基盤をもたない、新入りの権力であったため、新しい支配単位として都市共同体に注目する柔軟性と必要性を有した」と抽象的に評価しているのがみられる程度である。(24) 京兆家内衆出身でありながら「新入り」とされていることに鑑みると、京兆家との関係性を捨象してしまうため、画期性の淵源が説明しにくくなっているように見受けられる。

その原点も、やはり今谷氏の研究に求められる。今谷氏は、三好家の興隆を将軍権力からいかに脱却するかという筋書で描いた。天野氏も、その路線で三好家を捉えようとしている。ここでも、中間に位置する京兆家の権力が、ほぼ無視されているのである。かかる議論の枠組は、当時の京兆家当主であった細川氏綱を三好家の傀儡とみる今谷氏の考えに規定されているといってよい。

もちろん天野氏も、京兆家の守護分国である摂津支配を対象として、三好家がそこから踏襲したものを探っている。しかし、摂津支配のみを対象としていては、やや歪んだ評価になりかねない。なぜなら、摂津は三好家がもとから影響力を持っていた国で、氏綱は摂津支配にほとんど関与しなかったからである。高国残党の影響力が強かった丹波や京都を対象にすると、氏綱の存在を無視し得ない三好家の支配の実態が導き出される可能性もあるだろう。

また、長慶以前にも、柳本賢治・三好元長・木沢長政といった細川晴元の内衆が次々と台頭している事実は無視できない。しかし、彼らの検討はこれまでほとんどなされてこなかった。このように京兆家内衆の研究が不足しているため、その構造全体のなかに位置付けることなく、三好長慶を唯一無二の存在として論じてきたのである。

柳本賢治らが捨象されることとなった契機も、今谷氏の研究にあるといってよい。今谷氏は、柳本賢治らに対して文書で命を下していることを根拠に、茨木長隆を彼らの上位権力にあたる「管領代」に位置付ける。その権限を三好長慶が継承したと理解する今谷氏にとって、柳本賢治らをあえて説明に組み込む必要性はなかったのである。

ところが、のちに茨木長隆の文書は、あくまでも文筆官僚たる京兆家奉行人の立場で発給された奉書であることが明白となり、柳本賢治らの上位権力であるとの説は成り立たなくなる。しかし、京兆家と三好家に研究が分断されていくと、その境界に位置する柳本賢治らに再び目が向けられることはなかった。

他方、今谷氏の研究に在地構造との関係性が不足していることを問題視した森田恭二氏は、守護代・国人・土豪に着目する必要性を説く(25)。森田氏は、政元のもとに形成された守護代を中心とした国人・土豪の支配体制を「守護代・国人体制」と規定するが、守護代を「有力国人」とするなど、階層構造の基礎から誤解しているため有効な概念とはいえない。また、守護代・国人・土豪を一体のものとみているが、おそらくこれは、京兆家が「国人不登用策」をとっていたとする今谷氏の説に基づくものであろう。

この「国人不登用策」については、すでに末柄氏が、京兆家当主に直接結びついて近習となり、守護代と対抗関係となる国人がいることを指摘しているが、内衆に国人を含むという考えはなかなか受け入れられなかった(26)。

しかし、かかる存在が戦国期権力に普遍的であるという川岡勉氏の指摘や、小谷氏による近習の分析を経て、今日では「国人不登用策」はすでに成り立たないといってよい(27)。ただし、守護代・国人・土豪に着目すべきという森田氏の指摘そのものは重要で、彼らを一体のものとみるのではなく、それぞれの階層の論理で説明することこそが必要とされる。

その意味では、京兆家の守護代について個別実証を積み重ね、その結果として彼らをはじめとした有力内衆で構成される評定衆の実態を明らかにした横尾国和氏の研究は注目される(28)。横尾氏の研究を否定的にみる向きもあるが(29)、京兆家の評価が分散しつつある今、個別人物史からそれぞれの階層像を組み立てる手堅い方法は学ぶべきところも大きい。

また、小谷利明氏は、香西元長を対象として守護代発給文書の社会的役割を検討する一方で、一宮氏を対象として近習の役割も検討するなど、階層ごとの役割に着目した重要な論点を提示している(30)。京兆家そのものではなく、京兆家内衆の三好之長・元長による西岡国人の被官化を扱った野田泰三氏の視点も継承すべきであろう(31)。そのほか、政元段階の個別内衆に着目したものとして赤沢朝経を対象とした森田恭二氏の研究もあるが(32)、全体として守護代層に検討対象が集中しており、階層構造を分析するには国人や土豪への目配りがなお不足している。

細川晴元の内衆についても、三好長慶・茨木長隆を除けば、高畠長直を扱った黒田紘一郎氏の研究がみられる程度であった(33)。ところが近年、山下真理子氏が木沢長政や三好政長を対象として研究を進めている(34)。ただし、「在城被官」「近侍被官」「山城守護代的立場」などの用語にみえるように、山下氏の概念規定は曖昧で、内衆を必ずしも構造的・網羅的にみたうえでのものではない。また、京兆家奉行人奉書の副状を彼らが発給するようになることを晴元期の特徴と捉えているが、守護代が副状を発給するのはそれ以前からもみられることである(35)。このように山下氏の研究は、晴元期以外が視野に入っていないため、京兆家全体の議論とは今のところ嚙み合っていない。

以上のように、個別内衆の研究は少しずつ蓄積されつつあるが、全体的な内衆構造についてはまだ議論が及んでいないといえるだろう。また、高国やその残党の内衆が対象とされていないなど[36]、扱う対象にも偏りがみられる。

二　本書の課題と分析方法

前節でみたように、戦国期畿内政治史の研究は、今谷氏の所説を批判することで進展してきたといっても過言ではない。その代償として、政元段階から長慶段階までを連続して捉える視座が失われてしまったことには注意が必要である。なぜなら、今谷氏以降は、京兆家と三好家の研究がそれぞれ別個で進められているため、京兆家の研究においては、その最終段階を捨象するか、もしくは解体期・後退期としてしか捉えられなくなっているからである。一方、三好家の研究も、織田信長と連続する先進的な支配の側面ばかりが照射され、それを可能にさせた歴史的要因は今一つはっきりしない状況にある。

かかる研究状況に鑑みると、三好長慶が京兆家内部から台頭したという事実と距離を置くことで、京兆家と三好家の段階差は必要以上に強調されているように思われる。そこで本書では、両者の段階差を正確に捉えるために、京兆家と三好家を連続的に捉える視座の再構築を目指す。

課題は多岐にわたるが、前節における①京兆家、②その他の守護家、③三好長慶、④その他の京兆家内衆のそれぞれの研究史整理に即せば、①京兆家が有する権力の多面的な把握、②「細川両家記」史観の克服、③京兆家と三好家の支配の比較、④内衆構造の把握の四点に集約できるだろう。以下では、四点の課題について、研究史を踏まえながら分析方法について触れておく。

第一の課題は、権力として多面的であるがゆえに、共通理解が得られていない京兆家を、三好段階に至るまで統一的に把握することにある。前節でみたように、「京兆専制」論が破綻したのち、京兆家の権力を理解するうえで「同族連合体制」が注目されてきたが、これも庶流家との関係をみるに留まる。京兆家の勢力拡大を守護職の拡大と理解する向きもあったが、分国外には被官統制の視点を要した。京兆家の権限が「管領」に基づくものと理解されることもあったが、政元以降は一時的にしか管領に就任しなくなる。そのため「在京大名」としての立場に注目するも、幕府との関係に限定されるし、これもまた将軍と京兆家がともに在京している時期に限定的な視点となる。

以上を整理すると、権力としての京兆家には、a庶流家に対する惣領、b分国に対する守護、c被官に対する主人、d幕府内部における管領、e幕政における「在京大名」の五つの側面があるといえるだろう。もちろん、すべてが常に同居しているわけではなく、比重は流動的である。これらのうち、いずれかに焦点を絞って京兆家の権力を規定するから、共通理解が得られにくいのである。この多面性ゆえに、荘園領主などから調停能力が期待されたと思われるので、どれか一つに限定した一面的な見方では、もはや京兆家の権力は理解できない。そこで本書では、択一的にみるのではなく、これら五つの側面を併せ持ちうる権力として、ひとまず「細川権力」と括ることとする。なお、念のために断っておくが、京兆家とは別個に幕府による支配にも実効性が残っているため、本書では「細川政権」という呼称は用いない。

それと関連して、天野氏は、三好家を全国政権化を目指す「三好政権」と位置付けるが、すでに山田康弘氏も指摘しているように、「政権」と呼ぶには説明が不足しているように見受けられる。(37) もちろん、「政権」と評価できそうな側面が全くないわけでもないが、ある部分のみを切り取った一面的な評価との感が拭えない。

一例をあげると、三好長慶が朽木にいる将軍足利義輝を介さず、朝廷との直接交渉で「永禄」へ改元したことから、天野氏は朝廷も長慶を足利将軍に代わる武家政権として認知していたとする。たしかに、長慶が一定の権力として認知されていたことを示しているが、将軍が在京していたら同様の現象は果たしてみられるであろうか。あるいは、将軍や京兆家不在時に、京兆家内衆がその代理として扱われる事例はそれ以前にはないのであろうか。それらの点を確認しておかなければ、将軍や京兆家の代理に過ぎないという可能性も残されるので、即座に武家政権と規定することはできまい。

このように、「政権」と評価するには手続きが不足しているのである。将来的に「政権」と評価しうる可能性を残しつつも、現時点では他の権力と同じ土俵のうえで比較していく段階にあるのではないかと考える。先入観を取り除くという意味でも、本書ではひとまず「三好権力」と規定しておきたい。

同様に、近年は「織田政権」と呼ばずに、「織田権力」として戦国大名との相対化を図る動きもみられる(38)。この点にも学ぶならば、「政権」としてその内実をあらかじめ厳密に規定するよりも、「細川権力」と規定しておいて、冒頭で述べたように「三好権力」だけでなく、「織田権力」との相対化も将来の視野に入れておくほうが有効かと思われる。以上のように、大枠をあらかじめ設定しておくことで、議論の行き違いを最小限に抑えることとしたい(39)。

第二の課題は、「細川両家記」史観の克服である。「細川両家記」史観の克服を目指す動きは、京兆家以外の守護や諸勢力を組み込むことで畿内政治史の相対化を図る方向へと進んだ。それに対し京兆家の研究では、政治過程そのものに関する理解は、今谷氏の段階からさほど進展していない。典型的なのは、細川政元―細川高国―細川晴元―三好長慶という京畿を掌握した優勢な勢力を時系列で繋ぐ見方で、その枠組はある種の伝統となりつつある(40)。しかし、単純に勝者を繋いでそれを既定路線としてしまっては、京兆家の内訌が半世紀にもわたって終息しなかった要因など、戦乱の質は見極められない。京兆家から目を反らすだけでは、真の意味で「細川両家記」史観からの脱却を果たしたことにはならないのである。

このような現状に鑑みると、二つに分裂した京兆家の対立構造を踏まえた政治史が必要になってくると考えられる。具体的には、高国に追われた細川澄元・晴元や、晴元に追われた細川晴国・氏綱を組み込んだ政治史である。そのうち、氏綱の動向については小谷利明氏がある程度整理しているが、主体は畠山家となっており、それと連動する部分しかまだ論じられていない。(41)そのほか、晴国に着目した岡田謙一氏の研究や、氏綱に着目した下川雅弘氏の研究もみられるが、「細川両家記」の相対化までは意識されていない。(42)また、「京兆専制」論が「細川両家記」史観から生じたことを踏まえるならば、京兆家内訌の推移と幕府との関係性も視野に入れておく必要があるだろう。

右の課題設定から、永正四年（一五〇七）の細川政元暗殺に端を発する、いわゆる永正の錯乱以降の京兆家の分裂抗争が、本書で中心的に扱う素材となってくる。ただし、本論でもみるように、高国派と澄元派に分裂した細川権力は、最盛期ともいえる細川政元段階への回帰を常に意識している。そのため、政元段階の細川権力をあるべき基本的な姿と捉え、それを起点とした分析を行うこととなる。本書が扱う時期の上限も、それに合わせて設定したい。

一方の下限は、天文一七年（一五四八）の江口合戦で氏綱が晴元に勝利し、京兆家内訌の優劣が決するまでが一つの目安となる。こちらは、江口合戦ののち氏綱方や長慶方の勢力が上京して京畿の支配に見通しをつけるまでを分析の下限とする。

なお、京兆家の内訌で劣勢の陣営は、公家の日記などにもあまり登場しないため、描写が困難である。そこで本書では、発給文書の集積を可能な限り徹底したうえで、花押等によって編年化し、その欠を補うこととしたい。

今谷氏の研究は文書の集積という基礎作業に裏付けられたものであったが、高橋敏子氏も指摘するように年欠文書を対象としていない。その点で、検討の余地はまだ大いにあるといえよう。

第三の課題は、異なる権力それぞれの支配について、質の違いを見極めるということにある。その際、もっとも重要なのは、客観的に評価する指標をどこに設定するかということであろう。例えば、東国や西国に広くみられる郡単位の分権的な領国支配システムは一見合理的だが、それを荘園領主の影響力が強い畿内近国でそのまま実行すれば破綻を招いてしまう(43)。権力の質は、単純に支配体制のみでは比較できず、支配対象の違いも吟味しなければならないのである。

その意味では、首都京都に照準を定めて、都市支配を目指す権力の荘園領主や都市共同体に対する向き合い方を段階的に分析した仁木氏の視点は有効と考える。仁木氏の研究は、権力面の理解においては、今谷氏に依拠する部分が大きかったので、現在の研究水準に照らし合わせてその枠組を外すことによって、また異なった結論を見出すこともできるであろう。

それと関連して、三好権力が織田権力に先行して成熟した畿内の村落共同体と向き合ってその掌握に努めていたとする天野氏の指摘も重要である。たしかに天野氏が指摘するように、幕府や京兆家による裁許文書は荘園領主に対して手交されているのに対し、三好家の裁許文書は地下に対して直接発給されている。このことから、三好家が地下を直接把握しようとしていたことは首肯しうる面もある。しかしこれは、地下との身分差の違いを反映した、いわば書札礼に規定された結果であって、文書に残らない部分での交渉があったという見方もできるのではなかろうか。なぜなら、先行研究を踏まえるならば、細川権力が地下と没交渉であったとは思えないからである。

例えば、早くに柳千鶴氏は、京兆家内衆で下山城守護代の香西元長が、永正元年（一五〇四）に近郷の土民に対しては半済を、下京の輩に対しては地子免を契約することで動員を図っていることに着目し、半済が地下人動員の反対給付となっていく過程を示した(44)。ただし、半済による地下人動員の端緒を香西元長とするのは柳氏の事実誤認で、酒井紀美氏の研究で、応仁・文明の乱を契機とすることが明らかとなっている(45)。しかし、本来は幕府や守護の裁量で行っていた半済が、京兆家内衆の裁量で行われるようになっている点は、なお注目してよかろう。また、小谷利明氏は、応仁・文明の乱において、京兆家の近習が荘園領主と交渉して、村の武力を引き出している事例を明らかにしている(46)。このように、戦乱の激化とともに、武家権力は地下の動員を図って、交渉の方法について模索を始めるのである。

さらに、田中倫子氏は、荘園領主たちが荘園を侵害する武家と対峙する一方で、十六世紀に入ると、武力を背景とした年貢の催促を京兆家のような有力な武家に依頼するようになると指摘している(47)。田中氏は、この事実を百姓に対する全領主階級の対応とみるが、荘園領主と武家の対抗関係が解消していないことには留意したい。見方を変えると、地下と武家との裏交渉によって、荘園領主に対して年貢を忌避しうる新たな方向性が生じたともいえるからである。武家と地下との直接的な交渉ルートが、荘園領主との合意のうえで新たに結ばれた点は、荘園領主・武家・地下の三角関係を経て、武家による地下の直接的支配に繋がるものと理解される。

このように、文書の発給という事象に限定しなければ、荘園領主と都市共同体・村落共同体に対する京兆家内衆の動きは、拾い出すことが可能かと思われる。この視点から、細川権力と三好権力を比較できるような材料を丹念に集積したい。

第四の課題は、内衆構造の長期的な変化を見出し、そこから三好長慶のように権力化を遂げていく動きを捉えることである。京兆家は、幕府との関係が重視されるあまり、特殊な権力として扱われ、一般的な戦国期権力論ではなされるであろう基礎的な分析が等閑に付されている。その視点から京兆家の研究を振り返ると、研究の蓄積に比して、課題が驚くほど山積していることに気付かされる。例えば、一般的によくみられる、いわゆる家臣団編成論のような研究はほとんどない。仮に個別内衆の検討がなされても、そこから全体的な内衆構造を論じるには至っていない。ましてや、京都を追われている側の京兆家は、個別内衆の検討もなく、奉行人体制すら明らかになっていない。

戦国期の権力論では、在地掌握という観点から、土豪層の編成も重視される。その分析に、寄親寄子制が用いられてきたことは改めて述べるまでもなかろう。古典的な手法だが、京兆家に援用されたことはないし、そもそも土豪層の掌握という視点も皆無に近いので、この側面から検討する余地もある。

急激に膨張したがゆえに生じる古参と新参の間の内部矛盾への視点も、戦国期の権力論では一般的である。京兆家においても、末柄豊氏が指摘するように年寄と近習の対立はある。しかし、それを階層間の矛盾として構造的に描くまでには至っていない(48)。とりわけ、柳本賢治をはじめとする権力化を遂げる内衆は、近習から台頭していくケースが多いため、右の視点は欠かせない。三好長慶の台頭も、その延長線上に位置付ける必要があるように思われる。

彼らに共通するのは、京都との関わりを持つことを契機として、急激に成長することである。そのため、先述した第三の課題は、ここでも重要な論点となってくる。また、権力化を遂げる内衆を京兆家の内訌に埋没させるのではなく、一個の政治主体として政治史上に位置付ける必要もあるだろう。彼らのみならず、その配下の土豪や京都の住人など、ともすれば受動的に描かれがちな者たちを可能な限り主体的に描くことが、「細川両家記」史観からの脱却に繋がるのではなかろうか。その意味では、第二の課題も密接に関わっている。一方で、末期に集中する内衆の権力化という動きを、細川権力全体のなかに位置付けるという点では、第一の課題も忘れてはならない。したがって、ここまでみてきた四つの課題は、切り離すことなく常に連関させて意識しておきたい。

三　本書の構成

前述のように、本書では政元段階を戦国期における細川権力の基本的な姿と捉え、それを起点とした変容過程を明らかにしていきたいと考えている。それぞれの陣営で様相が異なるであろうから、第一部では細川高国の陣営を、第二部では細川澄元・晴元父子の陣営を、第三部では高国残党を率いた細川晴国・氏綱の陣営をそれぞれ対象とする。また、個別陣営に視野が限定されないように、全体を通じて京兆家内訌の対立構造を常に意識しながら論述を進めるよう心掛けたい。

さて、ここでは各章の概要を順に述べていくが、章立てがやや複雑なため、各章の相互関係を踏まえつつ、構成の意図についても可能な限り言及することとする。なお、全体を通じて初出段階と論旨に変更はないが、記述に目立った変更がある場合は、適宜その旨についても触れておく。

第一部「細川権力の基本構造と高国期の変容」では、政元段階における細川権力の基本構造を確認したうえで、高国段階における変容を明らかにする。その主たる目的は、身分的にさほど高くない京兆家の近習層が、高国期以降に浮上することとなる歴史的前提の把握にある。戦国期の権力構造論では普遍的に用いられる、年寄と近習の重層的な関係や寄親寄子制などを援用することで、欠落していた細川権力の基本構造を補うこととしたい。

第一章「奉行人奉書にみる細川京兆家の政治姿勢」は、京兆家奉行人奉書を成立段階から政元段階に至るまで比較したもので、本書のなかでは最も古い時代を扱っている。ここでは、京兆家奉行人奉書が分国外に拡大していく過程を跡づけるとともに、それによって必然的に生じる他権力との競合の実態を明らかにする。具体的には、分国における守護としての支配権と自らの被官に対する支配権の使い分けに着目したい。先述のように両者は混同されがちであるため、明確に整理することが議論の出発点として不可避と考えている。

補論一から補論二までは、政元段階から高国段階にかけての権力の質的変化について、特に内衆構成に着目して読み取っている。中核となるのは第三章で、柳本賢治が高国の近習から急浮上した前提を説明することに執筆の直接的な動機がある。ここでは、それと関連する論考を前後に編成した。補論一「細川高国の家督継承と奉行人」では、高国の家督継承に伴う奉行人の交代を手がかりに、京兆家奉行人は幕府奉行人一族から採用されるという基本原則があったこと、高国がそのような先例を重視していることを確認する。第二章「細川高国の近習とその構成」では、未紹介史料の「十念寺念仏講衆」を手がかりとして、高国期における近習の構成を分析する。第三章「細川高国の近習と内衆の再編」では、細川権力の安定を図るため政元段階に形成された秩序の維持に努めつつも、領国の縮小に伴い守護代層が後退したため近習を重用せざるを得ないという高国権力の葛藤を描く。補論二「上山城守護代の内堀東雲軒」では、これまで看過されてきた高国のもとにおける上山城守護代の内堀東雲軒について、その存在を確認する。なお、紙幅の制約で初出段階では掲載できなかった史料を追加している。

以上の考察で、京兆家のもとにおける内衆の基本構成を理解したうえで、第四章「摂津守護代薬師寺氏の寄子編成」では、守護代のもとにおける寄子編成を検討する。これによって、京兆家被官の重層的な全体構造が明らかになるかと思われる。また、守護代のもとで形成された寄親寄子制が、細川権力から三好権力へと展開するなかで、どのように援用されたのか展望する。

第二部「澄元・晴元派の興隆」では、高国と対抗する澄元の動向を検討するとともに、後継者である晴元の権力が形成される過程を検討する。その過程のなかに、三好之長・柳本賢治・木沢長政・三好長慶が権力化を遂げていく要因を見出すことが主たる目的となる。

そのうち第一章と補論一は、大永七年（一五二七）の桂川合戦に至るまでの澄元・晴元を対象としている。「高国政権」期とされてきたため、この時期の澄元・晴元は、研究上ほとんど扱われることがない。ゆえに、桂川合戦の勝利に至った歴史的な背景はよくわかっていない。その点を補いつつ、晴元権力の歴史的前提を明らかにする。第一章「細川澄元陣営の再編と上洛戦」では、澄元とその実家である讃州家の関係を論じるとともに、両家の間から台頭することとなった、長慶の曽祖父にあたる三好之長の立場について検討する。また、三度にわたる澄元の上洛戦はいずれも失敗に終わったため、それぞれが個別に注視されることはなかったが、晴元による上洛戦成功の前提という視点から段階的に評価する。補論一「桂川合戦前夜の細川晴元方による京都包囲網」では、晴元方が桂川合戦において、高国方を包囲するように事前に根回しを進めていた様子を明らかにする。

第二章から第四章までは、「堺公方」と呼ばれた足利義維が畿内に進出する桂川合戦後の大永七年から、阿波へ下向する天文元年（一五三二）までを対象としている。本書では、この時期を「堺公方」期と呼称する。ここでの中核にあたるのは柳本賢治を扱った第三章で、二〇一四年度大阪歴史学会大会の中世史部会で報告した内容をまとめたものである。晴元陣営の内部構造を説明するために、松井宗信と三好元長の動向についてもあらかじめ整理しておいた。第二章「『堺公方』期の京都支配と松井宗信」では、享禄二年（一五二九）以降、柳本賢治とともに晴元方の京都支配を担う松井宗信の出自と政治的立場について論じている。第三章「『堺公方』期の京都支配と柳本賢治」では、「堺公方」期の対立構図を明らかにしたうえで、将軍家と京兆家が不在のなかで、初めて本格的な京都支配に臨んだ柳本賢治の立場や政治方針を論じ、木沢長政や三好長慶など、後に続く新興勢力の前提として位置付けている。第四章「三好元長の下山城郡代」では、柳本賢治と対抗関係にある三好元長の政治方針について、各郡に配した郡代の存在形態から推察する。

第五章から補論二までは、「堺公方」期における諸将の淘汰を経て、頭一つ抜け出した木沢長政を取り扱っている。ここでの中核は第六章で、長政を柳本賢治と三好長慶の間の過渡的な権力として位置付けることを主眼としている。それに加えて、長政以前と以後の木沢家に関する論考を前後に配した。第五章「畠山家における奉書の展開と木沢家の出自」は、これまで意見の一致をみなかった畠山家における木沢家の立場について、連署奉書の署判者に着目して検討している。なお、初出段階の木沢家の系譜に、若干の補訂を加えている。第六章「木沢長政の政治的立場と軍事編成」では、木沢長政が急成長した背景を、将軍家・京兆家・畠山家との関係性から探るとともに、その特異な軍事編成にも求めている。補論二「木沢長政の墓と遺族の動向」では、長政段階に分裂していた畠山義就流の内衆が長政没後に統合を図ったことなどを論じた。

補論三から補論四までは、第七章を中心として、「堺公方」期以降における晴元権力の構造的特質を論じている。補論三「青年期の細川晴元」は、可竹軒周聡をはじめとする側近の補佐を受けていた幼い晴元が、主体的に行動し始める時期を発給文書から想定するものである。その転機を踏まえたうえで、第七章「細川晴元の取次と内衆の対立構造」では、晴元のもとで形成された取次体制について検討している。具体的には、大身取次と側近取次が対になっていることや、その組み合わせでそれぞれの派閥が形成されており、新参と古参の間で対立していたことを明らかにする。第八章「細川晴元に対する交渉と取次」では、安芸の有力国人である毛利氏や幕臣大館氏との交渉を素材として、実際に取次体制の機能を検討している。補論四「足利義晴派対足利義維派のその後」では、晴元陣営内部における義晴派と義維派の対立関係が、「堺公方」期以降も根強く残っていたことを確認する。

第三部「高国派残党の蜂起」では、高国没後に残党を率いて晴元と対抗した細川晴国や細川氏綱の動向を検討する。彼らが蜂起した時期は「晴元政権」期とされてきたうえ、晴元に取って代わった氏綱も長慶の傀儡と評価されてきたため、彼らの動向は十分に吟味されているとはいいがたい。ここでは、京兆家内訌の最終的な勝者を氏綱と捉え直し、勝利に至る過程とその歴史的前提を明らかにする。そのなかでとりわけ注視したいのは、晴国と氏綱を支え続けた細川国慶とその内衆の動向である。なぜなら、国慶内衆がのちに三好長慶に継承されており、彼らが長慶段階の京都支配を実質的に担うからである。

第一章と第二章では、氏綱段階をみるうえでの前提作業として、初期における高国残党の基本構造を分析している。第一章「細川晴国・氏綱の出自と関係」では、晴国と氏綱の出自など、基礎的な情報の整理を行ったうえで、晴国と氏綱が同じ高国残党でありながら、協力関係を築けなかった理由を明らかにしたい。第二章「細川晴国陣営の再編と崩壊」では、晴国の動向を精査したうえで、高国残党の再生産構造について検討する。なお、初出以後、晴国の発給文書が新たに確認されたため、それらを追加している。

第三章から第五章までは、細川国慶およびその内衆を対象としている。高国残党のなかでも大きな位置を占めていたこの一団は、最終的に長慶と結びつく。本書のなかでも最初に執筆した部分で、細川権力と三好権力を連続してみる視点はこれを契機として得ることができた。その中核となるのは第四章で、前提作業として出自等をあらかじめ整理した第三章「細川国慶の出自と同族関係」が、本書のなかで最初に発表した論考となる。第四章「細川国慶の上洛戦と京都支配」では、国慶の動向を整理したうえで、彼が京都支配をしている事実に着目し、長慶の京都支配が国慶のそれを踏襲するものであることを論じている。今村家を対象として、京郊の土豪が京兆家の内訌に深く関与していく背景を考察した第五章「細川京兆家の内訌と京郊の土豪」も、第四章の執筆と同時に準備を始めたものだが、『今村家文書史料集』の刊行まで同家文書の閲覧が叶わなかったため、成稿まで時間を要した。なお、本書の姿が概ねできあがった頃に、期せずして第四章の考察を裏付ける史料が新たに出てきたため、補論「三条御蔵町宛ての細川国慶禁制」を追加した。

第六章「内衆からみた細川氏綱と三好長慶の関係」は、氏綱や内衆の発給文書を収集したうえで、氏綱方の支配を主体的に描いたものである。新稿ながら、構想そのものは最も古く、本書の起点ともいうべき章にあたる。

氏綱を長慶の傀儡とする見方を再検討する過程で、事前に解決すべき課題が次々と出てきたため、執筆が後回しになった。

終章「戦国期畿内政治史と細川権力の展開」は、二〇一五年度日本史研究会大会の中世史部会における報告を文章化したもので、本書の総括にあたる。当初は、第二部前半の直後に第二部後半を執筆し、そのうえで全体を総括する予定であったが、予期せぬ報告依頼をうけたため順序が逆になってしまった。したがって、全体の論旨が変わらぬ範囲で、その後の成果を若干加筆している。ここでは、本書全体を通じて明らかにした各段階における京兆家の内衆構造を指標として、京都の荘園領主や周辺地域社会との関係も視野に入れながら、細川権力から三好権力に至る過程を段階的に捉える。

註

（1）細川家の系譜については、本書第三部第一章の図9を参照されたい。

（2）今谷明『室町幕府解体過程の研究』（岩波書店、一九八五年）。同『守護領国支配機構の研究』（法政大学出版局、一九八六年）。本章で取り上げる今谷氏の所説は、『室町幕府解体過程の研究』のうち、「細川・三好体制研究序説」（初出一九七三年）・「三好・松永政権小考」（初出一九七五年）・「京兆専制」（初出一九七七年）の三章が主たる論拠となる。

（3）奥野高広「『堺幕府』論」（『日本歴史』第三二八号、一九七五年）。

（4）小泉義博「室町幕府奉行人奉書の充所」（『日本史研究』第一六六号、一九七六年）。上島有「解説」（日本古文書学会編『日本古文書学論集』八、吉川弘文館、一九八七年）。

（5）設楽薫「将軍足利義晴の政務決裁と『内談衆』」（『年報中世史研究』第二〇号、一九九五年）。山田康弘『戦国期室町幕府と将軍』（吉川弘文館、二〇〇〇年）。

（6）末柄豊「細川氏の同族連合体制の解体と畿内領国化」（石井進編『中世の法と政治』吉川弘文館、一九九二年）。以下、末柄氏の所説はこれによる。

（7）川岡勉「室町幕府―守護体制と山城国一揆」（同『室町幕府と守護権力』吉川弘文館、二〇〇二年、初出一九九九年）。

（8）例えば、古野貢『中世後期細川氏の権力構造』（吉川弘文館、二〇〇八年）二三〇頁では、京兆家による山城国人との被官関係の強化を「山城国領国化」と捉え、二七〇頁では、山城国西岡における「主従制的編成を前提とした高国の下知が優先される状況」を「細川高国の守護権が及んでいる」と評価している。同様に、山下真理子「細川晴元期京兆家の領国支配と守護職」（戦国史研究会編『戦国期政治史論集』西国編、岩田書院、二〇一七年）も、細川晴元の守護職は「公権によって成り立つものではなく、むしろ従えた被官衆による在地掌握によって成り立つ」と結論付けている。

（9）小川信「世襲分国の確立と内衆の形成」（同『足利一門守護発展史の研究』吉川弘文館、一九八〇年）。

（10）山下知之「細川氏同族連合体制についての一考察」（『鳴門史学』第一四号、二〇〇〇年）。同「阿波国守護細川氏の動向と守護権力」（『四国中世史研究』第六号、二〇〇一年）。

（11）『政基公旅引付』文亀元年三月冒頭条・六月二一日条など。

（12）岡田謙一「細川高国派の和泉守護について」（『ヒストリア』第一八二号、二〇〇二年）。同「細川澄元（晴元）派の和泉守護細川元常父子について」（小山靖憲編『戦国期畿内の政治社会構造』和泉書院、二〇〇六年）。

（13）前掲註（8）古野著書。

（14）浜口誠至『在京大名細川京兆家の政治史的研究』（思文閣出版、二〇一四年）の序章註（22）。

（15）戦国期の管領については、浜口誠至「戦国期管領の政治史的位置」（前掲註（8）戦国史研究会編書）。

（16）小谷利明『畿内戦国期守護と地域社会』（清文堂出版、二〇〇三年）。

（17）西島太郎『戦国期室町幕府と在地領主』（八木書店、二〇〇六年）。

（18）弓倉弘年『中世後期畿内近国守護の研究』（清文堂出版、二〇〇六年）。村井祐樹『戦国大名佐々木六角氏の基礎研究』（思文閣出版、二〇一二年）。

（19）古野貢他「戦国期畿内研究の再構成と『細川両家記』」（『都市文化研究』第一二号、二〇一〇年）。

（20）小谷利明「畿内戦国期守護と室町幕府」（『日本史研究』第五一〇号、二〇〇五年）。

（21）仁木宏『京都の都市共同体と権力』（思文閣出版、二〇一〇年）。例えば、一二頁で「戦国期は、実際には細川管領家が幕府を壟断していたが、本稿では幕府、細川政権を一括して幕府権力と呼ぶことにする」と述べるほか、一四六頁で細川氏綱の内衆多羅尾綱知らによる段米徴収を三好政権によるものとしている。

（22）高橋敏子「東寺寺僧と公文所との相論にみる三好政権」（東寺文書研究会編『東寺文書にみる中世社会』東京堂出版、一九

九九年）。野田泰三『戦国期三好氏権力の基礎的研究』（研究代表者野田泰三、二〇〇五年）。
(23) 天野忠幸『戦国期三好政権の研究』（清文堂出版、二〇一〇年）。
(24) 前掲註(21)仁木著書一五〇頁。この点については、拙稿「新刊案内　仁木宏著『京都の都市共同体と権力』」（『地方史研究』第三五一号、二〇一一年）でも触れた。
(25) 森田恭二「戦国期畿内における守護代・国人層の動向」（『ヒストリア』第九〇号、一九八一年）。
(26) 例えば、前掲註(8)古野著書二七一頁には、細川高国が「『京兆家―内衆体制』解体を受けて、かつての内衆（評定衆）の一族に加え、摂津国人を直接把握する」ようになるという指摘がある。
(27) 川岡勉「守護権力の変質と戦国期社会」（前掲註(7)川岡著書、初出一九九九年）。小谷利明「応仁の乱と細川京兆家近習一宮氏」（鶴崎裕雄編『地域文化の歴史を往く』和泉書院、二〇一二年）。
(28) 横尾国和「摂津守護代家長塩氏の動向と性格」（『史学研究集録』第五号、一九八〇年）。同「摂津守護代家薬師寺氏の動向と性格」（『国学院大学大学院紀要―文学研究科―』第一二輯、一九八一年）。同「細川氏内衆安富氏の動向と性格」（『国史学』第一一八号、一九八二年）。同「明応の政変と細川氏内衆上原元秀」（『日本歴史』第四二七号、一九八三年）。同「細川内衆内藤氏の動向」（『国学院雑誌』第八九巻第一一号、一九八八年）。同「細川政元政権評定衆と秋庭氏」（米原正義先生古稀記念論文集刊行会編『戦国織豊期の政治と文化』続群書類従完成会、一九九三年）。
(29) 例えば、前掲註(8)古野著書一三頁では、「細川氏の権力構造そのものを提示するものではなかった」と指摘される。
(30) 小谷利明「山城守護代香西元長の文書発給と山城支配」（『十六世紀史論叢』第八号、二〇一七年）。前掲註(27)小谷論文。
(31) 野田泰三「西岡国人土豪と三好氏」（前掲註(22)東寺文書研究会編書）。
(32) 森田恭二「細川政元政権と内衆赤沢朝経」（『ヒストリア』第八四号、一九七九年）。
(33) 黒田紘一郎「高畠甚九郎伝」（同『中世都市京都の研究』校倉書房、一九九五年、初出一九九一年）。
(34) 山下真理子「天文期木沢長政の動向」（『大正大学大学院研究論集』第三八号、二〇一四年）。同「天文期細川晴元家中体制下の内衆と三好氏」（『戦国史研究』第六九号、二〇一五年）。同「天文期細川晴元奉行人奉書から見る晴元有力被官の動向」（小此木輝之先生古稀記念論文集刊行会編『歴史と文化』青史出版、二〇一六年）。同「天文期山城国をめぐる三好宗三の動向」（『地方史研究』第三八六号、二〇一七年）。
(35) 本書終章「戦国期畿内政治史と細川権力の展開」。

(36) 森田恭二「細川高国と畿内国人層」(『ヒストリア』第七九号、一九七八年)があるが、先述のように森田氏の階層構造の認識には誤解がみられる。
(37) 山田康弘「書評 天野忠幸著『戦国期三好政権の研究』」(『ヒストリア』第二二五号、二〇一一年)。
(38) 戦国史研究会編『織田権力の領域支配』(岩田書院、二〇一一年)。
(39) 古野貢「中世後期守護研究の現在」(『十六世紀史論叢』第八号、二〇一七年)は、本書の趣旨と直接関わるものではないが、筆者の研究に対して批判を寄せているうえ、その内容が誤解を招きかねないものであるため、ここで見解の相違を明確にしておきたい。

古野氏は、筆者の一連の研究に対し、「内部の権力構造の分析を精緻に行うことでは、室町幕府―守護体制か否かというような政治構造から見た社会的存在への評価につながらない」と批判する。たしかに筆者の研究は、中世の国制を明らかにしようとする意識に欠けているかもしれないが、そもそも古野氏の問題関心に沿って研究しているわけではない。古野氏が引用する拙稿(本書終章「戦国期畿内政治史と細川権力の展開」)での主張の繰り返しになるが、幕府という国制と結び付くべきだという先入観に基づく研究によって、現段階における細川権力の評価は大きく歪められている。そのため筆者は、個別の権力構造論を地道に積み重ねながら、全体を構築するという戦国期権力論の伝統的かつ基本的な手法に学びながら研究を進めてきたつもりである。

さらに古野氏は、「戦国期(一六世紀を中心とする)の地域支配にかかわる権力を理解する機軸は、主従制的支配に基づく領主、そこから発展する大名に収斂される理解が支配的である。細川氏に代表される在京『大名』を重視する浜口氏や、権力構造の側面から三好氏との連続性を主張する馬部氏も同じ路線にあると考えられる。大内氏の存在形態を『室町期大名』と評価した藤井崇氏も同様である」と主張する。筆者は、京兆家を「守護」と称したことは幾度となくあるが、「大名」と称したことは一度もない。それどころか、古野氏が引用する拙稿(本書終章)のなかでは、細川家を「大名」と括ることの限界性も指摘している。それでも筆者をどうしても「大名」論者と位置付けたいようである。

その理由は、「在京大名」論と「大名領国制」論を「大名」論として一括りにするという古野氏独自の研究史理解に求められる。いうまでもなく、幕府との関係性から立ち上げられた「在京大名」論と地域の公的領域支配の追究から進められてきた「大名領国制」論は、「大名」という用語こそ一致するものの、意図するところは異なり、全くの別次元で論じられてきたものである。古野氏は両者を、主従制を重視して「守護」を軽視する論者とまとめたうえで、「守護」を重視すべきだと批判するのである。「守護」を細川権力の一側面としてしか捉えていないため、「大名」の用語を用いていない筆者すらも、古野氏の研究史理解に基づけば「大名」論者になってしまうらしい。

しかし、そもそも主従制を無視した権力構造論などあり得ない。古野氏は自身の研究を川岡勉氏の「室町幕府―守護体制」論を踏襲したものと位置付けるが、本文でも触れたように、川岡氏も被官人統制の面から主従制に目配りしているし、幕府の衆議を論じる際には「大名」の用語も用いている（前掲註(7)川岡著書第二部第一章）。したがって、古野氏の研究史理解に則すならば、川岡氏すらも「大名」論者になってしまう。このように、古野氏の主張は矛盾が多いため、受け入れがたい。併せて指摘するならば、古野氏が守護を軽視しているとする浜口氏も、「細川京兆家奉行人奉書と山城国守護」（前掲註(14)浜口著書第二章第一節）と題して検討していることからも明らかなように、守護職の及ぶ範囲とそうではない範囲を区分している。古野氏のようにあらゆる権限を守護職に基づくものと収斂させてしまうのではなく、むしろ古野氏よりも守護職に対して厳密な姿勢で臨んでいるように筆者には見受けられる。

古野氏は論考の冒頭で、「戦国期守護か、戦国大名か、といった二項対立的な立論はほとんど意味がなかろう」とかつての論争を振り返っている。にも拘わらず、結果的に「守護」と「大名」の二項対立に陥ってしまっているのである。その原因は、「守護」という権限だけで構成される「守護」という人物の存在を所与の前提としていることに求められよう。

(40)　例えば、前掲註(8)古野著書の構成からも顕著に読み取れる。
(41)　小谷利明「畠山稙長の動向」（矢田俊文編『戦国期の権力と文書』高志書院、二〇〇四年）。
(42)　岡田謙一「細川晴国小考」（天野忠幸他編『戦国・織豊期の西国社会』日本史史料研究会、二〇一二年）。下川雅弘「上洛直後における細川氏綱の政治的役割」（『戦国史研究』第五一号、二〇〇六年）。同「三好長慶の上洛と東寺からの礼銭」（『戦国史研究』第五六号、二〇〇八年）。同「『久世方日記』小考」（『日本歴史』第七二七号、二〇〇八年）。
(43)　この点は、本書第二部第四章「三好元長の下山城郡代」。
(44)　柳千鶴「室町幕府の崩壊過程」（『日本史研究』第一〇八号、一九六九年）。
(45)　酒井紀美「応仁の乱と山科七郷」（同『応仁の乱と在地社会』同成社、二〇一一年）。半済による地下人動員の事例については、田中克行「村の『半済』と戦乱・徳政一揆」（同『中世の惣村と文書』山川出版社、一九九八年、初出一九九三年）。
(46)　前掲註(27)小谷論文。
(47)　田中倫子「戦国期における荘園村落と権力」（『日本史研究』第一九三号、一九七八年）。

（48）京兆家の内衆構成については、本書第一部第三章「細川高国の近習と内衆の再編」でも詳しく論じるが、図1に従ってあらかじめ語句の確認をしておく。

　京兆家と被官関係を結んだ者のなかでも、京兆家の庶政に関わる者を内衆とし、それ以外は被官とする。内衆は、軍事編成上、関東を出自とする南北朝期以来仕える年寄衆と、守護分国から抜擢された馬廻衆の二階層に分かれる。当主の近くには、馬廻衆と同じ階層の官僚として奉行人もいるため、これらを一括して近習と呼称する。一方、年寄衆のなかでも、守護代に抜擢される人物は格上に位置付けられる。

　なお、守護分国ではあっても幕府に直属する国人もいるし、必ずしもすべての国人が内衆に編成されているわけではない。また、京兆家は守護分国外でも幕府や他の守護に属していない者を被官化していくが、馬廻衆は原則として守護分国から抜擢される。

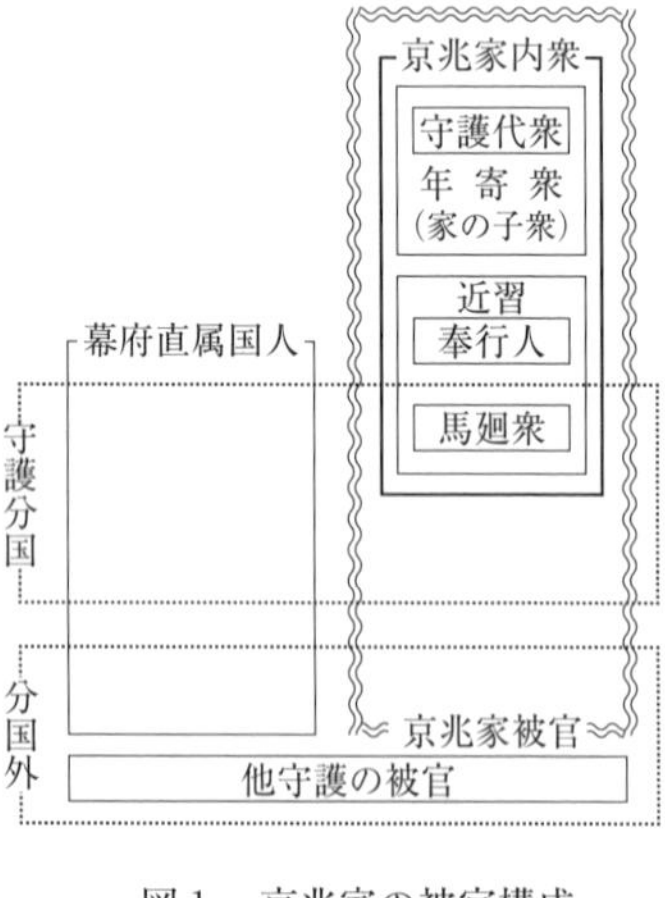

図1　京兆家の被官構成

第一部　細川権力の基本構造と高国期の変容

第一章　奉行人奉書にみる細川京兆家の政治姿勢

――勝元期から政元期にかけてを中心に――

はじめに

細川京兆家が、戦国期の畿内において大きく勢力を伸ばしたことは知られていたものの、その実態を初めて本格的に分析したのは今谷明氏であった。そこでは、京兆家が発給する奉行人奉書が基幹の史料として用いられた（以下、本章では、京兆家奉行人奉書を単に「奉書」と称し、幕府奉行人奉書は逐一明記する）。今谷氏の研究の特徴は、奉書を網羅的に集積したうえで、京兆家の奉行人が幕府の「管領代」の地位にあると捉えたことにある。(1)さらに、奉書の適用範囲が拡大していくことから、「管領代」の地位が確固たるものとなっていく過程を示そうとした。(2)

それに対して、「管領代」は実際のところ奉行人なので表現が不適切で、地位もさほど高いものではないという批判が早くに寄せられることとなる。(3)その後、奉書そのものを扱った専論は長らくみられなかったが、最近になって浜口誠至氏は、今谷氏が作成した奉書一覧を補訂したうえで、京兆家は受益者の要請に応えて奉書を発給し、幕府の制度外から幕政を補完していたと指摘している。(4)また、奉書の様式については今谷氏もある程度指摘していたが、浜口氏によって修正が加えられ、定まった様式となっていたことがより明確となった。「管領代」論は破綻したものの、京兆家による支配制度の整備や勢力の伸張をはかる指標として、奉書は今なお有効な視点であることが示されたといえよう。

その点に鑑みると、今谷氏も浜口氏も、京兆家がある程度勢力を伸ばしたのちの政元期以降しか、奉書を集積していないということに課題を見出すことができる。(5) すなわち、勢力を伸張していく勝元期以前の分析が欠如しているのである。政元期に生じた特徴を明確にするためにも、勝元期以前の奉書を踏まえた検討が必要であろう。

京兆家の勢力伸長という問題と関わって注目したいのは、奉書の発給が守護職を持たない山城国へも拡大していくという事実である。京兆家が幕府を壟断し専制化を進めるとみる今谷氏は、ここに「管領代」の権限拡大をみる。さらに、京兆家は山城国乙訓郡の分郡守護になったとも捉えた。(6) ただし、「管領代」については既述の通りで、分郡守護についても百瀬今朝雄氏や末柄豊氏によってすでに否定的な見解が示されている。(7) また、浜口氏は、山城守護が存在していても京兆家が山城において奉書による遵行を行っていることから、受益者が求めたため、制度上の裏付けがないにも拘わらず奉書を発給していたという。京兆家の課題解決能力に期待する受益者の主体的な意思は筆者も重視しているが、中世社会において文書を発給する以上は、何らかの権限・根拠に基づいているのではなかろうか。つまり、受益者の要求と文書発給の正当性が交差するところに奉書の発給があるとみるべきであろう。

右の問題にも、やはり勝元期における奉書分析の欠如が関わっている。なぜなら、分国外への奉書発給は、本章でみるように勝元期に始まっているからである。京兆家は、本来分国外に奉書を発給していないので、受益者の求めがあっても応じていなかった可能性はありうる。どのような経過で分国外への奉書発給が始まったのか、その点を押さえておかなければなるまい。

京兆家の権限をめぐっては、幕府との関係など、奉書以外の議論も視野に入れておく必要がある。京兆家が幕府の実質的統治者となったとする今谷氏に対し、応仁の乱以降の京兆家が山城でも被官化を顕著に進めていることに着目した末柄氏は、分国外にまで拡大した被官関係を一元化することで畿内領国化を目指したとする。(8) いわば、幕府と京兆家を一体とみる今谷氏と、別個に支配したとみる末柄氏に意見が分かれるのである。さらに川岡勉氏は、今谷氏による京兆家の評価は過大だとする一方、末柄氏のように被官関係の存在と山城の領国化を直接結びつけるのも、被官人統制の論理と守護支配の論理を混同した誤りだと批判した。(9) 奉書発給の権限を考えるにあたっても、被官支配と守護支配は区別すべきであろうし、小谷利明氏も指摘するように、幕府奉行人奉書との関係性を念頭に置いておく必要もあると考える。(10)

以上のような問題関心に基づき、本章ではまず第一節で、勝元期以前の奉書を網羅したうえで、奉書の時期的な変化と分国外での奉書発給が始まる過程について明らかにしたい。続く第二節では、勝元期までの奉書の用法を踏まえたうえで、政元期の山城における奉書がどのように展開したのか考察する。その際、被官支配と守護支配の区別や幕府との関係性を意識しながら、発給の契機を注視したい。全体として、京兆家が勢力を伸張させるにあたって、いかなる政治姿勢で臨んだのか捉えたいと考えている。

一　勝元期の奉書

1　奉書の様式と奉行人体制の確立

まずは、奉書の様式についてみておこう。よく知られるように、政元期以降の奉書は単署で、書止文言は「仍執達如件」に統一されている。ところが、勝元期以前の奉書を集積した表1によると、持元期までは書止文言が「恐々謹言」となる奉書も混在しており、「仍執達如件」に定型化するのは持之期をまたねばならない（以下、表1から引用する際は、［頼元1］のように表記する）。また、持之期までは連署も混在している。つまり、勝元期になって初めて、従来知られているような奉書の様式が定まったことになる。十四世紀末の頼元期に二点みえるのを初例として、歴代当主の奉書が数点ずつなのに対し、勝元期には四七点と大幅に増加していることから、様式の定型化と奉書の増加は表裏の関係にあるといえるのではなかろうか。

その画期は、嘉吉元年（一四四一）の将軍義教暗殺にあると考えられる。幕府奉行人奉書の場合も様式が定まるのは嘉吉の乱以後のことで、単署が著しく減少して連署が中心になるとともに、単署奉書の用途も限定されてくる。[11]「御政道事、為御代官於管領右京兆之許被執行之、判奉行　清左近将監久定、賦奉行　飯尾備前入道常進（遅）」とみえるように、[12]嘉吉の乱後に幕府の判奉行と賦奉行を京兆家奉行人の清久定と飯尾常遅が代行していることは、幕府と京兆家の動きが連動していることを示唆するとともに、京兆家奉行人が相応の能力を持っていたことも表している。

また、勝元期前半までの奉書は、発給範囲が守護分国である摂津・丹波・讃岐・土佐に絞られ、宛所が守護代や段銭奉行など被官に限定されるのも政元期以降と大きく異なる点である。ここから、奉書は分国支配上における被官への命令文書として成立したことが窺える。

次に奉行人体制の整備についてみておきたい。奉書の初見事例は［頼元1］で、差出部分に「せい具知」と記されている。奉書の署名は、諱のみとなるのが通例なので、表1の一番右の欄に示したように、案文作成などの際に名字を加筆する例がしばしばみられる。ここでの「せい」とは、幕府奉行人にもみえる清の名字に比定してよかろう。戦国期の京兆家奉行人は、幕府奉行人一族から選ばれるという原則が存在したが、[13]それは京兆家奉行人の発足時に遡るものといえるであろう。表1に掲げた初期の奉行人は、名字を特定できない人物も多いが、奉行人として応永一五年（一四〇八）には清七郎が、応永一九年には中沢三郎左衛門尉の存在が確認できるので、[14]過半は幕府奉行人一族とみてよいかと思われる。ただし、［満元4］で「そかう（十河）善勇」の事例がみられるように、

形状	内　容	受益者	地域	出　　　典	署名肩書の追記
不明	課役賦課	寺社	丹波	東寺百合文書ノ函102号	せい(清)
折紙	課役賦課	公家	丹波	隼人関係文書(宮内庁書陵部蔵壬生家文書)	
(折紙)	課役賦課	公家	丹波	調子家文書41号(『長岡京市史』資料編２)	
折紙	所帯押領	公家	摂津	南部文書(東京大学史料編纂所影写本)	
折紙	所帯安堵	寺社	讃岐	三宝院文書(『香川県史』第８巻醍醐寺文書47号)	
(折紙)	課役賦課	寺社	丹波	東寺百合文書に函78−１号	そかう(十河)
不明	命令通達	公家	—	『京都御所東山御文庫所蔵地下文書』12−２号	
不明	所帯安堵	武家	讃岐	『永源師檀紀年録並付録』応永20年条	
不明	課役賦課	寺社	丹波	東寺百合文書に函118−３号	
折紙	課役賦課	寺社	丹波	東寺百合文書ネ函101号	
(折紙)	課役賦課	寺社	丹波	『仁和寺史料』古文書編166号	
(折紙)	課役賦課	寺社	丹波	仁和寺文書32号(『兵庫県史』史料編中世９)	
折紙	課役賦課	寺社	丹波	東寺百合文書つ函２−18号	
折紙	所帯安堵	寺社	讃岐	善通寺文書64号(『香川県史』第８巻)	
不明	所帯安堵	武家	摂津	崇禅寺支証目録(『吹田市史』263−36号)	飯尾備前入道
不明	課役賦課	寺社	土佐	吸江寺文書(『高知県史』古代中世史料編261頁)	飯尾備前入道
(折紙)	課役賦課	寺社	丹波	東寺百合文書ウ函88−１号	■守・清
(折紙)	課役賦課	寺社	丹波	仁和寺文書33号(『兵庫県史』史料編中世９)	
(折紙)	課役賦課	寺社	丹波	東寺百合文書や函84−６号	
折紙	所帯押領	寺社	摂津	勝尾寺文書903号(『箕面市史』史料編２)	
不明	所帯安堵	寺社	摂津	東寺百合文書ア函197−２号	飯尾備前
不明	所帯安堵	寺社	摂津	崇禅寺支証目録(『吹田市史』263−18号)	
(折紙)	課役賦課	寺社	丹波	『西山地蔵院文書』２−11号	
不明	課役賦課	寺社	摂津	崇禅寺支証目録(『吹田市史』263−39号)	飯尾備前入道
(折紙)	課役賦課	寺社	丹波	東寺百合文書に函157号	
(折紙)	課役賦課	寺社	土佐	『西山地蔵院文書』２−９号	飯尾備前殿
不明	課役賦課	寺社	摂津	崇禅寺支証目録(『吹田市史』263−41号)	清左近将監
折紙	商業統制	商人	摂津	離宮八幡宮文書105号(『大山崎町史』史料編)	
折紙	商業統制	商人	摂津	離宮八幡宮文書106号(『大山崎町史』史料編)	
折紙	商業統制	商人	摂津	離宮八幡宮文書107号(『大山崎町史』史料編)	
(折紙)	課役賦課	寺社	丹波	東寺百合文書や函84−４号	

表１　細川勝元以前の京兆家奉行人奉書

番号	年 月 日	書止文言	差　出	宛　　所	様式	年号
頼元１	明徳４．６．12	恐々謹言	具知	小笠原備後守(成明・丹波守護代)	書状	付
頼元２	明徳５．５．７	恐々謹言	季光	小笠原備後守	書状	付
満元１	応永６．９．22	仍執達如件	季定	小笠原備後入道(成明・丹波守護代)	奉書	付
満元２	応永６．10．26	恐々謹言	季定	長塩備前入道(摂津守護代)	書状	付
満元３	応永16．９．17	仍執達如件	聖信	安冨安芸入道(盛家・東讃岐守護代)	奉書	付
満元４	(応永16)．９．27	恐々謹言	善勇	遠江(細川頼益・丹波守護代)	書状	無
満元５	応永20．６．11	恐々謹言	善勇	中沢備前入道	書状	付
満元６	応永20．８．９	仍執達如件	承信(聖信)	安冨安芸入道	奉書	付
満元７	(応永29)．３．28	仍執達如件	重房 承俊	三上三郎左衛門尉	奉書	無
満元８	応永32．12．30	仍執達如件	承俊	香西豊前守(元資・丹波守護代)	奉書	付
持元１	正長元．７．14	恐々謹言	道善	籾井民部入道	書状	付
持之１	永享２．５．２	仍執達如件	道善	籾井民部入道	奉書	付
持之２	永享２．５．30	仍執達如件	道善 通春	籾井民部入道	奉書	付
持之３	永享２．12．25	仍執達如件	善勇	香河下野入道(西讃岐守護代)	奉書	付
持之４	永享６．10．29	仍執達如件	常勇	長塩備前入道	奉書	付
持之５	永享７．５．７	仍執達如件	常勇	小笠原参河入道	奉書	付
持之６	永享９．３．10	仍執達如件	兼久 久定	延福寺 宝注坊 社司 中沢修理亮 井上又六郎	奉書	付
持之７	永享12．10．16	仍執達如件	常進(常暹)	内藤備前入道(信承・丹波守護代)	奉書	付
勝元１	嘉吉２．11．２	仍執達如件	常暹	内藤弾正忠(之貞・丹波守護代)	奉書	付
勝元２	嘉吉２．12．18	仍執達如件	常暹	長塩備前入道(宗永・摂津守護代)	奉書	付
勝元３	嘉吉３．５．７	仍執達如件	常暹	長塩備前入道	奉書	付
勝元４	嘉吉３．５．７	仍執達如件	常進(常暹)	長塩備前入道	奉書	付
勝元５	文安元．７．21	仍執達如件	常暹	内藤弾正忠	奉書	付
勝元６	文安元．７．27	仍執達如件	常進(常暹)	長塩備前入道	奉書	付
参考ａ	文安元．12．18	仍状如件	元康	内藤弾正忠	書下	付
勝元７	文安２．８．９	仍執達如件	常進(常暹)	麻殖参河入道	奉書	付
勝元８	文安２．８．22	仍執達如件	久定	長塩備前入道	奉書	付
勝元９	文安３．３．20	仍執達如件	常暹	香西五郎右衛門尉	奉書	付
勝元10	文安３．３．20	仍執達如件	常暹	寺町石見入道	奉書	付
勝元11	文安３．３．20	仍執達如件	常暹	薬師寺四郎左衛門尉	奉書	付
勝元12	文安３．９．14	仍執達如件	久定	内藤弾正忠	奉書	付

形状	内　容	受益者	地域	出　　　典	署名肩書の追記
不明	課役賦課	寺社	丹波	東寺百合文書ナ函35号	
不明	課役賦課	寺社	摂津	『北野社家日記』第８，117頁	
（折紙）	課役賦課	寺社	丹波	東寺百合文書や函84－３号	飯尾備前入道
（折紙）	課役賦課	寺社	丹波	東寺百合文書や函82－２号	飯尾備前
（折紙）	課役賦課	寺社	丹波	東寺百合文書や函82－３号	
不明	所帯安堵	寺社	丹波	『北野社家日記』長享３年５月15日条	飯尾備前入道
不明	所帯安堵	寺社	丹波	『北野社家日記』長享３年５月15日条	
（折紙）	課役賦課	寺社	丹波	東寺百合文書ノ函278号	飯尾備前入道
（折紙）	課役賦課	寺社	丹波	東寺百合文書や函84－１号	
（折紙）	課役賦課	寺社	丹波	東寺百合文書に函210号	
不明	課役賦課	寺社	摂津	『北野社家日記』第８，117頁	
折紙	課役賦課	寺社	丹波	『八坂神社文書』増補篇52号	
不明	課役賦課	寺社	摂津	『北野社家日記』第８，117頁	
竪紙	（依頼）	寺社	山城	東寺百合文書つ函３－18号	
折紙	課役賦課	寺社	丹波	冑山文庫旧蔵古文書（『兵庫県史』史料編中世６，１－727号）	清備前守
不明	課役賦課	寺社	摂津	『北野社家日記』第８，32頁	
折紙	課役賦課	寺社	丹波	東寺百合文書さ函112号	矢野備前（あ函45－１号）
折紙	課役賦課	寺社	丹波	東寺百合文書ノ函304号	
不明	課役賦課	寺社	摂津	『大乗院寺社雑事記』長禄２年11月14日条	
折紙	年貢未進	寺社	摂津	勝尾寺文書971号（『箕面市史』史料編２）	
折紙	所帯押領	寺社	摂津	勝尾寺文書973号（『箕面市史』史料編２）	
折紙	所帯押領	寺社	摂津	三宝院文書（東京大学史料編纂所影写本）	
（折紙）	課役賦課	寺社	丹波	仁和寺文書34号（『兵庫県史』史料編中世９）	
不明	所帯安堵	武家	讃岐	由佐家文書14号（『香川県史』第８巻）	高安河内入道奉書
竪紙	（紛失状）	寺社	山城	東寺百合文書ウ函103号	

番号	年 月 日	書止文言	差　出	宛　　所	様式	年号
勝元13	(文安5).11.3	仍執達如件	常暹	磯農備後入道 豊田出雲入道	奉書	無
勝元14	文安5.11.28	仍執達如件	常進(常暹)	安富因幡入道 矢野七郎左衛門尉	奉書	付
勝元15	宝徳元.⑩.15	仍執達如件	常暹	安富安芸左衛門尉 物部左京尉	奉書	付
勝元16	宝徳2.12.11	仍執達如件	常暹	加藤出羽守 物部左京亮	奉書	付
勝元17	宝徳2.12.21	仍執達如件	常暹	加藤出羽守 物部左京亮	奉書	付
勝元18	宝徳4.6.22	仍執達如件	常進(常暹)	内藤孫三郎(元貞・丹波守護代)	奉書	付
勝元19	宝徳4.6.23	仍執達如件	常進(常暹)	内藤孫三郎	奉書	付
勝元20	享徳2.9.17	仍執達如件	常暹	大志万修理亮 加藤出羽守	奉書	付
勝元21	享徳2.9.27	仍執達如件	常暹	大志万修理亮 加藤出羽守	奉書	付
勝元22	享徳2.11.7	仍執達如件	常暹	加藤出羽守 大志万修理亮	奉書	付
勝元23	享徳2.12.5	仍執達如件	常暹	芥河豊後守 豊田肥前入道	奉書	付
勝元24	享徳2.12.6	仍執達如件	為久	内藤弾正忠(元貞・丹波守護代)	奉書	付
勝元25	享徳2.12.24	仍執達如件	常暹	奈良備後守 香西主計亮	奉書	付
参考b	(享徳3).9.30	恐々謹言	為久	東寺雑掌御坊	書状	無
勝元26	康正2.10.11	仍執達如件	為久	熊岡兵庫助 足阿弥陀仏	奉書	付
勝元27	康正2.12.25	仍執達如件	常進(常暹)	薬師寺安芸守 西面主計助	奉書	付
勝元28	長禄元.12.8	仍執達如件	常継	内藤弾正忠	奉書	付
勝元29	長禄元.12.19	仍執達如件	常継	内藤弾正忠	奉書	付
勝元30	(長禄2).11.12	仍執達如件	常進(常暹)	薬師(寺脱)安芸守 奈良備後	奉書	無
勝元31	長禄3.10.15	仍執達如件	為久	勝尾寺衆徒御中	奉書	付
勝元32	長禄3.12.24	仍執達如件	為久	長塩備前入道	奉書	付
勝元33	長禄4.10.26	仍執達如件	季知	長塩備前入道	奉書	付
勝元34	寛正2.11.10	仍執達如件	常進(常暹)	高橋三郎右衛門入道 薬師寺安芸入道	奉書	付
勝元35	寛正5.6.23	仍執達如件	永隆	由佐次郎右衛門尉	奉書	付
参考c	寛正5.11.28	仍為後証之	慶琛	当寺雑掌	書下	書下

形状	内　容	受益者	地域	出　典	署名肩書の追記
折紙	課役賦課	寺社	摂津	多田神社文書310号（『兵庫県史』史料編中世１）	
折紙	命令通達	寺社	讃岐	地蔵院文書６号（『香川県史』第８巻）	
折紙	課役賦課	寺社	摂津	多田神社文書315号（『兵庫県史』史料編中世１）	
（折紙）	相論	武家	山城	東寺百合文書ニ函72－１号	
折紙	課役賦課	寺社	山城	東寺百合文書ヲ函98号	
（折紙）	命令通達	武家	備中	東寺百合文書サ函197号	
（折紙）	所帯安堵	寺社	摂津	『仁和寺史料』古文書編197号	
折紙	課役賦課	武家	丹波	大東急記念文庫蔵小畠文書	
折紙	所帯安堵	武家	丹波	大東急記念文庫蔵小畠文書	
折紙	所帯安堵	寺社	丹波	『高雄山神護寺文書集成』469号	
不明	課役賦課	寺社	丹波	『北野社家日記』永正５年７月６日条	
折紙	所帯安堵	寺社	山城	尊経閣古文書纂蓮養坊文書	
折紙	所帯安堵	寺社	摂津	大徳寺文書（『大日本史料』文明３年12月３日条）	
折紙	所帯安堵	武家	丹波	大東急記念文庫蔵小畠文書	

必ずしも首尾一貫したものではない。

十河善勇が［満元4］から［持之3］にかけて、某道善が［持元1］から［持之2］にかけて、それぞれ活動が確認できるように、奉行人は当主専属ではなく家に所属するものであったことも確認できる。のちに［勝元44・46］で活動を開始する飯尾家兼と波多野秀久も、政元期に継続して奉行人をつとめている。[15]

同様に、勝元期の奉行人も、持之期末期の［持之6・7］に登場する清久定と飯尾常暹の二人体制によって始まる。それは、先述の嘉吉の乱後における幕府奉行の代行状況からもみてとることができよう。なお、文安元年（一四四四）の［参考a］は、「奉書」と呼ばれているので参考までに掲げておいたが、[16]発給者の某元康は奉行人として他に所見がなく、書止文言が「仍状如件」となるなど形式も他の奉書と一致しない。そのため、奉行人二人

番号	年 月 日	書止文言	差　出	宛　　所	様式	年号
		状如件				
勝元36	寛正6．8．29	仍執達如件	慶琛	寺町三郎左衛門尉	奉書	付
				西面主計允		
勝元37	寛正6．12．6	仍執達如件	永隆	香河五郎次郎（西讃岐守護代）	奉書	付
勝元38	文正元．12．23	仍執達如件	永隆	芥河豊後守	奉書	付
				高橋又次郎		
勝元39	応仁元．12．27	仍執達如件	慶琛	寒河弥次郎	奉書	付
勝元40	応仁2．3．4	仍執達如件	永隆	神足孫左衛門尉	奉書	付
				高橋勘解由左衛門尉		
				寒河越中入道		
				石原弾正左衛門尉		
勝元41	応仁2．10．19	仍執達如件	慶理（慶琛）	—	奉書	付
勝元42	応仁2．11．2	仍執達如件	慶琛	芥河宮一	奉書	付
勝元43	文明2．7．2	仍執達如件	永隆	内藤弾正忠	奉書	付
勝元44	文明2．12．28	仍執達如件	家兼	小畠七郎	奉書	付
勝元45	文明3．7．2	仍執達如件	永隆	内藤弾正忠	奉書	付
勝元46	文明3．8．10	仍執達如件	秀久	松梅院雑掌	奉書	付
勝元47	文明3．9．5	仍執達如件	秀久	蓮養伊与公房	奉書	付
勝元48	文明3．11．25	仍執達如件	家兼	当住持	奉書	付
勝元49	文明4．9．23	仍執達如件	家兼	小畠七郎	奉書	付

註1）　年月日欄の丸数字は閏月を示す。以下，本書を通じて同じ。
註2）　差出欄を網掛けしたのは案文，それ以外は正文。

体制は、基本的にこの間も続いていたと考えられる。

清久定は、当初「左近将監」の通称を用いていたが、康正元年（一四五五）には「清備前守久定」と名乗っている[17]。享徳二年（一四五三）の［勝元24］を初見として奉書を発給するようになる清為久も[18]、［勝元26］によると「備前守」を踏襲しているので、彼を後継者とみてよかろう。清久定の奉書は文安三年の［勝元12］を最後に姿を消すものの、享徳三年にも「奉行清備前守」とみえるので[19]、父子が奉行人をつとめた時期は若干重なったと思われる。為久署名の終見は長禄三年（一四五九）の［勝元32］ながら、寛正五年（一四六四）の［参考c］を初見として登場する慶琛の花押と一致することから、早々に入道したことも判明する。

一方の飯尾常暹も同じく幕府奉行人一族で、「備前入道」の通称が一致することから、「持之4・5］で活動が確認できる飯尾常勇の後継者と考えられる。常暹も、寛正二年の［勝元34］を最後に奉書がみられなくなり、文明二年（一四七〇）の［勝元44］を初見として飯尾家兼の奉書が登場する。このように勝元期の奉行人体制は、清と飯尾の両家を主軸に展開した。

2　奉書の機能と奉行人の拡大

前項では、勝元期の前半までに奉書の様式や奉行人体制の基礎が固まる様相を確認したが、勝元期の後半に入ると、その基礎のうえに様々な拡充が図られる。例えば奉行人体制は、世襲する奉行人家を主軸としながらも、長禄期以降には矢野常継・某季知・高安永隆・波多野秀久など、新たな奉行人が次々と参入している。ここから推測できるのは、成人するとともに勝元が有能な側近を次々と抜擢したということである。奉行人の拡大は、別途分析したように、当時進展しつつあった側近政治を反映するものといえるのではなかろうか[20]。

京兆家内衆を中心として催された文安三年（一四四六）の歌会に「常継矢野入道」の名がみえるように、奉行人としての活動は後年のことになるが、常継は若年期の勝元にすでに仕えていた[21]。その場には「三善元秀高安」の名もみえるが、立場の一致から、彼がのちに入道して永隆を名乗ったのではないかと考えられる。「善家　高安河内入道永隆」ともみえるように[22]、永隆は飯尾氏らと同様に三善姓であったが、高安という名字は幕府奉行人に見当たらないことからも、原則を逸脱して勝元が奉行人に抜擢したことを想像させる。寛正三年（一四六二）には、「相語高安入道(永隆)、潜乞取折紙、相支　上裁、対捍御奉書」とみえるように[23]、永隆が大原野社神主の子息と語らって幕府の裁許に背く行為に出ている。このように新たに抜擢された京兆家奉行人は、官僚の枠を越えた政治的な活動を始めるようになる[24]。

続けて奉書の適用範囲が拡大していく過程についてみておく。前項で明らかにしたように、奉書は京兆家の守護分国を対象とした被官への命令文書として成立した。ところがこの枠組は、勝元期を通じて徐々に崩れていく。その変化を捉えるうえでまず取り上げたいのは、勝元の意向を分国外である山城の東寺に伝えた享徳三年（一四五四）の奉行人発給文書である。

【史料1】［参考b］

寒川（之光）出羽守申、山城国上久世庄公文職事、為本領之上者、任支証之旨被成補任候者、可令悦喜之由候、恐々謹言、

（貼紙）「享徳参甲戌」
九月卅日　　為（清）久（花押）

東寺雑掌御坊

寒川之光を上久世荘の公文職に任じて欲しいと依頼したものである。無年号で書止文書を「恐々謹言」とする書状形式をとっているので、当時の様式からすると厳密には奉書ではないが、受け取った東寺がこれを勝元の意を奉じた「奉書」と認識していることは注目に値する(25)。何らかの利権を保証するようなものではなく、意向を伝達しただけなので、このような様式をとったのであろう。この種の文書は、奉書に比べると残りにくいはずなので、文書の保存環境の良さゆえに東寺に限定されるのであって、他にも発給された可能性はあると考えておきたい。奉書が存在しないからといって、山城の荘園領主たちが京兆家奉行人に対して何ら交渉することがなかったとは限らないのである。

東寺には、奉行人による奉書以外の発給文書が他にも残されている。

【史料2】［参考c］

東寺西院并鎮守八幡宮両所文書事、先年被付置候処、去長禄四年二月廿七日夜私宅炎上時、依令紛失、封案文裏訖、仍為後証之状如件、

寛正五年十一月廿八日　慶琛（清為久）（花押）

当寺雑掌

右の紛失状に従えば、長禄四年（一四六〇）に起こった自宅の火災により、清為久は東寺から借用していた文書を焼失したようである。そこで為久は、失った文書の案文に裏封をしたうえで、【史料2】を添えて東寺に与えたらしい。

実際、三通の案文の継目裏二ヶ所に為久の花押を据えたものも残っている[26]。その三通からわかることは、山城国紀伊郡佐井里の土地をめぐって東寺と清浄庵が相論をしており、長禄元年には幕府奉行人奉書で東寺の支配が認められているということである。それでも違乱が止まなかったため、長禄二年二月に東寺は目安を作成し、「御奉書等証文三通」を添えて某所に訴えた[27]。目安には提出先が明記されていないが、【史料2】の存在から京兆家であることに相違あるまい。

ここから、山城国内の問題でも、幕府だけでは解決しがたい案件が浮上した際に、京兆家に何かしらの対処を期待するという状況が生まれていたことが読み取れる。それに対し、京兆家がどのような対応をとったのかはよくわからないが、少なくとも分国ではないため、奉書を発給することはなかった。

他方、分国においては、長禄三年を初見として、荘園領主たる寺院を宛所とする奉書が登場している。

【史料3】［勝元31］[28]

摂津国高山庄地頭職年貢事、沙汰人百姓等難渋云々、事実者太不可然、所詮任寺家当知行旨、可被致催促、若尚令無沙汰者、可被注進交名之由候也、仍執達如件、

長禄三

十月十五日　為久（清）（花押）

宛所無		計
1	1.4%	71
1	2.4%	41
0	0.0%	14
1	1.5%	67
2	2.0%	98
0	0.0%	42
0	0.0%	113
2	1.0%	193
0	0.0%	20

勝尾寺衆徒御中

所領における年貢無沙汰を訴えてきた摂津の勝尾寺に対して、その支配を認めたものである。ここで注意したいのは、これ以後はしばらく寺社宛ての奉書がみられないということである。そして、北野社家に宛てた文明三年（一四七一）の［勝元46］を皮切りに、京都周辺に所在する寺社宛ての奉書が急増し、以後、表2に示したように普遍的となっていく。このように、寺社宛ての奉書は、京都の寺社を対象に含むことで本格的になることを強調しておきたい。

【史料4】［勝元48］

摂津国住吉郡五箇庄内我孫子屋次郎知行分田地等事、養徳院令寄附云々、早任彼状之旨可被全領知之由候也、仍執達如件、

文明三
十一月廿五日　家兼（飯尾）（花押）

当住持

【史料5】(29)

摂津国住吉郡五箇庄内我孫子屋次郎男知行分田地等事、令寄附養徳院云々、早任彼状之旨可被全寺家領知之由、所被仰下也、仍執達如件、

文明三年十二月三日

大和守（飯尾元連）（花押）

下野守（布施貞基）（花押）

表2　京兆家奉行人奉書の宛所

時　期	期　　間	被官宛		武家宛		公家宛		寺社宛		地下宛	
それ以前	～文明5.12.19	64	90.1%	0	0.0%	0	0.0%	6	8.5%	0	0.0%
義尚期	～長享3.3.26	28	68.3%	1	2.4%	0	0.0%	11	26.8%	0	0.0%
義稙前期	～明応2.④.25	7	50.0%	0	0.0%	0	0.0%	2	14.3%	5	35.7%
義澄期	～永正5.6.8	24	35.8%	1	1.5%	4	6.0%	19	28.4%	18	26.9%
義稙後期	～永正18.3.7	21	21.4%	0	0.0%	10	10.2%	31	31.6%	34	34.7%
義晴前期	～大永8.5.28	16	38.1%	0	0.0%	3	7.1%	9	21.4%	14	33.3%
義晴在国期	～天文3.9.3	18	15.9%	2	1.8%	1	0.9%	40	35.4%	52	46.0%
義晴後期	～天文15.12.20	30	15.5%	0	0.0%	2	1.0%	61	31.6%	98	50.8%
義輝前期	～天文18.6.27	1	5.0%	0	0.0%	1	5.0%	10	50.0%	8	40.0%

註）時期区分は，本文註（4）浜口論文による。

当院雑掌

北野社家宛てとほぼ同じ頃のもので、安堵の対象となる大徳寺養徳院領は分国の摂津に所在するものの、それを要求したのは京都の荘園領主ということになる。注目したいのは、京兆家奉行人発給のものが一一月二五日付、幕府奉行人発給のものが一二月三日付となっていることである。ここから、京兆家が幕府の命を遵行したのではなく、大徳寺が幕府と京兆家それぞれに奉書を求めたことは明白となる。

この時期に将軍の意を奉じた管領奉書が事実上消滅することから、奉書の対象拡大は、幕府の志向が管領政治から将軍親政へと変化したことと対応しているように見受けられる。[30] すなわち、宿老政治から側近政治へと規模を縮小することで幕府は再建を目指したが、その結果として幕府と京兆家は互いに自立化する傾向にあった。そのため京都の荘園領主たちも、幕府と京兆家の双方に安堵等を求めるようになるのである。奉書の整備・拡大はその結果と捉えることができよう。

それを裏付けるかのように、延徳二年（一四九〇）に細川政元と不仲の足利義稙が将軍になると、その翌年を初見として地下宛ての奉書も登場する。政元期の事例になるが、参考までに掲げておく。

【史料6】[31]

東禅院領摂州西成郡津村郷百姓等事、為不入之地、寺家進退之処、号他被官、有不勤諸公事之輩云々、言語道断次第也、所詮堅被停止訖、若有違犯之族者、可被処厳科之上者、可註進交名之由候也、仍執達如件、

延徳三
六月卄日　　家兼（花押影）（飯尾）

当所名主百姓中

南禅寺東禅院の訴えに応じて、摂津の所領における違乱を停止したものである。寺社宛ての奉書が登場してから普遍化するまでには時差があったが、地下宛ての奉書については表2に示したように、登場と同時に普遍的に

発給されるようになる。こうして、被官への命令文書に限定されていた奉書の機能は拡大し、幕府奉行人奉書に大幅に近づく。それもあって、勝元期から政元期にかけて奉書の数はさらに増大する。

3　分国外における奉書発給の開始

前項でみたように、京兆家奉行人は早くから山城での調停も期待されていたが、京兆家の分国外には奉書を発給しないという枠組を守り続けていた。その一線を越えて、山城を対象とした奉書が登場するのは、文明一八年（一四八六）のことだと今谷明氏は指摘し、山城守護である畠山政長の後退時期と関連付けて捉えた(32)。しかし、表1に示したように、山城を対象とした奉書は応仁元年（一四六七）を初見として、勝元期だけでも三例が確認できるので、守護職とは別個の問題として捉えるべきであろう。

【史料7】［勝元39］

寒河一法師申、号之光（寒河）譲事、可明申之旨、度々被仰之処、于今無其儀之条、太不可然、所詮来春早々可有出対之由候也、仍執達如件、

応仁元
十二月廿七日　　　　　　　慶琛（清為久）在判

寒河弥次郎（元信）殿

東寺領山城国上久世荘の公文職相続をめぐる寒川一法師と元信の相論を解決するため、出頭を命じたものである。寒川氏は京兆家被官なので(33)、奉書本来の被官への命令文書として用いられているし、あくまでも京兆家内部の問題であって、厳密には山城を対象としているわけではない。しかし、山城で起こった問題を解決するために奉書を用いるという新たな展開が、応仁の乱勃発とほぼ同時に起こっている点は注目に値する。

【史料8】［勝元40］

東寺雑掌申、山城国上野庄拝師并東西九条植松庄等半済事、非西岡中脉云々、然者可被止催促之由候也、仍
執達如件、
応仁二
三月四日　　永隆（高安）（花押）
神足孫左衛門尉殿
高橋勘解由左衛門尉殿
寒河越中入道殿
石原弾正左衛門尉殿

山城のうち京都西郊の西岡国人らに宛てた奉書である。応仁の乱の軍事用途として、西岡中脉一帯の半済分が京兆家に与えられたが、西岡国人が適用範囲外にあたる東寺領への催促に及んだため、幕府奉行人奉書によって停止された[34]。【史料8】は、それを遵行したものである。宛所は西岡の国人らであるが、受益者は明らかに東寺であり、対象は山城といってよかろう。幕府奉行人奉書では宛所が「西岡面々中」であったが、【史料8】ではそのなかから四名が選ばれて宛所となっている。これは、彼ら四名が京兆家被官だからであろう。西岡国人は京兆家被官に編成されつつあったが、この段階では神足氏の一族が山名氏の被官となっているように（後述）、まだ一円的に被官化していなかった。奉書はあくまでも被官への命令文書なので、【史料8】のような宛所となっているのである。右の二例から、応仁の乱を契機として奉書の対象が山城に拡大したとしてよかろう。

【史料9】［勝元41］
東寺事為御敵同意之上者、寺領備中国新見庄事、被成御料所、猶御代官者被仰付寺町又三郎（通隆）訖、有自然之
儀者、可被合力又三郎代之由候也、仍執達如件、
応仁二
十月十九日　　慶理（深）在判

「如此《（追筆）》我ら三人者一人ニ一通ツ、被下候、為御心へ《（得）》申上候、案文うつし進上申候、」

東寺が敵方についたので、備中の新見荘は幕府御料所となり、代官として京兆家被官の寺町通隆が任じられたことを通達している。やはり、被官の問題を取り扱ったものとなっている。応仁の乱を契機とする分国外への奉書拡大は、山城に限ったことではなかったのである。

【史料9】は、通隆から奉書を受け取った新見荘の下級荘官である三職が、注進状に添付して東寺に伝わったものである。[35] 追筆にもあるように、同じものを三通受け取った旨が記されているので、三職のもとに届いた時点で案文だったはずである。つまり、繰り返し写されるなかで、差出人である清為久の法名を誤記したり、宛所が脱落したりしたのであろう。見方を変えれば、強いて写す必要がない程度の漠然とした宛所だったともいえるのではなかろうか。加えて、奉書が被官への命令文書であることや、文中で通隆への「合力」が求められていること、そして「備中国被官中」を宛所とする細川政元の書状が複数みられることなどから、[36]【史料9】の宛所は「備中国御被官中」であったと考えておきたい。

【史料10】［勝元47］

妙法院御門跡領高野御所内并修学院下地等事、任去年十月四日彼御成敗之旨、可被全知行之由候也、仍執達如件、

文明三
九月五日　　秀久《（波多野）》（花押）

蓮養伊与公房

【史料10】は、妙法院の闕所地である京郊の下地を、前年の幕府による成敗に従って、高野蓮養坊に安堵したものである。[37] 一見、一般的な寺院に対して遵行したようにもみえるが、宛所の蓮養坊は多くの被官を組織しており、通路を塞ぐなど軍事的な動きが極めて目立つ存在である。しかも、常に京兆家に属して軍事行動を行って

いた。[38] よって、寺院であるため被官化はしていないものの、京兆家が配下の所領を安堵したものと解釈できよう。

以上のように、勝元期の分国外における奉書は、いずれも被官支配の範疇で理解できるものであった。備中への発給事例も踏まえると、奉書の分国外への拡大は、守護職や領国の拡大を意味するのではなく、分国外への被官化の拡大を反映したものと捉えるべきであろう。

二　山城における政元期の奉書

1　山城での奉書発給の契機

京兆家は、京都に程近い摂津・丹波に分国を持つため、裁判権が幕府と交錯しやすい状況にあったと想定される。この点については、丹波における相論に際して、京兆家内衆筆頭の安富元家が「屋形(細川政元)之於分国者、早々公方奉行として、披判之事、且以無謂者也」と主張し、「縦於已後、以奉行御付候共、御請取あるま敷」と幕府奉行人奉書を受け取ってはならないと命じている点に端的に表れている。[39] 村井祐樹氏は、ここから分国内における京兆家裁定の優越性を主張し、幕府裁定権を否定しているとしているが、[40]「早々」とあるように、京兆家による一次裁判権の主張であって、幕府の二次裁判権と役割を相対化したものと理解したほうが無難であろう。いずれにしても、分国内における裁判の主導権を握っているという意識は高かったといえる。

また、京兆家分国内における訴訟は、本来守護代が主体的に裁決を下しており、解決が困難な状況に至って初めて京兆家の奉書による裁決を仰いでいた。[41] そのため、薬師寺長盛の「物書」と呼ばれる藤岡後藤次のように、[42] 守護代家にも右筆がおり、彼らが訴訟に関係する様々な実務を担っていたと想定される。同じく薬師寺家に仕えていた斎藤宗基も、薬師寺国長が所有する細川政元の書札礼をまとめた「書札調様」を筆写している事例などから、[43] 右筆業務を担っていた可能性が高い。彼らはいずれも薬師寺家の被官ではなく、京兆家の被官で、寄子として配属される立場にあった。[44] 裁決の判断基準となる分国における判例は、おそらく彼らのもとに蓄積されていたと想像される。

分国外の山城には、以上のような法秩序や経験の蓄積がないにも拘わらず、政元期には勝元期にも増して奉書が発給されるようになる。ましてやそこは幕府の膝下である。そこで本節では、山城を対象とした政元期の奉書が、幕府奉行人奉書とどのような関係を持ちながら展開したのかという点も意識しつつ、前節と同様に被官支配という範疇に収まるものか否かという視点で分析を進めたい。

なお、明応六年（一四九七）の冬までに、山城守護伊勢貞陸のもと、京兆家被官の香西元長と赤沢朝経が守護代に就任する。田中淳子氏も指摘するように、山城に京兆家の守護公権が及ぶようになるのは、それ以降とみられる。[45] そのため、考察の下限をこの時期に設定することとして、対象となる山城への奉書を表3にすべて掲げておいた（以下、表3から引用する際は、［政元1］のように表記する）。

まず確認しておきたいのは、［政元26］によって元長の守護代補任が知らされ、年貢・諸公事を従来通りつとめるよう通達されていることである。これが、元長の守護代としての初見となるが、しばらくは大きな変化がみられない。そして翌明応七年二月になると、元長による五分一済を下山城五郡に通達する［政元30〜33］が多方面に発給される。これが嚆矢となって、以後守護支配に基づく奉書発給は普遍的なものとなる。本項では、それ以前の奉書を内容によって分類しながら議論を進めていく。

①丹波と山城の国境争い

まず取り上げたいのは、［政元2］である。これは、広隆寺雑掌に宛てて、寺領である山城国巨瀬幡村の地下人が丹波へ越境して開墾することを停止したものである。あくまでも丹波守護の立場で発給したものと考えられるので、本項の検討とは直接関わらないが、このような奉書発給を可能にさせた前提として、前節でみたように文明三年（一四七二）以来、京都の寺社宛てに奉書を発給しはじめていることを指摘しておきたい。

②京兆家被官の所領安堵

京兆家奉行人の飯尾家兼に宛てた［政元10］と、京兆家被官の多田又三郎に宛てた［政元29］[46]は、いずれも所領を安堵したものである。所領に山城の土地を含むが、あくまでも被官支配のための文書といえる。

出　　　典	分類
尊経閣文庫所蔵文書（『長岡京市史』資料編２，192頁）	④
広隆寺文書（『大日本史料』文明17年４月２日条）	①
『久我家文書』299号	③
『久我家文書』300号	③
『久我家文書』301号	③
『久我家文書』302号	③
東寺百合文書つ函４-15号	④
『北野社家日記』長享２年４月22日条	③
『長福寺文書』1075号	⑤
『大徳寺文書別集真珠庵文書』915-11号	②
『久我家文書』515-11号	④
東寺百合文書ひ函125号	④
『葛川明王院文書』774号	④
『久我家文書』334号	⑤
善峰寺文書（東京大学史料編纂所影写本）	④
善峰寺文書（東京大学史料編纂所影写本）	④
東寺百合文書を函338号	⑤
東寺百合文書を函339号	⑤
東寺百合文書を函340号	⑤
東寺百合文書を函341号	⑤
東寺百合文書を函342-２号	⑤
成就院文書（『清水寺史』第３巻戦国時代２号）	⑤
善峰寺文書（東京大学史料編纂所影写本）	④
善峰寺文書（東京大学史料編纂所影写本）	④
善峰寺文書（東京大学史料編纂所影写本）	④
『新修八坂神社文書』中世篇137号	—
勧修寺文書（東京大学史料編纂所謄写本）	④
勧修寺文書（東京大学史料編纂所謄写本）	④
古簡雑纂（東京大学史料編纂所写真帳）	②
東寺百合文書リ函221号	—
東寺百合文書リ函222号	—
東寺百合文書リ函223号	—
『新修八坂神社文書』中世篇138号	—

表3　山城国を対象とした細川政元奉行人奉書

番号	年 月 日	差出	宛　　所
政元1	文明10. 9.23	家兼	神足孫左衛門尉
政元2	文明17. 4. 2	元右	広隆寺雑掌
政元3	文明18. 10. 9	家兼	神足孫左衛門尉・野田弾正忠・高橋勘解由左衛門尉
政元4	文明18. 10. 9	家兼	西岡中脉御被官人中
政元5	文明18. 10. 21	家兼	西岡御被官人中・中脉御被官人中・横大路御被官人中
政元6	文明18. 10. 21	家兼	上山城御被官人中
政元7	長享元. 10. 17	家兼	東寺供僧御中
政元8	長享2. 4. 22	元右	治部少輔・玄蕃頭・長塩又四郎・上原神六・薬師寺備後守・薬師寺三郎左衛門尉・安富新兵衛・一宮修理亮・香川孫房・寺町太郎左衛門尉・秋庭備中守・香河五郎次郎・同六郎左衛門尉
政元9	延徳2. 8. 12	家兼	長福寺納所禅師
政元10	延徳3. 8. 10	貞昭	飯尾長門守
政元11	明応元. 10. 11	元右	当所名主沙汰人中
政元12	明応4. 7. 3	家兼	寒川太郎三郎・大築但馬・植松与三郎・久世孫大郎・大藪左近将監
政元13	明応5. ②. 12	家兼	当院雑掌
政元14	明応5. 8. 10	元右	当所名主沙汰人中
政元15	明応5. 10. 10	家兼	当寺雑掌
政元16	明応5. 10. 10	家兼	当所名主百姓等中
政元17	明応6. 5. 14	元右	東寺雑掌
政元18	明応6. 5. 14	元右	福地新左衛門尉
政元19	明応6. 5. 14	元右	中脉御被官人中
政元20	明応6. 5. 14	元右	下桂庄名主沙汰人中
政元21	明応6. 5. 14	元右	寒川太郎三郎・大築但馬守・久世左京亮・大藪左近将監・三鈷寺雑掌
政元22	明応6. 8. 21	家兼	成就院
政元23	明応6. 9. 7	家兼	当寺雑掌
政元24	明応6. 9. 7	家兼	灰方与七
政元25	明応6. 9. 7	家兼	当所名主百姓中
政元26	明応6. 9. 26	家兼	愛宕郡名主沙汰人中
政元27	明応6. 10. 21	家兼	当御門跡雑掌
政元28	明応6. 10. 21	家兼	山科七郷名主沙汰人中
政元29	明応6. 12. 30	元右	多田又三郎
政元30	明応7. 2. 1	家兼	乙訓郡内国人中
政元31	明応7. 2. 7	家兼	香西又六
政元32	明応7. 2. 7	家兼	郡内名主沙汰人中
政元33	明応7. 2. 7	家兼	郡内名主沙汰人中

註1）細川政元が家督を相続した文明5年から明応7年2月7日までを対象とした。
註2）差出欄を網掛けしたのは案文，それ以外は正文。

③京兆家被官の動員
［政元3～6］は、久我家領東久世荘を増位氏が違乱しているので、久我氏に協力するよう命じたものである。また［政元8］は、洛中を徘徊する罪人の逮捕を命じたものである。いずれも京兆家被官を動員するもので、被官への命令文書である。

④京兆家被官の違乱停止
［政元1］は、京兆家被官である西岡国人の神足孫左衛門尉に宛てて、「山名殿御被官人神足因幡入道跡」の違乱を停止するよう命じたものである。(47) ここから、西岡国人が京兆家被官にまだ一元化されていない様子が読み取れる。［政元12］もまた、西岡のうち五ヶ荘の京兆家被官に宛てて、違乱を停止するよう命じたものである（後述）。

右の二点に対し、［政元7］は東寺に宛てたものとなっている。しかしながら、内容はやはり京兆家被官の寒川氏による違乱を排除するよう通達したものである。また、［政元11］は、久我荘の地下人に宛てたものながら、内容は京兆家被官の山東三郎左衛門尉による違乱を停止したものである。(48) このように、本来の被官への命令文書という範疇には留まるが、受益者の都合に合わせて宛所にも変化がみられるようになる。

京兆家被官以外を宛所とする要望はさらに拡大し、善峰寺領の公文をつとめる西岡国人灰方氏の違乱を排除するよう通達した［政元15・16］にみられるように、寺宛てと地下宛ての複数となることもあった。灰方氏の違乱はなおも収まらず、「右京兆《細川政元》代」宛ての幕府奉行人奉書をうけて、(49) 寺宛て・地下宛て・灰方氏宛ての［政元23～25］にて、違乱停止の遵行がなされている。ここからも明らかなように、灰方氏は京兆家被官である。

［政元27・28］も幕命を遵行し、勧修寺宮門跡の所領を安堵したものである。文中には京兆家被官の名はない

が、幕府奉行人奉書では、「右京兆代《（細川政元）》」に宛てて「香川五郎次郎《（満景）》競望」を退けるよう命じている[50]。香川氏は年寄衆なので、奉書ではその名を掲げるのを憚ったのであろう。［政元13］も違乱を退けたもので、右の事例同様に違乱の主体は記されていないが、ここまでの事例を踏まえれば京兆家被官による違乱があったと考えるのが妥当である。

以上のように、山城国内への奉書発給は守護職に基づくものではなく、あくまでも京兆家被官に対する命令という形で進展していった。のちに宛所が被官限定ではなくなるように、山城への奉書展開を後押ししたのは、文明三年を皮切りに登場する京都の寺社宛て奉書であったといえよう。さらに拍車をかけたのは、延徳三年（一四九一）の【史料6】を初見とする、地下を宛所とした奉書の登場ではないかと考えられる。なぜなら、早くも翌明応元年には、山城国内でも［政元11］のように地下宛ての奉書がみられるからである。このように山城国内への奉書発給にあたっては、被官への命令という枠組を残しながらも、受益者の要望に応じて様式の制限を徐々に緩和していく。柔軟な対応が可能になるという意味では、この緩和は京兆家にとっても都合のよいものであった。

⑤幕府奉行人奉書の追認

ここまでみてきた事例は、いずれも京兆家による被官支配の文脈で読み取れるものであったが、そのように読み取れない事例もいくつか存在する。

延徳二年八月の［政元9］については、当時の政治状況を踏まえる必要がある。これより以前、長享三年（一四八九）に将軍足利義尚が没し、その父義政も翌延徳二年正月に没していた。将軍後継者は、義尚のかつての対立候補であった足利義視の息義稙に決まっていたが、四月以降、義政室の日野富子と義視の折り合いが悪くなり、富子は細川政元に急接近する。政元は、堀越公方足利政知の次男清晃を次期将軍に推していたため、義稙を将軍とすることを快く思っていなかったらしく、将軍宣下にあたっての管領就任を避け続けていた。ようやく、同年七月にしぶしぶ管領就任を受け入れ、義稙は将軍の座につく(51)。

折しも右の溝が深まっていた頃、延徳二年六月九日付の山田盛連を奉者とする奉書をもって、日野富子は長福寺に対して「上様御料所」を寄進している(52)。将軍不在時に次期将軍と対立する立場から御料所を寄進するという極めて特殊な奉書だが、幕府奉行人奉書と同等の役割を担っているといえよう。それから二ヶ月後の［政元9］は、「任去六月九日奉書之旨」とあるように、山田盛連の奉書を遵行する形で発給された。この間に将軍宣下をうけた義稙が、日野富子による寄進を反故にする可能性が生じたので、長福寺は政元による寄進の追認を求めたのであろう。

次に取り上げる［政元14］では、明応五年七月二八日付の幕府奉行人奉書を八月一〇日に遵行している(53)。その内容は、将軍家の御料所である久我荘内の法久寺・山内跡を、代官として将軍近習の飯川国資に預けるというものである。ところが、直後の八月二七日付で発給された別の幕府奉行人による奉書では一転しており、法久寺・山内跡は正しくは大御乳人局の知行なので、国資による競望を退けるよう命じられている(54)。最初の幕府奉行人奉書が覆りそうになったことを察知した国資が、念押しのために京兆家の遵行を要望したのではなかろうか。

以上の二例は、京兆家による被官支配の文脈では読み取れないが、将軍宣下からまもない時期の御料所の取り扱いに関する問題である点が一致している。室町幕府の管領制は、事実上戦国期には廃されているが、よく知られるように将軍宣下のときだけは、京兆家当主が管領に就任する。それは単なる儀礼上だけのものではなく、その前後に限定して戦国期に途絶えていた管領奉書も発給している(55)。よって、右にみた二例も、管領として幕府奉行人奉書を追認した特例ではないかと考えられる。

また、右の二例には、幕府の判定が覆りそうな場合に、それを制止すべく京兆家に追認を依頼するという状況も共通している。［政元22］は、清水寺境内における禁制が近年守られていない状況に鑑み、改めて守るべき旨を定めたものである。当初の禁制が残っていないため断言はできないが、上記二例を踏まえるならば幕府の禁制を守るよう定めたものではなかろうか。

［政元17〜21］は、五ヶ荘と八条西荘の間で争われた用水相論について、幕府奉行人奉書の裁定に従って用水を折半するよう命じたもので、やはり追認の事例に属す。この問題については、京兆家被官に宛てた［政元12］にて一旦解決が図られたが、今回は相論で敵対した幕府政所執事の伊勢家被官である福地氏(56)にも宛てるなど、計五通の奉書が作成されている点に大きな相違が認められる。

右の相論は、幕府と京兆家の関係性を詳しく追うことができるので、項を改めて検討することとするが、以上のような幕府奉行人奉書の追認が香西元長の守護代就任直前に集中することには注意したい。すなわち、幕府や守護伊勢氏のみでは秩序を維持しがたい状況に陥り、京兆家による課題の解決に受益者たちの期待が集まっていたのではなかろうか。

その一方で、山城での支配の経験が少ない京兆家は、あくまでも受益者に提示された幕府奉行人奉書を追認するに留まっていた。ただし、幕府の裁定が覆りそうになって初めて受益者が京兆家に追認を求めていることから、追認とはいっても奉書発給の段階では幕府の意思と反していた可能性が高い。その場合、幕府の一機関として発給しているのではなく、浜口氏が指摘するように、幕府の制度外から奉書を発給していることになる。その点についても、次項で詳しく検討したい。

2　相論における幕府と京兆家の齟齬

地蔵河原用水の相論は、東寺領上下久世荘のほか牛ヶ瀬・大藪・三鈷寺領の五ヶ荘と石清水八幡宮領八条西荘

表4　地蔵河原用水相論の裁定

符号	年月日	文書種別	用水権	出典
A	文明11. 8.26	幕府奉行人奉書	西荘	を函258号(『室奉』1176)
B	文明11. 8.26	幕府奉行人奉書	西荘	を函259号(『室奉』1177)
C	明応3. 7.23	幕府奉行人奉書	西荘	ト函135号(『室奉』1944)
D	明応3. 8.19	幕府奉行人奉書	西荘	ニ函88号(『室奉』1947)
E	明応4. 4.11	幕府奉行人奉書	西荘	(ひ函125号)
F	明応4. 7. 3	京兆家奉行人奉書	西荘	ひ函125号[政元12]
G	明応5. 4. 5	幕府奉行人奉書	五ヶ荘	ひ函130号(『室奉』2003)
H	明応5. 4. 5	幕府奉行人奉書	五ヶ荘	ひ函131号(『室奉』2004)
I	明応5. 4.15	安富元家書状	五ヶ荘	カ函181号
J	明応5. 4.15	薬師寺元長書状	五ヶ荘	ヲ函171号
K	明応5. 4.15	幕府奉行人奉書	(停止)	フ函161号(『室奉』2005)
L	明応5. 4.25	幕府奉行人奉書	(呼出)	ヲ函118号(『室奉』2012)
M	明応5. 5. 6	幕府奉行人奉書	(呼出)	フ函162号(『室奉』2014)
N	明応5. 5.28	幕府奉行人奉書	折半	を函333号(『室奉』2018)
O	明応5. 5.28	幕府奉行人奉書	折半	ト函131号(『室奉』2019)
P	明応6. 3.27	京兆家奉行人奉書	西荘	(を函338号)
Q	明応6. 3.28	安富元家書状	西荘	を函436号
R	明応6. 5.14	京兆家奉行人奉書	折半	を函338号[政元17]
S	明応6. 5.14	京兆家奉行人奉書	折半	を函339号[政元18]
T	明応6. 5.14	京兆家奉行人奉書	折半	を函340号[政元19]
U	明応6. 5.14	京兆家奉行人奉書	折半	を函341号[政元20]
V	明応6. 5.14	京兆家奉行人奉書	折半	を函342-2号[政元21]
W	明応6.—.—	幕府奉行人奉書	西荘	(ニ函113号)
X	明応8. 8.24	幕府奉行人奉書	西荘	ニ函113号(『室奉』2137)
Y	文亀2.10. 7	京兆家奉行人奉書	西荘	を函403号

註)　出典欄は東寺百合文書の文書番号。

（以下、西荘）の間で争われた。五ヶ荘は桂川右岸の西岡のうちに位置しており、桂川を挟んで向かい合う西荘と取水をめぐって争うのは、宿命的であったといってよい。この相論については、宝月圭吾氏の研究を嚆矢としてしばしば注目されており、双方の運動によって幕府の裁定が二転三転する朝令暮改の様子が知られている[57]。ただし、その認識には、京兆家の関与が完全に欠落するという大きな問題が残されている。実際には、表4に示したように、幕府と京兆家の双方から度々裁定の結果が通知されており、それぞれが相互に作用したため、用水権を西荘と五ヶ荘のいずれに認めるか、あるいは折半にするか、その都度変転するのである（以下、表4から引用する際は、それぞれに付したアルファベットを用いることとする）。京兆家の関与については、すでに稲葉継陽氏も詳しく触れているが、五ヶ荘を主体としてこの相論を描いているため、幕府と京兆家の相互関係については議論が尽くされていない(58)。そこで以下では、従来の研究に基づいて相論の概略を述べつつ、幕府の裁定と京兆家の裁定がどのように影響しあったのかみてみたい。

この相論の契機となった文明一一年（一四七九）の訴訟では、新規に取水口を開いた久世荘が非難され、西荘の用水権を認めるAとBの幕府奉行人奉書が発給された。しばらくのちにこの問題は再燃し、明応三年（一四九四）には、改めて西荘の既得権がCとDの幕府奉行人奉書にて認められる。歴史的にみれば、用水権の正当性は西荘にあったといえるだろう。

ところが、右の結果を不服とする久世荘の公文が、明応四年七月に領主の東寺へ自身の正当性を訴え、翌八月から幕府の再審理が始まる。その再審理が始まる直前に、次のような奉書が発給されている。

【史料11(59)】F

八幡宮領山城国西八条西庄用水事、任去年七月廿三日、同去四月十一日公方奉書旨、彼庄内大方殿様《日野富子》御買得田地在之上者、可被停止其綺之由候也、仍執達如件、

明応四
七月三日　家兼《飯尾》判

寒川太郎三郎殿《家光》
大築但馬殿《盛次》
植松与三郎殿
久世弥太郎殿
大藪左近将監殿《国治》

宛所は、西岡に拠点を置く五ヶ荘それぞれの公文ら荘官である。明応三年の裁定後も五ヶ荘の違乱は停止しなかったようで、史料は残らないが明応四年四月一一日にも改めてEの幕府奉行人奉書が発給されたことを確認で

きる。さらに五ヶ荘の再審理の動きを察知した西荘は、【史料11】の奉書を京兆家に求めたことになる。実際に京兆家に掛け合ったのは、以後の動向を踏まえると、伊勢家の被官で西荘の公文をつとめていた福地光長と考えられる。一円的に京兆家被官となっている西岡国人らの動きを停止するには、被官への命令文書である奉書が有効だと判断したのであろう。この段階では、あくまでも従来の範疇における奉書の発給であったといえる。また、京兆家は幕府の裁定を尊重する姿勢で臨んでおり、あくまでも追認したに過ぎないことが【史料11】からは読み取れよう。

以上のような西荘側の思惑に反して、時すでに遅く、再審理が始まることとなった。しかも、それと同時進行で、五ヶ荘のうち牛ヶ瀬は、本所である勝菌寺を通じて同じ案件を幕府に提訴した。

【史料12】I

勝菌寺領西岡中脉五ヶ郷内牛瀬村桂□(地)蔵河原用水事、自往代寺家進退無□(相)違之処、近日福地新左衛門尉(光長)号新
儀押留□(之)条、為　公儀御沙汰為御糺明、雖被成問状奉書、□(不)能注進間無理之所、致□既相留耕作之上者於□
細者追而可被経御沙汰、至□用水者如先々可引用之□去五日公方御下地(知)如此□、各可被存知候、恐々謹言、
(明応五年)
四月十五日　安富元家
(西岡カ)
□□
御被官中次御中

京兆家内衆の筆頭である安富元家が、「去五日公方御下地(知)」すなわちGとHの四月五日付幕府奉行人奉書の内容に従うよう通達したものである。GとHの内容は、【史料12】の文中にもあるように、勝菌寺ルートの糺明を遂げるなかで問状に対して西荘からの回答がなかったために、訴訟を放棄したものと見なして五ヶ荘側に用水権を認めるというものである。しかし実際は、まだ東寺ルートの再審理の最中で、Kの四月一五日付幕府奉行人奉

書に「牛瀬地下人等所行、閣本奉行人、付別人企訴訟」とあるように、GとHは、再審理を進めていた幕府奉行人とは別の奉行人が、牛ヶ瀬の地下人らに謀られて発給したものであった。そのためKの幕府奉行人奉書によって、GとHの内容は反故とされた。

問題は、牛ヶ瀬の地下人による企てに、元家が同調して【史料12】を発給したのか、あるいは企てとは知らずに発給したのかということである。その点で着目したいのは、「被官申次」を宛所として被官層に広く周知するという文書の様式である。これは、内衆筆頭である元家独特の様式で、文亀二年（一五〇二）にも「中脉御被官申次」「西岡御被官申次」「上鳥羽御被官申次」を宛所として喧嘩の停止を求める事例があるが(60)、他には例がみられない。【史料12】を求めたのは、受益者たる五ヶ荘側の人物であることは間違いないが、なぜ一般的な奉書ではなく、このような特殊な書状にて利権の保証を求めたのであろうか。当時の奉書は、元家のような京兆家の年寄衆に依頼して発給される体制をとっていたので(61)、元家から書状を得ることができる立場ならば、より確実な奉書を入手するのが順当なはずである。

おそらく元家に奉書を求めると、元家は奉行人を通じて【史料11】の存在に気付いてしまう可能性が高いと予想したのではなかろうか。すなわち、先例からすると五ヶ荘には正当性がないということを認識してしまうのである。これは単なる憶測ではなく、実際に元家は、のちに【史料11】の存在に気付いて考えを改めていることにもよる。その点は後述する。

また、GとHの幕府奉行人奉書は牛ヶ瀬の地下人が入手したとされるが、元家の書状に関しては、次の史料から五ヶ荘の別の村落も関与している可能性が高いと思われる。

【史料13】J

勝園寺領牛瀬村桂地蔵河原用水事、福地新左衛門尉《光長》構新儀押留条、為糺明被成問状之処、遂不及注進上者、

任公方御奉書之旨、如先々可被引彼用水間、可有合力之由被仰出候、此方与力衆、各被仰合可有御合力候、
恐々謹言、
（明応五年）卯月十五日　　薬師寺備後守
元長
神足孫左衛門尉殿
高橋与三殿
物集女四郎右衛門尉殿

元家とともに年寄衆を構成する薬師寺元長も同日付で、GとHの幕府奉行人奉書の内容を周知しているのである。宛所はいずれも西岡国人なので、【史料12】と重複して通達されたこととなるが、年寄衆がこのように同日付で同一対象に通達するのも珍しい。二通が同時に発給された理由は、次のように考えることができる。

西岡国人は、一円的に京兆家被官となっていたが、直属の被官と年寄衆の寄子（与力）として配属されている者もいた。【史料13】は「此方与力衆、各被仰合」とあるように、そのうち薬師寺家の寄子に周知するよう通達したものである。【史料13】の宛所三家は、西岡国人のなかでも比較的有力な家柄として知られるが、彼らはいわば薬師寺家寄子の「申次」なのである。永正元年（一五〇四）に薬師寺元一が政元に対して起こした反乱では、淀城主の藤岡氏や梅津氏などの「ヨリ子」のほか、神足氏や物集女氏も与同して討死していることから、寄子としての紐帯は強かったものと思われる[62]。

なお、のちの細川晴元段階の事例であるが、上下久世荘の公文も「上庄寒川太郎五郎右京兆被官・下庄久世弥太郎（国長）薬師寺与力」となっており、直属被官と薬師寺家寄子の構成となっている[63]。そして久世の利倉氏もまた、薬師寺の乱に与同して没している[64]。このような状況から、牛ヶ瀬単独ではなく、五ヶ荘の直属被官と薬師寺家寄子が連携しながら元家と元長の書状を得たと考えておきたい。

右にみた五ヶ荘の画策を間に挟みつつも、再審理は継続され、LやMなどで幾度か召喚されたのち、明応五年五月二八日付のNとOにて幕府の裁定が下される。そこでは、西荘に用水権を認めるという過去の幕府の裁定を覆して、用水を折半するという結論を申し渡している。牛ヶ瀬の地下人などによる企てが露呈しつつも、五ヶ荘側の主張がついに認められることとなったのである。こうでもしなければ相論が終わりをみないということもあったが、五ヶ荘側に立って判断を下した京兆家の面目を立てた可能性も否定できまい。当然のことながら、西荘はその判決に納得することがなかった。

【史料14】Q

石清水八幡宮領当国西八条西庄用水事、就五ヶ庄之沙汰人等押防、雖被成去々年七月三日奉書、尚企濫訴、為無支証掠申　公儀、依令用水違乱、西庄同大方殿様（日野富子）御買徳田地令不作之条、太不可然、所詮任度々御成敗之旨、可被止其綺、若有難渋者、可被処厳科之由、昨日廿七日被成御下知候、早可被得其意事可為肝要候、

恐々謹言、

（明応六年）三月廿八日　安富元家

寒川太郎三郎（家光）殿

久世孫太郎殿

ここでは元家が、「去々年七月三日」に発給されたFの奉書にまで遡って、本来の幕府の裁定に従って西荘に用水権を認めるべきで、折半という裁決は幕府を掠めたものだと主張している。右の主張の根拠となる「昨日廿七日」の「下知」とは、後掲【史料15】に「去三月廿七日」の「奉書」とあるように、現物は確認できないがPの京兆家奉行人による奉書のことである。Pの奉書は、「桂地蔵河原用水事、去年（明応五年）為公儀及御糺明、三問三答之外被遂対決、二ヶ中分落居候処、今度福地新左衛門尉（光長）掠申、御屋形様（細川政元）御成敗申請、用水於為一郷進退仕」とある

ように(65)、西荘の公文である福地光長が京兆家に請うて得たものであった。伊勢家被官の福地氏ですら、守護伊勢家ではなく京兆家を頼る状況になっているのである。また、【史料14】からは、先例の調査や奉書の発給を経ることなく【史料12】を発給してしまったことによって、本来の水利秩序が崩れてしまったことを、元家が反省していたことも読み取れるのではなかろうか。京兆家被官ではなく、他家の被官を擁護している点にも、裁許の正路を重視していることが表れている。

しかし、これはこれで、用水を折半するというNとOの幕府奉行人奉書と齟齬するものであった。そのため、久世荘の領主である東寺は、赤沢朝経（沢蔵軒宗益）を通じてPを反故にするよう働きかけた(66)。朝経を選んだのは、元家と対抗しうる京兆家内衆と判断したためであろう。

【史料15】Ｖ

東寺領城州久世上下庄以下五ヶ庄与石清水八幡宮領同国西八条西庄用水相論事、去年両方被遂糺明、西庄与五ヶ庄令和談、既被折中、以用水半分宛可耕作旨、依被成公方御下知、於五ヶ庄者雖任　上載《裁》、至西庄者令違背之、剰一円可進退段、去三月廿七日掠給奉書条、言語道断次第也、所詮任去年五月廿八日御奉書之旨、相互可被受用之由候也、仍執達如件、

明応六
五月十四日　　元右《斎藤》在判

寒川太郎《家光》三郎殿
大築但馬守《盛次》殿
久世左京亮殿
大藪左近将監《国治》殿
三鈷寺雑掌

その結果、【史料15】では西荘の用水権を認めるPの奉書が否定され、京兆家も幕府の最終判断に従って用水を折半するという判断に落ち着いた。この用水相論に関する最初の奉書では、【史料11】でみたように京兆家被官に対する命令文書の体裁を保っていたが、今回の宛所には被官とは異なる立場の「三鈷寺雑掌」が加わっている。さらには、久世荘の領主である「東寺雑掌」に宛てたRのほか、西荘公文の「福地新左衛門尉」に宛てたS、周辺の「中脉御被官人中」に宛てたT、そして五ヶ荘の上流域に接し地蔵河原用水の取水口にあたる「下桂庄名主沙汰人中」に宛てたUも同時に作成された。

京兆家被官ではない福地氏に対する命令文書となっている点に、これまでの奉書との相違がみられるが、そもそも福地氏から京兆家へ働きかけたことによって相論が混乱したということや、判決がいずれかの勝訴ではなく、双方に得分を認めると同時に規制も求める折半という結論となったため、このような形になったものと推測される。京兆家に対する期待の拡大や混乱の拡大を反映して、宛所の対象も拡大していったが、西荘の地下や本所である石清水八幡宮などを宛所とはしていないように、西岡の被官を支配する立場から幕府の裁定を追認するという姿勢を完全には崩していないとみられる。

明応八年になると、福地氏は再び京兆家に働きかけて奉書を得ようとした。

【史料16】(67)

尚々御返事慥可取候、牛瀬之代官被相待候間、急度申候、

罷上雖可申候、聊取乱子細候間、以折紙注進申候、仍東田井地蔵河原就用水之儀、福地方より屋形之御前衆ヲ憑御奉書を可申之旨相定候処、牛瀬之代官被聞付、殊彼御前衆与近付之事ニ候間、相支候て被置候、就左様之儀礼物弐拾貫文余為惣郷可入之由被申候、如何ニ可仕候哉、依御返事可致其意得候、今時分於此方者少も引替あるへからす存候間、旁以為御心得令申候、恐々謹言、

公文（寒川）家光（花押）

（明応八年）卯月七日

公文所御坊

人名は伏せられているが、「屋形之御前衆」とは中条家賢のことである[68]。彼と縁のあった牛ヶ瀬の代官は、福地氏の企みを即座に聞きつけ、上久世荘の公文である寒川家光を通じて、礼銭二〇貫文余を用意すれば、御前衆に対して撤回を求めることも可能だと東寺に通知してきた。牛ヶ瀬の代官とは、「牛瀬ノ大ツキ」ともみえるように[69]、【史料15】の宛所の一人である大築盛次と考えられる。東寺がこの礼銭の一部を支払っていることから[70]、右の裏工作は実行に移されたようである。

ところが、Xの明応八年八月二四日付幕府奉行人奉書では、改めて西荘による用水の一円支配を認めている。そこには「去明応六年如元一円被返付社家、被成奉書」とあって、現物は確認できないが明応六年にもWの奉書にてすでに西荘の用水権を認めていることがわかる。Wの発給日は不明ながら、【史料15】では明応六年の幕府奉行人奉書について触れられていないので、発給の日付は【史料15】の五月を遡ることはなく、かなり近い時期だと考えられる。つまり、用水を折半にするという幕府の裁定に京兆家が同調したのと前後して、逆に幕府も西荘の用水権を認めるという京兆家の裁定に歩み寄ったのである。

右のように、幕府と京兆家の裁定は行き違いになることも多かったが、Yの文亀二年の奉書では「去明応八年被成公方奉書」とあって、この段階には幕府・京兆家ともに西荘支持の姿勢は固まっている[71]。しかし結局のところ、翌文亀三年の在地における交渉で、用水を折半することでこの相論は決着がつくこととなる。

以上の経過から、今回の用水相論における京兆家の判断は安富元家が中心になって下していたこと、元家は独自に判断を下すのではなく、幕府の裁定を尊重していたことが確認できる。京兆家にとっては、あくまでも被官関係の問題で関与したのが始まりで、自らの権限の範囲で対応しようとしていた。一方の受益者たちは、前項でもみた通り、幕府の判定が覆りそうな場合にそれを制止すべく京兆家に追認を依頼するところから始まっているので、最終的には幕府の裁定を左右するところまで期待しているのである。ゆえに、京兆家は当初想定していた被官支配のレベルよりも、深く関与せざるを得なくなっていく。

それに対し、幕府も京兆家による判断に配慮しながら奉行人奉書を発給していた。西荘・五ヶ荘双方の企てがあったことや、幕府と京兆家の間に指揮系統や役割分担がなく、別個に判断していたため、意思の統一が図れずに裁決に齟齬を来すことも多かったが、基本的には相互に歩み寄りを意識していたといってよかろう。むしろ、歩み寄るがゆえに混乱を極め、結果幕府の裁定だけを追いかけると朝令暮改のごとく映ったのである。

おわりに

本章で検討したことについて、簡単にまとめておく。

幕府の縮小に伴い、京兆家では独自の奉書様式と奉行人体制が確立した。奉書は、分国支配における被官への命令文書として成立したが、勝元期の後半になると寺社宛てのものが登場するなど、受益者の要望に応じて適用範囲が拡大し、応仁の乱を契機に分国外への発給も始まる。ただし、分国外においては、あくまでも被官支配の範疇で使用されていた。

政元期に入ると、分国内では地下宛てのものが登場し、奉書の機能は幕府奉行人奉書に大幅に近づく。一方で、分国外における奉書は、原則として被官支配の範疇で用いられていたが、勝元期後半に始まる奉書様式の拡充を前提として、受益者の要望に合わせて被官以外も宛所とするようになる。これによって、奉書は柔軟性を高めることとなるが、それでも京兆家は、分国外では自らの持つ被官支配という権限の範囲で対応しようとしていた。

したがって京兆家は、守護職を持たない山城では幕府奉行人奉書の裁定を尊重していた。ところが、京兆家に対する受益者の期待が高まるにつれ、幕府奉行人奉書による裁定が覆りそうな事態となったときに、京兆家にその制止を求めるという現象が生じるようになる。その結果、幕府による当初の裁定を尊重する京兆家と、幕府の現状認識の間に齟齬を生むケースが頻発する。京兆家は被官支配の一環で、受益者の要望に応じているに過ぎないため、幕府との間で調整する義務を持たなかったのである。本章は、奉書に限定した部分的な分析に留まったが、京兆家による被官支配の拡大は、おそらく他の側面でも山城での幕府や守護の支配に混乱をもたらしたと考えられる。このような混乱を解消するには、京兆家を守護支配の傘下に収めて役割分担を明確にする必要があったため、京兆家被官を山城の守護代に任用するという方策が編み出されたのであろう(72)。

以後、山城への奉書発給はある程度普遍的になるが、核心の洛中では幕府による支配が続き、奉書による公事取り扱いが洛中屋地に及ぶようになるのは、今谷氏も指摘するように永正五年（一五〇八）をまたねばならない(73)。このときの京兆家当主は細川高国で、まだ京兆家の家督争いを収めて実権を握ったばかりの頃である。そこで最後に、洛中への奉書発給という画期に着目して、政元期から高国期への展開について展望を述べておきたい。

【史料17(74)】

今度京都之趣其聞候哉、然澄之為家督令在京可成敗之由、被成　御内書之間、馳走如此之処、従阿州近日卒諸勢上洛之由候、其儀候者、国人以下相請専合戦可抽粉骨候、猶安富新兵衛尉（元顕）可申候、謹言、

（永正四年）七月廿日　　澄之（細川）（花押）

木村美作守とのへ

永正四年の政元暗殺後における京兆家の家督争いは、澄之・澄元・高国らによる京都争奪戦の様相を呈した。そのため、「澄之為家督令在京可成敗之由、被成　御内書」と称しているように、京都の治安維持が将軍から家

督争いの勝者に委ねられるようになる。京兆家は、ここで初めて洛中における奉書発給の正当性を得ることとなるのである。本章でみたように、それ以前から京兆家に対する京都の荘園領主たちの期待は高まっていたが、京兆家は自らの権限の範囲を越えて、奉書を発給するようなことはなかったのである。

註

（1）今谷明「管領代奉書の成立」（同『守護領国支配機構の研究』法政大学出版局、一九八六年、初出一九七四年）。
（2）今谷明「細川・三好体制研究序説」（同『室町幕府解体過程の研究』岩波書店、一九八五年）第二節二項の二「管領代添状の発生過程」。この論文の初出は一九七三年であるが、追記でも触れているように、該当箇所は全面的に改稿されている。
（3）小泉義博「室町幕府奉行人奉書の充所」（『日本史研究』第一六六号、一九七六年）。上島有「解説」（日本古文書学会編『日本古文書学論集』八、吉川弘文館、一九八七年）。
（4）浜口誠至「細川京兆家奉行人奉書による幕政の補完と代行」（同『在京大名細川京兆家の政治史的研究』思文閣出版、二〇一四年）。
（5）ただし、前掲註（2）今谷論文では、政元期以前の奉書の変容についても簡単に触れており、本章でも参考にしたところは少なくない。
（6）今谷明「京兆専制」（前掲註（2）今谷著書、初出一九七七年）。
（7）百瀬今朝雄「応仁・文明の乱」（『岩波講座日本歴史』七、岩波書店、一九七六年）。末柄豊「細川氏の同族連合体制の解体と畿内領国化」（石井進編『中世の法と政治』吉川弘文館、一九九二年）。なお、「分郡守護」概念については、山田徹「『分郡守護』論再考」（『年報中世史研究』第三八号、二〇一三年）も参照されたい。
（8）前掲註（7）末柄論文。
（9）川岡勉「室町幕府―守護体制と山城国一揆」（同『室町幕府と守護権力』吉川弘文館、二〇〇二年、初出一九九九年）。
（10）小谷利明「序章」（同『畿内戦国期守護と地域社会』清文堂出版、二〇〇三年）。
（11）今谷明「室町幕府奉行人奉書の基礎的考察」（前掲註（2）今谷著書、初出一九八二年）。
（12）「斎藤基恒日記」嘉吉元年六月条（『続史料大成』一〇）。

(13)　本書第一部補論一「細川高国の家督継承と奉行人」。
(14)　東寺百合文書る函二三号。『醍醐寺文書』四五七―一〇号。
(15)　前掲註(1)今谷論文。
(16)　東寺百合文書に函一五八号。
(17)「斎藤基恒日記」康正元年一一月条。
(18)　刊本では差出人を「兼長」と翻刻するが、写真版にて訂正した。
(19)　勝尾寺文書九四八号（『箕面市史』史料編二）。
(20)　本書終章「戦国期畿内政治史と細川権力の展開」。
(21)「尭孝日記」文安三年正月一六日条（田中登「翻刻『尭孝日記』」〈『青須我波良』第三五号、一九八八年〉）。なお、先述した［参考a］の某元康は、その場に同席する「元康内藤入道」と同一人物かもしれない。
(22)「見聞諸家紋」（『群書類従』第二三輯）。
(23)　末柄豊「勘解由小路家の所領について」（『具注暦を中心とする暦史料の集成とその史料学的研究』研究代表者厚谷和雄、二〇〇八年）。
(24)　永隆の活動については、田中健二「中世の鵜足郡河津・二村両郷について」（『香川史学』第一六号、一九八七年）も参照されたい。
(25)　東寺百合文書る函五九号。
(26)　東寺百合文書あ函四六号。
(27)　東寺百合文書ユ函八九号。
(28)　この事例が荘園領主宛ての初見であること自体は、前掲註(2)今谷論文も指摘している。なお、『箕面市史』史料編二では、［勝元31］および［勝元32］の発給者の署名を読解不能としながらも、「細川道賢奉書」という文書名を与えているが、東京大学史料編纂所影写本にていずれにも清為久の署名と花押があることを確認し訂正した。
(29)　大徳寺文書（『大日本史料』文明三年一二月三日条）。
(30)　前掲註(7)百瀬論文。吉田賢司『室町幕府軍制の構造と展開』（吉川弘文館、二〇一〇年）。
(31)　輯古帖四―八二号（『三重県史』資料編中世一下）。東京大学史料編纂所影写本にて一部修正した。なお、この事例が地下宛ての初見であること自体は、前掲註(1)(2)今谷論文も指摘している。
(32) 前掲註(1)今谷論文。
(33) 寒川氏の動向については、上島有「寒川氏と侍衆の動き」(同『京郊庄園村落の研究』塙書房、一九七〇年)。
(34) 東寺百合文書イ函一〇五号（『室奉』七三六・七三七)。同上ヲ函九六号・京函一一二号・一一三号（『室奉』七四二～七四四)。
(35) 東寺百合文書サ函三五四号。
(36) 「御内書引付」(『続群書類従』第二三輯下三二四頁)。新熊野古文書（東京大学史料編纂所写真帳)。なお、奉書の場合は、後掲表3にみられるように「御被官中」宛てとなる。
(37) 「伺事記録」(『室町幕府引付史料集成』上巻一〇二頁・一七二頁)。
(38) 『武家手鑑』中ノ一六号・二三号・二七号。のちに織田信長方としても従軍しているが（『信長公記』元亀元年九月二五日条・『言継卿記』永禄一三年一〇月三日条)、敵方と内通していることが露見し捕縛されている（『言継卿記』永禄一三年一〇月一五日条)。
(39) 出雲神社文書（『新修亀岡市史』資料編中世一四七九号)。
(40) 村井祐樹「佐々木六角氏発給文書と領国」(同『戦国大名佐々木六角氏の基礎研究』思文閣出版、二〇一二年、初出二〇一一年)。
(41) 本書終章「戦国期畿内政治史と細川権力の展開」。
(42) 鍛代敏雄「淀六郷惣中と石清水八幡宮寺」(同『戦国期の石清水と本願寺』法蔵館、二〇〇八年、初出二〇〇七年)。早島大祐「応仁の乱後の京都市場と摂津国商人」(『立命館文学』第六〇五号、二〇〇八年)。
(43) 「大舘記（二）」(『ビブリア』第七九号、一九八二年)。奥書によると、この史料は、上原賢家からの要請に基づき長享三年（一四八九）に政元側近の太田幸綱がまとめたものを、享禄四年（一五三一）に斎藤宗基が再度写したものである。太田・斎藤の両名については、本書第一部第二章「細川高国の近習とその構成」を参照されたい。
(44) 斎藤氏が寄子である点については、本書第一部第二章「細川高国の近習とその構成」。藤岡氏が寄子である点については、本書第一部第四章「摂津守護代薬師寺氏の寄子編成」。
(45) 田中淳子「山城国における『室町幕府—守護体制』の変容」(『日本史研究』第四六六号、二〇〇一年)。

(46) 多田氏についての論究はないが、安堵された土地が讃岐と摂津の京兆家分国に散在していることや、併せて在京に必要な上京の屋地が安堵されていることから、京兆家被官とみて間違いなかろう。
(47) 神足氏の動向については、拙稿「神足家旧蔵文書の復元的考察」(『史敏』通巻一二号、二〇一四年)。
(48) 山東氏については論究されたことがないので、ここで簡単に触れておく。文明一三年には「山東三郎右衛門尉重堅」の名がみえるものの(「賦引付」〈『室町幕府引付史料集成』下巻三一頁〉)、山東三郎左衛門尉としての初見は延徳元年で、諱は国重と判明する(『葛川明王院史料』一七六号)。京兆家分国である丹波で代官をつとめており、少なくとも明応八年までは活動が確認できる(離宮八幡宮文書一六一号・一六九号)。ところが、それから所見が一旦途切れ、享禄年間(『久我家文書』五一五―七号・八号・一四号・一五号・一六号)に再び山東三郎左衛門尉が久我荘の押領を始めている。彼の諱は継重であることから国重の後継者と考えられ、細川晴元の供として堺に滞在している(井関家文書二―二六号〈『大覚寺文書』上巻〉)。以上の事例から、山東氏は永正五年に細川澄元とともに没落し、のち澄元の嫡子である晴元の被官として再起したと考えられる。したがって、明応元年段階は政元の被官とみてよかろう。
(49) 善峰寺文書(『室奉』二〇六四)。
(50) 勧修寺文書(『室奉』二〇八〇)。
(51) 以上の経緯は、『大日本史料』延徳二年七月五日条などを参照。
(52) 『長福寺文書の研究』一〇七三号。当該地は、日野富子の母「北御所」(藤原苗子・北小路殿)が御料所代官をつとめていたが、長福寺との係争地であった。奉書発給に先立って、義政と義尚の菩提を弔うという名目で北御所が寄進に同意したため(同上一〇七四号)、盛連はその旨を報じている(同上一〇七一号)。
(53) 『久我家文書』三三三号。
(54) 『久我家文書』三三五号。
(55) 政元の事例は、「延徳二年将軍宣下記」(『続群書類従』第二三輯下)、石清水文書拾遺四八―二二号(『石清水文書』六)。高国の事例は、菊大路家文書九七号・一九九号(同上)、宝鏡寺文書三七号(『兵庫県史』史料編中世八)、および大永元年一二月二五日付将軍家御教書(尊経閣文庫所蔵文書〈東京大学史料編纂所影写本〉)。
(56) 福地氏については、比企貴之「山城国守護伊勢貞陸と戦国期の京郊荘園」(『京都府立総合資料館紀要』第四三号、二〇一五年)。

(57) 宝月圭吾「用水争論」（同『中世灌漑史の研究』吉川弘文館、一九八三年、初出一九三四年）。黒田日出男「中世農業と水論」（小山靖憲・佐藤和彦編『絵図にみる荘園の世界』東京大学出版会、一九八七年）。

(58) 稲葉継陽「用水相論と地域財政の展開」（同『戦国時代の荘園制と村落』校倉書房、一九九八年）。

(59) 宛所の人名比定は、東寺百合文書ひ函二〇六号による。

(60) 東寺百合文書つ函四―二三号～二五号。年次比定は東寺文書射・東寺百合文書つ函五―二二号（『室奉』二二六四・二二六五）および「東寺過去帳」No.六五四による。

(61) 本書終章「戦国期畿内政治史と細川権力の展開」。

(62) 「東寺過去帳」No.七四八～No.七五三。「不問物語」永正元年九月三日条にも、「与力神足」と出てくる。京兆家の寄子については、本書第一部第四章「摂津守護代薬師寺氏の寄子編成」を参照されたい。

(63) 東寺百合文書そ函一九五号。薬師寺家与力としての久世弥太郎の動向は、同上い函一一八号・ヱ函三一九号でも確認できる。

(64) 「東寺過去帳」No.七四二。

(65) 東寺百合文書ヲ函一二二号。

(66) 『教王護国寺文書』二二四四号。

(67) 東寺百合文書を函四三八号。

(68) 東寺百合文書を函四四〇号・ツ函一九九号。中条家賢については、本書第一部第二章「細川高国の近習とその構成」。

(69) 東寺百合文書ヲ函一一九―六号。

(70) 東寺百合文書ね函三七号・ひ函一三五号・一三六号・そ函一二九号。

(71) 内容から京兆家奉行人奉書であることには相違ないが、発給者の「之兼」は奉行人には見受けられない名前である。この文書が案文ということもあって、『大日本古文書』をはじめとして、従来は飯尾元兼の誤写と考えられることが多かった。しかし、本書第一部第三章「細川高国の近習と内衆の再編」で示したように、元兼は高国期に活躍する秀兼の後継者であることから、政元期に登場するのは考えがたいので再考を要する。

(72) 念のために述べておくが、訴訟の混乱収拾を主目的として京兆家被官を山城守護代に任用したと考えているわけではない。山田康弘「山城国衆弾圧事件とその背景」（同『戦国期室町幕府と将軍』吉川弘文館、二〇〇〇年）が指摘するように、外部勢力の侵入に対して山城国の安全を保障しうるのは、伊勢家ではなく京兆家の軍事力という状況となっていた。受益者が裁定を求める先のブレは、安全保障をする主体のブレから派生しているのであって、これこそが解決すべき矛盾の本質部分といえよう。山田氏は京兆家被官の守護代任用について、外部勢力と対抗しうるよう、京兆家の軍事力に頼りつつ伊勢家と京兆家の協調関係も維持する体制とみるが、筆者もその点に異論はない。

(73)　永正五年一一月一二日付細川高国奉行人奉書（塚本文書〈東京大学史料編纂所影写本〉）。前掲註(1)(2)今谷論文。

(74)　服部玄三氏所蔵文書（東京大学史料編纂所影写本）。離宮八幡宮文書一七四号（『大山崎町史』史料編）も内容が類似する。

補論一　細川高国の家督継承と奉行人

京兆家当主の細川政元には、澄之・澄元・高国の三人の養子がいた。永正四年（一五〇七）六月に、政元が澄之を推す一派に暗殺されると、澄之派と澄元派に二分しての争乱が始まる。八月には、高国の協力を得た澄元が澄之を討ち、事態は収束するかにみえたが、今度は澄元と高国が不仲となる。それからしばらくして、高国が実権を握り、京兆家当主として政治行動を始める。小論は、この間における高国の立場の変化を奉行人構成から捉え直そうとするものである。

政元暗殺時の京兆家奉行人は清貞昭と飯尾秀兼で、奉書の発給はしばらく途絶えるものの、澄之が倒されたのちに澄元のもとで貞昭が活動を再開する。しかし、秀兼は活動を停止したままで、新たに飯尾元運が澄元奉行人に参入した。一方、高国が京兆家当主に就くと、そのもとで永正五年七月から秀兼が奉書の発給を再開する。それと前後して、新たに斎藤貞船が参入し、やや遅れて飯尾元兼と中沢秀綱も高国奉行人に加わった[1]。

高国奉行人はそれ以外にもいる[2]。永正五年四月一二日付で、鶴原右京亮に宛てて河内国伝宗寺領を安堵する奉書を発給した石田国実と某春兼である。両名の奉書は、そのほかにも存在する。

【史料1】[3]

（細川）澄元御成敗毎々不儀言語道断次第候、就其此方近日可有出張之条、各被抽忠節者可為神妙、随而阿波衆令没落者或搦捕或打留、別而於入魂之輩者可有恩賞之由候也、仍執達如件、

永正五
三月廿六日　（石田）国実（花押）

春兼（花押）

賀茂諸侍中

澄元と対立して三月に伊賀へ一旦退いた高国は、翌月初頭にはすでに上洛の兆しをみせ始めるが、[4]【史料1】はその頃のものである。高国は、程なくして澄元を追って入京を果たし、[5]直後に伝宗寺領を安堵する先述の奉書が発給された。野洲井宣助の買得地等を安堵した国実・春兼連署奉書案も同日付であることから、[6]上洛と同時に所領安堵を一斉に行ったことが窺える。

【史料2】[7]

就野洲井（宣助）買徳地之儀、被成奉書之処、令違背被苅取麦由注進候、言語道断次第候、所詮早可返付由可被申付候、万一於難渋儀者、御上洛刻一段可被加成敗由候、恐々謹言、

（永正五年）五月十三日　石田四郎兵衛尉　国実（花押）

賀茂沙汰人中

周防を発した足利義稙が、四月二六日に大内義興を伴って堺に上陸すると、高国は義稙のもとに馳せ参じ、五月六日には京兆家当主に認定された。[8]「御上洛刻」とあることから、【史料2】は堺に下っていた時期のものと判断される。高国の使者として、上洛してきた足利義稙を一足先に出迎えたことが「不問物語」にみえるように、[9]国実は高国の側近であった。その名は高国の偏諱をうけたものであろう。

そして六月に入ると、一行は堺から上洛してくる。[10]国実は以後も健在だが、[11]これを境として奉行人としての活動はなくなり、先述の京兆家奉行人がそれを引き継ぐ。この奉行人の交替は、いったい何を意味しているのであろうか。

例年実施される細川千句は、京兆家の御前御座敷のほか、摂州座・野州（房州）座・讃州座・丹州座という庶

流家（分国）ごとに分かれた計五座が、それぞれ二〇〇韻ずつ詠むというものである。高国は、このうちの一つを担当する野州家の当主細川政春の長子であった。そこで、野州座で三つ物を詠んだ細川一族を拾い出すと、当初は政春のみだが、明応六年（一四九七）に高国が同席するようになり、しばらくして高国単独となっていることが確認できる。(12)明応六年当時、高国が十四歳であることを踏まえると、元服した頃にはすでに政元との養子契約を解消しており、程なくして野州家当主として自立しはじめたことが窺える。「不問物語」によると、細川元治は「高国末弱年之比、政元養子之契約有」と称して、高国を京兆家の家督に推したというが、これも政元との養子契約が幼少時限定で、すでに解消されていたことを示唆している。

国実の父である石田永本《えいほん》は、入道する以前は春信と名乗っており、(13)姓不詳の春兼とともに、政春の偏諱をうけていると考えられる。いわば永正五年五月までの高国奉行人は、野州家奉行人であった。同様に、政春の跡を継いだ高国の弟晴国が、高国の名跡も継承すると、それまでの野州家奉行人赤木春輔・石田春能に代えて、新たに斎藤国富と中沢国綱を奉行人に抜擢している。(14)これらの事実は、清・飯尾・斎藤・中沢といった幕府奉行人の一族でなければ、京兆家奉行人としての要件を満たさないという原則が存在したことを意味している。

註

（1）今谷明「管領代奉書の成立」（同『守護領国支配機構の研究』法政大学出版局、一九八六年、初出一九七五年）の表2など。
（2）拙稿「河内国楠葉の石清水八幡宮神人と室町将軍家祈願寺伝宗寺」（『枚方市史年報』第九号、二〇〇六年）。
（3）賀茂別雷神社文書Ⅱ―E―二―一七八号（京都市歴史資料館蔵写真版）。文書番号は、『賀茂別雷神社文書目録』（京都府教育委員会、二〇〇三年）による。欠損著しいものの、「梵恕記」永正五年四月一〇日条（飯倉晴武「『梵恕記』について」〈高橋隆三先生喜寿記念論集刊行会編『古記録の研究』続群書類従刊行会、一九七〇年〉）にも両名の連署奉書が写される。
（4）『後法成寺関白記』永正五年三月一九日条・四月一日条。
（5）『後法成寺関白記』永正五年四月一〇日条。

（6）賀茂別雷神社文書Ⅱ―L―六号。

（7）賀茂別雷神社文書Ⅱ―L―一八号。同上一九号もほぼ同文。

（8）『後法成寺関白記』永正五年四月三〇日条・五月九日条。

（9）「不問物語」永正五年四月二〇日条。

（10）『後法成寺関白記』永正五年六月七日条・八日条。

（11）東寺百合文書ノ函三五八号など。

（12）鶴崎裕雄「『二月廿五日一日千句』（細川千句三つ物）と細川政元」（同『戦国の権力と寄合の文芸』和泉書院、一九八八年、初出一九八二年）。

（13）国実が永本に背くことを「おや《（親）》とさかう《（逆）》」と述べていることから、親子関係が判明する（『九条家文書』六一七号）。また、東寺百合文書ヒ函一〇〇号の春信署名と随心院文書五〇号（『長岡京市史』資料編二）の永本署名で花押が一致する。

（14）本書第三部第二章「細川晴国陣営の再編と崩壊」。

第二章　細川高国の近習とその構成

――「十念寺念仏講衆」の紹介と分析――

はじめに

細川政元が分国内の国人から近習を抜擢していたことに初めて着目したのは、末柄豊氏であった(1)。そしてその事実をもって、細川京兆家が国人不登用主義を貫いていたとする今谷明氏の説を批判した(2)。さらに末柄氏は、近習と有力内衆である守護代との間で、対立が生じていたことも明らかにした。換言すれば、管下の国人掌握をめぐって、京兆家と守護代の間で対立が芽生えていたということになろう。また、小谷利明氏は、その前段階の細川勝元期を対象として、近習の役割などについて具体的に析出している(3)。

筆者も、細川高国の近習である柳本賢治が権力化していく過程を分析したが(4)、京兆家近習の研究は右の二点に限られ、高国期を対象としたものがないため、賢治が地位を浮上させていく前提については意を尽くした説明ができていない。その欠を補うべく、本章では高国期を対象として近習の実態に迫りたいと考えている。ここでは、従来の京兆家近習研究が残した課題を踏まえながら、本章の分析方法について説明しておきたい。

課題の一つは、近習として確認されている事例が、数として少ないということにある。したがって、近習と守護代のせめぎ合いが個別的な問題としては理解できても、階層間の矛盾とするには具体性にやや乏しい印象を残す。そもそも近習の事例が僅少である要因は、研究蓄積の少なさだけではなく、当主の近くで重用されている姿をもとに、個別に判断して摘出するという研究方法にも求められる。近習は、守護代のように補任されるわけでもなく、奉行人のように奉書の発給という明確な指標があるわけでもないので致し方ないことだが、ここからは近習の定義に不明確さが残されているという問題も指摘できよう。

右の諸点は、評定衆の事例のように、[5] 近習の構成員を示す交名のような史料を見出すことでまとめて解決できる。かかる視点から、本章では次の未紹介史料に着目する。[6]

十念寺念仏講衆

石田四郎兵衛尉国実（花押）

（連署中略、翻刻・序列は別掲図2の通り）

高橋兵庫助光宗（花押）

西山浄土宗の十念寺（京都市上京区）に伝わるこの史料には、罫紙が用いられており、三二名が横一列に連署している。「十念寺念仏講衆」（以下「講衆」）という表題以外に署判の目的を示す情報はないが、文字通り念仏講の参加者が連署したものとみてよかろう。年代も記されないが、勧進帳のように長期にわたって加筆が繰り返されるのではなく、集まったその日に署判が出揃ったと推測されるので、成立の時期もある程度絞ることが可能かと思われる。ただ、中世の十念寺については、頼るべき確かな史料が極めて限られるため、[7] まずは署判者を分析することが有効な手立てだと判断される。

浜口誠至氏は、高国の奉行人が使者などの近習の役割も兼務していたと指摘するが、[8]「講衆」には高国奉行人がほぼ網羅されている。一方で、細川家の守護代や評定衆を構成してきた有力内衆の名字が、8安富家綱と28内藤貞清を除くと見当たらない。[9] これらの点から、「講衆」の交名は、高国内衆のなかでも近習を中心に構成され

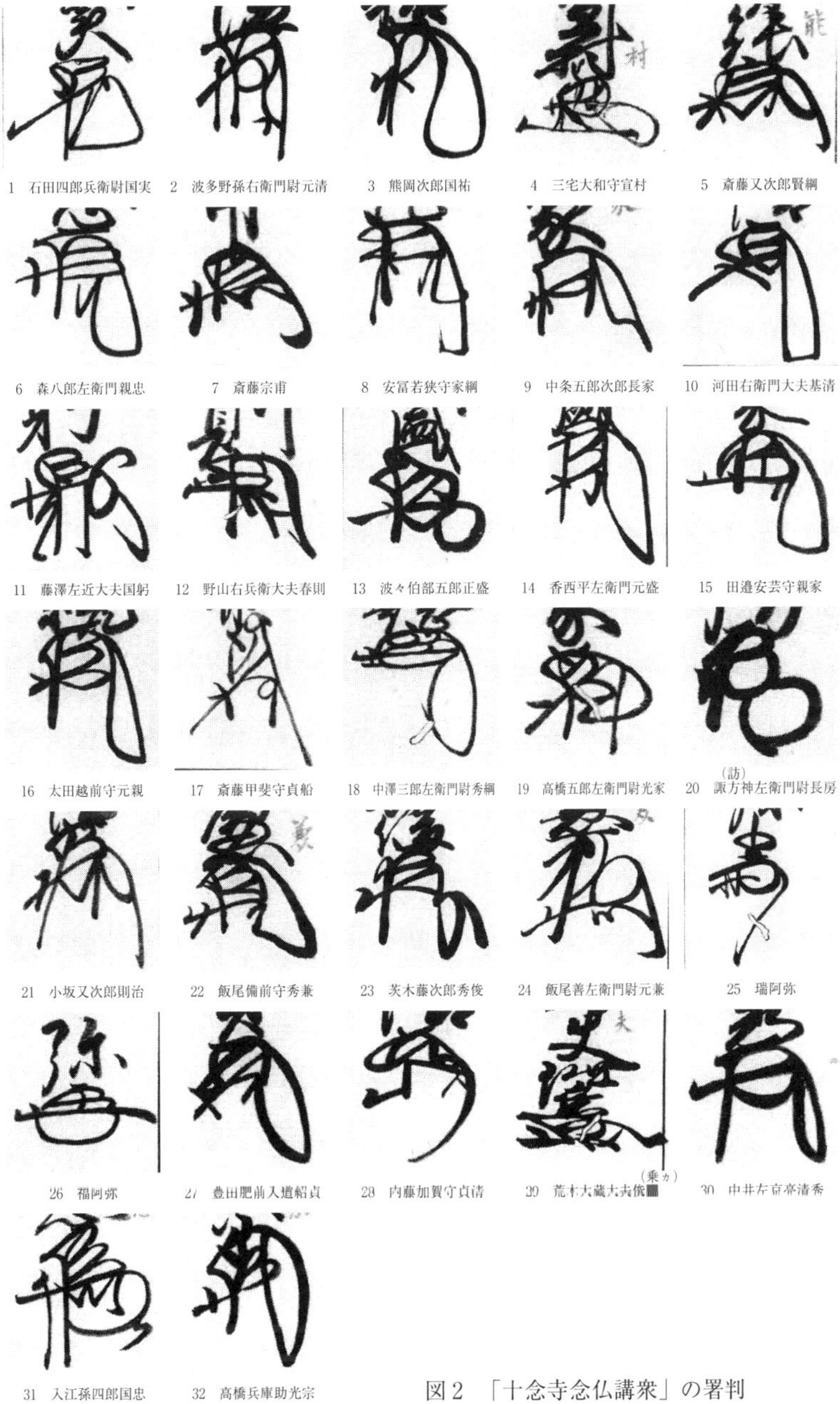

1　石田四郎兵衛尉国実　2　波多野孫右衛門尉元清　3　熊岡次郎国祐　4　三宅大和守宣村　5　斎藤又次郎賢綱
6　森八郎左衛門親忠　7　斎藤宗甫　8　安冨若狭守家綱　9　中条五郎次郎長家　10　河田右衛門大夫基清
11　藤澤左近大夫国躬　12　野山右兵衛大夫春則　13　波々伯部五郎正盛　14　香西平左衛門元盛　15　田邉安芸守親家
16　太田越前守元親　17　斎藤甲斐守貞船　18　中澤三郎左衛門尉秀綱　19　高橋五郎左衛門尉光家　20　諏《(訪)》方神左衛門尉長房
21　小坂又次郎則治　22　飯尾備前守秀兼　23　茨木藤次郎秀俊　24　飯尾善左衛門尉元兼　25　瑞阿弥
26　福阿弥　27　豊田肥前入道紹貞　28　内藤加賀守貞清　29　荒木大蔵大夫侊■《(乗カ)》　30　中井左京亮清秀
31　入江孫四郎国忠　32　高橋兵庫助光宗

図2　「十念寺念仏講衆」の署判

表5　「講衆」の出自別分類

①幕府奉行人一族出身	
5	斎藤又次郎賢綱
7	斎藤宗甫
17	斎藤甲斐守貞船
18	中沢三郎左衛門尉秀綱
20	諏訪神左衛門尉長房
22	飯尾備前守秀兼
24	飯尾善左衛門尉元兼
②守護代一族出身	
8	安富若狭守家綱
28	内藤加賀守貞清
③丹波出身	
1	石田四郎兵衛尉国実
2	波多野孫右衛門尉元清
3	熊岡次郎国祐
13	波々伯部五郎正盛
14	香西平左衛門元盛
27	豊田肥前入道紹貞
29	荒木大蔵大夫俊■
④摂津出身	
4	三宅大和守宣村
6	森八郎左衛門親忠
9	中条五郎次郎長家
16	太田越前守元親
23	茨木藤次郎秀俊
31	入江孫四郎国忠
⑤備中浅口郡周辺出身	
10	河田右衛門大夫基清
11	藤沢左近大夫国躬
12	野山右兵衛大夫春則
15	田辺安芸守親家
⑥その他	
19	高橋五郎左衛門尉光家
21	小坂又次郎則治
25	瑞阿弥
26	福阿弥
32	高橋兵庫助光宗
不明	
30	中井左京亮清秀

ていると想像される。そこで本章では、「講衆」に記される各人の動向を網羅することで右の推測を裏付け、高国近習の全体的な構成を把握することとしたい。

京兆家近習研究のもう一つの課題は、事例の蓄積が乏しいため、当主ごとの時期的な変化までは視野に入っていないということにある。そのため、やや煩雑となるが、個々の近習の出自を可能な限り明らかにすることで、高国近辺の人的基盤がいかにして形成されたのかという点を浮かび上がらせるとともに、政元期からの連続性と高国期の独自性を明瞭にしたいと考えている。

右の課題意識に基づき、本章では、奉行人などの伝統的家職に基づき抜擢された事例と京兆家分国からの採用例をそれぞれ第一節と第二節でまず取り上げたうえで、それらの範疇に含まれない高国独自の事例を第三節で検討するという構成をとる。それと対をなす高国期における近習と守護代のせめぎ合いの検証は、次章にまとめているので適宜参照されたい(10)。なお、結論を先取りして整理すると表5のようになる。

一　家職に基づく抜擢

1　幕府奉行人一族出身

本項で取り上げるのは、幕府奉行人と名字が一致する表5①グループの七名である。

細川高国は、細川家の有力庶流である野州家の当主細川政春の嫡子として生まれた。のちに野州家当主から京兆家当主へと地位が変わった際に、高国は奉行人を幕府奉行人の一族に統一する。[11]奉行人には相応の家格が求められたのである。その結果、高国の奉行人となったのは、17斎藤甲斐守貞船・18中沢三郎左衛門尉秀綱・22飯尾備前守秀兼・24飯尾善左衛門尉元兼および飯尾公則の五名であった。[12]このうち飯尾秀兼・元兼父子が、「講衆」にみる備前守・善左衛門尉をそれぞれ名乗るようになるのは、次章で述べるように永正一四年（一五一七）九月以降のことである。そのため、奉行人としての活動が永正六年一二月までに限られる飯尾公則は、[13]「講衆」に名を連ねないのであろう。また、中沢秀綱は、大永元年（一五二一）までに通称を越前守に改めているので、[14]「講衆」の成立はそれ以前で、概ね永正末頃と察することができる。

幕府奉行人一族とはいっても、彼らの地位は必ずしも高いものではない。例えば、中沢秀綱が奉行人となる以前に、自身の本拠地に近い丹波国桑田郡別院田能村の田地を売却しているように、生計すら安定していなかった。[15]高国の奉行人が近習として使者などの役割も積極的に担ったのは、高国の近くに仕えることで初めて安定した地位を築くことができたからではなかろうか。

高国奉行人以外で、幕府奉行人一族と名字が一致するのは、5斎藤又次郎賢綱・7斎藤宗甫・20諏訪神左衛門尉長房の三名である。このうち斎藤賢綱は、大永五年に冷泉為和と交遊関係を持つ「斎藤又二郎賢綱」が確認できるが、(16)それ以外に所見はない。諏訪長房は、名字だけでなく、「長」の通字も幕府奉行人家と一致する。また、永正五年に高国がそれまで共闘していた政元の養子細川澄元と袂を分かつと、長房の先代と考えられる諏訪神左衛門尉元家が高国のもとへ馳せ参じている。(17)彼らが幕府奉行人一族である確証はないが、高国の近習抜擢のありようからするとその可能性は高い。残る斎藤宗甫については、比較的情報に富んでいるので、彼の活動からその推測の裏付けを得ておきたい。

大永二年に、三条西実隆が斎藤宗甫に贈った「詠歌一躰」の写本の識語によると、二人は「知己四十年来」であったという。(18)実隆のもとを訪れる高国の使者は、永正年間は専ら「斎藤彦三郎入道宗不」で、(19)のちに大永年間になると、その役割は後述の波々伯部正盛に推移していく。「宗不逝去」とみえるように、彼は大永四年六月に没しているが、その直前に実隆が「宗甫所労難義之由」を聞き及んでいるように、宗甫とも称したようである。(20)すなわち斎藤宗甫である。

実隆と文芸を通じて蜜月関係にあるだけでなく、のちに宗甫の手を離れた「詠歌一躰」の実隆真跡本が水無瀬家の所有となっていることからも、(21)宗甫は公家衆と広く文化的な交流を持っていたことが窺える。それには相応の素養と身分が不可欠であることから、ここに奉行人一族としての資質をみてとることもできよう。

永正一五年に「摂州上野宮《ウヘノミヤ》天神法楽」の発句を実隆に求めたのが、「宗甫」としての早い事例ではあるものの、永正一七年六月一七日付の田中兄清書状案には、なおも宛所に「済《斎》藤宗不」とみえる。(22)このように若干の混同はありつつも、実隆の日記では永正年間は概ね「宗不」で統一されており、大永年間に入ると「宗甫」となっている。(23)日記の紙背に残る宗甫の発給文書でも、「宗不」の署名は大永年間に入ると「古楽斎宗甫」に改まっている。(24)そのうち「講衆」と一致する花押は大永初期のみで、最晩年には花押を改めていることからも、(25)「講衆」の成立を永正末年から大永元年までの限られた時期に絞り込む妥当性は認められる。

入道する以前の宗甫は、「斎藤彦三郎長利」と名乗っていた[26]。彼の初見は明応六年（一四九七）で、「薬師寺与一（元一）送使者斎藤六郎右衛門云々、短冊一首先日所望、詠遣之、対面返遣了」という記事である[27]。「六郎右衛門」としたのは実隆の勘違いで、後日「長利」と署名した礼状が届いて「必近日可致祗候」という意向が伝えられ、実際に一〇日のちに訪れた際には「斎藤彦三郎」と正しく表記されている[28]。

それ以外の目立った動きとしては、文亀三年（一五〇三）五月に薬師寺元一に従って阿波へ下向したことが挙げられる[29]。右の二例から、入道以前の宗甫は摂津守護代の薬師寺家に従っていたことが確かめられる。阿波下向に先立って実隆のもとへ暇乞いに訪れていることから、宗甫は長期滞在を覚悟していたらしい。実際、五月五日付で「為御屋形様（細川政元）御使、与一殿（薬師寺元一）阿州下向夫料銭」という臨時守護役が摂津に賦課されているように[30]、この阿波下向は元一を中心に公的かつ大々的に進められていた。その目的は、政元の後嗣を迎えるべく阿波守護家の細川成之と交渉することにあった[31]。

それに対して政元は、内衆の統制を打ち出してくる。まず八月に安富元家を失脚に追い込むと、九月には元一を牽制し後嗣問題の主導権を握るため、自ら淡路まで赴き細川成之と交渉している。そして政元の帰洛と同時に、宗甫も「阿波」から上洛して実隆に対し「慈雲院（細川成之）事等粗語」っているので[32]、宗甫は三ヶ月弱の間、阿波・淡路にあってこの交渉の最前線にいたようである。このような文官としての活動も、幕府奉行人一族を想像させる一面といえる。また、宗甫の来訪を実隆が「不慮之事」と記すように、政元の行動が宗甫の予定外の上洛をもたらしたことも窺える。

ところが、以後宗甫が実隆のもとを訪れることはほとんどなくなり、永正元年四月を最後にしばらく日記から姿を消す[33]。そして、三年余りのちの永正四年八月になって、宗甫は再び実隆の前に姿を現す[34]。実隆が「斎藤彦三郎入道道笑来、数年隔、面談尤本望也」と記すように、このとき宗甫は入道して道笑と名乗っていた。実隆のもとを頻繁に訪れる宗甫が、この時期だけ姿を消した理由や入道した動機は、次のように考えられる。

政元は、永正元年閏三月に元一から摂津守護代職を奪おうとするなど、薬師寺家に圧迫を加えてくる。そのため元一は、同年九月に機先を制して政元に対し反乱を起こすが、失敗し自害する。その後、永正四年六月に政元が暗殺されると、今度は養子の澄之と澄元の間で京兆家の家督をめぐる闘争が勃発する。澄元はいったん京都を追われるが、同年八月には澄之を討ち実権を握る。右の経過を踏まえると、宗甫は元一の自害とともに中央政界に居場所がなくなり、入道したと考えられる。そして、居場所を奪った政元が消え、自らが後嗣交渉を担当した澄元の治世に入ると、京都での活動の場を取り戻したのである。これらの動静から、宗甫が薬師寺家に属していたことは確実なものとなる。

入道して再登場した宗甫は、以前と同じように実隆のもとを頻繁に訪れるようになる。そのなかで、高国に仕えたことが明確にわかる初見は、宗甫を通じて実隆が高国に対し濃州国衙領の件につき訴えたときである[35]。しかもこの記事が、法名「宗不」の初見にあたる。おそらく、高国に仕えたのを機として改名したのであろう。

2　守護代一族出身

「講衆」を一見する限り、表5②グループの二名は守護代と名字が一致するため、やや特異な存在にみえた。本項では彼らを取り上げることとする。

8安富若狭守家綱は、京兆家有力内衆で東讃岐守護代をつとめていた安富氏の一族であろう。守護代家から離れて京兆家に近侍する安富家の人物でよく知られるのは、応仁元年（一四六七）に戦死する安富民部丞元綱である[36]。家綱と通字が一致する点には注意を払いたい。元綱に従っていた野田泰忠は、元綱が戦死すると応仁三年以降は「安富又次郎」に属して戦うようになることから[37]、元綱の後継者は又次郎と考えられる。又次郎という通称が世襲のものならば、細川家で行われた宝徳二年（一四五〇）と享徳元年（一四五二）の犬追物に参加する「安富又次郎」を若き日の元綱と想定してもよいのではなかろうか。[38]

一方、民部丞という通称で検索すると、やや時期が下って永正五年（一五〇八）に、細川澄元と対峙する細川高国のもとへ馳せ参じた安富民部丞が確認できる。[39] また永正八年の摂津鷹尾城救援に際して、高国のもとから派兵されたなかにも安富民部丞はみえる。[40]「以安富民部方・石田四郎《（国実）》兵衛方色々申」しているように、[41] 安富民部丞は後述する丹波出身の近習石田国実と行動をともにしていることから、高国の近習と考えられる。

それからさほど間をあけることなく、永正一四年には、若狭守家綱が播磨賀古荘の件につき、先述の斎藤宗甫とともに高国の使者をつとめている。[42] 家綱は大永三年（一五二三）にも高国の使者をつとめているが、翌年以降は「安富又次郎」が再び登場するようになる。[43] その活動期間から、ひとまず高国に仕える安富民部丞と若狭守家綱は同一人物で、家綱の跡は又次郎が継承したと推測しておく。[44] 少なくとも、又次郎・民部丞の通称を世襲する家が、京兆家の近習として一定の地位を占めていたことは間違いなかろう。

次にこの家が、系譜上守護代家とどのような位置関係にあるのか、とりわけ政元期に内衆筆頭として、同家に最盛期をもたらした安富元家との関係を中心に検討しておきたい。

元家は、安富安芸左衛門尉の孫にあたる。[45] 安芸左衛門尉は、守護代安富盛衡の兄弟で、四国を離れて畿内で活動していた。[46] よって元家は、守護代の嫡系ではないが、文明五年（一四七三）を初見として守護代家を継承している。[47] そこでは「新兵衛尉」を名乗っているが、その直前には、守護代家の当主が代々用いていた通称を用いて「安富又三郎元家」と名乗っていたようである。[48] 寛正六年（一四六五）の犬追物に参加する「安富又三郎」が元家だとすれば、[49] すでにこの頃には守護代家の後継者となっていたことになるだろう。

安芸左衛門尉は宝徳元年に丹波で段銭の徴収にあたっていることが知られるが、元綱も寛正五年に同じ丹波の雀部荘を押領しており、立場の近さを感じさせる。[50] ここから、安芸左衛門尉―元綱―元家という系譜を想定するのも、あながち誤りとはいえなさそうである。

この問題を解くためには、元綱から家綱までの民部丞家の系譜の断絶を埋めるとともに、民部丞家と元家の関係を明らかにする必要がある。換言すると、政元期の民部丞家の動向を明らかにする必要があるのだが、この時期の安富民部丞の所見は、「英春西堂真如寺公帖事、自右京兆有状、切々被督之、此春西堂者、安富民部弟也、民部忠節之故、京兆切望也」というわずか一例しか見当たらない。[51] この一文から、忠節を尽くす安富民部丞に報いるため、政元は民部丞の弟である英春の真如寺住持への就任を切望し、亀泉集証に対して幾度も督促していたことがわかる。

政元方からこのような要望が繰り返されていることは、英春の出世コースからも明白である。例えば、文明一六年に英春は、讃岐守護の細川顕氏が建立した同国長興寺の住持に任命されているが、[52] この人事の背景に細川家と讃岐守護代の安富家が介在していることは想像に難くない。長享三年（一四八九）には、細川政元から亀泉のもとへ「若月（槻）」が使者として派遣され、細川勝元の十七回忌に合わせて弘源寺住持の英春を臨川寺住持にしたい旨の打診があった。[53] 長興寺を離れた英春が新たに住持をつとめている弘源寺は、細川持之が建立した寺なので、やはりここにも政元の影響力を想定することができる。

翌日、督促のために再び訪れた若槻某に対して、亀泉は臨川寺住持が一昨年以来撤廃されていることを伝えるとともに、真如寺・宝幢寺（鹿王院）の住持ならば補任が可能だと回答した。[54] 政元からは、改めて若槻某をもって真如寺の住持を希望する旨が伝えられたが、[55] 結局、勝元の十七回忌には間に合わなかった。しかし、先述のように英春が安富民部丞の弟であることを理由に切望したため、同年のうちに英春は真如寺の住持となった。[56]

政元に仕えた若槻氏は、安富元家の弟である若槻民部丞元隆をおいて他にいないので、[57] 亀泉のもとを度々訪れた若槻某は彼とみて間違いあるまい。明応二年（一四九三）に元隆は、三歳になる子息を得度させるために亀泉のもとへ送っており、亀泉は彼に「宗紀」という法名を与えている(58)。その理由は、「安富者紀氏也、故為名」というものであった。ここから、元隆は安富の名字を完全に捨て去ったわけではなく、状況によって若槻と使い分けていた可能性が浮上する。すなわち、政元に忠節を尽くしていた安富民部丞とは元隆なのではなかろうか。

さすれば元隆は、弟の出世のために奔走していたことになる。また、ちょうど同じ時期に細川家で実施された犬追物に、政元の忠臣といわれる安富民部丞の名前がみえない一方で、若槻民部丞の参加が確かめられるのも(59)、同一人物であればこそであろう。以上の点から、安芸左衛門尉―元綱―元家と推測した系譜には妥当性が認められる。なぜなら、元家が守護代家を継承したため、弟の元隆が民部丞家を継いだと想定できるからである。

ここまでの推論を裏付ける史料として、特芳禅傑の拈香法語がある(60)。それによると、文明一一年に「真福寺殿前筑州太守心菴安公禅定門」の四十九日の法要を「孝孫元家」が執り行っている。元家の「祖父」にあたる心菴安公は「紀氏嫡流」なので、両者ともに安富家当主とみてよかろう。筑後守の通称を用いていることからも、心菴安公は寛正六年まで守護代家当主としての活動が確認できる安富智安と考えられる(61)。元家には安芸左衛門尉と智安の二人の祖父がいたことになるが、元綱が智安の養子となったため、元家も守護代家を継承したと考えればその説明もつく。

なお、明応四年に京都の春日社領九条金頂寺の代官職に補任されるなど(62)、以後も元隆の活動は断片的に確かめられるが、元家の失脚とともにしばらく一線から姿を消す。そして永正五年には、「若槻伊賀守元隆《タカ》」と名を改め、後継者の安富家綱とともに高国のもとへ馳せ参じている(63)。元隆はその後も高国に仕え、永正一七年には越水城に籠城しているが、「老躰」の元隆は開城とともに自害して果てる(64)。元隆の確実な初見は、亀泉のもとを訪れた長享三年までくだってしまうが(65)、ここで「老躰」と呼ばれていることから、元綱没後の応仁三年に登場した

「安富又次郎」を元隆とみても年齢的に問題はなかろう。

元隆の名跡は、民部丞家のほかに若槻家としても残され、次郎国定が継承した[66]。のちに国定が戦没した際、その報に接した連歌師の宗長は、越水城で自害した元隆を回想して「若狭守」と呼んでいる[67]。元隆と家綱を混同した明らかな誤解ではあるものの、民部丞家＝若狭守家という認識が表れており、ここまで推論を重ねてきた系譜に裏付けを与えてくれる。

一方の28内藤加賀守貞清は、丹波守護代内藤国貞の一族と考えられる。貞清は、高国と丹波国人の間を取り次いでいるほか、丹波氷室の代官職を競望していたように、丹波を地盤としていた[68]。安富家綱と内藤貞清に共通するのは、安富元家の「家」、内藤国貞の「貞」という諱の下の字を頭に転じて用いている点にある。一族関係を示す通字と上下関係を示す偏諱の中間的な性格をここから読み取ることができよう。享禄三年（一五三〇）末に京都に侵攻してきた高国方の内藤貞誠も、その点が共通するので、貞清の後継者と推察される[69]。

ここで、本節の検討から京兆家近習の特質について指摘しうることを、政元期から連続する部分と高国期独自の部分に整理してまとめておく。

飯尾秀兼が政元以来の奉行人であることからも明らかなように、幕府奉行人一族の登用は高国以前からの伝統である。また、守護代家より分流する京兆家近習の存在は、安芸左衛門尉以後の畿内における安富氏の動向を踏まえると、勝元期以来のものといってよい[70]。したがって、これらの点において高国の目新しさはないが、野州家出身の高国がいち早く権力基盤を確保するには、このような伝統的な体制を固める必要があったという見方もできるだろう。

冒頭で述べた京兆家・近習と守護代の対立関係を前提にすると、守護代分流を近習とすることで、京兆家が守護代と新たな関係を構築しようとしていたこともみてとれる。そのバランスがうまくとれている限り、守護代分流の近習は、京兆家と守護代を結びつける機能を発揮したに違いない。しかし、近習が京兆家・守護代のいずれかに偏って近づいた際に、京兆家と守護代家の間に軋轢が生じるという負の側面も持ち合わせていた点には注意が必要である。高国期における守護代一族の近習は、守護代と諱の一部を共有していたが、これには守護代家との惣領・庶子関係を再確認する意味があったと思われる。このような守護代との関係に対する配慮に、高国期における内衆編成の特質を見出すこともできよう。

二　京兆家分国からの抜擢

1　丹波出身

京兆家は、丹波と摂津を伝統的に分国としていた。そのため、政元期の近習はこの両国から抜擢された者で占められている[71]。本節では、その点についての連続性を確認することで、高国による人材確保の一面を明らかにしたい。まず本項では、丹波を地盤とする表5③グループの七名を取り上げる。

2波多野孫右衛門尉元清は波多野清秀の子息で、実弟には香西家を継いだ元盛と柳本家を継いだ賢治がいる。この三家については次章で詳述しているので、本章ではそれに依拠して論じることとする。

波多野家は清秀の代に初めて細川家に出仕し、丹波に所領を与えられた。元清は二代目とはいえ、近習の家と呼んでも差し支えはなかろう。福島克彦氏は、永正四年（一五〇七）に登場する波多野孫四郎元清とその直後に現れる波多野孫右衛門を別人と認識しているが、「講衆」から同一人物であることが判明する[72]。確実な史料では、孫四郎を名乗る終見が永正五年で、孫右衛門を名乗る初見が永正一三年だが、「瓦林正頼記」では永正五年に孫四郎、同八年には孫右衛門と使い分けているように、永正五年をさほど下らない時期に亡き父清秀の通称孫右衛門を引き継いだとみてよかろう[73]。

元清実弟の14香西平左衛門元盛は、高国の命で香西元長の跡を継承した。元盛は、永正一八年八月付（同月に大永と改元）の発給文書では四郎左衛門尉を名乗っており、以後もその通称を用いている[74]。平左衛門を名乗るのはそれ以前となることから、「講衆」の時期的な下限は永正一八年八月に絞り込まれる。また、斎藤宗不から宗甫への改名時期を踏まえれば、それを大きく遡ることもあるまい。

「講衆」には、高国近習の典型ともいえる柳本家の名が出てこないが、永正一七年二月の柳本長治父子戦没から賢治による家督継承までの空白期にあたるとすれば、この問題も説明がつく。当該期は、若槻元隆から国定への家督継承期にもあたるが、若槻名字の者も「講衆」には存在しない。このように永正一七年頃という年次比定を裏付ける材料は、行論中でも適宜触れるようにいくつもあるが、矛盾する点は一切ないので、「講衆」の連署はこの時期に短期間で出揃ったとみられる。

長治父子没後、三好之長を中心とする澄元方に京都を追われ近江に退いた高国方は、永正一七年五月に之長を自刃に追い込み、京都を奪還する。また、永正一七年閏六月に三条西実隆は若槻国定への預け物を回収し、七月には国定も贈答を開始しているように[75]、国定は永正一七年のうちに若槻家の当主として活動を始めている。これらの点から、「講衆」は永正一七年五月の京都奪還からまもない頃のものと考えられる。その時代背景から、十念寺の念仏講は戦没者を弔うとともに、打倒澄元派に向けての結束を高める場となったのではないかと思料される。

なお、永正末年段階の十念寺住職は宗音で、彼は「内藤加賀守貞澄」の息子であったという[76]。「貞澄」は貞清の誤写である可能性もあるが、そうでなくとも受領名の一致から近い縁者であることには相違なかろう。十念寺が近習結集の場に選ばれた理由はここに求められる。

1石田四郎兵衛尉国実は石田春信の息子で、高国が野州家の当主であった段階の奉行人である[77]。春信が政春の偏諱をうけているように、石田家はもともと野州家の内衆であった。永正五年に高国が京兆家当主の座につくと、国実は奉行人から外されるが、あくまでも幕府奉行人一族という要件を満たさなかったゆえの人事であって、高国に遠ざけられたわけではない。事実、永正七年には、敵対した伏見稲荷祝羽倉氏の跡職を宛行われており、子息の又二郎資盛ものちに高国に仕えている[78]。そのほか、瀬戸内の村上水軍や醍醐寺の取次も担っており、高国の信頼を得ていた様子が窺われる[79]。

大永五年（一五二五）に「北野社領丹州舟井庄十一村棟別事」の催促を停止するよう命じた高国奉行人奉書は、宛所が丹波守護代の内藤国貞と丹波出身の奉行人中沢秀綱および石田国実の三名となっている[80]。野州家が丹波にも早くから所領を持っていたという事実も踏まえると、石田家は丹波出身とみて間違いあるまい[81]。

3熊岡次郎国祐自身の所見は、「講衆」以外にはない。ただし、康正元年（一四五五）から翌年にかけて、熊岡兵庫助が丹波大山荘近辺で造内裏料段銭の徴収を担当している[82]。また、長禄三年（一四五九）には、熊岡氏が丹波上林の相国寺領を押領している[83]。以上の点から、熊岡氏の拠点は丹波と考えられる。

13波々伯部五郎正盛は丹波波々伯部保の在地領主出身で、政元の近習である五郎元教の後継者である。元教は高国期に入ると通称を兵庫助と改め[84]、永正一七年に没する。その一周忌を執り行った永正一八年まで、正盛は五郎を名乗っているが、同年のうちに父に倣って兵庫助と改めている[85]。正盛が五郎を名乗る「講衆」が、永正末年のものであることはここからも裏付けられよう。正盛は、斎藤宗甫が一線から退くのと前後して、高国から三条西実隆への使者を専らつとめるようになるなど[86]、徐々に高国に重用されていく。

27豊田肥前入道紹貞という法名の所見は他にないが、豊田肥前入道の名は宝徳二年（一四五〇）にも確認できるので、受領名は世襲していたようである[87]。また、豊田という名で高国の内衆を探すと、永正五年に澄元と対立した高国のもとへ馳せ参じた者のなかに「豊田《トイタ》四郎へもん尉」がいる。[88] そのふりがなに従えば、翌年に高国の使者をつとめる「戸板(豊田)四郎左衛門(ママ)」も同一人物であろう。[89] 大永五年頃には、その後継者とみられる豊田四郎が高国の使者をつとめているので、[90] 四郎右衛門尉が入道して紹貞を名乗ったと想定される。

永正八年には、丹波出身の中沢秀綱の先代にあたる「中澤越前入道(泰綱)」とともに、高国の使者として大徳寺へ赴く豊田四郎右衛門が検出される。[91] やや遡るが、文明八年（一四七六）には、園家領丹波小野尻村を違乱する前代官の「豊田四郎左衛門(ママ)」も確認できる。[92] 以上の事例から、豊田氏は丹波出身とみておきたい。

29荒木大蔵大夫は、高国の馬廻りで、土佐家領である丹波大芋社領への関与が確認できる。[93] 大永六年には、高国に背いた波多野元清と柳本賢治を討つべく丹波に出陣しており、ここで手柄を立てて安芸守の受領名を与えられたが、直後の桂川合戦で子息や一族とともに戦没する。[94]

近世初頭成立の「荒木略記」や『寛永諸家系図伝』などでは、「荒木大蔵」を丹波波多野氏の一族としている。[95] たしかに天文初期頃から、丹波では波多野氏の配下で船井郡代の荒木清長の活動がみられるようになる。[96] この清長と大蔵大夫の関係は明らかにしがたいが、出自を丹波とすること自体は、右の諸点からも特に問題がないように思われる。

2　摂津出身

本項では、もう一つの京兆家分国である摂津に出自が求められる表5④グループの六名を取り上げる。

6森八郎左衛門親忠は、高国とともに没落したようで、享禄二年（一五二九）に柳本賢治が「森八郎左衛門尉(親忠)跡」と号して摂津塩江荘の泉涌寺領を違乱している。[97] 摂津守護代の薬師寺元長のもとにも、森中務丞という人物がいるので、[98] 摂津を地盤とする一族と考えておきたい。

4三宅大和守宣村と31入江孫四郎国忠に至っては他に所見がないが、その拠点が「高槻入江城」と呼ばれるように[99]、国忠は摂津島上郡高槻の国人入江氏の一族と考えられる。一方の宣村は、「村」を通字とする摂津島下郡の三宅一族とみてよかろう[100]。ただし宣村は、歴代惣領が用いる出羽守の通称ではない。永正八年（一五一一）に、高国を討つべく摂津から「三宅出羽守（秀村）・入江九郎兵衛尉・山中新左衛門尉、其外諸牢人数千人上洛」しているので[101]、高国は澄元方についた惣領家を排除し、庶家を近習に取り立てたのであろう。

9中条五郎次郎長家は、天文年間中頃に細川晴元（澄元嫡子）に仕える中条五郎左衛門尉長家と花押が合致する[102]。五郎次郎から五郎左衛門尉への改称は、中条家が「五郎」を世襲する家であったことを想像させる。ここから、天文八年（一五三九）段階に子息を宝聚軒に入れていた「父中条」も、息子が「五郎太郎」と名乗っているので長家と推察される[103]。

現在、史料で追うことのできる長家の活動は、ほとんどが晴元方としてのものであるが、享禄三年末から翌年初頭にかけて京都へ進攻した高国方のなかに「中条」がいるので[104]、少なくとも高国が生存しているうちは晴元の傘下に入っていないと思われる。また、右の軍勢は高国弟の晴国を頭目としており、丹波勢を中心に構成されているので[105]、長家も丹波に地盤の一つがあったはずである。そこで注目されるのが、延徳三年（一四九一）に雲沢軒領の丹波郡家荘で代官をつとめる「中条」で、彼は丹波で勢力を伸ばしつつも「接（摂）州住人」であるという[106]。おそらく、摂津島下郡中条が名字の地であろう。

同じく延徳三年に、細川政元はわずかな近習を引き連れて越後に下向するが、そのなかに中条弥五郎家賢なる人物がいる[107]。家賢はのちに加賀守の受領を名乗っていることからも[108]、政元に抜擢されて成長を遂げたようである。よって、摂津出身で同時期に丹波で勢力を伸ばしていた「中条」は家賢ではなかろうか。そして、家賢と通称の一部で「五郎」が共通することから、長家はその後継者とみられる。

23茨木藤次郎秀俊は、その名字からして摂津島下郡の茨木出身であろう。茨木氏は政元に近習として抜擢されたが、文明一四年（一四八二）に摂津守護代の薬師寺元長によって一族が弾圧されている[109]。しかし、長享元年（一四八七）には、茨木藤次郎が一族の生き残りとしていち早く登場し、吹田成枝名の代官となっている[110]。通称が一致する秀俊は、この後裔とみられる。大永五年（一五二五）に細川稙国（高国嫡子）の使者をつとめる茨木藤右衛門は[111]、藤次郎と「藤」が共通することから、秀俊ののちの姿か、あるいは後継者であろう。

16太田越前守元親は、「講衆」を初見とし、大永三年から高国の使者などを頻繁につとめるようになる[112]。高国の近くには、次章で扱う太田保定もいるが、彼は少なくとも大永五年まで一線で活躍しており、元親と活動の時期が重なる[113]。保定は初め蔵人助を名乗り、のちに父の通称を継承して対馬守に改めているが、元親はそれらの通称を受け継ぐことなく、当初から越前守を名乗っているので、両者の間に直接的な関係はなさそうである。

そこで、越前守の通称で検索すると、長享三年に上原賢家からの要請に基づいて、細川京兆家の書札礼を「書札調様」としてまとめた「太田越前守幸綱」が浮上する[114]。また、一五世紀後半には、勝尾寺から京兆家への取次をつとめる「太田越前」も確認できる[115]。これらの活動から、太田幸綱は政元の近くに仕えていたことは間違いない。元親はその後継者で[116]、勝尾寺が摂津島下郡に所在することから、同郡太田が名字の地であろう。

以上、本節でみた丹波・摂津両国の事例を俯瞰すると、京兆家分国からの近習への抜擢が政元段階から普遍的であったことや、高国が政元近習の継承に成功していることをみてとることができよう。また、両国における近習を網羅的に把握することで、京兆家が国人不登用主義を貫いていたとする今谷明氏の説は、根底から覆すことができたと思う。

三　高国独自の編成

1　備中浅口郡周辺出身

本項で取り上げるのは、表5⑤グループの四名である。ここにみえる名字は、高国以前の京兆家分国ではまずみることがない。なぜなら、高国の生家である野州家が基盤としていた備中国浅口郡周辺に、彼らの出自の地が求められるからである。高国の近習が、従来の京兆家当主と大きく異なる点はここにある。

「講衆」から備中出身者を抽出する作業に用いたのは、「細川野州公鴨山御居城家中付」である[117]。これは、天文後期に野州家を継承した細川通董の家臣一一二人の名前を列挙したものだが、戦国期の実態をそのまま反映したものではない。通董の遺徳を顕彰するために近代に結成された清滝会の会員名簿と近似する部分もあるので[118]、おそらく近世以降に家臣伝承を持つ家々の情報をもとに、通董の侍帳に仮託して制作されたものであろう。

このように史料的価値は劣るものの、そこに列挙された名字に限っては、中世の野州家内衆に遡りうるものが少なくない。「細川野州公鴨山御居城家中付」に記される名字をまとめた表6に従えば、政春の内衆である赤木春輔やその同僚である西山備中守との一致が指摘できる[119]。そこで、「講衆」のなかから、表6で複数名確認できる名字の者を拾い出すと、表5⑤グループの四名が浮かび上がる。なお、

表6　「細川野州公鴨山御居城家中付」の名字別人数

人数	名字
10	安倍(阿倍)
8	河田(川田)
7	西山
6	細川
5	藤沢／原田
4	田辺／赤沢／武／津郷(津高)／今城
3	行吉／大島／長尾／姫井／今井／田中
2	赤木／野山／大内／秋田／林／岡本／三宅／進藤／別府／中江
1	高橋／小坂／西隆寺／江志／佐貫／横山／横畑／井出原／宮／裳懸／虫明／森原／平井

表6では、19高橋光家・32同光宗と21小坂則治も一名ずつ名字の一致が確認できるものの、これだけで備中出身者とするには確証に乏しいので、次項で改めて検討する。

高国から偏諱を授与されたとみられる11藤沢左近大夫国躬については、残念ながら他に明確な所見がない。わずかに、大永七年（一五二七）に近江から上洛してきた高国方足軽衆が「藤澤・中条・石田・カウ《（香）》西」等で構成されており、[120]ここまでみてきた近習の名字と並ぶ藤沢氏が確認できる。

他方、高国を支えた典厩家の細川尹賢にも藤沢氏が仕えており、目立った活動をしているので、ここではこの家が備中出身であったことを確認しておく。大永六年には、高国勢が丹波攻めをした際に、尹賢内衆と思われる「西山・藤澤・南部」が討死している。[121]大永四年の尹賢邸への将軍御成でも、その内衆として西山源次郎が御座敷奉行を、藤沢神右衛門が借物奉行をつとめていることから、備中出身者では藤沢氏のほか西山氏も典厩家へ仕えていたことがみてとれる。[122]また、尹賢没後の事例になるが、「故右馬頭《（細川尹賢）》被官藤澤甚兵衛」が、木沢長政の父左近大夫入道浮泛の使者をつとめており、彼が尹賢に仕えていた時期の所見もわずかながらある。[123]のちに尹賢息の氏綱が京兆家当主になると、藤沢兵庫助や藤沢左衛門尉などが氏綱と備中国人との連絡役を担っていることから、[124]藤沢氏はもともと備中出身だったとみてよかろう。

12野山右兵衛大夫春則と15田辺安芸守親家も他に所見がないが、春則は備中国賀陽郡野山が出身地で、細川政春の偏諱をうけていると推測して大過あるまい。また、田辺氏が野州家に仕える備中国人であることは、のちに野州家を継承する細川通頼（通董）書状でも確認できる。[125]高国の近習としてしばしば活動が確認できる田辺孫三郎（のち四郎右衛門尉）国家は、[126]高国の偏諱と「家」の通字を組み合わせた諱であることから、親家の後継者と考えられる。

10河田右衛門大夫基清は、永正一〇年（一五一三）を初見として多方面で活動が確認できる。[127]薬師寺別当の経尋は、「河田《細川内（基清）》衛門大輔卜云者、当時細河与六角之使トシテ、可信之者タル由聞及」んでいるので、別当領である近江豊浦荘の代官に基清を任じている。[128] 大永初年の宗碩書状にも「河田右衛門大夫江州へ使を仕者候」とみえるように、[129] 基清が六角氏の取次であることは広く認知されていたようである。

石田国実・河田基清の連名に宛てた六角定頼書状は、基清とともに国実も六角氏の取次をつとめることがあったことを示している。[130] 両者の連携は、畠山方の丹下盛賢が河田基清に宛てて送った書状でも確認できる。[131] この書中で盛賢は、基清からの「西岡東久世築山之内地蔵院下地」に関する問い合わせに対し、この一件については「従石田四郎《（国実）》兵衛殿蒙仰候」とも述べており、基清と国実が二人してことにあたっていたことがわかる。他大名との交渉を両名が担当することは、おそらく珍しいことではなかったのではなかろうか。浜口誠至氏は、他大名との連携によって政治力を形成した点を高国権力の特質と指摘しているが、[132] その連携を最前線で構築したのは近習であったといえるだろう。

また、右の事例は、基清の活動が近江に限定されていないことを示している。その他にも基清は、摂取院に入った盗賊の調査をするなど、京都周辺の警察的な役割も担っている。[133] 大永五年に稙国に家督を譲って出家すると、高国は写経を始めるが、それを丹波安国寺に奉納した際に取次をつとめたのも基清であった。[134]

大山崎惣中に宛てられた基清と高国奉行人飯尾秀兼の連署書状も、奉行人との距離の近さを示しており注目される。[135] 政春奉行人の石田春能とともに連署状を発給する河田伯耆守顕長が確認できることから、[136] 石田国実同様に基清も野州家の奉行人家出身とみられる。基清の受発給文書が比較的多く残されているのは、そのためであろう。

ただし、秀兼との連署については、厳密には基清の職分から逸れるものである。次章で詳述するように、高国方から大山崎に宛てた文書は、高国直状・高国奉行人奉書のほか、飯尾秀兼と安倍重宗による連署書状の三種に定型化していた。この安倍氏は、表6にもみえるように備中出身である。つまり、何らかの事情で署判できなかった重宗の代理として、同郷の基清が署判した特例といえる。

重宗は、永正六年に高国の取り計らいで久我荘末次名の代官となっており、高国書状で「猶安倍蔵人《(重宗)》可申候」とされるなど、早くから在京して高国の近くで活動していた[137]。それでいながら、重宗が「講衆」に名を連ねていないのは、彼が尹賢の近習だからである。重宗のように高国の近習に混じって活動していた者ですら含まれていないことから、「講衆」は純粋に高国の近習で構成されていると推察される。

2　その他の出身

本項では、ここまでの分類では拾うことのできなかった表5⑥グループの五名を検討する。なお、残る30中井左京亮清秀については、出自の見当がつかなかったので、やむを得ず検討を断念した。

19高橋五郎左衛門尉光家と32高橋兵庫助光宗は、遡れば同族の可能性もあるが、「光」を通字とする高橋氏は備中や石見などに広がっており[138]、同時代には後述の高橋光正もいることから、彼らが近い一族か否かは判断をつけがたい。光家と同じ通称を名乗る「高橋五郎左衛門尉」は、もともと細川政元に仕えており、延徳三年（一四九一）に澄之が政元の養子になると、その被官となっている[139]。また、永正五年（一五〇八）には、高国のもとへ「高橋五郎左衛門尉」が馳せ参じている[140]。この二例が、光家なのかその先代にあたるのかは確証を得られないが、永正一七年に高国の使者をつとめる「高橋五郎左衛門」[141]は、光家とみて間違いあるまい。

一方の光宗と同じ兵庫助を代々名乗る家も存在する。まず挙げられるのは、長禄三年（一四五九）と文明三年（一四七一）に、石清水八幡宮領である備中水内荘の代官職を請け負っている高橋兵庫助光秀である[142]。また、文明末年以降には、備中守護細川勝久の内衆として活動する高橋兵庫助も確認できる[143]。彼は、同僚の徳倉修理亮とともに京都に屋敷を構えており、細川勝久方への書状もこの両名に宛てて送られていることから、在京する内奉行と考えられる。(144)さらに永正五年には、備中守護家の内奉行として高橋兵庫助久光が確認できる。(145)「講衆」の高橋光宗は、その後継者にあたるのであろう。

表6には、高橋氏がわずかに一名みえるものの、兵庫助家は備中でも上房郡出身であるため、光宗は前項でみた者たちとは異なるコースで高国の近習になったはずである。光宗と同名の高橋孫五郎光資は、光宗が自身と対立して備中を離れ、「牢人」になっていると書状に認めている。(146)この書状は永正一四年のものなので、正しくは、「牢人」の末に、高国に抜擢されて近習になったとみるべきであろう。

21小坂又次郎則治は、もとは安富元家に属していた一族と考えられる。安富方の小坂氏は少なくとも二人いる。例えば、亀泉集証が安富元家宅に赴いた際には、小坂又三郎が奏者となっており、その足で「高橋三郎宅」と「小坂宅」も訪問しているが、両名ともに「安富宅」にいるため対面ができていない。(147)ここから、「小坂宅」の主は小坂又三郎とは別人と考えられる。また高橋三郎と後者の小坂は、独自に貴人を迎えられるような邸宅を構えながらも、元家に属すという関係にあることが窺える。亀泉が「安富宅」へ赴いた足で「小坂又次郎宅」へ向かった事例もあることから、(148)後者の小坂とは小坂又次郎で、通称が一致するため則治はその後継者と考えられる。安富家が衰退する過程で、京兆家近習に抜擢されたのであろう。

ここで一つ疑問となるのは、陪臣という低い地位にある者を京兆家という伝統的権威が抵抗なく被官化できたのかということである。この点に配慮するのは、従前から京兆家近習であった者たちとの間に、軋轢を生む要因となりうるだけでなく、薬師寺家に仕えていた斎藤宗甫にも通底する問題といえるからである。

これについては、安富元家のもとで近江愛知郡代や堺の代官をつとめた高橋三郎右衛門尉光正の事例が参考となる。(149)すなわち、亀泉が「小坂宅」と同時に訪問した「高橋三郎」である。(150)彼は、「京兆被官人」でかつ「安富(元家)寄子」という地位にいた。(151)そのため、他の安富家被官に比べ元家から相対的に自立していた。例えば、延徳三年一〇月九日付の元家宛て幕府奉行人奉書をうけて、元家は同年一二月二九日付で光正に宛てて遵行状を送るが、光正はその発給以前に独自に「成敗」を実行に移している。[152] 元家のもとには、そのほかにも斎藤修理亮という奏者や使者をつとめる「寄子」や、[153] 次章で明らかにするように元家に属しつつも京兆家の近習・年寄衆となっていく太田保定もいた。このように、守護代家と寄子契約を結びながらも、京兆家との被官関係を保っていれば、身分的な問題は特にない。

そして、「自安新方（安富元家）、斎藤・小坂来」、「自安富方高橋三郎・斎藤修理亮・小坂・高木・清水等来」、「小坂又次郎・斎藤修理亮・高木・小野来」といった事例がみられるように、[154] 高橋光正や斎藤修理亮と行動をともにしていることや、光正同様に独自に邸宅を構えていることから、小坂又次郎も京兆家被官でかつ安富家寄子であった可能性が高い。

それに対して、彼らに随行する高木・小野といった者たちは、「自安新方小坂代、小野・高木両人来」と小坂の代理をつとめている事例から、[155] やや格下であったこともわかる。「安富筑後守被官高木」とされるように、[156] 安富家上層部は二層に分化でき、上位は京兆家被官、下位は安富家被官で構成されていたとみてよいのではなかろうか。

なお、小坂家の出自をさらに遡ると、幕府奉公衆にたどり着く。越中を出自とする奉公衆の小坂家が、小坂孫次郎や小坂次郎左衛門尉など通称に「次郎」を含むだけでなく、小坂山城守量治や小坂右馬助章治のように「治」を通字としているからである。[157] ただし、永禄期に至るまで奉公衆としての小坂家は健在なので、又次郎は庶流にあたると考えられる。

安富元家は、兵庫と堺の二つの要港で代官をつとめており、そのうち兵庫の又代官を高橋光正に任せていた。一方、明応二年（一四九三）段階の堺の又代官は、小坂次郎左衛門尉安秀であったことが彼の受発給文書からわかる。[158] 元家のもとで一定の地位まで上り詰めた又次郎は、奉公衆が用いた「次郎左衛門尉」を継承したのである。

ゆえに、元家に仕える又次郎と則治は世代が異なることとなる。安秀が元家の被官でないことは、元家から安秀へ送られた折紙の書止が「念仏寺江可被加下知之状如件」と敬語になっていることや、安秀が元家の折紙や成敗を対外的に「御折紙」や「御成敗」と称す点からも明らかである。

残る遁世者の25瑞阿弥と26福阿弥については、名字がわからないため出自は不詳であるが、政元に近侍する瑞阿弥と安富元家に近侍する福阿弥が確認できる。[159]瑞阿弥は、政元期の永正三年に丹波大芋社領代官職と号して訴訟に及ぶも敗訴したが、高国に仕えると大永三年（一五二三）には一転してそれが認められている。[160]ここから一貫して京兆家に仕えており、とりわけ高国に重用されたことが推測される。一方の福阿弥も高国の上使をつとめており、近習としての働きが確認できる。[161]

最後に、本節の考察から指摘しうる点をまとめておく。

政元期の守護と守護代の関係としては、京兆家被官を守護代が与力として編成していたことが明らかとなった。冒頭で述べたように、京兆家分国では、守護と守護代の間において管国内における人材掌握をめぐる競合が生じていたが、京兆家被官の守護代寄子化はそれを回避する対応策と理解しうる。すなわち、京兆家認可のもとで寄子としていることから、京兆家と守護代の間で人材を取り合っているというわけでもなく、その寄子を守護代が重用していることから、京兆家による守護代への一方的な介入策でもないのである。いわば、京兆家と守護代の人材共有による連携の姿をここにみてとることができる。

したがって、安富家や薬師寺家のように守護代が没落しても、京兆家はその配下の者たちを再び近習として吸収することができた。高国はそれに成功することで、新たに自己の基盤を築いたといえる。もちろん、高国と守護代の間における人材共有も絶えたわけではなく、例えば薬師寺国長の「頼子」として斎藤兵庫助宗基が確認できる。[162]

その他、野州家の地盤である備中の出身者を近習として編成している点に、高国の独自性がみてとれた。また、野州家当主段階から、すでに京兆家分国内で独自に近習を編成していたことは、石田国実の存在が示している。高国の近習は、いわば野州家近習と京兆家近習をうまく融合させることで成立したものだが、その中心的役割を果たしたのは、「講衆」の筆頭に署判する国実であった可能性が高いとみてよかろう。

おわりに

京兆家近習の出自に着目すると、幕府奉行人一族や摂津・丹波の京兆家分国から抜擢されるという既知の事例のほかに、京兆家と守護代家を繋ぐ守護代庶流出身者が新たに確認できた。京兆家と守護代家を媒介する者としては、京兆家被官でありながら、守護代の寄子となっている者も注目される。

政元期以来、普遍的にみられる右の事例のほか、高国独自の特徴として、備中出身者など野州家段階に編成した近習の存在が指摘できる。また、政元の近習や守護代配下の寄子も近習として吸収していた。高国の近習は、個々の出自に特徴があるというよりも、むしろ既存の雑多な出自の者たちをうまく一つにまとめていることに最大の特徴があるといえよう。これによって、軍事・政策のあらゆる場面で手足として動く存在を手に入れ、権力基盤の早急な形成に成功したと考えられる。

また、「講衆」が永正一七年（一五二〇）段階の高国近習のみで構成されていることも、明らかにできたと思う。彼ら高国近習のうち、奉行人などの一部を除くと、文書の残存数は極めて少ないため、研究史上で取り上げられたことが全くない者も少なくない。しかし、内衆のなかでも近習がそれなりに大きな位置を占めていたことは、「講衆」に示される人数から容易に想像できる。近習の全数は把握のしようもないが、奉行人が網羅されていることからして、主立った近習は過不足なくここに署判を加えているとみてよいのではなかろうか。このような史料的性格や、細川澄元への対抗意識が高まっていた時期に作成されたことを踏まえると、「講衆」全体からは近習たちの一揆的な横の繋がりを読み取ることができるだろう。当主との個人的関係に始まる近習は、横の連帯を結び、一つの集団を形成しつつあったのである。

この点に関して注意を払いたいのは、高国の近習があらゆる集団から構成されている一方で、他国衆や権力基盤ともいえる京都や山城国内からの抜擢が皆無ということである。これは、当主の寵愛さえ受ければ誰でも近習になれたわけではないことを意味している。一般に、横断的結束には表裏の関係として排他的な性格が伴うが、その視点からすれば、高国による近習の編成は、彼の意志だけでなく、既存の近習による規制も受けつつなされていたのではなかろうか。

守護代との対立に顕著だが、近習は様々な場面で発言力を持つようになる。次章でも論じるように、高国期にはその動きにさらに拍車がかかる。ここに至るには、ただ単に当主の重用という受動的な要因だけでなく、近習層の連帯による全体的な底上げという能動的な要因もあった可能性が、「講衆」からは指摘できる。これは、近習が当主に対しても発言力を持つようになったことを意味する。波多野元清と柳本賢治が、大永六年（一五二六）に高国に異を唱えて反旗を翻した背景には、兄弟の香西元盛を殺されたという私怨のみだけでなく、このような主従関係の構造的な問題もあったと考えられるのである。

註

（1）末柄豊「細川氏の同族連合体制の解体と畿内領国化」（石井進編『中世の法と政治』吉川弘文館、一九九二年）。
（2）今谷明「京兆専制」（同『室町幕府解体過程の研究』岩波書店、一九八五年、初出一九七七年）。
（3）小谷利明「応仁の乱と細川京兆家近習一宮氏」（鶴崎裕雄編『地域文化の歴史を往く』和泉書院、二〇一二年）。
（4）本書第二部第三章「『堺公方』期の京都支配と柳本賢治」。
（5）横尾国和「細川氏内衆安富氏の動向と性格」（『国史学』第一一八号、一九八二年）。

（6）十念寺文書（東京大学史料編纂所影写本）。
（7）中世史料は、「講衆」のほかに足利義政父子が署判した奉加帳が残されているが（『大日本史料』文明一一年是歳条）、ここにも十念寺に関する有力な情報は一切記されない。
（8）浜口誠至「細川京兆家奉行人奉書による幕政の補完と代行」（同『在京大名細川京兆家の政治史的研究』思文閣出版、二〇一四年）。
（9）前掲註（5）横尾論文。一貫して評定衆を構成するのは、安富・寺町・秋庭・薬師寺・香川で、それに続いて内藤・上野・長塩がいる。また一時的に評定衆に抜擢された経験があるものとして、若槻・上原・一宮などもいる。
（10）本書第一部第三章「細川高国の近習と内衆の再編」。以下、次章とはこれを指す。
（11）本書第一部補論一「細川高国の家督継承と奉行人」。
（12）前掲註（8）浜口論文。
（13）前掲註（8）浜口論文。浜口氏は、公則が細川澄元奉行人である可能性も残すが、『実隆公記』永正六年一二月一六日条で高国の奉書を発給する飯尾中務丞が公則であろう。
（14）「公広記」（『後鑑』大永元年一二月二四日条）。
（15）革嶋家文書九七号（『京都府立総合資料館紀要』第五号、一九七七年）。中沢氏については、雉岡恵一「室町幕府奉行人中沢氏の成立について」（東寺文書研究会編『東寺文書にみる中世社会』東京堂出版、一九九九年）、幕府奉行人の地位については、小泉義博「室町幕府奉行人奉書の充所」（『日本史研究』第一六六号、一九七六年）も参照されたい。
（16）「為和詠草」大永五年五月二五日条（『冷泉家時雨亭叢書』第七六巻）。
（17）「不問物語」永正五年条。政元の偏諱をうけているとみられることから、『後法興院記』明応一〇年正月七日条などにみえる「諏訪神左衛門」は元家かと思われる。
（18）「詠歌一躰」（『群書類従』第一六輯）。
（19）『実隆公記』永正六年閏八月一〇日条。
（20）『実隆公記』大永四年六月一三日条・二一日条。
（21）佐藤恒雄「略本詠歌一体の諸本と成立」（同『藤原為家研究』笠間書院、二〇〇八年、初出二〇〇六年）。
（22）「再昌草」永正一五年二月二五日条。田中家文書一一四七号（『石清水文書』三）。上の書状案では「天正十七」と記されるが、その年には兄清がすでに没していることや、裏書に「永正」とみえることから誤記と判断される。
(23)『実隆公記』では永正一七年五月一三日条まで宗不とみえ、大永元年八月二六日条を皮切りに以後ほぼ一貫して宗甫となっているが、大永元年一二月二一日条に過去の宗不で呼ぶ事例がある。「再昌草」大永八年九月条にみえるように、没後は最も慣れ親しんだ宗不で呼ぶ傾向にある。
(24)『実隆公記』巻一三、四一九頁。同上巻六上、六〇頁。
(25)末柄豊『実隆公記紙背文書花押署名総覧（公家武家編）』（東京大学史料編纂所、二〇一三年）。
(26)『実隆公記』明応七年七月一日条。
(27)『実隆公記』明応六年一一月一四日条。
(28)『実隆公記』巻一一、三九二頁の一一月一八日付長利書状。『実隆公記』明応六年一一月二八日条。
(29)『実隆公記』文亀三年五月一九日条・二〇日条。
(30)勝尾寺文書一〇三〇号（『箕面市史』史料編二）。
(31)以下の時代背景は、末柄豊「『不問物語』をめぐって」（『年報三田中世史研究』一五、二〇〇八年）。
(32)『実隆公記』文亀三年九月一三日条。
(33)『実隆公記』永正元年四月六日条。
(34)『実隆公記』永正四年八月二二日条。
(35)『実隆公記』永正六年閏八月一〇日条。
(36)「応仁記」応仁元年一〇月三日条（『群書類従』第二〇輯）。
(37)「野田弾正忠泰忠軍忠事」（『大日本史料』応仁元年正月一五日条）。
(38)「犬追物手組日記」（『群書類従』第二三輯）。『後鑑』宝徳二年八月二三日条。
(39)「不問物語」永正五年条。
(40)「瓦林正頼記」永正八年七月二六日条。
(41)東寺百合文書ノ函三五八号。
(42)青蓮院文書三一号・三七号（『広島大学所蔵猪熊文書』一）。年代は、三七号の発給者三宅資安が賀古荘の代官となった永正一二年以降で（同上一一号）、宗甫がまだ宗不と名乗っていることから永正一四年以前に絞られる。「赤松家風条々録」（『上郡町史』第一巻六三四頁）によると、家綱は永正一三年八月まで民部丞を名乗っているようなので、永正一四年に推定した。
(43)『実隆公記』大永三年六月一日条。「大永四年細川亭御成記」（『続群書類従』第二三輯下）。
(44)「瓦林正頼記」永正八年七月二六日条では、安富民部丞に宗綱の諱をあてているが、仮に宗綱から家綱へ代替わりしたとすると、家綱が又次郎や民部丞を継承せずに、最初から若狭守を名乗ったことが不審である。和田英道「前田育徳会尊経閣文庫蔵『細川政元記』・『松若物語』翻刻」（『跡見学園女子大学紀要』第一八号、一九八五年）で紹介される原本に近い「瓦林正頼記」の写本では、「安富民部丞宗綱」の名前が行間に小さい字で挿入されている。おそらく「家綱」と記そうとしたのであろう。
(45)『蔭凉軒日録』長享二年七月一〇日条。
(46)田中健二「京兆家内衆・讃岐守護代安富元家をめぐる二、三の問題」（『香川県立文書館紀要』第一〇号、二〇〇六年）。
(47)『東大寺文書』一四一八―一一・一二号。
(48)「見聞諸家紋」（『群書類従』第二三輯）。小泉宜右「『見聞諸家紋』について」（岩橋小彌太博士頌寿記念会編『日本史籍論集』下巻、吉川弘文館、一九六九年）によると、同書の情報は応仁元年から文明二年頃の情報をもとにしているという。
(49)「親元日記」寛正六年八月二八日条（『続史料大成』一〇）。
(50)東寺百合文書や函八四―三号。東文書（『静岡県史』資料編六中世二、二四六〇号）。
(51)『蔭凉軒日録』延徳元年一一月二一日条。
(52)『蔭凉軒日録』文明一六年一一月八日条・一二月二一日条。『蔭凉軒日録』長享二年一一月八日条では「陽岩西堂名英春」と呼ばれており、首座から西堂へ改称しているので、これ以前に長興寺住持を離れたと考えられる。
(53)『蔭凉軒日録』長享三年四月二三日条。
(54)『蔭凉軒日録』長享三年四月二四日条。
(55)『蔭凉軒日録』長享三年四月二八日条。
(56)『蔭凉軒日録』延徳元年一一月二三日条・二七日条。
(57)『晴富宿禰記』明応二年五月一九日条。諱は『北野社家日記』明応元年九月六日条による。
(58)『蔭凉軒日録』明応二年四月八日条。
(59)『蔭凉軒日録』長享三年八月一四日条。

(60)　禅傑記文（『思文閣古書資料目録』第二四四号、二〇一五年、六五頁）。この史料については、木下聡氏のご教示を得た。
(61)　東寺百合文書ヰ函一一七号。前掲註(46)田中論文も指摘するように、智安には又三郎を名乗る嫡子がいたが（『建内記』嘉吉元年一〇月四日条）、のちに入道して長らく当主の座に残る。おそらく嫡子に先立たれたのであろう。
(62)　東寺百合文書つ函五―五号。
(63)　「不問物語」永正五年条・同六年六月一七日条。
(64)　『実隆公記』永正一七年二月三日条。「細川両家記」同日条。
(65)　前掲註(5)横尾論文は、大東家文書一一九号（『春日大社文書』第六巻）の評定衆連署状に署名する元隆の名字を若槻と比定するが、東寺百合文書り函一九〇号の薬師寺元隆と花押が一致するため誤りである。ただし、『晴富宿禰記』明応二年四月二八日条に「若槻・安富・秋庭以下評定衆中」とみえるので、若槻元隆が評定衆であることには相違ない。薬師寺元隆の所見は、その他には「見聞諸家紋」のみしかないので、前掲註(48)小泉論文に従えば、上記の評定衆連署状も文明前期のものと考えられる。
(66)　『実隆公記』永正一七年二月六日条。諱は「再昌草」大永二年三月一二日条による。
(67)　『宗長日記』大永六年一二月二二日条。なお、同時代に実在する「若槻若狭守」は、賀茂別雷神社文書Ⅱ―F―一六一号〈同社蔵写真版。文書番号は、『賀茂別雷神社文書目録』〈京都府教育委員会、二〇〇三年〉による）や年未詳五月付水尾能貞書状（羽倉文書〈東京大学史料編纂所影写本〉）で畠山順光の奏者をつとめているため別人である。
(68)　久下文書六〇号（『兵庫県史』史料編中世三）。『実隆公記』永正八年七月一一日条・一一月五日条。
(69)　東寺百合文書ニ函二一四号・四三一号。
(70)　系譜関係は不明ながら、満元段階から仕える安富元盛もいる（小泉恵子「細川家関係故実書について」〈『室町幕府関係引付史料の研究』研究代表者桑山浩然、一九八九年〉）。
(71)　前掲註(3)小谷論文の註(6)。
(72)　福島克彦「丹波波多野氏の基礎的考察（上）」（『歴史と神戸』第三八巻第五号、一九九九年）。
(73)　『実隆公記』永正五年一〇月一四日条。「赤松家風条々録」（『上郡町史』第一巻六三四頁）。「瓦林正頼記」永正五年条・同八年七月二六日条。
(74)　『鹿児島県史料　旧記雑録前編二』一九五五号。（大永四年）一〇月四日付香西元盛書状（和田文書〈東京大学史料編纂所謄

写本〉)。年次比定は、岡田謙一「細川高国派の和泉守護について」(『ヒストリア』第一八二号、二〇〇二年)による。

(75)『実隆公記』永正一七年閏六月一〇日条・七月二六日条。

(76)「山城名勝志」「京都府寺志稿」(ともに『大日本史料』永正七年一一月一四日条)。

(77)本書第一部補論一「細川高国の家督継承と奉行人」。父春信が代官をつとめていた随心院に対して、金銭の融通をしている事例もある(『室町幕府引付史料集成』下巻二一二頁)。

(78)羽倉文書(『大日本史料』永正七年五月二八日条)。「幻雲文集」(『続群書類従』第一三輯上)の「石田光輝安照居士肖像」「為和詠草」大永元年一〇月二二日条にも、「石田又二郎亭会二」と出てくる。

(79)寄組村上家文書一九号(『山口県史』史料編中世三)。「永正十七年記」四月二九日条(『続群書類従』第二九輯下)。

(80)『北野神社文書』一二二号・一二三号。

(81)長府細川家文書三号・五号(『鴨方町史』史料編)。丹波石田荘代官の石田彦左衛門(『後法興院記』明応七年一一月一三日条)や、高国の馬廻衆で丹波今林荘を知行する石田弾正(『実隆公記』永正六年一〇月六日条)が確認できる。

(82)東寺百合文書に函二一八号・二二二号。

(83)『蔭凉軒日録』長禄三年五月二四日条。

(84)『大徳寺文書』七九二号・七九三号。なお、元教以前の波々伯部氏については、前掲註(1)末柄論文が詳しい。

(85)「再昌草」永正一八年四月二日条。「公広記」(『後鑑』大永元年一二月二四日条)。

(86)『実隆公記』永正一七年閏六月一二日条・一三日条など。

(87)『北野社家日記』第八、一一七頁。

(88)「不問物語」永正五年条。

(89)『後法成寺関白記』永正六年七月二七日条。

(90)『実隆公記』大永五年四月八日条・同六年八月二六日条。

(91)『大徳寺文書』七八二号。泰綱の諱は、鶴崎裕雄「『二月廿五日一日千句』(細川千句三つ物)と細川政元」(同『戦国の権力と寄合の文芸』和泉書院、一九八八年、初出一九八二年)による。

(92)「政所賦銘引付」文明八年四月九日条(『室町幕府引付史料集成』下巻二八四頁)。

(93)「細川両家記」永正八年七月条。土佐家文書第六巻一四号(『東京国立博物館図版目録　中世古文書篇』)。

(94)「細川両家記」大永六年一一月条。『言継卿記』大永七年二月一三日条。「細川両家記」大永七年二月一二日条。「二条寺主家記抜萃」大永七年二月一一日条。
(95)八木哲浩編『荒木村重史料』（伊丹市役所、一九七八年）。この系図類は、大蔵の孫にあたる荒木村重に収斂するものなので、仮に作為を加えるならば摂津との関係を強調するはずであろうから、丹波出身という点に限っては信用に足るとみておきたい。
(96)本書第二部第二章「『堺公方』期の京都支配と松井宗信」。
(97)泉涌寺文書八一号（『泉涌寺史』資料篇）。
(98)離宮八幡宮文書一四二号（『大山崎町史』史料編）。『大乗院寺社雑事記』文明四年正月八日条。
(99)「細川両家記」大永七年二月四日条。
(100)岡田保造「摂津国人三宅氏の動向」（『大阪成蹊女子短期大学研究紀要』第一四号、一九七七年）。
(101)「瓦林正頼記」永正八年八月条。
(102)『大徳寺文書』二八二号・一二〇三号や水府明徳会彰考館徳川博物館蔵能勢文書三一号（八上城研究会編『戦国・織豊期城郭論』和泉書院、二〇〇〇年）など。
(103)『鹿苑日録』天文八年五月一五日条。
(104)『後法成寺関白記』享禄三年一一月三日条・一二月一三日条。
(105)本書第三部第二章「細川晴国陣営の再編と崩壊」。
(106)『蔭凉軒日録』延徳三年八月一四日条・一七日条。
(107)「為広越後下向日記」（『冷泉家時雨亭叢書』第六二巻）。『蔭凉軒日録』延徳三年三月三日条。
(108)東寺百合文書ツ函一九九号。
(109)前掲註(1)末柄論文。
(110)『今西家文書』五七号。
(111)『実隆公記』大永五年七月一九日条。
(112)『実隆公記』大永三年閏三月一四日条・五月一日条など。『九条家文書』一二一〇号・二〇六六号。「御作事方日記」大永五年四月一七日条（『ビブリア』第八九号、一九八七年）。
(113)「再昌草」大永五年一二月一八日条。

(114)「大舘記（二）」（『ビブリア』第七九号、一九八二年）。

(115) 勝尾寺文書九四一号。年代は記されないが、史料中に摂津守護代の「薬師寺備後《（元長）》」が登場するので、元長が備後守を名乗り始める文明年間から、嫡子の元一が元長に代わって活動を始める明応年間の間に絞り込める（横尾国和「摂津守護代家薬師寺氏の動向と性格」〈『国学院大学大学院紀要―文学研究科―』第一二輯、一九八一年〉）。

(116) 同一人物と判断しなかったのは、『実隆公記』大永三年閏三月一九日条で、元親がわずか九歳の子の父親と判明することによる。

(117) 吉川彰準編『長川寺由緒記』（長川寺、一九三六年）。

(118) 吉川彰準編『会員名簿』（清滝会、一九四〇年）。

(119) 本書第三部第二章「細川晴国陣営の再編と崩壊」。『大徳寺文書』七七五号。備中赤木氏については、水野恭一郎「備中国赤木家文書について」（同『武家時代の政治と文化』創元社、一九七五年、初出一九七四年）も参照されたい。

(120)「後龍翔院左大臣殿御記」大永七年八月二九日条（東京大学史料編纂所写真帳）。足軽という傭兵的身分で構成される点も近習の特質を示している（本書第二部第三章「『堺公方』期の京都支配と柳本賢治」）。

(121)『後法成寺関白記』大永六年一一月三〇日条。

(122)「大永四年細川亭御成記」。藤沢神右衛門は、『後法成寺関白記』大永六年正月五日条を初見として頻出する。

(123)『実隆公記』天文元年一一月二二日条。『後法成寺関白記』大永六年七月一日条・九月一日条。そのほか高国方として活動が確認できる者に藤沢越前守長清もいる（東寺百合文書ヒ函二七三号・東大寺文書三―四―八三号・『壬生家文書』一〇七号）。

(124) 備中安倍家文書四号・六号（『鴨方町史』史料編）。

(125) 備中仲田家所蔵文書一号（『鴨方町史』史料編）。

(126)『今西家文書』二一六号。賀茂別雷神社文書Ⅱ―E―一―五六号。『後法成寺関白記』では、永正九年一〇月三日条を初見として、高国の使者をしばしばつとめている。

(127)「再昌草」永正一〇年二月九日条。

(128)「経尋記」（『大日本史料』大永元年九月四日条）。

(129)『実隆公記』巻六上、一八一頁。

(130)『尊経閣文庫蔵武家手鑑釋文』中ノ三五号。

(131)『西山地蔵院文書』四―八号。
(132)前掲註(8)浜口著書。
(133)『元長卿記』大永二年二月六日条・一四日条。
(134)安国寺文書七二号～七四号（『綾部市史』史料編）。
(135)離宮八幡宮文書二一四号。『大山崎町史』史料編では、基清の名字を斎藤に比定するが、大山崎町歴史資料館の写真で確認したところ「講衆」の河田基清と花押が一致する。
(136)賀茂別雷神社文書Ⅱ―L―二一号。春能については、本書第三部第二章「細川晴国陣営の再編と崩壊」。
(137)『久我家文書』四〇八号・四〇九号。離宮八幡宮文書二〇四号。
(138)岸田裕之「芸石国人領主連合の展開」（同『大名領国の構成的展開』吉川弘文館、一九八三年）。
(139)『蔭凉軒日録』長享三年四月九日条・延徳四年七月二〇日条。
(140)「不問物語」永正五年条。
(141)『実隆公記』永正一七年五月一二日条。
(142)田中家文書二四〇号・二四一号（『石清水文書』一）。
(143)『蔭凉軒日録』文明一七年一二月二四日条・同一八年正月二二日条・長享二年正月二二日条。
(144)『蔭凉軒日録』長享二年八月二九日条・九月二日条・延徳三年七月一一日条・同四年五月五日条。この推測が正しければ、同時期に備中守護の内奉行として連署奉書を発給する光賀・直朝（徳永裕之「備中守護家細川氏の守護代と内奉行」〈『専修史学』第三八号、二〇〇五年〉）の名字には、高橋氏と徳倉氏をあてることができる。
(145)東寺百合文書サ函二四六号。
(146)田中家文書二四五号。『蔭凉軒日録』文明一八年六月一一日条には、分裂以前の両名がみえる。
(147)『蔭凉軒日録』長享三年五月二八日条。
(148)『蔭凉軒日録』延徳元年一一月二〇日条。
(149)前掲註(31)末柄論文および本書第一部第三章「細川高国の近習と内衆の再編」。
(150)『蔭凉軒日録』明応二年四月二三日条では、「三郎右衛門」と改称している。高橋三郎と名乗っていた段階には、摂津能勢郡採銅所の代官をつとめていたことも確認できる（『壬生家文書』一〇二号・一〇三号）。

(151)『後法興院記』文亀三年八月二日条。『鹿苑日録』同日条。
(152)永源寺文書一二八号・一三二号・一三六号（『永源寺関係寺院古文書等調査報告書』滋賀県教育委員会、一九九八年）。
(153)『北野社家日記』延徳二年三月二日条・一一日条・二一日条・一一月一六日条。『蔭凉軒日録』延徳三年四月四日条。
(154)『蔭凉軒日録』長享三年六月一四日条・七月一五日条・延徳元年一一月一八日条。
(155)『蔭凉軒日録』延徳元年一〇月二〇日条。
(156)『蔭凉軒日録』延徳三年一二月二四日条。安富家の構成は、本書第一部第三章「細川高国の近習と内衆の再編」も参照されたい。
(157)「文安年中御番帳」「永享以来御番帳」「永禄六年諸役人附」「長享元年九月十二日常徳院殿様江州御動座当時在陣衆着到」（以上『群書類従』第二九輯）。『久我家文書』五四五号。東寺百合文書ニ函四一〇号。奉公衆の小坂家が山城守や右馬助も名乗ったことは、今谷明「『東山殿時代大名外様附』について」（前掲註(2)今谷著書、初出一九八〇年）や前川祐一郎「室町時代における『吾妻鏡』」（『明月記研究』第五号、二〇〇〇年）による。
(158)『開口神社史料』第三巻二号～六号。「松下集」明応二年二月一〇日条（『私家集大成』第六巻三一七頁）にも「堺南の政所小坂」とみえる。
(159)『蔭凉軒日録』延徳二年六月九日条・同三年三月三日条・一二日条。
(160)土佐家文書第六巻一〇号・一一号・一四号。発給者はそれぞれ飯尾秀兼・清貞昭・中沢秀綱だが、刊本では誤っている。
(161)『後法成寺関白記』永正一七年八月五日条・七日条。高国に仕える遁世者は、軍事行動にも従事した（『拾芥記』永正七年二月一六日条）。
(162)「壬生于恒記」大永元年二月一八日条（『大日本史料』同月二六日条）。『壬生家文書』一一八号。宗基は薬師寺家と姻戚関係にあった（前掲註(42)青蓮院文書三七号）。なお、太田幸綱がまとめた「書札調様」は、薬師寺国長の所持する写本を「斎藤豊前守宗基」が享禄四年（一五三一）に書写したものが現在に伝わる（前掲註(114)）。国長と宗基の関係性がここにも窺えると同時に、宗基が享禄四年以前に豊前守へと通称を改めたこともわかる。

第三章　細川高国の近習と内衆の再編

はじめに

前近代の家政機構は、安定を図るために伝統的な秩序や序列を重んじるのが常である。譜代家臣や宿老の地位は、その秩序のうえで確保されるため、彼らは伝統を維持する主体的な役割を担うこととなる。したがって、ときとして伝統から逸脱しようとする当主の行動に規制をかけることもあった。家権力は、右のような家政機構の上に成り立つため、当主はその維持を図る義務を有した。結果として、当主個人の権力は家権力のなかに埋没しかねない状態となり、当主は自己矛盾を抱えることとなる。

そこで当主は、伝統的な秩序に束縛されない新参者や新興勢力を近習として抜擢し、譜代家臣や宿老を介さず直接指示を下すことで個人の権力を行使しようともする。いわば前近代の家政機構は、秩序の維持と破壊という二つの相反する運動方向を包含していたのである。当然、それを両立させるのは困難で、当主と結びついた近習層と、それに対する宿老層という構図の抗争は、時代や地域を問わず数多く発生した。

よって、宿老・近習はいずれかに偏ることなく視線を向けるべきであるが、戦国期権力論は秩序立った支配機構の解明を第一義として進められてきたため、宿老側に重きが置かれ、近習は軽視されがちであった。本章で対象とする細川京兆家も、その点は例外ではなく、右の視点から近習に着目した研究は、末柄豊氏によるものが唯一といってよい[1]。そこでは、有力内衆である守護代とその管下の国人から細川政元に抜擢された近習との間で、対立が生じているという指摘がなされた。これは、視角を変えれば、国人の掌握をめぐる細川京兆家と守護代の対立ともいえる。

ところが、政元を受け継いだ細川高国権力は、近習である波多野元清・柳本賢治の離反を一つの契機として崩壊に向かった[2]。つまり、政元期における京兆家当主・近習と守護代のせめぎ合いは、対立構図を変えて結末を迎えたのである。したがって、この転換の過程は、細川権力解体の前提といっても過言ではなかろう。そこで本章では、近習の動きに注意しながら高国内衆の内部構造の変化を明らかにし、当主・近習対守護代の対立が、当主対近習へと転換していく過程の把握に努めることとしたい。

具体的には、まず第一節で、柳本家を中心に波多野家も対象に組み込みながら、高国近習の成立過程と離反に至るまでの家としての展開について辿ることとする。続く第二節では、高国内衆のうち譜代・宿老層の構成とその変化について検討し、内衆構成全体の再編について見通しをつける。そのうえで第三節では、高国権力による発給文書の特徴や変化に着目することで、実際の支配との相関関係から、第一節・第二節で得た見通しに裏付けを与えることとする。

なお、高国近習の構成とそれぞれの出自については、前章で論じているので、併せて参照されたい[3]。

一　柳本家の成立と展開

1　京兆家近習柳本家の成立

本節では、柳本家の家としての展開を時系列に沿う形で整理する。まず本項では、近習としての柳本家の成立から、賢治による相続以前までを取り上げる。

柳本家が京兆家に仕えたことを確認できるのは、又次郎長治の代からである。明応七年（一四九八）のものと推測される華洲等縁の書状がその初見で、そこでの長治は、多田院領への棟別が代々免除されているという摂津国人塩川種満からの注進を細川政元に披露している。(4)明応八年に富田某による志宜荘の押領を扶助している柳本氏も、長治であろう。(5)永正元年（一五〇四）には、薬師寺元一の反乱を鎮圧するため、京都から淀へ派遣された細川政元方のなかにも長治の名がみえる。(6)また、永正四年に細川政元はわずかな側近のみをつれて奥州への下向を企図するが、そのときに長治も供を命じられていることから、(7)政元に目をかけられてその立場を固めつつあった様子が窺える。

逆に時期を遡ると、寛正六年（一四六五）に京兆家内衆の安富元綱邸で留守を預かる「柳下」なる人物を確認できる。(8)長治は永正一七年に五十八歳で没しているので、(9)寛正四年生まれである。とすると、ここでの「柳下」は、年齢的にみて長治の父である可能性が考えられる。永正四年に没した長治の父柳本出雲守は、諱が家藤であることから、安富元家の偏諱をうけているのではなかろうか。(10)長治の登場はやや唐突の感もあるが、安富家の成長とともに柳本家が頭角をあらわし、その子が政元の目にとまって抜擢されたという経過も可能性としては十分考えられる。前章でも検討したように、守護代家から京兆家へと移り、近習として立身する類例は、他にもみられるからである。

長治の発給文書は、わずかに一点のみが確認できる。

【史料1】(11)

当所真珠庵領之事、可被引半済由候、太無勿躰候、重而左様之儀不可被申候、為其遣折帋候、恐々謹言、

柳本又次郎

十一月四日（永正四年）　長治（花押）

市原野一揆中

永正四年に細川政元が暗殺され、後継の座をめぐって澄之と澄元の戦闘が始まると、いずれかの陣営が半済令を出して一揆の動員を図ったようである。そのため、八月に澄元方の勝利に終わると、同月二一日頃に半済の停止を求める動きが朝廷側から起こり、翌月末までに武家側もそれに理解を示している。[12]ところが、一〇月に入っても塔森では一揆勢が半済を取ることに執着していた。[13]【史料1】では、真珠庵領の市原野における同様の動きを停止していることから、長治は澄元方についたことが判明する。

さらに【史料1】では、一揆中に対して「被引半済」や「被申」と敬語を用いていることから、京兆家に仕える一方で柳本家の身分がさほど高くないことや、地下と直接交渉するような立場にあったこともわかる。小谷利明氏によると、細川勝元の近習は、荘園領主の取次となり、京兆家の判物発給などの際に間を取り持つという役割を担うとともに、その立場から村の武力を動員する役割も担ったとされる。[14]長治の行動も、小谷氏の指摘する京兆家近習の特徴を反映しているといえよう。

他方、文書の発給主体となっている点は、小谷氏が指摘する近習の特徴と反する。この点については、発給文書が一通しか残っていないことや権力側の発給文書にしては丁寧すぎることからして、戦時下の特殊事例とみるのが至当である。受益者である真珠庵が、柳本家の菩提寺であるという事情を踏まえると、真珠庵が一揆への影響力を持つ長治に個別に調停を依頼したと想定される。よって、【史料1】の発給を長治の権限として普遍化することはできまい。

永正五年に細川澄元と細川高国の対立が勃発すると、長治は高国方につく。[15]それまでに入道して宗雄と号していることから、政元の喪に服したものと考えられる。ここからも、政元の抜擢によって地歩を固めたことが窺える。

その後、長治は高国に重用され、新たに賀茂大宮郷にあった公家の中山家領も与えられている(16)。その一方で、山城富森や丹波新江村など、至るところで押領をしている事例も見受けられる(17)。また、三条西家領の美豆御牧では「柳本棟別事申懸之、剰引牛帰之間、使者令打擲之処、可差寄之由彼衆申」したという(18)。このように、山城から丹波にかけての活動が確かめられるが、彼の本貫地となると見当がつかない。

一条家の地子をめぐって大内方の三隅氏と京都で喧嘩をしているところをみると(19)、活動の中心は京都にあったようである。各地での押領の事例も踏まえると、荘園領主と京兆家を結ぶ取次という立場から、年貢や地子の徴収を請け負う代官に任じられることも多かったと想像される。永正七年の一休宗純三十三回忌では三貫文もの高額寄付をしており、羽振りのよさが窺えるが(20)、これも代官の収益によるものであろう。

永正八年の船岡山合戦では、船岡山北側の今宮神社付近に陣取っており、それなりの動員力を持っていたこともわかる(21)。ところが、被官にどのような者がいたのかは、皆目わからない。ただし、与力として、渡辺右馬允・内藤左近丞をはじめ、近江国栗太郡下笠の善光坊がいた(22)。のちに柳本家を継承する賢治も、独自の軍事力をあまり持ち合わせておらず、与力を中心とする軍事編成をとっていたほか、柳本治頼のように僧兵を被官化した事例もあった(23)。このように軍事編成という面では、長治と賢治の間に共通する部分がみてとれる。

永正八年の芦屋河原合戦には、長治のほか、高国の「馬廻り柳本又次郎入道宗雄（長治）子息・波多野孫右衛門（元清）・能勢因幡守（頼豊）・荒木大蔵等」も参戦した(24)。ここで「馬廻り」とされる者たちは、前章でみたように近習であるが、「宗雄子息（長治）」とは賢治のことではない。永正一七年に高国勢が摂津尼崎での敗戦から京都へ撤退する過程で、長治とその子息が西岡の一揆に攻められてともに討死しているからである(25)。つまり、賢治は長治に養育されたわけではなく、長治父子戦没後に柳本家の断絶を避けるために名跡を継いだようである。

残念ながら、長治子息の名前を記した史料は一切残されていない。しかし、以下の点から、弾正忠を名乗っていた可能性が高い。

「不問物語」は、長治に一貫して「弾正忠」の官途名をあてるが[26]、そのような所見は他に一切ない。【史料1】からまもなく喪に服して入道する長治が、弾正忠と改称するのは状況的にみても時間的にみても考えがたい。死後も「柳本又二郎入道長治」と呼ばれているので[27]、「不問物語」の官途名は誤解かと思われる。では、なぜこのような誤解が生じたのであろうか。

「不問物語」は、永正五年成立の「細川大心院記」と永正一六年までの成立である「瓦林正頼記」を組み合わせたものである[28]。ただし、二つの文献をただ組み合わせただけでなく、適宜加筆・修正も施している。例えば、永正四年三月下旬の奥州下向にあたって政元が供を命じた面々を、「細川大心院記」は「御供ノ人々ニハ波々伯部源次郎・柳本又次郎・須知源太・横河彦五郎・井上又四郎・登阿弥、此五六人計」とするのに対し、「不問物語」は「供ニハ波々伯部源二郎元継・柳本弾正忠長治・須知源太、、・横河彦五郎、、・井上又四郎基清・登阿弥、此五六人計」としている。一方、「瓦林正頼記」で永正五年に高国へ味方した「柳本又次郎入道宗雄」は、「不問物語」では「柳本入道宗雄」に改変され、さらに永正八年七月に灘へ出陣した「柳本入道宗雄」も「柳本弾正忠長治入道宗雄」へと改変されている。

先述の渡辺右馬允以下の柳本家与力が、「不問物語」独自の記述であることから、「不問物語」の作者は柳本家の内情に詳しい人物と想像される。つまり、「不問物語」の作者は柳本弾正忠という実在の人物を知っており、その通称を長治にも敷衍したとしか考えられないのである。後述のように、賢治は大永八年（一五二八）五月までに弾正忠を名乗るようになるが、永正末年成立の「不問物語」の作者は[29]、そのことを知るよしもない。となると、長治の息子を弾正忠とするほかになかろう。「不問物語」の加筆部分の信憑性は末柄豊氏によって指摘されるところだが、長治を「弾正忠」とする点に限っては、正しいという思い込みが働いたといわざるを得ない。

2　賢治の柳本家継承

本項では、賢治が柳本家を継承して以降、高国から離反するまでを取り上げる。

柳本賢治は、波多野元清・香西元盛と兄弟で、元盛が長弟、賢治が次弟とされる(30)。「香西有両兄弟、其長曰波多野、其少曰柳本子」とみえることや(31)、香西家のほうが柳本家よりも家格が高く、前章でみたように賢治よりも先に元盛が高国に出仕していることから、年齢の序列は右に従ってよいかと思われる。

元清の父清秀は、石見の吉見氏出身で、十八歳のときに上洛してきて細川勝元に仕えた(32)。その経歴からして、典型的な近習といえよう。のちに政元にも仕え、永正元年（一五〇四）に六十二歳で没し、その跡は元清が継いだ。この相続の過程については、臨済僧の月舟寿桂が「養賢寿浩居士肖像」に賛を寄せるに至った事情から読み取ることができる。

【史料2】(33)

居士《(養賢寿浩)》童年、入予師兄西話仙甫《(寿登)》和尚室、名曰寿浩、大昌天隠師号之曰養賢、十五而帰俗、続波多野氏家、其弟相継入室、名曰寿犀、宜竹景除翁号之曰仲霊、又十三而帰俗、後続柳本氏家、今居士令嗣秀忠《(波多野)》、寄此肖像、以覓拙賛、蓋仙甫戢化後、以西話軒付予、西話固居士棠陰也、秀忠豈可忘哉、予不辞而賛云、

養賢寿浩は、幼い頃に西話軒の仙甫寿登のもとへ入室し(34)、寿浩という名と養賢という号を与えられたが、十五歳のときに還俗した。したがって、養賢寿浩という戒名は、少年時の僧名をそのまま使用したことになる。還俗の理由は、波多野家を相続するためであった。入れ代わりで彼の弟が仙甫のもとへ入室し、寿犀の名と仲霊という号が与えられた。ところが彼も十三歳にて還俗し、のちに柳本家を相続した。養賢の死没は、【史料2】の前

後の記事から推するに享禄元年（一五二八）から四年の間で、今現在、彼の跡は秀忠が継いでいるという。仙甫の死後、西話軒は法弟にあたる月舟に譲られていたため、秀忠はその縁を頼って月舟に肖像の賛を寄せるよう求めたのであった。

右の人間関係から、養賢は享禄三年に死去した波多野元清に他ならない(35)。この記事から、元清が清秀の跡を継ぐために還俗したことも判明する。そして、弟の仲霊寿犀は、のちに柳本賢治を名乗ったことも明らかであろう(36)。【史料2】では、元清・賢治が波多野家出身か否かは不明だが、香西元盛は「其父波多野氏、起自周石(周防・石見)之間、皈細川源君幕下」とされ、「兄波多野元清」ともみえるので(37)、元清・元盛・賢治が清秀の実子で実の兄弟であることにも疑いはなさそうである。これらを総合すると、清秀には元清の兄にあたる嫡子がいたが、死没などの理由で廃嫡となったため、十五歳の元清が還俗させられたという経過が推測される。

元清の代わりには、元盛ではなく適齢の賢治が僧籍に入った。元盛が僧籍に入らなかったことは、元清が僧名をそのまま戒名としたのに対して、元盛は没後に月舟から戒名を与えられたことや、「香西文盲」といわれることからも読み取れる(38)。

賢治の還俗については、元清が「十五而帰俗、続波多野氏家」とされるのに対して「十三而帰俗、後続柳本氏家」とされるように、還俗と柳本家相続の間に間隔が置かれていることに注意したい。享禄二年とやや後の事例となるが、九条稙通が「興聖寺ヨリ岩崎大(太)郎左衛門柳本弾正忠養父也、罷出」と記すように(39)、賢治は柳本家ではなく、まず岩崎家の養子となったのである。前項で、賢治は長治父子の戦没により急遽名跡を継ぐことになったと推測したが、その裏付けをここからも得ることができる。

九条稙通は、このとき伏見稲荷と東福寺の喧嘩の仲裁にあたっていたが、思うように進捗しなかったため、柳本賢治にも助力を依頼している(40)。その際、賢治を突き動かすために、「内儀之取合」をしたのが岩崎家の主である「山科興聖寺」であった(41)。「山科興聖寺ヨリ三荷三合来、使者島村大炊助」や「興聖寺内者、野条隼人侍書状アリ」とみえるように、同寺には岩崎氏の他にも多くの侍が仕えている(42)。

その特徴から、「興聖寺」とは、天文元年（一五三二）の山科本願寺焼き討ちまで同じく山科にあり、のちに本願寺の脇門跡となる興正寺のことを指していると思われる。本願寺が大坂へ遷って以降の事例となるが、証如は例年正月一三日に興正寺蓮秀のもとを訪れており、その際、常に野条豊前という侍が相伴している(43)。このように、野条氏という譜代家臣が一致することからも、「興聖寺」は興正寺とみて間違いあるまい。

右の経歴を踏まえると、享禄二年に山崎での合戦で敗北した賢治が近くの枚方寺内町に逃げ込んだことも(44)、矛盾なく受け入れることができる。中立の姿勢を維持する本願寺は、表立って賢治を支援することはないが、賢治が急成長した背景には、本願寺の後押しも少なからずあったのではなかろうか。

岩崎家の養子となった賢治に柳本家継嗣として白羽の矢が立った理由は、元盛の香西家継承との連続性から捉えることができる。香西家が栄華を極めたのは、政元のもとで下山城守護代にまで上り詰めた香西元長のときで、元長が永正四年に没するとともにその跡は断絶していた(45)。そこで「近年香西家無的嗣、今之府君(細川高国)以続断絃」とあるように(46)、高国は命を下して元長の跡を元盛に継承させるのである。

賢治による柳本家の継承も、その延長線上にあるとみてよかろう。すなわち、兄元清が高国の寵愛を受けていたため、弟たちもその恩恵にあずかったものと推測される。高国と波多野家の特別な関係は、高国の庶子にあたる如月寿印が、月舟寿桂の法嗣となっていたことからもみてとれる(47)。【史料2】でみた波多野家と月舟の関係からすると、元清による仲介があった可能性もあるだろう。

そして、大永三年（一五二三）一一月の真珠庵領大宮郷の押領を皮切りに(48)、賢治段階の柳本家の動きがみえ始める。元盛は和泉方面の軍事を任されていたため、大永四年一〇月に「和泉軍敵(細川澄元)得勝利、香西・柳本等不知行方」とみえるように、賢治もそれに従っていたようである[49]。薬師寺国盛は「柳本がこじうと《（小舅）》」とされることから、大永七年以前に賢治は摂津守護代家から妻を迎え入れたこともわかる[50]。このように柳本家を継承した賢治は、わずかな期間でその地位を確立させていく。

ところが、細川典厩家の当主尹賢の讒言によって、大永六年に香西元盛が高国に謀殺されると、それに反発して元清・賢治は四国で上洛の機会を窺っていた細川晴元方に寝返ってしまう[51]。岡田謙一氏は、尹賢と元盛の確執の背景として、高国の後継者に尹賢息の氏綱を推す一派と高国弟の晴国を推す一派の争いを想定しているが[52]、晴国と元盛を結びつける接点は何一つ見当たらない。のちのち晴国と氏綱が高国の後継者をめぐって対抗することは、筆者も指摘した通りだが[53]、この段階で岡田氏が指摘するような対立がすでに惹起していたとしたら、高国と尹賢の確執は避けられないはずである。しかし、両者は最後まで連携を崩すことはない。

元清に始まる波多野一族への高国の傾倒ぶりや、元清・賢治兄弟が高国方から離反したことから推するに、尹賢と元盛の確執は個人的なものというより、増長する波多野一族とそれを警戒する古参の尹賢との間の対立とみたほうがよかろう。かくして近習は、守護代のみならず、京兆家当主に次ぐ権威とも張り合うような存在へと成長するのである。

3　家の存続

本項では、賢治が高国から離反して以降の動向を扱う。

高国方と晴元方が全面対決する大永七年（一五二七）二月の桂川合戦直前に、「柳本・香西・三好越後子両人《（長尚息、長家・政長）》」らが山崎へ進駐してくると、東寺は使者を派遣して「三好左衛門助《（佐）》制札」と「柳本・香西両人ノ同《（制札）》」、すなわち三好長家単署と賢治・香西某連署の禁制を得ている[54]。ここから、元盛亡きあとも、香西家は維持されていたことが確認できる。

しかし、香西某は同月一三日の桂川合戦であえなく討死にする。[55] そのときともに戦没した柳本方の者たちは、「ハウカヘ《(波々伯部)》□《(又三郎)》・香西柳本弟、十七才、・新兵衛」、あるいは「香西源蔵・新兵衛・波々伯部又三郎」とされることから、[56] 香西某は十七歳になる賢治の弟で、源蔵と称したこともわかる。源蔵は、波多野清秀没からしばらく後の永正八年（一五一一）に生誕したことになるので、清秀の実子ではない。「波多野弟」とされないところをみると、波多野家を出自としない岩崎家か柳本家の人物であろう。

香西源蔵の跡は、のちに「小童」が継いだ。[57] 一方、波多野元清は病気で逼塞しており、若き息子の秀忠が当主代行として賢治とともに文書を発給していた。[58] 賢治のそこでの署名は「又次郎賢治」であったが、それから京都で勢力を伸張すると、大永八年五月までに弾正忠と改めている。[59] 柳本家の継承を強く打ち出したものと捉えられよう。このように、波多野一族三家は、家の継承と三家の連帯を強く意識していたが、各当主の置かれた状況から、京都での活動は賢治がその中心的役割を果たす結果となっていく。[60]

享禄三年（一五三〇）六月二九日に賢治が没すると、同年八月二一日付の東寺廿一口供僧年預為源書状案を初見として、柳本家に対する文書の宛所は柳本甚次郎となる。[61] その書状案では、当初宛所を「秦次郎」としていたのを「神」次郎、さらに「甚」次郎と訂正していることから、突如の代替わりを反映して情報が錯綜している様子もみてとれる。賢治という支柱を失ったのちも、甚次郎は新たに木沢長政の協力を得て、享禄三年末から四年三月頃まで共同で京都の統治にあたっており、長政が京都を去って以後も高畠長信がそれに代わり、なおも甚次郎は京都の支配に関わり続けた。

しかし、天文元年（一五三二）正月に、甚次郎は三好元長配下の攻撃を受けて討死してしまう。[62] その死亡記事から、「柳本神二郎者弾正息四五才歟代也、十九才云々」という情報を得ることができ、弱冠十九歳という年齢のほか、幼少の賢治息に代わって当主を代行していたことも判明する。実際、甚次郎は発給文書のなかで、「委細修理亮(柳本春重)方可被申候」と自身の取次にあたる柳本家中の春重に対し敬語を用いていることから(63)、主従関係を確立していないことが読み取れる。

なお、当時四、五歳といわれる賢治の実子は、どうやら生き存えたようで、翌天文二年付の細川晴元奉行人奉書にて、三宝院門跡領である仏名院分の代官職を安堵されている柳本虎満丸が、おそらくそれに該当する(64)。そこでの虎満丸は、幼名でありながらも代官職を「数年当知行」していると主張している。一方で、この「当知行」の実態について、三宝院門跡側は「内海伊賀守(久長)令押妨」と主張している(65)。内海久長は賢治の最も有力な遺臣の一人であることから(66)、虎満丸こそが賢治の後継者とみて間違いなかろう。

最後に本節の検討を簡単にまとめつつ、次節以下の見通しを述べておく。柳本家は、安富家に仕えて成長を遂げ、京兆家の信任を得て立身したようだが、永正一七年には代を重ねることなく、長治父子がともに没してしまう。折しも、高国の寵愛を受けていた波多野元清は、長弟が香西家の当主に取り立てられており、続けて次弟も柳本家の当主に抜擢された。このように個人的主従関係に発した近習は、時間を経るうちにやがて維持するべき家として確立していったことが、当主没後の柳本家や香西家の動向から読み取れよう。このような動きは、京兆家内衆の序列にも少なからぬ影響を与えたと考えられる。なぜなら、前章で述べたように、高国期には少なく見積もっても三〇人以上の近習が確認でき、彼らが京兆家内衆内部で一つの集団を形成するようになるからである。

二　高国内衆の上層

1　京兆家内衆の基本構造

本節では、近習の台頭が高国の内衆構成にどのような影響を与えたのか検討する。したがって、影響をうける側となる内衆上層の譜代・宿老に焦点を合わせる。まず本項では、考察の前提として、高国内衆の全体的な階層構成について明らかにしておきたい。その素材となるのは、伊勢貞遠がまとめた伊勢流故実書である。

【史料3】(67)

一守護代衆幷年寄衆、御宿所・御返報、
一御馬廻衆其外摂丹之国人、むかしハ進し(進之候)、近年はそう(草)字の御宿所、是ほとに候、
（中略）
一家ノ子衆・守護代衆被官、其内のおとなほとの衆へは、さう字の恐々謹言、進候(之脱、以下同)、
　(香川内)樋藤、、殿進候　(内藤内)弓庭、、殿進候
　(安富内)高木、、殿進候　(薬師寺内)夜久、、殿進候
　　此外長塩　奈良　香西　両寺町
　内者にも都(郡)の代官なとにハ同前

「摂丹之国人」とあることや後半の香川以下の名前の羅列から、京兆家の内衆に対する書札礼を示していることは明白である。跋文に従えば、高国没から二年後の天文二年（一五三三）に認めたものであるが、故実書なのでいつの時代に通用した認識をまとめているのか踏まえておく必要がある。内容全体をみると、永享三年（一四三一）の事例が引用される一方で、「法住院殿様(足利義澄)御代には」と永正八年（一五一一）に没した義澄の時代が過去のことと認識されている。「法量物之事」が永正一七年六月三〇日現在の数値を記載していることからして、高国没後の成立ではあるものの、およそ高国期の認識をまとめたものとみてよいかと思われる。

以上を踏まえて、【史料3】の内容を分析しておく。まず、前半二ヶ条からは、厚礼で上位の守護代衆・年寄

衆と、薄礼で下位の馬廻衆・摂丹国人の大きくは二階層、細かく分けると四階層で構成されていることがみてとれよう。「守護代衆幷年寄衆」が、後半では上下が反転して「家ノ子衆・守護代衆」と換言されていることから、年寄衆と家ノ子衆は同義で、その上下関係の曖昧さから、守護代衆は広義では年寄衆に含まれると考えられる(68)。同様に、「御馬廻衆其外摂丹之国人」という表現からも、主として摂津・丹波の国人のなかから馬廻衆が選ばれるという関係を読み取ることができよう。すでに引用したように、「馬廻り柳本又次郎入道宗雄《長治》子息・波多野孫右衛門《元清》・能勢因幡守《頼豊》・荒木大蔵等」と呼ばれている事例からも、馬廻衆とは近習のことに他ならない。

「家ノ子」と呼ばれることからも明らかなように、年寄衆は南北朝期以来、細川家に仕えてきた関東出身者を中心とする譜代の家に固定しており、原則として新規に採用されることはなかった。したがって、摂津・丹波国人から京兆家に抜擢された場合は、馬廻衆に編成される。今谷明氏は京兆家が国人不登用策をとっていたとするが(69)、これは前者の部分のみに光を当てた結論ということになろう。

そして、近習や国人に対する脇付は、「むかし」は「進し《進之候》」であったが、近年は草書で「御宿所」に変化しているという。守護代や年寄衆への脇付が「御宿所」であることから、高国期に至って、近習の格が浮上し、守護代に近づいていることが読み取れる。前節でみた近習の台頭は、書札礼にもはっきりと反映しているのである。

【史料3】の後半は、年寄衆の被官のうち「おとなほとの衆」である宿老層に宛てる場合の書札礼となっている。長塩以下の五家と区分されている前半四家は、年寄衆のうち格上の守護代の事例である。最後の一文にみえるように、守護代の被官は、郡代となれば自ずと宿老待遇をうけるようになるという。ややもってまわった言いまわしとなっているのは、必ずしも郡代＝宿老ではないからであろう。

そこで、守護代家の郡代と宿老の関係について、延徳三年（一四九一）の近江における安富家の事例をもとに確認しておく。対象をここに絞るのは、この年、守護代に就任した安富元家とその配下の郡代たちが、荘園領主たちの要望をうけて一斉に所領安堵の遵行状を発給しており、郡代の全貌が把握しやすいからである。今谷明氏は、元家が近江のうち栗太・野洲・甲賀・蒲生・神崎・愛知・犬上七郡の守護代となったことを明らかにするが、各郡の郡代までは特定していないので[70]、表7に守護代遵行状をうけて発給された郡代遵行状を管見の限りにおいて整理しておいた。

このうち一一月八日付の安富盛能宛て元家遵行状は、栗太郡と野洲郡の所領を対象としているため、それをうけた郡代遵行状は二通に分かれている。ゆえに、二通のうち宛所となった盛能の遵行状では、「御折帋如此」として元家遵行状の内容をそのまま提示するのに対し、保光の遵行状では「任去八日御遵行之旨」とやや濁した形となっている。

また、表7に登場しない人物として、蒲生郡の「郡代高木新さ衛門尉（盛光）」の存在が知られている[71]。表7にも掲出した九月一四日付の高木直吉遵行状が対象としている南禅寺領成賢寺分につき、高木盛光が「子細候者此方へ承候て、可致披露候」と述べているように、たしかに盛光も蒲生郡代としての動きをみせている[72]。しかし、元家遵行状の宛所となるのも、それをうけて遵行状を発給するのも新三郎直吉（吉直とも署名するが花押は同一）なので、盛光は正式な郡代である直吉を補佐・後見する人物と推測される[73]。

以上を踏まえると、元家の郡代、つまり元家配下の上層部は、元家の弟である若槻元隆や同名の安富盛能、「京兆被官人」でかつ「安富寄子（元家）」の高橋光正、そして近江坂田郡上坂出身で京兆家被官となっていた上坂秀信など、様々な立場のもので混成されていたことが明らかとなる[74]。そのなかにあって、高木直吉は、「安富筑後守（元家）被官高木」とあるように[75]、数少ない被官であった。すなわち、安富家の被官のうち「おとなほとの衆」として、【史料3】に名を掲げられるにふさわしい人物といえる。

また、薬師寺氏の宿老とされる夜久氏は、丹波国人ながら摂津守護代の薬師寺元長の配下に入り、文明二年

表7　延徳3年近江守護代・郡代遵行状

郡名	郡　代	守護代遵行状 (月／日)差出→宛所	郡代遵行状	出　　　典
栗太	安富盛能	(11／3)元家 →安富修理亮	(11／4)盛能 →進藤八郎五郎	『東京国立博物館図版目録中世古文書篇』土佐家文書第6巻36号・38号
		(11／8)元家 →安富修理亮	(11／14)盛能 →進藤八郎五郎	『北野社家日記』延徳3年11月18日条
野洲	某　保光		(11／13)保光 →平井三郎左衛門尉	『北野社家日記』延徳3年11月29日条
甲賀	不　明	—	—	—
蒲生	高木直吉	(9／14)元家 →高木新三郎	(9／14)直吉 →武藤右衛門尉	『南禅寺文書』243号・244号
		(9／18)元家 →高木新三郎	(9／18)直吉 →池上善左衛門尉	『天龍寺文書の研究』544号・545号
		(12／29)元家 →高木新三郎	(12／29)吉直 →池上善左衛門尉	『賀茂別雷神社文書』250号＊1
神崎	若槻元隆	(11／8)元家 →若槻民部丞	—	『北野社家日記』延徳3年11月18日条
愛知	高橋光正	(12／29)元家 →高橋三郎右衛門尉	—	『永源寺関係寺院古文書等調査報告書』永源寺文書136号
犬上	上坂秀信	(10／5)元家 →上坂五郎右兵衛尉	(10／5)秀信 →上坂兵衛三	『大徳寺文書』2352号＊2
		(10／20)元家 →上坂五郎右兵衛尉	(10／20)秀信 →上坂兵衛三	勧修寺文書＊3

註1）　未刊文書の出典は以下の通り。＊1元家遵行状は賀茂別雷神社写真Ⅱ-F-56号。＊2秀信遵行状は東京大学史料編纂所影写本。＊3東京大学史料編纂所影写本。

註2）　若槻元隆の諱は『北野社家日記』明応元年9月6日条，高橋光正の諱は「蓮成院記録」延徳3年9月21日条による。

（一四七〇）に摂津椋橋城で籠城している[76]。文明一八年を初見として活動が確認できる夜久重種は、元長の意をうけて多田神社に打渡状を発給していることから川辺郡代とみられる[77]。元長没後は、薬師寺元一に続いて薬師寺長忠に仕え、入道したようだが、永正二年を最後に姿が確認できなくなる[78]。

内藤氏の宿老である弓庭氏の場合は、もう少し立場の変化を明らかにすることができる。まず、守護代が内藤之貞であった段階の文安三年（一四四六）に、多紀郡において段銭奉行をつとめる弓庭民部丞が確認できる[79]。宝徳四年（一四五二）までに之貞から元貞へ代替わりしても、同様に段銭奉行をつとめているが、入道した点に変化がみられる[80]。文明七年には、元貞遵行状をうけて弓庭若狭入道の遵行状が発給されていることから、弓庭氏が桑田郡代に抜擢されていることを確認できる[81]。桑田郡代は、宝徳三年に産田氏から高安氏へと交代してしばらく在任ののち、文明三年には産田但馬入道がつとめている[82]。よって、若狭入道の桑田郡代就任はそれ以降と考えられる。若狭入道の桑田郡代としての活動は、文明八年・同一一年にもみられるが[83]、文明一四年に内藤元貞が守護代を更迭され上原元秀がその座につくと、以後、弓庭氏も史料上から姿を消してしまう。

残る香川家宿老の樋藤氏の名は、【史料3】以外では全く所見がない。しかし、その他の守護代宿老の名前も高国期には全くみられないので、【史料3】後半の名前の羅列はそれ以前のものとしてよかろう。より具体的には、弓庭氏が郡代をつとめていた文明年間中頃に絞り込むことができる。つまり、細川政元期のもので、いわば「むかし」の事例に属するとみられる。

2　守護代衆の再構成

本項では、京兆家内衆の最上層である守護代について、高国期の実態をみておきたい。

まず、高国初期の守護代層について検出しておく。別途指摘したように、高野山西院来迎堂勧進帳に署判する

「紀元成《（安富）》」「美作守《（香川元綱）》」「藤原国貞《（内藤）》」「橘国長《（薬師寺）》」の四名は、永正年間中頃の高国方守護代層に相当する。[84]【史料3】でみた政元期の守護代衆を踏襲していることがみてとれよう。このうち安富元成は、「安富又三郎元成遁世して、丹波の南昌庵といふ会下にあるよし」とする史料から、[85]永正一一年（一五一四）までに遁世していたことが判明する。

来迎堂勧進帳の年代が永正一一年以前に絞り込まれるに伴い、内藤国貞の丹波守護代就任が、従来の認識よりも大幅に遡ってしまうという新たな問題も浮上する。すなわち、今谷明氏が指摘するように、永正一八年七月まで内藤貞正が丹波国内に書下を発給しており、この頃までは国貞の先代にあたる貞正を守護代とするのが通説的な見解となっているのである。[86]ただし、国貞の書下が永正一七年九月に登場することから、[87]今谷氏は貞正が守護代を退くに先んじて、国貞へ職務の一部を譲っていた可能性も示唆している。

この問題は、大永三年（一五二三）九月一七日付の丹波龍潭寺領を安堵する国貞宛ての高国奉行人奉書と、それをうけて発給された貞正書下の組み合わせから解決できる。[88]すなわち、今谷氏の想定とは逆に、高国から命をうけた国貞が正式な守護代で、貞正はその職務を代行していたのである。

では、なぜ国貞の守護代就任が見落とされてきたのであろうか。永正七年には「綸旨并御下知」をうけて松尾社の神主職交替を各方面に伝達しており、永正九年にも上久我荘の代官として文書を発給していることから、国貞は早くから活動を始めていたことは確実である。[89]ところが、この頃は通称を記さず「内藤国貞」と署名するのが常で、どのような通称を用いていたのかよくわからない。守護代としての内藤氏は、当時の公家の日記にもしばしば登場するが、「内藤丹州守護代也」や「内藤源氏外題所望之間、書遣之了」といったように、わかりきっているためか名字しか記さない事例が多い。[90]ゆえに、当該期の「内藤」はすべて貞正に比定されてきたのである。

そこで、当時在京していた内藤を名乗る人物をそれ以外で検索すると、彦五郎という者がおり、「内藤彦五郎新三十六人所望之間、今日書遣之」ともみえるように、上述の源氏外題を所望した内藤と同様の行動も確認できる[91]。また、高国方諸将に対する清和院領富坂荘からの年貢納入状況の報告は、彦五郎の立場をよく示している[92]。これは永正一一年頃のもので、宛所の序列が「内藤彦五郎」を筆頭に、「遠江守《(細川政益)》」「源五郎《(細川元全)》」「斎藤《(元陸)》三郎衛門尉」「石田四郎兵衛尉《(国実)》」となっている[93]。細川氏庶流の土佐守護代家よりも上位に位置付けられていることから、彦五郎は丹波守護代に相当するとみてよいのではなかろうか。

さらに、永正一三年の高国による石清水八幡宮社参に供奉する騎馬衆の一番に、「内藤彦五郎」の名がみえる[94]。このような儀礼で先頭に供奉するのは、次項でもみるように守護代筆頭かそれに準ずる人物となるのが常である。安富元成が遁世したのちのことなので、国貞にふさわしい役回りといえよう。

永正一五年に、北野社松梅院禅光が「内藤備州《(貞正)》材木之事申」すために「丹州へ下向」している事例や、大永元年に上洛する将軍義晴を迎えるために貞正が上京している事例から、貞正は通常在国していたようである[95]。一方、右の禅光の嘆願をうけた結果、「北野社造営材木之事、自丹州所々送条、内藤彦五郎堅国中儀可申付由、奉書、今日自京兆被申付也」とあるように、やはり京兆家からの命は正式な守護代の彦五郎宛てとなっている[96]。貞正から北野社への寄進の品を「内藤彦五郎」が持参した事例もみられることから、丹波に在国する貞正に対し、国貞は在京して高国の近くに仕えることで、役割分担をしていたのであろう[97]。この関係は、大永五年に貞正が没することで、一本化することとなる[98]。

次に、高国権力成熟期における守護代の構成について検討したい。「大永四年細川亭御成記」は、その格好の素材となる[99]。これによると、細川尹賢亭への御成なので、原則として饗応は典厩家がつとめるべきであるが、「典厩御家ハ不混自余之御一家、御代々為御猶子」という理由で、「辻固・御手長、大御屋形《(細川高国)》様の守護代幷年寄衆勤申」したという。饗応が一通り落ち着いた後、高国方の「御辻固守護代三人、御供衆其外御手長衆、何も一所

表8　「大永四年細川亭御成記」における役割分担

役　割	名　前
御　供（高国）	香河美作守（元綱）・寺町三郎左衛門（通能）・奈良修理亮（元吉）
（稙国）	秋庭備中守（元実）・波々伯部兵庫助（正盛）
手　長	寺町但馬守（石見守通隆ヵ）・長塩民部丞・香西四郎左衛門尉（元盛） 安富亦（又）次郎・大（太）田対馬守（保定）・波多野孫左（右）衛門（元清）
辻　固（南）	内藤弾正忠（国貞）
（北）	薬師寺九郎左衛門（国長）・同与次（国盛）
（北西築地外の警固）	（内堀）東雲軒与力衆

に御湯漬・御点心」が振舞われているので、高国方の「守護代幷年寄衆」は、辻固・手長の他に御供衆を合わせた三種の役割を分担したことになる。原文の序列のまま、各担当の名前を列挙すると、表8のようになる。

このうち、「香河美作守《元綱》・内藤弾正忠《国貞》・薬師寺九郎左衛門《国長》・薬師寺与次《国盛》」の四名[100]は、「御屋形様守護代四人」と呼ばれているが、右の「御辻固守護代三人」に香川元綱は含まれない。その一方で、辻固に準じる役割を演じている上山城守護代の内堀東雲軒が含まれないことから[101]、守護代であれば「御屋形様守護代」に列するとも限らないようである。

この「御屋形様守護代」は、来迎堂勧進帳にみる永正年間の事例と比較すると、四人に定員が固定しており、筆頭の安富元成が抜けた穴は薬師寺国盛が末席に連なることで埋められたことがわかる。この守護代四人という枠組は、ここまでみてきたように京兆家内衆構成の本来的な姿であった。京兆家当主に就任した当初の高国が、従前の奉行人を廃し、新たに幕府奉行人一族で奉行人を構成したように[102]、高国は新規に近習を多用する一方で、権力の早期安定を図って、伝統的な権威も重視していたのである。

このような方向性からすると、文亀三年（一五〇三）の安富元家失脚後[103]、没落しかけた安富家が内衆の筆頭に返り咲いたのも、高国の意向に沿ったものといえる。しかし、高国は畿内の掌握に専念し、安富家が代々守護代をつとめてきた東讃岐を放棄してしまう。高国の掌握圏に領国が確保されていた他の守護代と比して、元成は地位のみが先行し、それに見合う内実が伴わなかったのである。しかも、前章で指摘したように、高国は元成の一族である安富家綱を近習として重用していた。その点は、表8の年寄衆に家綱後継者の安富又次郎が含まれることからもみてとれよう。元成が早々に遁世してしまった理由は、このあたりにあるのではなかろうか。

元成に代わって「御屋形様守護代」筆頭となった香川元綱も、西讃岐守護代出身であり、元成同様に守護代でありながら領国を持たない状態にあったと考えられる。表8に示されるように、他の守護代と異なり軍勢を率いて警固をしていないのもそのためであろう。このように、京兆家領国の縮小は守護代層の相対的な勢力低下をもたらしていた。

また、当該期の摂津守護代は、次節でみるように薬師寺元一の息子である国長が単独でつとめてきたと考えられる向きが強いが[(104)]、「御屋形様守護代四人」に二人の薬師寺氏が含まれている点には注意を払いたい。

文明年間の初め頃から、評定衆に薬師寺元長と薬師寺元隆が参入しているように[(105)]、薬師寺家は早くから二頭体制をとっていた。のちに薬師寺家は、与一・九郎左衛門・備後守を称する元長の系統と、弟筋の与次・三郎左衛門・安芸守を称する長盛の系統に分かれ、やがて前者が摂津上郡守護代、後者が下郡守護代を踏襲する体制が固まってくる[(106)]。

高国期の実際をみると、後掲表9の川辺郡多田神社に伝わる文書群の宛所には、国長の名が一切登場せず、国盛の名で一貫している。一方で、島下・豊島郡境に位置する勝尾寺周辺では、薬師寺国長が摂津守護代として活動しているように見受けられる[(107)]。高国が京兆家を継いだ当初に、すでに薬師寺岩千代丸（のちの国盛）が「摂州下郡事申付」けられていることから、国長は上郡守護代、国盛は下郡守護代とみてよいかと思われる[(108)]。この事例もまた、守護代に就任することと、「御屋形様守護代四人」に列することに格の違いがあることを示している。

3　年寄衆の再編

本項では、高国期における年寄衆の構成について検討しておきたい。なお、年寄衆には守護代も含まれていたが、ここでは守護代を除く狭義の年寄衆を対象とする。

守護代を含むという点で年寄衆に類似する存在として、細川政元の政策決定に大きく関与していた評定衆がある。横尾国和氏によって、守護代層を中心に一〇名弱で構成されていたことも明らかにされている。(109) ただし、評定衆には上野政益のような細川家一族が含まれる点や、【史料3】に掲げられた年寄衆のうち、奈良・香西両氏は評定衆となった形跡がないことから、必ずしも一致するわけではない。年寄衆が内衆内部における階層を指す呼称であるのに対し、評定衆はあくまでも評定という業務に伴う呼称なのであろう。

「大永四年細川亭御成記」では、手長をつとめた六名については、「何れも年寄衆也」としている。御供をつとめた者については立場を記さないが、典厩家を訪れたのは「守護代并年寄衆」のみで、馬廻衆＝近習は供奉していないことから、「御屋形様守護代」の香川を除く寺町・奈良・秋庭・波々伯部も年寄衆とみてよかろう。

すなわち、高国期の年寄衆には、政元期に評定衆や年寄衆を構成していた寺町・奈良・秋庭・長塩・香西に加えて、新たに波々伯部・安富・太田・波多野の近習上層部が組み込まれているのである。記名順に政元期の評定衆家・年寄衆家を上位とする家格序列は残されているものの、近習の影響力増加によって、既存の秩序が再編されている様子を看取できる。

このうち評定衆の寺町・秋庭・長塩三家については、すでに横尾国和氏の詳細な研究がある。(110) また、次席に位置する奈良・香西・安富三家のうち、香西元盛は前章で述べたように近習である波多野元清の弟を抜擢して年寄衆の家を継がせた事例で、安富又次郎の場合はその逆に、守護代の一族出身で近習となっていた事例である。最後の下位に連なる波々伯部・太田・波多野の三家のうち、波々伯部・波多野の両家が近習であることは前章で詳述した通りである。ここでは、未検討の奈良・太田両家の出自を補うことで、高国期における年寄衆の構成上の特質を把握したい。

細川家に仕える奈良家の初見史料は、至徳元年（一三八四）一二月一五日付の奈良又四郎・庄十郎三郎宛て細川頼元遵行状である[111]。このように奈良家は、歴とした譜代の年寄衆である。一方、高国に仕えた奈良元吉は、「源右京兆（細川高国）幕下之忠臣也、自弱冠奉主」とあって若いうちから政元に仕えており、「父書」を読んで学んだとあることから、直前に活動が確認できる奈良元定の嫡子とみてよかろう[112]。

元定は、政元が比叡辻へ赴くにあたって「香河・安富・上原・上野殿・馬廻衆可為供奉云々、留守衆薬師寺・秋庭・両寺町・奈良・両香西・長塩備中守八頭在京云々」とみえるように[113]、年寄衆に連なっていることは確実である。その初見は長禄四年（一四六〇）で、勝元・政元の二代にわたって奏者をつとめるなど当主の近くに仕えていた[114]。また、上原賢家とともに、丹波にて段銭奉行をつとめるなど、のちに近習が担う役割を活動の中心としているのも特徴である[115]。ここから、年寄衆のなかから選ばれた側近が本来執り行っていた職務を、次第に摂丹国人から抜擢された人物が担うようになり、やがて近習層が形成されるようになったという経過が推測できる。

文明一九年（一四八七）に奈良を訪問する「奈良備前守（元定）息」が、元吉の初見と考えられる[116]。元吉は、「佐々木小三郎・奈良修理亮ヲ始トシテ澄元ノ馬廻ノ衆武略ニタツサワル程ノ者」とみえるように、政元の養子となった澄元の近習として付けられており、澄元の上使として奈良へ赴いたこともあった[117]。しかし、澄元と高国が対立すると、高国に味方した[118]。

以上のように奈良氏は、年寄衆の家格ながら、職務内容はのちの近習に近いという性格を持っている。元吉の被官には、京都の北に接する小山郷の小山吉久がおり、京郊の土豪を被官としている点にも、近習としての性格をみてとることができる。[119]

もう一人の太田保定は、高国の使者を早くからつとめ、近習の石田国実・波々伯部元教との連署状もみられることから、[120] もともとは近習に近い立場にあったと考えられる。はじめは蔵人助を名乗り、永正一三年（一五一六）を初見として対馬守に改めている。[121] 明応二年（一四九三）には、「太田《対馬》」と「太田《蔵人》」の二人が揃って一休宗純十三回忌に出銭しているので、保定は父の受領名を引き継いだことになる。[122] 対馬守某には、保定のほかにも養子として臨済僧の梅雲承意がいた。[123] 梅雲が一旦養子となりながらも、家督を継がずに出家したのは、対馬守某に実子の保定が生まれたためであろう。

文明一〇年に摂津武庫荘の代官をつとめている「大《(太)》田之対馬守之子安富方手者」が、名前は直接出てこないが保定の初見事例となる。[124] ここでは安富元家に属しているが、京兆家内衆らによる犬追物にも参加しているので、[125] 保定は安富家ではなく京兆家と被官関係を結んでいるはずである。「京兆馬廻衆」でかつ「宗益《(沢蔵軒)》寄子」である今井氏の例のように、[126] 近習が守護代層の寄子となることは珍しくないことから、当初、保定は元家の寄子として政元に出仕したと考えられる。

対馬守某・保定に関係すると思われる人物に、太田三郎右衛門尉行頼がいる。彼は、勝元の内衆で、摂津島上郡大蔵寺の膝下領である氷室荘を押領した事例がある。[127] そこから島下郡太田は目と鼻の先にあたるので、ここが名字の地と考えられる。[128] 蔭凉軒が勝元へ意向を伝える際にも呼び出されていることから、勝元の近くに仕えていたこともわかる。[129]

そのほか、東寺の依頼をうけて、若狭太良荘の代官職競望一件を勝元へ取り次いだり、丹波大山荘における中沢氏との相論を仲裁したりしている。[130] また、山城狭山郷の地下に対し、年貢無沙汰をやめ、石清水八幡宮へ納付するようにとの勝元の命を通達した例もある。[131] これらの事例から、行頼は荘園領主との取次にあたる近習とみられる。なお、三郎右衛門尉としての活動の初見は太良荘一件の康正元年（一四五五）で、終見は文明二年となる。(132)注目したいのは、神祇伯白川家領である西宮の代官をつとめているように、(133)行頼が活動の場を西摂へと伸ばしていることである。すなわち、保定が初見事例にて、隣接する武庫荘の代官をつとめており、共通点が見出せるのである。また、保定は太田から程近い摂津富田の北野社領鵜飼瀬神用の代官を請け負っている事例もみられるので、(134)ここからも地理的な連続性が看取できる。一方、文明六年の「太田対馬守」の初見事例では、丹波の仁和寺領を違乱しており、丹波方面へも勢力を伸張し始めていることが確認できる。(135)保定もその路線を受け継ぎ、しだいに丹波での活動が中心となっていく。(136)

三郎右衛門尉としての活動が途切れたのちに対馬守が登場することや、それから程なくして文明一〇年に保定が表舞台へ登場すると対馬守が後景に退くことから、三郎右衛門尉と対馬守は同一人物とみてよいのではなかろうか。対馬守としての活動がほとんど確認できないにも拘わらず、足利義政が梅雲の名を聞いたときに「太田之(対馬守)子歟」と発言しているように、(137)将軍にもその存在が知られていることから、行頼が晩年に対馬守を名乗った蓋然性は高い。

保定の特徴は、単なる近習に留まらない多方面との関係を構築していることにある。例えば、当初帰属していた安富元家との関係は以後も残しており、近江の朽木氏からの訴えを安富元家へ取り次ぐこともあった。(138)保定と朽木氏との関係は高国期にも続いている。(139)また、保定は西讃岐守護代の香川元景の近くにいることも多かった。(140)さらには、上杉三郎材房・摂津中務少輔元親・本郷三郎扶泰ら、幕府外様衆や奉公衆一族などとともに近衛政家の家に出入りするなど、身分的にも他の近習と毛色が異なっている。(141)保定がこのような立場を得た理由ははっきりしないが、近習から年寄衆へと格上げされる背景はこの点にもあるとみてよかろう。

以上のように、近習的な役割を担う年寄衆の奈良氏とは対照的に、太田氏の場合は近習として代を重ねるなかで、年寄衆に家格を上げた一例といえよう。そのほか、表8にみえる波々伯部正盛や波多野元清もまた、近習として代を重ねている点が共通する。

では、彼ら近習上層が年寄衆に組み込まれ始めた時期について、同様に儀礼への出仕の事例をもとに検討しておこう。

細川政元が、長享元年（一四八七）の改元後の吉書に出仕したときは、「騎馬三人、安富(元家)・上原(元秀)丹波守護代・薬師寺備後守(元長)摂州守護代」と守護代三名が供奉している[142]。また、明応四年（一四九五）に細川澄之が初めて幕府に出仕したときは、「供騎馬、薬師寺与一(元一)・香川(元景)此両人者、直垂裏打、楯備前(長塩元親)・秋庭(元重)・寺町(通隆)此三人者単物」と守護代二名を筆頭とする年寄衆五名が供奉している[143]。大永元年に高国が管領に任じられ出仕した際は、「右京大夫(細川高国)出仕之供衆、香川美作守(元綱)裏打、太刀を持、秋庭備中守(元実)小素袍、長塩又四郎小素袍」という三人が供奉している[144]。このように、高国期に至っても、儀礼の場に出仕するのは守護代の筆頭格を先頭として、譜代の年寄衆に限定されていた。

ところが、典厩家御成と前後する大永六年の石清水社参において騎馬で供奉したのは、「香川平五郎・安富又次郎・香西・両寺町五騎」であった[145]。すなわち、香川元綱の後継者を筆頭に[146]、年寄衆と近習の中間的な存在であった安富・香西および年寄衆の寺町で構成されており、典厩家御成でみた年寄衆と同様に、近習が年寄衆に食い込み始めているのである。それでも、ここにみえるのは近習のなかでも年寄衆に近い家柄に限られ、守護代筆頭を頂点とする構造は変わることがなかった。しかし、波多野・柳本両家が高国から離反する大永七年を直前にして、年寄衆の秩序に新たな変化が生じていることは見過ごせない。

ここで本節の検討をまとめておく。

京兆家の内衆は、四人の守護代をはじめとする年寄衆と、摂津・丹波国人およびそこから抜擢された近習の広義では二階層、狭義では四階層で構成される。これが本来の姿であったが、高国期には領国の縮小に伴い、守護代の権限も縮小する。それでも高国は、守護代を四人とする体制にこだわった。これには伝統的な京兆家の姿を維持することで、権力の安定を図ろうとする意図があったと推測される。

その一方で、第一節でみたように高国は近習を重用して当主権力の強化も図ったため、近習が台頭してくる。いわば、伝統的な秩序の維持と破壊がせめぎ合うなかで、高国の内衆は形成されていたのである。しかし、高国は守護代などの伝統的制度の維持に努めていたため、たとえ近習が台頭してこようとも、両者の上下関係は根本から覆されることはなく、安富元成の遁世などを除けば、そのバランスはうまく保たれていた。高国期の政治的安定は、そのうえに成り立っていたと考えられる。伝統的な上下関係は最後まで逆転することはなかったが、大永年間には近習の一部が年寄衆の末席に組み込まれはじめる。その直後における波多野・柳本ら近習の離反は、高国が配慮してきた内衆のバランス関係が崩れた結果、起こったという見方もできよう。

三　発給文書にみる内衆の構造

1　奉書の宛所

本節では、高国権力による発給文書の形式に着目することで、ここまでみてきた内衆構成の再編と実際の支配が相関していることを確認する。本項で着目するのは、高国奉行人奉書の宛所である。まずは、多田神社に残る高国配下宛ての高国奉行人奉書を例にとってみておこう。なお、該当する史料は表9に一覧としているので、適宜参照されたい。

かつて森田恭二氏は、表9の永正一一年（一五一四）の事例にあたる薬師寺与次国盛と伊丹兵庫助国扶の連名に宛てた高国奉行人奉書について、「摂津守護代薬師寺一族の薬師寺与次、摂津の有力国人伊丹兵庫助国扶に対

表9　多田神社文書に含まれる高国配下宛て高国奉行人奉書

年　月　日	差　出	宛　　所	内　　容	出典
(永正10).12.13	(中沢)秀綱	能勢因幡守(頼豊) 河原林対馬守(正頼)	棟別寄進の伝達	392
(永正10).12.13	(中沢)秀綱	塩川千代寿(国満)	棟別寄進の伝達	401
永正11.5.5	(飯尾)秀兼	薬師寺与次(国盛) 伊丹兵庫助(国扶)	段銭催促の停止	394
(永正12).12.5	(中沢)秀綱	薬師寺与次(国盛) 田辺孫三郎(国家)	段銭催促の停止	404
(永正13).6.12	(中沢)秀綱	薬師寺与次(国盛) 河原林対馬守(正頼)	棟別催促の停止	400
(大永3).7.3	(中沢)秀綱	塩川孫太郎(仲延)	棟別寄進の伝達	403
(大永3).9.17	(中沢)秀綱	薬師寺与次(国盛) 香川美作守(元綱)	棟別寄進の伝達	406
(大永3).9.17	(中沢)秀綱	塩川孫太郎(仲延)	棟別寄進の伝達	407

註）出典欄は『兵庫県史』史料編中世1の文書番号。年次比定は本文註(151)浜口論文による。

しあてたもので、やはり有力国人が守護代的地位にあったことを示す史料である」とした(147)。これに対し横尾国和氏は、「当該期における守護代は薬師寺国長であり、同与次は小守護代である」と批判し、「伊丹氏は郡代クラスと考えた方が妥当」とした(148)。古野貢氏はそこからさらに一歩進み、「摂津守護代は国長であるから、薬師寺与次・伊丹兵庫助は小守護代と評価」し、高国期の権力構造は「かつての内衆（評定衆）の一族に加え、摂津国人を直接把握するという、新たな編成方式に転換」したとする(149)。

しかし、先述のように薬師寺国盛は摂津下郡の守護代なので、横尾氏の批判やそれに従う古野氏の理解は妥当ではない。一方、前章で指摘したように高国近習と考えられる田辺国家と薬師寺国盛を連名で宛所とした奉行人奉書も存在することから、森田氏の説にも問題は残されている。

そもそも三者の説は、宛所に名を連ねる者は同格という前提に立ったものである。書札礼の原則に従う限りその理解は正しいが、薬師寺と田辺の組み合わせにみられるように、高国期の奉行人奉書はそれをしばしば逸脱する。

類例と比較検討するため、表10には丹波における連名宛ての高国奉行人奉書を掲げておいた。この表からは、内藤彦五郎国貞の丹波守護代としての所見が、永正六年まで遡ることを確認できる。そして、大永五年（一五二

表10　丹波における高国配下連名宛て高国奉行人奉書

年月日	差出	宛所	内容	出典
永正6.12.5	(斎藤)貞船	内藤彦五郎(国貞) 太田蔵人(保定)	段銭催促の停止	『松尾大社史料集』文書篇1299号
永正6.12.23	(斎藤)貞船	内藤(国貞) 太田(保定)*	段銭催促の停止	『北野社家日記』第4,221頁
永正12.9.14	(中沢)秀綱	香川(元綱) 内藤彦五郎(国貞)*	段銭免除の伝達	『北野社家日記』第4,230頁
永正14.9.7	(飯尾)秀兼	香川(元綱) 内藤(国貞)*	段銭免除の伝達	『北野社家日記』第8,104頁
大永5.8.25	(飯尾)元兼	内藤弾正忠(国貞) 中沢越前守(秀綱) 石田四郎兵衛尉(国実)	棟別催促の停止	『北野神社文書』123号

註）＊印は日記の地の文章による。

七）の事例の宛所が内藤国貞・中沢秀綱・石田国実となっていることに顕著なごとく、本来的には家格がかけ離れている守護代と近習を地域担当者として包括してしまっていることも確認できる。多田神社の事例も併せて考えるならば、発給者側である高国権力全体の意識として、守護代と近習の間の垣根が低くなりつつあることを読み取ることができよう。

しかしながら、従来は守護代のみや近習のみを宛所としていれば事足りたので、発給者の意識の変化は前提条件ではあっても、宛所が複数の階層の連名となる絶対的な理由とはなり得ない。一例をあげると、高国の意をうけて永正六年一二月九日付で発給された高国近習の波々伯部元教・太田保定連署状は、摂津西富松の段銭催促停止を伝えるもので、摂津下郡守護代の薬師寺国盛単独に宛てられており、その内容が改めて代官の石田国実に伝達されている[150]。厳密には奉行人奉書ではないものの、このような本来の伝達のあり方が高国の治世下でも一方で守られているのである。

ここで導入すべきなのは、受益者の視点であろう。宛所の変化に受益者の強い意向が反映していることを想定すると、表9に掲げた奉書は二種に分類することができる。

一つは細川家が多田神社へ棟別銭を寄進した旨を心得るようにとい

う上意を下達した文書で、守護代層の薬師寺氏・香川氏、摂津有力国人の能勢氏・河原林氏、多田神社の膝元にいる塩川氏と、本来の書札礼に準じてそれぞれの階層に対して送っている。これら変哲もない文書を三人の論者は特に取り上げていない。

もう一つは、守護役の催促を停止するもので、宛所の一人は必ず薬師寺氏となり、もう一人は有力国人の場合もあれば近習の場合もある。三人の論者が取り上げるのは、共通して後者ばかりである。表10においても右の点は同様で、伝達のみであれば内藤氏・香川氏の守護代層宛てで、守護代の内藤氏と近習が連名で宛所となっているものは、いずれも守護役の催促停止を求めるものとなっている。

これらの事例から、催促停止の奉書は、受益者がその行動を停止させたいと考えている守護役徴発の現場担当者が宛所の一方になっているとみるべきであろう。そして、その行為を抑止すべき守護代に連帯責任を負わせるため、守護代も宛所に名を連ねる形式が登場したのではなかろうか。このような宛所の形式は、守護代の地位の高さからしてそれ以前にはあり得ないことから、繰り返しになるが守護代と他の内衆の間の垣根が低くなっていたことが前提となっているはずである。

以上のように、受益者の要請に基づき、違乱を停止すべき対象が宛所に具象化される点に高国奉行人奉書の特徴を見出すことができる。なお、宛所の一方になりうる現場担当者の構成については、大永五年に将軍御所移転費用として、山城一国からの棟別銭徴収を担当した一団が参考となる。すなわち「棟別奉行九人」は、「寺町三郎左衛門《（通能）》・波々伯部兵庫《（正盛）》・上源《（原）》神兵衛・飯尾肥前《（備前守秀兼）》・石田四郎兵衛《（国実）》・河田右衛門大夫《（基清）》・斎藤三郎衛門《（元陸）》・井上中務《（正朝）》・長《（中）》澤越前《（秀綱）》」ら年寄衆の寺町通能を筆頭として、近習を中心に構成されていた(151)。小守護代・郡代のみならず、彼ら棟別奉行や段銭奉行などまでが、立場を問うことなく宛所となりうるため、この種の奉行人奉書の宛所のみで職制を論じることは、もはや困難といわざるを得ない。当該期の摂津支配体制に関する一連の言及は、一旦白紙に戻す必要があるだろう。

奉行人奉書の宛所には、もう一つ不可解な点が残されている。摂津との関わりがほとんどないにも拘わらず、伝達文書に限って薬師寺国盛と名を連ねる香川元綱の存在である。そうかと思えば、丹波にて内藤国貞と連名になることもあった。おそらく、守護代筆頭に位置する元綱は、自身の領国がないため、守護代を全体的に補助するような立場にいたのではなかろうか。

永正一五年に山城守護の地位にあった大内義興が山口へ下向すると、内堀東雲軒が上山城守護代となりその穴を埋める。一方の下山城守護代に就任した人物は確認できないが、この頃から下山城における元綱の動きも若干目立つようになる(152)。これもまた、守護代を補助する役割の一環と推測される。このような元綱の立場は、領国を事実上持たないにも拘わらず守護代筆頭とされた、安富元成のそれを受け継ぐものであろう。

2　近習の発給文書

先述のように、細川勝元の近習は文書の発給主体にはならないと小谷利明氏は指摘する。そこで本項では、高国の近習による文書の発給について検討しておきたい。

例えば、永正一二年（一五一五）の太田保定・石田国実・波々伯部元教連署状は、不断光院領への介入をさしあたって停止するよう求めたものである(153)。保定は、先述の通り当初は高国の近習で、残る二名も前章で述べたように高国の近習である。ここでは、違乱の調停を求められたものの、高国が鞍馬から「いまた無御下向」という状況にあったため、三人が連署して当面の判断を下したことが判明する。高国不在という特殊な状況下での臨時的な発給であり、本来彼らにはこのような文書の発給権がなかったのである。

発給者が右の組み合わせに近いものとして、段銭催促の停止を伝えた永正六年の波々伯部元教・太田保定連署状もある。これは前項でも引用したもので、そこでも説明したように差出に石田国実が含まれないのは、彼が催促停止の対象となっているからであろう。この事情を踏まえると、三者が協働することは普遍的であったことが想像される。その一方で、この組み合わせによる発給文書が以上の二点しか確認できないことから、文書の発給自体は必ずしも普遍的なものであったとはいえない。

そのほか単署のものとして、中沢秀綱・井上国就・斎藤宗不・波々伯部正盛などの発給文書も確認できるが、個人としての代官職請文、もしくは反故として日記の紙背に残されるような私的な書状ばかりである(154)。受益者からの要求に基づき発給された、いわゆる公権力として利権を保証した文書は皆無に近い(155)。

井上国広・田辺国家連署状も注目すべき文書である(156)。前章で述べたように、田辺国家は備中出身の高国近習と考えられる。一方の井上国広は、高国の意をうけて、摂津における質取りを停止させるように河原林正頼へ伝えた事例がある(157)。全く同じ経路で、春日社領摂津南郷の段銭を催促しないようにという伝達もしており、正頼は国広に対して了解した旨の返状を認めたこともある(158)。このように、国広は高国と正頼の取次としての立場が定まっているほか、摂津長洲荘を領有する東大寺法華堂と高国の間の取次もしばしばつとめている(159)。これらの点から、国広も高国の近習とみてよいかと思われる(160)。

そして、上述の国広・国家連署状は、正頼の返状を副えて、春日社の目代に対して段銭免除に相違なき旨を伝えたものである。注意したいのは、正頼の返状に「先度預御状候間、于今不及催促候之処、重而預御折紙候」とあるように、国広・国家連署状は段銭免除の再確認に過ぎないということである。

以上を整理すると、高国近習の発給文書は個人的なものばかりで、高国権力としての文書を発給することは基本的にないが、発給する必要に迫られた場合は、原則として連署になるということがいえそうである。石田国実と河田基清あるいは安富家綱と斎藤宗不といった近習連名を宛所とした文書がみられることから(161)、それに対応する近習連署状も業務執行上で比較的多く発給されていたことが推察されるが、現存数は思いのほか少ない。おそらく、軽微な案件に限られるので、残りがあまりよくないのではなかろうか。

そこで、もう少し視野を広げて高国近習の連署状を検索すると、表11に掲げたように、高国の近習で奉行人の飯尾氏と安倍氏の連署状およびそれに類するものが、離宮八幡宮文書に六通確認できる（表11から引用する際は、[1]のごとく番号を表記する）。安倍重宗については、備中国人とする古野貢氏の見解があるが、一方で永正六年には高国の取り計らいで山城国のうち久我荘末次名の代官となっており、高国書状で「猶安倍蔵人《(重宗)》可申候」とされるなど、早くから在京して高国の近くで活動している事実もある[162]。そのため、やや迂遠となるが、連署状の分析に入る前に重宗の立場を明確なものとする必要があるだろう。

【史料4】[163]

至与州宇麻郡、従阿州乱入之処、四郎《(細川)》殿合力之儀、遅々曲事候、急度成其働、粉骨肝要候也、謹言、

十一月十二日《(永正一六年)》　高国《(細川)》（花押）

安倍大和守とのへ

【史料5】[164]

至于宇摩郡、従阿讃両国取懸ニ付而、浅口衆為合力、不日可出陣之由、以御書被仰候、各被加異見、急度渡海候者肝要候、此砌之忠節、都鄙之為専一候、別而可有入魂候、恐々謹言、

十一月十三日《(永正一六年)》　尹賢《(細川)》（花押）

表11　高国方連署書状の署判者

番号	年　月　日	署	判	出典
1	(～永正14).5.29	飯尾秀兼	安倍重宗(花押)	212
2	(永正14).⑩.11	飯尾秀兼(花押)	河田基清(花押)	214
3	(永正15～).3.22	飯尾元兼(花押)	安倍重宗(花押)	208
4	(年未詳).6.9	飯尾秀兼(花押)	安倍重宗(花押)	213
5	(大永7).2.6	飯尾秀兼(花押)	安倍孫一	220
6	(大永7).2.8	飯尾元兼(花押)	安倍孫一	207

註）出典欄は離宮八幡宮文書（『大山崎町史』史料編）の文書番号。『大山崎町史』では，1の秀兼の署名に花押を据えているが，大山崎町歴史資料館の写真版で確認したところ花押は存在しない。また，2の基清の名字に斎藤をあてているが，花押は河田基清のものである。

安倍蔵人殿《重宗》

右の二通は、備中国人の安倍家に伝わるものである。【史料4】で高国が安倍大和守に合力を求める「四郎殿」は細川尹賢の弟で、当時は細川駿河守家を継承していた[165]。駿河守家は、明応三年（一四九四）に細川勝久に代わって備中守護となった家である。また、尹賢・四郎の兄にあたる治部少輔国豊も、高国が実権を握った永正五年以降に備中守護となり、さらにその跡を九郎二郎が継承したと推測されている。ところが、九郎二郎が永正一二年にわずか十九歳で自害すると、その跡をうけて急遽高国の実父である細川政春が備中守護となった。古野貢氏は、政春の備中守護就任を高国による細川分国の再編成と高く評価するが[166]、政春が当時六十歳で入道していたことを踏まえると、当座の処置であったと評価するほうが適切なのではなかろうか。ここまでみてきた四郎の立ち位置からすると、むしろ彼のほうが備中守護にふさわしいといえるが、四郎という仮名からもわかるように、まだ若年であったがゆえに備中守護就任が見送られたと推測したい。

仮にその推測が正しいとするならば、永正一五年に政春が没すると、備中守護の候補として第一に四郎の名が挙がったはずである。一般的には政春没後に備中守護は空席になったとされるが、【史料4】は四郎が政春の立場を受け継いで備中国人を束ねるようになっていたことを示すものといえよう。以上を前提としつつ、四郎が永正一六年のうちに左衛門佐に改称することを踏まえると[167]、【史料4】の年代は永正一五年・一六年に絞られる。【史料5】は、【史料4】の「御書」をうけて細川典厩家の尹賢が発給したものである。着目すべきは、【史料4】が高国から大和守に直接送られるのではなく、尹賢―重宗を介して送られた理由である。

まず、重宗を媒介としたのは、彼が高国の近くで活動しているからに他ならない。遠く離れた大和守の軍勢を催促するには、一族の重宗による働きかけが有効だと判断されたのであろう。そして、高国から直接重宗に送られなかった理由は、重宗が尹賢の被官だとすれば納得のいくものとなる。そう推測する根拠は、尹賢が典厩家を継承する以前に澄重と名乗っており[168]、重宗の名がその偏諱をうけたものと見受けられることにもある。つまり、重宗と大和守は同族だが、もはや別の家として認識されていたことになる。

したがって、ここでの重宗は伝達役なので【史料5】は重宗の手元に残らず、【史料4】とともに大和守のもとに転送されて今現在に伝わったとみるべきである。重宗に求められたのは、あくまでも「異見」を加えることであって、「渡海」をするのは浅口衆に限られるのである。古野氏は、【史料4】を浅口郡の国人安倍重宗を動員したものと解釈しているため、「こうした動員を野州家ではなく、典厩家の尹賢が京兆の意を奉じて行っていることに不審は残る」とするが、以上のように解釈すれば、備中国人の軍事動員に尹賢が関与することも不審ではなくなるだろう。

なお、重宗は永正一六年冬から翌年春にかけて、河原林正頼とともに摂津越水城に籠城していることから[169]、前線にいる重宗を通じて【史料4】と【史料5】が備中へ届けられたと想定される。さすれば、尹賢は永正一六年一一月一〇日に高国より一足先に京都を進発し摂津へ向かっているので[170]、【史料4】と【史料5】の日付のズレも説明がつく。

右の結論から、表11に掲げた一連の史料は、京兆家と典厩家が共同で大山崎との交渉にあたっていたことを示すものといえる。連署状という形式からして、重宗は飯尾氏と立場が近いはずなので、典厩家の近習と考えられる。ただし、先述のように高国の近くで働いており、広い意味では一連の史料を高国方の近習連署状とみても問題なかろう。

以上を踏まえて、連署状の内容についてみておく。まず［1］は、「更不可有落居候歟、可然様各被加談合、急度御返事簡要候」とあって、大山崎からの回答がないため催促したものである。［2］は所質を取られたと訴えた大山崎に対し、「可被成御下知之旨申候へ共、不及其之由被仰出候」とあって高国の下知が見送られたことと、当座の対処の結果を伝えたものである。［3］は場銭の要求が「若猶不休者、可被加御成敗之上者、可有注進交名候」とあって、やはり高国の成敗が見送られ、次の報告まで先延ばしにされたことがわかる。［4］は、「窪田弥五郎」を成敗したことと「如此御成敗之上者、不及勢遣之由被仰出候」ということが伝えられており、大山崎から要求された「勢遣」は見送られたことがわかる。［5］と［6］は戦況の報告を高国に披露したことを伝え、続けて報告するよう求めたものである。

いずれも取次としての連絡に徹した文書で、権利を保証するものではない。井上国広・田辺国家連署状と同様に、一度下知があったことについての再度の念押しか、あるいは取次として高国の書状や奉書の発給の要請を受けたが、それに及ばなかった際の報告という向きが強い。高国期における近習の広範な活動を踏まえると、このような連署状は他にも発給されたと推測されるが、一般的にみて残す必要性の少ない部類に含まれるとみてよかろう。大山崎の場合は、取次を担当していた近習の飯尾秀兼が、奉行人として高国の奉書も発給しているがゆえに、それに付随して残された稀少な事例にあたると考えられる。(171)

また、取次は一般的に固定するものだが、表11をみると連署者が必ずしも一貫したものとなっていない。この点についても補説しておく。

大永七年（一五二七）二月五日に桂川合戦の前哨戦が山崎で勃発すると、翌六日には［5］の飯尾秀兼・安倍孫一連署状が発給された。さらに二月八日にも［6］の飯尾元兼・安倍孫一の連署状が送られているが、ここでは「備前守目煩候間、私披露申候」（飯尾秀兼）とあり、元兼が秀兼の代理で発給者に名を連ねたことがわかる。また、二通ともに署名だけで花押がないことから、孫一はまだ成人していない可能性が高い。おそらく、直前の丹波攻めで負傷した重宗の代理なのであろう。(172)このように、不完全な連署の組み合わせから、秀兼と重宗の連署という本来あるべき姿が浮かび上がってくる。

［1］の上書には、「安倍蔵人・飯尾善左衛門尉秀兼」と差出人が記されている。秀兼は永正一四年九月までは善左衛門尉、同年一二月以降は備前守を通称としていることから[173]、年代の特定はできないが永正一四年以前のもので、現在残る連署状のなかでは最も古いものにあたる。ここには、秀兼の署名のほうに花押が据えられていないが、これもまた、秀兼と重宗の連署が本来の姿であることを示しているといえる。なお、［3］の元兼・重宗連署状は、元兼の署名部分に秀兼が用いていた善左衛門尉の肩書が記されることから、永正一五年以後のものと判明する。通称や通字の継承から秀兼と元兼は親子で、［6］同様、元兼は父秀兼の代理として署判をしたとみてよかろう。［2］にみえる高国近習の河田基清も、前章で明らかにしたように重宗と同じく備中出身の同郷であるため代理と考えられる。

以上のような連署の徹底ぶりから、近習が文書を発給する必要に迫られた場合は、連署にするという原則が存在したことが浮き彫りとなる。飯尾氏は文書を掌る奉行人であったため、とりわけその点を遵守しており、実質的に単独での文書発給となろうとも、連署の形式を貫いたのである。年貢以下すべての所務を飯尾秀兼と中沢秀綱が「半分宛」つとめると称して、両者が連署したやや異例の代官職請文も存在するが[174]、これも複数名での行動という原則に従ったものと解釈することができよう。高国から離反した柳本賢治は単独で文書の発給主体となるが[175]、当初は第一節第3項でみたように同族で近習を出自とする香西源蔵や波多野秀忠と連署しており、その原則になおも縛られている。このように、近習連署の原則は強固なものであった。

最後に本節の成果をまとめておく。

高国奉行人奉書の宛所に着目すると、新たに守護代と近習が連名で宛所とされるケースが登場することが判明した。これは、近習の広範な活動と地位の上昇を反映したものと捉えられる。

その一方で、近習が高国権力としての文書を発給することは基本的にない。発給する必要に迫られた場合は、連署形式にするよう定められていた。連署状の残存数が少ないのは、必ずしも発給が制限されていたことだけに起因するのではなく、内容が軽微なため什物として保管される性格ではなかったことにも要因はある。常に複数名で活動をしているのは、おそらく不正を防ぐためであろう。このように文書の発給という点に着目すると、高国は近習を重用する一方で、その活動に一定の規制をかけていたことも浮かび上がってくる。

おわりに

高国期に至ると領国が縮小していたこともあって、守護代の影響力が後退していく。高国は権力の早期安定化を目指して、揺らぎ始めた守護代制度の立て直しを図っていた。しかし、結果として領国を持たない守護代が登場するなど、守護代の形骸化は進む。

一方、高国との個人的な関係に始まる近習は、家として次々と確立するようになり、京兆家内衆のなかで大きな存在感を示すようになる。高国は、自らの意に従う近習を重用するため、守護代の地位は相対的に低下する一方となり、悪循環に陥った。守護代には、もはやその動きに抗う余力もなく、守護代筆頭の安富元成ですら遁世するという道を選ぶ。

かくして守護代層と近習層の間の垣根は低くなり、当主・近習と守護代の関係は対立の側面が薄くなっていく。むしろ、後退する守護代勢力の欠を近習によって補う関係といったほうが適切かもしれない。

京兆家領国として維持できていた丹波や摂津でも、近習層の台頭は無視できないものであったに違いない。例えば丹波では、近習の筆頭的な存在であった波多野兄弟の離反を招き、やがてその延長線上で、波多野氏は丹波守護代の地位を狙うようになる(176)。

このように京兆家当主に抜擢されて急成長を遂げる人物については、比較的研究の蓄積があるが、香西元長・赤沢朝経・上原元秀など、おしなべて政元に抜擢された人物を対象としている点に一つの傾向を見出せよう(177)。彼らが高国の近習と決定的に相違するのは、守護代に任命されてその地位に則って実力を発揮するという点である。それに対して、波多野兄弟の離反に至るまでの高国近習は、飛び抜けて目立つ存在がいないため、従来の研究で取り上げられることもなかったのであろう。

近習を複数名で協働させていたのは、高国の意図による部分も大きい。高国が近習を多用しながらも、特定個人に強大な権限を与えないのは、側近の増長が政元権力崩壊の要因となったことを目の当たりにしていたからではなかろうか(178)。近習の台頭が目立つようになっても、年寄衆との上下関係を崩すことがなかったのもその表れと捉えられる。

ところが、大永年間に入ると、一部の近習が年寄衆に抜擢されるようになり、とりわけ高国による波多野一族への肩入れが目立つようになる。それとともに波多野一族の発言力は一際増すこととなり、その動きを警戒する古参の細川尹賢との間に確執を生むようになった。高国の従順な近習という枠から逸脱しつつあった波多野一族の矛先は、やがて尹賢の背後にいる高国へも向かうようになる。

本章の成果に基づき、当主・近習対守護代の対立から当主対近習の対立へと転換していく過程を整理すると以上のようになる。冒頭で述べた宿老と近習の対立という前近代の家政機構における宿命的な課題に対して、高国は近習を偏ることなく用いるとともに、守護代層の復権に対しても意識的に取り組むことで対処していたといえよう。対幕府・対他大名との連携という高国の外へ向けての政治的なバランス感覚の鋭さは、浜口誠至氏による一連の研究で高く評価されているが(179)、内に向けてもその感覚は働いていたといえる。

それでも、高国権力は自壊ともいえる過程を辿っていった。高国による波多野一族の重用はその前提になったといえるが、そもそもの発端は、高国から家督を継承したばかりの嫡子稙国が大永五年（一五二五）に没してしまったことに求められる。近習を多用する権力は、中枢部に伝統的な秩序性が乏しいがために、安定的な世襲に困難が伴うことを高国権力の崩壊過程は如実に示している。高国自身、それを最大かつ避けることのできない課題と自覚していたからこそ、四十二歳という若さで稙国に家督を譲ったのであろう。京兆家としての伝統的な秩序体系を調えるうえで、高国が最も気にかけていた守護代安富又三郎家を、稙国付きとして復活させていることからもその点は裏付けられる。(180)

註

（1）末柄豊「細川氏の同族連合体制の解体と畿内領国化」（石井進編『中世の法と政治』吉川弘文館、一九九二年）。ただし、香西元長・赤沢朝経・上原元秀など、京兆家に抜擢されてそのまま守護代・宿老となっていく者については、次に掲げるような研究の蓄積がある。飯倉晴武「応仁の乱以降における室町幕府の性格」（『日本史研究』第一三九・一四〇合併号、一九七四年）。森田恭二「細川政元政権と内衆赤沢朝経」（『ヒストリア』第八四号、一九七九年）。横尾国和「明応の政変と細川氏内衆上原元秀」（『日本歴史』第四二七号、一九八三年）。

（2）本書第二部第三章「『堺公方』期の京都支配と柳本賢治」。

（3）本書第一部第二章「細川高国の近習とその構成」。以下、前章とはこれを指す。

（4）多田神社文書三六四号（『兵庫県史』史料編中世一）。この書状は、薬師寺元長と長塩弥五郎を宛所として、多田院領における棟別免除の旨を通知したものである。年紀はないが、葦洲等縁が蔭凉軒主に在職した期間により、明応二年から同七年の間に絞り込める。その間に発給された文書のうち、関戸院領への棟別催促の停止を求めた明応七年の京兆家奉行人奉書や沢蔵軒宗益書状が宛所を全く同じくすることから、同年のものと推測した（離宮八幡宮文書一六八号・一二九号〈『大山崎町史』史料編〉）。

（5）『鹿苑日録』明応八年一二月一二日条。

（6）『後法興院記』永正元年九月一七日条。『二水記』同日条。「不問物語」永正元年九月条。

（7）「細川大心院記」永正四年三月条。

（8）『蔭凉軒日録』寛正六年一二月一〇日条。
（9）『大徳寺文書別集真珠庵文書』一一〇五号・一一一三号。
（10）『大徳寺文書別集真珠庵文書』一一一三号。元家が元綱の子である可能性については、本書第一部第二章「細川高国の近習とその構成」参照。
（11）『大徳寺文書別集真珠庵文書』九一三―一四号。
（12）『宣胤卿記』永正四年八月二二日条。『後法成寺関白記』同年九月二四日条。半済の給付が一揆動員の手段に変化する過程については、柳千鶴「室町幕府の崩壊過程」（『日本史研究』第一〇八号、一九六九年）。
（13）『実隆公記』永正四年一〇月二日条。
（14）小谷利明「応仁の乱と細川京兆家近習一宮氏」（鶴崎裕雄編『地域文化の歴史を往く』和泉書院、二〇一二年）。
（15）「瓦林正頼記」永正五年条。
（16）『大徳寺文書別集真珠庵文書』四七七号。
（17）吉田文書（『大日本史料』永正五年九月二九日条）。『北野神社文書』一〇一号。そのほか、丹波雀部荘における押領を退けるよう幕府から命じられている（東文書〈『室奉』二六四九〉）。
（18）『実隆公記』永正一一年三月二九日条。
（19）『実隆公記』永正六年正月一一日条。「後柏原院御記」（『大日本史料』同日条）。
（20）『大徳寺文書別集真珠庵文書』九号。
（21）『後法成寺関白記』永正八年八月二四日条。「拾芥記」同日条。
（22）「不問物語」永正八年七月二六日条。
（23）本書第二部第三章「『堺公方』期の京都支配と柳本賢治」。
（24）「不問物語」永正八年七月二六日条。「細川両家記」同月条。福島克彦「丹波波多野氏の基礎的考察（上）」（『歴史と神戸』第三八巻第五号、一九九九年）は、この一文から、波多野孫右衛門を宗雄の子息と解釈している。福島氏は、波多野孫右衛門と波多野元清を別人と想定しているため、このような解釈をしたのであろうが、本書第一部第二章「細川高国の近習とその構成」で明らかにしたように同一人物である。
（25）『大日本史料』永正一七年二月一七日条によると、「拾芥記」に「柳本父子於両国（西岡）辺、逢一揆打死」、「壬生于恒記」に「於西岡一揆取懸、柳本宗雄入道打死」、「聾盲記」に「世間ノ一機（揆）共幷ニ西岡衆ナト出テ、落ル者共ヲ無理ニ殺シ」「京兆ノ迹ヨリ落ル物、柳本親子、又波多野孫三郎等討死」とみえる。

（26）「不問物語」永正元年九月条・同四年三月条・同五年条・同八年七月条。

（27）『大徳寺文書別集真珠庵文書』一一〇五号・一一一三号。

（28）末柄豊「『不問物語』をめぐって」（『年報三田中世史研究』一五、二〇〇八年）。

（29）前掲註（28）末柄論文。「不問物語」冒頭部分が、「瓦林正頼記」を踏襲して「当御所様征夷大将軍源朝臣義稙」となっていることからも、義稙が出奔した大永元年（一五二一）以前の永正末年成立とみて間違いあるまい。

（30）『二水記』大永六年一一月五日条。「細川両家記」同年七月一三日条。

（31）和田英道「尊経閣文庫蔵『細川高国晴元争闘記』（原題『雑記』）翻刻」（『跡見学園女子大学紀要』第一九号、一九八六年）。

（32）「幻雲文集」（『続群書類従』第一三輯上）の「波多野茂林居士肖像」。

（33）「幻雲文集」の「養賢寿浩居士肖像」。

（34）仙甫は号で、名は寿登と『蔭凉軒日録』明応二年（一四九三）三月二九日条から判明する。「幻雲詩稿集」第二（『続群書類従』第一三輯上）によると、明応八年に畠山尚順の兵が京都に迫ってくると、月舟は丹波願勝寺の「老兄」仙甫のもとへ避難している。また、「幻雲稿」（『続群書類従』第一三輯上）では、永正四年に越前妙法寺に入る「法兄」の仙甫に対して、月舟は祝辞を贈っている。

（35）「厳助往年記」享禄三年六月二日条。『二水記』同月八日条。

（36）清秀が、子息を仙甫のもとへ入れることにこだわったのは、仙甫が清秀と同じく勝元の近習であった安富元綱の養子であったことと関係するのかもしれない（『蔭凉軒日録』寛正三年四月二九日条）。なお、元綱については、本書第一部第二章「細川高国の近習とその構成」を参照されたい。

（37）「幻雲文集」の「香西貞節等松居士肖像」。

（38）「幻雲文集」の「香西貞節等松居士肖像」。「細川両家記」大永六年七月一三日条。

（39）「稙通公記」享禄二年五月二六日条。

（40）この相論の概要は、河内将芳「大永八年の稲荷・東福寺喧嘩について」（『朱』第五〇号、二〇〇七年）。

（41）「稙通公記」享禄二年三月二六日条。

(42)「稙通公記」享禄二年四月八日条・五月二五日条。
(43)『天文日記』天文一〇年・同一六年・同二〇年・同二三年の正月一三日条。
(44)「細川両家記」享禄二年正月朔日条。拙稿「枚方寺内町の沿革と対外関係」（『史敏』通巻一〇号、二〇一二年）。
(45)大永六年に元盛が高国に誅殺され、元清・賢治兄弟が丹波で挙兵した最中でも、香西三郎次郎や香西弥次郎が高国の近くでそれまでと変わることなく近侍しているように（『後法成寺関白記』大永六年一一月二二日条・二六日条・一二月二五日条）、香西家はいくつかに分かれて存続していた。このような状況下で断絶していた香西家とは、元長の跡しか考えられまい。
(46)「幻雲文集」の「香西貞節等松居士肖像」。
(47)末柄豊「畠山義総と三条西実隆・公条父子」（『加能史料研究』第二二号、二〇一〇年）。
(48)『大徳寺文書別集真珠庵文書』二一〇号。
(49)「幻雲文集」の「香西貞節等松居士肖像」。『実隆公記』大永四年一〇月二日条。法隆寺文書ハ函二七四号（『法隆寺の至宝』第八巻）によると、元盛は和泉だけでなく大和とも繋がりがあったようである。
(50)「細川両家記」大永七年二月四日条。
(51)「細川両家記」大永六年七月一三日条。
(52)岡田謙一「細川晴国小考」（天野忠幸他編『戦国・織豊期の西国社会』日本史史料研究会、二〇一二年）。
(53)本書第三部第一章「細川晴国・氏綱の出自と関係」。
(54)「大永七年雑記」二月一二日条（『石清水八幡宮社家文書』）。東寺百合文書ら函七七号。
(55)「細川両家記」大永七年二月一三日条。「東寺過去帳」№一四七二。
(56)『言継卿記』大永七年二月一三日条（東京大学史料編纂所写真帳にて訂正した）。『北野社家日記』第八、一一〇頁。
(57)『言継卿記』大永七年四月三日条。
(58)『賀茂別雷神社文書』一七二号。『大徳寺文書別集真珠庵文書』三三三―一二号・九一三―四号・九一〇―一号。前掲註(24)福島論文。
(59)『大徳寺文書別集真珠庵文書』九一三―五号・六号。
(60)以後の柳本賢治と甚次郎の動向については、本書第二部第三章「『堺公方』期の京都支配と柳本賢治」による。
(61)東寺百合文書て函一二一―一三号。龍翔寺も、九月には「柳本甚次郎殿へ継目之礼」をしている（『大徳寺文書』二三二二号）。

(62)『二水記』天文元年正月二二日条。
(63)東寺百合文書イ函一八〇号。
(64)東寺百合文書つ函六―一三号。
(65)東寺百合文書つ函七―二三号。
(66)本書第二部第三章「『堺公方』期の京都支配と柳本賢治」。
(67)「伊勢加賀守貞満筆記」(『続群書類従』第二四輯下)。著者が貞満ではなく貞遠であることについては、木下聡「『後鑑』所載『伊勢貞助記』について」(『戦国史研究』第五七号、二〇〇九年)。
(68)高国の近くにいる「京兆之内老者」や「老者衆」と呼ばれる集団も、年寄衆と同義であろう(東寺百合文書を函五六六号・ロ函一三八号)。
(69)今谷明「京兆専制」(同『室町幕府解体過程の研究』岩波書店、一九八五年、初出一九七七年)。
(70)今谷明「近江の守護領国機構」(同『守護領国支配機構の研究』法政大学出版局、一九八六年)。
(71)『大乗院寺社雑事記』延徳三年九月二〇日条・一〇月一日条。
(72)『南禅寺文書』二四四号。
(73)守護代の事例になるが、次項で述べるように内藤貞正・国貞父子も同様の関係にあった。
(74)安富元家の立場については、『晴富宿禰記』明応二年五月一九日条。近江在国中、元隆は神崎郡の簗瀬城に拠点を構えていた(『晴富宿禰記』延徳四年四月一日条・二〇日条)。
高橋光正の立場については、『後法興院記』文亀三年八月二日条および『鹿苑日録』同日条。また、前掲註(28)末柄論文にも詳しい。なお、末柄氏は、文亀三年(一五〇三)に細川政元が高橋光正を自害に追い込んだ事件をうけて、安富元家が述懐し遁世したことから、政元は元家を失脚に追い込むことを意図していたという。たしかに広い意味では、政元による元家への牽制とみてよいが、元家は翌年呼び戻されているように罪には問われていない。おそらく政元は、京兆家被官としての本分を忘れ、元家側に傾倒していた光正に対して成敗権を行使したのであろう。結果として元家は失脚したが、政元がそこに焦点を合わせていたとは限らないのである。

上坂秀信の立場については、息子と考えられる上坂五郎満信が、「永正三年ニ大心院殿(細川政元)彼庄(近江河上荘)之御公用沼田弥三郎方ニ被下、御代官職之事、親候者(上坂秀信)ニ被仰付候」(『朽木文書』四八七号)と述べていることから関係が推測できる。秀信が坂田郡出身であることは、地元で同名の上坂家信らと連署状を発給していることからも明らかである（『滋賀県古文書等緊急調査報告二　大原観音寺文書』四六五号）。秀信以外にも、細川尹賢の被官となった朽木賢綱の例もあるように（「大永四年細川亭御成記」〈『続群書類従』第二三輯下〉・『朽木文書』三三二号・三五七号・三七四号など）、近江北部の国人が子弟を細川家に送る例は、必ずしも珍しいことではなかった。

(75)『蔭凉軒日録』延徳三年一二月二四日条。直吉の父と考えられる盛光も、『蔭凉軒日録』長享三年七月一八日条・延徳二年一一月一日条で元家の奏者をつとめるなど、被官としての活動が確認できる。その一方で、『蔭凉軒日録』延徳元年一一月二〇日条では、亀泉集証が元家宅を訪問した足で盛光宅へも訪ねており、貴人を独自に迎えられるような邸宅を構えていたこともわかる。

(76)夜久文書一号・二号（『兵庫県史』史料編中世三）。

(77)多田神社文書三四〇号・三四八号・三四九号・三五四号。ただし、元長が重種に宛てて「可被止国催促」と敬語を用いているので、被官ではなく政元被官を与力にしていると思われる。

(78)多田神社文書三七三号。

(79)東寺百合文書に函一七〇号。

(80)東寺百合文書ノ函二七〇号。

(81)宮内庁書陵部蔵壬生家文書のうち隼人関係文書。今谷明「室町・戦国期の丹波守護と土豪」（前掲註(70)今谷著書、初出一九七八年）は、若狭入道遵行状の宛所にある橋本新左衛門尉を桑田郡代とし、若狭入道を小守護代とする。しかし、若狭入道による遵行が桑田郡に限定されることや表7の事例を敷衍すると、橋本新左衛門尉はあくまでも現地の人物で、若狭入道を郡代と評価するほうが適切と判断した。

(82)『康富記』宝徳三年九月八日条・享徳三年二月二二日条。『高雄山神護寺文書集成』四七〇号。

(83)出雲神社文書（『新修亀岡市史』資料編中世一四七三号）・『西山地蔵院文書』四―二〇号。

(84)本書第三部第一章「細川晴国・氏綱の出自と関係」。

(85)「再昌草」永正一一年九月二五日条。なお、元成は、高国近習の斎藤宗甫を伴って実隆のもとをしばしば訪れているほか（『実隆公記』永正六年五月二六日条・一〇月二日条）、実隆へ贈答品を送る際も宗甫を取次としているように（同年九月一二日条）、宗甫を介して実隆と懇意になったと思われる。斎藤宗甫については、本書第一部第二章「細川高国の近習とその構成」参照。
(86) 前掲註(81)今谷論文。出雲神社文書（『新修亀岡市史』資料編中世一四八一号）。
(87) 雨森善四郎氏所蔵文書（『新修亀岡市史』資料編中世一〇三五号）。
(88) 龍潭寺文書（『新修亀岡市史』資料編中世一五五三号・一五五四号）。
(89) 『松尾大社史料集』文書篇一三〇号〜一三三号。『久我家文書』四二八号。松尾社の事例には年代が記されないが、永正七年の同上一七〇号の綸旨や東文書（『室奉』二六五九〜六一）の下知をうけて発給されたことは、『松尾大社史料集』文書篇四四号〜四六号・一三〇一号からも確実である。
(90) 『後法成寺関白記』永正一〇年一二月二一日条・同一四年七月二〇日条。
(91) 『後法成寺関白記』永正一六年正月八日条・四月一九日条。
(92) 清和院文書（『向日市史』史料編三五二頁）。
(93) 政益と元全については、本書第三部第三章「細川国慶の出自と同族関係」。
(94) 「伊勢守貞親以来伝書」（『続群書類従』第二四輯上）では「内藤彦四郎」とされるが、「赤松家風条々録」（『上郡町史』第一巻六三三頁）に基づき改めた。
(95) 『北野社家日記』第八、八九頁。「経尋記」大永元年七月六日条〜一六日条（『大日本史料』第九編之一三、一三四頁〜一三六頁）。
(96) 『北野社家日記』第八、九〇頁。
(97) 『北野社家日記』第八、一〇三頁。小谷利明「畠山稙長の動向」（矢田俊文編『戦国期の権力と文書』高志書院、二〇〇四年）が指摘するように、同時期の紀伊守護畠山家においても、父の尚順が在国し、子の稙長が在京するという分担をしていた。
(98) 『実隆公記』大永五年六月三日条。
(99) 「大永四年細川亭御成記」（『続群書類従』第二三輯下）。
(100) 「赤松家風条々録」（『上郡町史』第一巻六三五頁）によると、大永元年の将軍宣下に合わせて、内藤国貞は彦五郎から弾正忠へ、薬師寺国長は与一から九郎左衛門尉へ通称を改めている。
(101) 本書第一部補論二「上山城守護代の内堀東雲軒」。
(102) 本書第一部補論一「細川高国の家督継承と奉行人」。

(103)元家失脚の経過については、前掲註(28)末柄論文が詳しい。

(104)「見桃録」(『大正新修大蔵経』第八一巻四四二頁)にみえるように、国長の母は摂津有馬郡を支配する赤松有馬氏の娘であった。元一が反乱を起こしたにも拘わらず、細川政元が息子の国長を助命したのは、赤松氏との関係に配慮したからであろう。

(105)最初期の評定衆に入っているのは、薬師寺元長のみと考えられてきたが、本書第一部第二章「細川高国の近習とその構成」で指摘したように、薬師寺元隆もそれに加わっている。

(106)天野忠幸「摂津における地域形成と細川京兆家」(同『戦国期三好政権の研究』清文堂出版、二〇一〇年)。

(107)勝尾寺文書一〇六五号・一〇六七号(『箕面市史』史料編二)。

(108)宝珠院文書五函七二号・二函三七号(京都大学総合博物館蔵)。早島大祐「乾家と法華堂領荘園」(勝山清次編『南都寺院文書の世界』思文閣出版、二〇〇七年)。古野貢「細川氏内衆の存在形態」(『地域史研究―尼崎市立地域研究史料館紀要―』第一一三号、二〇一三年)。岩千代丸と与次国盛が同一人物であることについては「瓦林正頼記」永正五年条。なお、上郡は島上郡・島下郡を中心とするが、山間部の能勢郡も国長の管轄となっていたようである(『壬生家文書』一一一一号～一一一三号)。

(109)横尾国和「細川氏内衆安富氏の動向と性格」(『国史学』第一一八号、一九八二年)。

(110)前掲註(109)横尾論文および同「細川政元政権評定衆と秋庭氏」(米原正義先生古稀記念論文集刊行会編『戦国織豊期の政治と文化』続群書類従完成会、一九九三年)・「摂津守護代家長塩氏の動向と性格」(『史学研究集録』第五号、一九八〇年)。

(111)東京大学史料編纂所影写本高野山文書(安養院文書)。

(112)「見桃録」(『大正新修大蔵経』第八一巻四四一頁)。上の史料によると、大永五年夏に、奉行人の中沢秀綱と年寄衆の奈良元吉および守護代である薬師寺国長の三者が揃って、大休宗休から道号を与えられている。

(113)『蔭凉軒日録』延徳三年八月一四日条。

(114)勝尾寺文書九八〇号。『蔭凉軒日録』延徳四年正月八日条。元定は、はじめ修理亮と名乗り、のちに備前守と改めている。

(115)東寺百合文書ノ函四三一号。

(116)『大乗院寺社雑事記』文明一九年五月一六日条。

(117)「細川大心院記」永正四年六月二四日条。『多聞院日記』同年一二月一六日条・一七日条。

(118)「瓦林正頼記」永正五年条。以後、高国の副状をしばしば発給している(「経尋記」大永三年五月五日条〈『大日本史料』第九編之二四、四一〇頁〉・年未詳一〇月一二日付細川高国書状〈東京大学史料編纂所影写本岡本文書〉)。

(119)『大徳寺文書』八九九号・九〇〇号。近習が京郊の土豪や商人を配下としていたことは、本書第二部第三章「『堺公方』期の京都支配と柳本賢治」。
(120)『後法成寺関白記』永正八年一〇月一日条。『九条家文書』一〇七四号。同上二一二六号でも、三者が高国への奏者をつとめている。
(121)『朽木文書』二一七号・三二二号。「赤松家風条々録」(『上郡町史』第一巻六三四頁)。蔵人助段階の花押の初見は、田中尚房氏蒐集文書(東京大学史料編纂所影写本)に含まれる延徳三年三月一七日付の船井荘代官職請文で、以降、花押は変化しない。
(122)『大徳寺文書別集真珠庵文書』二号。
(123)『蔭凉軒日録』文明一七年九月一〇日条。
(124)『大乗院寺社雑事記』文明一〇年三月三日条・二九日条。
(125)『蔭凉軒日録』長享三年八月一四日条。「犬追物手組日記」(『続群書類従』第二四輯上)。
(126)『後法興院記』明応四年七月一八日条。
(127)『蔭凉軒日録』長禄三年一〇月一三日条。
(128)太田を名字の地とする人物は、本書第一部第二章「細川高国の近習とその構成」で述べたように高国近習の太田元親がいる。そのほか高国期に限定しても、摂津では太田式部丞と太田主計介の活動が確認できる。前者は、永正八年に、天龍寺領島上郡木工荘の年貢納入を命じられているほか(『天龍寺文書の研究』五九五号)、大永四年には東福寺天護庵の年貢算用をしている(『九条家文書』一一五三号)。後者は、永正九年に摂津島上郡安満のうち常林寺分の代官職をつとめている(『壬生家文書』四六〇号)。このように、複数の太田氏が多方面で活動しており、それぞれの関係を特定することは困難である。
(129)『蔭凉軒日録』寛正五年八月八日条。
(130)東寺百合文書タ函一六一号・ハ函三一七号・に函二三四号。
(131)田中家文書一一三四号(『石清水文書』三)。行頼自署の正文はこれが唯一である。日記や案文で「太田三郎左衛門」とされることもあるが、正文から太田三郎右衛門尉行頼が正しいと裏付けられる。
(132)『山科家礼記』文明二年八月二一日条。そのほか年次不詳のものとして、和泉守護に通知して見性寺の荷物を確保すると伝えた鴨井三郎左衛門景有との連署状もある(東寺百合文書サ函二八五号)。景有は、のちに美濃守と改称し(『八坂神社文書』

一四二二号)、政元の近くに仕えていることが確認できるので(『蔭涼軒日録』文明一七年一二月二四日条・同一八年一二月一七日条など)、後述の近習連署状とみてよかろう。竹阿という遁世者との連署状も近習連署状とみられる(『春日大社文書』八二〇号)。これは案文で、写真版をみる限り署名は「大田三郎左衛門龍顧」と読めるが、前掲註(131)の自署と比較すると「行頼」が崩れたものと判断される。そこでは、摂津兵庫南関の違乱を停止するよう香川氏に対して勝元が命じたことを興福寺に伝えている。

(133)『蔭涼軒日録』文正元年閏二月七日条。「政所賦銘引付」(『室町幕府引付史料集成』上巻二八二頁)によると、文明七年に西宮の菊屋倉氏に預けている亡父道金の三〇〇貫文もの料足を返却するよう太田帯刀則宗・犚丸父子が訴え出ている。これも一族の可能性がある。

(134)『北野社家日記』延徳二年一二月八日条。

(135)千種文書(『室奉』九七四)。

(136)延徳三年に北野社領船井荘八ヶ村の代官職に補任されているほか、更迭されてその代官職が遊初軒へ与えられたのちも押領を続けている(『北野社家日記』延徳三年三月二三日条・明応元年八月一八日条・同二年八月二二日条)。また、北口苧公事を丹波において取ることを三条西実隆に対して要請していたり、丹波桐野河内における苧課役の代官に補任されている(『実隆公記』文亀三年四月三〇日条・六月一六日条)。永正七年には、御造作要脚反銭の守護催促停止の旨を伝えられていることから(『北野社家日記』永正七年六月九日条・『松尾大社史料集』文書篇一二九九号)、高国期に入ると丹波における公的な役割も担ったようである。

(137)『蔭涼軒日録』文明一七年九月一〇日条。

(138)『朽木文書』二一一号・二一八号・二一九号。元家が筑後守を名乗っているので、延徳三年以降のものである。

(139)『朽木文書』二一六号・二一七号。

(140)『蔭涼軒日録』明応元年一〇月二〇日条・一一月二一日条・同二年正月一七日条。

(141)『後法興院記』文亀三年六月二八日条・七月六日条。

(142)『長興宿禰記』長享元年八月九日条。

(143)『晴富宿禰記』明応四年七月二七日条。

(144)「伊勢守貞親以来伝書」。

(145)「将軍家御社参之記録幷御代官」（『石清水八幡宮史料叢書』四）。
(146)「瓦林正頼記」永正五年条によると、香川元綱は若い頃「平五」と名乗っていた。
(147)森田恭二「細川高国と畿内国人層」（『ヒストリア』第七九号、一九七八年）。
(148)横尾国和「摂津守護代家薬師寺氏の動向と性格」（『国学院大学大学院紀要―文学研究科―』第一二輯、一九八一年）。
(149)古野貢『中世後期細川氏の権力構造』（吉川弘文館、二〇〇八年）二七一頁。
(150)『北野社家日記』第八、一一八頁。
(151)「厳助往年記」大永五年正月二五日条。将軍御所移転の経過については、浜口誠至「義稙後期・義晴前期の幕府政治と細川高国」（同『在京大名細川京兆家の政治史的研究』思文閣出版、二〇一四年）。ここに列挙される人物については、本書第一部第二章「細川高国の近習とその構成」も参照されたい。
(152)離宮八幡宮文書二〇八号。東寺百合文書そ函一五九号・一六六号・一八一号。革嶋家文書二六号（『京都府立総合資料館紀要』第五号、一九七七年）。香川氏が山城守護代とならなかったことは、大永六年の石清水社参で、山城守護代が東寺から八幡までの辻固を担当した一方で、香川平五郎が高国の供をつとめていることからも明らかである（「将軍家御社参之記録幷御代官」）。
(153)『九条家文書』一〇七四号。
(154)曇華院殿古文書（『大日本史料』第九編之二五、四三七頁）。『実隆公記』巻六上、七一頁の井上国就書状、一二四頁の斎藤宗不書状、一六八頁の波々伯部正盛書状など。井上国就は、丹波を本拠地としていることが贈答品から判明する（『実隆公記』大永三年六月二〇日条・七月四日条）。
(155)わずかに、高国の上意を伝えた単署の事例として、河田基清と波々伯部正盛の発給文書がそれぞれ一通ずつ確認できる（東寺百合文書キ函二八五号・『春日大社文書』三七一号）。それでも、基清発給文書は「年貢米事被仰出子細候而去年分雖被押置候、只今又可催促由被仰出候」とあるように、去年分に引き続き再度同じ命を下したもので、軽微な部類に入る。
(156)『今西家文書』二一六号。
(157)離宮八幡宮文書二一四号。
(158)『今西家文書』二二〇号。
(159)宝珠院文書四函六〇号・六三号・八函三六号（京都大学総合博物館蔵）。

(160)「不問物語」永正五年条では、他の高国近習に並んで「井上又五郎入道宗信・同名彦大《(太)》郎」が、「瓦林正頼記」同八年七月二六日条には「井上又五郎国就・井上中務丞正朝」が登場する。両者の比較から、国就は宗信から又五郎の通称を継承したと推測される。となると、彦太郎と正朝は同一人物である可能性も考えられよう。『後法成寺関白記』大永六年一一月三〇日条に「打死衆若槻・井上中書《(正朝)》兄弟」とみえるが、『実隆公記』同年一二月一四日条に「井上又五郎田楽張行」とあって、国就が没した様子も喪に服す様子も見受けられないので、正朝と国就は近い縁にないこともわかる。以後、井上国広が姿を消すことを踏まえると、正朝と国広は兄弟と考えられる。

井上国広は、大永三年四月に九条家領東九条荘のうち石井在利跡職の代官となっている（『九条家文書』一一五一号）。この地は在利が売却して以降、不知行となっていたが、九条家が高国方に働きかけを続けており、直前に売却取り消しの下知を得ている（「経尋記」大永三年閏三月二四日条〈『大日本史料』第九編之二四、一五六頁〉）。国広の娘と在利の息子孫三郎が夫婦であったことから（「稙通公記」享禄二年九月一日条・『九条家文書』一一三四号）、高国下知の背景に国広の根回しがあったことは疑いない。ゆえに九条家も、国広を代官に補任したのであろう。

(161)『尊経閣文庫蔵武家手鑑釋文』中ノ三五号。青蓮院文書三一号（『広島大学所蔵猪熊文書』一）。

(162) 前掲註(149)古野著書二四一頁。『久我家文書』四〇八号・四〇九号。離宮八幡宮文書二〇四号。重宗については、本書第一部第二章「細川高国の近習とその構成」も参照されたい。

(163) 備中安倍家文書二号（『鴨方町史』史料編）。

(164) 備中安倍家文書三号。

(165) 岡田謙一「細川右馬頭尹賢小考」（阿部猛編『中世政治史の研究』日本史史料研究会、二〇一〇年）。以下、細川四郎についてはこれによる。

(166) 前掲註(149)古野著書一四九頁。

(167)『後法成寺関白記』永正一六年正月三日条が四郎を名乗る終見で、『後法成寺関白記』永正一六年一一月二二日条が左衛門佐の初見である。

(168) 前掲註(165)岡田論文。

(169)「細川両家記」永正一七年二月三日条。

(170)『後法成寺関白記』永正一六年一一月一〇日条。「拾芥記」同日条。

(171) 離宮八幡宮文書一八〇号・一八一号・一九五号・二一六号。
(172) 『実隆公記』大永六年一一月二四日条。畿内における重宗の活動は、その前後にも確認できる（『実隆公記』同年九月二七日条・享禄四年三月一〇日条〜一五日条・四月二五日条）。
(173) 『北野社家日記』第八、一〇四頁。『久我家文書』四五五号。秀兼が当初善左衛門尉を名乗っていたことは、永正七年に高国方の訴訟が「飯尾善左衛門私宅」で行われている事実からも確認できる（同上四一一号）。奉行人以外でそこに同席するのは、訴人・論人のほか高国方から派遣された使者二人で、おそらく訴人方・論人方それぞれに分かれて事前に実況見分を行ったものと思われる。そして、訴人方奉行と論人方奉行に分かれて議論がなされ、勝訴側の奉行である飯尾秀兼が奉書を発給している（同上四一四号〜四一六号）。訴訟から奉書の発給に至るまで、最低限の規模・人数で行われているため、礼銭は幕府での訴訟よりも安価であったに違いない。訴人が訴える先を選ぶ際には、この点も目安になったのではないかと思われる。武家による法廷の場が、複数存在する意義はこのような点にも求められる。
(174) 『久我家文書』四五五号。
(175) 本書第二部第三章「『堺公方』期の京都支配と柳本賢治」。
(176) 本書第三部第二章「細川晴国陣営の再編と崩壊」。
(177) 前掲註(1)。
(178) 本書第一部第二章「細川高国の近習とその構成」で明らかにしたように、高国の近習が各領国・各集団から意識的とも思えるほど偏ることなく均等に抜擢されているのは、このような配慮があったためであろう。
(179) 前掲註(151)浜口著書。
(180) 『実隆公記』大永三年六月二七日条の初見事例で、又三郎は稙国の意をうけて、実隆に連歌の題を所望している。また、同上大永五年一一月五日条で入道する安富某は、稙国の没直後であることから、主の菩提を弔おうとする又三郎のことであろう。

補論二　上山城守護代の内堀東雲軒

連歌師の宗長は、大永四年（一五二四）に宇治を通る際、「当国守護所東雲軒」のもとへ立ち寄り酒を交わしている。[1] 大永六年六月にも同様に「東雲軒、当国奉行」の歓待を受け、さらに同年八月の宇治訪問では、連歌会や酒宴・風呂・茶の湯などで丁重にもてなされた。[2] 東雲軒は、守護代と呼んでもおかしくなさそうであるが、不思議なことに彼への論究は皆無である。

今谷明氏による山城守護・守護代等を網羅した沿革表は労作ながら、細川高国の盟友大内義興が山城守護を退いた永正一五年（一五一八）から、「堺公方」を擁す細川晴元が高国を追い落とし実権を握る大永八年までの一〇年間は、なぜだか検討の対象とされていない。[3] 東雲軒の活動時期にもあたるこの空白期は、高国が実質的に山城を支配しているはずだが、右の欠落が研究史上、特に問題視されたこともない。ここに、斜陽の権力を軽視しがちな、細川氏研究の課題を指摘できるだろう。その反省の意味も込めて、小論では東雲軒の素性を明らかにしたい。

高国方の東雲軒の姿は、享禄三年（一五三〇）に「牢人今日出張、内堀（二郎）・東雲其外馬廻之衆出張云々、（中略）今日出張之衆、於六条川原・万寿寺等之辺合戦」（傍註・中黒は刊本のまま）とみえる。[4] このときは晴元方が畿内の覇権を握っており、高国方は播磨・摂津方面から挽回を狙っていた。「内堀（二郎）・東雲」らは、それと連動して上洛を図ったが「出張衆悉以打死、雖有千五六百人皆以退散」という結果に終わっている。

東雲軒の発給文書も確認できる。

【史料1】(5)
就宇治室麴之座之儀、三室戸岩崎方雖被申子細候、其方并座中江相尋候処、従先年理運之由承候、殊当知行
事候、然上者任証文之旨如前々可有知行者也、仍状如件、
東雲軒
大永五
二月十三日　士澤（花押）
堀与三右衛門殿

このように、宇治室麴座をめぐる相論の裁許状を発給しており、宗長が訪問した頃に宇治で守護代と呼ぶにふさわしい活動をしている。

【史料2】(6)
（端裏書）
「就当庵領濱田北野指出支、内堀東雲軒澤蔵主申遣書状案文大永四甲申」
小文如常也、右筆宗普（化庵）也、
虽（雖）未申通候、一筆令啓候、仍薪郷（綴喜郡）内田地弐反字濱田北野指出支、被仰付之由申候、此地自雲勝庵為買得、
当庵（真珠庵）知行候、於地下定不可有其隠候歟、委細尚酬恩庵可被申入候、恐々謹言、
九月十一日　宗俊
東雲軒
床下
一就此二反指出事、如此内堀方書状被遣了、俊上司（宗俊）当月一分侍真也、実椿首座（大功宗椿）侍影也、大徳寺納所寮御移之
間、為侍真代俊上司也、（中略）此后俊状両度云、真珠状東雲ニ届之処、未能返状、羽田伝達云々、

【史料1】の前年にあたる大永四年に、「薪郷（綴喜郡）内田地弐反字濱田北野指出支」を命じてきた東雲軒に対し、「此地自雲

勝庵為買得、当庵《(真珠庵)》知行候」という主張を伝えた宗俊書状案である。奥書には、真珠庵の侍真代理として、宗俊が発給したという事情も書き加えられている。端裏書から、宛所の東雲軒は内堀姓と判明し、「士澤」と「澤蔵主」の法名も符合する。

よって、「内堀《(二郎)》・東雲」の傍註と中黒は不要ということになる。この「二郎」という傍註は、「厳助往年記」の「内堀二郎為大将○《軍(カ)》常桓《(細川高国)》方牢人三千計出張、於六条合戦、常桓方切劣、内堀以下打死、即時落居」という記事に依拠したものとみられるが、[7]「内堀二郎」の所見は同時代では他にない。ただし、「厳助往年記」では名乗りの変更が何年も反映されない場合があるため、[8]「二郎」とは東雲軒が入道する前の仮名である可能性が考えられる。

さすれば東雲軒は、永正四年に沢蔵軒宗益（赤沢朝経）の子赤沢長経と行動をともにし戦没している内堀家の惣領次郎左衛門尉の後継者ではなかろうか。[9]今谷氏は、「山城郡代ウチ堀ソウエキ《(宗益)》カ内者」とする事例から、[10]上山城（久世・綴喜・相楽郡）守護代の宗益内衆で、郡代をつとめる内堀某の存在を指摘するが、彼と次郎左衛門尉は同一人物であろう。

問題は、東雲軒が守護代配下の郡代として守護所にいたのか、あるいは守護代の地位にいたのかである。この点は、小谷利明氏が紹介した次の事例が参考となる。天文一一年（一五四二）に討ち取った木沢長政に代わり、上山城三郡の守護代となった安見宗房と鷹山弘頼は、入部するにあたって指出を命じたようで、北野天満宮は院家の松梅院領である綴喜郡池田荘が、往古より守護不入であることを訴えている。[11]それへの返状で、宗房はあくまでも現状把握が指出の目的であると説明する。ただし、「御在所之儀者自往古筋目聊如在有間敷候、然共内堀・木澤両御所様被申付分者可致所務候由鷹山《(弘頼)》被申候」とも述べるように、由緒が明確なものは安堵するが、同僚の弘頼は、内堀と木沢が申しつけた所領を接収する方針だという。

小谷氏は、内堀を今谷氏の指摘する内堀某に、木沢を直前まで同じ立場にあった長政に比定するが、内堀某は時期も隔たるうえ、立場も一つ下位になるので、木沢と並記するには違和感を覚える。「従前守護方出申闕所等」の把握が指出の目的だとする宗房の主張に従えば、「内堀・木澤」は直近の守護代とするのが妥当であろう。よって東雲軒は、宗益没後に郡代から守護代への地位向上に成功したといえる。宗益に倣って僧籍に入ることで、地位の継承を内外へ示したとみることもできよう。

　また、大永四年に実施された細川尹賢亭への将軍御成の際には、京兆家の守護代が外回りの警固をつとめたが、「内藤(国貞)・薬師寺(国長・国盛)両人」ら「御辻固守護代三人」に準じる立場として、唯一「北西御築地之外御警固」をつとめた「東雲軒与力衆」が挙げられている(12)。ここからも、東雲軒が守護代に準じる立場であることが窺える。

　なお、「厳助往年記」の「二郎」が東雲軒だとすれば、彼は戦死したことになるが、次の史料はそれを裏付けている。

【史料3(13)】

去十四日相談東雲軒(内堀)中出(ママ)、於六條東洞院及合戦、父三郎左衛門尉(賢頼)討死且不便(憫)且忠節至候、仍知行等不可有相違候、弥戦功可為神妙候、委曲内藤彦七(貞誠)・香西弥次郎可申候、謹言、

七月廿四日(享禄三年)　常桓(細川高国)在判

能勢又次郎(頼行)殿

　内容からして、ここまでみてきた六条合戦に伴う感状である。西岡国人の能勢氏は東雲軒に従って出陣したが、高国からの感状は丹波勢の内藤貞誠らを通じて伝達されている。この指揮系統の変化は、東雲軒の戦死によって生じたと考えられよう。よって、これ以後にみえる「内堀」は、東雲軒の後継者ということになる(14)。

註

（1）『宗長日記』大永四年四月一二日条。
（2）『宗長日記』大永六年六月一六日条・八月一二日条・一三日条。
（3）今谷明「増訂室町幕府侍所頭人並山城守護補任沿革考証稿」（同『守護領国支配機構の研究』法政大学出版局、一九八六年、初出一九七五年）の表3。
（4）『二水記』享禄三年七月一四日条。
（5）田中穣氏旧蔵古文書二〇七―三―三八号（国立歴史民俗博物館蔵）。「当保麴座中」宛てのものと対になって残されている（同上三九号）。
（6）『大徳寺文書別集真珠庵文書』四九〇号。
（7）「厳助往年記」享禄三年七月一四日条。
（8）本書第三部第三章「細川国慶の出自と同族関係」。
（9）『多聞院日記』永正四年九月六日条・一〇月六日条。
（10）「春日権神主師淳記」明応八年（一四九九）九月五日条（京都大学総合博物館蔵）。
（11）『北野天満宮史料』八四号。小谷利明「山城国上三郡と安見宗房」（同『畿内戦国期守護と地域社会』清文堂出版、二〇〇三年、初出一九九四年）。
（12）「大永四年細川亭御成記」（『続群書類従』第二三輯下）。
（13）能勢久嗣家文書一三―一号（長岡京市教育委員会蔵写真帳）所収。能勢氏の諱は、小谷利明・尾﨑良史「館蔵文書資料の概要について」（『八尾市立歴史民俗資料館研究紀要』第一〇号、一九九九年）所収「能勢氏系図」による。
（14）『後法成寺関白記』享禄三年一一月三日条など。残念ながら名字以外はわからない。本書第三部第二章「細川晴国陣営の再編と崩壊」で明らかにしたように、この「内堀」を含む軍勢は細川晴国を頭目としており、近江坂本方面から京都を窺っていた。『二水記』享禄四年三月七日条や『後法成寺関白記』同月八日条によると、彼らは京都を守る木沢長政・柳本甚次郎らを駆逐している。入京した軍勢に「内堀」がいたことは、三月八日に東寺の南大門へ「内堀」が来ていることから判明する（『教王護国寺文書』二四四三号）。

第四章　摂津守護代薬師寺氏の寄子編成

はじめに

細川京兆家の守護代については、動向を詳細に分析した横尾国和氏の論考や、交代の時期を丁寧に整理した今谷明氏の論考がある。(1)ところが、分国支配や軍事などで重要な役割を担う守護代配下の人員構成については、その編成原理等について十分な検討がなされているとはいいがたい。今谷氏は、小守護代・郡代のみの人名を掲げたうえで、京兆家内衆限定で構成されており、国人は採用しない原則であったと指摘するが、あくまでも京兆家による編成という視点を貫いており、守護代の視点ではみていない。

そこで筆者は、守護代配下の出自や立場について、若干の検討を加えてみた。例えば、近江守護代である安富元家のもとでは、氏名が判明する郡代のうち、安富一族が二名、京兆家被官で寄子として配属されている者が二名で、安富家被官は筆頭にあたる高木氏ただ一名のみであった。(2)安富一族二名のうち、若槻元隆は元家の実弟であるが、若槻家の当主として京兆家に仕える被官なので、彼もまた寄子に属することとなる。そのほか、安富元家のもとで奏者をつとめる斎藤修理亮や、同じく守護代の薬師寺元一に文筆官僚として仕える斎藤宗甫など、守護代のもとには様々な形で寄子が配属されていた。(3)

改めて説明するまでもなく、寄親と寄子はともに主君の被官であり、寄親は主君の代理として寄子に対する直接の指揮権を委任されていたという関係にある。このような寄子が広範に展開している要因は、京兆家の被官を守護代の寄子とすることによって、守護たる京兆家と守護代の間で人材を共有し、分国内での人材確保をめぐる競合を避けていたことに求められる。ただしこれは、要職に就く一部の寄子の事例から導き出した推論で、守護代配下の全体的な構成を踏まえたものではない。本章は、この欠を補うものである。

その後、高木純一氏は、山城西岡地域を対象として、在地土豪が京兆家内衆の寄子となっている事例を広範に確認している。それぞれの寄親が分散していることから、西岡内部での争いを有利に進めるために、まず土豪と京兆家内衆が個別的関係を結び、その関係を通じて京兆家被官の立場を得て寄子になったと高木氏は推測している(4)。守護代配下の人員構成を全体的に捉えるには、このような土豪の寄子編成という視点も組み込む必要があるだろう。

現在の寄親寄子制研究が、菊池武雄氏の論考から出発していることは言を俟たない(5)。菊池氏の主要な論点は、守護等の家臣団統制の一方法であった寄親寄子制が、戦国大名のもとでは在地土豪を寄子として寄親に預け置くことで、平時から郷村を掌握するとともに、戦時にはこの命令系統を通じて動員を図る方策へ進展するという点にある。この菊池氏の指摘を承けて、以後、後北条・武田・今川・毛利・大友などの諸大名において、寄親寄子制の研究は積み重ねられてきた。

それに対して畿内では、寄親寄子制に関する研究が皆無に等しい状況にある(6)。それは、戦国大名なるものがいないと考えられてきたことにも起因するのであろうが、史料解釈上の問題もあった。例えば今谷明氏が、史料上に「三好(長慶)与力藤岡石見守直綱」とあるから「長慶被官人であることが判明する」と述べているように(7)、被官と寄子（与力・寄騎なども表記されるが、本章では寄子で統一する）の区別があまり意識されてこなかったのである。今谷氏同様に解釈する事例は他にもみられるので(8)、これは畿内特有の現象といえるかもしれない。かかる現象が生じた理由は定かではないが、畿内は人間関係が複雑なため、史料を記した者もさほど厳密に区別していないと無意識のうちに思い込んでしまっているのではなかろうか。それが誤解であることは、前に掲げた諸事例からも明白であろう。

地方に比べて村落の自立性が相対的に強いため、畿内の権力は戦国大名に比して在地掌握が遅れていたと一般には認識されている。その点を否定するつもりはないが、寄親寄子制が軍事編成だけでなく、在地掌握をも射程に入れていたという菊池氏の指摘を踏まえるならば、畿内権力論は寄親寄子制の存在を無視することで、評価軸が一つ欠けた不正確なものとなっているのかもしれない。

また、在地掌握の進展という意味では、守護代がどこを居所としているのかという点も重要な論点となるはずである。寄子の編成状況をみるうえでも、守護代と寄子の位置関係は無視できない。京兆家の守護代は、在京を原則とすることがよく知られるが、一般論として戦乱の激化とともに守護代の在国化は進むはずである。京兆家の場合は、分国が京都から近いためか、その点の議論が十分に尽くされているとはいいがたい。そのため、やや迂遠となるが、守護代の居所についてあらかじめ整理しておく必要がある。

なお、本章で対象とするのは、摂津守護代の薬師寺氏である。薬師寺氏をモデルとする理由は、長期にわたって守護代の地位にいたため比較的史料に恵まれていることと、謀反を起こした際にそれに与した人名が判明するため、配下の人的構成が把握しやすいということにある。

以上を踏まえて、本章では以下のような構成をとる。まず第一節では、薬師寺氏の略歴を整理したうえで、その居所について検討する。続く第二節では、薬師寺氏の配下について、要職に就く者と在地土豪の両面から検出する。そして最後に第三節で、薬師寺氏の勢力がピークを迎える薬師寺元一の乱を対象として、そこに集った配下の全体的な構成を明らかにしたい。

一　薬師寺氏の概要

1　系譜と管轄

横尾国和氏によると、文明三年（一四七一）に薬師寺元長の摂津守護代としての活動が確認されて以降、それまでしばしば入れ代わりのあった摂津守護代は薬師寺氏に独占される[9]。また、天野忠幸氏は、元長の弟長盛が摂津下郡（豊島郡・川辺郡南部・武庫郡・菟原郡・八部郡南部、上郡は島上郡・島下郡）の郡代をつとめていることなど、摂津守護代の分業状況を示した[10]。ただし、一国平均の臨時段銭などの配賦にあたっては、守護代と下郡郡代の連名でなされるように、上郡と下郡の支配は完全に分離されることはなかったようである[11]。

ところが、長盛も守護代と認識される事例が出はじめ、「摂州奥郡守護代」とも呼ばれるようになる[12]。その後、実子のない元長の跡は長盛の長男元一が、そして長盛の跡は次男の長忠が継承する[13]。この元一・長忠兄弟へ世代が変わると、下郡を管轄する長忠が「摂州半国守護代」と呼ばれているように、上郡と下郡のそれぞれを管轄する守護代として、次第に並列されるようになってくる[14]。このように、徐々に並列化が進むようだが、便宜上、本章では上郡守護代・下郡守護代と呼称を統一することとする。なお、上郡を管轄する歴代当主は与一・九郎左衛門・備後守、下郡を管轄する歴代当主は与次・三郎左衛門・安芸守を通称に用いている。

その後、永正元年（一五〇四）に元一が謀叛を起こし没すると、元一討伐に功のあった長忠のもとに摂津守護代は統一される[15]。続けて永正四年に、細川政元が養子の澄之を推す一派に暗殺されると、長忠も含むその一派は、もう一人の養子である澄元に殲滅される。この機に乗じて、「今日津国牢人与一（薬師寺元一）か子万徳丸令出張、則茨木城没落云々」とみえるように[16]、元一の子万徳丸（のちの国長）が、長忠の拠点である摂津茨木城を落としている。

図3　薬師寺家略系図

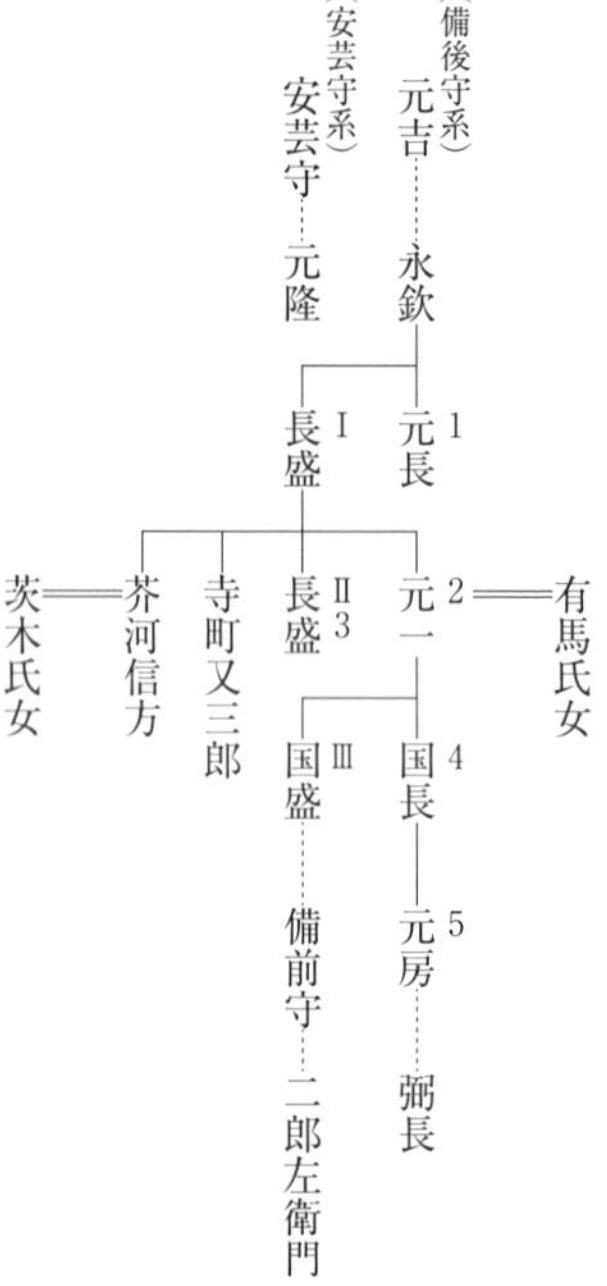

（註）　アラビア数字は上郡守護代、ローマ数字は下郡守護代。点線は推定。

永正五年に澄元を追い、細川高国が京兆家を継承すると、「薬師寺与一元房万徳丸・同与次岩千代丸」の両名はそれに従っている。(17) 右の「瓦林正頼記」の記述にもみえるように、万徳丸はのちに与一と改称するが、国長以前の諱を元房とする横尾氏の解釈については訂正が必要である。「元房」の諱が事実ならば、澄元の偏諱であるはずなので、澄元と高国が反目する永正五年以前に元服していなければならない。ところが、実際に元服するのは永正六年末のことなのである。(18)「瓦林正頼記」に加筆訂正などを施した「不問物語」でも諱は消されているので、「元房」は誤記と判断される。

万徳丸と並記される岩千代丸（のちの国盛）は、与次・三郎左衛門へと通称を変化させていくのが国長よりワンテンポずつ遅れるので(19)、国長より年少の弟と思われる。二人は高国のもとでそれぞれ上郡と下郡の守護代をつとめるが、享禄元年（一五二八）に細川晴元方へ寝返っている。(20) ところが、享禄三年に国盛は高国方へ復帰し、翌四年に高国とともに没した。(21)

一方の国長は、以後も晴元に仕えているが、天文二年（一五三三）に細川国慶の攻撃を受けて高雄山で没した。(22) その直後のものと思われる四宮蔵人助正能の書状では、薬師寺氏の寄子である久世氏に対して、「国長」の命を遵守すること、跡を継いだ「岩福丸」に対して等閑なきようにすることが伝えられている。(23) 岩福丸は天文六年に元服し、与一元房と改称する。(24)

2　居　所

ここで、薬師寺氏の拠点について触れた主な論考を整理しておく。その点に最初に触れた今谷明氏は、茨木が摂津の守護所として機能していたことを明らかにし、守護代である薬師寺氏もその掌握を図っていたことを示した(25)。また、薬師寺元一と長忠の兄弟がそれぞれ摂津の半国守護代であることから、茨木を東摂の守護所とし、場所は未詳ながらいずれかに西摂の守護所があるとした。今谷氏の関心は、あくまでも守護所の所在にあるので、薬師寺氏の居所については言及がない。

他方、元長・長盛兄弟の居所について触れた早島大祐氏は、「細川家重臣として基本的に在京していた元長」に対し、「領国経営の実務を担った薬師寺安芸守長盛」は摂津茨木に拠点を有していたと推測する(26)。そのうえで、長盛の右筆的立場を担った藤岡秀友が元長に宛てた書状に、「雖御返事可申候、其御使すくニ摂州へ罷下候間、不申候」とあることから、秀友が摂津に在国していないことと、在京する元長とも連絡がすぐに取れない距離がある場所にいることを読み取る。そして、この二つの条件から、秀友は藤岡氏の出自の地である淀で活動していたとする。

また天野忠幸氏は、先述のように戦国期の摂津が東摂の上郡と西摂の下郡に区分されていると指摘した。このうち下郡の拠点となっている西宮が事実上の半国守護代所であるとし、今谷氏の説を補っている。天野氏は、上郡茨木と下郡西宮において薬師寺兄弟が分業しているという立場をとるが、これは京都と茨木における薬師寺兄弟の分業とする早島氏の説と矛盾することとなる。天野氏と早島氏が互いの説に触れていないため、この点は整理しておく必要があるだろう。

横尾国和氏が分析したように、薬師寺氏は評定衆として京兆家における評定に参加する立場にもあった(27)。したがって、早島氏がいうように元長が生涯を通じて基本的に在京したことは疑いない。ただし、文亀元年（一五〇一）に没する元長が、明応七年（一四九八）を最後として守護代としての活動を終えており、明応九年を初見として嫡子の元一が当主としての役割を果たしているという横尾氏の指摘は無視できない。なぜなら、当主としての業務を譲った元長は、必ずしも在京する必要はないからである。しかも、早島氏が典拠とした史料は、明応九年に比定されている[28]。

文亀元年八月、家領の日根荘における和泉守護の押領を退けるため、「彼薬師寺(元長)上守護五郎(細川元常)之儀、悉皆京都之儀申行」ということを理由に、九条家は薬師寺家に対して和泉上守護家を諭すよう働きかけた[29]。この段階では、「毎篇与一(薬師寺元一)二仰付」とあるように元長嫡子の元一がすべての業務を代行していたので、京兆家奉行人の斎藤元右を通じてひとまず元一と連絡をとっている。ただし、「為令厳重、父備後守(薬師寺元長)」にも書状を認めてもらうよう依頼していた。

実際に依頼をかけたのは、在荘する九条政基に代わって京都で奔走する息子の尚経と富小路俊通であった。その動向をまとめた日次記には、「一方申次候之間、薬備(薬師寺元長)より申候□□と申候之条、今日茨木へ人を下候」と記録されている[30]。当時の状況を補足しながら訳すると、薬師寺元長は和泉両守護のうち一方の上守護の申次をつとめているので、元長に働きかけてもらうとよいという斎藤元右の意見に従って、俊通の書状を携えた使者を茨木へ送ったようである[31]。

日次記の続きには、「茨木返事到来、薬備歓楽之間、難申届候由候」とあって、元長が病気である旨も記される。文明一四年（一四八二）に元長は茨木氏を討ってその跡職を拝領しており、以後延徳二年（一四九〇）に「摂州茨木薬師(寺脱)備後之宿所也」とみえるように、早くより元長は、在国する場合に茨木を「宿所」としていた[32]。したがって、文亀元年の事例も、療養のための一時的な滞在なのか、恒常的に滞在していたのか見極める必要がある。

やや遡って文亀元年三月には、「薬師寺在所イハラキ」とも出てくる。(33) また、明応九年には、後土御門天皇の葬儀のため上洛した元長自身が、葬儀が終わり次第下向すると述べている。(34) さらに「遣書於摂州薬師寺・宣都文」とあるように、明応八年に京都の景徐周麟は摂津に書状を送っており、二日後に薬師寺元長と宣都文からの返事が届いている。(35) これらの事例に鑑みて、明応七年から八年の間に、元長は京都における職務を元一へ譲り、茨木に在国するようになったことは間違いあるまい。

丹波守護代の内藤氏の場合も、父貞正は丹波に在国し、嫡子の国貞は在京することで役割分担をしていた。(36) 京兆家の主要分国である両国の事例を併せて考えると、世代交代を円滑に進めるとともに、守護代としての分国支配と評定衆としての在京活動を両立するため、このような分業体制は普遍的となりつつあったことが浮かび上がってくる。これは、必ずしも世襲ではなかった京兆家の守護代が、世襲のポストになりつつあることも意味する。

さて、元長が茨木にいたとなると、長盛が茨木にいたとする早島氏の説にも再検討が必要となってくる。早島氏がこのように判断した根拠は明確には示されていないが、その一つは次の一例にあると思われる。

【史料1】(37)

一細川殿摂州在国、茨木辺居住云々、為郡代之沙汰神領人夫相懸旨□進、以外次第也、摂州群(郡)代薬師寺備後守之弟三郎左衛門長盛
同少郡代三宅五郎(宗村)左衛門
桜井郷定使良善
桜井政所桜井又次郎、三郎左衛門之寄子也、親藤右衛門
藤岡後藤次三郎左衛門之物書也
田原六車郷、定使賢春・南郷定使良善

延徳二年一二月に摂州に下向した細川政元は、茨木にほど近い安威の「虵鬼淵」に新たな館を建設する。(38)その際、「郡代之沙汰」として春日社領に人夫役が賦課された。一見、長盛が茨木に在国してこの人夫役を賦課したかのようにみえるが、これはあくまでも桜井郷以下の春日社領が摂津下郡の豊島郡に所在しているため、下郡守護代である長盛の系統で人夫役が賦課されたことを意味するものである。記録は残っていないが、茨木周辺の上郡には、上郡守護代の元長系統で賦課されたに違いない。茨木は、あくまでも元長の「宿所」なのである。

では、長盛の居所はどこに求められるのであろうか。これについては、評定衆の構成員から推測できる。横尾氏が提示した評定衆の構成員表から薬師寺氏だけを抜き出すと、文明年間元長、延徳三年元長、文亀二年元一・長忠、文亀三年元一・長忠となる。(39)ここからは、当初は摂津守護代が単独で参加していたが、のちに上郡守護代と下郡守護代の参加へと変化したかのように見受けられる。しかし、すでに指摘したように、横尾氏が文明年間の構成員に挙げている「若槻元隆」は、正しくは「薬師寺元隆」であった。(40)つまり、薬師寺氏から二人が評定に参加する体制は、評定衆成立期まで遡るのである。そうなると、延徳三年は何かしらの事情で長盛が評定に参加できなかっただけのことで、基本的には在京していたという可能性も浮上してくる。

藤岡秀友が淀を居所としているという点についても、そもそも右筆が離れて暮らしていると様々な不都合が生じるはずなので、再検討の余地があると思われる。秀友の居所を淀とする根拠は、摂津にいないということと元長から離れたところにいるというものであった。となると、京都の長盛の傍にいたと考えるのが自然なのではなかろうか。以下、その点を裏付けておく。

薬師寺長盛は、白川家領である摂津西宮の代官をつとめていた。(41)そのため、白川家が発給した西宮の正月吉書は長盛のもとへ送られているが、その際の音信は長盛とともに秀友にも贈られている。(42)西宮の年貢算用状を持参したのも、「薬師寺安芸守(長盛)使藤岡孫右衛門(秀友)」であった。(43)以上の事例から、秀友は在京して長盛の近くに仕えていることは間違いないと思われる。

なお、薬師寺元一・長忠兄弟は、先述のように評定衆なので、基本的には在京していたはずである。元一が没し、長忠のもとに摂津守護代が統一された頃も、例えば永正二年（一五〇五）五月二六日付・六月一〇日付・七月四日付・八月一五日付の長忠書状が白川忠富のもとに即日届いているので、在京しているに違いない(44)。

以上のように整理すると、薬師寺氏の居所は原則京都で、一線を退いて嫡子に在京業務を任せるようになった場合は、摂津に在国して分業体制をとることがあったといえる。在京制を維持しつつも、他家の守護代と同様に在国化の志向も高めていたのである。それを踏まえると、長盛から長忠への家督継承についても、次のような想定ができる。文亀元年一二月を最後に長盛の姿は突如としてみえなくなり、文亀二年には、代替わりして長忠が評定衆に加わっている(45)。中風を理由に長忠に立場を譲ったとも伝わるが、同じく文亀元年一二月に元長が死去していることに注意したい(46)。これは元長に代わって、長盛が在国するようになったことを意味しているのではなかろうか。

二　寄子と被官の検出

1　要職に就く寄子

京兆家内衆は、守護代をはじめとする譜代の年寄と、馬廻に奉行人などの官僚を加えた近習の二層構造をとっていた。将軍義稙が大内義興の配下を賞するにあたって「陶《(興房)》・問田《(弘胤)》其外諸侍」と総称するのに対し、細川高国の配下を「年寄・馬廻之諸侍」と総称していることからも、右の二層構造は当時の一般的な認識となっていたことが窺える(47)。

その高国が、薬師寺国盛に対して下郡の守護代職を与えた際に、「与力・被官人等知行分」なども元のごとく領知するよう述べている(48)。ここから、守護代の配下も寄子と被官という二層で構成されていることや、相対的に寄子が上位にあることなどが想定できる。後者の理由は、寄子の本来の立場が、京兆家被官であることによるのであろう。

ここではまず、前節で取り上げた藤岡氏がいずれの立場に属するのかみておきたい。細川政元に謀叛を起こした薬師寺元一は、藤岡氏の本拠地である淀藤岡城に籠城する(49)。このとき、「与一(薬師寺元一)ヨリ子」で「淀城ノ主」の藤岡氏も戦死している(50)。後述のように、在地土豪を寄子として編成する傾向がみられることから、藤岡本家は上郡守護代の寄子として在国しており、その一族である藤岡秀友は下郡守護代に従って在京したと推測しておく。

問題は、薬師寺長盛の右腕ともいうべき秀友が、寄子と被官のいずれの立場に属するのかという点にある。それについては、秀友が法花堂臨時段銭を一円に賦課させようとしている次の例が参考となる。段銭の支払いを拒絶する秀友の「京都之傍輩二三人」は、その段銭を否定する細川政元の下知を入手した。秀友はその下知を撤回させたものの、なおも納入に応じない者が「安芸守(薬師寺長盛)与力之間ニ四五人」いるという。右の事例を紹介した村井良介氏は、「京都之傍輩」を秀友と同じ長盛の被官としているが(51)、前後の繋がりを重視するならば、段銭を拒否しているのは、一貫して長盛の寄子とみるべきではなかろうか。ここから、同輩の秀友も長盛の寄子と考えられる。「薬師寺三郎(長盛)左衛門尉寄子藤岡」というのは、まさに秀友のことであろう(52)。

また、寄子のなかの四、五人という表現は、長盛のもとにそれを大幅に超える数の寄子がいることを推測させる。村井氏は別の史料に出てくる「能勢方・富田方・狛方」が上述の寄子に相当すると推測しているが、実際に三氏は薬師寺氏の寄子として確認できる(53)。

次に、秀友が守護代にどのように扱われていたのかみておきたい。荘園領主からの訴えに対し「此藤岡公事者候之間、敵ニ成、身方ニ成、色々仕候」と薬師寺元長が評しているように、秀友は「公事者」と呼ばれている。村井氏は、秀友と思われる人物が「如此公事者候て在之候も、可然仁候、あしかる《（足軽）》にハ候ハす候」と評されていることを紹介しつつも、「公事者」の語義を不詳とするが、この事例からは「公事者」が本来的には身分が低いことを読み取ることができる。さらには、「湯屋なんとにてとかく人の被申候ハ、事まきれ候へハ、常の事にて候、それ様之御事ハ、公事者の事にて御入候か、被障御意候事、中々と存候」という用例もみられるので、これに着目したい[54]。訳すると、湯屋などでの雑説が信じがたいことは常識だが、そのような雑説が「公事者」なので耳に入ったのか、それでも気に障ったということは余程のことだ、といったところであろう。この用例から、「公事者」とは「世間に通じている者」といった意味であることが推察される。ゆえに秀友は、荘園領主から訴えられても、実情に基づく公正な判断のうえで、敵にも味方にもなるのであろう。このように秀友は、公平性を問われる官僚としては、高い評価を得ていた。

　秀友のように官僚としての能力を買われて守護代に従うものは、寄子である場合が多い。例えば、文芸にも通じており、公家とも交遊のあった斎藤宗甫は、先述のように薬師寺元一の寄子であった。守護代たる薬師寺氏は、例えば和泉上守護の申次をつとめているように、外交的な交渉にも従事する必要がある。文亀三年（一五〇三）に細川政元の後嗣をめぐる交渉で、阿波へ赴いた薬師寺元一に同行したのも斎藤宗甫であった。このように重用される官僚的寄子はいつの時代にもいるようで、薬師寺国長の寄子である斎藤宗基も、細川京兆家の書札礼をまとめた「書札調様」を筆写しており、文筆官僚としての側面を有している[55]。

　それ以外に、守護代のもとで寄子がよくつとめる要職として郡代がある。例えば、【史料1】にて人夫役を豊島郡に賦課したのは「少郡代三宅五郎《（宗村）》左衛門」であった。ここでの「少郡代」は、広域を担当する下郡郡代に対置した表現であって、いわゆる郡代とみてよかろう。そして、三宅氏は摂津国島下郡出身の有力国人であって、いうまでもなく京兆家被官である[56]。やはり、寄子として薬師寺氏に配属されていたのであろう[57]。

今谷明氏が作成した一覧表には、そのほかにも郡代が網羅されているが、これには従いがたい。薬師寺氏が守護代となって以降は、初期の薬師寺長盛を除くと小守護代らしき存在は見当たらないが、この表では守護代と郡代の間に小守護代を無理に設定しているからである。そのため、郡代が小守護代と評価されていたり、それより下位の者が郡代と評価されたりしている。

具体例を一つ示しておく。上郡は後述のように、島上・島下二郡まとめて寄子の四宮氏が郡代をつとめているが、今谷氏は「小守護代」四宮長能の下位に「郡代」原源左衛門尉を位置付けている。郡代には、守護代配下のなかでも上層の者が就くと考えられるが、原源左衛門尉の諱は「能重」であり、長能の偏諱をうけている[58]。したがって、郡代相当の身分にはないはずである。

下郡で確実に郡代といえるのは、以下の三例のみである。まず、飯田蔵人助が、武庫郡の「郡代」と呼ばれている[59]。蔵人助に対して長盛が「可被心得候」と述べているところをみると、やはり寄子かと思われる。次に、文明三年（一四七一）一二月に薬師寺元長が「令遵行之処、郡代難渋」と述べているので、その直前の一〇月に発給されているものが郡代遵行状と判明し、発給者の某「元宣」が川辺郡代ということになる[60]。細川勝元の偏諱ならば寄子であろう。のちに川辺郡代は、薬師寺氏被官筆頭の夜久氏がつとめることとなるが[61]、全体的にみて郡代は寄子の比重が大きいとみてよかろう。

そのほか、安富元家のもとでは、腹心ともいうべき奏者も寄子の斎藤修理亮がつとめていた。薬師寺長盛の場合も、白川家が長盛へ音信を贈った際に、近く仕える者へは藤岡秀友のみしか音信を贈っていないので、彼が奏者の立場にあったと想定される。残念ながら、薬師寺家で奏者と明確に呼ばれている人物は検出できなかったので、ここでは他家の事例を掲げることで寄子による奏者の普遍化を図っておく。

守護代を代々つとめる家ではないが、天文元年（一五三二）に三好元長のあとをうけて下山城守護代となる高畠長信の奏者は、真壁左衛門尉治継である。[62] 彼もまた、「高畠与十郎（長信）」の「与力―《マカヘ》」とみえるように寄子である。[63] 本願寺の証如のもとを長信が訪れた際に「与十郎（高畠長信）与力」も同席しているが、[64] これも治継のことであろう。なお、高畠長信は天文八年末に殺害されるが、その後は「細川殿御被官人真壁左衛門尉」と呼ばれており、本来は細川晴元の被官であったことも確認できる。[65]

このように、守護代は自らの息が掛かった被官をさほど重用せず、寄子で要職を占めるような体制をとっていた。その理由はいくつか考えられるが、そもそもの淵源は、守護代が比較的頻繁に交代していたことに求められる。守護代が交代するその都度、文筆官僚などの特殊技能者を含めた寄子が、京兆家からの派遣によって補われていたのであろう。

守護代が世襲化しつつあっても、その体制が変わらなかった理由は、厳しい身分社会が残る畿内において守護代の配下が政治的な活動をするには、相応の家格を要したからだと思われる。例えば薬師寺長忠は、槙島の細川政元に近侍して身動きが取れなかったため、代わりに「寄子ソカウ（十河）七郎左衛門」を白川忠富に送り、年頭の挨拶をしている。[66] 忠富は対面して盃を交わしているが、仮に薬師寺家の被官が代理であった場合、そのような対応をとったであろうか。

その点を検証するために、武家への対応を事細かく記している本願寺証如の事例をみておこう。細川晴元の重臣である三好政長の使者に対して、証如は「自三好宗三（政長）為使三木与左衛門（長清）来、先日音信之礼也、此三木、馬廻之由候間、相伴召出之」という対応をとっている。[67] ここでいう「馬廻」は、例えば一宮宮房丸への相続を認めた京兆家奉行人奉書に「於進退者可為御馬廻由候也」と明記されるように、京兆家における身分呼称である。[68] それを踏まえると、政長の使者である三木長清は、晴元の「馬廻」身分を有する政長の寄子なので証如は対面したが、仮に使者が政長被官であったならば対面しなかったと理解される。

では、実際に守護の陪臣クラスが訪れた場合、証如はいかなる対応をとったのであろうか。六角氏の重臣である平井高好の被官園田氏は、天文七・八年に六角氏から本願寺への使者を度々つとめていた(69)。要客であるため証如は酒を勧めてはいるが、「卒度会候」と記すように、陪臣という立場で正使ではないので正式に対面はしていない。正使の平井三郎兵衛と対面して酒を交わしている最中に、「酒中ニ園田ニ盃呑之」と気を遣う場面もみられるが、これも正式な対面ではない。

ところが、天文八年末になると園田氏が六角氏の正使として証如のもとを訪れる(70)。その事情は、「先度在洛之内ニ馬廻分ニ被申付之由」というものであった。つまり、六角氏の馬廻に抜擢されて被官となり、平井氏に寄子として配属される状態になったのであろう。このように立場が変わったため、証如は即座に「以一献遂対面」げている。以後、園田氏が使者として訪れた際は、正使として扱われ「以二献対面」している(71)。

これらの事例から、守護代にとって有能な人材は、自らの被官とするよりも、むしろ京兆家の被官に推挙して寄子として編成するほうが効果的であったといえよう。一方で、相応の立場の者が薬師寺氏に仕えるとなれば、当然のことながら薬師寺家被官ではなく、京兆家被官の立場を望むに違いない。ゆえに、まとまった軍事力を確保するためには、自らの被官編成よりも、寄子の編成を優先するのである。

もちろん、自らの近くを固める直属の軍事力も確保しておく必要があるが、右のような状況から、薬師寺家被官になることを望む者は小身者に限られたと推測される。そのため、史料上に登場する有力な配下はほとんどが寄子で、被官の事例が極めて少ないのであろう。寄子と被官の構成比については、全貌が不明なのではっきりしたことはいえないが、例えば薬師寺長忠が細川澄元に討たれた際、命運をともにした配下は「与力ニ能勢源二郎・与利丹後守・久々智掃部助・失（矢）倉弥六・長谷河《ハセカワ》等也、抜（被）官ニハ、益富孫六・同名孫四郎・中間ニハ二郎右衛門コレハトク孫四郎トテ度々高名シタル足軽也」という構成であった(72)。このように摂津国能勢郡の能勢氏や摂津国川辺郡久々知出身と思われる久々智氏など、摂津国人の寄子が主体となる一方で、被官はわずかに益富氏しか確認できないのである。

そのほか、鷲尾隆康邸にしばしば出入する「西川対馬守（房親）入道」も、「薬師寺（国長）彼（被）官」とされる(73)。永正一六年（一五一九）に連歌会を催した房親を「親父（西川房任）当家一流者也、依無懸食（命）之地、令断絶訖、仍薬師寺与一被官、可謂無念者乎」と隆康が評しているように(74)、彼は鷲尾家と同じく四条家流で、父の房任は従二位まで登り詰めたが、応仁の乱の際に西軍に与して一度官職を追われたことや、房任が西川家の初代であることなどが起因してか、相伝の地がなかった。そのため、房親はやむなく薬師寺国長の「被官」となったようである。

ただし、その連歌会に同席した中御門宣胤は、「房親ハ故西川宰相房任弟也、不慮成武家、細川右京大夫（高国）被官也」と記している(75)。やはり正確には、房親も京兆家被官で薬師寺家の寄子であったようである。その点は、のちに房親が薬師寺家の寄子として活動している事実からも裏付けられる(76)。以上のように、薬師寺家の主立った配下に被官は見当たらないが、周囲の目には寄子が薬師寺家の被官であるかのように映ることもあった。

2　在地土豪の編成

山城西岡地域では、在地土豪が京兆家内衆と結びつき、その寄子となっていた。ここでは、右のような現象が摂津にも見出せるのか検討しておきたい。

文亀元年（一五〇一）に白川忠富のもとを訪れた藤岡秀友は、「神官訴訟請文、落居之由」を報告している(77)。その一ヶ月余り前に、「平野宗左衛門、神官訴訟之儀、不可説之次第、以面令申了」とみえるように(78)、平野宗左衛門なる人物が「神官訴訟」の第一報を入れたようである。平野宗左衛門は、薬師寺長盛の使者をつとめるほか、西宮代官支配にも関与する藤岡秀友の同僚で(79)、「神官訴訟」とは西宮における問題であったと推測される。

それから二年後になるが、西宮からの注進が到来した際に、白川忠富は代官の薬師寺長忠に次のような書状を送っている。[80]

【史料2】

□□神官之儀、薬師寺与次(長忠)許へ遣状案

□□等近年みたりかましく候て、御ひくわん(被官)ニなり候わんと□□神官ハ人のひくわんにハなり候ハぬ法にて候、御心得候やうに御屋形(細川政元)へ御申、可為肝要候、かしく、

与次かな文所望候間、如此遣、上表薬師寺与次殿　忠富

欠損のため文意の取りづらい部分もあるが、西宮における「神官訴訟」と無関係ではないと思われる。どうやら、神官の武家被官化が問題となっているようである。それを制止する書状を長忠が所望していることから、被官化を進めているのは彼ではない。また、仮名文を所望しているように、被官化を目指す神官のうちには、身分が比較的低い者も含まれているようである。「御ひくわん(被官)」と敬称になっていることから、被官先は京兆家のようであるが、「御心得候やうに」伝えて欲しいと依頼しているところをみると、必ずしも政元が積極的に被官化を進めているようにも思えない。となると、西岡と同様に、神官たちは関係を取り結んだ京兆家内衆の寄子となることで、京兆家被官の立場を得ようとしていたに違いない。

続けて、被官化を制止する理由がない他の場所における状況をみておこう。例えば、【史料1】での人夫役は、摂津豊島郡桜井郷の「政所」である桜井又次郎を経由して賦課されたが、彼は薬師寺長盛の「寄子」となっていた。このように薬師寺氏も、在地土豪層を寄子として編成していたのである。

同様の存在として、西宮の「政所屋田原五郎兵衛」が挙げられる。[81] 彼は、西宮の現地の様子を、京都にいる代官薬師寺長忠へ注進しており、長忠が西宮へ書状を送る際の宛所ともなっている。[82] 長忠は書中で様々な指示を出

すが、「可被罷上候」としばしば敬語を用いている点に注意したい。これは、京兆家被官という身分においては、対等であることを意味しているのであろう。よって、田原五郎兵衛も長忠の寄子と思われる。

長洲荘における薬師寺長盛の代官支配においては、荘園領主側と交渉する藤岡秀友の指示のもと、現地の有力者である益富孫左衛門尉能光が在国して「下代」をつとめていた(83)。先述のように、益富孫六と益富孫四郎は薬師寺長忠の被官なので、能光も同じ立場にあったとみることもできるが、孫六と孫四郎はその名からみて孫左衛門尉の庶流である。したがって、能光まで被官とすることには慎重となる必要がある。

その点については、同じく京兆家分国の讃岐の状況を踏まえておきたい。讃岐では、「讃岐国者十三郡也、六郡香川領之、寄子衆亦皆小分限也、雖然与香川能相従者也、七郡者安富領之、国衆大分限者惟多、雖然香西党為首皆各々三昧不相従安富者惟多也」といった様相を呈していた(84)。西讃岐六郡には小分限の者が多く、守護代たる香川氏の寄子として編成されている。一方の東讃岐七郡は大分限の者が多く、香西氏に代表されるように守護代の安富氏に従わない自立的な動きをする者が目立っていた。このように対比的に描かれつつも、香西氏は京兆家被官であり、一方の香川氏に従順な者たちも香川氏の被官とはならずにあくまでも寄子であった。つまり、讃岐国の在地領主たちは、総じて京兆家被官として把握されているのである。

右の事例と守護代被官の存在が史料にあまり確認できないという事実を重ね合わせると、分国内において守護代が在地領主を被官化することは、守護の権限を侵害する行為にあたるのではないかと考えられる。そのため、守護代が確保している被官は、庶家などに限られているのではなかろうか。

現在のところ、桜井又次郎・田原五郎兵衛・益富能光の三名しか把握できていないが、おそらく彼らのような荘官クラスの在地土豪を京兆家被官に推挙し、それを寄子として編成していくのは、摂津においてはかなり普遍的にみられたのではないかと推測される。長盛が益富能光に対して、あるいは長忠が田原五郎兵衛に対して、事細かく書状で指示を出しているように、寄子関係を構築することで従前よりも在地掌握を進めたことは間違いあるまい。

三　薬師寺元一の乱と配下の構成

1　乱の前提

応仁の乱を契機として、京都南郊の西岡国人の京兆家被官化が進むが、彼らのうち神足氏や物集女氏など比較的有力な家は、薬師寺氏の寄子として編成されていた。(85) 京都での戦乱に対応するために、摂津から京都までを一体的に軍事掌握するのが当初の目的であろう。

寄子化の動きは西岡に限らず、先述のように淀の藤岡氏や、あるいは「石井雅楽助《親治》根本雖為九条家僕、近年為細河被官、為摂州守護代寄子」という事例のように公家の家司まで広がる。(86) 大和国人鷹山氏に宛てた永正元年（一五〇四）九月二五日付の薬師寺長忠書状を取り次ぐ狛左京亮も、薬師寺氏の寄子である。(87) 鷹山氏の拠点が南山城と隣接することから、狛左京亮は南山城の狛氏出身と考えてよいだろう。

流通に少なからず関与する京郊の領主たちにとって、京都・摂津間の過所発給を掌るなど、(88) 主要な動脈を掌握する薬師寺氏は、接近して損のない存在であったに違いない。あらゆる候補がいるなかで、薬師寺氏を寄親として選ぶ者が京郊に多い理由は、この点に求められよう。その結果として、分国を離れた京都南郊における薬師寺元一の謀叛を可能にさせたのである。

すでに指摘したように、寄親寄子制は京兆家と守護代の間で人材を共有するという合理的な側面もあったが、京兆家被官としての本分を忘れ、寄親に傾倒していくという課題も内包していた。(89) 細川政元はこのことを問題視しており、文亀三年（一五〇三）八月には安富元家寄子の高橋光正を自害させている[90]。また、文亀三年二月には、幕府が催した猿楽にて粗相をした薬師寺氏の寄子富松氏が誅殺されている[91]。誅殺の主体は不明だが、幕府でも薬師寺氏でもなく、被官の成敗権を持つ政元と考えるのが妥当であろう。

このように寄子への個別的な制裁はできても、寄子編成を完全に否定することは不可能であったはずである。京兆家が守護代単位で出陣の命を出していることからも明らかなように、守護代のもとに編成された寄子なくして戦争を遂行できないからである。このような政元が抱える矛盾は、自らの料所支配にもみてとることができる。政元は、摂津吹田荘を自らの料所としたうえで、同荘の攻略に功のあった薬師寺元長に預けた。その支配を奉行として担当したのは、後述する寄子の四宮長能である[92]。その後、政元が吹田荘のうち成枝名を茨木氏に与えようとしたところ、長能は「吹田跡事ハ一円被仰付之上者、成枝名モ可知行」と反論し、それを押し切っている[93]。政元の料所支配が、守護代の支配機構なくして成立しないことを知ったうえで、このような反論に出たのであろう。守護代の支配機構が自らの被官で構成されながら、政元の思うようにならないという矛盾がここにも表れている。

そして永正元年閏三月、政元はついに元一を摂津守護代から罷免しようとする[94]。元一の改易は将軍足利義澄のとりなしで免れたが、このような政元による圧迫に元一も危機意識を高めていたに違いない。当然、寄子自身も身の危険を感じていたであろうが、自らの身を守るためには、なおさら守護代との結束を固めざるを得ない。これらの諸要因が重なって、元一の乱に結果したといえよう。

2　薬師寺氏配下の構成

永正元年（一五〇四）九月三日の夜、寺町又三郎の京都退去によって、薬師寺元一の謀叛が露見し、それとともに元一は淀へと入った[95]。「不問物語」によると、「彼元一、舎弟ノ与三、寺町石見守通隆《ミチタカ》ニ養セラレテ又三郎ト云、彼ヲ相語、其外与力四宮四郎右衛門尉長能・額田次郎左衛門尉宗朝《トキトモ》《ムネ》ヲ首トシテ与力神足《カフタニ》カ城ニタテ籠」もった。六日以降は、京都から討伐軍が来たので迎え討ち、「西岡与力中小路兵庫助」の「父子」が奮戦するも、「結句与一ハ淀ノ与力藤岡カ城」に籠もっている。そして一九日には、「元一ガ与力四宮四郎左《（右）》衛門尉長能・子息四郎一能・額田二郎左衛門尉宗朝・子息二郎能《ノリ》工・南条・丸河《マルカワ》以下、若党ニハ余田四郎次郎・夜久孫二郎・同三郎左衛門尉・田中源三・シメノ又四郎・田端兄弟、其外智音之族故一宮々内大輔子息幻住入道・其伯父龍登院・尾《ヲノ》上《ヘ》助次郎等ヲ先トシテ数百人討死」したという。

このときの様子を神足友春は、「こんと与一《（薬師寺元一）》かむほんの事、孫三郎《（神足春治）》ハかねてもそんち《（存知）》候か、われ〳〵ハ今月四日ニてらまち《（寺町）》又三郎まかりくたり候時、存知仕候、くせ《（曲）》事もんたい《（勿体）》なきよし申候処、四宮《（長能）》いはらき《（茨木）》よりきたり、われ〳〵かさい《（在）》所をしろ《（城）》ニもち候を、いろ〳〵申のけ候て、よと《（淀）》ゑのき候」と語っている。[96] 一線を退いた友春は、謀叛の計画は知らなかったと主張しているが、息子の春治は元一に与同して神足城に軍勢を引きいれた。その際、京都から元一の弟寺町又三郎が、茨木からは四宮長能がやってきている。その後、彼らは神足城を去って淀へと渡っていった。

ここでは、討死した面々のうち、「智音之族」を除く寄子と被官に限定して、最盛期ともいえる薬師寺氏の配下の構成を検討しておく。

まずは、茨木からきた軍勢を「首トシテ」率いていた寄子の四宮四郎右衛門尉長能・額田次郎左衛門尉宗朝に着目したい。二人は実の兄弟で、かつてはそれぞれの息子の仮名である四郎と次郎を名乗っており、長享三年（一四八九）の京兆家における犬追物に参加している。[97] したがって、「四宮四郎細川殿被官」ともみえるように本来は京兆家被官であった。[98]

元長が守護代に就任した文明三年（一四七一）当初は、四宮四郎右衛門尉宗能がそのもとで郡代をつとめており、文明九年には四宮信濃守と改称している。[99] そして、文明一一年を初見として四宮長能に代替わりする。[100]「上郡者四宮成敗」といわれているように、四宮氏は「嶋上下郡」の二郡を合わせて管轄していた。[101] 長能は、「国へも此由申付候」と述べているように、[102] 在京を原則としているが、元一の乱のときには茨木から進軍してきている。その直前の文亀三年（一五〇三）末に、長能は出家して法名長錯へと改称しているので、[103] 薬師寺元長がそうであったように、嫡子に主たる業務を譲って茨木に在国していたのかもしれない。

南条氏と丸河氏については素性がよくわからないが、いずれにしても運命をともにしていることから、守護代と寄子の結束は強かったものと思われる。薬師寺元一と四宮長能・額田宗朝は、かなりの頻度で蹴鞠等に興じているので、このような場で結束を固めていったのであろう。[104] なお、三者が日常的に京都で集会していることは、有力な寄子が在京を原則としていることを裏付けている。

居城を提供したのは、やはり寄子の神足氏と藤岡氏であった。西岡国人の寄子では中小路父子も奮戦していた。そのほか、「東寺過去帳」から拾い出すと、寄子であった物集女父子も参戦しているほか、西岡の者では利倉氏と勝龍寺の瑠璃光坊も含まれており、「西岡侍五十余人其外郎等数百人」が戦死したといわれる。[105] また、洛西の梅津を出自とすると思われる「ヨリ子」の梅津氏や、西院の小泉新次郎も元一に与しているように、[106] 京都西部から摂津方面にかけて寄子は広く編成されていた。

一方の「若党」は、表現からして寄子よりも下位身分で、夜久氏が元長段階の薬師寺家被官筆頭にあたるため、[107] 被官に該当するものと思われる。ただ、これ以外の被官については、他の史料に見出せないため出自等は一切わからない。このような状況から、家格はさほど高くないはずである。薬師寺長忠が戦没したときもそうであったが、被官よりも寄子のほうが明らかに充実している様子がみてとれよう。

寄子の実力で注目すべきなのは、軍事力だけではない。元一が謀叛を起こすにあたっては、「同意畠山尾張守前将軍方(尚順)

在紀州・細川慈雲院（成之）在阿波等出張遅々故也」と当時から指摘されているように、紀伊の畠山尚順、阿波の細川成之と裏で手を結んでいた[108]。「前将軍方」とあるように、彼らは最終的に周防の大内義興のもとに身を寄せていた足利義稙を旗頭とすることで、政元を倒して澄元を擁立することを狙いとしていたはずである。結果として、畠山尚順と細川成之が進軍してくるまで、元一勢は持ちこたえられなかったが、元一の乱を生き延びた神足春治は、義稙・義興と連絡を取りあって上洛に協力している[109]。元一の乱にあたっても、春治が裏側でこのような交渉力を発揮した可能性は十分に想定しうる。

さて、元一・長忠兄弟が滅びるとともに、上述のごとく薬師寺氏の寄子も壊滅状態となってしまうが、早くも永正九年には高国方に四宮四郎の存在が確認できる[110]。彼は、国長・元房父子に仕えている四宮正能と同一人物であろう。また、高国段階の摂津守護代である国長のもとには、元一に仕えた斎藤宗甫に代わる右筆的な立場として、斎藤宗基が寄子として配属された。そして、宗基と行動をともにする額田越後守も確認できる[111]。

四宮正能・額田越後守・斎藤宗基の三者は、元房の近くにも仕え、しばしば行動をともにしている[112]。高国は、政元期の政治体制を復古させようとする意識が強かったことから[113]、四宮氏と額田氏を筆頭とし、それに右筆的立場の斎藤氏を加えた元房の寄子編成は、高国段階以来のものではないかと考えられる。この推測が正しければ、彼ら寄子は高国の被官でありながら、高国方から晴元方に転じた国長に従ったこととなり、守護代と寄子の結束の強さを改めて確認することができるのである。

おわりに

繰り返し述べてきたように、守護代のもとにおける要職は、京兆家被官の地位を持つ寄子によって占められていた。また、荘官クラスを寄子に編成することで、在地掌握を進めていた様子もみてとれた。菊池武雄氏は、京兆家の寄親寄子制を守護による家臣団統制の一例として位置付け、戦国大名の寄親寄子制はそれに加え在地掌握をも視野に入れていたと区別したが、戦国大名における寄親寄子制の原初的な姿を京兆家のそれに見出すことができるのではなかろうか。

寄子となる契機は、京兆家被官を寄子として守護代に配属する場合と、守護代が推挙して京兆家被官の立場を与えて寄子とする場合の二つのケースがありうるが、守護代配下として組み込む場合はそのいずれかであることが多いため、守護代被官の事例は史料的に極めて限られている。もちろん、ここまで紹介したもの以外にも薬師寺家被官の事例がないわけではないが、親が薬師寺家被官であるという出自の情報がみられる程度で(114)、実際にどのような活動をしているのか判然としない人物ばかりである。

寄子の主人はあくまでも京兆家当主なので、守護代と寄子は主従関係にはないが、長い付き合いのなかで、守護代と寄子は結束を固めていくこととなる。それは、四宮長能・一能父子が、薬師寺元長・元一から偏諱をうけていることからも窺えよう。当然のことながら、細川政元はそれを快く思わないが、守護代のもとに編成された寄子は軍事・行政両面において欠かせない存在であるため、否定することもできない。そのため、政元と守護代の軋轢も深まっていくのであろう。寄親と寄子の私的結合を認めるのは、寄親寄子制の一般論からすると矛盾するが、村井良介氏も指摘するように、実際は軍事力確保という目的のもと広く確認できるので、この点においても戦国大名と京兆家は共通している(115)。

また、守護代は寄子との結束を固めても被官として編成することはない。寄子は家格が低下することを望まないであろうし、一方で寄子の京兆家被官としての立場が、伝統的な家格秩序に厳しい畿内で政治的活動をするには不可欠だからである。権力化を志向すると、寄子を被官化すると考えられがちだが、必ずしもそうなるとは限らないのである。配下の身分を担保するという右のような権力編成のあり方を踏まえると、例えば戦国大名が国衆との横の一揆的連帯を縦の主従関係へと止揚できない点に限界を見出す古典的な見方に対して、地域支配の実質を担う国衆の身分を担保し、支配の安定を目指す積極策だと新たな評価を加えることも可能となってくる。右の事例はやや極論だが、京兆家の諸制度に戦国大名の原初的な姿を見出し、これまで乏しかった畿内権力論と戦国大名論の対話を積極的に進めることで、近世的権力を当然の帰結とみる姿勢に修正を迫ることもできるのではなかろうか。

最後に、京兆家における寄子制度の展開について見通しを述べておきたい。大永七年（一五二七）の桂川合戦以降は、細川晴元の配下から次から次に新興勢力が勃興する。その第一世代ともいうべき柳本賢治の陣営は、雑多な出自の者で構成されていた。そのため賢治は、自らの柳本という姓を配下に与えることで家格を上昇させ、政治活動に従事させせようとした[116]。その方策は継承されないことから、失敗に終わったものとみられる。以後の勢力は、例えば三好政長が京兆家被官の立場にある三木長清を使者として活用していたように、守護代のもとで発達してきた寄子制度を援用して、配下の家格を確保するようになる。

その方策をさらに拡大させたのが、三好長慶であろう。最初にも触れたように、長慶に従って活躍する藤岡直綱は、「三好与力藤岡石見守直綱」と認識されている[117]。長慶の最有力被官と誤解され続けてきた今村慶満をはじめとして、京都周辺で長慶に属する者の多くも、実際は長慶の寄子であった[118]。事実上、長慶の家臣として活動するも、あくまでも京兆家の被官であるという家格意識を配下のなかに残し続けることによって、必ずしも家格が高いとはいえない長慶の政治活動は支えられていたのである。このように、京兆家被官を寄子とするという制度は、新しい権力を生み出す装置として転化を遂げたのであった。

註

（1）横尾国和「摂津守護代家長塩氏の動向と性格」（『史学研究集録』第五号、一九八〇年）。同「摂津守護代家薬師寺氏の動向と性格」（『国学院大学大学院紀要―文学研究科―』第一二輯、一九八一年）。同「細川氏内衆安富氏の動向と性格」（『国史学』第一一八号、一九八二年）。同「細川内衆内藤氏の動向」（『国学院雑誌』第八九巻第一一号、一九八八年）。今谷明『守護領国支配機構の研究』（法政大学出版局、一九八六年）。

（2）本書第一部第三章「細川高国の近習と内衆の再編」。

（3）本書第一部第二章「細川高国の近習とその構成」。以下、斎藤修理亮・斎藤宗甫についてはこれによる。

（4）高木純一「戦国期畿内村落における被官化状況と領主支配」（『ヒストリア』第二五三号、二〇一五年）。

（5）菊池武雄「戦国大名の権力構造」（永原慶二編『戦国大名の研究』吉川弘文館、一九八三年、初出一九五三年）。

（6）独自の分国を持つわけではないが、室町幕府の政所執事である伊勢氏の寄子編成については研究がある。中島丈晴「十五世紀中葉における伊勢氏権力構造と被官衆」（『国立歴史民俗博物館研究報告』第一五七集、二〇一〇年）が指摘するように、伊勢氏の在京被官が申次となり、在国被官がその寄子として編成されていた。

（7）今谷明「三好・松永政権小考」（同『室町幕府解体過程の研究』岩波書店、一九八五年、初出一九七五年）の註（9）。

（8）鍛代敏雄「淀六郷惣中と石清水八幡宮寺」（同『戦国期の石清水と本願寺』法蔵館、二〇〇八年、初出二〇〇七年）など。文章をかみ砕きがちな自治体史にもよくみられ、例えば安富元家が「我々寄子」という御厨次郎のことを（「後慈眼院殿雑筆」〈『図書寮叢刊九条家歴世記録』三、二三八頁〉）、元家の「被官」と換言している（『長岡京市史』本文編一、六六六頁）。

（9）前掲註（1）横尾「摂津守護代家薬師寺氏の動向と性格」。元長以前では、文安元年（一四四四）から三年にかけて所見がある薬師寺四郎左衛門尉元吉が、摂津守護代をつとめている（「犬追物手組日記」〈『群書類従』第二三輯〉・多田神社文書二七一号・二七二号〈『兵庫県史』史料編中世一〉・離宮八幡宮文書一〇七号〈『大山崎町史』史料編〉）。そして、長禄二年（一四五八）には、「薬師寺雑掌（ママ）永欽」という人物が摂津守護代遵行状を発給している（『北野社家日記』八、一四頁。筑波大学附属図書館ホームページの写真にて一部修正）。世代的にみて、その後継者が元長と考えられる。なお、横尾氏は元吉の姓を薬師寺とすることに疑義を呈しているが、「蕘孝日記」文安三年三月一八日条（田中登「翻刻『蕘孝日記』」〈『青須我波良』第三五号、一九八八年〉）に「たち花（橘）の元吉薬師寺四郎左衛門尉」とあり、「薬師寺元吉」と署名する文安三年の発給文書もあるので（『菅浦文書』二八二号。年次比定は、赤松俊秀「供御人と惣」〈同『古代中世社会経済史研究』平楽寺書店、一九七二年、初出一九五六年〉による）、疑う必要はない。そのほか、「堯孝日記」文安三年正月二四日条にも「橘元吉薬師寺」とみえる。
(10)　天野忠幸「摂津における地域形成と細川京兆家」（同『戦国期三好政権の研究』清文堂出版、二〇一〇年）。
(11)　「久代村古記録」（『川西市史』第四巻）所収明応四年一〇月一〇日付薬師寺元長・同長盛連署書下案および文亀三年二月一日付薬師寺元一・同長忠連署書下案。いずれも臨時の段銭配符に伴うものだが、この種の文書に守護代が署判をする事例は他にない。それぞれの奉行による署判を、写す段階で薬師寺氏本人の署判と誤った可能性が考えられる。「忠富王記」文亀三年三月七日条にも、「摂津国大奉幣米薬師寺与一・与二為両人奉行相懸之」とみえる。なお、本章で「忠富王記」（国立歴史民俗博物館蔵。『西宮市史』第四巻に一部翻刻）を用いる際は、「伯家五代記」（『続史料大成』二一）で一部不足を補っている。
(12)　『大乗院寺社雑事記』文明一〇年三月晦日条・同一八年四月一日条。
(13)　「不問物語」文亀元年一二月一八日条。元一の弟については、本書第二部第一章「細川澄元陣営の再編と上洛戦」も参照されたい。
(14)　『宣胤卿記』永正元年九月二一日条。
(15)　「細川両家記」永正元年条。
(16)　『多聞院日記』永正四年七月二八日条。謀反を起こしたにも拘わらず元一の子が助命された理由は、本書第一部第三章「細川高国の近習と内衆の再編」の註(104)で触れたように、母が赤松有馬氏の娘であったことに求められる。
(17)　「瓦林正頼記」永正五年条。
(18)　永正六年一二月一七日付で「万徳丸」と署名しているが（『九条家文書』五九八号）、その年のうちには元服している（『実隆公記』永正七年正月八日条）。
(19)　「大永四年細川亭御成記」（『続群書類従』第二三輯下）。「細川両家記」享禄元年条。「赤松家風条々録」（『上郡町史』第一巻六三五頁）。
(20)　本書第一部第三章「細川高国の近習と内衆の再編」。「細川両家記」享禄元年条。
(21)　「細川両家記」享禄三年一一月六日条・同四年六月四日条。高国の弟晴国に従う薬師寺二郎左衛門は、国盛の後継者と考えられる（『私心記』天文三年一〇月一三日条）。のちに晴国方として活動する薬師寺備前守は、おそらく同一人物であろう（『天文日記』天文五年五月二四日条・二七日条）。これらの事例から、天文二〇年以降に高国残党の細川氏綱方として登場する薬師寺二郎左衛門は、その後継者と推定できる（『天文日記』天文二〇年一一月一一日条・同二一年正月一八日条・同二二年正月二九日条・同二三年正月二八日条）。
（22）本書第三部第四章「細川国慶の上洛戦と京都支配」。
（23）東寺百合文書い函一一八号。岩福丸が国長の子であることは『天文日記』天文五年六月三日条、正能が国長に仕えていることは水無瀬神宮文書一三四号（『島本町史』史料篇）で確認できる。
（24）『鹿苑日録』天文六年一二月一六日条。諱は、『賀茂別雷神社文書』一七六号による。
なお、元房は天文一五年正月まで晴元に属していることが確実だが（『言継卿記』天文一五年正月一〇日条）、同年九月一三日に高国残党の細川氏綱に従う細川国慶が入京すると（本書第三部第四章「細川国慶の上洛戦と京都支配」）、翌一四日に京都で禁制を発給している（『賀茂別雷神社文書』一七六号）。以降、元房は氏綱方として行動することから、国慶の上洛を手引きしたのは元房であった可能性も考えられよう。翌年になると、氏綱方は晴元方に駆逐され始める。元房は芥川山城に籠城するも、五月五日から晴元勢の攻撃を受け、六月二五日に降伏している（「細川両家記」天文一六年条）。

以後の動向については、大徳寺に対し「御制札」の旨に任せて乱妨狼藉等を停止することを伝えた元房の書状に注目したい（『大徳寺文書』二四五一号）。それと同じ七月二八日付で、同文の文書を「三好右衛門大輔政生」も発給していることから、右の「御制札」とは晴元のものである（同上二四五〇号）。天野忠幸「三好一族の人名比定について」（前掲註(10)天野著書）によると、三好宗渭は、天文一九年閏五月まで「政勝」の諱を用いており、弘治二年（一五五六）八月までに「政生」へと改めている。他方、通称は天文二二年七月までは「右衛門大夫」を用いており、永禄元年（一五五八）五月までに「下野守」へと改めている（『言継卿記』天文二二年七月二九日条・永禄元年五月三日条）。また、署名する際は、天文一九年七月頃までは「右衛門大夫」を用いたが、それ以降は「右衛門大輔」を用いる傾向にある。以上の諸条件を踏まえると、「右衛門大輔政生」を用いた期間で晴元勢が七月に京都へ進駐したのは、天文二〇年か天文二二年のいずれかである（「厳助往年記」天文二〇年七月一四日条・『言継卿記』天文二二年七月二八日条）。すなわち、芥川山城で降伏したのち、元房は晴元方に復帰しているのである。この一例が、元房の確実な終見となる。

それからしばらく備後守系の薬師寺氏の足取りは途絶えるが、永禄五年の教興寺合戦にて畠山高政に与して敗北し、伊勢貞孝ら幕臣とともに京都へ退いた薬師寺弼長が突如として登場する（「大舘記（四）」〈『ビブリア』第八三号、一九八四年〉一〇三頁・『大徳寺文書』二一七七号〜二一八〇号）。彼は、「与一」「九郎左衛門尉」を通称とし、「長」の通字を継承しているので（土屋氏文書四五号〈『枚方市史』第六巻〉・『妙蓮寺文書』古文書一三号）、備後守系の人物で元房の後継者と考えられる。

(25) 今谷明「畿内近国における守護所の分立」（前掲註(1)今谷著書、初出一九八五年）。
(26) 早島大祐「応仁の乱後の京都市場と摂津国商人」（『立命館文学』第六〇五号、二〇〇八年）。
(27) 前掲註(1)横尾「摂津守護代家薬師寺氏の動向と性格」。
(28) 村井良介「戦国期の長洲荘支配における下代益富氏」（『地域史研究―尼崎市立地域研究史料館紀要―』第一一三号、二〇一三年）。
(29) 『政基公旅引付』文亀元年八月一八日条。
(30) 『九条家文書』二一二五号。
(31) 「後慈眼院殿雑筆」（『図書寮叢刊九条家歴世記録』三、二二頁）によると、斎藤元右は子供の頃から富小路俊通の世話になっており、信頼関係があったようである。
(32) 『大乗院寺社雑事記』文明一四年閏七月一二日条。「蓮成院記録」延徳二年九月条。
(33) 『言国卿記』文亀元年三月一九日条。
(34) 宝珠院文書六函一二号。古野貢「細川氏内衆の存在形態」（『地域史研究―尼崎市立地域研究史料館紀要―』第一一三号、二〇一三年）は、この史料を翻刻したうえで、当時の元長が在京を原則としていると解釈しているが、天皇の葬送警備という臨時的な業務に伴う在京とみるべきであろう。
(35) 『鹿苑日録』明応八年一二月二五日条・二七日条。
(36) 本書第一部第三章「細川高国の近習と内衆の再編」。
(37) 「蓮成院記録」延徳二年一二月条。
(38) 『蔭凉軒日録』延徳二年一二月二〇日条。
(39) 前掲註(1)横尾「細川氏内衆安富氏の動向と性格」。
(40) 本書第一部第二章「細川高国の近習とその構成」の註(65)。康正二年（一四五六）には「薬師寺安芸守」、長禄二年（一四五八）には「薬師安《(寺脱)》芸守」、寛正二年（一四六一）には「薬師寺安芸入道」の名がみえるように、薬師寺本家とは別に安芸守を通称とする人物は早くに確認できる（『北野社家日記』第八、三二頁・『大乗院寺社雑事記』長禄二年一一月一四日条・仁和寺文書三四号〈『兵庫県史』史料編中世九〉）。薬師寺元隆は、その後継者にあたると推測される。
(41) 「忠富王記」明応七年七月一日条。

(42)「忠富王記」明応五年正月一四日条・同一〇年正月五日条。
(43)「忠富王記」明応七年九月一二日条。『北野社家日記』長享三年二月二四日条・延徳元年一一月一二日条・同四年正月七日条・明応二年正月七日条でも、長盛の使者をつとめる秀友の姿を確認できる。同上明応元年一二月二七日条に「藤岡方ニ其請取在之哉」とみえるように、秀友は薬師寺家における文書管理もしているようである。
(44)「忠富王記」永正二年五月二六日条・六月一〇日条・七月四日条・八月一五日条。
(45)「忠富王記」文亀元年一二月一〇日条。「大友家文書録」六一四号（『大分県史料』三二）。
(46)「不問物語」文亀元年条。『宣胤卿記』文亀元年一二月二八日条。「東寺過去帳」No.八〇六によると、長盛は永正二年八月に没したようである。
(47)「御内書案」乾（『大日本史料』永正六年六月一七日条）。本書第一部第三章「細川高国の近習と内衆の再編」。
(48)宝珠院文書五函七二号（前掲註(34)古野論文）。
(49)拙稿「淀城と周辺の地域秩序」（『古文書研究』第八一号、二〇一六年）。
(50)「東寺過去帳」No.七四八。
(51)前掲註(28)村井論文。
(52)『北野社家日記』延徳元年一一月一二日条。
(53)能勢氏は「不問物語」永正四年八月一日条。富田氏は『北野社家日記』長享三年三月九日条・六月八日条・明応元年一〇月二五日条・『実隆公記』長享三年七月三日条・『蔭涼軒日録』延徳二年七月一三日条。狛氏は「不問物語」永正元年九月二〇日条。
(54)『東大寺文書』五〇六号。
(55)「大舘記（二）」（『ビブリア』第七九号、一九八二年）。斎藤宗基については、本書第一部第二章「細川高国の近習とその構成」。
(56)岡田保造「摂津国人三宅氏の動向」（『大阪成蹊女子短期大学研究紀要』第一四号、一九七七年）。長盛から郡代三宅宗村への指揮系統は、東寺百合文書わ函三一号でも確認できる。
(57)今谷明「摂津における細川氏の守護領国」（前掲註(1)今谷著書、初出一九七八年）。
(58)『蜷川家文書』二四二号。勝尾寺文書九四一号（『箕面市史』史料編二）の巻数賦日記には、「京分」として薬師寺元長と四宮氏が、「田舎分」として摂津国人に混じって原源左衛門の名がみえる。よって島上郡原が出自の地と考えられる。明応の政変に際して、勝尾寺文書一〇一四号で茨木への陣夫を催促している能重も彼であろう。

(59)『大徳寺文書』一三九〇号・一三九一号。

(60)『大乗院寺社雑事記』文明四年正月八日条。

(61)本書第一部第三章「細川高国の近習と内衆の再編」。

(62)『鹿苑日録』天文五年一〇月二三日条・同七年正月九日条。諱は、東寺百合文書そ函一五六号・つ函七―一〇号による。長信の立場については、本書第二部第三章「『堺公方』期の京都支配と柳本賢治」。

(63)『鹿苑日録』天文五年九月二四日条。

(64)『天文日記』天文五年一二月一八日条・二三日条。

(65)『鹿苑日録』天文八年一二月三〇日条。「親俊日記」同一一年三月六日条。

(66)「忠富王記」文亀三年正月七日条。

(67)『天文日記』天文一三年二月一二日条。

(68)随心院文書五八号（『長岡京市史』資料編二）。

(69)『天文日記』天文七年正月二二日条・二三日条・同八年二月一八日条・一九日条・七月一日条。

(70)『天文日記』天文八年一二月二四日条。

(71)『天文日記』天文九年一二月三日条。

(72)「不問物語」永正四年八月一日条。このうち筆頭の能勢孫二郎は、能勢家当主の頼則が若い頃に用いていた仮名を継承しているので嫡男と思われる（『東京大学史料編纂所研究成果報告二〇一〇―一　真如寺所蔵能勢家文書』一〇号～二〇号）。

(73)『二水記』享禄元年四月一八日条。諱は『壬生家文書』一一五号による。「賦引付」（『室町幕府引付史料集成』下巻一二一頁）によると、法名は道誉であった。なお、西川房親は薬師寺長忠にも仕えていたようである（『宣胤卿記』永正四年七月三日条）。

(74)『二水記』永正一六年三月二四日条。西川房任については、平山敏治郎「参議西川房任卿」（『日本常民文化紀要』第七輯、一九八一年）が詳しい。なお、平山氏も指摘するように、房親は四条家の侍としても勤仕しており、『元長卿記』永正一四年正月二七日条に「家（四条家）侍也、近年与力武家、猶兼本家云々」とみえるように、武家と両属する立場にあった。

(75)「宣胤卿記」永正一六年三月二四日条（京都大学総合博物館蔵写真帳）。なお宣胤は、房親を房任の子ではなく弟であるかのように記している。これについては、直前に記される連歌会の列席者のなかに「隆継《(油小路)》朝臣四条中将七十余歳」の名があることに注意したい。房任の実子で油小路家の嗣子となった隆継は、天文四年に八十八歳で没するが（『尊卑分脈』第二篇三七一頁）、房親はそののちも活動が確認できる（『言継卿記』天文六年正月八日条）。よって、房親を房任の弟とするには年齢的に無理がある。おそらく宣胤は、房任の子で隆継の弟と記そうとしたのではなかろうか。

(76)『天文日記』天文五年四月五日条。『言継卿記』同六年正月八日条。房親息の七郎左衛門と左京亮の兄弟も「薬師寺与力」で（『言継卿記』天文六年正月一五日条・同一四年正月三日条・二月一日条）、薬師寺元房に供奉している事例もみられる（『鹿苑日録』天文一二年正月一五日条）。

(77)「忠富王記」文亀元年九月三日条。

(78)「忠富王記」文亀元年七月二五日条。

(79)「忠富王記」文亀元年六月八日条・一三日条。

(80)「忠富王記」文亀三年四月二一日条。

(81)「忠富王記」永正二年九月二七日条。

(82)「忠富王記」永正二年五月二六日条・六月一〇日条・八月一五日条。

(83)前掲註(28)村井論文。

(84)『蔭凉軒日録』明応二年六月一八日条。

(85)本書第一部第一章「奉行人奉書にみる細川京兆家の政治姿勢」。

(86)『後法興院記』文明一九年六月六日条。

(87)興福院文書（東京大学史料編纂所影写本）。「不問物語」永正元年九月二〇日条。

(88)『北野社家日記』延徳四年六月二日条。東寺百合文書ノ函三四〇―二号。

(89)本書第一部第三章「細川高国の近習と内衆の再編」。

(90)『後法興院記』文亀三年八月二日条。『鹿苑日録』同日条。

(91)「東寺過去帳」No.六八五。

(92)『大乗院寺社雑事記』文明一四年一〇月一五日条。

(93)『大乗院寺社雑事記』文明一四年一二月七日条・一二日条。
(94)『後法興院記』永正元年閏三月一八日条・一九日条。
(95)『後法興院記』永正元年九月四日条。『宣胤卿記』同日条。「不問物語」永正元年条。
(96) 拙稿「神足家旧蔵文書の復元的考察」（『史敏』通巻一二号、二〇一四年）。
(97)『蔭凉軒日録』長享三年八月一四日条。「東寺過去帳」No.七四五。「犬追物手組日記」（『続群書類従』第二四輯上）。
(98)「賦引付」（『室町幕府引付史料集成』下巻二七頁）。「幻雲文集」（『続群書類従』第一三輯上三六三頁）にも、四宮家は「累世奉于細河者也」と記される。
(99)『西山地蔵院文書』四―一一号・四―一三号。妙心寺文書（『大日本史料』文明九年八月七日条）。
(100) 水無瀬神宮文書九四号。
(101)『北野社家日記』延徳四年六月二日条。妙心寺文書（『大日本史料』文明九年八月七日条）。
(102)『西山地蔵院文書』四―一七号。『実隆公記』文亀二年六月二四日条によると、屋敷は芝薬師近辺にあった。
(103) 米原正義「細川被官人の文芸」（『国史学』第一〇四号、一九七八年）。文亀三年五月二九日まで長能の犬追物参加が確認できるが、同年一一月一二日の犬追物では息子の一能に交代している（『後鑑』同日条）。
(104) 前掲註(103)米原論文。その場には、斎藤元右が同席することも多かった。彼が、日根荘の問題に薬師寺家を引き込んだのも、親密な関係にあったためであろう。
(105)「東寺過去帳」No.七四一～No.七五五。
(106)『後法興院記』永正元年一〇月二日条。
(107) 本書第一部第三章「細川高国の近習と内衆の再編」。
(108)『宣胤卿記』永正元年九月一一日条。元一挙兵直前の『政基公旅引付』同月二日条に「御屋形様《畠山尚順》御出陣」とあり、事前に根回ししていたことがわかる。元一の乱は大和でも連動しており、『大乗院寺社雑事記』同月一〇日条にみえるように、今市城での籠城が始まる。
(109) 前掲註(96)拙稿。
(110)『実隆公記』永正九年四月一九日条。
(111) 随心院文書五五号。額田宗朝の子「額田某」が宗朝の画像を作成しているので（「見桃録」〈『大正新修大蔵経』第八一巻四三一頁〉)、彼が越後守で、宗朝とともに戦死した能工の弟にあたると考えられる。

(112)『鹿苑日録』天文五年一〇月二日条・同年一一月表紙・同六年正月一一日条・一二月一六日条・同一一年一二月二三日条・二四日条。

(113) 本書第一部第三章「細川高国の近習と内衆の再編」。

(114)『蔭凉軒日録』延徳四年六月三日条。「東寺過去帳」No.九二〇。

(115) 村井良介『戦国大名論』(講談社、二〇一五年)一〇三頁〜一一六頁。

(116) 本書第二部第三章「『堺公方』期の京都支配と柳本賢治」。

(117)『言継卿記』天文一九年一一月八日条。

(118) 本書第三部第四章「細川国慶の上洛戦と京都支配」。

第二部　澄元・晴元派の興隆

第一章　細川澄元陣営の再編と上洛戦

はじめに

細川京兆家の政元に養子として迎えられた澄元は、代々阿波守護をつとめていた細川讃州家を出自とする。父義春を早くに亡くしていた澄元は、政元の養子となるまで、祖父で讃州家当主の細川成之に養育されていた。そのため澄元は、永正五年（一五〇八）に細川高国によって京都を追われた後も、讃州家の基盤を背景として度々再起を図っている。

このように、畿内だけでなく四国の政治史においても重要な位置を占めるため、澄元の名は研究史上でも頻繁に目にする。その一つとして、讃州家の歴代当主の事績を検討した若松和三郎氏の研究が挙げられよう(1)。また、京兆家と有力内衆および讃州家の関係をみるなかで、澄元が養子となる過程に着目した末柄豊氏の研究もある(2)。最近では、讃州家の動向を論じた山下知之氏の研究や(3)、阿波における三好家の動向を論じた天野忠幸氏の研究でも触れられている(4)。

ただし、いずれにおいても澄元の存在は断片的に取り上げられているに過ぎないため、彼の動きが主体的に扱われたことは一切といってよいほどない。わずかに天野氏が、「京兆家当主（候補）の澄元は、阿波守護家の細川成之と一体化して、阿波国人への軍勢催促・知行宛行権を持ち、三好之長を通じて執行していた」と評価している程度である。天野氏の見解は山下氏も肯定的に受け取っているが、見方を変えれば澄元が讃州家の権限を侵害していることにもなるので、相互の関係はもう少し慎重に評価する必要があると思われる。

澄元が疎略に扱われてきたのは、京兆家当主として在京した期間が、ごくわずかであることにもよるのだろう。なぜなら、在国中の澄元の動向を明らかにするには、必然的に史料的制約を受けることとなるからである。この場合、筆者がこれまで実践してきたように、発給文書を花押によって編年化する作業が有効といえる(5)。

また、在京期間が短く、かつ幾度か試みた上洛戦も悉く失敗したため、澄元の動向を捨象しても京都を中心とする政治史は描きうるというのが、大方の見方だと考えられる。しかし、澄元にしてみれば、陣容が整い勝機を見出したからこそ上洛戦に踏み切ったわけであり、そのような情勢は高国にとっても相当な危機であったに違いない。最終的に澄元の志は息子の晴元に受け継がれ、高国の討伐と京都の奪還を達成したという点に鑑みても、そこに至るまでの上洛戦の経過や狙い、あるいは陣容の変遷などを段階的に把握する意義は少なからずあるはずである。

以上のような問題関心から、本章ではまず第一節で、澄元の花押をもとに発給文書の編年作業を行う。そして第二節では、澄元と讃州家の関係をあらゆる側面から、できる限り丁寧に捉え直したい。かかる基礎作業を踏まえたうえで、第三節では澄元による上洛戦の具体的な様相を明らかにする。なお、在国中の澄元の動向は、公家の日記にはあまり反映されないため、「瓦林正頼記」やそれをベースに加筆した「不問物語」、あるいは「細川両家記」などの軍記物が重要な手がかりとなる。上記の軍記物を引用する際は、［瓦］［不］［細］と略記し、発給文書と対比しながら、澄元の動向を時系列で把握できるよう心掛ける。

一　澄元花押の編年

1　第一次上洛戦の失敗まで

細川澄元の花押は大きく分けて三種類が知られているが[6]、使用された時期については検討されたことがない。

出　　　典
保阪潤治氏所蔵文書（『戦三』26）
『賀茂別雷神社文書』374号
『賀茂別雷神社文書』82号
疋田家本離宮八幡宮文書28号（『大山崎町史』史料編）
岡本文書１号（『兵庫県史』史料編中世３・『戦三』11）
「細川家譜」のうち「自家便覧」12
「細川家譜」のうち「自家便覧」12
「細川家譜」のうち「自家便覧」12
「細川家譜」のうち「自家便覧」12
「細川家譜」のうち「自家便覧」12
「細川家譜」のうち「自家便覧」12
大友書翰19-1号（『大分県史料』26）
離宮八幡宮文書196号（『大山崎町史』史料編）
『賀茂別雷神社文書』371号
離宮八幡宮文書199号（『大山崎町史』史料編）
「知新集」（『新修広島市史』６，222頁）
離宮八幡宮文書191号（『大山崎町史』史料編）
末吉文書７号（『兵庫県史』史料編中世９）
緒方家文書７号（『武蔵野大学教養教育リサーチセンター紀要』第３号）
離宮八幡宮文書197号（『大山崎町史』史料編・『戦三』23）
離宮八幡宮文書198号（『大山崎町史』史料編・『戦三』24）
離宮八幡宮文書178号（『大山崎町史』史料編・『戦三』12）
赤松（春日部）文書13号（『兵庫県史』史料編中世９）
離宮八幡宮文書179号（『大山崎町史』史料編・『戦三』13）
「古証文」（東京大学史料編纂所謄写本）
白峯寺文書（『香川県史』２，672頁）
末吉文書６号（『兵庫県史』史料編中世９）
小林凱之氏所蔵文書
秋山家文書29号（『香川県史』８）
秋山家文書28号（『香川県史』８）
「知新集」（『新修広島市史』６，222頁）
末吉文書８号（『兵庫県史』史料編中世９）
見性寺文書（『阿波国徴古雑抄』198頁）
長府毛利文書（東京大学史料編纂所影写本）
喜多文書（『戦三』22）
離宮八幡宮文書200号（『大山崎町史』史料編）
片山家文書58号（『和知町誌』史料集１）
「古今消息集」（東京大学史料編纂所謄写本）

表12　細川澄元発給文書

番号	年　月　日	差出・花押	宛　　所	猶～可申候
1	(永正4).6.28	澄元1A	芥河豊後守	三好筑前守(之長)
2	(永正4).7.10	澄元1A	賀茂氏人中	玄蕃頭(細川元治)
3	(永正4).7.19	澄元1A	賀茂氏人中	―
4	永正4.8.6	澄元	大山崎	―
5	(永正4).11.5	澄元1A	岡本九郎左衛門尉	三好筑前守(之長)
6	(永正5).1.19	澄元	大友五郎	勝光寺
7	(永正5).1.19	澄元	大友備前守	勝光寺
8	(永正5).1.20	澄元	大友五郎	―
9	(永正5).1.20	澄元	大友備前守	―
10	(永正5).1.26	澄元	大友五郎	―
11	(永正5).2.24	澄元	大友五郎	―
12	(永正5).2.24	澄元1A	大友備前守	―
13	(永正5).4.8	澄元1A	山崎地下中	―
14	(永正5).4.17	澄元1A	賀茂社家中	赤沢新兵衛尉(長経)
15	(永正5).5.20	澄元1B	大山崎諸侍中	光勝院(周適)
16	(永正5).8.10	澄元	三宅出羽守／宿久若狭守／瓦林九郎左衛門／原田豊前入道／福井三郎／池田太松丸／芥河豊後入道	与利弥三郎
17	(永正5).11.2	澄元1B	山崎上下保	野田
18	(永正5).11.16	澄元1B	瓦林出雲守	―
19	(永正6).4.27	澄元1C	藤林与一	―
20	(永正6).5.10	澄元1C	山崎摠衆中	三好筑前守(之長)
21	(永正6).5.13	澄元1C	山崎惣庄中	三好筑前守(之長)
22	(永正6).6.14	澄元1C	山崎惣衆中	三好筑前守(之長)
23	(永正6).6.16	すみ元1C	ひら福の御中	―
24	(永正6).6.27	澄元1C	山崎諸侍中	三好筑前守(之長)
25	(永正7～8).8.5	澄元2影	十河五郎	本庄兵衛尉
26	(永正6～8).10.10	澄元2	洞林院	箕踞軒
27	(永正8).4.20	澄元2	摂津国々人中	本庄小次郎
28	(永正8).5.9	澄元2	椿井	山城守
29	(永正8).6.12	澄元	秋山源太郎	―
30	(永正8).7.24	澄元2	秋山源太郎	―
31	(永正8).8.5	澄元	中川原八郎左衛門尉	白井
32	(永正8).12.14	澄元2	瓦林新五郎	―
33	(永正9).1.23	澄元2影	海部孫六郎	本庄小次郎
34	(永正9).3.16	澄元3	毛利少輔太郎	完戸安芸守(元源)
35	(永正9～14).4.19	澄元3	伊屋衆中	三好筑前守(之長)
36	(永正16).9.8	澄元3	太山崎惣中	一宮左近将監
37	(永正16).9.16	澄元3	片山助二郎	須智左馬允(長隆)
38	(永正16).9.21	澄元3影	野田弾正忠入道	野田源四郎

そこで本節では、それぞれの花押について、初見と終見を確認し、使用期間を可能な限り明らかとする。その作業の結果は、表12に示した通りである。以下、この表から史料を引用する場合は、［1］のように記す。

澄元発給文書の確実な初見は、次の史料となる。

【史料1】［1］

去廿四日合戦忠節無比類候、仍高屋城各無為取退候由其聞候、事実候者尤可然候、就其方之儀申談、近日可出張候、然者国衆被申合忠節候者弥為本意候、猶三好筑前守（之長）可申候、

謹言、

（永正四年）六月廿八日　　澄元（花押1A）

芥河豊後守とのへ

出典
離宮八幡宮文書192号（『大山崎町史』史料編・『戦三』14）
片山家文書62号（『和知町誌』史料集１）
『新修八坂神社文書』中世篇193号
上野家文書（『丹波』第14号）
『後法成寺関白記』永正17年２月20日条
多田神社文書375号（『兵庫県史』史料編中世１）
『談山神社文書』21号

委員会・徳島新聞社，2007年）208頁に写真が掲載されている。
646号・647号（『大分県史料』31）と同一文書。なお，10には「大内太郎」宛ての

九条政基の息子で細川政元の養子となっていた澄之は、澄元が新たに政元の養子となることで次期家督の立場を失ってしまう。そのため、永正四年（一五〇七）六月に政元と澄元の殺害を謀った。【史料1】にみえる六月二四日の合戦とは、澄元が澄之勢に自邸を襲われた日と合致する。[7]［16］などの事例にみえるように、宛所の芥川豊後守が永正五年には入道していることからも、【史料1】は永正四年に特定できる。このとき澄元は、三好之長とともに近江甲賀へ逃れたが、河内高屋城に在城していた澄元勢もそれに伴い退出したようである。[8]

花押1は、時期によって微妙に変化を遂げる。最初の明確な変化は、左側へと水平に伸びる横棒中程に打たれた点が、横棒の付け根に移動するこ

番号	年　月　日	差出・花押	宛　　　所	猶～可申候
39	(永正16).11.19	澄元3	大山崎惣中	三好筑前守(之長)
40	(永正16).12.18	澄元	片山助次郎	—
41	(永正17).1.23	澄元3	—	赤沢新次郎
42	(永正17).2.11	澄元3	上野彦三郎	佐々江八郎左衛門尉
43	(永正17).2.17	澄元	畠山式部少輔	荻野左衛門大夫
44	(永正17ヵ).3.2	澄元3	多田院	—
45	(永正17).3.28	澄□	多武峯□	赤沢□(新)次郎

註1）　1の保阪潤治氏所蔵文書は，現在徳島県立博物館が所蔵している。なお，『徳島の文化財』(徳島県教育

註2）　6～11の「細川家譜」は熊本県立美術館が所蔵している。うち，7・9・10は，「大友家文書録」645号・同文が存在するとの注記がある。

註3）　28の小林凱之氏所蔵文書は，現在京都府立山城郷土資料館に寄託されている。

註4）　差出欄を網掛けしたのは案文，それ以外は正文。

花押1A［13］

花押1B［15］

花押1B晩期［17］

花押1C［20］

花押2［28］

花押3［36］

図4　細川澄元の花押

とにある。そこで、この変化が起こる前のものを花押1A、変化後を花押1Bと呼ぶことにする。花押1Aの終見は永正五年四月一七日付の［14］で、花押1Bの初見は同年五月二〇日付の［15］である。澄元は、高国の協力を得て、永正四年八月に澄之を討ち京都に帰還したものの、翌年三月に高国は澄元のもとを離れてしまう(9)。そして、高国が軍勢を率いて迫ってくると、澄元はやむなく四月九日に京都を退去する(10)。したがって、花押の微妙な変化は、京都から没落したときの心情が反映している可能性もある。

また花押1A・1Bともに、右下の楕円は横長で斜めに傾いた形状をとっているが、永正五年一一月付の［17・18］では真円に近くなる。そして、翌年四月二七日付の［19］や五月一〇日付の［20］では、縦長に垂れた形状となっている。それとともに、左に伸びる横棒の左端書き始め部分に墨がしっかり付くようになる。このように落ち着いた形状となった永正六年段階のものを花押1Cとする。

京都没落後の澄元の動向は、正確には捉えがたかったが、右のように花押を編年化することによって、いくばくか明らかとなる。その一つが、永正六年六月の如意ヶ嶽合戦で終結する上洛戦である。従来、澄元の上洛戦に関わる文書は、永正八年八月の船岡山合戦敗北で終結する上洛戦と、永正一七年五月の等持院合戦敗北で終結する上洛戦のいずれかに比定される傾向にあり、永正六年に比定されることはなかった(11)。ところが、表12に示したように、如意ヶ嶽進出の準備過程に伴う文書が新たに確認できるのである。本章では、右の三度にわたる上洛戦をそれぞれ第一次～第三次上洛戦と呼び、その詳細は第三節で改めて論じる。

之長が永正六年六月一七日の如意ヶ嶽合戦に敗れたのち、澄元はいったん甲賀に退く［瓦］。そして、閏八月一五日に近江を発し、淡路を経て阿波へ下国する(12)。よって次の書状は、甲賀から送ったものと推察される。

【史料2】［24］

今度無別心相働由神妙候、弥各申合忠節肝要候也、猶三好筑前守可申候、謹言、

六月廿七日（永正六年）　　　　澄元（花押1C）

　　山崎諸侍中

花押1の所見は、これを最後とする。

2　第二次上洛戦の失敗まで

花押2を使用する明確な始期はわからない。しかし、花押1Cがこののち四国で一切確認できないことから、おそらく永正六年（一五〇九）のうちには花押2に変えたのではないかと考えられる。その点を検証するために、まず四国に下向した澄元が、どのような状況に置かれていたのかみておく。

【史料3】〔27〕

就今度進発儀、可上洛旨、慈雲院殿（細川成之）江及再往申処、只今事者、先可延引候、来八月中必定可有合力之由候、此時者、一途候歟、然上者各此趣可相談事、肝要候、其間儀者早々此方可罷越候、対一家衆、此分申候、猶本庄小次郎可申候、謹言、

卯月廿日（永正八年）　　　　澄元（花押2）

　　摂津国々人中

第二次上洛戦を早く実行に移したい澄元は、祖父で阿波守護の細川成之に度々協力を求めたが、成之は時期尚早だと嗜めたという。このように、澄元は阿波国人と一体となって出陣することを望んでいたが、澄元自身に動員する権限はなく、阿波守護としての成之に制止されていた。はじめにも述べたように、天野忠幸氏は澄元が阿波守護の細川成之と一体化して阿波国人への軍勢催促権を持っていたとするが、もう少し正確を期する必要があるだろう。

永正九年の初めには、次項でみるように花押3に改変するので、花押2の発給文書は四国下向から概ね永正八年までの間に年次を絞ることができる。そのうち永正八年の第二次上洛戦に関わるものを除くと、第一次上洛戦との戦間期に含まれる可能性のある〔25・26〕の二通の文書が浮かび上がる。二通のうち〔25〕は、一揆蜂起の報に接し鎮圧に馳走した十河五郎への感状で、〔26〕は、澄元に従う旨を起請文にて誓った白峯寺に対し、所帯を安堵したものである。このように、いずれも讃岐の国人や寺院が対象となっている。

【史料3】でみたように、当該期の阿波守護職は成之が掌握しているため、澄元は再起に向けて、京兆家分国である隣国讃岐の支配に専念していたとみられる。この時期の澄元の動きはほとんど知られていなかったが、京都を離れたことによって、京兆家当主としての実権すべてを失ったわけではないことが新たに指摘できよう。見方を変えれば、隣国阿波から澄元が影響力を及ぼしているため、京都にいる高国は讃岐に深入りできなかったとさえいえるのである。

永正八年の第二次上洛戦は、京都への進出に一時は成功するものの、同年八月二四日の船岡山合戦で大敗し、またしても失敗に終わる。しかも、その直後の九月には、澄元を後見してきた成之が没する。次に掲げる史料は、それからしばらくして発給されたもので、花押2の終見事例と考えられる。

【史料4】〔33〕(13)

九郎殿《（細川之持）》儀、言語道断、無是非次第候、一身落申候、各心中令察候、此砌可然様意見頼入候、次当家再興事、年寄中被相談候者可然候、本庄小次郎可申候、謹言、

正月廿三日《（永正九年）》　　澄元（花押2影）

海部孫六郎とのへ

澄元が阿波国人の海部氏に宛てて、「九郎殿」の死を悼んだものである。若松和三郎氏は、文中の「九郎殿」

を永正四年八月に没した細川澄之と解し、この史料を永正五年に比定しているが、敵対する澄之の死を悼むことや、半年近くを経て弔意を阿波国人に伝える意図が理解しがたい。しかも、前項で分析したように、永正五年正月はまだ花押1の使用時期にあたるので、花押2を用いる【史料4】は、それ以降のものに違いない。

『尊卑分脈』によると、澄元の兄は「之持九郎 永正九正廿一卒」とされており、仮名は九郎で永正九年正月二一日に没したこととなっている(14)。よって、その二日後に発給された【史料4】の「九郎殿」は、之持に比定するのが妥当かと思われる。時差からして、澄元はこの時期、阿波に在国していたとみて間違いあるまい。

3　第三次上洛戦の失敗まで

永正五年（一五〇八）に大内義興は、足利義稙を擁して上洛し、高国とともに義稙を将軍に推戴する。岸田裕之氏が指摘するように、このとき以来、大内義興に率いられて上洛していた安芸・石見の国人たちの間には、長期にわたる在京を倦厭する雰囲気が漂っていた(15)。そのため、永正八年七月の和泉・摂津における序盤戦で澄元方が勝利すると、芸石衆は欠落を始める。もちろん、義興に従って畿内に残る者も少なくなく、結果として高国と義興の連合軍は、八月の船岡山合戦で勝利し京都を奪還する。しかし、その後も芸石衆の欠落は後を絶たなかった。

このような状況で行動が分裂してしまったため、永正九年三月三日付で毛利興元ら安芸国人九名は連署して契状を作成し、改めて結束を固める(16)。著名なそれの第一条には、「雖従　上意被仰出之儀候、又雖自諸大名蒙仰之儀候、為一人不可致才覚候、此衆中相談、可有御事請候」とあって、上級権力からの要求に対して、万事結束してことにあたることが約されている。岸田氏は、このような条文を作成した前提として、将軍家ならびに大内義興に対してとった分裂行動によって相互に不信感が生じていたことや、安芸国内における武田氏と大内氏の抗争で分裂行動をとってしまうと互いに不利益となってしまうことを想定している。筆者もそれに対して異論はないが、安芸国人が持っていたもう一つの大きな危機感を背景に想定してもよいかと思われる。

【史料5】［34］

芸石之衆被引切、京都下国之由候、尤以可然候、先日如申候、自最前御入魂上者、各致相談、中国之儀急度
被廻計策者一段被対　公私可為忠儀候、偏頼入候、猶宍戸安芸守(元源)可申候、恐々謹言、
(永正九年)三月十六日　澄元（花押3）
毛利少輔太郎(興元)殿

このように、安芸に下向した興元と澄元は水面下で交渉を持っていた。「先日如申候」とあるように、契状を作成した頃にはすでに連絡を取り合っていたに違いない。【史料5】の文中で、宍戸元源が取次をしているように、他の有力な安芸国人も同様であろう。つまり、契状の第一条は、単に将軍家や大内氏との対応だけを想定しているのではなく、幕府と京兆家が二分したそれまでと質の異なる戦争を乗り切っていくための対応も想定して、規定されたと考えられるのである。毛利興元と澄元の関係は、のちに毛利元就と晴元の関係に踏襲され、それに対抗して高国残党と尼子氏が結ぶようになることから[17]、広域連合が形成される契機としても無視することはできない。以上のように、船岡山合戦敗北から再起を図るなかで発給された【史料5】が、花押3の初見事例となる。

【史料6】［42］

今度引退敵陳(陣)之由候、尤神妙候、此砌抽忠節者可有恩賞候、猶佐々江八郎左衛門尉可申候也、謹言、
(永正一七年)二月十一日　澄元（花押3）
上野彦三郎とのへ

第三次上洛戦の過程で丹波国人に対して発給されたもので、年代が確実かつ花押が確認できるもののなかでは、

花押3の終見である。この年の五月に第三次上洛戦に失敗すると、澄元は六月に没する。

本節の結論は表12に示した通りだが、発給文書を編年化することで改めて気付かされるのは、第一次上洛戦の後に讃岐で地盤を固め、そして第二次上洛戦の後に安芸国人との連携を結ぶなど、敗戦のたびに立て直しを図っていることである。しかも、その立て直しにあたる時期と花押の改変時期が重なることから、再起を期してその都度花押を改めたことが推察される。

二　澄元と讃州家の関係

1　讃州家の系譜

本項では、澄元と讃州家の系譜上の関係を整理しておきたい。

若松和三郎氏が、永正九年（一五一二）の【史料4】にて死没が確認できる「九郎殿」を之持と解釈しなかったのは、之持の没年を天文二年（一五三三）と考えているからである。細川之持の没日については、『尊卑分脈』の永正九年一月二一日説と「柏木系図」の天文二年二月二三日とする説が存在し、『史料綜覧』は後者を採用し、若松氏も後者の説について史料的な裏付けを図っている。若松氏の研究が、讃州家の系譜に関する唯一の専論ということもあって、天文二年説は現在定説化しつつある(18)。そのため、まずは若松氏が挙げた天文二年説の根拠について検討しておく。

若松氏が天文二年説を支持する理由は、之持に比定される讃岐守の活動が、享禄四年（一五三一）と翌五年に認められることにある。その一つは、「細川両家記」享禄四年三月二五日条の「讃州政之《ママ》境へ御着也、その勢八千余騎と申也」という記事で、ここでの讃州家当主は政之ではなく、正しくは之持であるとする。たしかに政之は、長享二年（一四八八）に没した成之の嫡子なので明らかな誤りではあるが、これを之持に比定する確証があるわけでもない。また、「続応仁後記」の「晴元ノ伯父細川讃岐守之持ハ未一度モ上方ヘハ不登シテ、下ノ屋形ト仰カレ四国ノ政事ヲ執行テイツモ讃州ニ居ラレシヲ（中略）三月二五日細川讃岐守之持荒手ノ四国勢八千人ヲ引率シ堺ノ津ヘ着陣」という同じ一件の記事も根拠として提示しているが、[19]「八千」という四国勢の人数の一致からもわかるように、この史料は「細川両家記」に潤色を加えたものである。その史料的性格は、阿波守護の讃州家を讃岐居住としてしまう安直な誤謬からも読み取ることができよう。なお、「続応仁後記」の続きには、「細川右馬頭澄賢・香川中務丞ヲ大将ニテ筑島ニ陣ヲ取ル」とあり、「芥川中務丞」を「香川中務丞」とする「細川両家記」の誤記もそのまま踏襲している。[20]

もちろん軍記物だけでなく、天文元年に「讃州・彦九郎」が堺に滞在していることを示す同時代史料も事例として挙げている。[21]若松氏は、これを讃岐守之持と彦九郎持隆の父子両名が並んでいると解釈し、之持がまだ健在である証左とするが、当時の用例を踏まえるならば、「細川讃州家の彦九郎」という意味で、彦九郎一人と解釈することも可能である。[22]さらには、享禄五年一一月二一日付「細川讃岐守」宛ての足利義晴感状を之持宛てと解釈して引用しているが、[23]文面が不審で、享禄五年七月に天文へと改元していることからも、明らかな偽文書である。以上のように、之持が天文二年まで生存していた確証は何一つない。

そもそも「柏木系図」は、之持のことを「澄元之弟」とする初歩的な誤りをしていることからも疑わしい史料である。では、『尊卑分脈』の信憑性についてはどうだろうか。『尊卑分脈』には「之持九郎永正九正廿一卒」とあるのみで、成長して名乗るであろう官途名もなく、早くして没した様子を窺わせており、この点も【史料4】と符合する。また「東寺過去帳」にも、「細川九郎殿」「永正八(九)　讃州子息」とあって、[24]之持は讃岐守の受領名を名乗ることなく没したことが裏付けられる。

続けて、之持を周辺の系譜に位置付けなおしておく。之持・澄元兄弟の父義春は、成之の次男で、文明一五年（一四八三）に備中守護家細川勝久の養子となっていた(25)。ところが、長享二年に義春の兄政之が没したため、義春は備中の守護職を保持したまま成之の後継者となる。さらに義春も明応三年（一四九四）に没した。このとき、義春の遺児である之持と澄元はまだ九歳と六歳であった。

若松氏をはじめとして、従来は之持を阿波守護である讃州家の後継者とみるのが一般的である。しかし、永正八年七月に「澄元ノ舎兄備中ノ守護細川九郎（之持）ハ播州赤松二郎（義村）カ為ニハ姉聟也」［瓦］とみえるように、之持は父義春の備中守護職を継承することとなる。成之は、自身が健在な限りひとまず阿波守護職は安泰なので、年長の之持をいち早く備中守護職に就けたいと考えていたのではなかろうか。『尊卑分脉』にも示されるように、備中守護家の歴代当主が用いた九郎の仮名を之持が継承していることからも、その点は裏付けられよう。このように之持は、讃岐守の受領名を名乗っていないだけでなく、そもそも讃州家を継承する立場にもなかったという可能性が高い。

そして、澄元の仮名が成之と同じ六郎であることを踏まえると、成之は澄元に讃州家を継承させるつもりであったと考えられる(26)。もちろん、文亀三年（一五〇三）に澄元が京兆家の養子となることが決まると状況は変わるし、さらに高国が京都で実権を握ると、阿波に在国していた之持は備中に影響を及ぼせなくなるので(27)、その頃には之持に讃州家を継承させて、阿波守護を委ねようと考えていた可能性もある。しかし、若松氏も指摘するように、之持が阿波守護としてふるまった徴証は一切確認できない。さらに成之と之持がほぼ時を同じくして没してしまうため、成之がいかなる将来構想を持っていたのか、わからないまま讃州家は途絶することとなる。

仮に通説のごとく、之持に阿波守護としての讃州家の継承を認めたとしても、それは成之が没した永正八年九月から之持が没する同九年正月までの極めて時限的なものということになる。それについては、之持が没したときに澄元が、「当家再興事、年寄中被相談候者可然候」と【史料4】で述べていることが参考となる。澄元がいう「当家」とは、京兆家もしくは讃州家であり、備中守護家を指すはずがない。また、第二次上洛戦失敗の直後だが、京兆家の再興を他者に委ねるような言い回しはおかしい。よって、ここでの「当家」とは讃州家ということになるので、成之没後は之持が讃州家を継承していたか、あるいはその予定であったと考えられる。

さらに、讃州家の再興にあたって、年寄中が互いに相談するようにと述べている点にも注意したい。ここから、宛所となっている阿波の有力国人である海部氏は、この段階での年寄中の筆頭にあたると考えられる。後述のように、本来ならば讃州家宿老の筆頭格にあたる東条氏・一宮氏・飯尾氏は、政元の養子となるにあたって澄元に添えられた。阿波では、次席にあたる海部氏がそれに代わって年寄中の代表となっていたようである。よって、【史料4】の宛所は海部氏とされるも、実際は当主不在の讃州家に宛てられたものということになる。そのため、海部家ではなく、守護所の見性寺に残されたのであろう。

そして重要なのは、之持の死没が二〇年早まったことによって浮上した、讃州家の断絶という新たな事実である。すなわち、第二次上洛戦に失敗した直後の澄元の眼前にあった課題は、畿内への再起ではなく、空白となった讃州家をいかに立て直すかということだったのである。永正一六年には第三次上洛戦に乗り出すので、それまでにこの課題は一応の解決をみたと考えられる。その点について、さらに検討を進めておく。

之持の跡は、先述のように若年期は彦九郎を名乗り、のちに歴代の讃州家当主に倣って讃岐守に改称する持隆が継承した。若松氏をはじめ、一般に持隆は之持の嫡子と考えられているが、それを示すのは後世に作成された系譜のみで、『尊卑分脈』では之持に子が記されていない。

その点で着目したいのは、「細川両家記」享禄五年三月三日条の「御舎弟讃州を以申分られけれ共、晴元御心得ゆかず」という記事である。ここまでの検討を踏まえると、右の「讃州」は持隆に他ならない。ところが、先述のように「細川両家記」は、持隆の諱を「政之」と誤解していることもあってか、持隆を晴元の弟とする考え方はこれまで一切認められてこなかった。

　そこで、併せて目を向けたいのは、享禄四年の奥書を持つ「細川高国晴元争闘記」のなかの「六郎君（細川晴元）高弟讃州府君（同持隆）、齢僅十五六、眉宇秀発、友愛之情、汎眉睫間、擁万騎、救兄於危難間」という記事である(28)。晴元の危難を持隆が救った右の一件は、まさに享禄四年の出来事であることから、ここには同時代の認識が示されている。つまり、持隆は之持の子ではなく、澄元の子と当時から認識されていたことになる。このとき持隆は十五、六歳だったというので、永正一三、四年の生まれとなることから、永正九年に没した之持の子とは考えられない。一方で、澄元の子であり、永正一一年生まれの晴元の弟だとすると、年齢的には符合する。

　以上の検討を踏まえると、図5のように讃州家の系譜は描き直すことができる。永正九年に近親を悉く失い、また子息もいなかった澄元にとっての課題は、京兆家と讃州家それぞれの後継者を確保することであった。おそらく、後継に見通しが立ったことも、永正一六年の第三次上洛戦に踏み切った要因の一つであろう。

2　澄元の守護職

　澄元と成之の守護職、換言すると讃岐と阿波の守護職は、これまで一体のものとして扱われる傾向にあった。しかし前節でみたように、第一次上洛戦と第二次上洛戦の戦間期は、澄元が京兆家分国である讃岐の支配を、そして成之が阿波の支配を分担しているように見受けられた。そこで本項では、奉行人奉書などの守護職に基づい

図5　細川讃州家略系図

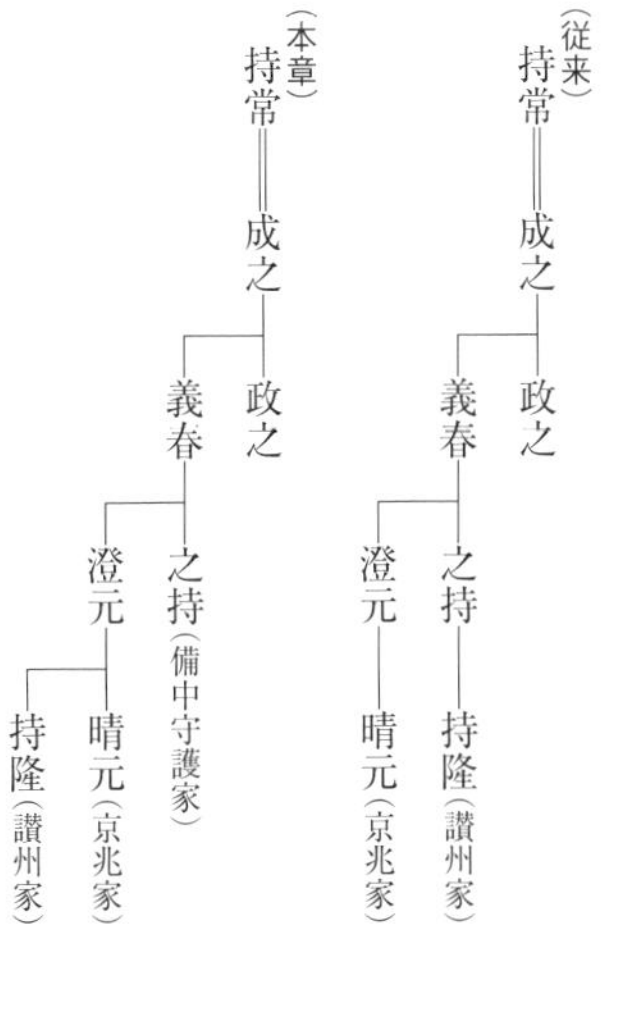

て発給した文書から、両者の関係を相対的に捉え直してみたい。

まずは、養父政元に代わって、澄元が京兆家分国の支配を担い始める時期について検討する。その点については、永正三年（一五〇六）九月二四日付の幕府奉行人奉書にて、「六郎殿代（細川澄元）」を宛所としていることが一つの目安となる[29]。そこでは、石清水八幡宮領の摂津木代荘朝川寺に住持として仙室が居住していたところ、霊文書記なる人物が押し入ってきたので、その違乱を退けるよう命じられている。このように、遅くとも永正三年九月には、幕府も京兆家分国である摂津の守護職は澄元に譲られたものとして扱っている。

【史料7】[30]

池田遠江守（正盛）殿御宿所

八幡宮領摂州木代庄（能勢郡）内朝川寺事、従先師仙室東堂譲被渡候処、彼霊文書記依申掠、六郎殿（細川澄元）被成御下地了（知）、雖然訴訟半之事候間、年貢等為名主百性中可拘置之由、堅被仰付候由、可被畏入候、恐々謹言、

十月十二日（永正三年）　　三好筑前守
之長

幕府奉行人奉書をうけて澄元も下知を下したようである。ところが霊文書記側から異論が出てきて相論となった。そこで澄元の内衆である三好之長は、ひとまず訴訟中は年貢を仙室・霊文書記のいずれにも納めず、地下に拘留しておくようにという澄元の命を伝達している。宛所の池田正盛は池田氏の有力庶流で、文明一八年（一四八六）に池田正種が木代荘の代官をつとめているので、その代官職を継承した人物とみられる[31]。

問題は、三好之長がいかなる立場で右の命を伝達したのかということである。【史料7】の文中にある澄元の下知は、おそらく京兆家奉行人奉書で下されたであろうから、之長はそれを遵行する守護代に相当する立場と想定される。ところが、九月二四日付の幕府奉行人奉書は、守護の澄元代に宛てたもの以外にも、この相論に関与

した善法寺雑掌・細川元治・蔭凉軒と地下、そして守護代の薬師寺長忠に宛てた計六通が作成されている[32]。このように歴とした守護代がいるにも拘わらず、之長はそれと並ぶ守護代的立場で【史料7】を発給したのである[33]。

【史料8】[34]

香川（元綱）中務丞方知行讃岐国西方元（本）山同本領之事、可被渡申候、恐々謹言、

永正参
十月十二日　　　之長

三好越前守殿
篠原右京進殿

そのまま素直に読むと、香川元綱に対して知行が与えられたかのように読めるが、同日付の【史料7】と【史料8】が一括で写されたものであることを踏まえると、本山荘に所領を持つ石清水八幡宮を受益者とみるべきかと思われる。応永七年（一四〇〇）にも「石清水八幡宮領讃岐国本山庄公文職」について、「早退豊嶋三郎左衛門入道知行」と細川満元が命じていることから[35]、ここでは「香川中務丞方知行」となっている所領を、石清水八幡宮に渡すという澄元の意思が伝えられていると理解される。

天野忠幸氏は、【史料8】の宛所両名を之長に登用された者と捉えたうえで、之長は澄元や成之の意を奉ずることなく、讃岐西部に進出していたと評価している。しかし、【史料7】の解釈を踏まえると、【史料8】も之長の私的な書状とは考えがたい。となると、やはり守護代相当の立場から遵行したものと理解したほうがよかろう。よって、宛所の両名は、之長の私的な配下というよりは、旧領主と新領主の間にたって知行の受け渡しをする、郡代クラスの公的な立場にあると考えられる。讃岐西部への進出という評価は否定しないが、阿波出身者が京兆家内衆の顔をすることで讃岐支配に介入し始めたというほうが、より正確なのである。このように、讃岐の守護職も澄元に譲られ、守護代香川満景の存在を無視する形で、之長はあたかも守護代かのような振舞いを始めてい

た。当然これは、守護代勢力と之長ら阿波勢力の対立を惹起することとなる(36)。

そして、右の事例からいえることは、京都没落後の澄元や阿波国人たちが、突如として讃岐の支配を始めたわけではないということである。高国勢の介入を退け、四国における優位性を保ち得たのは、阿波と讃岐が隣国であることもさりながら、支配の正当性を一定程度有していたことにも要因があるのだろう。

次に、奉行人奉書に目を向けてみる。表13には、永正三年から澄元が没するまでの澄元奉行人奉書と讃州家奉行人奉書、あるいはいずれかの可能性が含まれるものをすべて掲げておいた。以下、ここから史料を引用する際は、［a］のように記す。

［a］から［m］にみえる発給者の之連について、今谷明氏はのちに澄元・晴元の奉行人として活動が確認できる飯尾元運と同一人物である可能性を指摘しているが(37)、署名と花押は異なっている。山下知之氏が指摘するように、之連はもともと讃州家奉行人で、この当時は澄元に属していたと考えられる。山下氏は、文正二年（一四六七）の事例から、之連に次郎左衛門尉の通称を宛てているが、永正年間には讃州家奉行人家の先例に倣って因幡守と改めている。そのことは、永正四年八月に之連が、醍醐十保山上山下の代官職に補任された際の補任状と請文から判明する(38)。活動の場が京郊となっているので、之連が澄元に従い在京していたことも読み取ることができよう。

之連の京都周辺における活動は、澄元が上洛した直後から確認できるようになる。すなわち、赤沢朝経の大和入国にあたって、細川政元の書状とともに興福寺・東大寺に送られた禁制の［a］が初見である。ここから、澄元が家督を継承したのは、永正三年七月まで遡りうる可能性も浮上する。ただし、京都に進軍してきた他国の守護がしばしば禁制を発給するように、禁制は軍事的な必要性に基づき発給するもので、守護職に基づいて発給するものとは限らない。したがって、［a］は、讃州家奉行人として発給した可能性も残される。

表13　永正３年以降の澄元および讃州家奉行人奉書

符号	年 月 日	差　出	宛　所	地域	出　典
a	永正３.７.24	因幡守三善朝臣（飯尾之連）	興福寺幷境内奈良中	大和	『多聞院日記』永正３年７月24日条
b	永正３.８.６	（飯尾）秀兼	当所名主百姓中	丹波	土佐家文書
c	永正３.10.28	（清）貞昭	土佐形（刑）部大輔	丹波	土佐家文書
d	永正３.12.５	—	勧学院	摂津	宝珠院文書
e	永正３.12.５	—	乹長老	摂津	宝珠院文書
f	永正４.４.12	（清）貞昭	名主百姓中	丹波	土佐家文書
g	永正４.８.12	（飯尾）之連	□□氏人御中	山城	鳥居大路文書（『早稲田大学所蔵荻野研究室収集文書』上巻50頁）
h	永正４.９.１	（清）貞昭	竹内新御門主雑掌	摂津・丹波ヵ	大徳寺黄梅院文書
i	永正４.９.８	（飯尾）之連	高雄尾崎坊	丹波	山科家古文書（『高尾山神護寺文書集成』474号）
j	永正４.９.８	（飯尾）之連	当所名主百姓中	丹波	田中慶太郎氏所蔵文書（『高尾山神護寺文書集成』475号）
k	永正４.９.19	—	名主百姓中	摂津	宝珠院文書４函33号
l	永正４.11.18	（清）貞昭	当所名主百姓中	丹波	土佐家文書
m	永正５.２.23	（飯尾）之連	祖山阿佐	阿波	阿佐文書（『戦三』参考３）
n	永正７.５.28	（飯尾）元運	香川五郎次郎	讃岐	「諫徴記附録」所収文書（『香川県史』８）
o	永正８.２.９	（飯尾）元運	竹田又六	山城	東寺百合文書り函110号
p	永正８.10.13	（飯尾）元運	秋山源太郎	讃岐	秋山家文書30号（『香川県史』８）
q	永正８.10.13	（飯尾）元運	当所名主百姓中	讃岐	秋山家文書31号（『香川県史』８）

一方、澄之によって永正四年六月に京都を追われた澄元が、同年八月に京都へ帰還すると、［g］から［j］にみられるように、之連は通常の奉書を京兆家分国に発給し始める。戦後の混乱期にあるためか、この時期には正統な京兆家奉行人が清貞昭しかみられない。また、「宝幢院領敵方被官知行分」の所務を認めた［g］のように、戦後処理のなかで消化すべき案件は数多くある。そのような人手不足という事情から、之連は京兆家奉行人奉書を発給するようになったと考えられる。

そしてこれがまた、新たな混乱を生むのである。この時期、澄元の側近取次で奉書発給を司っていた高畠長信に対し、安易に奉書を発給しないよう細川高国が依頼しているのである(39)。高国がそこで危惧しているのは、古くからの京兆家内衆の知行が侵害されることであった。後述のように、澄元側近によるほしいままの振舞いに愛想を尽かした京兆家内衆は、悉く高国方につくが、讃州家奉行人が京兆家奉行人奉書を発給するという事態からも、澄元と高国の反目の原因は読み取れるだろう。

もちろん、澄元側もその危機を回避する努力はしていたとみえて、之連による京兆家奉行人奉書の発給は［j］を最後としており(40)、永正五年二月には讃州家分国である阿波で［m］を発給するという通常業務に戻っている。一連の動きから、京兆家と讃州家はもとより一体化していないため、讃州家奉行人が京兆家奉行人奉書を発給する事態は許されなかったことがみてとれる。

その後、澄元の京都没落を挟んで、永正七年の［n］で飯尾元運の活動が初めて確認される。元運は、次郎左衛門尉の通称を受け継いでいることから(41)、之連の後継者である可能性は高いが、阿波での奉書発給は一切認められない。したがって、当初から京兆家奉行人として活動を始めたと考えられる。

之連の場合と異なり、澄元が自前の奉行人を用意したということは、讃州家からの一定の自立も意味しているといえよう。そしてその射程は、単に讃岐支配だけに留まるものではなかった。山城の西岡国人である竹田氏に対して、新恩を給与するとともに軍勢の動員を求めた［ｏ］のように、上洛戦において畿内で独自の活動を進めるための準備でもあったのである。このように奉行人体制の面からも、第一次上洛戦と第二次上洛戦の戦間期に、再起を図って準備を進めていた様子が看取できる。結果的に澄元段階の奉書発給は数が限られるが、よく知られるように、元運は晴元奉行人として畿内で大量の奉書を発給する存在となる。

以上のように整理すると、永正四年の戦後処理を除くと、少なくとも成之が存命していた永正八年までは、澄元の守護職と成之の守護職は比較的厳密に区分されていた様子が浮かび上がってくる。

3　内衆の共有

澄元が政元の養子として上洛するにあたって、讃州家の内衆がいくばくか添えられた。本項では、その構成がどのようなものであったのかみておく。

永正四年（一五〇七）六月二四日に細川澄之勢が強襲した際、澄元邸を守ったのは、「家子天竺孫三郎、家僕ニハ東條修理亮・一宮十郎次郎、京衆ニハ大和彦三郎元行・波々伯部源二郎・若槻又太郎・波々伯部五郎左衛門尉（中略）三好筑前守以下討残サレタル馬廻」［瓦］らであった。「家子」は細川一族、「京衆」は在京する幕府奉公衆大和氏のほか政元の内衆である。残るは、讃州家の「家僕」である東条修理亮と一宮十郎次郎、そして澄元の「馬廻」である三好之長といった面々になる。それに加えて「佐々木小三郎・奈良修理亮ヲ始トシテ澄元ノ馬廻ノ衆」もいた(42)。「馬廻」のうち、三好氏はいうまでもなく阿波の出身である。一方、佐々木氏と奈良氏は政元から澄元に付けられた近習で、澄元が高国と対立すると、澄元から離れている(43)。

記された順から、細川一族に次ぐ立場にあると思われる東条氏と一宮氏は、「被管（官）宿老衆、東條・一宮・飯尾等」とみえるように(44)、讃州家の宿老衆を出自とする。なお、永正四年の合戦時には姿がみえないが、飯尾之連も澄元とともに在京していたことは前項でみた通りである。つまり、讃州家の宿老衆は、澄元のもとに勢揃いしていたこととなる。彼らは、応仁・文明の乱頃までは在京していたことから、感覚としては本来の姿に戻っただけで、澄元のもとで活動はしているが、京兆家被官という自覚はなかったと思われる。それは、飯尾之連の奉行人としての活動からも見受けられよう。

宿老衆のうち東条氏は、応仁・文明の乱の頃までは「三河国守護代東條近江守国氏」とみえるように(45)、讃州家の守護分国である三河の守護代をつとめていた。しかし、文明八年（一四七六）頃に「参川儀以外也、東條近江守斬腹之注進在之、□□讃州(細川成之)可押寄一色左京大夫(義直)館之儀必定了、東條修理亮雖一身可罷向云々」とあって(46)、東条近江守が一色義直によって切腹に追い込まれたため、細川成之の軍勢が一色邸に押し寄せそうになるという問題が生じる。ここで注目したいのは、たとえ一人でも一色邸に赴くと主張している近江守の後継者と思しき修理亮である。すなわち、澄元段階の宿老と通称が一致するのである。右の修理亮は、文明九年に「三川国守護代東條没落」とあって(47)、以後三河守護代としては確認できないが、延徳三年（一四九一）にも「東条近江守」の名はみえるので、東条家の当主は、父親が没すると修理亮から近江守のような受領名へと改称する習いだったようである(48)。

【史料9】〔5〕

去六月廿四日合戦、東条摂津守打死候、忠節無比類候、然間息鶴法師召上、一段可褒美候へ共、幼少事候間、先不能其儀候、国中所々知行分事、無相違被仰付、別而被懸御目給申沙汰可悦入候、此由能々可有披露候、
尚三好筑前守可申候、謹言、

(永正四年)十一月五日　　澄元（花押1A）

岡本九郎左衛門尉とのへ

六月二四日の合戦とは、いうまでもなく澄元邸における合戦のことである。ここから、澄元のもとにいた東条修理亮は、没した頃には正しくは【史料9】にみえるように東条摂津守へ改称していたと考えられる。【史料9】は、東条家の忠節を褒めたいが、摂津守の嫡子である鶴法師が幼少なので直接呼び出すことはしばらく俟っとして、ひとまず知行の安堵を伝えたものである。鶴法師が幼少なので、東条家を代表する人物として、岡本氏に宛てられたのであろう。

天野氏は、【史料9】をもとにして、澄元が阿波国人に対する阿波国内の知行安堵や恩賞給与を行ったとするが、そのような越権行為をここから読み取ることができるだろうか。ここで澄元が与えようとしている「褒美」が知行や恩賞ならば、幼少であろうとも与えられるはずなので、具体的には面会して褒めることを意味するのであろう。「国中所々知行分事」を相違なく仰せ付けたのは、「被」が付いているように成之である。このような申沙汰を成之にしてもらったので喜ぶようにと岡本氏へ伝えるとともに、その旨を鶴法師にも披露するよう澄元は述べているに過ぎない。

さて、東条家と岡本家の関係は次の史料からも推測できる。

【史料10】〔35〕

去十六日至一宮進発候処、各味方馳来候、仍東条修理亮・岡本九郎左衛門尉・河村安芸守、城へ加相申候由候間、陣寄之処退散候、其方へ定落行候、討捕於忠節者其跡職事為恩賞可申付候、猶三好筑前守可申候、謹言、

卯月十九日　　澄元（花押3）

伊屋《（祖谷）》衆中

花押3なので、永正九年以降のものである。ここまでの事例を踏まえると、東条修理亮は鶴法師の成長した姿

であろう。留意したいのは、それと並記して岡本氏と河村氏の名がみえていることである。河村氏は、「讃州父子赴阿州、先陣三吉・後陣河村」とみえるように[49]、阿波国人のなかでも三好家と並ぶ有力な家なので、並記される東条・岡本・河村の三家は、讃州家の被官と考えられる。京兆家における守護代配下の上層は、京兆家被官から寄子として預けられた者が多数を占めることから[50]、その点は讃州家においても同様なのであろう。すなわち岡本氏は讃州家被官で、東条家に預けられた寄子と考えておきたい。

【史料10】によると、澄元が宿老の一宮氏を討伐しようと一宮城へ向けて進発したところ、城攻めに東条氏以下も味方するという話を聞いたので、近くまで進軍しただけで一宮氏は退散してしまったという。あるいは、東条氏以下が一宮城に加勢として入ったので陣寄せしたところ、東条氏以下は城を退出して逃げ延びたとも読めなくはない。しかし、東条氏や河村氏が、澄元方の主力として第三次上洛戦に参戦しているので、前者の解釈のほうがよいかと思われる。

宿老が反乱を起こしていることから、阿波の支配体制が根本から揺らいでいることを読み取ることができる。東条氏以下も、結果的には澄元に協力したが、【史料10】からは、彼らが傍観もしくは協力してくれると一宮氏が考えていたことも想像できる。このように、讃州家の断絶は、阿波に混乱をもたらした。

ところが一転して永正一四年になると、三好之長と寒川氏ら「阿州之国衆・讃州之国衆、二ヶ国之衆」が、淡路に進攻して淡路守護の細川尚春を堺へ追っている[51]。阿波の混乱を鎮めたからこそ、国外への進出が果たせたと考えられるので、【史料10】は永正九年から永正一四年までの頃のものと想定できる。

注意したいのは、【史料10】で初めて、澄元による阿波への積極的介入が確認できることである。永正九年に之持が没したときでさえ、【史料4】で「当家再興事、年寄中被相談候者可然候」と述べているように、讃州家の再興について自身は介入することなく、年寄中に委ねる姿勢を示していた。天野氏が指摘するような澄元と讃州家の一体化という状況は、内衆の共有という面では頷けるが、讃州家からの一方的な介入であって、その逆のベクトルは本来存在しなかったのである。しかし、【史料10】でみるように讃州家当主不在のなか阿波国内が混乱に陥ったため、澄元も積極的に阿波の支配に関わるようになっていく。

4　「意見者」としての僧

本項では、ここまでみてきたような京兆家と讃州家の棲み分け、そして讃州家断絶に伴う京兆家による阿波支配への介入という関係が、澄元の息子である晴元の段階にどのように展開したのか、見通しだけ述べておきたい。その素材として着目するのは、京兆家当主を補佐する僧である。

別途指摘したように、澄元を補佐する光勝院周適の立場は、可竹軒周聡が受け継ぎ、澄元の跡を継いだ幼き晴元の意思を大きく左右する[52]。このように僧が重きをなすことは、従来の京兆家ではみられないので、出自となる讃州家との関係で注目する価値はあるかと思われる。

永正四年（一五〇七）八月に澄之を倒して澄元が再び入京すると、臨川寺は近衛尚通を介して、「六郎（細川澄元）辺事」について万事を光勝院周適に頼んでいる[53]。同時に尚通ら朝廷側は、半済賦課の停止を幕府・京兆家に求めていたが、その過程でも周適に対して便宜を依頼しており、それに対して周適は勅使をもって要求するのがよかろうと回答している[54]。このように、澄元方における周適の存在は極めて大きいものであった。その後、周適の畿内における活動は、永正五年五月に発給された澄元書状［15］の副状を最後として、しばらくみられなくなる[55]。澄元とともに没落したのであろう。

光勝院は讃州家の祖にあたる細川頼春の菩提寺で、「光勝院と申寺、又新乗院と申寺ハ、御屋形様（讃州家）御一家又ハ家老衆にてなく候へハ住寺に成不申候」といわれる[56]。やや時代が下ってからの記録ではあるものの、これが正しければ、澄元の補佐をしているのは、讃州家の一族であった可能性が高い。

ただし、周適個人は三好氏とも近い存在であった。なぜなら、大永六年（一五二六）五月の三好之長画像賛を記した「光勝老衲雲臥周適」、天文二年（一五三三）四月に三好元長画像賛を記した「光勝比丘雲臥周適」として名がみえるからである[57]。この二例から、周適は永正五年に京都を離れた後も、なお健在であったことが判明する。

畿内における周適の活動が改めて確認できるようになるのは、享禄四年（一五三一）である。大永七年の桂川合戦以来、晴元方優勢で事は進むが、享禄四年には高国方の挽回が始まる。三好元長は、晴元とその取り巻きに対する不満から、享禄二年八月に阿波へ下国していたが、晴元は高国方との決戦のため、元長の畿内復帰を要請する。それに応じて、元長だけでなく晴元の弟持隆など阿波勢も軍勢を率いて堺に上陸してくる［細］。その頃、近衛尚通が持隆とやりとりをする際は、近くにいる周適を通じて交渉している[58]。以上のような関係から、晴元・元長・持隆の三者を取り持ったのは周適とみてよいのではなかろうか。

ところが、享禄五年三月に晴元と元長の仲が再び険悪となる。持隆は、両者を和解させるため晴元に元長の忠節を説いたが、聞き入れなかったため義絶し、阿波へと下向してしまう[59]。この持隆の行動の背景にも、周適の存在があったに違いない。以後、六月に晴元は元長を自刃に追い込むが、翌天文二年二月に今度は自らも一向一揆に襲われ、一旦淡路へと退く［細］。

このように窮地に追い込まれた晴元を救ったのも、周適であったと思われる。天文二年四月に摂津へと再上陸を果たした晴元には、持隆と周適だけでなく、父元長を失ったばかりの三好長慶も同行しているからである[60]。ここでは「讃州《(細川持隆)》意見者光勝院」とみえるように、周適は持隆の「意見者」と認識されており、その立場から晴元と持隆・長慶の間を改めて結びつけたと推測されるのである。

以上の点から、周適は澄元の没後、持隆の「意見者」となり、京兆家の「意見者」の立場は可竹軒周聡が継承して、晴元を後見したと考えられる。このように周適と同じ立場にあったことを踏まえて、周聡の出自も検討しておきたい。

可竹軒の死亡記事については、一向一揆が晴元を襲った際に、「細川六郎（晴元）始而、三吉神五郎（政長）・可竹軒（周聡）・木澤（長政）大略不残討死」とみえる。[61] ただし、実際には晴元・政長・長政は以後も生存しているため誤伝である。「細川六郎元澄を退給ひ《ノチハハルモトニニンス》、三吉甚五郎（政長）・木沢（長政）等をおつはらい（追払）、細川紀伊守可竹軒打死」とあるのが正確といえよう。[62] 上に晴元方の有力者としてみえる「細川紀伊守」は、ここ以外では確認できない名前である。晴元の初名とされる「元澄」を示すなど、改名の情報を丁寧に記すという史料の性格からも、可竹軒が入道する前の名前としてここに並記したのではなかろうか。つまり、可竹軒も讃州家の一族である可能性が高い。澄元が周適に対して敬語を用いるのと同様に、晴元が周聡に敬語を用いたことも、これで説明がつく。[63]

以上のように、十代の頃の澄元と晴元は、讃州家一族の僧が後見していたと考えられる。繰り返しになるが、この関係にある以上、澄元が阿波守護としての権限を行使したとは考えがたい。晴元も、阿波勢を直接動員することはできず、持隆・周適・元長の阿波守護の指揮系統に依存せざるを得なかった。晴元と持隆は、兄弟の間柄にあるとはいっても、厳密な権限の区分が存在していたのである。永正九年の讃州家断絶後に、澄元は阿波の支配に関与するようになったが、それは一時的なことであったといえよう。

このようにみると、京兆家と讃州家という異なる二つの家に両属している三好家こそが、当該権力の最も特異な点ということになる。阿波への下向を繰り返した三好家の動向に鑑みると、周適とも関係を持ちながら、状況に応じて京兆家内衆と讃州家内衆の顔を使い分けうる独自の立場を築いていたといえる。ここに、三好家成長の要因を見出すことができるのではなかろうか。

三　上洛戦の展開と軍事編成の変化

1　京都没落時

本節では、第一節で得た表12などをもとに、澄元による上洛戦の展開を時系列でみていく。その際、第二節でみた京兆家と讃州家の関係性およびその時期的な変化を踏まえながら、軍事編成の変容に着目したい。従来は、その点がほとんど意識されてこなかったため、上洛戦の過程は単に澄元滅亡への道程と捉えられてきたが、軍事編成を段階的に把握することで、晴元権力形成の前提という見方もできるのではないかと考えられる。

永正四年（一五〇七）六月に京都を追われた澄元は、早くも翌七月には「近日令進発」という意思を［2］で賀茂社に伝え、［3］で社領を安堵している。このときは細川元治・元全親子が副状の発給を担った[64]。また、細川高国の協力を得て澄之を討ち、八月一日に入京を果たすと、大山崎に対して［4］の禁制を発給している。永正五年初めに、大内義興が足利義稙を擁して上洛する動きが確かになってくると、豊後の大友氏に後背を突いて牽制するように命じた義澄御内書の副状［10・11・12］も発給している。

それからまもなくして、高国は澄元から離反する。そのとき、京兆家の主立った内衆は高国に靡いた。その理由は、「皆強澄元ニハ雖不飽申、或三好筑前守《(之長)》、或高畠与三《(長信)》・忠阿ミ《(弥)》ナント申テ従阿州付申タル面々、余緩怠至極ニテ存外無礼ナルニソ各退屈セラレケルナルヘシ」［不］というものであった。ここで三好之長と並ぶ高畠長信は、阿波出身で澄元の側近取次である[65]。忠阿弥の出自はよくわからないが[66]、「従阿州付申タル面々」であることには違いない。京兆家内衆の多くは、澄元の近くに仕える阿波出身者のほしいままの振舞いに、愛想を尽かしたのである。

その後、高国は味方につけた京兆家内衆を率いて京都に迫ってくる。すると澄元は、四月八日に［13］を大山崎に送り、「牢人等就出張」忠節を尽くすよう命じている。しかし、翌九日に澄元は再び京都を離れることとなる。京都を退去した澄元は、近江甲賀に向かった。甲賀が選ばれたのは、永正四年の退去時にも世話になった山中為俊がいるためである［瓦・細］。退去する澄元には、「三好筑前守以下馬廻衆ハ井上孫次郎、、・須知源太・穂積八郎・増位父子・赤澤弥大（太）郎・上原神四郎・波々伯部（元継）又五郎等」［不］が従った。以下では、馬廻衆と呼ばれる澄元近習の構成について、その出自等を整理しておきたい。

このうち波々伯部元継は、丹波出身の近習で、のちに晴元の側近取次に抜擢されている[67]。須智源太も、末柄豊氏の研究によって、丹波出身で政元の近習であったことが知られている。政元が奥州下向にあたって「御供ノ人々ニハ波々伯部源次郎・柳本又次郎・須知源太・横河彦五郎・井上又四郎・登阿弥、此五六人計」を命じているので[68]、井上孫次郎もここにみえる又四郎の後継者かもしれない。穂積氏は、事例は遡るが、元徳二年（一三三〇）に仮名を同じくする「摂津国中條牧内穂積八郎忠尚跡」がみられることから[69]、摂津国人であろう。

上原神四郎は、神氏一族を意味する「神」が仮名に含まれることから、丹波守護代にまで登りつめた上原元秀の一族と考えられる[70]。赤沢弥太郎は、永正四年一一月に丹波国分寺地頭職分の年貢諸公事を拘え置いておくよう光勝院周適らに命じられており[71]、丹波支配への関与が確認できる。後述のように赤沢長経の子ではないかと考えられる。増位氏は、幕府官僚である摂津家の家臣を出自としているが、政元の被官には増位右京亮や長塩元親の与力となっている増位範孝がいるので、「増位父子」はいずれかに該当すると思われる[72]。

高国と澄元が反目すると、多くの内衆は高国方に付いたが、本項でみたように澄元方に付いた内衆も少なくなかった。澄元陣営は必ずしも阿波出身者だけでなく、畿内出身者も含まれていたのである。上洛戦にあたって、彼らの働きは無視できないものとなる。

2　第一次上洛戦

永正五年（一五〇八）四月に京都を離れた直後には、賀茂社に対して、「京都調法近日候」という意思を［14］にて伝えている。さらに五月に入ると、大山崎の侍中に対し、「対民部少輔《細川高国》、就手遣儀各申合」わせるように［15］で伝えている。

澄元が京都から没落したのち、最初に軍事行動に出たのは、摂津国人の池田貞正であった。永正五年五月には、池田城で高国勢を迎え撃つが、貞正は戦没してしまう［瓦・細］。さらに同年七月には、澄元配下の赤沢長経が大和に進攻しているが、生け捕られて八月には処刑される(73)。おそらくその報をうけて、澄元自身は無事であることを［16］で摂津国人に知らせている。そして、なおも大山崎に向けて出張の意思を［17］で伝えている。

芥川豊後守も、摂津国人のなかでは一際澄元への忠義に篤く、【史料1】にもみえるように、澄元が澄之に襲われたときにもすぐに味方となっている。彼には実子がなく、摂津下郡守護代である薬師寺長盛の末子彦太郎信方を養子としていた。長盛の長男与一元一は、長盛の兄で摂津上郡守護代をつとめる薬師寺元長の養子となっており、次男の与次長忠が長盛の後継者に、そして三男の与三は又三郎と名を改め寺町通隆の養子となっていた。このうち、元一と又三郎は、永正元年に澄元の擁立を目論んで細川政元に対して反乱を起こす［不］。その点からも、豊後守と養子の信方は、澄元に近い立場であったことが推察されよう。

摂津の芥川氏で注意したいのは、応仁の乱を境に姿を一旦消すということである(74)。より厳密には、享徳二年（一四五三）や文正元年（一四六六）に名のみえる芥川豊後守が没したとみえ、応仁二年（一四六八）には幼少と思われる芥川宮一に代替わりし、以後姿を消すのである(75)。澄元の登場と同時に俄に表舞台に復帰することから、澄元あるいはその周辺の之長あたりに目を掛けられて取り立てられたのであろう。

そのため、澄元が京都から没落すると、親澄元派として知られていた芥川氏は立つ瀬がなくなり、豊後守は高国との面会を避けていた。そうしたところ、仲介者の手引きによって、信方と舎弟の左衛門尉は五月二〇日頃に堺で高国との面会を果たすが、そこで二人は誘殺された[76]。なお、豊後守は［16］にて生存が確認できるが、のちに四国へ逃れようとした際に、船が難破して死去したと伝わっている［不］。

豊後守に子がなく、信方が長盛の末子なので、舎弟の左衛門尉とは信方の妹の夫を意味すると思われる。信方とともに茨木氏も殺害されているので[77]、左衛門尉は摂津国人の茨木氏であろう。第一次上洛戦がいよいよ迫ってくると、永正五年一一月に澄元は［18］で、在所の摂津灘を退去した瓦林出雲守の忠節を褒め[78]、近日出張するので、芥川氏と相談して山崎まで進軍するよう命じている。このように、名前は不詳ながら、澄元方摂津国人の頭目として芥川氏は存続していた[79]。一連の事例からは、親澄元の摂津国人が少なくなかったことも窺えよう。

翌年五月、京都では、「今日（五月一一日）牢人出張之事、世上巷説以外也」というように[80]、五月一一日に澄元が出張するという噂が飛び交っていた。しかし、続きに「但無殊事」とあるように、実際にはこの日、京都に進攻してくることはなく、近江の甲賀から東海道沿いの岩根（滋賀県湖南市）に進出していたようである。

五月一一日を出陣日とするのはスローガンのごとく喧伝されていたようで、［19］では京都南郊の藤林氏に対し「来月（五月）十一日出張必定候」[81]、［20］では大山崎にも「明日十一出陣必定」と通達している。しかし、澄元自身の進軍は遅々としており、五月一三日には［21］にて、「酒戸（人）」（滋賀県甲賀市水口町酒人）に着いたことを伝えている。ここは岩根よりも東で、山中氏の本拠地である宇田に隣接する。そして一ヶ月を経た六月一四日付の［22］で、ようやく「来十六日渡海」と琵琶湖を渡る旨を予告している。実際六月一六日には、「入夜牢人等已越湖水」という風聞が京都に伝わっている[82]。

そして翌一七日、澄元勢は如意ヶ嶽に陣取る。軍勢の大将は三好之長であることが知られるが、その数は「三千余騎」とあまり多くはないので、おそらく澄元とともに京都を退去した者たちが中心となっているのであろう。のちの［o］に、「於甲賀、野田源次郎申以筋目」とみえるように、西岡国人の竹田氏は、甲賀潜伏期に同じく西岡国人の野田氏が提示した条件に従って従軍している。よって、野田氏を寄親とする西岡国人も従軍していたようである。

結局、これだけの準備を重ねながらも、如意ヶ嶽に入ったその日に高国方の攻撃を受け、澄元勢は即日退去した。ではなぜ、出陣の日を早くから公言して、結果、高国方に迎撃の準備をする余裕を与えたのであろうか。それは、［18］で摂津国人に対して、山城との国境にあたる「山崎口」への進軍を命じていたように、援軍と示し合わせて挟撃することを狙っていたからだと思われる。摂津から山崎に赴くには、さほど時間を要さないので、おそらく阿波勢の出陣を想定していたに違いない。そのため、五月一一日まで出陣を待ち、その後も一月をかけてゆっくりと進軍したのである。しかし、如意ヶ嶽に着陣しても、挟撃する軍勢は現れる様子もなかったため、籠城することに意味がなくなり、本格的な戦闘を避けて退城せざるを得なかったのであろう。

興味深いのは、琵琶湖を渡海した六月一六日という繁忙を極めたと思しき日の澄元が、「ひら《（平）》福の御中」という女性からの手紙に、［23］の返書を送っていることである。[83] その内容は、「かすか《（春日部）》への事、うけ給候（中略）こもと、あまりにとりみたし候ほとに、のほり候て申候」というもので、赤松一族の春日部家に関する要求について、多忙なので上洛後に改めて返事することを伝えている。澄元に赤松家からの要求を伝える人物として想定できる女性は、兄之持の妻である。前にも引用したように、「細川九郎《（之持）》ハ播州赤松二郎《（義村）》カ為ニハ姉聟」なので、之持の妻は赤松家当主である義村の姉ということになる。義村は赤松七条家の出身であることから、之持の妻は同家の影響下にあった播磨平福（兵庫県佐用町）を出身地とするのではないかと推察される。

澄元は、彼女を介して赤松氏の援軍も期待していたに違いない。なぜなら、［23］が赤松春日部家に伝わっているからである。(84) 分家の春日部家に対する見返りは先送りにしたが、おそらく義村に対する見返りは、別の書状で伝えられたと思われる。ただ、この段階で褒賞の交渉をしても、もはや手遅れであった。

では、阿波勢はなぜ出陣しなかったのであろうか。それは、永正五年二月の［m］にみえる「国窓劇」の直後であったためと考えられる。永正五年の京都での政争と連動して、細川成之のほか讃岐の寒川氏、そして阿波の篠原氏・海部氏などが中心となって、阿波・讃岐でも合戦が起こっていた。(85) 対立の構図ははっきりしないが、始まった時期からして、先述のように京兆家の立場で讃岐支配に介入してきた阿波勢と、それをよく思わない讃岐勢の対立と思われる。香西・安富・香川など讃岐勢の多くが澄之を支援していたので、澄之の死はその対立の火に油を注ぐこととなったはずである。のちに澄元と高国が対立すると、高国が裏で讃岐勢を支援した可能性も考えられよう。つまり、讃岐勢に留守を襲われる危険があるため、阿波勢は畿内に出陣することができなかったのである。第一次上洛戦失敗の背景は、このように想定できる。

3　第二次上洛戦

永正八年（一五一一）七月に本格的に始まる第二次上洛戦は、吉野の畠山義英から派遣された遊佐印叟と、四国から上陸してきた細川典厩家の細川政賢、和泉上守護家の細川元常を大将に、そして山中為俊を脇大将として実行に移された。それに「先年澄元ニ付シ馬廻」も加わっていた。まずは七月一三日の堺近郊における緒戦にて、高国方を破っている［瓦・細］。［32］によると、ここには摂津国人の瓦林氏も参戦している。

一方、七月二六日からは、淡路守護家の細川尚春が摂津鷹尾城を攻めており、そこに澄元と姻戚関係のあった播磨の赤松勢も合流する。そして八月一〇日に鷹尾城を攻め落とすと、続けて伊丹城への攻撃を開始する。それを見計らって、遊佐印叟・細川政賢・細川元常らは京都へ進軍した。そこに、兼ねてから連絡を取り合っていた足利義澄の奉公衆も近江から合流する［瓦・細］。

先述のように、上洛戦が始まる前の永正八年二月には、すでに奉行人奉書を発給して西岡国人の取り込みが始まっていた。その調略の手は南山城にも及んでいる。

【史料11】［28］(86)

今度之一揆無比類働之段、感悦候、弥可被励忠戦候、猶山城守可申候、恐々謹言、

（永正八年）五月九日　　澄元（花押2）

椿井殿

相楽郡の椿井氏に宛てたものである。さらに、丹波荻野氏のもとへは、尚春を通じて、高畠長信が派遣されている。(87)このような根回しもあって、京都へ進軍する澄元勢には、三宅出羽守・入江九郎兵衛尉など摂津国人も合流した［瓦］。摂津芥川氏の一族である中川原氏のもとには、このときの感状である［31］が伝わっている。

高国勢は、攻撃を避けて丹波に退いていたため、澄元勢は難なく入京することができた。そこへ、高国勢が再び京都へ進出してきて衝突する。いわゆる八月二四日の船岡山合戦である。このとき、澄元勢の大将クラスである政賢・印叟、そして脇大将の為俊も戦死する。また、「澄元ノ馬廻ニハ井上孫次郎・与利四郎兵衛尉・保積八郎等」［瓦］が討死した。

赤沢孫次郎と荻野弥十郎は、生け捕りにされて自刃した。このうち孫次郎は、赤沢長経の子で、同時に与力の籾井氏も没している。(88)澄元とともに四国に下向した段階では、赤沢家の当主は弥太郎であったので、孫次郎はその弟と考えられる。また、荻野弥十郎は、高畠長信が呼び出してきた丹波の荻野氏であろう。荻野弥十郎は、もともとは永正四年五月段階で赤沢朝経の与力となっていることから［不］、赤沢家とはそれ以来の付き合いとみられる。そのほか、入江九郎兵衛尉の一族と考えられる入江十郎も戦没している。(89)

澄元側近の高畠長信を除くと、今回もまた、阿波勢が一切動いていないことに注意したい。澄元自身は、永正七年のうちに第二次上洛戦を開始したいと考えていたが、手筈がなかなか調わず、ひとまず先に阿波に退いていた細川政賢と細川元常が、永正八年三月一六日に淡路へ渡っている[90]。その翌月の【史料3】で澄元は、「可上洛旨、慈雲院殿《細川成之》江及再往申処、只今事者、先可延引候、来八月中必定可有合力之由候」と述べていた。澄元も、政賢・元常に遅れをとることなく、いち早く上洛したいと考えていたが、成之にとっては三年前の「国忩劇」の記憶も新しく、阿波勢を上洛させるのは時期尚早と考えていたようである。八月中には成之も合力するだろうと言いながら、結果澄元は、六月中に出陣する覚悟であることを近江の義澄方へ伝えているところをみると[91]、成之の協力は見込めないと判断し、畿内勢だけでの上洛戦に踏み切ることとしたようである。あるいは、実際に上洛戦を始めると、阿波勢出陣の呼び水になると考えたのかもしれない。このように、阿波守護たる成之が軍勢催促権を握っているので、阿波勢の動員は澄元の思うようにはならなかった。

高国近習の斎藤宗不は、六月二三日付の書状でその頃の澄元の動向を、「六郎《細川澄元》生涯之事者雑説候、阿州只一人小舟にて退候由申候、但さぬき東方冨田城に落居候由申候注進も候、国衆取懸候由申候、今明日中ニ可有注進候、香川《元綱》・安富《元成》来二日下着仕候」と、三条西家に報じている[92]。六月二〇日に、讃岐へ向かう船中で澄元が殺害されたという噂が畿内に伝わってきたが[93]、それは誤りで、澄元は単身小舟で阿波を退去し、東讃の富田に入城したという。そこに国衆が攻撃をかけるという話もあるらしい。そして、高国方讃岐守護代の香川元綱・安富元成が七月二日に現地へ赴くとのことである。

六月一二日付の［29］で、「為馬廻被致忠節之由」を誓った讃岐国人の秋山氏に対して新給を宛行っているように、讃岐国人の動員を図って澄元が讃岐に入国したことは事実のようである。西讃の櫛無（櫛梨）山での軍忠に対する秋山氏への感状［30］も、合戦があった「去廿一日」と発給日の七月二四日に時差がないことから、澄元と秋山氏が近くにいたことを示唆する。高国方讃岐守護代の軍勢を迎え討ったのであろう。これらの事例から、成之の反対を押し切る形で、澄元が第二次上洛戦を実行に移したことは事実とみてよいのではなかろうか。

一方、香川元綱は、永正八年七月一八日付の書状で阿波三好郡の阿佐氏らに対し、「拙者罷下、於当国（讃岐）既及合戦候」と伝えている(94)。そして、それ以前から「京都へ御味方」していた三好郡の大西氏が出陣してこないことを言語道断だとし、「御敵之仁躰、於跡職者、則御沙汰可遣候」とする。注目すべきは、書状の末尾に「猶委細三好筑前守（之長）可被申候」とみえることである。三好之長は、澄元の第二次上洛戦に同意しないどころか、高国方と結んでいたのである。

ただし、澄元にとって、阿波勢の出陣を避けることには利点もあった。之長と度々衝突を繰り返す細川尚春の協力を得ることができたのである(95)［細］。一方の之長は、第二次上洛戦の際には、混乱に乗じて讃州家の知行があった備前児島方面に進軍しており(96)、あくまでも讃州家の論理で動いている。表12にみえるように、第一次上洛戦後の之長は、澄元の書状を取り次ぐことがなくなることから、讃州家内衆としての立場を貫いていたようである。同時に、光勝院周適も、澄元側近としての活動がみえなくなる。このように、第二次上洛戦は讃州家に頼ることなく、澄元が独自に各方面と連携を結んで実行に移したのであった。

4　第三次上洛戦

次の史料は、第三次上洛戦にあたって、兵庫に上陸する前の澄元方の進軍状況を知らせるものである。

【史料12(97)】

尚々津国当津（兵庫）へ之定日事ハ、重而飛脚下候間、其者ニ可被申上候間、然者急度可申入候、

小川孫左衛門かた迄御懇被示越候、祝着候、狛孫之方（狛孫左衛門カ）より被申事下候処、御進退之儀無御別儀通承、一段本

望至極候、阿州之儀も可申調候、随而大夫殿《細川澄元》御渡海付而淡路へ飛脚於下候処、今日舟ノ上候、悉諸勢淡路へ打越候、三好《之長》事来廿八日ニ岩屋《淡路》へ可取陣由候、然者津国へ之儀不可有程之由候、可被成其御心得候、尚孫左《小川》衛門尉可申候、恐々謹言、

九月廿六日《永正一六年》　英盛《遊佐》（花押）

鷹山殿

御宿所

発給者の遊佐英盛は、畠山総州家の当主畠山義英の内衆である。澄元と連携して河内への復帰を目指す義英は、吉野に潜伏しており、最終的には大和国吉野郡小川で没したと考えられているが(98)、おそらく文中にみえる小川孫左衛門のもとに身を寄せていたのであろう。宛所の大和国人鷹山氏も、義英に通じていたことがわかる。

一方、英盛は「津国当津《兵庫》」と述べているように、兵庫で澄元勢の到来を待ち受けているようである。このとき澄元は船上にあり、三好之長は永正一六年（一五一九）九月二八日に淡路北端の岩屋に到着する予定であった。

このように、今回は之長をはじめとした阿波勢も参陣しており、早い段階から淡路に集結しつつあった。

第三次上洛戦は、第一次上洛戦の前哨戦で戦没した池田貞正の子三郎五郎が、まずは先陣を切っている。一〇月に西摂の田中城にて、高国方の摂津国人を迎撃し破るのである［細］。そして一一月に入ると、澄元勢の「三好・海部・久米・川村・香川・安富」が兵庫に上陸し(99)、瓦林氏の拠る越水城を攻め始める［細］。澄元勢が、三好・海部・久米・河村という阿波の有力国人と、香川・安富という讃岐守護代家で構成されている点は注目される。京都では先述した高国方の讃岐守護代が立てられているので、澄元も独自に讃岐守護代を擁立したのであろう。

高国勢は一一月に京都を発ち、一二月に池田城に着陣して、越水城を後巻する体制を固める［細］。両者は一

歩も譲らなかったが、二月に越水城が開城すると、高国方の陣は崩れ始め、勢いに乗った三好之長率いる軍勢は、澄元自身を伊丹城に残して上洛する［細］。

　第二次上洛戦では、赤松氏の協力を得ることができたが、将軍義稙が永正一五年一二月二日付・永正一六年五月二三日付・永正一六年一一月三日付で度々赤松氏の動きを制止し、澄元に同意しない旨の請文を提出させているように[100]、今回は赤松氏の協力を得にくい状況にあった。ところが、永正一六年九月の［38］で「上洛之儀、播州《(赤松氏)》相談令進発候」と述べていることから、水面下で赤松氏とは交渉を持っていたようである。そして之長の上洛に先立って、澄元が将軍義稙の側近畠山順光に宛てて送った［43］の書状に、「以赤松兵部《(義村)》令申候処、被達上聞由候条、至摂州令入国」とあるように、すでにこの段階には、赤松氏を通じて義稙とも気脈を通じているのである。このように、第三次上洛戦では、義稙と高国を反目させ、義稙を取り込むことに成功する。そして、永正一七年五月一日に、ついに澄元は京兆家の家督に認定された[101]。

　澄元方に靡いたのは義稙だけでなく、第二次上洛戦では交渉が途絶えた大山崎と［36・39］で再び連絡を取り合っている。また、［41・44・45］にみえるように、新たに祇園社・多田院・多武峰といった有力寺社も、澄元のもとに使者を送るようになる。このような有力寺社の取次をつとめたのは、赤沢孫次郎の後継者と考えられる赤沢新次郎である。これは、［14］において賀茂社の取次をする赤沢長経の家職を復活させたものといえよう[102]。一連の事例から、第三次上洛戦は他者の目からみても、これまでになく極めて順調なものであったと評価できる。

　一方、高国方は之長の上洛に先立って一旦近江に退いていたが、六角氏の援軍を従えて五月三日に京都の東山に陣取る［細］。兵の数において不利を悟った澄元方の諸勢は、「去夜筑前守《(三好之長)》同心之内久米・川村、其外数輩高国ニ降参云々」とみえるように[103]、早くも五月四日の夜にその多くが高国方に降参してしまう。その頭目の数は、「此方ヘウラカヘル久米・河村・東條・三合《(寒川カ)》・安富等ノ十一人」、「久米・河村・東條巳下九頭降参」、「加香《(香川)》・安富・久米・香村《（河村）》等七頭降参」と若干の異同はあるものの、人名は重複する[104]。

なお、上記の者以外にも、海部氏と篠原氏が之長とともに公方屋敷の北側に同陣していた[105]。彼らは五日に高国方と合戦に及ぶが、海部氏がここから脱落して京都から落ち延びる[106]。そして、取り残された三好之長と子の三好長光・芥川長則、そして甥の三好長久は滅ぶこととなる。

以上の点から、上洛した澄元勢の構成は、阿波の篠原・東条両氏らが加わるものの、兵庫上陸時からおよそ変化していないことを確認できる。これまでの上洛戦の陣容とは全く異なり、畿内出身者が見当たらず、四国出身者で占められているのである。

もちろん、第二次上洛戦と同様に、周辺への調略は進めている。例えば須智長隆は、丹波の片山氏と連絡をとっていることが［37］からわかる。長隆は丹波国人で、澄元と行動をともにした須智源太と同一人物か、もしくはその後継者と考えられる。また、［42］や［43］から、丹波の荻野氏や佐々江氏も味方に引き入れていることがわかる。［40］によると、片山氏は実際に丈山城で合戦に従軍しているようだが[107]、これら丹波勢が京都に合流した様子も窺えない。

前節で述べたように、成之・之持の相次ぐ死によって讃州家が途絶すると、澄元は阿波への介入を始める。それと同時に、【史料10】で之長が澄元の書状を取り次いでいるように、一旦距離を置いていた之長とも再び近づく。しかし、ただそれだけによって、阿波勢が澄元の動員に従うとは限らない。

阿波勢が澄元に従うようになった要因は、第二次上洛戦後の細川尚春の動向にも求められる。永正八年九月一七日付の足利義稙御内書によって、尚春の息子である細川彦四郎に対して、「讃岐守家督」が与えられるのである[108]。このように、澄元方にいた尚春は、第二次上洛戦の直後に高国方の先鋒へと立場を変えた。高国が独自の阿波守護を擁立したことによって、全面衝突を避け続けてきた讃州家および阿波勢も、高国との対決から逃げるわけにはいかなくなる。

その結果が、永正一四年の淡路侵攻であり、そして従前には叶わなかった第三次上洛戦における阿波勢総動員の達成なのである。それをみた将軍義稙が澄元方に靡いたように、京都の住人の目にも、上洛戦は成功したかのように映ったのであろう。

永正一四年の淡路進攻で阿讃衆を率いたのが之長であったように、実際に彼らを取りまとめていたのは之長と考えられる。永正一七年五月四日に示し合わせて高国方に降参した阿讃衆の頭目たちは、「先ツ人ヲ差下ス、其謂ハ、三好筑州四国へ罷下タラハ、我カ妻子ヲモ可殺間、三好カ罷下ラヌ前ニ人ヲ可下ト云々、彼者共モ筑州ニ年来ハタト飽タリ」とあるように、(109)澄元ではなく之長に愛想を尽かしているからである。

前節で復元した系譜等をもとに想像を膨らませると、この時期の讃州家は、生まれたばかりの持隆を次期当主に戴き、年寄中の衆議で動いていたと思われる。第三次上洛戦は、讃州家の年寄中代表である海部氏と京兆家・讃州家に両属的な三好氏が主導して実行に移されたのであろう。そしてその強引な統制に、嫌気がさした阿讃衆が離反することで失敗に終わったと考えられる。なぜなら、阿讃衆が示し合わせて高国方に降参したとき、京都に取り残されたのは三好一族と海部氏だったからである。

おわりに

澄元と讃州家は一体のものと見なされていたが、両者の権限は比較的厳密に区分されていた。双方の関係をより詳細に観察すると、澄元のもとには讃州家から様々な人材が補佐として添えられており、澄元の行動は讃州家の影響下に置かれていた。かかる関係にあるため、澄元が讃州家の権限を侵害するようなことは一切なかった。

事実、澄元による第一次上洛戦および第二次上洛戦では、阿波勢の動員は思うようになされていない。
ところが、永正九年（一五一二）に之持が没することで讃州家は断絶してしまう。これによって、澄元が阿波へ支配を及ぼす余地が生じる。一度は距離を置いた之長とここで結ぶと、まずは讃州家断絶による阿波の混乱を収めた。それによって、阿波勢の軍事動員権を掌握し、さらに京兆家と讃州家の次期当主に見通しをつけると、澄元は第三次上洛戦に挑むこととなった。勇み足となった第一次・第二次上洛戦と異なり、順風満帆にみえた第三次上洛戦では、将軍義稙の取り込みにも成功する。

結果的に、第三次上洛戦も失敗に終わったが、義稙の離反行動は高国との不和を生み、義稙は大永元年（一五二一）に晴元方へ走ることとなる。義稙はまもなく没するが、その養嗣子義維は、次期将軍候補という晴元方にとっての切り札となった。晴元段階においても、須智長隆や赤沢新次郎が丹波国人を味方に引き入れているように[110]、澄元のもとで蓄積された人材と経験によって、晴元の上洛戦は成功へと導かれるのである。

そして、第三次上洛戦で初めて実現した、京兆家と讃州家の連合による軍事編成もまた、晴元段階に受け継がれる。それを実現させたのは、京兆家と讃州家という二つの家に両属する三好家であったということは極めて重要である。三好家が成長した要因については、この特性に留意する必要があると思われる。

では、之長亡き後、その地位はどのように継承されたのであろうか。大永元年には、澄元の後家のもとに畠山尚順が婿入りするも、その場で「六郎殿（細川晴元）ノ内ノカイフ（海部）」が謀って尚順を討ったという風聞が立つ[111]。これは噂に終わったものの、京兆家と讃州家の間に立っていた之長の任を海部氏が代行していたことは、ここまでみてきた讃州家内部での立ち位置からも事実であろう。大永七年の晴元上洛戦において之長の孫元長が台頭してくると、海部氏との間に対立もみられるようになるが[112]、これも之長の地位をめぐるものとみることができる。

註

（1）若松和三郎『中世阿波細川氏考』（原田印刷出版、二〇〇〇年、のち二〇一三年に『阿波細川氏の研究』と改題して戎光祥出版から復刻）。以下、若松氏の所説はこれによる。
（2）末柄豊「細川氏の同族連合体制の解体と畿内領国化」（石井進編『中世の法と政治』吉川弘文館、一九九二年）。同「『不問物語』をめぐって」（『三田中世史研究』一五、二〇〇八年）。以下、末柄氏の所説は前者による。
（3）山下知之「阿波国守護細川氏の動向と守護権力」（『四国中世史研究』第六号、二〇〇一年）。同「室町期守護奉行人についての一考察」（『古文書研究』第七九号、二〇一五年）。以下、山下氏の所説は後者による。
（4）天野忠幸「三好氏の権力基盤と阿波国人」（『戦国期三好政権の研究』清文堂出版、二〇一〇年）。以下、天野氏の所説はこれによる。
（5）本書第三部第二章「細川晴国陣営の再編と崩壊」など。
（6）『大日本史料』永正一七年六月一〇日条。なお、『国史大事典』細川澄元の項には、四種類の花押が掲載されているが、一番上の花押は細川昭元のものである。
（7）『後法成寺関白記』『実隆公記』永正四年六月二四日条。
（8）『多聞院日記』永正四年六月二五日条にも、「今日河内高野《(屋)》城津国衆迦了」とある。高屋城は畠山氏の守護所だが、前年に畠山義英を追ってのち、政元方の城となっていたようである。
（9）『後法成寺関白記』『実隆公記』永正四年八月一日条・同五年三月一九日条。
（10）『後法成寺関白記』『実隆公記』永正五年四月九日条。
（11）古くは『大日本史料』、最近では『戦国遺文　三好氏編』や漆原徹「緒方家の中世文書」（『武蔵野大学教養教育リサーチセンター紀要』第三号、二〇一三年）など。
（12）大友書翰二〇―五号（『大分県史料』二六）。
（13）阿波国社寺文書（東京大学史料編纂所謄写本）で花押を確認のうえ、翻刻も一部修正を加えた。
（14）『尊卑分脉』第三篇二八一頁。
（15）岸田裕之「芸石国人領主連合の展開」（同『大名領国の構成的展開』吉川弘文館、一九八三年）。
（16）右田毛利家文書一七号（『山口県史』史料編中世三）。

(17) 本書終章「戦国期畿内政治史と細川権力の展開」。
(18) 例えば最近でも、高橋遼「三好本宗家と阿波三好家」(『日本歴史』第八一四号、二〇一六年)が天文二年説を採用している。
(19) 「続応仁後記」(『改定史籍集覧』第三冊)の「三好筑前守元長上津所々合戦事」。
(20) 後掲註(79)。
(21) 『二水記』天文元年正月二三日条。
(22) 例えば、讃州家澄元の上洛は「讃州六郎上洛」(『後法成寺関白記』永正三年四月二一日条)といわれている。
(23) 細川夏治所蔵文書(『阿波国徴古雑抄』三八四頁)。
(24) 「東寺過去帳」No.一一一二。
(25) 『実隆公記』文明一五年三月二三日条。
(26) 吉井功兒「細川晴元・昭元父子に関する若干の基礎的考察」(『ヒストリア』第一二〇号、一九八八年)では、高国嫡子の稙国も六郎を名乗っていることから、六郎の仮名が京兆家のステイタスシンボルになったと説くが、高国の実家である野州家が歴代六郎を名乗っていたことによる偶然の一致である。
(27) 徳永裕之「備中守護家細川氏の守護代と内奉行」(『専修史学』第三八号、二〇〇五年)。
(28) 和田英道「尊経閣文庫蔵『細川高国晴元争闘記』(原題『雑記』)翻刻」(『跡見学園女子大学紀要』第一九号、一九八六年)。
(29) 石清水文書拾遺四八―一六号(『石清水文書』六)。
(30) 石清水文書拾遺四八―一八号(『戦三』四)。なお、三好之長は、同日付で同じ内容のものを「木代庄名主百性中」に宛ててもう一通発給している(石清水文書拾遺四八―一九号〈『戦三』五〉)。
(31) 菊大路家文書二七七号(『石清水文書』六)。池田家の庶流については、鶴崎裕雄「『松下集』『池田千句』ほかと摂津池田氏」(同『戦国の権力と寄合の文芸』和泉書院、一九八八年、初出一九七六年)。
(32) 石清水文書拾遺四八―一七号。
(33) 当該期の摂津支配が薬師寺長忠と三好之長の両守護代体制によってなされていたことは、多田院が永正三年の段銭納入に際して礼銭を双方に支払っていることからも窺える(多田神社文書三七四号〈『兵庫県史』史料編中世一〉)。
(34) 石清水文書拾遺四八―二〇号(『戦三』六)。元綱の諱は『大徳寺文書』七七一号による。元綱は、本書第一部第三章「細川高国の近習と内衆の再編」で述べたように、永正四年に細川澄之とともに讃岐西方守護代の香川満景が戦没したのち、高国方の形式的な讃岐守護代として浮上する人物である。よって、満景に与しなかった庶流出身と考えられる。

(35)　菊大路家文書一三二号・二〇二号。

(36)　末柄豊氏は、細川政元が暗殺された背景として、澄之を擁する守護代級の有力内衆と政元・澄元の間に対立を見出した。最終的にこの対立が暴発した要因は、澄元へと守護職を譲ることによって、本文でみたような守護代をないがしろにする事態を招いたことにもあったと思われる。

(37)　今谷明「管領代奉書の成立」（同『守護領国支配機構の研究』法政大学出版局、一九八六年、初出一九七五年）の註(51)。

(38)　『醍醐寺文書』一二一二一―一号・二号。

(39)　高橋研一「下関市立長府博物館蔵『筆陳』所収の中世文書について」（『山口県史研究』第一七号、二〇〇九年）三八号。この点については、本書第二部第七章「細川晴元の取次と内衆の対立構造」。

(40)　直後の［k］も、長洲荘等の代官職を澄元近習の高畠長信に申し付けるという内容から、発給者は之連と考えられる。

(41)　東寺百合文書ニ函二六八号。

(42)　「細川大心院記」永正四年六月二四日条。

(43)　薬師寺元一を討つため、淀城へ発向した政元勢のなかに佐々木小三郎が含まれるように、佐々木氏は直前まで政元に属していた（『後法興院記』永正元年九月一七日条）。近江から上洛してきた澄元が澄之を討つと、直後に「山内小三郎入道来、今度六郎《(細川澄元)》令同道上洛」（『後法成寺関白記』永正四年八月四日条）とみえることから、佐々木流山内氏で、政元の喪に服して入道したようである。小三郎の名を受け継いでいることから、一時は近江守護ともなった山内就綱の後継者と判断される。以上の点から、永正四年六月に澄元を近江に導いたのは、彼であった可能性を指摘しうる。ただし、澄元と高国が反目すると、そのまま在京し、如意ヶ嶽の合戦では高国方として参戦している（『後法成寺関白記』永正五年六月九日条・同七年正月二〇日条。「御内書案」乾〈『大日本史料』永正五年六月一七日条〉）。奈良氏については、本書第一部第三章「細川高国の近習と内衆の再編」。

(44)　『長興宿禰記』文明一四年七月二六日条。

(45)　『宗長日記』大永二年条。

(46)　「雅久宿禰記」文明八年九月一二日条（『大日本史料』同日条）。

(47)　『大乗院寺社雑事記』文明九年九月二四日条。

(48)『大乗院寺社雑事記』延徳三年八月二九日条。文安五年（一四四八）に賀茂社領である三河小野田荘の代官職を請け負う「東条修理亮常信」は、三河守護代と考えられる（馬場義一氏所蔵文書〈『愛知県史』中世二、一八二四号〉）。常信の諱は、守護細川持常の偏諱をうけたものであろう。三河守護代としての常信は、宝徳二年（一四五〇）には「武田近江守」と名乗っている（猪熊文書〈『愛知県史』中世二、一八七三号・一八七四号〉）。ここにも修理亮から近江守への改称が確認できるが、興味深いのは武田の名を用いていることである。寛正二年（一四六一）には阿波の守護代的な立場の人物として「東条近江守」が登場する（続宝簡集二九二号〈『高野山文書』二〉）。年代からして国氏と思われるが、寛正六年に彼は、三河守護代として「武田近江守」を名乗っている（財賀寺文書〈『愛知県史』中世二、二一九九号〉）。右の一連の事例から、東条氏は武田家の庶流で、三河守護代として振舞う際には、東国で聞こえのよい武田の名を使用していたことがわかる。

(49)『蔭凉軒日録』文明一七年一〇月一二日条。

(50) 本書第一部第三章「細川高国の近習と内衆の再編」・第四章「摂津守護代薬師寺氏の寄子編成」。

(51)「松平頼寿氏所蔵大般若経」（『大日本史料』永正一四年閏一〇月二三日条）。

(52) 本書第二部第三章「『堺公方』期の京都支配と柳本賢治」。なお「光勝院」は、「勝」と「惇」のくずし字が似ているため「光惇院」と翻刻されることが多いが、本章の検討からもそれらには訂正が必要となる。

(53)『後法成寺関白記』永正四年八月一六日条。

(54)『後法成寺関白記』永正四年九月一二日条・一四日条。

(55) 離宮八幡宮文書二一〇号（『大山崎町史』史料編）。

(56)「昔阿波物語」（『阿波国徴古雑抄』六五九頁）。「国に私の取あい出来候時ハ、光勝院の院主の乗物出候へハ、互に矢を留無事仕候」（同上六六〇頁）ともある。

(57)「三好長輝画像」「三好長基画像」（見性寺蔵）。東京大学史料編纂所模写本によった。

(58)『後法成寺関白記』享禄四年七月二〇日条・二二日条・一一月六日条・一二月一四日条。

(59)『二水記』享禄五年三月一三日条。

(60)「蓮成院記録」天文二年四月条。

(61)『言継卿記』天文二年二月一二日条。

(62)「本福寺明宗跡書」天文二年二月九日条（『大系真宗史料』文書記録編三）。なお、フリガナは省略した。

(63)　本書第二部第三章「『堺公方』期の京都支配と柳本賢治」。
(64)　本書第三部第三章「細川国慶の出自と同族関係」。
(65)　本書第二部第七章「細川晴元の取次と内衆の対立構造」。
(66)　細川晴元にも「細川之同朋忠阿弥」が仕えているので、何らかの関係があるかもしれない（『天文日記』天文八年閏六月一九日条）。
(67)　本書第二部第七章「細川晴元の取次と内衆の対立構造」。
(68)　「細川大心院記」永正四年三月条。
(69)　田中稔「根津美術館所蔵諸宗雑抄紙背文書（抄）」（『奈良文化財研究所年報』一九七四、一九七五年）九号文書。
(70)　横尾国和「明応の政変と細川氏内衆上原元秀」（『日本歴史』第四二七号、一九八三年）。
(71)　土佐家文書第六巻三一号（『東京国立博物館図版目録　中世古文書篇』）。
(72)　早島大祐「東久世庄（三）増位家小伝」（『立命館文学』第六二四号、二〇一二年）。『北野社家日記』延徳元年八月晦日条。「為広越後下向日記」延徳二年三月三日条（『冷泉家時雨亭叢書』第六二巻）。
(73)　『後法成寺関白記』永正五年七月二〇日条～八月四日条。
(74)　『高槻市史』第一巻六四七頁。
(75)　『北野社家日記』第八、一一七頁。多田神社文書三一五号。『仁和寺史料』古文書編一九七号。
(76)　『後法成寺関白記』永正五年五月二六日条。澄元が京都から没落することで難しい立場に立たされた芥川氏は、永正五年四月二七日付で霊松寺に土地を永代寄進している（霊松寺文書〈『高槻市史』第三巻中世編二五八号〉）。中西裕樹「戦国期の摂津国人・芥川氏について」（『しろあとだより』第三号、高槻市立しろあと歴史館、二〇一一年）も指摘するように、ここで芥川信方と連署する無為斎禅柏は、［16］で「豊後入道」とみえる出家した豊後守と考えられる。
(77)　「東寺過去帳」№九三五・№九三六。
(78)　灘の瓦林氏については、本書第二部第七章「細川晴元の取次と内衆の対立構造」。なお、瓦林出雲守と［16］の瓦林九郎左衛門は同一人物と考えられる。
(79)　この芥川氏の後継者について、天野忠幸氏は『二水記』永正一七年五月一〇日条や『元長卿記』同日条の記述をもとに、三好之長の子である芥川次郎長則が養子に入ったと指摘している。しかし、芥川家に複数の系統があることに注意が必要である。

長則の後継者は、天文一八年頃まで芥川孫十郎を名乗っているが、天文二一年までに芥川右近大夫と改めている（「親俊日記」天文一一年六月一三日条。成就院文書〈『戦三』二四〇〉。離宮八幡宮文書二六六号〈『戦三』三四〇〉）。それとは別に、天文一八年一一月に細川氏綱の命に従って、西岡にて段米の徴収にあたっている芥川美作守清正がいる（東寺百合文書い函一二一号〈『戦三』七二四〉・『鹿王院文書』五九三号〈『戦三』二六六〉）。彼は、直前の同年一〇月までは四郎右衛門尉を名乗っているので、孫十郎とは明らかに別人である（広隆寺文書〈『戦三』二五五〉。東寺百合文書ソ函二四五号）。

応仁の乱の頃、阿波には勝浦荘の蔵納年貢を押領する芥川次郎がいるので（『西山地蔵院文書』四―一八（二）号）、長則はこの家を継いだとみるほうがよいかと思われる。「故城記」（『阿波国徴古雑抄』二二四頁）では、勝浦荘に近い那東郡に芥川氏を確認できる。

最終的に清正へと受け継がれる豊後守の系統は、四国で畿内復帰の機会を窺っていたと思われる。「細川両家記」享禄四年閏五月一三日条に「阿波衆境《(堺)》より出張也、典厩・香《(芥)》川中務丞、築嶋に陣取給ふ」とみえる「香川中務丞」は、同じ一件を指して「去五日芥河中務丞・入江彦四郎至摂州入国」（増野春氏所蔵文書〈『戦三』七三〉。東京大学史料編纂所影写本で一部修正）とあることから芥川中務丞の誤りである。ここでの芥川氏は、三好元長らと行動をともにして摂津への上陸を果たしている。摂津への復帰は、天文二年三月一一日付の将軍義晴の御内書で、伊丹氏や池田氏などの有力摂津国人に並んで、芥川中務丞が宛所となっていることからも窺える（「御内書引付」〈『続群書類従』第二三輯下〉）。のちに晴元方に芥川豊後守がいることから、中務丞は歴代当主に倣い、豊後守に改称したものと思われる（「親俊日記」天文八年閏六月一三日条・『大館常興日記』同月一三日条・一五日条）。

(80) 『実隆公記』永正六年五月一一日条。

(81) 『大日本史料』永正八年四月二七日条で藤林氏は大和の住人とされるが、四月三日付藤林与一政久書状（塚原周造氏所蔵文書〈東京大学史料編纂所影写本〉）に「同名《(藤林)》左介」と出てくることから、紀伊郡三栖で活動する藤林左介綱政と同族と思われる（『大徳寺文書』二二六七号）。

(82) 『実隆公記』永正六年六月一六日条。

(83) 刊本では宛所を「三之ふの御中」とするが、東京大学史料編纂所写真帳にて修正した。

(84) このような活動を踏まえると、のちに晴元上洛にあたって赤松方に送られた「大方殿文」も、彼女の手紙である可能性が考えられよう（高橋文書二号〈『兵庫県史』史料編中世二〉）。なお『兵庫県史』は、この書状の差出人を古津長祐とするが、仏地院長祐の誤りである。

(85)「東寺過去帳」No.九三〇。

(86) ここに紹介する小林凱之氏所蔵文書は、椿井氏に宛てた三通の書状が一つの軸に装丁されたものである。二〇〇七年に東京古典会主催の古典籍展観大入札会で競売に掛けられていたものを、筆者が小林凱之氏に依頼して購入していただいたものである。そのうち三好義継書状は、すでに拙稿「信長上洛前夜の畿内情勢」（『日本歴史』第七三六号、二〇〇九年）で紹介した。残る一通も便宜のためにここで翻刻しておく。

就今度京都之儀、令自放火、罷退之段、尤以神妙候、弥忠節肝要候、謹言、

（大永七年）三月七日　道永（細川高国）（花押）

椿井四郎とのへ

小林氏とは、椿井文書の研究を通じて親しくさせていただいたが、二〇一三年に急逝された。筆者の怠慢で、ご存命のうちに紹介できなかったことを大変悔やんでいる。本書を霊前に捧げることでご容赦いただきたい。

(87) 荻野文書一二号（『兵庫県史』史料編中世九）。

(88)「東寺過去帳」No.一〇六三・No.一〇六四。

(89)「東寺過去帳」No.一〇六五。

(90) 大友書翰二〇―二号。

(91) 大友書翰二〇―九号。

(92)『実隆公記』巻一三、三三二頁。

(93)『実隆公記』永正八年六月二〇日条。

(94) 喜多文書（『戦三』二七）。東京大学史料編纂所影写本にて、『大徳寺文書』七七一号の香川元綱書状と花押が一致することを確認した。

(95)『後法興院記』永正元年九月二五日条。『後法成寺関白記』同三年七月三日条。『実隆公記』同日条。

(96)「東寺過去帳」No.一一二六。

(97) 興福院文書（東京大学史料編纂所影写本）。

(98) 弓倉弘年「畠山義就の子孫達」（同『中世後期畿内近国守護の研究』清文堂出版、二〇〇六年、初出一九九一年）。

(99)『後法成寺関白記』永正一六年一一月六日条。
(100)「御内書案」(『続群書類従』第二三輯下)。
(101)『二水記』永正一七年五月一日条。「道照愚草」(『大日本史料』同日条)。
(102)そのほか長経による取次の事例は、「大友家文書録」六四九号・六五一号(『大分県史料』三一)。
(103)「永正十三年八月日次記」永正一七年五月五日条(『大日本史料』永正一七年五月一一日条)。
(104)「聾盲記」永正一七年五月七日条(『続史料大成』一八)。『元長卿記』同月五日条。「厳助往年記」同月五日条。
(105)「永正十七年記」永正一七年五月三日条(『続群書類従』第二九輯下)。「聾盲記」同月五日条。
(106)「拾芥記」永正一七年五月五日条。
(107)刊本では「犬山城」と解読しているが、近辺にはそのような城は見当たらないので、片山氏の本拠地から考えて、丹波の宇津嶽山城のことではないかと考えられる。
(108)「大舘記(三)」(『ビブリア』第八〇号、一九八三年)六一頁。永正一七年五月一一日に窮地に追い詰められた三好之長のことを、彦四郎は一年前に殺された父尚春の敵と称している[細]。
(109)「聾盲記」永正一七年五月七日条。
(110)黒田基樹「室町~戦国期の和知荘と片山氏」(藤木久志・小林一岳編『山間荘園の地頭と村落』岩田書院、二〇〇七年)。拙稿「淀城と周辺の地域秩序」(『古文書研究』第八一号、二〇一六年)。
(111)「祐維記」大永元年一一月一日条・一四日条(『続々群書類従』第三)。
(112)『二水記』大永七年七月一三日条。

補論一　桂川合戦前夜の細川晴元方による京都包囲網

大永七年（一五二七）二月一二日夜から一三日にかけての桂川合戦によって、足利義晴を擁する細川高国は京都から駆逐され、かたや四国から上陸した細川晴元は、「堺公方」足利義維のもとで実権を握るに至った。この合戦に及ぶまでの高国方の動向は、京都の公家が残した日記等から窺えるものの、四国にいた晴元方の動向は、京都まで伝わってくる断片的かつ表立った行動を繋ぎ合わせることでしか把握できなかった。

「南行雑録」に所収される次の書状の発給者は、模写された花押から晴元方和泉上守護代の松浦守に特定できる(1)。いわば晴元方の中心的人物が、桂川合戦直前にその戦略を語った稀有な史料である。

【史料】(2)（各条の冒頭に付した丸数字は筆者註）

先度者乍御報御懇示預、委細令披見候、

一①公方様(足利義維)御供候テ六郎殿(細川晴元)阿波・讃岐悉召具、今月二日到淡州可有御渡海之由注進候、然者一両日中可有御左右候、自是注進可申候、

一②為京都(細川高国)計略、山名殿(誠豊)至丹波御乱入之処、奥郡衆馳向及一戦候刻、内輪之輩丹州江申談、楯ヲ返候間、山名殿御没落候テ小座敷衆一二百討死候、然処因幡守護殿(山名豊治)三口ニ御取入候間、弥但馬之儀無正体候、殊垣屋(続成)以下御内之牢人等波多野(秀忠)ニ申合、一向丹波者手明候、自京都者十人衆宇野ト申者城被入候ヲ、去廿六日ニ柳本(賢治)馳向打落、即時落居候由慥ニ注進候、

一③伊勢辺之儀、以多勢京都江合力ナト、被仰触由候、於其段者不可成事候、長野(稙藤)方此方へ被申事候テ、

国司《(北畠晴具)》御領悉申請候、然者国衆一人モ不可相働由堅固申合候、
一④江州六角殿《(定頼)》、阿州六郎殿ト御縁之儀相定候間、京都弥被失御手候、方々可然候、
一⑤当寺之儀、連々如申候、涯分被運御調儀、急度御一味候者可然候、西蓮院へモ以書状申候、御入魂候者本望候、併御馳走肝要候、恐々謹言、
二月二日《(大永七年)》　守《(松浦)》（花押影）
圓蔵院御坊中
猶々各々へモ可然方へ以書状申候、内々被仰合御調本望候、委細尚三位可被申候、

右の本文に続けて、吉野山勝光院にてこの史料を採録した旨が注記されている。勝光院はかつて実在したが、(3)宛所の円蔵院は吉野では耳にしない名である。勝光院には、同院を宛所としない蒐集文書の類が多く残されているので、(4)これもその一つと考えられる。以下、各条の丸数字に従い概略を述べる。

⑤円蔵院が属す「当寺」には、西蓮院なる寺院もあったようである。近世の事例ながら両院名が高野山にみられることや、(5)のちに松浦守が和泉国内の高野山領を安堵していることなどから、(6)「当寺」とは高野山で、松浦守はその子院である円蔵院を窓口として「御一味」を要請していたと考えられる。

②京都に迫る晴元方丹波勢の後背を突くため、高国方は但馬守護の山名誠豊を丹波奥郡に乱入させるという一計を案じた。ところが、守護代垣屋氏ら但馬勢が、波多野氏ら丹波勢と申し合わせて離反したため、誠豊は没落する。しかもその隙を突いて、因幡守護の山名豊治が但馬になだれ込んだ。これらは晴元方の計略によるものであろう。対して高国方は、宇野氏らを援軍として丹波の某城に籠らせるが、一月二六日に柳本賢治の手で攻め落とされてしまう。大永七年五月六日付の御内書で、将軍義晴が誠豊と豊治の間の紛争を調停していることから、両者の対立そのものは知られていたが、(7)それが惹起した経過はこの史料によって初めて明らかとなる。

③伊勢国司北畠晴具の妻は、高国の娘である。その縁で高国方は伊勢衆の合力を要請し、晴具もそれに応じようとしたが、対抗して国衆たちは高国不支持の立場を申し合わせたという。その情報が、晴具と不仲の長野氏からもたらされているように、晴元方は伊勢国内の反高国・晴具勢力とも連絡をとっていた。

④近江の六角氏も、高国権力を支える有力者だが、その裏で晴元との縁談が進んでいるという。近江が桂川合戦後の高国の逃亡先となることから俄に信じがたい話だが、高国が後に近江から伊勢へと没落した理由が「六角西（四）国六郎殿（細川晴元）ヲムコニ可取噯ニ依テ」と伝わっており、高国没後の天文六年（一五三七）にはこの縁談が実現している。(8) さらには、「六角合力事、度々雖令催促、于今不上洛、纔二千許彼（被）官人着北白川、今日不出陣」とあるように、(9) 桂川合戦にあたって高国に非協力的であったことを踏まえると、六角氏が高国と晴元を両天秤に懸けていた可能性は高い。

以上②〜④から、桂川合戦における晴元方圧勝の前提として、但馬山名氏・伊勢北畠氏・近江六角氏という高国方守護層の動きを封じ込める戦略が浮かび上がる。しかも①からは、この書状が発給された二月二日のうちに、義維・晴元の本営を淡路まで進める予定としていたことも新たに判明する。(10) 文字通り高国の四方を周到に押さえ、孤立させたうえでの京都における最終決戦であった。ゆえに短期で決着がついたのであろう。

註

（1）本書第三部第一章「細川晴国・氏綱の出自と関係」。
（2）「南行雑録」一（東京大学史料編纂所謄写本）。
（3）首藤善樹『金峯山寺史』（国書刊行会、二〇〇四年）六〇六頁。
（4）奥野高広『増訂織田信長文書の研究』下巻四八七頁。『徳川実紀』天正五年条。
（5）又続宝簡集一二一号（『高野山文書』四）。
（6）興山寺文書二六号・二七号（中田法寿編『高野山文書』第七巻）。同書は明応六年（一四九七）に比定しているが、松浦守が肥前守を名乗っているので、大永七年以降のものである（本書第三部第一章「細川晴国・氏綱の出自と関係」）。
（7）「室町家御内書案」（『改定史籍集覧』第二七冊六七三頁）。
（8）「二条寺主家記抜萃」大永七年一〇月二九日条。『天文日記』天文六年四月二八日条。
（9）『二水記』大永七年二月一二日条。
（10）従来は、三月二二日に四国方面から堺へ上陸したことが知られるのみであった（『二水記』大永七年三月二四日条）。

第二章　「堺公方」期の京都支配と松井宗信

はじめに

大永七年（一五二七）の桂川合戦に敗北した細川高国は、足利義晴を奉じて京都を脱した。それに代わって、四国から上陸してきた細川晴元が畿内を席巻する。ところが、晴元は京都に入ることなく、足利義維を擁して堺に拠点を構えた。それからしばらくの間、京都は足利将軍家も細川京兆家も不在のなかで、外部勢力が支配するという空前の状況となる。いわゆる「堺公方」体制を分析した今谷明氏は、「この時京中は一定の軍事力はあるが幕府官制上の権限を殆ど有さぬ柳本賢治らの代官が横行するのみの全く無政府状態におかれた」と評価し、この状況を打開するために晴元は「京都代官」の地位を茨木長隆に与え、その政治的下位に賢治らを位置付けたという(1)。

たしかに賢治ら京都の諸将は、長隆の発給文書に従っているが、長隆が発給するのは直書ではなく、あくまでも晴元の意を承けて発給する奉書である。そのため、長隆の政治的下位に賢治らが位置付けられているという点には少なからぬ疑問が残る。また、長隆の奉書は、晴元方へ訴えられた個別案件に対して裁定を下しているだけなので、それをもって京都支配全般を担当しているというのも無理がある。実際、当時の公家の日記をみる限り、賢治らが京都を実効支配しており、長隆の影は極めて希薄である。当該期の京都支配を「無政府状態」と処理するまえに、まずは実態分析を行う必要があるのではなかろうか。

禁制や安堵状の類をみる限り、桂川合戦後は実戦で主力となった三好長家（直後に没）・政長兄弟や波多野秀忠（波多野元清息）・柳本賢治（元清弟）、そして松井宗信が暫定的な統治をしているように見受けられる[2]。大永七年一〇月に高国方が再び入洛すると、応戦のため三好元長も京都に着陣して晴元方の諸将と合流し、翌大永八年（同年享禄に改元）正月には晴元方の優勢下で、元長主導のもと高国方との和睦を進めようとする。このように元長は、京兆家の合一に比較的前向きな姿勢をとっていたようである。しかし、その他の晴元方諸将は和睦に反発し、元長との間に戦闘にまで及ぶ大きな亀裂が生じた。

この間、賢治が大永八年五月に真珠庵に対し、「御庵領事、屋形《（細川晴元）》無上洛已前、自然違乱之族候者、為此方可申付候」と述べていることから、暫定統治は翌年まで続いたようである[3]。ところが、賢治の意に反して晴元は上洛することなく、同年七月には元長が下山城守護代に任命され、彼に京都周辺の支配が委ねられることとなった[4]。この人事は、桂川合戦に功のあった諸将と元長の間の軋轢をさらに深めることとなる。晴元方の京都支配は、この軋轢を常に抱えながらの極めて不安定なものであったといえる。

したがって、当該期の京都支配を分析するためには、将軍家の義晴と義維、そして京兆家の高国と晴元、それに晴元方内部における対立を加えた三次元での対抗関係を視野に入れておかなければならない。このように、単純に二派に分裂しているわけではなく、極めて複雑な対立構造となっているため、当該期の京都は「無政府状態」と処理されてきたのであろう。この全容を把握するためには、あらかじめ派閥に分けて状況を理解しようとするのではなく、縺れた糸をほどくように、京都支配に携わる一人ひとりの立ち位置を明らかにするところから始める必要があるのではなかろうか。そこで本章では、上述の人物のうち、研究史上ほとんど言及されることのなかった松井宗信を対象とすることで、まずは一つの大きな穴を埋めることとしたい。

宗信に関する研究は、現在のところ福原透氏によるものが唯一といってよい[5]。とはいっても、近世に細川家の筆頭家老をつとめた松井家の系譜復元に主眼があり、宗信の活動そのものに踏み込んでいるわけではない。また、そこでは近世に成立した系図に基づき、宗信を近世松井家の祖とする可能性が示唆されるが、さしたる根拠もなくそれを断定的に受けとめる事例もみられる[6]。そのため本章では、松井家の系譜の再検討から始めることとする。

一　松井家の系譜をめぐって

1　宗信と細川典厩家の関係

松井宗信の菩提寺でもある丹波国桑田郡太田（京都府亀岡市）の龍潭寺には、彼を描いた「松井雲江像」が残されている[7]。この肖像画には、「賛越州太守藤原朝臣松井雲江守慶居士寿像」と題された享禄三年（一五三〇）五月付の大休宗休による画賛も添えられており[8]、「越州」の受領名や藤原姓を用いていたことのほか、出家して「雲江守慶」と名乗ったことなどもわかる。賛文のなかには、「蹤迷淡路、遇時之嘉運、而生還太田」ともみえ、淡路方面に一旦落ち延びたが、のちに改めて太田へ生還したことも伝えられる。

また、大休から宗信への授戒文には、「越太守藤氏松井宗信公者、源右典厩幕下三代之忠臣也」と、細川典厩家の三代に仕えた旨が記される[9]。享禄三年段階の典厩家は、高国方の細川尹賢と晴元方の細川晴賢に二分している。このうち淡路方面へ没落したのは晴元方なので、宗信は京兆家が分裂する直前の政賢に出仕し、その後、澄賢・晴賢に仕えたということになるのであろう。本項では、その裏付けを得ることで宗信の家柄を明確にしておきたい。

【史料1】[10]

「（包紙上書）東寺　　弥九郎」

（切封墨引）

為年首之祈禱、巻数一合送給候、祝着候、尚松井越前守（宗信）可申候、恐々謹言、

二月廿一日　　　　　　　弥九郎

東寺

本願寺証如が、天文八年（一五三九）の年始の音信を贈った段階では「弥九郎」と称し、一一月には「右馬頭」に変わっていることから、(11) 晴賢の仮名から官途名への変化は把握できる。よって、【史料1】の発給者は晴賢で、それを取り次ぐ宗信とは主従関係にある蓋然性が高い。東寺には、宗信が取り次ぐ弥九郎の巻数礼状が【史料1】のほかにもう一通残されている。(12) 二通ともに花押は据えられていないが、包紙や切封墨引の存在から案文とも見受けられないので、ここでの弥九郎は花押を用いない未成年と考えられる。

【史料2】(13)

歳暮祈禱之巻数送給候、目出令祝着候、心事尚期来春候、恐々謹言、

十二月十一日　　　　弥九郎（花押①）

多田院方丈

御返報

【史料3】(14)

就　御字御拝領之儀、太刀一腰・黄金五両給候、誠祝着之至候、猶鴨井次郎左衛門尉可申候、恐々謹言、

（天文一八年）九月十一日　　　右馬頭晴賢（花押④）

謹上　葛西左京大夫（晴胤）殿

弥九郎署名であることから天文七年以前のものと考えられる花押①と、天文一八年の晴賢の花押④は、図6にも示したように大きく異なるが、管見に触れた他の花押と比較することで、同一人物であることを確認しておく。

花押②は、丹波金輪寺の奉加帳最末尾に「右馬頭」の署名とともに据えられていることから、天文八年以降のものである。[15]この奉加帳の冒頭には、天文六年正月という奉加の始期が記されていることから、花押②が天文八年を大幅に下ることはあるまい。[16]花押③は、【史料3】同様に「右馬頭晴賢」の署名で葛西氏に宛てた書状に据えられている。「先祖御内書奉書」という史料によると、[17]この書状は天文一五年のものとされる。「先祖御内書奉書」は寛保元年（一七四一）の成立ながら、【史料3】と同日付で送られた細川晴元書状の年紀を正しく天文一八年とするなど、[18]情報の確度は高い。

以上の比定を踏まえて年代順に並べると、晴賢の花押は時期を追うごとに偏平な形状から徐々に縦長へと変化していることが認められる。したがって、花押④と形状が近い花押⑤は、年代も近いと考えられる。[19]また、【史料2】が若年期の晴賢発給文書と確認できたことで、さらに幼少の晴賢が【史料1】の段階で、すでに宗信と主従関係を結んでいることも読み取ることができる。これは、晴賢の父澄賢の代から、宗信が典厩家に仕えていたことを示唆する。

【史料4】[20]

善法寺雑掌謹申

石清水八幡宮領摂州中嶋内淡路庄代官職之儀、矢倉弥六競望無謂事

花押①　花押②　花押③　花押④　花押⑤

図6　細川晴賢の花押

右彼庄者、為異于他神領、全毎節神役、殊定置十二人供僧、長日御祈禱無懈怠料所也、因茲、今度御上洛之時、弥九郎殿（細川晴賢）為御立願、令社家直務、弥奉抽懇誠者也、（中略）而近日矢倉依令強入部、地下人悉致避散間、神役及退転者也、肝要者、為島中之儀条、古来趣、松井越前入道（宗信）方可有存知者哉、此等趣被聞食披、被退濫望、百姓等令還住者、弥可為御祈禱之専一旨、為預御披露、粗言上如件、

享禄四年十月　日

ここでは、石清水八幡宮の社家である善法寺が、矢倉弥六による摂津欠郡中島の淡路荘代官職競望を訴えている。上洛のときに立願として社家の直務を認めたのは、欠郡を支配した典厩家当主の晴賢に相違あるまい。後述のように享禄三年に出家した宗信は、ここでは「越前入道」と呼ばれる。淡路荘は中島の「島中之儀」ゆえ、「古来」からの経過は宗信がよく知っているだろうと述べていることから、宗信は長らく典厩家に仕えてきたことが窺える。

永正四年（一五〇七）の細川政元暗殺後、澄元派と高国派に分裂すると、細川政賢はしばらくして四国の澄元のもとへ参じているが、永正八年の船岡山合戦で敢えなく戦没する。その息澄賢は、目立った働きをすることなく、大永元年（一五二一）に四国で没したという[21]。澄賢は永正三年に元服しているので[22]、享年は三十歳程度であろう。当然残された晴賢は若年のはずである。

したがって、政賢が欠郡を実効支配していたのは永正初年以前ということになるが、宗信は永正二年三月一七日に妻を亡くしているので[23]、その頃から政賢に仕えていたとしても年齢的に問題はない。宗信の庇護のもと、龍潭寺が開かれたのは明応二年（一四九三）のこととされ、同四年に同寺は細川政元の禁制も得ているので、宗信の活動期はこの頃まで遡りうる[24]。残念ながら、政賢と宗信の主従関係を直接示す史料は確認できないが、以上の検討から導き出された諸点は、宗信が典厩家三代に仕えたことの傍証にはなりうるだろう。

2　宗信周辺の松井一族

次に宗信周辺の松井一族について、宗信との関係性を整理しておく。

天文三年（一五三四）七月一五日に宗信が没すると、同五年八月を初見として、晴賢方の贈答等については松井十兵衛が主として担当することとなる[25]。また、三好政長の配下と本願寺寺内衆の喧嘩を「中嶋三代官」と呼ばれる松井十兵衛・水尾源介・小川左橘兵衛ら晴賢内衆が仲裁したこともあった[26]。【史料4】における中嶋での活動を踏襲していることから、十兵衛は宗信の後継者とみて間違いなかろう。晴賢内衆としての十兵衛の活動は、少なくとも天文二〇年までは確認できる[27]。

そのほか、松井次郎左衛門という人物が、宗信の配下として使者をつとめている[28]。次郎左衛門家の所見は比較的早く、文明七年（一四七五）には丹波国隼人保を違乱するその名を確認できる[29]。隼人保は、松井家の本貫地でもある太田付近に所在するので[30]、この周辺に一族が集住していたのであろう。

宗信や十兵衛が活動していた頃には、上村荘（京都府亀岡市）を拠点とする波多野秀親も松井姓を用いている。秀親は、八上城（兵庫県篠山市）を本拠とする波多野氏の一族で、上村荘は松井氏の本拠地である太田から目と鼻の先である[31]。波多野氏が上村荘付近に勢力を伸ばしてくる契機は、永正五年（一五〇八）に同荘の代官職を競望し、その座に就いたことにあった[32]。この地は、波多野氏と対抗関係にある内藤氏の本拠八木（京都府南丹市）にも程近い。そこで波多野氏は、支配を確固たるものとするために、一族の秀親を送り込んだのであろう。以上のような背景から、松井改姓は、この地における支配の確立と、さらなる領域拡大を視野に入れたものと理解される。

秀親の発給文書は残されていないが[33]、受給文書は比較的豊富に伝わっているので、年代の判明するものに限定して表14に整理しておいた（以下、表の史料を引用する場合は、［1］のごとく史料番号を表記する）。これによると、秀親は大永七年（一五二七）五月までは「波多野次郎」と呼ばれているが［1〜4］、大永八年六月までに「松井与兵衛尉」と改称している［5］。大永七年二月の桂川合戦において、柳本勢とともに波多野勢が主力であった

表14　波多野秀親受給文書

番号	年　月　日	差　　　出	宛　　所	出典
1	(大永6).11.9	(三好)元長・(可竹軒)周聡	波多野次郎	波31
2	(大永7).1.14	六郎(細川晴元)	波多野次郎	波34
3	(大永7).1.14	(三好)元長・(可竹軒)周聡	波多野次郎	波15
4	(大永7).5.27	六郎(細川晴元)	波多野次郎	波33
5	大永8.6.24	(波多野)秀忠	松井与兵衛尉	能1
6	(天文2).10.29	(細川)晴国	波多野与兵衛尉	波27
7	(天文2).12.13	(細川)晴国	波多野与兵衛尉	波24
8	(天文2・3).6.24	(細川)晴国	波多野与兵衛尉	波22
9	天文3.7.2	(波多野)秀忠	与兵衛尉	能3
10	天文3.7.2	(波多野)秀忠	与兵衛尉	能4
11	(天文2・3).7.17	(細川)晴国	波多野与兵衛尉	波21
12	(天文3ヵ).7.29	(細川)晴国	波多野与兵衛尉	波26
13	(天文2・3).8.25	(細川)晴国	波多野与兵衛尉	波25
14	(天文4ヵ).4.21	(細川)晴国	波多野与兵衛尉	波23
15	天文5.2.21	波多野秀忠	与兵衛尉(他2名)	能5
16	(天文5).4.14	(波多野)秀忠	松井与兵衛尉	能12
17	(天文5).4.14	(波多野)秀忠	松井与兵衛尉	能13
18	(年未詳).9.6	荒木清長	松井与兵衛尉	能34
19	天文8.5.15	(波多野)秀忠	与兵衛尉	能7
20	天文8.⑥.6	(波多野)秀忠	与兵衛尉	能8
21	天文13.11.25	(波多野)秀忠	与兵衛尉	波8
22	天文14.12.13	(飯尾)元運	波多野与兵衛尉	波7
23	天文15.11.14	(波多野)秀忠	与兵衛尉	能19
24	(天文16).⑦.14	(三好)宗三	波多野与兵衛尉	波18

註1）　天文16年以前のものを掲げた。
註2）　出典欄の「能」は能勢文書（水府明徳会彰考館徳川博物館所蔵），「波」は波多野家文書（内閣文庫所蔵諸家文書纂所収）の文書番号。いずれも本文註(35)八上城研究会編書所収。

ことから、戦後の論功行賞に伴う改称の可能性が考えられる。

天文元年七月頃に、波多野秀忠が晴元方から高国方残党の細川晴国陣営へ寝返ると、(34)秀忠に従った秀親は「波多野与兵衛」と呼ばれるようになり、松井姓が用いられなくなる［6〜14］。天文二年正月に、秀忠は自身に味方した大西弥四郎に対し、宗信の本貫地である「太田村之内松井公文分」を宛行っていることからも、(35)この頃は晴国方の秀忠・秀親と晴元方の宗信・十兵衛に分かれて、敵対関係にあったと思われる。

天文三年七月に、秀忠は秀親を船井郡代に任じた［9］。ところが、早くも天文五年四月には召し上げとなって「船井郡□《代》職事、如元荒木新《清長》兵衛尉ニ申付」けており［16］、(36)その代償として秀親には同日付で桐野河内における代官職が与えられている［17］。おそらく、秀忠が晴国方へ転身した際に荒木清長は従わなかったため、清長が所持する郡代職は秀親に与えられ、程なくして天文四年七月頃に秀忠が晴元方に復帰すると、元のごとく郡代職が返付されたのであろう。

右の一連の経過を踏まえて表14をみると、秀親は晴元方へ復帰するに伴い、再び松井姓へと戻したことが判明する。松井姓で呼称するのが秀忠と清長に限定されることから、対外的には波多野姓で一貫し、松井姓を用いるのは波多野家内部の人物のみという見方もできなくはないが、そうだとしても松井姓が時限的であることには相違ない。天文八年には「波多野与兵衛」と呼ばれており、(37)受給文書でも天文一四年一二月には「波多野与兵衛尉」と呼ばれ［22］、表14では略したが、以後一貫して波多野姓が用いられている。

以上のように、晴元方に従い、宗信・十兵衛と友好的な関係を保っている限りにおいて松井姓を名乗っていることから、秀親は典厩内衆家を乗っ取ろうとしていたわけではない。また、波多野・柳本・松井三家の対等な関係からして、宗信が松井姓を与えて波多野一族を被官化したとも考えがたい。よって、宗信とは異なる松井家を継承したと考えるのが妥当であろう。しかも、その名跡を継ぐことが亀岡盆地へ進出するうえで意義あるものだとすれば、それなりに高い家格ということになる。宗信がまだ四国に潜伏していた大永三年に、龍潭寺が高国方へ知行安堵を求めていることから(38)、宗信と陣営を異にする松井一族が太田周辺に勢力を持っていた可能性もある。宗信の畿内復帰に伴い、その名跡が秀親へ譲られたと推測しておきたい。

3　幕府奉公衆家の系譜

福原透氏は、近世松井家の初代となった康之の父に正之を、祖父に宗信を措定している。その主要な根拠は、近世に編纂された「松井家先祖由来附」（以下、福原氏に倣い「松井家譜」と呼ぶ）と「松井系図」の二種の史料である(39)。ここではその信憑性を再検証する。

「松井家譜」の記述は正之の代に始まる。これによると、康之の父山城守正之は将軍義輝に仕えていたが、永禄六年（一五六三）九月二六日に病死し、家督は新次郎勝之が継いだという。しかし、永禄八年五月一九日の義輝暗殺の際に殉死したため、弟の康之が相続したとされる。康之の幼名は甚介で、のちに胃助、そして新助へと改めたという。このうち、山城守正之の受領名・諱や永禄六年九月二六日という没日については、福原氏も指摘するように、正之二十五回忌の法語から裏付けることができる(40)。

「松井家譜」の信憑性は、山科言継の日記でも確認できる。言継が例年行う義輝奉公衆への年始の挨拶を例にとると、永禄六年には「松井山城守」の名がみえ、同七年に松井家の者はおらず、同八年には「松井新二郎・同甚七郎」となっており、正之の死没により相続されたことがわかる(41)。新次郎と甚七郎は「松井兄弟」とも呼ばれていることから、系譜の裏付けも得ることができ、義輝暗殺の際に新次郎が討死したことも確認できる(42)。弟の甚七郎は、義昭の奉公衆として存続しており、「武家奉公衆松井甚七郎於越州蒙疵云々、愛洲薬所望之間一包遣之」と信長の朝倉攻めに従軍して負傷した様子や、年始の挨拶をしていることが確認できる(43)。

康之の発給文書によると、元亀三年（一五七二）一〇月一七日には「松井甚七郎康之」と署名しているが、天正三年（一五七五）六月九日には「松井甚介康之」と改まり、花押も改変している[44]。年未詳六月一五日付の発給文書でも「松井甚介康之」と署名しているが、花押は元亀三年のものと一致する[45]。よって、この文書は天正元年もしくは二年に限定できる。甚七郎から甚介への改名が、将軍義昭を見限ったこの時期に絞り込まれるため、「甚介」を幼名とする「松井家譜」は正確とはいえない。とはいえ、少なくとも系譜面においては史実を踏まえていると判断できよう。

一方の「松井系図」の大略は、清和源氏の維義（松井冠者）を祖とし、南北朝期を『太平記』でも活躍する山城国綴喜郡松井の松井氏で繋ぎ、戦国期に入ると駿河今川氏の重臣松井氏となり、その分流が山城西岡の采地を受け継ぐというものである。既存の系図などを繋ぎ合わせたもので、「松井系譜」が記さない正之以前の歴史を穴埋めすることに創作の目的があったことは想像に難くない。その点は、十兵衛という歴とした後継者がいる宗信の嫡子に正之をあてていることからも窺える。したがって「松井系図」は信用に値せず、正之以前の奉公衆家の系譜については白紙に戻されることとなる。

ここで思い起こされるのが、宗信と同族で相応の家格を有する松井家の存在である。残念ながら、この家が奉公衆家か否かは、判断する材料を持ち合わせていないが、奉公衆としての松井家の初見は、明応八年（一四九九）の「公方（足利義稙）ハ丹波国ニ御座、内藤・山名以下御方ヲ申故也、（中略）奉公衆之内木阿之息・松井息被打云々」という事例にまで遡る[46]。側近の木阿弥などを引き連れ流浪の身となっていた義稙[47]は、このとき越前から上洛を目指すものの、細川政元勢に退けられ丹波へ退却した。宗信は、政賢内衆として政元方に属しているであろうから、ここでの松井氏は宗信とは系統が異なる。

そもそも、「永享以来御番帳」「文安年中御番帳」「長享元年九月十二日常徳院様江州御動座当時在陣衆着到」

などの将軍近臣団のなかには松井姓の者が一切みえず、義昭期のものである「永禄六年諸役人附」の後半部分に至って初めて登場する[48]。このように松井家は譜代の奉公衆ではないことから、流浪中の義稙に取り立てられた可能性が指摘できよう。また、丹波入国に伴って登場することから、丹波と何らかの関係を有するのかもしれない。いずれにせよ、奉公衆の松井家という視点から改めて検討する余地はあるといえるが、宗信がその家系に属さないことはここまでの検討で明らかである。したがって、以下の考察では、その視点に縛られる必要はないと判断される。

二　松井宗信の動向

1　上洛直後の宗信

宗信の史料上の初見は、次のようなものである。

【史料5】[49]

就御入洛之儀、為御先勢至当津(堺)令着陣、然者其国手遣之事、十市兵部少輔(遠忠)被相談、於忠節者尤可為肝要候、尚松井惣左衛門尉(宗信)可申候、恐々謹言、

(大永七年)正月十一日　元常(細川)（花押）

多武峯衆徒中

【史料6】[50]

八幡宮本願正蔵主依為敵同意没落之由候、然上者如先々急(ママ)八幡宮造営之儀、可被執立事専一候、若有兎角申輩者、急度可有注進候、恐々謹言、

松井惣左衛門尉
　　宗信判
三好左衛門佐
　　長家判
（大永七年）二月十七日
　　　雙（巣）林庵
　　　　侍者中

右の二通から、宗信は当初惣右衛門と名乗っていたことが判明する。桂川合戦に先立って、大永六年（一五二六）一二月に阿波から堺へ渡海してきた先陣は、「典厩（細川晴賢）・和泉守護殿（同元常）・三好越後守（長尚）子息左衛門尉（三好長家）（佐）・同弟神五郎（同政長）」等であった[51]。【史料5】は、その到着を多武峰に報じた細川元常の書状で、同日付でほぼ同文の書状を周悦なる人物も発給している[52]。その二通いずれもで、宗信の名が取次としてみえることから、宗信は晴賢内衆として従軍すると同時に、渡海衆全体の各方面への連絡役も担っていたと考えられる。畿内近国に無案内な四国勢のなかで、丹波出身の宗信は比較的顔の利く存在だったのであろう。

一方の【史料6】は、冒頭で触れたように、桂川合戦直後の暫定的な支配の一環で発給されたものである。これを最後に惣右衛門の名はみえなくなり、大永七年九月までに越前守の受領名を用いるようになる。

その初見は三条西実隆の日記で、家領の三栖荘で現地管理にあたる伏見般舟三昧院の幸遵からの「三栖事地頭代官松井越前折帋、諸名可指出之由申」してきたという報告で確認できる[53]。ここからは、宗信が三栖荘のうち地頭方の代官に就任したことも判明する。宗信の言い分に対して幸遵は、「三分一方更無先規」と返答するつもりだという。三条西家領にあたる三分一方に対する指出に前例はなく、宗信はいわば越権行為に及んだのであった。

以後も三栖荘への押領は続くので、そこから宗信の動向をみておこう。翌大永八年七月（八月に享禄と改元）

になると、「三栖庄自堺押領之折帋」が届く。ここでの「堺」とは、義維を首領とする「堺公方」方という意味であろうが、「三栖事地頭方可押取三分一」とあって、押領の張本人は地頭方代官の宗信とわかる。(54)それからしばらくは、「三栖事無別儀」と無事が保たれているが、閏九月になると「三栖事終押領」が始まる。(55)

対して実隆は、「長澤子」が「松井与力」なので、試みに彼を通じて交渉をしてみるが、案の定、幸遵が「無料簡」と報告してきた。(56)そこで交渉先を変えて、堺の商人である武野紹鷗に「市原《胤吉》折帋事等」を依頼した。(57)市原胤吉は、同年に下山城守護代に就任したばかりの三好元長の有力配下である。(58)宗信本人よりも、敵対する元長方に交渉先を変えたほうが賢明だと判断したのであろう。効果は覿面で、紹鷗が持参した「市原《胤吉》石見入道折帋」を三栖荘へ遣わすと、即座に「三栖年貢」が到来している。(59)

ところが、年末には、三栖荘の「於年貢者地下拘置」という新たな事態が発生した。この年貢拘留は、「塩田若狭《胤光》三栖・塔森事等可被伝達之由」という指示が三条西家へ届いていることから、市原胤吉の同僚でもある塩田胤光の命による措置である。(60)これと前後して元長方郡代が配備されるので、支配関係の把握が目的であったのであろう。胤光の指示に応えて三栖荘以下が三条西家領である旨を伝達すると、胤光は「無相違」と回答している。

それと同時に実隆は、宗信の違乱を防ぐべく、三栖荘の代官に西岡国人の中小路宗綱を任じたようで、「中小路折帋」を伏見へ遣わすことで、「三栖事尤可然、明春早可収納」という手筈が整えられている。(61)宗綱は丹波仁木氏の内衆でもあり、柳本一族が洛中で起こした喧嘩を仲裁するなど、中立的な立場にあったため白羽の矢が立ったのであろう。(62)ただし実隆は、宗綱と直接面識がなかったらしく、「三栖事伝播磨守、申遣中少《小》路山城守《宗綱》」とみえるように、常に「播磨守」なる人物を介して連絡を取っている。(63)

対して宗信も、翌年正月には「三栖事松井可所務之由折帋」を送ってくる。(64)しかし、胤光の指示に顕著なように、元長方の支配体制は着々と整備されており、この段階では宗信の押領する余地はなかったようである。このように、桂川合戦以来、暫定統治の一角を担っていた宗信の動きは、下山城守護代に就任した元長によって押さえ込まれるようになる。

2　宗信の堺下向と元長の失脚

元長が下山城守護代としての支配を推進すればするほど、賢治・宗信らとの間の軋轢に拍車をかけることとなる。しかも、主君の晴元は賢治らの肩を持ったため、埒が明かなくなり、享禄二年（一五二九）八月一〇日に元長は京都周辺の支配を放棄して阿波へ帰国してしまう。[65] それと入れ代わりで、賢治らが京都周辺を実力で支配し始めるが、元長の帰国の時期を除くと、前後の経過についてはほとんど知られていないので、その点を辿っておきたい。

三栖荘に視点を戻すと、享禄二年六月一〇日付の幸遵書状では「松井越前守上洛之由」を伝えており、「三栖之儀」は「中小路無別儀申」しているので、その旨を宗信に届けるべきだと述べている。[66] 実隆の耳に「松井上洛之由」が入ったのは六月一二日のことで、「松井三栖事結句可致代官之由申之」という情報も入ってくる。[67] 直後に「三栖事申遣中小路」しているが、これを最後に宗綱は登場することなく、享禄三年二月六日には「三栖事」について宗信に問い合わせをするようになっていることから、結局、宗信の代官職競望には抗えなかったのだと思われる。[68]

では、元長の阿波帰国を前にして、宗信はどこへ何を目的に下向していたのであろうか。

【史料7】[69]

「（包紙上書）（追筆）『享二七朔日』

（朽木稙綱）朽民殿進之候　　（六角定頼）弾」

（前略）

一昨日又自堺松井注進申旨、以飛脚海備（海老名高助）・進作（進士晴舎）へ申候、御料所・諸奉公方知行何も厳重ニ可申付旨、六郎殿（細川晴元）被申趣候、其内津国富田庄之儀、子細共候て、去年堺にも色々馳走候時も難成儀、今度松井下候て相調、六郎殿下知出候て、松井所ニ預置候由、昨日申越間、則其旨昨日注進申候、定而可為参着候、

（中略）

一若常（常桓）当谷（朽木谷）へ入御候者之儀ハ、是程　上意も申上、出入者之上ニ参儀を押留候て、不可被入申候、遅引候不可有別儀候、定而左様ニハ不可有之候へ共、自然儀承間申候、

一専御○（当谷）口へ此砌ハ被居番、人をゑらまれ候て可然候、きようめうなりと人申共不苦候、久敷ハ不可有之候、此砌ハ其御気遣可然候、公方様（足利義晴）御入洛も候て御平静候ハてハ弥失面目候、其方之儀も同前候、むさ〳〵なる御事出来候てハ、可為前代未聞候、涯分可有御馳走候、細々御懇ニ承候、本望候、かしく、

六月（享禄二年）廿□日

六角定頼が、宗信からの情報を将軍義晴に近侍する朽木稙綱へ伝えた書状である。この時期、義晴は朽木谷に身を寄せていた(70)。

一つ書き一点目から、宗信は晴元に対し、義晴の御料所と義晴方奉公衆の知行を安堵する約束を取り付けるために堺へ下向したことが判明する。しかも、御料所のうち富田荘については、すでに前年から要求していた(71)。今回の交渉によって、富田荘はひとまず宗信へ預け置くことになったという。

二点目に、万一流浪中の高国が朽木谷を訪れても、入れないようにと定頼は意見している。義晴と高国が合流したという情報が伝わってしまうと、宗信を介しての晴元方との交渉が決裂してしまうからであろう。それとともに三点目では、谷口の番を厳重にすべきだが、それも「久敷ハ不可有之候」と述べていることから、右の交渉

の延長線上に「公方様（足利義晴）御入洛」を予定していることが確認できる。
【史料7】から、宗信は堺の義維ではなく、朽木の義晴側に立って動いていることが判明する。その狙いは、京都で義晴権力を復活させることにあり、御料所の譲渡が題目に入っていることから、義維権力との合体までも視野に入れているはずである。宗信の堺下向は、その要求を晴元方に申し入れることにあり、晴元がそれを飲んでしまったため、義維を推す元長は阿波に帰国したのであろう。元長の阿波帰国によって京都支配の主導権が入れ替わったのではなく、晴元の判断で主導権が奪われたため、元長は阿波帰国に追い込まれたのである。

3　賢治・宗信連立体制と将軍義晴

享禄二年（一五二九）七月一二日には、「下京地子事、柳本（賢治）可申付云々」という情報が近衛尚通の耳に入っており、賢治らが京都で新たな動きを示し始める[72]。「従朽木御左五局（三淵晴員姉）被申沙汰奉書被出之」ともあるように、その背景には義晴方からの命もあった。翌一三日には、「柳本下知進上之、所々地子彼方押妨之間申遣之」とあって、地子銭の押領停止を命じた賢治の下知が尚通のもとにも到来する。「彼方」とは、高国方か元長方のいずれかを指すのであろう。一四日には、「所々地子、柳本・松井両人堅申付、如先々本所へ致其沙汰云々」とあって、地子銭を本所へ収めるよう下京一帯に下知したことが明らかとなる。その下知は、「殊巷所事、松井雖令所務家門申遣処如先規致沙汰者也」と、宗信が代官職をつとめる巷所にまで徹底していた。そして一五日に、尚通は「地子催促下知等礼」を伝えている。下京一円における地子銭安堵は、賢治と宗信による京都支配の始まりを宣言するものともいえよう。

三条西家領においても同様で、七月一一日には「柳本書状」が届き、同月一四日には「武者小路地及違乱之間、遣源次郎於本覚寺申之処、鴨野（柳本修理ト号云々）申達、松井相判之折紙持来之、則相触近所衆、皆引率罷向、忽落居」という状況に落ち着いた(73)。

ここにみえる「柳本修理」と号す鴨野氏は、賢治の家臣である(74)。したがって、「松井相判」とは、賢治と宗信の連判を意味すると考えられる。同じく一四日に近衛家領に対して「柳本・松井両人堅申付」けたのも、同様の連署状によるものであったと推測される。次の史料は、それを裏付ける。

【史料8】(75)

飯尾近江入道(貞運)方当知行分所々事、任御下知之旨、対彼代可令納所候、万一就新恩相紛子細在之者、可被遂糺決間、可相拘之由堅可申付旨候、謹言、

(享禄二年)十月九日　松井　宗信（花押）

柳本　賢治（花押）

所々　名主百姓中

この時期の京都支配において、両名の連署状は一つの定式となりつつあったのであろう。【史料8】で注意したいのは、義晴の奉行人である飯尾貞運の所領に対し納所を命じていることである。すなわち、【史料8】は義晴の「御下知之旨」に従って発給されているのである。同様に、「西院庄・下桂庄・五个庄等付折紙処、得其心之由申間、大慶此事也、従朽木大樹(足利義晴)被仰付、六郎(細川晴元)申付出折紙、柳本・松井両人書出也」とあるように(76)、近衛家領を安堵する「柳本・松井両人書出」の折紙も、義晴の意をうけて晴元が命じ発給された。

享禄三年に入っても、美豆御牧へは「柳本棟別事申懸」け、「松井越中守(前)、十一ヶ郷(宇治郡)中之棟別相懸」けている

ように、賢治と宗信による各方面への侵食は続いた[77]。かくして順調に事が運んでいるかにみえていたところ、享禄三年五月には、賢治・宗信ら一党がまとめて出家するという事件が起こる。その理由は「朽木御所《（足利義晴）》御上洛事、弾正《（柳本）》・松井・伊勢守《（伊勢貞忠）》等令談合、与堺和与之段申合之処、可竹軒至今無一途之儀、六郎令上洛不参御迎事無之、又堺大樹《（足利義維）》無一途之趣于今同篇、仍朽木無御上洛之条、其儀尤也、然者各談合之段似失面目歟《と》、仍対可竹軒述懐愁訴之儀也」というものであった[78]。賢治と宗信が周到に準備を進めてきた義晴の上洛に対し、可竹軒周聡の同意が得られないため、いわばデモンストレーションとして出家したのである。「松井雲江像」はその一環で作成されたものといえる。

　賢治と宗信の京都支配は、さらに進展する可能性も残されていたが、翌六月に賢治が暗殺されてしまうと、連立体制は潰えてしまい、以後、宗信の動きは京都周辺では確認できなくなる。それもそのはずで、義晴の京都復帰や御料所返還に同意していた晴元も、享禄三年七月三日付の奉行人奉書にて「朽木御武略被相果訖」と宣言し、「公方御料所・上様御料所并諸奉公人衆知行分年貢地子銭等」は、義維方の「当知行」に任せて支配すると触れている[79]。京都を実効支配する賢治を失ってしまうと、義晴を戴くことの意味はなくなってしまったのである。一方で元長は晴元と和解し、畿内に復帰する。それに伴い、宗信が代官職を担っていたとみられる三栖荘でも、三条西家は元長方と交渉を始めるようになる[80]。

　翌天文元年（一五三二）に元長と晴元の仲が再び険悪になると、晴元と結んだ一向一揆によって元長は堺で自害に追い込まれる。直後に、今度は晴元方と本願寺の抗争が始まると、一揆勢と晴元方は各地で戦闘を繰り広げる。その渦中、天文二年正月には、「又一揆おこり、尼崎大物に松井越前守楯籠間、おしよせて数人討取也、弥一揆起也」とあって[81]、宗信は摂津の大物に立て籠もっている。京都から随分と離れているが、【史料4】でみたように、賢治没後の宗信は、典厩家の本拠ともいうべき摂津欠郡周辺に活動の中心を移したのであろう。これを最後に行動が辿れなくなり、天文三年に宗信は没する。

以上の経過を義晴側の視点からも捉え直しておこう。一般に、違乱の停止を命じる幕府奉行人奉書の宛所は、①違乱している当事者、②違乱対象の本所、③違乱対象の地下、④違乱対象を管轄に含む上級権力（守護代等）のおよそ四種が考えられる。このうち京都周辺における義晴方奉行人奉書の④の事例を並べると、義晴方が正当と認める京都支配者の変遷を示すことができるだろう。それに該当する事例は、元長が阿波へ去った享禄二年から宗信が没する天文三年までの間では、表15の通り六件が検出できる。

表15によると、元長勢力が京都から姿を消した直後に、義晴と連携する賢治が宛所に登場する。そして賢治が暗殺され、元長方が京都へ戻ってきた期間には該当する文書が見当たらない。晴元方から「朽木御武略被相果訖」と宣言されたこともあって、天文元年七月に細川晴国と連絡をとるなど、義晴はこの時期改めて高国残党に歩み寄っている(82)。

しかし、同年に元長が没すると、しばらくして再び宗信に近づいてきていることが彼宛ての奉行人奉書で確認できる。次の史料からは、この時期に宗信が、京都周辺になおも影響力を及ぼしていたことがわかる。

【史料9(83)】

為摂州御手遣被差上両三人候、就其相催各急度可相働由被仰出候、然者来廿二日手遣候条、御寺領中江被仰付一両日逗留被令用意、従廿一日至西岡可被差下候、若於御由(油)断可令註進候、此旨御披露肝要候、恐々謹言、

松井越前入道

(天文元年)九月十九日　宗信（花押）

表15　京都周辺支配者宛ての足利義晴奉行人奉書

年　月　日	宛　所	出　典
享禄2.11.2	柳本弾正忠	久我家文書(『室奉』3173)
享禄2.12.11	柳本弾正忠	泉涌寺文書(『室奉』3179)
天文元.10.19	松井越前入道	久我家文書(『室奉』3201)
天文3.9.22	六郎殿代	久我家文書(『室奉』3261)
天文3.10.7	六郎殿代	広隆寺文書(『室奉』3275)
天文3.10.9	細川弥九郎代	千種文書(『室奉』3277)

一宮左近将監
成長（花押）
薬師寺備後守
国長（花押）
公文所御坊

晴元方の諸将が、九月二二日に西岡方面へ攻撃に向かうので、東寺に協力を要請している。実際、二六日になると、晴元勢は山崎辺で一向一揆と合戦に及ぶが、この合戦に先立って、晴元方の摂津守護代である「薬師寺備後」が「小勢」だったので、「京勢」が「少々合力」している[84]。ここでの「京勢」とは、法華一揆が多くを占めていたようだが、「柳本余党」も含まれていた[85]。【史料9】と併せて考えると、「京勢」の中核には宗信がいたとみてよかろう。このように、賢治・元長の抜けた穴を埋めるのは、やはり宗信をおいて他になかった。

そして翌天文二年二月に、義晴は晴元と晴賢に宛てて御内書を発給し、晴元方の立場をより鮮明にする[86]。天文三年七月に宗信が没すると、義晴が正当と認める京都支配者は不在となったためか、「六郎殿《細川晴元》代」あるいは「細川弥九郎《晴賢》代」を宛所とする奉行人奉書が現れる。後者は、宗信亡き後、彼に相当する人物を想定して宛所にしたものと考えられる[87]。

おわりに

享禄二年（一五二九）六月の堺下向を起点として、松井宗信は柳本賢治との連立体制による京都支配を志向したことが明らかとなった。彼らは、朽木にいる義晴を上洛させ、堺にいる義維権力を吸収することで政治的な安定を求めようとしていた。一方、三好元長は冒頭で述べたように、義維のもとで京兆家の合体を目論んでいたようである。つまり、賢治・宗信と元長は、自陣営を主体とした政権の合一という点においては目標が一致しながらも、将軍家と京兆家のいずれの合体を優先させるかといった点で意見の対立があったのである。当然のことながら、義維は自身の独立を優先する元長と結び、晴元は自身の独立を優先する賢治・宗信らと結ぶことになる。

晴元方＝将軍義維という「堺公方」体制の枠組に縛られると、賢治と元長の争いは、その枠組のなかでの山城守護代職をめぐる対立という今谷氏以来の理解に留まってしまう。ところが実際は、将軍義晴を推戴するという選択肢が晴元方内部にも早くから存在しており、必ずしも義維に一本化されていなかった。したがって、当該期の京都における対立は、統一構想を描くなかでの意見の不一致にその要因があるとみるべきであろう。

註

（1）今谷明「細川・三好体制研究序説」（同『室町幕府解体過程の研究』岩波書店、一九八五年、初出一九七三年）。
（2）『大徳寺文書別集真珠庵文書』九一〇―一号・九一三―四号。「大永七年雑記」二月二二日条（『石清水八幡宮社家文書』）。『賀茂別雷神社文書』一七二号。この構成は、「細川両家記」などの諸記録からも窺える。
（3）『大徳寺文書別集真珠庵文書』九一三―六号。
（4）本書第二部第四章「三好元長の下山城郡代」。
（5）福原透「松井家の先祖をめぐって」（『八代の歴史と文化Ⅴ　松井家三代』八代市立博物館未来の森ミュージアム、一九九五年）。なお、南山城に伝わる松井家系図と「山城国諸侍木津川原着到状」という連名帳も引用されているが、これらはいずれも十九世紀前半に椿井政隆が作成したものである。詳しくは、拙稿「偽文書からみる畿内国境地域史」（『史敏』通巻二号、二〇〇五年）。
（6）東京国立博物館他編『妙心寺』（読売新聞社、二〇〇九年）四二頁・三五五頁。
（7）前掲註（5）文献九頁や註（6）文献一四七頁などに写真が掲載される。
（8）この賛文は、「見桃録」（『大正新修大蔵経』第八一巻四三一頁）にも所収される。

(9)「見桃録」(『大正新修大蔵経』第八一巻四四一頁)。
(10)東寺百合文書つ函七—二七号。
(11)『天文日記』天文八年正月一四日条・二〇日条・一一月一五日条。「親俊日記」天文七年二月一七日条など、晴賢を「細川右馬頭」と呼称する事例は早くからみられるが、それは典厩家当主の意であって、天文八年正月一六日付の証如書状でも宛所を「弥九郎」としているように(「証如書札案」天文八年一〇号〈『大系真宗史料』文書記録編四〉)、官途成は天文八年のことである。
(12)東寺百合文書ノ函四一三号。
(13)多田神社文書四八六号(『兵庫県史』史料編中世一)。花押は、東京大学史料編纂所蔵写真帳によった。
(14)浜田文書(『岩手県中世文書』中巻一五五号・巻末第一九図版)。岩手大学図書館のホームページでも閲覧が可能である。年代は裏に貼られた「天文十八年十月日到着」という付箋に従った。浜田文書の個々の文書の裏に貼られた付箋は、例えば細川尹賢書状(『岩手県中世文書』中巻一〇八号)の「永正十八年十月二日到着、下向後大永ニカハル」という文言にみられるように、極めて具体的で同時代性に富んでおり、信用に足ると考えられる。
(15)金輪寺文書(『新修亀岡市史』資料編中世一二二〇号・第一巻口絵写真)。なお、同じく丹波の岩王寺文書(東京大学史料編纂所写真帳)に含まれる一二月二日付細川晴賢書状の花押も、②と一致する。そのほか、白井文書一三号(『三重県史』資料編中世二)の晴賢花押も②に近い。
(16)葛西文書(『岩手県中世文書』中巻一三九号・巻末第一八図版)。
(17)葛西文書(『岩手県史』第二巻七五三頁)。
(18)「参考諸家系図」三七巻所収文書(『岩手県中世文書』中巻一五四号)。
(19)垣谷文書一四号(『兵庫県史』史料編中世三)。花押は、兵庫県公館県政資料館蔵写真帳によった。なお『兵庫県史』は、宛所「播磨守」を垣屋光成に比定するが、名字がないところをみると晴賢の同族と思われるので、細川播磨守元常に訂正すべきであろう。さらに、細川澄賢のものとされてきた讃岐の冠尾八幡宮奉加帳断簡(『香川県史』第八巻一四頁)に据えられる花押も、④⑤と一致する。ここから、晴賢はのちに四国へ落ち延びたと推測される。
(20)菊大路家文書三一二号(『石清水文書』六)。
(21)細川澄賢墓碑(『大日本史料』大永元年八月二二日条)。

(22)『後法成寺関白記』永正三年七月三日条。『実隆公記』同月六日条。
(23)「大雲山誌稿」一（東京大学史料編纂所謄写本）。
(24)「大雲山誌稿」一。「西源特芳和尚語録」（『大正新修大蔵経』第八一巻五〇八頁）。龍潭寺文書（『新修亀岡市史』資料編中世一五五二号）。
(25)「大雲山誌稿」一。『天文日記』天文五年八月一九日条。同一二年二月一八日条に再びみえて以後、十兵衛は頻出する。
(26)『天文日記』天文一二年八月五日条・同一六年五月一三日条。水尾源介については、拙稿「織豊期の茨木」（『新修茨木市史』第二巻、二〇一六年）も参照されたい。
(27)『天文日記』天文二〇年一二月一九日条。「日黄事故略抄」天文二〇年七月条（「大雲山誌稿」一九）。
(28)『後法成寺関白記』享禄三年正月二六日条・二月四日条。
(29)壬生家文書（『室奉』九八二）。
(30)例えば、中原康富が「桑田郡内佐伯庄大田杜孫次郎」のもとを訪れ、「佐伯内隼人保」を検分している（『康富記』応永二七年一一月一〇日条）。
(31)高橋成計「三好氏の丹波進攻と波多野与兵衛尉について」（『丹波』創刊号、一九九九年）。
(32)中村由美「波多野氏と禁裏御料所丹波上村庄」（『丹波』第三号、二〇〇一年）。
(33)ただし、前掲註(15)の金輪寺奉加帳にみえる「弐千疋　与兵衛耐《(尉)》（花押）」は、秀忠に次ぐ金額であることからも、秀親の署判と考えられる。
(34)この時期の晴国と秀忠の動向については、本書第三部第二章「細川晴国陣営の再編と崩壊」。
(35)雨森善四郎氏所蔵文書二号（八上城研究会編『戦国・織豊期城郭論』和泉書院、二〇〇〇年）。
(36)蜷川家文書一号（前掲註(35)八上城研究会編書）によると、天文五年一二月に清長は船井郡の桐野河内御料所を秀忠の意に従い伊勢兵庫助へ引き渡している。よって清長の郡代復帰を告げる［16］は、同年に比定できる。
(37)「親俊日記」天文八年五月二八日条・一一月六日条など。
(38)龍潭寺文書（『新修亀岡市史』資料編中世一五五三号）。
(39)いずれも『八代市史』近世史料編Ⅷ所収。
(40)『玄圃藁』（宗雲寺、一九九九年）四七頁。

(41)『言継卿記』永禄六年～永禄八年の正月二日条。
(42)『言継卿記』永禄八年正月一五日条・五月一九日条。新次郎の「勝之」という諱の正否については、活動期も短く判断のしようがない。
(43)『言継卿記』永禄一三年四月三〇日条・元亀二年正月二日条。なお、元亀二年四月一八日条にみえる「松井新二郎」は「甚七郎」の誤りであろう。
(44)『久我家文書』六七九号。革嶋家文書一三号（『京都府立総合資料館紀要』第五号、一九七七年）。
(45)革嶋家文書一二号。
(46)『大乗院寺社雑事記』明応八年一二月二日条。
(47)設楽薫「足利義材の没落と将軍直臣団」（『日本史研究』第三〇一号、一九八七年）。
(48)いずれの史料も『群書類従』第二九輯所収。今谷明「『東山殿時代大名外様附』について」（前掲註(1)同氏著書、初出一九八〇年）が紹介する史料でも確認できない。なお、長節子「所謂『永禄六年諸役人付』について」（『史学文学』第四巻第一号、一九六二年）が指摘するように、「永禄六年諸役人附」のうち実際に永禄六年頃の状況を示すのは前半のみで、後半は永禄八年以降の義昭期のものである。
(49)『談山神社文書』一六号。
(50)「大永七年雑記」二月二二日条（『石清水八幡宮社家文書』・『戦三』三六）。
(51)「細川両家記」大永六年一二月一三日条。
(52)『談山神社文書』二二号。
(53)『実隆公記』大永七年九月一六日条。
(54)『実隆公記』大永八年七月一一日条・二二日条。
(55)『実隆公記』享禄元年八月二三日条・閏九月一九日条。
(56)『実隆公記』享禄元年閏九月二六日条・一〇月一一日条。「長澤子」とは、『言継卿記』享禄二年正月一二日条にみえる長澤新三郎と思われる。勧修寺文書（東京大学史料編纂所影写本）には、可竹軒周聡による裁定の結果を伝えた彼の発給文書も残っており、「秀光」という諱も判明する。
(57)『実隆公記』享禄元年一一月三日条。

(58)　以下、元長方の体制については、本書第二部第四章「三好元長の下山城郡代」。三栖荘一件については、中村修也「室町末期の三条西家の三栖庄経営と武野紹鷗」（戸田勝久先生喜寿記念論集刊行会『武野紹鷗　わびの創造』思文閣出版、二〇〇九年）も取り上げているが、武野紹鷗に対して三栖荘の年貢収納まで委託していたという過大な評価や、晴元方の諸将の位置付けに不備や誤解があるため、本章の解釈とは大きく異なる。
(59)　『実隆公記』享禄元年一一月八日条・九日条・一二日条。
(60)　『実隆公記』享禄元年一二月一四日条・一六日条。
(61)　『実隆公記』享禄元年一二月三〇日条。中小路宗綱については、仁木宏「中世の開田荘（村）と中小路氏」（『長岡京市文化財調査報告書第六三冊　長岡天満宮資料調査報告書　美術・中世編』二〇一二年）。「中小路太刀持来、令対面、所々代官事内々令競望」とみえるように、宗綱は同時期に近衛尚通へも代官職を求めており、以後も頻りに進物をしている（『後法成寺関白記』享禄元年一一月二二日条・二九日条・一二月二二日条・同二年二月二〇日条）。
(62)　『言継卿記』享禄二年正月一一日条。稲本紀昭「伊賀国守護と仁木氏」（『三重大学教育学部研究紀要』第三八巻人文・社会科学、一九八七年）。
(63)　『実隆公記』享禄二年四月一四日条。そのほか同年四月二三日条・五月九日条・一一日条も参照。
(64)　『実隆公記』享禄二年正月二二日条。
(65)　「細川両家記」享禄二年八月一〇日条。
(66)　『実隆公記』巻八、一八三頁。
(67)　『実隆公記』享禄二年六月一二日条。
(68)　『実隆公記』享禄二年六月一六日条・同三年二月六日条。
(69)　『朽木文書』二二六号。『内閣文庫影印叢刊　朽木家古文書』上、二二六号および『戦国遺文　佐々木六角氏編』三〇一号に基づき訂正を加えた。
(70)　この時期の義晴の動向については、西島太郎「足利義晴期の政治構造」（同『戦国期室町幕府と在地領主』八木書店、二〇〇六年、初出二〇〇〇年）。
(71)　五月二六日付の「松村《(井)》越前守宗信」書状案では、「葛川儀、従此方申付候処、不能其承引明王山悉竹木為両代官沽脚之由候」と、「両代官」の竹木違乱を宗信が停止できていない状況が窺える（『葛川明王院史料』九二九号）。それをうけて、享禄二年一〇月一二日付の義晴方幕府奉行人奉書で、葛川の「両役者并地下人等為所行恣伐取」ことが停止された（『葛川明王院史料』一八一号）。よって宗信の書状は享禄二年に比定できる。このように、義晴と宗信の連携は早くから進められていた。

（72）以下の叙述は、『後法成寺関白記』享禄二年七月一二日条〜一五日条による。

（73）『実隆公記』享禄二年七月一一日条・一四日条。なお、東京大学史料編纂所写真帳により、刊本に修正を加えた。

（74）例えば、「稙通公記」享禄二年三月一七日条には、九条家から賢治への「申次」としてみえる。なお、「鴨野」と「柳本修理」が同一人物であることは、「鴨野修理亮春重」の花押（『九条家文書』一二一九号）と「柳本修理亮春重」の花押（『大徳寺文書別集真珠庵文書』九一三―五号）が一致することからも裏付けられる。詳しくは、本書第二部第三章「『堺公方』期の京都支配と柳本賢治」参照。

（75）尊経閣古文書纂一（諸家文書）飯尾文書（東京大学史料編纂所写真帳）。宗信発給の原文書は、この他に大永八年の『国立国会図書館所蔵貴重書解題』第四巻一五号（国立国会図書館のホームページでも閲覧可）と後掲【史料9】のみしか残されない。なお、いずれも花押は一致する。

（76）『後法成寺関白記』享禄二年一〇月一九日条。

（77）『実隆公記』享禄三年三月二九日条。「厳助往年記」同年四月一一日条。

（78）『二水記』享禄三年五月一〇日条。

（79）勧修寺文書（前掲註（1）今谷論文四〇七頁）。

（80）『実隆公記』享禄四年六月一六日条。

（81）「細川両家記」天文二年正月二日条。

（82）本書第三部第二章「細川晴国陣営の再編と崩壊」。

（83）東寺文書五常仁二号。

（84）『二水記』天文元年九月二六日条。

（85）『二水記』天文元年九月二八日条。「祇園執行日記」同日条。「稙通公記」同日条や調子家文書九九号（『長岡京市史』資料編二）によると、【史料9】差出の一人である一宮成長は、このとき摂津で討死している。随心院文書五七号・五八号（同上）によると、その跡は一宮宮房丸が継いだ。

（86）「御内書引付」（『群書類従』第二三輯下三一六頁）。

(87)　中小路宗綱の年貢無沙汰を停止するよう晴賢代へ命じているこの事例から、前掲註(61)仁木論文は宗綱を晴賢の家臣と想定するが、先述のように正しくは丹波仁木氏に仕えているので本文のように解釈した。

第三章　「堺公方」期の京都支配と柳本賢治

はじめに

大永七年（一五二七）の桂川合戦で足利義晴と細川高国が京都から追われると、代わって四国から堺に上陸してきた足利義維と細川晴元が畿内を席巻する。かつて今谷明氏は、義維を事実上の将軍とし晴元を管領とする「堺幕府」が畿内を独占し、晴元の「管領代」である茨木長隆が京都代官として京都を支配したと論じた(1)。今谷説の特徴は、細川氏が室町幕府の実質的な統治者となって「京兆専制」化を遂げ、そのもとで「管領代」なる地位が成立し、さらにその地位を継承した三好長慶が畿内の覇権を握るという権力の止揚を総括的に描いた点にあり、「堺幕府」論はその一階梯を構成していた。

それに対して、義維は将軍職に就いていないうえ、義晴は将軍として健在であるという批判が寄せられた(2)。また、長隆が発給するのは晴元の意を奉じる奉書であり、奉行人は一般に身分が低いため、「管領代」として主体的行動をとったとすることにも疑問が呈された(3)。その結果、「堺幕府」が畿内を独占したとする説は一歩退き、今現在は義晴と義維の両公方勢力が併存していたという理解に落ち着いている(4)。しかし、研究史を振り返ってみると、今谷説は批判を浴びただけで、それに代わる権力像が描かれていないということに気付かされる。つまり、「堺公方」の実態は不詳のまま、その存在のみが認知されるという状況におかれているのである。畿内を二分する勢力の中身が空洞であれば、自ずと問題も多方面に派生していく。

まず第一に、いったい何をめぐって対立していたのか、その内実が不明のままという問題が指摘できる。桂川合戦を高国派と晴元派の対立の画期とみる研究は多いが(5)、対立の内実が不明であれば、画期は単なる時期区分の指標に留まってしまい、歴史的な展開を捉える指標にはなり得ない。

第二に、「堺公方」の空洞化に阻まれて、細川氏研究の時期的な下限がこの前後に定まってしまい、最終段階が視野から外れるか、あるいは最終段階を解体期・後退期としてしか捉えられなくなってしまったという問題が挙げられよう(6)。そのため、今谷説が信長上洛までの展開を視野に入れていたにも拘わらず、その後の細川氏研究は「京兆専制」論の再検討に議論が矮小化してしまった。

そして第三の問題は、過渡的権力としての茨木長隆の存在が白紙となり、今谷説で想定されていた三好権力の前提が失われてしまったことにある。細川権力との接点を十分に意識しないまま三好権力の研究が進展すると、自ずと織田権力との連続面ばかりが照射されることとなり、事実以上に細川権力との断絶面が強調される可能性がある(7)。三好権力の先進性を否定するつもりはないが、正当な評価を下すためには、細川権力との連続面も意識しておく必要があるだろう。

本章の最終的な関心は、三好権力成立の前提を探ることにあるが、上述の問題点に鑑みると、権力の止揚という側面を重視していた今谷氏の議論に立ち帰って、第一から第三の問題を順に解決していく必要があると考える。そこで三つの問題に即して、具体的な対応策を示しておきたい。

第一の問題については、二つの公方権力が併存した時期固有の問題や対立構造を捉え直す必要があるだろう。そこで本章では、両公方が併存した時期を、「堺公方」の存在時期に相当するので便宜的に「堺公方」期と定義する。ここで注意したいのは、幕府と京兆家を一体のものとみる「京兆専制」論への批判、すなわち両者は別個

表16Ａ　柳本家当主発給文書

番号	年　月　日	差　　出	宛　　所	出　　典
Ａ１	(永正４).11.４	柳本又次郎長治	市原野一揆中	『大徳寺文書別集真珠庵文書』913-14号
Ａ２	(大永７).２.16	柳本又次郎賢治	真珠庵納所禅師	『大徳寺文書別集真珠庵文書』913-４号
Ａ３	(大永７).２.22	柳本又次郎賢治	相(巣)林庵	「大永七年雑記」(『石清水八幡宮社家文書』)
Ａ４	大永７.２.―	柳本賢治 波多野秀忠	賀茂社	『賀茂別雷神社文書』172号
Ａ５	大永７.２.―	柳本(賢治)	四条道場金蓮寺	金蓮寺文書
Ａ６	大永７.２.―	柳本(賢治)	大山崎	疋田家本離宮八幡宮文書38号(『大山崎町史』史料編)
Ａ７	(大永７ヵ).11.晦	柳本賢治	当所名主百姓中	東寺百合文書ひ函231号
Ａ８	(享禄元).５.24	柳本弾正忠賢治	真珠庵納所禅師	『大徳寺文書別集真珠庵文書』913-６号
Ａ９	(享禄元).⑨.１	(柳本)弾正忠賢治	竹田又六	東寺百合文書り函170号
Ａ10	(享禄２).２.26	(柳本)賢治	唐橋	『九条家文書』2064号
Ａ11	(享禄２).３.16	柳本賢治	上下京米屋当座中	『蜷川家文書』502号
Ａ12	(享禄２).５.12	柳本弾正忠賢治	薬師寺年預五師御坊	薬師寺文書５函２号３(『薬師寺の中世文書』)
Ａ13	(享禄２).７.18	柳本賢治	当地百姓中	『大徳寺文書別集真珠庵文書』913-７号
Ａ14	(享禄２).７.19	柳本賢治	当地百姓中	京都大学蔵「古文書集」
Ａ15	(享禄２).９.29	(柳本)弾正忠賢治	上原神九郎	『大徳寺文書別集真珠庵文書』915-２-１号
Ａ16	(享禄２).10.２	(柳本)賢治	上原左衛門大夫	『大徳寺文書別集真珠庵文書』913-９号
Ａ17	(享禄２).10.９	松井宗信 柳本賢治	所々名主百姓中	尊経閣古文書纂一　飯尾文書(本書第二部第二章)
Ａ18	(享禄２).10.13	(柳本)賢治	真珠庵	『大徳寺文書別集真珠庵文書』913-８号
Ａ19	(享禄２).11.２	(柳本)賢治	東寺年預御房	東寺文書　楽甲(『戦国時代の東寺』)
Ａ20	(享禄２).12.６	(柳本)弾正忠賢治	(柳本)修理進(春重)	『九条家文書』2165号
Ａ21	(享禄２).12.６	柳本賢治	東福寺雑掌	『九条家文書』2166号
Ａ22	(享禄２).12.６	柳本賢治	稲荷社家中 当社氏人等中 東寺雑掌	『九条家文書』2167号
Ａ23	(年未詳).３.25	柳本弾正忠賢治	阿川淡路入道	尊経閣古文書纂一　飯尾

番号	年　月　日	差　　出	宛　　所	出　　典
				文書
A24	(年未詳). 4 . 14	柳本賢治	当所名主百姓中	勧修寺文書
A25	(年未詳). 6 . 16	(柳本)賢治	名主百姓中	『九条家文書』1217号
A26	(年未詳). 8 . 9	柳本賢治	当所名主百姓中	東寺百合文書り函162号
A27	(年未詳). 9 . 10	柳本賢治	祐玉房	名古屋市博物館蔵佐藤峻吉氏寄贈文書
A28	(年未詳). 9 . 11	柳本弾正忠賢治	大徳寺納所禅師	『大徳寺文書』580号
A29	(年未詳). 10. 7	(柳本)賢治	市屋金光寺	金光寺文書
A30	(享禄 4). 1 . 6	木澤長政 柳本甚次郎	当地百姓中	『大徳寺文書』588号
A31	(享禄 4). 5 . 29	(柳本)甚次郎	竹田肥前守	東寺百合文書イ函180号
A32	(享禄 4). 9 . 19	柳本甚次郎	当所名主百姓中	東寺百合文書チ函193号
A33	(享禄 4). 11. 11	柳本甚次郎 高畠与十郎長信	当地百姓中	『大徳寺文書』587号
A34	(享禄 4). 11. 24	(柳本)甚次郎	岡本備前 小磯敬真	東寺百合文書ニ函388号
A35	(享禄 4). 11. 24	柳本甚次郎	名主百姓中	東寺百合文書ひ函226号
A36	(享禄 4). 12. 25	柳本甚次郎	山本修理亮	『大徳寺文書別集真珠庵文書』315号

表16B　柳本家年寄衆発給文書

番号	年　月　日	差　　出	宛　　所	出　　典
B 1	(大永 7 ヵ). 7 . 3	鴨野(柳本)修理進春重	名主百姓中	『九条家文書』1219号
B 2	(大永 7 ヵ). 12. 2	柳本若狭守治頼	当所名主百姓中	東寺百合文書キ函299号
B 3	(享禄元). 5 . 25	柳本修理亮春重	真珠庵納所禅師	『大徳寺文書別集真珠庵文書』913—5号
B 4	(享禄元). 7 . 8	柳本若狭守治頼他 6 名	東寺雑掌	高山寺所蔵東寺文書62号(『高山寺古文書』)
B 5	(享禄元ヵ). 10. 17	柳本若狭守治頼他13名	西岡中脉名主百性中	東寺百合文書そ函151号
B 6	(享禄 2). 3 . 20	柳本修理進春重 同若狭守治頼	麻田随勝 岡本備前 宮野上野	東寺百合文書ゑ函120号
B 7	(享禄 2). 6 . 7	木嶋与吉兵衛尉正家	法隆寺年預御坊	法隆寺文書ニ函298号(『法隆寺の至宝』8)
B 8	(享禄 2). 6 . 14	木嶋与吉兵衛尉正家	瓦坊 地蔵院	法隆寺文書ハ函318号(『法隆寺の至宝』8)
B 9	(享禄 2). 7 . 25	木嶋与吉兵衛尉正家	法隆寺年預御坊	法隆寺文書ニ函297号(『法隆寺の至宝』8)
B10	享禄 2 . 7 . 10	柳本忠兵衛尉治安	泉涌寺	泉涌寺文書79号(『泉涌寺史』)

番号	年　月　日	差　　出	宛　　所	出　　典
B11	(享禄２).10. 1	柳本修理亮春重	河原次郎兵衛尉 荻野与四郎	『大徳寺文書別集真珠庵文書』915-２-３号
B12	(享禄２).10.22	(柳本)治頼	年預御師	東大寺文書第３部12-79号
B13	(享禄２).10.29	内藤伊賀守久長	麻田随勝坊	東寺百合文書そ函160号
B14	(享禄２).11. 4	柳本忠兵衛尉治安	西九条名主百姓中	三聖寺文書
B15	(年未詳). 7.23	木嶋与吉兵衛尉正家	大徳寺納所禅師	『大徳寺文書』586号
B16	(年未詳). 9.19	(内海)久長	大徳寺納所侍者禅師	『大徳寺文書』2459号
B17	(年未詳). 9.28	柳本修理進春重	真乗院侍衣禅師	真乗院文書
B18	(年未詳).10.11	内海伊賀守久長	麻田随勝坊他２名	東寺百合文書ニ函348号
B19	(年未詳).10.18	内海伊賀守久長	当所名主百姓中	高山寺所蔵東寺文書60号(『高山寺古文書』)
B20	(年未詳).10.27	(内海)久長	大徳寺納所禅師	『大徳寺文書』2460号
B21	(年未詳).12. 2	内海伊賀守久長	東寺御雑掌	東寺百合文書い函124号
B22	(享禄３). 9.24	内海伊賀守久長	公文所法眼御坊	東寺百合文書い函115号
B23	(享禄３). 9.29	内海伊賀守久長 柳本出羽守道秋 柳本修理進春重	当所名主百姓中	東寺百合文書キ函250号
B24	(享禄３).10. 2	内海伊賀守久長	公文所法眼御房	東寺百合文書い函117号
B25	(享禄３).10.22	柳本修理亮春重	真珠庵納所禅師	『大徳寺文書別集真珠庵文書』408号
B26	(享禄３).10.22	柳本修理亮春重	岸辺・河原	『大徳寺文書別集真珠庵文書』409号
B27	(享禄３).10.26	内海伊賀守久長	当所諸名主中 百姓中	東寺文書　射
B28	(享禄３).11. 3	柳本修理進春重	岸部	『大徳寺文書別集真珠庵文書』915-２-６号
B29	(享禄４). 3.10	岸部弥介 柳本修理亮春重	真珠庵	『大徳寺文書別集真珠庵文書』481号
B30	(年未詳).10. 9	柳本若狭守治頼	岡本備前	東寺百合文書キ函257号
B31	(年未詳).10.19	柳本若狭守治頼	公文所御坊	東寺百合文書ニ函358号
B32	(年未詳).10.19	柳本若狭守治頼	当所□(名)主百姓中	勧修寺文書
B33	(年月未詳).28	柳本若狭守治頼	岡本備前守	東寺百合文書ひ函236号
B34	(享禄４).11.27	木嶋与吉兵衛尉正家 中坊堯琛	当寺御雑掌	東寺百合文書ウ函177号
B35	(天文元). 8.24	柳本出羽守道秋	井関	井関家文書10-19号(『大覚寺文書』)
B36	(天文元). 8.26	柳本出羽守道秋	井関	井関家文書10-13号(『大覚寺文書』)
B37	(年未詳). 7.13	内海伊賀守久長	恵珍房	『九条家文書』1629号
B38	(年未詳).10.―	内海久長	公文所法眼御房	東寺百合文書キ函272号
B39	(年未詳).11. 8	内海伊賀守久長	岡本備前	東寺百合文書キ函277号

番号	年　月　日	差　　出	宛　　所	出　　典
B40	(年未詳).11.9	柳本忠兵衛尉治安	麻田随勝 泉涌寺役者	泉涌寺文書209号(『泉涌寺史』)
B41	(年未詳).12.19	柳本修理亮春重	東寺御坊	東寺百合文書ニ函420号
B42	(年未詳).12.24	柳本越中守吉久	西林院 蜜乗坊	勧修寺文書

表16C　柳本治頼年寄衆発給文書

番号	年　月　日	差　　出	宛　　所	出　　典
C1	(享禄2).8.10	能勢弼■(頼ヵ)	法隆寺年会五師御坊	法隆寺文書ハ函281号(『法隆寺の至宝』8)
C2	(年未詳).10.20	能勢新二郎頼忠	岡本備前守	東寺百合文書そ函152号
C3	(年未詳).10.22	能勢新二郎頼忠	岡本備前守	東寺百合文書そ函155号
C4	(年未詳).11.11	能勢五郎左衛門尉頼長 同新次郎頼忠 同越前守頼光	久我	『久我家文書』379号
C5	(年未詳).11.11	能勢新二郎頼忠	岡本備前守	東寺百合文書キ函279号
C6	(年未詳).11.12	能勢新次郎頼忠	岡本備前	東寺百合文書ソ函253号
C7	(年未詳).11.19	能勢新二郎頼忠	岡本備前守	東寺百合文書キ函284号
C8	(年未詳).11.25	能勢新次郎頼忠	岡本備前	東寺百合文書キ函287号
C9	(年未詳).11.27	能勢新次郎頼忠	岡本備前守	東寺百合文書キ函290号

に機能していたという見解である。(8) この批判は、「堺公方」期には適用されておらず、義晴・高国対義維・晴元という幕府と京兆家を一体とする構図は今もなお通説として根強く残っている。また、荘園領主たちは、両陣営の間をうまく立ち回ったというのが一般的な見方だが、政治交渉に必要な礼銭の支出が単純に二倍になったとも考えがたい。そこで、対立が先鋭化する京都周辺の荘園領主や武家勢力を対象として、両公方・両京兆家の四つの陣営へ向けての対応に配慮しながら、二項対立的視点の克服を目指す。

第二の問題については、京兆家内部からの権力化の動きに注目したい。「堺公方」期は、柳本・波多野・高畠・木沢・三好といったこれまであまり表舞台で活動しなかった者たちが、京都と関わりを持つなかで次々と文書の発給主体となり権力化を遂げる時期にあたる。彼らは、守護代や評定衆といった京兆家の有力内衆ではなく、京兆家当主の側近から地位を浮上させていく点で共通する。京兆家の近習については、勝元期を対象とした小谷利明氏の研究や政元期を対象とした末柄豊氏の研究があるが、それ以降の時期が対象とされたことはない(9)。そのため、高国期の近習が権力化する過程をみることで、細川権力から次代への連続面が捉えられるのではないかと考えている。

この視点は、同時に第三の問題を解決する糸口にもなる。すなわち、高国の近習から晴元方に寝返り、「堺公方」期に入ると同時に京都で文書を発給し始める柳本賢治は、茨木長隆に代わる過渡的権力に措定できるのではなかろうか。今谷氏は、賢治を茨木長隆の配下にして実権を持たない「又代官」と位置付け、軍事基盤として京都支配に必要な西岡国人も組織化できなかったとしている。ところが、右の結論に至った論拠は、特段示されているわけではない。以後、賢治を取り上げた研究がないことからも、三好権力の前提として、彼による京都支配の実態を検討する余地はあるだろう(10)。また、その限界面から賢治が淘汰されていく背景を明らかにすることは、三好氏が頭一つ抜け出した理由を探ることにも繋がると考えられる。

なお、関係する発給文書を表16に集積し、柳本家当主のA、柳本家重臣のB、柳本家陪臣のCに分類しておいた。ここから史料を引用する場合は、［A1］のように表記する。

一　細川晴元方の京都支配

1　柳本家の動向と京都支配の展開

本項では、柳本家と賢治の基本的動向を整理する(11)。そして、京都支配の主導権をめぐる賢治と三好元長の対立構造の変化を指標として、「堺公方」期の段階的な把握を試みたい。

柳本家が京兆家に仕え始めたのは長治の代からで、明応七年（一四九八）を初見として細川政元の近くに仕えていることが確認できる。譜代ではないため、政元個人の信任を得てその地位についたものと推測される。永正四年（一五〇七）の政元暗殺後は、高国に仕え、入道して宗雄と名乗った。また、長治の息子である弾正忠某も、高国の馬廻として仕えている。このように、柳本家は典型的な近習の家であった。

一方、賢治は波多野家の出身で、幼い頃は僧籍に入っていたが、十三歳で還俗し山科興正寺の寺侍岩崎家の養子となっていた。そうしたところ、永正一七年に長治父子がともに戦没したため、急遽柳本家を継承したようである。賢治に白羽の矢が立った最大の理由は、賢治の長兄である波多野元清が、近習として高国の信任を得ていたことにあると思われる。

ところが、大永六年（一五二六）に元清の弟で賢治の兄にあたる香西元盛が高国に誅殺されたため、元清と賢治は敵対する四国の細川晴元方に転じ、丹波で挙兵する。そして、翌七年正月に山城西岡へと進出し、二月五日に山崎へ入ってここで四国勢と合流した。その勢いを駆って、二月一三日の桂川合戦で勝利し、高国勢を近江へ追いやることに成功する。以降が、本章で対象とする「堺公方」期となる。

桂川合戦前後の賢治は、入京することもあったが、基本的には山崎の実相庵に在陣していたようである(12)。表16Aに整理したように、賢治はこの頃から文書の発給を開始しており、それ以前の発給文書は存在しない。一方、柳本長治の発給文書はわずか一点のみ［A1］で、それも菩提寺である真珠庵からの要請による特殊事例で職権に基づくものではない。細川勝元の近習は文書の発給主体にならないと小谷利明氏は指摘するが、この点は高国の近習にもおよそあてはまるようである。

賢治は四月になると京都を離れ、六月に再び入京し、七月には三条家領における地子違乱を停止している(13)。五月二七日に畠山義堯が河内高屋城の畠山稙長を攻めているので、離京していた時期はそれを支援していた可能性が考えられる(14)。九月には、遅れて四国から上陸してきた三好元長とともに伊丹城を攻めるが、一〇月に入ると留守にしていた京都に高国勢が戻ってきたため、伊丹の兵を解き京都へ上って度々合戦に及んでいる[15]。年が明け享禄元年（一五二八）になると、一転して元長が高国との和談を進めたため、それに反対する賢治は京都を去っている。元長は、晴元説得のため堺へ下向するが、晴元は高国との和睦をよしとせず、手詰まりとなった元長も逐電する。和平の話が綻びるとともに将兵も四散し、孤立してしまった高国は、やむなく五月には京都から近江へ再び没落してしまう[16]。この状況下で賢治は京都に復帰し、自ら「御庵領事、屋形（細川晴元）無上洛已前、自然違乱之族候者、為此方可申付候」［A8］と述べるように[17]、晴元上洛までの暫定的支配を開始する。一方で、元長も同時期に賀茂社へ禁制を発給していることから、両者は再び対峙したようである。晴元が賢治・元長に明確な立場を与えなかったため、主導権争いに至ってしまった以上の時期を、「堺公方」期の第一期とする。

　七月に入ると、突如として元長が下山城守護代に任命される[18]。晴元による元長への肩入れは、後述のように西岡国人の間における賢治方と元長方の対立を表面化させた［B4］。賢治は、七月一四日までは「三条地子柳本申遣、先五百疋参、竹内違乱所也」とみえるように暫定支配を続けているが、程なくして髻を切り京都をあとにする[19]。結果、京都における主導権を元長が握ることとなったこの段階を第二期とする。以後の賢治は、めまぐるしく各地を転戦している。閏九月には大和に進攻し、さらにその足で一〇月頃から畠山義堯とともに再び高屋城を攻め、開城させた[20]。そして一二月には、山崎復帰を図るも元長勢に撃退されて、枚方寺内町に逃げ込んでいる[21]。一時は興正寺の寺侍であったように、賢治は本願寺と親しい関係にあったようである。程なくして享禄二年三月には、いったん京都に近づいており［A11］、柳本方の軍勢が川勝寺に陣取っているが、四月には再び大和へ進攻した[22]。

　六月に入ると、賢治は松井宗信と協働して新たな動きを始める。堺の晴元のもとで、将軍義晴擁立の話をまとめ、翌七月に上洛してくるのである[23]。その結果、義維を推していた元長は居場所がなくなり、四国へ帰還してし

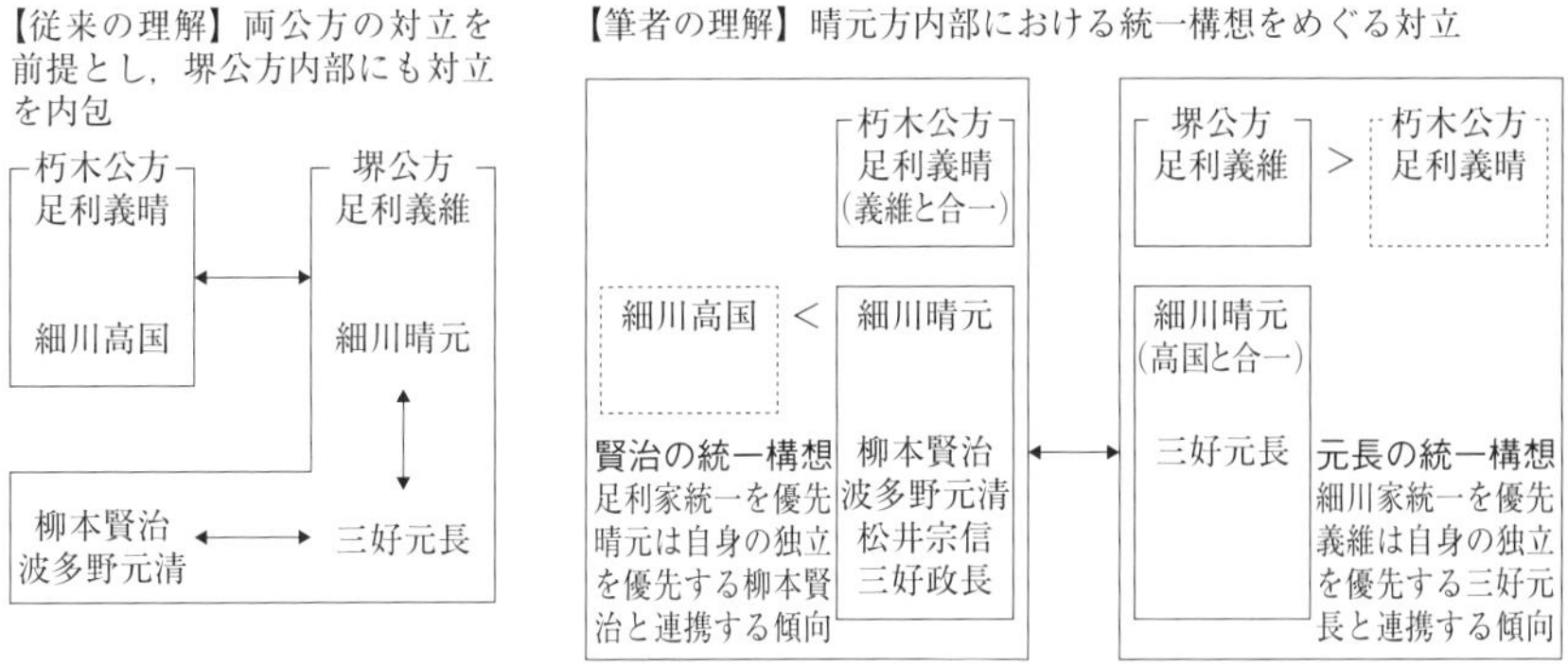

図7　「堺公方」期の対立構図

まう。従来は、義維と晴元を「堺公方」府として一体の権力とみていたため、賢治と元長の対立はその内部における内輪もめと理解されてきた。しかし、実際は図7に示したように、将軍を義維とし晴元と高国を和睦させて京兆家の統一を図る元長と、義晴のもとに義維を吸収し、その体制下で京兆家の晴元を確立させようとする賢治との間での、統一構想を争点とした対立だったのである。義晴と晴元は常に敵対関係にあると理解されてきたが、当該期に特徴的にみられる賢治と宗信の連署状［A17］は、「従朽木大樹（足利義晴）被仰付、六郎（細川晴元）申付出折帋、柳本・松井両人書出也」といわれるように、[24]義晴の命をうけた晴元の折紙に従って発給されている。この体制のもとで、京都支配がなされた時期を「堺公方」期の第三期とする。

賢治は、享禄二年八月から一二月にかけて再度伊丹城を攻めるが、そこには多くの寺社等が陣中見舞いに訪れている[25]［A18・19・B12］。このように賢治らの支配は多くの支持を集め、順調に進むかにみえた。ところが、「朽木御所（足利義晴）御上洛事、弾正（柳本賢治）・松井（宗信）・伊勢守（伊勢貞忠）等令談合、与堺和与之段申合之処、可竹軒（周聡）至今無一途之儀」とあるように、[26]義晴の上洛について晴元の側近である可竹軒周聡（後述）の同意を得ることができず、享禄三年五月に躓いてしまう。面目を失った賢治と宗信は、出家することで周聡に対して抗議し、なおも意欲を示していたが、直後の六月に実施

表17　「堺公方」期およびその前後の幕府奉行人奉書

時　　期	月数	義晴		義維		備　　考
		発給数	月平均	発給数	月平均	
大永5年1月～12月	13	21	1.62	—	—	1年分
大永6年1月～12月	12	15	1.25	—	—	1年分
大永7年1月～2月	2	1	0.50	—	—	桂川合戦まで
大永7年3月～享禄元年7月(第1期)	17	19	1.12	13	0.76	元長の守護代就任まで
享禄元年8月～享禄2年6月(第2期)	12	3	0.25	22	1.83	賢治・宗信の連立成立まで
享禄2年7月～享禄3年6月(第3期)	12	37	3.08	1	0.08	賢治暗殺まで
享禄3年7月～天文元年1月(第4期)	19	6	0.32	14	0.74	元長勢の京都退去まで
天文元年2月～6月	5	2	0.40	0	0.00	元長の敗死まで
天文元年7月～12月	6	16	2.67	—	—	元長の敗死以後
天文2年1月～12月	12	45	3.75	—	—	1年分
天文3年1月～12月	12	48	4.00	—	—	1年分
大永5年～天文3年	122	213	1.75	50	0.74	10年分

註1）『室町幕府文書集成　奉行人奉書篇』をもとに作成。
註2）月平均を算出する関係上，便宜的に政治的な変化があった直後の月末で区切った。

された播磨出兵で賢治が暗殺されてしまう。それとともに、晴元は義晴との連携破棄を宣言し、賢治と宗信の連立体制は潰えてしまった。

賢治の跡は、まだ幼少であった賢治息に代わって柳本甚次郎が継承するが、晴元が義晴との連携を破棄してしまった以上、京都における主導権は元長へと遷っていく。この時期を第四期とする。晴元と和した元長は、享禄三年一二月までに九歳の嫡男千熊（のちの三好長慶）を一足先に堺へ送っている(27)。そして、賢治方と元長方に分裂した西岡国人も、元長のもとへ再編されていった(28)。これを好機とみた元長は、天文元年（一五三二）正月に甚次郎や配下の木島正家・中井彦七らを討つが(29)、この行動が晴元の意に反したため、元長勢も京都から退去するに至った。以後しばらくの空白期を経て、同年六月に元長自身も堺にて木沢長政や一向一揆に討たれてしまい、居場所がなくなった義維も四国へ帰還した。

なお、賢治と元長がそれぞれ義晴と義維を戴いていたことは、表17に掲げたように主導権を握った時期と両公方からの奉行人奉書の数の対応関係からも明らかである。従来は、「堺公方」期が一括で捉えられてきたため埋没してきたが、時期区分をすることで義晴と賢治の関係性は明瞭になったといえるだろう。本章が主として対象とするのは、その関係が最も機能した第三期の京都支配である。

2　堺の晴元と京都の関係

前項では朽木の義晴と賢治の関係を把握したので、本項では堺の晴元と賢治の関係を読み取ることで、相対的な位置付けを図りたい。

桂川合戦が勃発した大永七年（一五二七）段階でまだ十四歳だった晴元の意思は、「晴元御前衆可竹軒《(周聡)》・三好神五郎《(政長)》・木澤左京亮《(長政)》」の談合で左右されていたという[30]。実際、表18に示したように、「堺公方」期の晴元方の意向は、彼ら「御前衆」と呼ばれる階層の者による連署状で示される場合が多い。その一方で、前項でみたように、義晴上洛を認めないという晴元方の意向を最終的に決めていたのは可竹軒周聡であった。周聡上位の関係は、三好政長が上洛にあたって周聡へ暇乞をしている事例からもみてとれる[31]。

東寺から晴元方への訴えを取り次いだ新開春実の「可竹軒然之心得不行候間、無其曲候、去共残奉行衆へ委申置候」という弁明にも[32]、右の関係は表れている。春実に異存はないものの、周聡が納得せずに事が進まないため、周聡以外の「奉行衆」を通じて説得にあたるというのである。同様の訴えが賢治方になされたときには、「弾正殿《(柳本賢治)》者波多野孫右衛門尉《(元清)》殿為見参ニ被罷上候間、則高畠甚九郎《(長直)》方へ子細を申、可竹軒へ甚九郎方状にて申候」［B13］というルートで伝達された。ここでの高畠長直は、春実のいう「残奉行衆」に相当するのであろう[33]。周聡を含む

表18　細川晴元方首脳部の連署状（含連名宛）

年　月　日	差　　出	宛　　所	出　　典
（大永6）.11. 9	（三好）元長 （可竹軒）周聡	波多野次郎	波多野家文書31号（『戦国・織豊期城郭論』・『戦三』32）
（大永7）. 1.14	（三好）元長 （可竹軒）周聡	波多野次郎	波多野家文書15号（『戦国・織豊期城郭論』・『戦三』34）
（大永7）. 2.17	松井惣左衛門尉宗信 三好左衛門佐長家	雙（巣）林庵	「大永七年雑記」（『石清水八幡宮社家文書』・『戦三』36）
大永7. 2.—	柳本賢治 波多野孫四郎（秀忠）	賀茂社	『賀茂別雷神社文書』172号
大永7. 2.—	三好神五郎（政長） 三好左衛門佐（長家）	大山崎惣中	疋田家本離宮八幡宮文書37号（『大山崎町史』史料編・『戦三』37）
大永7. 3.23	右衛門尉 可竹軒（周聡）	堺北庄	『蜷川家文書』494号
大永7. 3.23	筑前守（三好元長） 可竹軒（周聡）	堺南庄	『蜷川家文書』495号（『戦三』38）
大永7. 4.12	可竹軒（周聡） 中務大輔（之隆）	大山崎	離宮八幡宮文書222号（『大山崎町史』史料編）
（享禄2）.10. 9	松井宗信 柳本賢治	所々名主百姓中	尊経閣古文書纂一　飯尾文書（本書第二部第二章）
（享禄4）. 1. 6	木沢長政 柳本甚次郎	当地百姓中	『大徳寺文書』588号
（享禄4）. 1.23	（宝輪院）宗諄	木沢左京亮（長政） 柳本甚次郎	東寺百合文書ゑ函87号
（享禄4）.11.11	柳本甚次郎 高畠与十郎長信	当地百性中	『大徳寺文書』587号

横並びの「御前衆」・「奉行衆」と呼ばれる衆議体制があるものの、最終的な決裁権は周聡に握られているという構造が以上の点から読み取れる。

このような周聡の権限は、晴元の副状を発給しているように(34)、晴元の側近という立場に由来するものである。そのため周聡は、賢治だけでなく、表18の連署状が示すように元長とも通じていた。周聡の権限を踏まえれば、むしろ両天秤に掛けた彼の対応が、元長と賢治の対立を過熱化させたといったほうが適切かもしれない。周聡がこのような立場につくことができた理由は判然としないところもあるが、晴元の父澄元にも光勝院周適という僧体の側近がおり、澄元擁立直後の永正五年（一五〇八）五月にはすでに副状を発給しているので(35)、周聡はその地位を継承したと考えられる。澄元はそこで「尚光勝院可被申候」と敬語を用いているので、周適は側近であれど単純な被官ではない。それと同様に、晴元も「尚可竹軒可被申候」としていることは(36)、周聡を周適の後継者とする傍証となろう。

周聡の絶対的な立場は、側近という晴元との私的な関係だけに基づくものではなく、制度的な裏付けもあった。

【史料1】(37)

城州十一ヶ郷内勧修寺西林院事、先度雖被押置候、如元致還附当院上者、可被全領知旨可被成奉書之由被仰出候也、恐々謹言、

可竹軒

享禄元
九月十三日　周聡判

茨木四郎(長隆)右兵衛尉殿

【史料2】

山城国勧修寺当院領事、先度雖被押置、如元被還附上者、散在名田畠同被官人等事、可被全領知由候也、仍執達如件、

享禄元
九月十三日　(茨木)長隆（花押）

西林院

「可被成奉書」という晴元の意を奉じた周聡による【史料1】をうけて、晴元奉行人の茨木長隆が【史料2】の奉書を発給したことは明らかであろう。【史料1】のような裁決指示を奉行人に伝達する文書は、戦国期の幕府では「賦」と呼ばれており、高国のもとでも有力内衆の斎藤元陸が「賦」を発給している(38)。これらの先例を踏まえると、晴元の裁決や「御前衆」の衆議に基づく裁決を伝達するのが周聡の制度上の役割であろうが、事実上

諸般の決定権を握っていることから、奉書の発給権も周聡のもとにあったと推測される。実際、薬師寺国長が「可竹軒（周聡）相届候之処、飯尾方折帋如此候」と述べているように[39]、周聡に訴えることで晴元奉行人である飯尾氏（元運もしくは為清）の奉書が発給されている。

今谷明氏は、茨木長隆の奉書を集積したうえで、彼が京都支配の実権を握ったとしたが、右にみた発給までのプロセスを踏まえると、その結論は成り立ち得まい。また、【史料1】と【史料2】が同日付であることから、長隆は京都ではなく、周聡と同じ堺にいたはずである。「堺公方」期の京都の公家の日記に、長隆が一切登場しない理由もこれで説明がつく。

ここまでの検討で、周聡は晴元の近くにいて、その意思を代弁する立場にあったことが浮かび上がってきたが、それだけでは堺から京都に影響力を及ぼすことができた理由や、京都で活動する賢治や元長の動きを制御できた理由は十分に説明できない。そこで、次に周聡と京都の関係性についてみておこう。

周聡は、藤坂家春や岡経秀を被官化しているが[40]、そのうち経秀は西岡国人である［B5］。また、桂川合戦前後に周聡の被官となって堺に下向した田口秦四郎の父は、公家の高倉家に仕えていた[41]。このように、京都近郊でも被官化を進めていることから、周聡はもともと京都とも繋がりがある人物であったと推測される。

なかでも注目すべきなのは、周聡への取次を頻繁に依頼され、京都と堺の間を往復する中坊堯琛である[42]。ただし、堯琛は周聡だけでなく晴元への取次をすることもあれば、「柳本方にても可竹にても可相調候由、中坊昨日竹園へ参候次申候」とあるように、自身賢治へも取り次ぐことができると称している[43]。そのことは、賢治重臣の木島正家と連署状を発給している事例［B34］で裏付けることができる。さらには、晴元が元長を下山城守護代としたときには、「中坊上洛、南北和親之事凡相調」えている[44]。以上のように堯琛は、周聡の被官ではなく、晴元方全般の取次として活動していた。おそらく、晴元方の実質的な中核が周聡であったため、自ずと比重も増していったのだと考えられる。

高国勢が上洛してきても、堯琛は京都を退散することなく中御門家に宿を借りていることから(45)、ここに攻撃対象とはならない使僧としての性格が窺える。堯琛のこのような立場や京都における確固たる地位は、「竹園へ参」っている先述の一例や「従下河原殿(上乗院道喜)可参由候間祗候仕候、御やいと御沙汰、御しやうはんを仕候、其ま、夜まて祗候仕候、中坊・予(山科言継)皆々御碁を参候」という例からも窺えるように(46)、皇族や公家との密接な関係に由来するものである。堯琛の存在そのものが、周聡と京都の強い繋がりを示しているともいえよう。

ここで本節の検討を小括しておく。「堺公方」期第三期は、足利義晴—細川晴元—柳本賢治・松井宗信という賢治の構想に則る形で、暫定的ながら統一を達成していた。晴元の指示は、事実上堺にいる周聡によるものであったため、この構想を承諾して賢治に京都の支配を委ねたのも周聡であったと思われる。それに伴って義維の奉行人は機能を停止していたが、ここにも周聡の影響力があった可能性が高い。また、賢治の支配は、堯琛を介して周聡の影響下に置かれていた。義晴の上洛準備を進めていたように、賢治は独自の動きをある程度みせるものの、周聡の指示から逸脱することはなかった。

二　柳本賢治による配下の編成

1　擬制的一族の創出

今谷氏の研究以来、柳本賢治は実権を持たないとされてきたが、実のところ彼の権力としての内実は一切分析されたことがない。そこで本節では、賢治の配下の編成からその実力と権力としての特徴について迫ることとしたい。表16Bに掲げた者だけでも、賢治の配下には春重・治頼・治安・吉久・道秋など、柳本名字を名乗る人物が多く確認できる。新興の家にしては一族が多く感じられるので、本項ではまずこの問題について検討する。

①柳本春重

柳本修理進（修理亮）春重と鴨野修理進春重の花押は一致する［B1・3］。「鴨野柳本修理ト号云々」とみえるよう(47)に、春重の本姓は柳本ではなく鴨野であった。賢治による真珠庵領の安堵状［A2］は、包紙の覚書から「鴨野与三郎」を介して得たことが判明するので(48)、春重は大永七年（一五二七）七月の［B1］までに与三郎から修理進と通称を改め、享禄元年（一五二八）五月の［B3］までに柳本名字を用いるようになったと考えられる。甚次郎が没した後も、少なくとも天文八年（一五三九）までは活動が確認できる(49)。

②柳本治頼

享禄元年七月に三好元長が下山城守護代に就任すると、元長方に属した西岡国人の鶏冠井政益・竹田仲広・竹内為信は連署状を東寺に送り、「三好筑前守（元長）五郡令存候」と称し、自陣営に与するよう迫っている(50)。それとほぼ同時に、「鶏冠井備前（政益）違背仕候条、近日可為取合候」と称し、自陣営に味方するよう東寺に送った西岡国人七名の連署状も残っている［B4］。右の二通を対比して、西岡国人が晴元方と高国方に分裂して争ったとされることもあるが(51)、後者に柳本若狭守治頼も連署していることから、晴元方内部における元長方と賢治方の対立とみるべきである。［B4］では、神足氏らが堺下向中を理由に署名に加わっていないが、のちに神足氏が加わった連署状も作成されているので、両通ともに彼が準備したと想定される。

柳本の名はこれ以前の西岡では見かけないことから、治頼もまた、賢治から柳本名字を授かったと考えられる。

そこで着目したいのは、「柳本内能勢━（ママ）押領」とみえる賢治被官の能勢氏である(52)。なぜなら、西岡の今里を本拠とする能勢氏がいるだけでなく、賢治方の能勢氏は治頼と若狭守の受領名が一致するからである(53)。また、諱は賢治の偏諱「治」と能勢一族の通字である「頼」の組み合わせとみることができる。

なお、「野（能）勢若狭守死去、依落馬也云々、悪行之所令然也、俗呼曰鑓蔵主者也、旧出家、従若年数度於鑓有名誉」とみえるように(54)、治頼は享禄四年に没した。ここから、治頼の評判があまりよくなかったことだけでなく、もともと出家していて鑓の名手であったことも判明する。僧籍に入っていたということは、嫡子ではないはずである。しかも、能勢宗家の三郎左衛門尉家は、治頼と異なり高国の被官としての立場を貫いていた(55)。つまり、治頼は庶流のさらに庶流出身であるため、身分はあまり高くないはずである。おそらく、僧兵としての卓越した能力が賢治の目に留まり抜擢されたのであろう。

③柳本治安

柳本忠兵衛治安は、治頼らとともに東寺領女御田の未進分催促を請け負ってそれぞれ三貫文ずつの礼銭を受け取っているほか、女御田のうちで「若狭（柳本治頼）・忠兵衛（同治安）与力衆加増」という恒常的な収入も新たに得ている(56)。これらの事例から、治安は柳本家のなかにあって治頼と立場を同じくすることがわかる。

治安の出自については、やや時期が下るが、青蓮院の坊官鳥居小路経厚が記す山科本願寺焼き討ちの経過から手がかりを得ることができる(57)。天文元年八月一七日に本願寺へ向かう大町氏は、その途上にあたる青蓮院の裏山に陣取った。そのため青蓮院は、京都より打ち廻ってきた以前からの「知人」である「中井衆」を通じて大町氏に退散を求めた。二八日には、「中井方」の奔走によって山科の通路が無事なので、青蓮院は知恩院に寄宿する「源七郎」へ贈物をしている。ここでの「中井方」には、「柳本源七郎」と傍註があることから(58)、両者は同一人物のようである。さらに二九日には、山村氏による違乱を「中井方」へ注進したところ、「柳本源七郎」がそれを停止する旨の文書を発給した。また同日には、「中井源七郎」が昨日の贈物の礼を述べるために青蓮院を訪れている。呼称の相互関係から、中井源七郎もまた、柳本名字を使用していることが確実といえる。

柳本家に仕える中井氏はそれだけでなく、甚次郎とともに没した先述の中井彦七もいる。となると、柳本家が京都を席巻していた享禄二年から四年にかけて、東寺領大巷所を押領している中井忠兵衛は(59)、治安と同一人物である可能性が指摘できよう。その推測を確実なものとするため、京都周辺で活動する中井一族の特徴を拾い出すと、東寺領代官をつとめる中井安弘や、売券にみえる売主中井安友と証人中井安清、あるいは五条馬市を興行する中井安森など、「安」を通字としていることが確認できる(60)。すなわち、柳本治頼の諱がそうであったように、治安の諱も賢治の偏諱と中井一族の通字の組み合わせなのである。

中井将監が「鳥羽侍」と呼ばれるように、中井一族は京都南郊の鳥羽を本拠とし、多くは石清水八幡宮に属して馬の流通に従事していた(61)。多方面で活躍するものの、商業に基盤をおいていることからも明らかなように、身分的にはあまり高い家柄とはいえない。

④柳本吉久

柳本越中守吉久の発給文書は一通のみだが［B42］、享禄四年に東寺光明講方の地子を給付されたと称して納めない富森越中は(62)、同一人物と考えられる。なぜなら、享禄二年に奈良へ進攻した「柳本弾正之内四人衆」に「富森越中・後藤・木之嶋（正家）・能勢若狭（柳本治頼）」とみえるだけでなく、桂川合戦直後にすでに富森越中が賢治の奏者をつとめているからである(63)。柳本名字を与えられる者の多くが京郊出身であることから、彼は富森出身と推測される。ここは淀北東の桂川沿いにあたるので、流通に関与していた可能性もあるだろう。

⑤柳本道秋

賢治の使者をしばしばつとめる柳本出羽守道秋は[64]、柳本春重との連署状もみられることから、ここまでみてきた人物と立場は近いと推測される［B23］。賢治の没後も、柳本孫七郎とともに本願寺攻めに加わるなど柳本方としての行動を貫き［B35・36］、少なくとも天文一四年までは活動が確認できる[65]。

道秋の出自はよくわからない。ただ、一条家の地子を徴収すると称して乱入してきた柳本新三郎のことを、山科言継は「柳本名字之物《(者)》」と呼んでいることから[66]、柳本名字を与えられた者の存在は当時の京都において珍しくなかったようである。甚次郎が没しても柳本家の当主となることはないことから、道秋もまた柳本名字の者に相違あるまい。

2　全体構成

本項では、柳本名字の者も含めて、賢治配下の全体的な特質を明らかにしたい。

甚次郎没後、当主不在の柳本家に送られた文書は、宛所が「柳本殿御年寄衆中」とされるので[67]、前項でみた柳本家上層部の者たちは、年寄衆と呼ばれていたようである。ただし、上層部のなかでも、柳本名字ではない者も存在する。例えば、奈良攻めの四人衆のなかにいた木島正家は、甚次郎とともに戦死するなど柳本家の軍事力の中心であった。中坊堯琛と唯一連署しうる立場にあったことも［B34］、地位の高さを示している。

そのほか、柳本名字に交じって連署する内海久長もいる［B23］。大徳寺が甚次郎へ「継目之礼」をした際に年寄衆では久長のみに礼銭を贈っていることや、同じく山崎にいる甚次郎と面会した際に近辺の柳本道秋・春重らへ贈った礼銭が一〇〇文ずつなのに対して、久長のみ二〇〇文であることから[68]、甚次郎の近くに仕えており、格もやや高かったようである。

このように、格上の者が柳本名字を用いないことから、のちに豊臣家や徳川家が有力大名に羽柴姓や松平姓を与えて序列化を図った例とは、その目的が異なると考えられる。柳本名字の者たちは、前項でみたようにもともとの身分が低かった。彼らが各方面へ文書を発給するなど、政治的な活動を開始するには、それなりの家格を要したはずである。そうした下位身分の者たちへの家格補填策が、柳本名字の付与であったと推測しておきたい。

次に、年寄衆の下部組織についてみておく。

【史料3】［C4］

法久寺《(久我荘)》分代官職事、若狭守《(柳本治頼)》菟角雖申候、年寄衆異見仕、代官之儀致上表候条、然上者、有別儀間敷候、可被成其御心得候、恐惶謹言、

十一月十一日　　能勢五郎左衛門尉
頼長判
同新次郎
頼忠判
同越前守
頼光判

久我殿
御奉行所

【史料3】では、治頼が押領する法久寺分の代官職について、抵抗する治頼を退けて、「年寄衆」の意見に基づき手放す旨を伝えている。ここでの「年寄衆」が先述の柳本家年寄衆なのか、あるいは治頼の年寄衆なのかは判断を付けがたいが、少なくとも治頼に代わって意思を代弁する能勢頼長以下の治頼年寄衆が形成されていることは間違いなかろう。

表16Cにも示したように、三人のうち能勢頼忠については、発給文書が比較的残っている。そのほとんどが同一の案件で、「自然冨《(福)》家方年貢米之事不調候者、若狭守《(柳本治頼)》方へ以折帋可被仰候、我等かたへも御注進可有候、則

可若(ママ)さ(狭)守ニ申聞候、当成次第ニ礼銭之儀可被持候」［C5］といったものである。すなわち、東寺領上久世荘のうち福家方年貢米の催促を治頼の配下として請け負っており、その反対給付として礼銭を得ていたのである。頼忠に期待された役割は、「我々人数めしつれ、一両日中ニ可罷越候」［C7］と述べているように、最終的には軍勢の打ち廻りによる催促であった。このように、治頼は西岡の軍事力を配下として組み込むことに成功していた。

また、賢治が治頼に期待した役割は、西岡国人の取りまとめにもあったはずである。その成果は、彼を筆頭とする二通の西岡国人連署状［B4・5］に示されているといえよう。そのなかにも名がみえる寺戸出身の竹田肥前守尚清は、元長方に属した竹田仲広と袂を分かって賢治方に付いたと考えられる。彼は、東寺から賢治への申次もつとめており[69]、敵を生害して甚次郎から賞されるなど［A31］、賢治没後も柳本家に属して活動している。

以上のように、治頼は縦と横の繋がりを駆使しながら、西岡の軍事力を結集していた。今谷明氏は、賢治が西岡の軍事力を掌握できなかったとしたが、治頼を介してそれに成功していたと改めるべきであろう。では、もともと一揆関係にない者たちは、どのように動員されていたのであろうか。

例えば、美豆御牧の代官をつとめていた御牧三郎左衛門尉経尚は、領主の三条西実隆が現地に使者を派遣すると、「御牧、小五郎下向、西岡神谷合力悉(足)出陣留守云々」、「御牧差遣人之処、出陣柳本入南都云々」のように[70]、柳本勢に合力して出陣しているため、常に留守にしている。この時期、経尚は周辺に代官職を拡大しているが[71]、賢治に与力することで成長したのであろう。

与力という視点で事例を集めると、勝持寺を違乱する「柳本与力嶋田又五郎」が確認できる[72]。また、嶋田彦四郎頼久や福家五郎左衛門尉宗継なども、賢治の指示で従軍し［B18］、「扶助」を与えられつつも、与力であったため対外的な文書では賢治に対して敬語を用いている[73]。そのほか、賢治の近くに仕え最後は賢治を暗殺することとなった浄春は大和出身の山伏であったし、賢治と連携する波多野秀忠の与力今村政次は京郊の問屋であった[74]。

以上のように、賢治周辺の軍事力は主従関係や一揆関係だけでなく、与力関係にも依存して寄せ集められたものであった。

ここで本節で検討したことを整理しておく。賢治は、京都近郊の土豪や商人を支配に参画させるために柳本名字を付与していた。同時代には、非血縁者に名字を与えて同名中に組み入れる事例や、細川政元が上原元秀に細川名字を与えようとした事例などがあり(75)、そのこと自体は珍しいものではないが、組織的かつ政策的である点には大きな特徴があるといえよう。それに加えて、重層的な年寄衆や西岡一揆などの縦横の繋がりを駆使して、軍事力の迅速な確保に成功していた。ただしその内実は、全体的に身分が低く、与力や山伏など寄せ集め的な性格が濃厚であることから、地位の上昇を図ろうとする彼ら下位身分の者との利害の一致による成果ともいえる。よって、賢治が失脚すると瓦解するのも早かった。

三　柳本賢治の支配と政治構想

1　支配の特質からみた権力化の過程

本項では、賢治による支配の特質から、権力化の過程に迫りたい。

既述のごとく、賢治は細川高国の近習から出発している。小谷利明氏は、細川勝元の近習を対象として、文書の発給主体にはならないが荘園領主の取次となり京兆家の判物発給にあたって間を取り持つことや、独自の武力を持たないが荘園領主と交渉する立場を利用して村の武力を引き出すことなど、その機能を明らかにしている。それを踏まえると、賢治が京郊の土豪を与力として結集する姿は、在地勢力を臨時的に動員している点で、近習による軍事動員の延長線上に位置付けられよう。

では、荘園領主に対しては、どのように向き合っていたのであろうか。特に政治向きの活動が多くみられる内海久長の発給文書から、特徴的な発言をいくつか引用しておこう。例えば大徳寺に対しては、「今度弾正忠《（柳本賢治）》堺津江罷越候時、種々御沙汰候」［B20］とし、寺領安堵の件は賢治が堺の晴元と交渉すると伝えている。東寺について「弾正忠《（柳本賢治）》申次之事候」［B19］と述べるように、このような立場を申次と自覚していた。九条家に対してはより具体的に「柳本宗雄以後於于今代々申次之儀候」［B37］と述べており、以前からの申次という立場で交渉に臨んでいる。京兆家と荘園領主の間を取り次ぐ近習の立場を利用しながら、権力化を図っているのである。「東寺之事拙者《（柳本甚次郎）》申次之儀候」［A32］あるいは「彼寺之儀故弾正忠《（柳本賢治）》殿以来申次事候」［B23］とみえるように、甚次郎もその立場を継承している。

一方、荘園領主たちは、賢治にどのような役割を期待していたのであろうか。例えば三条実香は、書中で「称号《（三条）》敷地をハ竹内新二郎押領儀申候、去年《（大永七年）》如此候つる間、柳弾正《（柳本賢治）》ニ預候て所務候」と述べるように、押領防止のために賢治へ代官を依頼しており、こうした要請に対して賢治は、「柳弾《（柳本賢治）》下代官堺住人物候」という自身の息がかかった下代官を任命している。(76) また、「九条御堺内散在臨時段銭之事、依有御用、任先例被相懸候間、為此方《（柳本家）》可致催促之由被仰付候」［B1］とみえるように、賢治は九条家の段銭収納を請け負っている。「家門《（九条家）》造立ノタメ境内段銭之事、柳本ニ談合之処、可相懸之由返事」という事例が示すように、(77) 段銭催促の請負は常態化しており、九条家が一方的に進めるのではなく、柳本家との談合のうえで実施に移すという手順を踏むようになっている。

荘園領主たちが地下からの徴収業務を委託するのは、能勢頼忠の事例で紹介したように、軍事力を背景とした強制力に期待していたからである。賢治方は、その期待に全面的に応えようとしていた。一例を挙げると、「ひし川《（菱）》之内にて代官職候を大西又三郎方ニ弾正殿《（柳本賢治）》より被申付候、就其ふけ五郎左衛門《（福家宗継）》・嶋田彦四郎《（頼久）》方被上候、人数入儀候者両人より可被申候」［B18］とみられるように、賢治配下の大西氏が代官職をつとめる菱川の年貢催促に、賢治の与力である福家宗継と嶋田頼久が動員されている。

もちろんその延長で、賢治方が違乱することも少なくなかった。そのため、賢治には配下の統制も期待されていた。例えば木島正家は、大徳寺に対し「御寺領妙覚寺地子之事、弾正忠《(柳本賢治)》代官職之事、拙者仁申付候間、如此候之処、為御直務之上者、可致用捨之旨、堅承候之間、還付申候」と称して代官職を去り渡し、二〇〇〇疋の礼銭を得ている［B15］。代官職はそもそも賢治から与えられたものだと述べていることから、この調停は賢治が進めていたと考えられ、事実のちに賢治からの安堵状も届いた［A28］。多額の礼銭を要するものの、賢治はそれなりに調停機能を果たしていたのである。「柳本出羽守殿《(道秋)》押領候、就其（中略）柳本弾正忠殿《(賢治)》へ申候処、被聞分候テ、如此一行被出候へ共、彼押領終不止候」のように[78]、結局、押領が収まらない場合もあるが、ここからも賢治に期待された役割は読み取れよう。

次に、賢治が権力化を遂げた地盤についても検討しておく。その特徴は、京都だけでなく、挙兵以来山崎をもう一つの拠点としているように、都市に基盤を置くという点にある。晴元から東寺へ「愛宕護江過書馬」（愛宕山方面への通行税）が祈禱料として贈られた際には、周聡が賢治に対して「従山崎至京都」通路に支障がないよう申し渡している[79]。ここから、賢治は二つの拠点間の交通も管掌していたと考えられる。

都市を基盤とする特質は、主導権を元長に奪われ京都にいられなくなると、享禄元年（一五二八）閏九月に奈良へ進攻するという行動にも反映している。実際、奈良にどのような影響力を及ぼしたのか、大乗院の坊官俊実の記録からみておこう[80]。享禄二年正月二九日には、「柳本就入国、自寺郷過分之礼銭出間、門跡上下北面衆ニ少々入切符、料足去年《(享禄元年)》ヨリ被懸（中略）今日又以折帋為上下之北面衆十五貫文ノフン相出候様ニ御下知アルヘキヨシ、自学侶状被付了」とみえる。前年の柳本勢進攻以来、北面衆から礼銭が取り集められており、今回改めて一五貫分が割り振られている。さらに二月二日には、「柳本方礼銭御事、前者北面衆江懸、又只今分祇候人衆分トシテ（中略）則先五百疋之御支配、棟別ニ打了」とあって、祇候衆（坊官）にも別途棟別で賦課された。このように入国の礼銭を要求された大乗院は、その取りまとめに動いているのである。

享禄二年四月の再入国は、礼銭を確実に徴収することが目的であったに違いない。このときは「一国皆以焼了」といった脅迫行為に出ており、「其後法華寺陣取、四五日有テ上洛」したという。あっさりと引き下がったのは、筒井氏から「三千貫之礼」という約束を新たに取り付けたからで、改めて「一国柳本反銭相懸」けている(81)。これが実際に進行したことは、木島正家が法隆寺に対し、「百五十貫文之通可有御越之由申候処、結句八拾貫文到来候事、一向無覚悟候事ニ候」と述べていることや、度々催促を入れていること［B8・9・C1］からも読み取れる。俊実が享禄二年一〇月二五日に「田舎御童子御給田北荘ニアリ、彼田地江柳本方礼銭反銭、自筒井被申懸間、及両三度雖仰御座候、無承引清須美右兵衛尉入譴責催促、令迷惑由注進申入了」と記しているように、筒井氏が賢治に対して協力的な姿勢に転じたことも、礼銭の徴収が順調に進んだ理由の一つといえるだろう。

奈良での事例も踏まえると、都市に基盤を置くという賢治の特質は、荘園領主との交渉のなかで利益を得るという近習の性格に由来するといってよいのではなかろうか。また、礼銭さえ確保すれば退去しているように、のちに大和守護を標榜した木沢長政とは異なり(82)、奈良の統治を志向しないのも賢治の特徴である。あくまでも、晴元と荘園領主の間の申次という姿勢は崩さないのであろう。

以上のように近習としての側面を維持する一方で、文書の発給主体になるという点では近習の殻を破っている。その契機を追究するにあたって注目したいのは、一族の香西源蔵や波多野秀忠と連署して発給した禁制が(83)、その濫觴にあたるということである［A4］。賢治以降、珍しいことではなくなるが、これ以前の京都で禁制を発給しうるのは概ね幕府と京兆家（奉行人を含む）で、それ以外では京都に進駐してきた守護が発給するのみであった。ただし、例外が一点のみ存在する。

【史料4】[84]

禁制、城州賀茂領散在之事、任大心院殿（細川政元）御制札之旨、不可有相違之状如件、

永正四年八月　日　　元治（細川）（花押）

発給者は細川一族で玄蕃頭家の初代にあたる元治である。通常の禁制ならば、禁止事項が三ヶ条ほど並ぶはずだが、【史料4】にはそれがなく、ただ政元の禁制に従うという異例の形式である。永正四年（一五〇七）の政元暗殺直後の混乱を回避するには、さしあたって有力一族の元治を頼るほかなく、賀茂社はこのような例外的な禁制を得たのであろう。このことは、細川一族でさえ、本来は禁制の発給権がなかったことを示している。

同様に賢治の場合も、自身が「屋形（細川晴元）無上洛已前」［A8］と述べるように、京兆家不在のもとでの暫定的な支配であった。ところが、賢治の禁制は通常の形式をとっているため、元治段階とは状況に違いがあったとみられる。享禄三年末に京都に進攻してきた高国方の内藤貞誠も、東寺に対して禁制を発給することとなるが、そのときに貞誠は「当寺（東寺）御制札之儀承候、我等式判形可参事、千万之斟酌ニ存候、雖然依時節之儀候間、任御意認参候」と東寺に伝えている[85]。東寺からの要請をうけた貞誠は、本来的に禁制の発給権はないため遠慮しつつも、「時節之儀」という理由を付けて発給しているのである。右の事例から読み取れるのは、守護以上という京都における禁制発給の伝統を崩したのは、賢治たち発給者側ではなく、受給者たる京都の荘園領主たちということである。

荘園領主が京都への進駐軍に直接禁制を要求するようになった理由は、第一節で述べたように禁制を発給すべき幕府・京兆家が四つの陣営に分化していることに求められる。荘園領主たちが、複雑な情勢下を生き抜くため

には、それぞれの陣営との関係を保つ必要があったが、かといってそのすべてを維持し続ければ礼銭の支出は倍増してしまう。しかも、合従連衡の状況下では京都駐留軍の所属も変わりうるので、堺や朽木の上位権力から禁制を得たとしても無駄なものとなりかねない。そのため、京都駐留軍から直接禁制を得るようになるのではなかろうか。このような荘園領主側からの要請に基づき、賢治は利権を保証する文書の発給主体に浮上したと考えられる。

　では、申次としての顔と文書を発給する支配者の顔は、どのように使い分けられていたのか、東福寺と伏見稲荷の喧嘩を例にとってみておきたい。この喧嘩の全体的な経過については、すでに河内将芳氏によってまとめられているので改めて整理はしないが[86]、賢治方の主体的な動きは見落とされているので、その点に限定してみておく。

　最初に仲裁に取りかかった九条稙通は、享禄二年三月一七日に「家門ノ申次」である柳本春重を通じて調停への協力を依頼しており、早速一八日・一九日には賢治配下の大西・竹田両氏を介して「弾正殿《(柳本賢治)》御意」をもって喧嘩を停止している[87]。さらに二〇日には春重と治頼が調停に乗り出しているが［B6］、それでも再発したため、六月には将軍義晴の奉行人奉書で喧嘩の停止を図った[88]。河内氏は義晴を賢治の敵対勢力とみなしているため、この奉書の発給が突然で理由もよくわからないとするが、ここに賢治の根回しがあったことは疑いない。加えて一二月に晴元奉行人の奉書も調えた賢治は、それに従うよう各方面に伝達している[89]。

　賢治が奉書を用意した例には、公方御料所未進米の肩代わりを洛中米屋中に命じた享禄二年三月一三日付の晴元奉行人奉書と同月一六日付の賢治書状の一対もある[90]。今谷明氏は、ここで賢治が晴元の奉書を遵行していることから、賢治は又代官に過ぎないとした。しかし、この奉書は、義晴の政所頭人である伊勢貞忠の要求に基づいて発給されているため、賢治が根回しして準備したことは明らかである。将軍家と関わる重要案件で、第一節でみた周聡の専決事項となりそうな問題なので、このような手続きを踏んだのであろう。

以上のように、賢治には現場にて独自の判断で動く権限がある程度与えられていたが、申次としての姿勢を崩すことはなく、適宜上級権力へ働きかけては奉書等を得ていた。こうした賢治の調停能力は、「柳本殿風にて早申調候、おかしく候」と高く評価されている(91)。

2　賢治の政治構想とその後の展開

本項では、賢治の政治構想とその継承過程から後代の権力を展望する。

「堺公方」期第三期の賢治は、京都一円の地子銭を安堵するほか、勧進猿楽を興行するなど(92)、京都の秩序回復に力を入れていた。賢治による政治構想の目玉は、何よりも義晴を将軍に復帰させるという点にあった。ただし、これは賢治の独創というわけではなく、朝廷の望むところでもあった。義維を首班とした新たな体制よりも、政情を安定させるために将軍としての実績がある義晴の帰京を朝廷は求めていたのである(93)。賢治は、その意向に沿うことで、京都における支持を獲得していたのであろう。

享禄三年（一五三〇）正月には、高国の一族で重臣の細川国慶も京都に入って、賢治とともに近衛尚通や三条西実隆と面会していることから(94)、和平の形を模索していたようである。ところが、次の階梯にあたる義晴上洛の実施に至って、周聡の反対に遭い頓挫してしまう。賢治と義晴が関係を構築すること自体には異を唱えていなかった周聡が、義晴の帰京に対して抱いていた危惧とは、義晴と賢治が直接結びつくことで、堺にいる晴元や周聡が等閑に付されてしまうことにあったと思われる。

続けて、賢治没後の展開についてみておきたい。賢治の跡を継承した甚次郎は、表18に示したように木沢長政や高畠長信と連携して京都の支配に臨むが、程なくして三好元長に討たれてしまう。さらに元長も討たれ、周聡も天文二年（一五三三）に一向一揆の攻撃を受けて戦死する(95)。元長没後、下山城守護代は高畠長信が継承したが、天文三年頃には長政が西岡から半済を徴収している(96)。さらに、周聡の右腕として活動していた中坊堯琛は、中坊堯仙と名を改めて長政の腹心となっている(97)。このように、「堺公方」期に登場する諸権力の権限を吸収しながら、長政は台頭していった。

長政というと、「当時権勢者」と呼ばれるように(98)、勢威を振るった梟雄という印象が強い。しかし、享禄三年一二月段階では、「木澤《（長政）》、彦七《（内藤貞誠）》より□けなける事と存候」と評価されていたり、「彼志《（木沢長政）》やさしく候、天下御警固可及力分可申由、常々申候」と殊勝にあくまでも「天下御警固」が自身の役目と語ったりするなど(99)、晴元の申次という姿勢を崩さない賢治と共通する部分がみられる。また、長政は、義晴―晴元体制の支持や本願寺との連携重視など、賢治の政治構想も継承している。これらの点に基づいて、賢治から長政へという発展の過程を想定しておきたい。

最後に本節の検討をまとめておく。荘園領主たちが、流動的な上位権力ではなく京都を実効支配する者との交渉を優先するようになることから、賢治は京都の支配を担うこととなった。ただし賢治は、最後まで晴元の申次として権限を代行しているという立場を貫いたため、晴元から自立することはなかった。一方、木沢長政も賢治と多くの面で共通していたが、周囲の権限を吸収することで独自に権勢を振るうようになっていく。

むすびにかえて――三好段階への展望

冒頭で整理したように、「堺公方」が空洞化してしまったことによって、①当時の対立構造が不明確で、②細川氏から次代へ向けての視点も断絶し、③三好権力の前提となる存在も欠落してしまうという問題が派生していた。本章で克服した点をまとめなおすと、①については、両公方・両京兆家の視点を導入することで、統一構想の相違に基づく対立構図を示し、それに基づいて展開する政治過程を明らかにした。②については、荘園領主たちが京都を実効支配する京兆家近習に文書の発給を要請し始めることに着目し、ここに京兆家内部から起こってくる権力化の動きを見出した。③については、柳本賢治が京郊の土豪や商人を編成して、政治・軍事の両面に対応しうる権力となりつつあったことを明らかにした。

その他の細かい結論については各節末のまとめに譲り、ここでは三好権力成立を見通すにあたって、今後着目すべきことを二点ほど指摘して章を閉じることとする。

まず一つは、賢治の限界面がいかにして克服されたかという点である。賢治にとっての権力化の限界は、あくまでも京兆家中次という立場からなされたということにある。ゆえに晴元からの自立という方向には向かわなかった。ほぼ同じ頃に頭角を現した木沢長政は、畠山家内衆出身ということもあって賢治に比べ京兆家への依存度が低かったため、大和で守護を標榜するなど、賢治とは異なり独自路線を歩む。しかし、最終的には晴元に見放されて孤立し滅亡に至った。畿内においては、京兆家から自立しての権力化が困難なのである。三好家の場合は、晴元と付かず離れずの関係を保ちつつ、この時期の権力化の波にのるが、最終的に長慶が高国の後継者である細川氏綱を擁立することで、晴元からの自立を果たす。したがって、今後はこの時期独特の権力勃興の動きと関連づけながら、晴元方と高国方の対立を捉え直していく必要があると考えている。

もう一つは、京郊の下位身分の者を抜擢し支配者側に編成するという賢治による京都支配の人的体制が、どのように継承されたかという点である。仁木宏氏や天野忠幸氏は、都市や村落の共同体と直接的に交渉し始めるのが三好権力の特徴と指摘するが[100]、賢治段階に共同体の内実を知る者たちが支配者側に組み込まれた事実は無視しがたい。もちろん、賢治による編成はあくまでも必要に迫られてのことだが、こうした体制のなかから、のちのち新たな政策が生み出された可能性も否定できない。今後は、政策面だけでなく、支配の担い手にも注目しながら、権力の連続面と断絶面を見極めていく必要があるだろう。

註

(1) 今谷明『室町幕府解体過程の研究』(岩波書店、一九八五年)。
(2) 奥野高広「『堺幕府』論」(『日本歴史』第三二八号、一九七五年)。本章では、「堺公方」という史料用語に統一する。
(3) 小泉義博「室町幕府奉行人奉書の充所」(『日本史研究』第一六六号、一九七六年)。上島有「解説」(日本古文書学会編『日本古文書学論集』八、吉川弘文館、一九八七年)。
(4) 野田泰三「戦国期の東寺と権力」(大山喬平教授退官記念会編『日本国家の史的特質　古代・中世』思文閣出版、一九九七年)。
(5) 平出真宣「戦国期政治権力論の展開と課題」(中世後期研究会編『室町・戦国期研究を読みなおす』思文閣出版、二〇〇七年)。
(6) 末柄豊「細川氏の同族連合体制の解体と畿内領国化」(石井進編『中世の法と政治』吉川弘文館、一九九二年)。古野貢『中世後期細川氏の権力構造』(吉川弘文館、二〇〇八年)。浜口誠至『在京大名細川京兆家の政治史的研究』(思文閣出版、二〇一四年)。
(7) 本書第三部第四章「細川国慶の上洛戦と京都支配」。
(8) 設楽薫「足利義尚政権考」(『史学雑誌』第九八編第二号、一九八九年)。山田康弘『戦国期室町幕府と将軍』(吉川弘文館、二〇〇〇年)。前掲註(6)浜口著書。
(9) 小谷利明「応仁の乱と細川京兆家近習一宮氏」(鶴崎裕雄編『地域文化の歴史を往く』和泉書院、二〇一二年)。前掲註(6)末柄論文。
(10) 京兆家近習が権力化する過程は、京兆家のもつ権力を分掌する過程ともいえる。そのため、本章でいう京都支配とは、統治権全体を保持しているという意味ではなく、京兆家から権限を委譲されて、京都の治安維持や利害調整を担っている状態を指す。
(11) 柳本家の家としての成立と展開については、特に断らない限り、本書第一部第三章「細川高国の近習と内衆の再編」による。

(12)『言継卿記』大永七年二月一六日条。『実隆公記』同年二月一六日条・一九日条。「大永七年雑記」二月二八日条（『石清水八幡宮社家文書』）。「細川両家記」同年二月四日条・一四日条。
(13)『言継卿記』大永七年四月三日条。『実隆公記』同年六月六日条。「後龍翔院左大臣殿御記」同年七月一四日条（東京大学史料編纂所写真帳）。
(14)「東寺過去帳」No.一四七八・一四七九。「大永七年雑記」五月二八日条。
(15)「細川両家記」大永七年九月一七日条・一〇月二八日条。
(16)以上の経過は、『二水記』享禄元年正月二八日条・二月九日条・三月一九日条・五月二日条・一四日条。
(17)『賀茂別雷神社文書』一七四号。
(18)本書第二部第四章「三好元長の下山城郡代」。以下、元長の動向はこれによる。
(19)「後龍翔院左大臣殿御記」享禄元年七月一四日条。『実隆公記』同月二〇日条。
(20)「二条寺主家記抜萃」享禄元年閏九月五日条。「厳助往年記」同年一一月一一日条。
(21)本書第二部第四章「三好元長の下山城郡代」。
(22)「稙通公記」享禄二年三月二〇日条。「祐維記抄」同年四月二一日条・二七日条（『続々群書類従』第三）。「二条寺主家記抜萃」同年四月二七日条。
(23)本書第二部第二章「『堺公方』期の京都支配と松井宗信」。以下、宗信と連動した賢治の動きはこれによる。
(24)『後法成寺関白記』享禄二年一〇月一九日条。
(25)東寺百合文書む函一二四号。『大徳寺文書』一二三二〇号。『楓軒文書纂』下、四頁。
(26)『二水記』享禄三年五月一〇日条。
(27)東寺百合文書ら函七八号。ちなみに、これが長慶の確実な初見である。
(28)増野春氏所蔵文書（『戦三』七三）。
(29)『言継卿記』天文元年正月二二日条。
(30)「細川両家記」享禄四年六月条。
(31)「稙通公記」享禄二年一〇月一七日条。
(32)東寺百合文書ニ函二二九号。ナ函六一号にそれ以前の経過が記される。

(33)　高畠長直については、黒田紘一郎「高畠甚九郎伝」(同『中世都市京都の研究』校倉書房、一九九六年、初出一九九一年)。なお、この史料は、長直の新たな初見事例となる。
(34)　『賀茂別雷神社文書』九一号・九二号。多田神社文書四二二号・四二三号(『兵庫県史』史料編中世一)。
(35)　離宮八幡宮文書一九九号・二二〇号(『大山崎町史』史料編)。「光惇院」と翻刻されているが、写真版で確認したところ、「惇」ではなく「勝」をくずしたものであることが判明したので訂正する。周適と周聡については、本書第二部第一章「細川澄元陣営の再編と上洛戦」も参照されたい。
(36)　内閣文庫蔵「諸家文書纂」九所収波多野家文書三四号(八上城研究会編『戦国・織豊期城郭論』和泉書院、二〇〇〇年)。
(37)　【史料1】【史料2】ともに勧修寺文書(東京大学史料編纂所影写本)。茨木長隆の通称は伊賀守しか知られていなかったが、二通から少なくとも「堺公方」期は四郎右兵衛尉と名乗っていたことが判明する。四郎右兵衛尉の名は、『大徳寺文書別集真珠庵文書』二五一号や東寺百合文書さ函一九一号にもみえる。
(38)　前掲註(8)山田著書。前掲註(6)浜口著書二〇七頁。
(39)　拙稿「神足家旧蔵文書の復元的考察」(『史敏』通巻一二号、二〇一四年)所収神足氏関係古文書四号。
(40)　東寺百合文書ニ函二一七号・キ函二六七号。『教王護国寺文書』二五一一号。
(41)　『二水記』天文元年七月二七日条・同二年三月一五日条。
(42)　随心院文書五四―一号(『長岡京市史』資料編二)。井関家文書四―一五号(『大覚寺文書』上巻)。堯琛の出自については、本書第二部第八章「細川晴元に対する交渉と取次」。
(43)　東寺百合文書ヰ函一五三号・め函一二四号。『実隆公記』巻八、三四七頁紙背文書。
(44)　『実隆公記』享禄元年八月二五日条。
(45)　『言継卿記』大永七年一〇月二九日条・一一月五日条。
(46)　『言継卿記』大永七年二月二六日条。堯琛の父中坊好慶は、山科言国の嫡男定言が強盗に襲われた際に、邦高親王の使者として見舞いに訪れているように、伏見宮家に従っている(『言国卿記』明応三年七月二九日条)。これを契機として、好慶は言国のもとを訪れるようになり、借銭の相談などを受けている(同年八月二四日条)。また、後土御門天皇から直衣を下賜された言国は、喜びのあまり断酒中にも拘わらず好慶と酒を交わして祝っている(同年一一月二三日条)。定言を亡くして失意のうちにあった言国の支えとなったのか、この日を境に好慶とは頻繁に酒食をともにするようになり、その若子と遊ぶこともあった（明応四年四月一四日条）。好慶が没すると（文亀元年二月一八日条）、息子の中納言が、新法師として中坊家を継承している（同年五月一日条）。彼がのちの堯琛であろう。この親交を前提として、山科言継は堯琛への取次をしばしば依頼されている（『言継卿記紙背文書』第一、八四頁・一二四頁・一二六頁・一二九頁・一三四頁・一三八頁）。

(47)『実隆公記』享禄二年七月一四日条（東京大学史料編纂所写真帳にて刊本を一部訂正）。

(48)『大徳寺文書別集真珠庵文書』三三三―一二号。

(49)「披露事記録」（『室町幕府引付史料集成』上巻一二八頁）。

(50)東寺百合文書つ函七―一九号。

(51)『長岡京市史』本文編一、六三七頁。なお、西岡国人の分布については同書五八九頁。

(52)『実隆公記』享禄元年九月八日条。

(53)東寺百合文書む函一二四号。『大徳寺文書』二三二〇号。

(54)『二水記』享禄四年二月二一日条。

(55)本書第一部補論二「上山城守護代の内堀東雲軒」。仁和寺文書（『長岡京市史』資料編二、二一一頁）によると、永正八年（一五一一）に「能勢三郎左衛門尉」は、今里のうち林条の地子銭等を買得している。世代が変わって「別本賦引付」（『室町幕府引付史料集成』上巻五一一頁）では、天文九年に「柳本三郎左衛門尉頼親」が「永正八年買得」の「今里内林条」の保証を幕府に願い出ている。治頼没後に登場する能勢頼親は、当初三好元長方に参じて「孫太郎」と名乗っているが（前掲註(28)）、のちに三郎左衛門尉家と治頼家の統合を意識して、このように改名したのであろう。

(56)東寺百合文書わ函七九号・わ函八一号・よ函一五八号。

(57)以下の叙述は「経厚法印日記」による。

(58)丸山可澄『花押藪』巻之六（元禄三年刊）には、金光寺文書から転写した「柳本源七郎信堯」の花押が掲載される。

(59)東寺百合文書わ函八六号・九二号。

(60)東寺百合文書テ函一四九号・れ函一〇三号・イ函二四九号。『大徳寺文書別集真珠庵文書』一八九号。「別本賦引付」（『室町幕府引付史料集成』上巻五三六頁）。

(61)「東寺過去帳」№九三四。長塚孝「戦国期の馬市に関する史料」（『馬の博物館研究紀要』第八号、一九九五年）。

(62)東寺百合文書へ函一八五号。

(63)「祐維記抄」享禄二年四月二一日条。「大永七年雑記」二月二八日条。
(64)「稙通公記」享禄二年五月二五日条。『後法成寺関白記』同年六月二五日条。
(65)『大徳寺文書別集真珠庵文書』四八四号。
(66)『言継卿記』享禄二年正月一〇日条・一一日条。
(67)「経厚法印日記」天文元年一一月二一日条。東寺百合文書ゑ函一三四号。
(68)『大徳寺文書』二三二二号。
(69)東寺百合文書む函一二四号。
(70)『実隆公記』大永七年正月三〇日条・享禄二年四月二八日条。享禄元年六月二九日条や薬師寺文書五函七号五・九函九〇号（『東京大学史料編纂所研究成果報告二〇一五―三　薬師寺の中世文書』）では、経尚が賢治ではなく超昇寺氏に合力して、大和での合戦に参戦していることも確認できる。
(71)『大徳寺文書』一五九八号・一五九九号。
(72)大原野神社文書（『室奉』四〇一〇）。
(73)東寺百合文書ニ函三八七号・つ函七―七号。
(74)『二水記』享禄三年六月二九日条。河内将芳「中世京都『七口』考」（同『中世京都の民衆と社会』思文閣出版、二〇〇〇年、初出二〇〇〇年）。本書第三部第五章「細川京兆家の内訌と京郊の土豪」。
(75)宮島敬一「戦国期における在地法秩序の考察」（『史学雑誌』第八七編第一号、一九七八年）。田中慶治「戦国期大和国宇智郡惣郡一揆の内部構造と高野山」（同『中世後期畿内近国の権力構造』清文堂出版、二〇一三年、初出二〇〇四年）。横尾国和「明応の政変と細川氏内衆上原元秀」（『日本歴史』第四二七号、一九八三年）。
(76)『実隆公記』巻七、三六〇頁・巻八、二六〇頁の紙背文書。
(77)「稙通公記」享禄二年一一月二〇日条。
(78)前掲註(65)。
(79)東寺百合文書り函一二七号。
(80)「細々之記」（内閣文庫蔵）。
(81)以上の経過は前掲註(22)による。

(82)『天文日記』天文五年正月二〇日条。
(83)現物は残らないが、二月一二日付で「柳本・香西」による連署禁制が東寺に対して発給されている（本書第一部第三章「細川高国の近習と内衆の再編」）。
(84)『賀茂別雷神社文書』一六八号。
(85)東寺百合文書ニ函四三一号。
(86)河内将芳「大永八年の稲荷・東福寺喧嘩について」（『朱』第五〇号、二〇〇七年）。
(87)「稙通公記」享禄二年三月一七日条。東寺百合文書ゑ函一二一号。
(88)東寺百合文書い函六七号。
(89)『九条家文書』二一六四号〜二一六七号。
(90)『蜷川家文書』五〇一号・五〇二号。
(91)『大徳寺文書別集真珠庵文書』五三八号。
(92)本書第二部第二章「『堺公方』期の京都支配と松井宗信」。『二水記』享禄三年二月二一日条。
(93)木下昌規「戦国期足利将軍家の任官と天皇」（『日本歴史』第七九三号、二〇一四年）。
(94)本書第三部第三章「細川国慶の出自と同族関係」。
(95)『言継卿記』天文二年二月一二日条。
(96)「経厚法印日記」天文元年八月二八日条。東寺百合文書ひ函一八一号・二一八号。
(97)毛利元就から木沢長政へ送られた書状への堯仙返状（『毛利家文書』二九〇号）と［B34］にて、花押が一致する。堯仙は『天文日記』天文八年七月六日条をはじめ、長政の使者として証如のもとを頻繁に訪れている。
(98)『実隆公記』天文元年一一月二二日条。
(99)『実隆公記』巻八、四〇四頁・四〇七頁の紙背文書。高国から晴元へ鞍替えしたという点でも、長政は賢治と共通する（『二水記』享禄三年一二月一八日条）。
(100)仁木宏『京都の都市共同体と権力』（思文閣出版、二〇一〇年）。天野忠幸『戦国期三好政権の研究』（清文堂出版、二〇一〇年）。

〔付記〕 柳本甚次郎の動向については、拙稿「柳本甚次郎と配下の動向」（『大阪大谷大学歴史文化研究』第一九号、二〇一九年掲載予定）を参照されたい。

第四章　三好元長の下山城郡代

はじめに

三好長慶の畿内支配は注目されるが、その父三好元長が京都周辺を一時期支配したことについては、あまり顧みられることがない。しかし、長慶が阿波勢を率いて再び畿内へ入るにあたって、父の経験から得た教訓も少なからずあったのではなかろうか。かかる問題関心から、本章では、乙訓・葛野・愛宕・紀伊・宇治五郡の下山城守護代として、元長がどのような支配体制で臨んでいたのか検討する。

とはいえ、元長への視点が皆無というわけでもない。例えば、細川晴元による山城支配体制について検討した今谷明氏は、元長配下の郡代として塩田胤光の存在を見出した[1]。今谷氏が検出した郡代は彼一人のみであったため、郡単位の管轄は措定せず、胤光を守護代直下で管轄を同じくする「山城郡代」と位置付けている。今谷氏の眼目は、守護代である元長の上位に「管領代」の茨木長隆がいることを証明することにあるため、元長の支配についてはそれ以上踏み込まない。看過されてきた長隆に着目した意義は大きいが、直前まで敵地であった京都周辺を、元長がいかにして傘下に組み込んでいったのかという点が、もう少し問われてもよかろう。そこで本章では、元長方として現地と直接向き合うことになる郡代に焦点を合わせることとしたい。

郡代については、加地為利も該当するという評価を天野忠幸氏が下している[2]。天野氏は、戦国期から織豊期に

表19　三好元長方下山城郡代の発給文書

番号	年　月　日	差　　出	出　　典
1	享禄元.12.5	塩田若狭守胤光	角屋文書(『角屋修理工事報告書』・『戦三』68)
2	享禄元.12.5	塩田若狭守胤光	平沼家文書(『戦三』2099)
3	(享禄元).12.10	塩田若狭守胤光	東寺百合文書つ函7-24号(『戦三』100)
4	(享禄元).12.10	三好遠江守家長	東寺文書六芸之部射(『戦三』99)
5	享禄元.12.21	市原代 中井彦左衛門尉清秀	『大徳寺文書』2209号(『戦三』69)
6	(享禄元ヵ).12.23	三好遠江守家長	調子家文書(『史敏』12号所収拙稿・『戦三』2100)
7	享禄元.12.26	(塩田)胤光	金蓮寺文書(『戦三』70)
8	(享禄元ヵ).12.28	逸見摂津守政盛	『大徳寺文書別集真珠庵文書』698号(『戦三』2101)
参考	(享禄2).7.5	加地丹後守為利 塩田若狭守胤光	『大徳寺文書』2204号(『戦三』92)
9	(享禄4).3.4	(塩田)胤貞	東寺百合文書イ函142号(『戦三』72)
10	(享禄4ヵ).6.27	市原石見守胤吉	井関家文書2-24号(『大覚寺文書』・『戦三』89)
11	(享禄4ヵ).6.—	市原石見胤吉	『大徳寺文書別集真珠庵文書』329号(『戦三』90)
12	(享禄4).7.3	塩田若狭守胤貞	『久我家文書』546号(『戦三』91)
13	享禄4.7.29	市原石見守胤吉	『大徳寺文書』2211号(『戦三』76)
14	(享禄4).8.15	(塩田)胤貞	『大徳寺文書』551号(『戦三』77)
15	(享禄4).11.24	塩田若狭守胤貞	『大徳寺文書』561号(『戦三』78)
16	享禄4.11.24	(塩田)胤貞	『大徳寺文書』562号(『戦三』79)
17	享禄5.1.17	市原石見守胤吉	『大徳寺文書』2213号(『戦三』81)
18	享禄5.2.23	森飛騨守長秀	真乗院文書(『戦三』87)

かけての三好家内部における人的構成の変遷に主眼をおいており、元長段階に山城支配に携わった人物も網羅的に検出しているが、彼ら個々の政治的な位置付けは課題として残されている。また、今谷・天野両氏ともに、支配体制の時期的な変遷は度外視している。元長の山城支配そのものが対象ではないので無理もないことだが、本章ではその点にも留意するため、ここで元長の動きをあらかじめ簡単に整理しておく(3)。

大永七年（一五二七）二月の桂川合戦を契機に、細川高国方は京都から駆逐され、四国から上陸してきた細川晴元方が畿内を席巻した。ただし、足利義維を擁する晴元は堺に留まり、京都周辺の支配は、翌年に下山城守護代となった元長へ委ねられた。ところが、桂川合戦で実戦に参加した柳本賢治・三好政長と、やや遅れて上洛した元長の間には、早くから軋轢が生じていた。賢治が、元長を陥れようと堺にいる晴元に何かと讒言するので、弁明のため享禄元年

（一五二八）のうちに元長は堺へ下るが、埒が明かなかったため享禄二年八月に阿波へ帰国してしまう。本論でも述べるように、元長の配下もそれと同時に史料上から姿を消すので、一旦は山城から退去したと考えられる。

享禄三年に柳本賢治が暗殺され、高国方が盛り返してくると、晴元は元長の力に頼らざるを得なくなる。その要請に応えて、享禄四年二月に元長は堺へ復帰し、同年六月に高国を自刃に追い込んだ。そして、京都へ復帰した元長勢は、享禄五年正月に賢治の後継者であった柳本甚次郎も討ち果たす。ところが、この行動が晴元の意にそぐわなかったため、晴元と元長の決裂は決定的となり、享禄五年六月に晴元方の木沢長政や一向一揆勢に堺の居所を攻められ、主立った配下とともに元長は自刃する。

なお、結論を先取りすることにもなるが、元長方郡代の発給文書を表19に掲げておいた。これらを本文中で引用する際は、表の番号を［1］のごとく表記する。

一　葛野郡代市原胤吉

三好元長は、大永八年（一五二八）七月一一日付の書下で、「山城国下五郡守護代職之事」を命じられたと東寺へ報じている(4)。よって、この直前に守護代に就いたと考えられる。

ただし、鷲尾隆康が「三好(元長)同名彼(被)官等数十人上洛、山城国郡代相定云々」と伝え聞いているように、郡代はやや遅れて一二月に入ってから設置された(5)。なお、今谷明氏が元長方郡代を塩田胤光一人と考えたのは、その記事に続いて、「柳本(賢治)出洛、仍塩田《三好彼官》若狭守(胤光)近日出京、為山城国郡代也、以下悉下国之処、今朝於山崎辺有合戦」とみえるためであろう(6)。

たしかに後者の記事からは、郡代が胤光一人かのように見受けられるが、郡代着任に伴って「数十人上洛」したという前者の記事も無視はできまい。その点については追って検討するとして、右の経過からあらかじめ確認しておきたいのは、享禄元年（一五二八）七月から一二月までの間に郡代として機能している人物が検出されたとしても、それはあくまでも仮の立場ということである。

さて、はじめにも述べたように、天野忠幸氏は胤光のほかに加地為利も郡代であると評価している。その根拠を次に掲げる。

【史料1】〔参考〕

西京龍翔寺分之事者、紫野本寺之事ニ候、別而筑州（三好元長）対御寺江被申談儀ニ候、殊仁下城州之儀者、郡代被仰付候間、郡中之事、何之在所をも其子細被申儀ニ候、たとい従上被仰付之儀ニ候共、郡を被仰付候上者、定而御たつねあるへく候つる間、子細可被申分候、彼寺領諸公事等成物已下之事、少も他方へ納所候てハ、一段可為曲事候、為其一筆申候、恐々、

（享禄二年）七月五日　　加地丹後守 為利（花押）
　　　　　　　　　　　　塩田若狭守 胤光（花押）

西京龍翔寺分
　名主百姓中

内容から郡代任命以降のもので、元長一党の阿波退去後には胤光の名が確認できなくなることから[7]、年代は享禄二年に限定できる。天野氏は、【史料1】に連署する二名が「『下城州』の郡代と確認できる」と判断する。そして、「彼らは主人である『筑州』（三好元長）から郡代を仰せ付けられた以上は、郡中のことについては、例え（ママ）『上』（荘園領主）の仰せ付けであっても、自分達の方に尋ねてくるように命じている」と解釈する。

「郡代被仰付候間、郡中之事、何之在所をも其子細被申儀ニ候」という部分は、解釈が省略されているが、郡中のことはどこのことでも子細を申すという行為の主語は、文脈から考えて郡代であろう。つまり、天野氏の解

釈に従えば、「子細被申」という自尊敬語を用いていることになる。この矛盾は、西京龍翔寺領を含む葛野郡の郡代を、胤光・為利以外の第三者に置き換えることで解消する。その視点から解釈しなおすと、続きの部分は、たとえ上級権力からの仰せ付けであっても、一郡を預けられた以上はきっと郡代からの質問があるに違いないので、子細を申し分けるように、といったところになるだろう。

そして、龍翔寺が五〇〇文の礼銭を「市原石見（胤吉）郡代ニ礼打渡之折帋取時」という形で支払っていることから[8]、市原胤吉こそが第三者の郡代にふさわしい。右の礼銭を支払ったのは、元長勢が阿波から復帰して高国を滅ぼし、まさに京都へ復帰せんとしていた享禄四年六月のことであった。それから翌五年にかけて、胤吉は龍翔寺領を安堵している［13・16］。一方、郡代が任命された直後の享禄元年一二月には、龍翔寺領の名主百姓中に対し、「市原代中井彦左衛門尉清秀」が寺家への納所を命じている［5］。郡代就任当初の胤吉は、何らかの事情で文書を発給できない状態にあり、清秀が職務を代行していたようである[9]。したがって、無年号の胤吉発給文書は享禄四年の可能性が高い［10・11］。

問題は、胤吉という郡代がいながら、【史料1】でみたように龍翔寺領に胤光・為利が関わっている理由である。それは、元長の守護代就任から郡代設置までの期間に、この両名が元長の配下として、京都周辺での訴訟を受け付けていたためであろう[10]。その頃のルートに従って龍翔寺が何らかの交渉を始めたため、【史料1】にて郡代制が施行されていることを案内したのである。ここに、郡代制発足から半年以上が経っても、その体制が認知されていないという状況をみることができる。

二　乙訓郡代三好家長

天野忠幸氏が、塩田胤光と加地為利を一括りでみてしまった要因は、「加地丹後守為利」「塩田源四郎一忠」「三好遠江守長家」三者の連署状写にもあると思われる(11)。永正一六年（一五一九）に推定される一連の史料で、彼らは三好之長・元長に仕える「三好殿年寄中」と呼ばれ、一括りに捉えられる存在であった。一忠と同一人物、もしくは後継者とみられる胤光が郡代ならば、為利も郡代だと考えたくなるのも無理はない。結論を述べれば、為利は郡代ではないが、右の考えを試しに「三好遠江守長家」へ敷衍してみるのも無駄ではなかろう。

長家といえば、他の同時代史料に「左衛門佐長家」という人物がみえる(12)。彼は三好長尚の子で、長尚が元長の祖父之長の弟にあたることから、元長からみれば従叔父となる。のちに元長・長慶らと対立する三好政長が長家の弟なので、最も有力な一族の家筋といえよう。大永七年（一五二七）の桂川合戦においては、「三好左衛門《（長家）》尉《（佐）》・同弟神五郎《（政長）》」が常に行動をともにしており、大山崎へも両名が禁制を発給しているが、このときの合戦の傷がもとで、長家は没してしまう(13)。

天野氏が、二〇一〇年と二〇一二年に整理した系図を比較すると、前者では之長の末弟に「遠江守勝宗」がいるのに対し、後者では勝宗の名が削除され、長家に「遠江守、左衛門佐」という肩書が加筆されている(14)。つまり、天野氏は最近になって「遠江守長家」と「左衛門佐長家」を同一視し始めたようである。しかし、長家を「三好殿年寄中」に含むには疑問も残される。元長・長慶と対立するような有力一族が、果たして塩田氏や加地氏という配下の家柄と横並びの地位に甘んじるであろうか。この疑問は、次の史料によって氷解する。

【史料2】［4］

下城州乙訓郡事、筑前守《（三好元長）》申付候間、近日可罷上候、各於御入魂者可為本望候、恐々謹言、

十二月十日《（享禄元年）》　三好遠江守 家長（花押）

久世上下

名主沙汰人中

　ここから、三好遠江守家長が乙訓郡代に任命されたことを確認できる。乙訓郡在住の調子氏に対し、檀那寺の瑞泉庵を安堵する家長の書状も残されていることから、彼が乙訓郡代であることは裏付けられる［6］[15]。

　左衛門佐長家は大永七年に没しているので、家長と長家は別人に相違ない。一方、家長と「三好殿年寄中」の「長家」は、遠江守の受領名だけでなく、同じ郡代であったとすれば、塩田と同輩という立場も一致する。「三好殿年寄中」の連署状が写であることに鑑みると、書写の際に、家長と記すべきところを誤って逆転させてしまったとみるのが至当かと思われる。

　さらに、【史料2】には「近日可罷上候」とあるので、郡代着任に伴って「数十人上洛」した一団に、家長が含まれていないことも判明する。市原胤吉に代わって中井清秀が文書を発給したのも、同様に胤吉の上洛が遅れたためと推測される。おそらく、「数十人上洛」した一団は、清秀のような郡代以下の下級吏僚を中心に構成されていたのであろう。なお、この年の末には、柳本賢治が上洛を図って山崎まで出陣するが、「此事聞付、京より三好遠江守（家長）・塩田若狭守（胤光）、山崎へ懸付られければ、柳本叶はじとおもひ、河内枚方の道場へのきにけり」とみえるように、年内には上洛を遂げ、柳本勢の撃退に成功している[16]。

三　愛宕郡代塩田胤光・胤貞

【史料1】の解釈を正すことで、塩田胤光の管轄が不明となってしまったので、ここではその欠を補うこととしたい。

【史料3】［7］

当場領綾小路室町与五条坊門間東頰家四間、五条坊門室町与町之間□(北)頰家壱間、五条坊門与綾小路間東頰家三間、綾小路東洞院家弐間、屋地并所々散在等事、於当知行者可有全領知候、仍状如件、

享禄元
十二月廿六日　(塩田)胤光（花押）

四条道場
金蓮寺
御雑掌

【史料3】は、胤光が四条京極に所在する金蓮寺に対し、洛中に散在する所領を安堵したものである。

【史料4】〔3〕

狛分之内正覚院分之儀、如先年岩成方ニ被仰付候之間、急度可有入部之由候之条、被成其御心得、寺家中ニ可有御披露候、為御案内申入候、恐々謹言、

(享禄元年)
十二月十日　塩田若狭守
胤光（花押）

東寺
年預
御同宿中

先述のように、胤光の名が確認できるのは元長一党の阿波退去以前であることから、年代が特定できる。「狛分之内正覚院分」とは、下狛の村山宗金が正覚院へ寄進した「東寺西院」の田地で、東寺の西側に所在しており葛野郡の管轄にも含まれそうな微妙な場所だが、一応は「東寺内」と認識されているため洛中の南端といえるだろう[17]。「洛中傾城并仲人公事銭」や「洛中三条町屋地子」を安堵している事例もあることから〔1・2〕、とりあえずは洛中を胤光の管轄としておく。

胤光の管轄を直接示す史料はこれ以上ないが、元長一党の阿波退去を挟んで、同じく若狭守の受領名を用いる胤貞が活動を始める。花押も似て非なるものなので、同一人物なのか後継者なのかは判断しがたいが、次にみる

ように立場は胤光のそれと共通している。

享禄四年（一五三一）二月に元長とともに胤貞が堺に上陸してくると、東寺は両者に音信を送った。その礼状が胤貞発給文書の初見である［9］。元長と東寺を仲介する立場に、連続性をみてとることができよう。同年には、久我家の所領である「洛中三条町屋地并野畠散在地子銭」を代官の加地為利へ納付するよう地下に命じている［12］。さらに、「大徳寺末寺妙覚寺分北少（小）路大宮内地子銭」を「筑前守（三好元長）申付」に従って大徳寺に安堵し、その旨を地下へも申し送っている［15・16］。このように、胤貞も洛中を管轄としていた。

そして、「城州（愛宕郡）松崎鹿苑院御領諸散在・同伊勢右京亮方知行分」を三雲長朝へ与えるという元長の意をうけて、その旨を地下へ通達している一例から、胤貞は洛外の愛宕郡も管轄としていたことが確認できる［14］。以上の事例から、愛宕郡代は郡域だけでなく、洛中全体も管轄に含んでいたと推定しておく。

四　紀伊郡代森長秀・宇治郡代逸見政盛

紀伊郡代を直接的に示す史料は、「筑州（三好元長）折帋」に従って「城州紀伊郡深草内当院（真乗院）領散在并末寺栄松寺等」を安堵した享禄五年（一五三二）二月二三日付の書下のみである［18］。ここから、発給者の「森飛驒守長秀」を紀伊郡代の候補に挙げておく。

わずかな根拠であるため、異なる視点からその推測を裏付けておこう。享禄五年正月二〇日から二二日にかけての下京における合戦で、元長勢は柳本甚次郎を討ち果たす(18)。正月二〇日に、東寺はその戦陣にいた三好一秀・森長秀・塩田胤貞・市原胤吉それぞれに、二〇〇文ずつの礼銭を贈っている(19)。二三日には、近衛尚通が戦勝を祝して、元長勢の「三好山城守（一秀）・森飛驒（同遠江弟）・○辺見（逸見）塩田・市原等」へ使者を派遣した(20)。東寺の対応と尚通の対応の照合からは、当初着陣衆として把握されていたのが一秀・長秀・胤貞・胤吉の四人で、尚通の使者が戦陣へ着いた頃に行間に追記された三好「遠江弟」、すなわち家長の弟と逸見が遅参したことを想像させる。ちなみに後世の記録では、この合戦に際して「三好山城守一秀大将にて、逸見・市原・森飛騨・塩田若狭守、都合三千余騎にて京へ上」ったとしており(21)、家長弟が欠ける点を除くと一致をみる。

右の諸史料から、三好一秀は元長代理の大将として、別格の地位にあったと考えられる。また、家長弟が微妙な扱いなのは、兄の代理であるためであろう。ということは、逸見が宇治郡代であるとすれば、一秀を大将として五郡の郡代を部将とする整った軍事編成の姿が浮かびあがり、長秀を紀伊郡代とする裏付けも得られることになる。高国を滅ぼし、元長勢が京都周辺に戻ってきた享禄四年七月には、「従五个庄（宇治郡）有注進、辺（逸）見・見郷等違乱」と宇治郡における逸見の行動も確認できるので(22)、彼を宇治郡代とみることに大過はなかろう。次の史料からは、諱等も判明する。

【史料5】［8］

紫野大徳寺修理領諸塔頭買得地々子之事、筑前守（三好元長）任遵行旨可有御届候、我々申次之事ニ候之間、打渡候儀も可申調候、万一此方衆違乱申仁候者、此折帋以可被仰分候、恐惶謹言、

（享禄元年カ）十二月廿八日　逸見摂津守　政盛判

大徳寺

　納所禅師

元長の「申次」という立場で「打渡」を行うという点から、元長方の郡代に比定できる。具体的な所在は記さないが、ここでいう「大徳寺修理領諸塔頭買得地」とは、おそらく宇治郡に限定されるのであろう。享禄元年一二月の郡代着任時に、他の郡代が一斉に文書を発給していることに鑑みれば、【史料5】も同年のものである可

能性が高い。

むすびにかえて――元長方郡代の特質と課題

元長方の郡代は、管轄区分のない守護代直下の下級機関と捉えられてきたが、実際は各郡独自に設置された分権的な機関であった。郡代に任じられた市原胤吉・塩田胤光・胤貞・森長秀は、天野忠幸氏が指摘するように吉野川流域の阿波国人出身である。逸見政盛も、やや時期が遡るが、文正元年（一四六六）に阿波国人として三好氏等と並んで「逸見豊後入道」の名がみえるので[23]、上記の範疇に含まれる。また、三好家長は元長の同族とみて間違いあるまい。このように、郡代は三好氏に近い阿波国人で固められ、それを一族の三好一秀が元長に代わって統括していた。

一方、加地為利は胤光とともに京都で活動していたものの、五郡いずれの郡代にも当てはまらない。天野氏は伊予出身の為利を郡代に措定したが、阿波国人か否かは、三好家のなかで一つの壁として残されていたのである。ただし、畿内へ進出するにあたって、その壁を越える新しい合議機関も形成されつつあった。それが塩田一忠という阿波国人の代表と、加地為利という他国衆の代表、そして三好家長という一族の代表で構成される「三好殿年寄中」といえるだろう。

元長方の郡代は、単なる支配機構ではなく、それぞれが部将として独自の軍事力を備えているという点に特徴があった。例えば、享禄五年（一五三二）正月の合戦では、柳本甚次郎が籠もる下京の城を攻めるため、「一原《市》勢」が北側の「革堂」（行願寺）に陣取り、「三好山城等群勢従西方攻之」という布陣をとる[24]。ここからは、郡代単位で軍事編成がなされていたことをみてとれよう。この合戦を見物した鷲尾隆康が、「四国衆強性可恐々々」

と評するように、元長勢の軍事力は他を圧倒するものであった。

さらに、この合戦で乙訓郡の家長と宇治郡の政盛という遠方の郡代が揃って遅参し、しかも家長が代理人の派遣で済ませたということは、この頃の郡代が在郡していたことも示唆している。本論でも触れたように、山崎から京都への侵攻を図った柳本賢治は、山崎を管下に収める乙訓郡代の家長らに撃退されているが、このことは軍事的にも方面担当の任を負っていることを示している。元長の守護代就任当初になかったことを踏まえると、郡代制は元長の堺下向によって生じるであろう混乱に対処するため、新たに整備された軍事的統治機構ということができる。(25)

ところが、この体制は少なからぬ課題も持ち合わせていた。【史料1】でみたように、郡代制が発足して半年以上が経過しても、上から設定された管轄区分は浸透せず、下からの訴訟は人的な繋がりや先例を重視する形で行われ続けたのである。おそらく、これは珍しいことではなかった。例えば三条西実隆は、郡代が設置されるとともに、すでに得ていた「当国事三好（元長）書状案」を提示し、「当国所々家領不可有煩之由申之」という内容の「塩田若狭胤光折帋」を入手した。この折紙は、本来的には胤光が所管する愛宕郡と洛中を対象としているはずであるが、郡代制を十分に理解していない実隆は、その折紙を即座に紀伊郡の伏見に転送している。(26)これらの事例が示すように、権利関係が複雑に錯綜する畿内では、管轄を設けて領域的な支配を進めることに困難が伴った。

元長の郡代制は、自らの分身ともいえる阿波国人を配し、政治的権限と軍事的権限を郡単位で委任する均整のとれたものであった。これは一見合理的だが、畿内の在地状況には適していなかった。よって、それとは異なる道を模索する柔軟な姿勢が、次代の支配者には求められた。既知のごとく、長慶は元長のような郡代制を展開することはなかった。また、阿波だけでなく畿内の国人も重用している。これらは、元長段階の経験を踏まえて、人的な繋がりを重視する方策に転換した結果といえるのではなかろうか。

註

(1) 今谷明「細川・三好体制研究序説」（同『室町幕府解体過程の研究』岩波書店、一九八五年、初出一九七三年）。以下、今谷氏の見解はこれによる。

(2) 天野忠幸「三好氏の権力基盤と阿波国人」（同『戦国期三好政権の研究』清文堂出版、二〇一〇年、初出二〇〇六年）。以下、天野氏の見解は、特に断らない限りこれによる。

(3) 以下の叙述は、「細川両家記」による。

(4) 東京大学史料編纂所蔵古文書（『戦三』五一）。

(5) 『二水記』享禄元年一一月三日条。

(6) 『二水記』享禄元年一一月三〇日条。

(7) 天野忠幸「総論　阿波三好氏の系譜と動向」（同編『論集戦国大名と国衆一〇　阿波三好氏』岩田書院、二〇一二年）。

(8) 『大徳寺文書』二三三二号。

(9) そのほか、市原氏久・市原信胤といった胤吉の一族も、葛野郡の支配に介在していた（『大徳寺文書』二二一二号・二二一四号・二二一五号〈『戦三』八〇・八二・八三〉）。

(10) 『大徳寺文書』四三三号～四三四号・七三一号・七三二号（『戦三』五九～六三）など。

(11) 東寺百合文書そ函一七六号・一七七号（『戦三』一五・参考六）。

(12) 「大永七年雑記」一一月二二日条（『石清水八幡宮社家文書』・『戦三』三六）。

(13) 「細川両家記」大永六年一二月条～同七年二月条。疋田家本離宮八幡宮文書三七号（『大山崎町史』史料編・『戦三』三七）。

(14) 前掲註(2)天野著書二一二頁、および前掲註(7)天野編書五五頁。

(15) 中世の調子家については『長岡京市史』本文編一参照。ただし、同書六五一頁では［6］が引用されるものの、三好長慶が乙訓郡一帯を支配した時期のものと誤解している。なお、家長は享禄五年六月の飯盛山城合戦で弟とともに戦死しているので（「細川両家記」享禄五年六月一五日条・『言継卿記』同月一七日条）、［6］の年次はそれ以前で、元長一党の阿波退去時を除くと享禄元年か同四年のいずれかになる。一二月付であることから、郡代着任時のものと推測される。

(16) 「細川両家記」享禄二年正月一日条。『実隆公記』巻八、七六頁の紙背文書でも「とうたうミ《（遠江）》・しほた《（塩田）》」の参戦が確認できる。

(17) 東寺百合文書つ函六―六号・七号。『教王護国寺文書』二四四〇号。

(18)『二水記』『実隆公記』『後法成寺関白記』享禄五年正月二〇日条〜二二日条。
(19)『教王護国寺文書』二四四三号。
(20)『後法成寺関白記』享禄五年正月二三日条。
(21)「細川両家記」享禄五年正月二二日条。
(22)『後法成寺関白記』享禄四年七月二〇日条。
(23)「阿波段銭文書」(『阿波国徴古雑抄』二四四頁・『戦三』参考一)。
(24)『二水記』享禄五年正月二〇日条。
(25)類例としては、佐伯弘次「大内氏の筑前国郡代」(『九州史学』第六九号、一九八〇年)が取り上げた大内氏の事例がある。大内領国の前線にあたる筑前国では、吏僚としての郡代に軍事的支配を担う城督を兼務させていた。
(26)『実隆公記』享禄元年一二月七日条・九日条。

第五章　畠山家における奉書の展開と木沢家の出自

はじめに

畠山家内衆出身の木沢長政は、享禄三年（一五三〇）末に細川晴元の有力内衆として突如として史料上に現れ、瞬く間に山城・河内・大和へと勢力を伸ばす。(1)これだけの実力を持ちながらも、長政の出自や前半生については、はっきりしたことがわかっていない。そこで本章では、ひとまず木沢家の出自について検討することとしたい。

畠山家の内衆を網羅的に検討した弓倉弘年氏によると、木沢家は十五世紀前半に在京奉行人として登場している。(2)のちに、畠山家が義就流と政長流に分裂すると、木沢家は前者の内衆として活動した。そして、長政段階になって守護代クラスへと地位を上昇させる。先行研究の理解は、概ね右の点で一致するが、長政以前における木沢家の地位の変動については、評価に細かい相違がみられる。

応仁二年（一四六八）に、「五人奉行方」と呼ばれる木沢助秀・斎藤宗時・遊佐盛貞・誉田就康・遊佐就家らの連署奉書が登場する。(3)川岡勉氏は、木沢助秀をはじめとする署判者を、当時の「義就方の中心メンバー」とした。(4)そして、応仁・文明の乱終結とともに河内へ下向した義就の周辺で、側近の奉行人が台頭し始めたことを、花田家清・豊岡慶綱・小柳貞綱の「河内三奉行」が連署した文書から指摘する。さらに延徳二年（一四九〇）の義就没後、花田家清と豊岡慶綱が河内から追われると、文亀元年（一五〇一）を初見として木沢氏が小柳氏とともに奉行人として活動を始める。ここから、木沢家は「十六世紀に入ると義就流畠山氏の奉行人として台頭」したとする。

弓倉弘年氏の場合は、それより少し前の明応二年（一四九三）段階に、木沢家を「有力内衆」であるが、「守護代家より家格の劣る」家と評価している(5)。また、小谷利明氏は、奉行人奉書と呼ばれてきた「五人奉行方」連署奉書を、遊佐就家と誉田就康が守護代であることから、「守護代層」による奉書と理解を改める(6)。同様に矢田俊文氏も、「五人奉行方」を守護代などの実力者であるとし、「官僚」ではないとした(7)。

以上のように、長政以前に木沢家が地位を上昇させるタイミングについては、評価に微妙な違いがみられるが、だからといって意見が直接的に衝突するようなこともなかった。なぜなら、「五人奉行方」である木沢助秀の地位について、「中心メンバー」「有力内衆」「守護代層」と、いずれの論者も幅を持って解釈しうる表現を用いているからである。そのため、この段階の木沢家の地位を低く見積もれば、川岡氏のように台頭の時期は遅めの評価となるし、高く見積もると、小谷氏のように畠山家における奉行人の地位は高いという評価になる。ゆえに、木沢助秀の位置付けをより厳密にすることが、長政以前の木沢家を評価するうえで課題となってくる。

問題点は、「五人奉行方」と「河内三奉行」の連署奉書に代表させて、義就の内衆構造を論じてきたということにも見出せよう。なぜなら、いずれの連署奉書も、畠山家の奉書全体からみるとやや特殊な部類に属するからである。そのため本章では、畠山家における奉書様式の展開のなかに、二種の連署奉書を位置付けるという手続きを踏まえたうえで、木沢家の系譜について考えることとしたい。

一　義就の河内下向前

1　応仁以前の奉書

応永五年（一三九八）に畠山基国が管領に就任して以降、畠山家は三管領の一翼を担うこととなる。これを機に、文書発給の業務が大幅に拡大したことは想像に難くない。文書の発給体制もそれに伴って整備されたと思われるので、本章では、この時期を上限として検討を始めることとする。

「大伝法院領紀伊七箇庄等重書案」には、文書を記した奉行人の名が逐一注記されており、ここから初期の畠山家在京奉行人が判明する。(8) 列挙すると、応永七年の畠山基国施行状案に「執筆伊地知民部入道寿持」とみえるのをはじめとして、同九年も基国の奉行人を彼がつとめている。続けて、応永一四年の畠山満慶施行状案に「執筆木澤兵庫入道善尭」とみえ、以後、同一五年・一七年にも彼が畠山満家の奉行人をつとめている。これが木沢家の初見となる。

次に、畠山家の奉書を検討すべく、管見に入ったものを表20に掲出しておいた（以下、この表から引用する際は、[1]のごとく記す）。基本原則の変遷を把握するため、表20には政長流のものは含んでいない。同じく基本原則を探るために、一部の例外を除いて書止文言が「仍執達如件」となるもののみを掲出し、当主の意を奉じる内容でも書状形式のものは省いた。

まず確認したいのは、応永一四年を初見として奉行人として活動する木沢善尭が、永享五年（一四三三）の[8]まで在職していることである。(9) それと同時に、応永二六年および翌二七年の[5～7]では、木沢蓮因も奉行人として活動している。おそらく、彼は永享二年から三年にかけてみえる「木澤常陸入道」と同一人物であろう[10]。このように、ほぼ同時期に二人の木沢氏が奉行人として登場する。このことは、奉行人の人数枠が複数存在したであろうことも意味している。

善堯以前の奉行人には、先述のように「伊地知民部入道寿持」がいた。表20からは、彼の存在を直接的に窺うことはできないが、応永一一年に畠山家内衆として文書を発給している「伊地知入道秀為」に注目したい[11]。となると、［1・2］の発給者も伊地知秀為とみてよかろう[12]。秀為の署名のなかには、「寿持」を崩したようにみえるものもあるので、「寿持」は誤写の可能性もある。以上の点から、秀為は少なくとも応永七年から同一一年まで奉行人をつとめたと考えられる。その後継者である伊地知民部丞直賢は、木沢家と袂を分かち、政長流の「内奉行」あるいは「内之奉行」と呼ばれる立場となっている[13]。

表20全体を見渡して指摘しうるのは、単署となるのが初期の［2〜4］のみで、原則として連署となるということである。木沢善堯・蓮因が奉行人であることや、遊佐国盛・国助が河内守護代、誉田久康が山城守護代であることを踏まえると[14]、応永二六年の［5］を端緒として、日下に奉行人、奥に守護代が連署する奉書が確立したとみてよかろう。奉書の執筆者である奉行人が下位にあたるため日下にまず署判し、内衆で最高位の守護代がその内容を追認する形で奥に署判しているのである。

従来の研究では、連署する者は同じ立場にあるということを所与の前提としていたため、署判する者全員を一括して奉行人層とするか、もしくは守護代層とするか、二者択一的な結論が求められてきた。しかし、そもそも連署する者の立場が異なるため、その考えかた自体に無理があったのである。署判者の立場について、いずれの研究者も曖昧な表現で評価せざるを得なかったのは、右のような事情によるものといえよう。

また、表20では、連署する守護代がはじめは河内守護代に限定的で、のちに山城守護代が　例のみみられる点にも注意したい。弓倉弘年氏によると、義就流の守護代は河内守護代が最高位で、その下に山城守護代、そして

宛　　所	原本	対象	出　　典
遊佐民部丞(家久)	案文	紀伊	粉河寺御池坊文書２-ト号(『和歌山県史』中世史料１)
遊佐民部丞(家久)	正文	紀伊	且来八幡神社文書24号(『和歌山県史』中世史料２)
遊佐河内守(慶国)	案文	紀伊	且来八幡神社文書29号(『和歌山県史』中世史料２)
遊佐河内守(慶国)	案文	紀伊	且来八幡神社文書34号(『和歌山県史』中世史料２)
遊佐孫四郎(国継)	案文	紀伊	金剛三昧院文書(中田法寿編『高野山文書』第５巻239号)
遊佐孫四郎(国継)	案文	紀伊	葛原家文書83号(『和歌山県史』中世史料１)
―	案文	紀伊	葛原家文書86号(『和歌山県史』中世史料１)
遊佐越前守(国継)	正文	紀伊	湯橋家文書８号(『和歌山県史』中世史料２)
遊佐加賀入道	案文	越中	『東大寺文書』1725号
遊佐左衛門太夫	案文	越中	『東大寺文書』1724号
斎藤式部丞・木沢兵庫助	正文	越中	『東大寺文書』1721号
山科沙汰人御中	案文	山城	『山科家礼記』応仁２年６月13日条
法性寺地下・東福寺雑掌	案文	山城	東福寺蔵文書(新井本)(宮内庁書陵部蔵)
柳原之内東寺領百姓中	正文	山城	東寺百合文書え函48号
東寺雑掌	正文	山城	東寺百合文書ヲ函99号
法住寺住持	正文	山城	『妙法院史料』古文書165号
天野山金剛寺衆徒御中	正文	河内	『金剛寺文書』226号
観心寺年預房	正文	河内	『観心寺文書』205号
僧坊年預御坊中	正文	河内	叡福寺文書(東京大学史料編纂所影写本)
太子僧坊中北坊	正文	河内	叡福寺文書(東京大学史料編纂所影写本)
田井筑後守	案文	紀伊	小山文書(東京大学史料編纂所影写本)
太子僧坊雑掌	正文	河内	叡福寺文書(東京大学史料編纂所影写本)
在井太夫	正文	紀伊	有井家文書(中田法寿編『高野山文書』第11巻270号)
橋爪三郎左衛門他三名	案文	紀伊	奥家文書22号(『和歌山県史』中世史料１)
金剛寺	正文	河内	『金剛寺文書』249号
太子僧坊衆御中	正文	河内	叡福寺文書(東京大学史料編纂所影写本)
歓(観)心寺雑掌	正文	大和	『観心寺文書』225号
真観寺納所禅師	正文	河内	『真観寺文書の研究』17号
真観寺納所禅師	正文	河内	『真観寺文書の研究』18号

表20　政長流を除く畠山家の奉書

番号	年　月　日	差出(日下←→奥　ゴシック体は守護代家)
1	応永9．4．4	(伊地知)秀為・長澂
2	応永9．6．23	(伊地知)秀為
3	応永21．⑦．2	善光(木沢善堯ヵ)
4	応永22．10．11	善光(木沢善堯ヵ)
5	応永26．5．3	木ノ沢蓮因・**遊佐国盛**
6	応永26．8．3	(木沢)蓮因・**(遊佐)国盛**
7	応永27．8．—	(木沢)蓮因・**(遊佐)国盛**
8	永享5．4．4	(木沢)善堯・**(遊佐)国盛**
9	(年未詳)．8．27	繁元・**祥栄(誉田久康)**
10	長禄2．12．13	木沢秀興・**遊佐国助**
11	長禄4．3．23	繁元・**(遊佐)国助**
12	応仁2．5．14	木沢兵庫助秀・斎藤新右衛門宗時・**遊佐越中盛貞・誉田就康・遊佐就家**
13	応仁2．8．14	(木沢)助秀・**(誉田)就康・(遊佐)就家**
14	応仁2．8．15	(木沢)助秀・(斎藤)宗時・**(遊佐)盛貞・(誉田)就康・(遊佐)就家**
15	応仁2．10．29	(木沢)助秀・(斎藤)宗時・**(遊佐)盛貞・(誉田)就康・(遊佐)就家**
16	文明3．⑧．25	(木沢)助秀・**(遊佐)盛貞**
17	文明19．6．28	(小柳)貞綱・(豊岡)慶綱・(花田)家清
18	延徳2．9．2	(小柳)貞綱・(花田)家清・(豊岡)慶綱
19	文亀元．10．23	宗春・(木沢)盛秀
20	永正3．3．20	宗春・(木沢)盛秀
21	永正4．3．12	(木沢)盛秀・(小柳ヵ)康綱
22	永正4．4．25	(小柳ヵ)康綱・(木沢)盛秀
23	(永正4)．6．13	(小柳ヵ)康綱・(木沢)盛秀
24	大永4．11．3	英作・(平)英正
25	大永7．11．21	宣忠・(小柳)家綱
26	享禄2．2．10	(小柳)家綱・宣忠
27	享禄4．7．17	(小柳)家綱・(平)英房
28	天文21．4．26	(平)誠佑・**(遊佐)家盛**
29	天文24．9．11	(木沢)矩秀・(小柳)綱

註)　書止文言は，14が「仍下知如件」，23が「仍状如件」で，それ以外は「仍（而）執達如件」。

紀伊守護代が続くという(15)。したがって、守護代のなかでも上層の者のみが、奉書に署判し得たということになる。

2　応仁・文明の乱段階の奉書

「五人奉行方」のうち遊佐就家・誉田就康・遊佐盛貞は、義就が守護を更迭されているため、公的には守護代の立場にない。しかし、最も奥に署判する就家は、義就方内部においては、内衆最上位の河内守護代家に相当するのではないかと考えられる。次席の就康は、先述のように先代の久康が山城守護代で、やはり次席に位置していた。そして、三番目の家格にあたる盛貞は、越中守を通称としていることから、越中守護代家に相当するのではなかろうか。以上のように右の三者は、義就方内部において、奉書に署判しうる守護代家の家格にあったと想定される。

　さて、右の点と前項の検討を踏まえると、「五人奉行方」連署奉書は、奉行人と守護代家の総意であることを表現した文書様式といえるのではなかろうか。木沢善堯と蓮因が同時期に奉行人をつとめていたように、奉行人の人数枠は複数存在するので、「五人奉行方」のうち残る木沢助秀と斎藤宗時を奉行人と想定しつつ議論を進めておこう。

［13］では、木沢助秀が日下に署判し、守護代家一名が奥に連署している。［16］は、奉行人と守護代家が一人ずつ署判する畠山家本来の連署奉書と理解できるので、日下に署判する木沢助秀は奉行人とみられる。斎藤宗時が奉行人として日下に署判する文書自体は残されていないが、「遊佐越中《（盛貞）》・斎藤新右衛門《（宗時）》等、入折帋」とみえるように、守護代家の遊佐盛貞と連署している事例が確認できる(16)。

「五人奉行方」連署奉書の署判部分には、［13〜16］で確認できるように原文には諱しか記されないが、［14］を筆写した記録では、署判部分に「木澤兵庫助秀判／斎藤新右衛門宗時判／遊佐越中盛貞判／誉田就康判／遊佐就家判」と名字や通称の加筆がみられる[17]。これは、別の所に伝わる［12］と完全に一致する。ここから、「五人奉行方」連署奉書の包紙には、「木澤兵庫・斎藤新右衛門・遊佐越中」と記されており、案文作成時にその情報が転写されたと推察できる。おそらく、奉行人二人と守護代家一人の組み合わせで奉書がひとまず用意され、最終的に万全を期して残り二人の守護代家も署判を加えることとなったのであろう。

以上のように、「五人奉行方」は奉行人二人と守護代家三人で構成されており、奉書発給にあたっては五人の署判を揃えるに越したことはないが、少なくともそれぞれのグループから一人ずつは署判をする必要があったといえる。

二　義就流の守護代家

1　遊佐就家家

前節で明らかとなったように、畠山家の奉書には、奉行人だけでなく守護代も署判する。そして応仁二年（一四六八）以降は、遊佐就家・誉田就康・遊佐盛貞という義就方内部における守護代家当主が、その役割を継承する。したがって、以降の奉書を分析するにあたっては、署判者のうちにこの三家の系譜に連なる人物が含まれているか否かが一つの焦点となる。そこで本節では、義就流の顕著な動きがみられなくなる天文末年頃までを対象として、該当する人物をあらかじめ検出しておく。なお、義就流守護代家の人物比定は、これまで厳密になされたことがあまりないので、就家・就康・盛貞の出自や動向についても整理しておきたい。

遊佐就家の発給文書は、文正元年（一四六六）が初見で、延徳三年（一四九一）を終見とする[18]。後述のように「遊佐五郎」が守護代家として河内に在陣していることをはじめとして、東寺の取次である遊佐盛貞が繁多であるため「遊佐五郎」が代理をつとめている事例や、「遊佐越中守《盛貞》・五郎方」と並記されている事例などから、就家の仮名は「五郎」と考えられる[19]。就家は、のちに「弾正忠」を通称とするが、明応二年（一四九三）の政変において、政長流の守護代遊佐河内守長直を倒すと、「河内守」を名乗るようになる[20]。

「遊佐弾正」の名は、後述の誉田久康とともに畠山家の内衆筆頭として嘉吉二年（一四四二）にはみえるように、世襲されていた[21]。したがって、長禄四年（一四六〇）に義就の重臣として並ぶ「遊佐壇《弾》正・誉田三河《久康》」は、就家の先代にあたるはずである[22]。

細川京兆家の場合、当主が幕府に出仕する際、騎馬で臣従するのは年寄衆のうち守護代家であった[23]。それを踏まえると、明応二年の出仕にあたって、畠山基家に従う「騎馬三人遊佐弥六・同越中守《就盛》・誉田《正康》」が[24]、当時の畠山家の守護代家に相当すると考えられる。ここでは内衆筆頭の就家の名が登場せず、遊佐弥六が名代となっている。文明六年（一四七四）に「遊佐之弟《就家》」である遊佐弥六が討死しているので[25]、就家はその後継者にあたる人物を名代として立てたのであろう。遊佐弥六はのちに独立したようで、上山城三郡の守護代をつとめているが、明応六年に討ち死している[26]。

就家も、同年に畠山基家とともに戦没したという情報が伝わるが、これは誤報であった[27]。しかし、これ以後表舞台から姿を消している。そして次項で述べるように、文亀二年（一五〇二）には河内守の受領名を遊佐就盛が名乗るようになる。就盛段階の河内守護代家の動向については次項で取り上げるので、ここではそれ以後の足取りについて、断続的ではあるが確認しておく。

まず、永正五年（一五〇八）には「遊佐弾正兄弟三人」が戦没しており[28]、河内守の受領名こそ就盛のものとなったけれども、就家家の名跡そのものは存続していることがわかる。ただし、彼らの素性はよくわからない。次いで、大永三年（一五二三）に文書を発給している遊佐堯家は、押紙に「弾正少弼」と注記があり、通称と通字が共通することから系譜に連なる者と考えられる[29]。そのほか、大永七年正月に畠山義堯の書状を取り次ぐ「遊佐弾正左衛門尉」や同年一一月に戦没した「遊佐弾正忠」なども存在するが、通称に微妙な相違がある[30]。しかし、その間の大永七年二月に「遊佐弾正」と呼ばれる堯家の発給文書が存在することから[31]、いずれも同一人物とみてよかろう。よって、義堯書状に明記される「弾正左衛門尉」が堯家個人の正確な通称であって、そのほかは家の通称に準じたものと判断される。

また、天文一八年（一五四九）の代替わりに伴い発給されたと思われる七月晦日付の畠山尚誠書状に、「猶遊佐弾正忠可申候」とあり、同日付で元家が副状を発給している[32]。ここから、遊佐弾正忠家を元家が継承していることを確認できる。元家の発給文書は、木沢長政没後の戦後処理に伴う天文一一年のものを上限とする[33]。一方の下限は天文二一年で、それまでの花押を一新している[34]。

2　遊佐盛貞家

遊佐盛貞は、文明三年（一四七一）の［16］を最後として発給文書がみられなくなる。同じ年に、「越中子（遊佐盛貞）」として名のみえる「遊佐孫太郎」は、文明九年に義就が河内へ下向した際、先陣をつとめた「遊佐中務」と同一人物ではないかと思われる[35]。

中務丞の諱は就盛で、永正六年（一五〇九）を発給文書の終見とする[36]。中務丞の通称は延徳四年（一四九二）まで確認できるが[37]、明応二年（一四九三）の政変ののち上洛してきた際には、「遊佐中務同名今一人」と見せ消ちのうえ「越中守・同子」と修正されている[38]。ここから、直前に中務丞から越中守へと改めたことが窺える。受領名と「盛」の通字を踏襲していることから、就盛は盛貞の後継者と判断してよかろう。また、就家と就盛が、明応の政変を機に揃って河内守と越中守へ改称していることから、二つの受領名が畠山家分国の守護代家を意味する呼称となっていることもみてとれる。

なお、右にみえる就盛の子とは、直後に中務丞を継承している人物であろう。[39]「遊佐《（就盛）》越中内者西村」は「遊佐中務代官西村」でもあるので、やはり就盛と中務丞某は同じ家のようである。[40]明応の政変ののち、上洛してきた畠山基家は、就盛を副えて嫡子の義英を京都に残し河内へ下向する。[41]明応七年に京都から河内へ攻め入った畠山義英の軍勢は、「惣勝《（畠山義英）》并遊佐《（就盛）》越中守主従」であったので、[42]就盛は基本的に義英とともに在京していたようである。それに対し中務丞某は、明応三年二月に七日間滞京したのち帰国していることから、河内在国を原則としていた。

就盛は、文亀元年（一五〇一）六月八日付書状では「遊佐越中守就盛」と署名をしているが、文亀三年九月には「遊佐河内守」と呼ばれている。[43]文亀二年五月には、「西村方へハ河州へ御披露」とみえるように、就盛の有力内衆である西村氏が「河州」への披露を担当していることから、文亀二年までに河内守へ改称したようである。[44]先述のように、遊佐就家が明応二年に名代として立てたのは、弟の後継者である遊佐弥六であった。しかも、その弥六も明応六年には没している。ここから、就家には適当な後継者がいなかったことが推測される。そのため、就盛が跡を継ぎ、守護代家筆頭となったのであろう。実際、就盛は、永正元年に「就家《（遊佐）》下知状等之旨」に任せて、河内の観心寺領を安堵している。[45]

のちに就盛は、永正三年に出家すると、「印叟宗盛」と名乗り、永正八年の船岡山合戦で没する。[46]出家後も、文書への署名には俗名の就盛を用いており、永正四年には遊佐基盛との連署状が確認できる。[47]通字から、基盛は就盛の後継者と考えられるので、これは義就流の河内守護代家と越中守護代家の連署状といえるだろう。基盛の通称「孫三郎」は、永正三年三月一八日付畠山義英書状に「猶遊佐孫三郎可申候」とあって、同日付で基盛が副状を発給していることから判明する。[48]

就盛が新たな後継として基盛を立てていることから、中務丞某の行方が気になるところであるが、明応六年に

「越中子《（遊佐就盛）》二人」が戦没しているので、このときに没したのかもしれない[49]。就盛には、他にも甲斐庄家を継承した男子などがいた[50]。また、能役者である暮松氏の主人は、「遊佐印叟就盛」あるいは「遊佐河内守印宗《（叟）》・同子弟弾正《（堯家）》左衛門」であった[51]。ここから、河内守護代家を継承した遊佐堯家も、就盛の子息であった可能性が浮上する。以上のように、男子に恵まれた就盛は、義就流の有力内衆を一族で占めるようになった。

　続けて、「中務丞」の通称と通字が一致する遊佐英盛が、八月五日付畠山在氏書状と同日付で副状を発給している[52]。この副状の年代は、在氏の活動期にあたる天文期で、「就公方様御帰洛、此口可有出張候」と文中にあるように、将軍帰洛戦に伴うものである。また、天文二一年（一五五二）四月には遊佐越中守家盛なる人物が登場しており[53]、英盛を差し措いて越中守を名乗ることもなかろうから、それ以前に絞り込むことができる。以上の点から推測するに、英盛の副状は、天文一九年の足利義輝上洛戦に伴うものである可能性が高い[54]。これが英盛発給文書の終見となる。一方の初見は永正一六年で、当時は「孫次郎」の通称を用いていた[55]。孫次郎から中務丞への改称時期ははっきりしないが、遅くとも天文一一年には中務丞を名乗っている[56]。

3　誉田就康家

　年未詳の［9］の年次を推測するため、まずは誉田就康の先代にあたる久康の動向について簡単に触れておく。彼は、紀伊口郡守護代であった享徳三年（一四五四）段階までは、俗人として「久康」と署名しているが、翌康正元年（一四五五）に山城守護代へ転じると、入道して「祥栄」を名乗る[57]。よって、［9］の年代は、康正元年から誉田一族が軒並み戦死する長禄四年（一四六〇）までの間に絞ることができる[58]。今谷明氏は、久康を山城守護代として位置付けているが、誉田遠江入道金宝が長禄二年に綴喜郡池田荘、同四年に相楽郡古河荘で守護代として関与していることから、厳密には久康が山城下五郡、金宝が山城上三郡の守護代である[59]。

「五人奉行方」として活動していた頃の就康の通称は、「誉田孫三郎」と思われる(60)。就康は文明七年（一四七五）二月に没したようで、四月には「誉田方代始之礼」をしている(61)。

跡を継いだのは、誉田三郎左衛門尉正康である(62)。その正康かどうかは不明ながら、明応六年（一四九七）に誉田氏は河内守護代の地位をめぐって遊佐氏と対立して敗北し、さらに同年のうちに尚順方へ寝返ってしまう(63)。そして明応九年には、誉田三河守が尚順方として誉田城の攻撃に参加し、討ち死している(64)。

しばらくのちのこととなるが、大永七年（一五二七）には、義英方と敵対する誉田三河守真康が確認できる(65)。一方で、永正一〇年（一五一三）には義英方の誉田氏が没しており、天文一二年（一五四三）にも在氏に従う誉田遠江守が存在する(66)。これらの点から、義就流の遠江守家と政長流の三河守家の分裂状態は、長らく続いたといえるだろう。

三　義就の河内下向後

1　「河内三奉行」の成立

文明九年（一四七七）に畠山義就は河内に下向し、応仁以来の京都の戦火は終息に向かった。一方、河内では、誉田を拠点とした義就の分国支配が進展する。その徴候は、義就側近の花田家清・豊岡慶綱・小柳貞綱ら「河内三奉行」の登場に顕著に表れる。

それ以前に「五人奉行方」の構成にも若干の変化があったようで、河内下向直前の文明八年に東寺が畠山方へ歳末巻数を贈った面々は、「畠山殿（義就）・同誉田（正康）・斎藤新右衛門（宗時）・中務（遊佐就盛）・木澤左衛門助殿・同平」であった(67)。誉田就康から正康へ、遊佐盛貞から就盛への世代交代は既述の通りだが、ここからは木沢助秀から木沢左衛門助への交代と、遊佐就家から平氏への交代も読み取れよう。

文明二年に、「右衛門佐《（畠山義就）》内者誉田《（就康）》ハ八幡《（山城）》へ入云々、遊佐《（就家）》ハ野崎《（河内）》罷向」とあるように、両守護代家は京都から下向する[68]。翌年にも「遊佐五郎《（就家）》此間野崎ニ取陣」とあるように、とりわけ就家の河内在陣は長期にわたった[69]。そのため、就家に代わって平氏が准守護代家として「五人奉行方」に参入したのであろう。河内の就家が政長方の攻撃を受けると、京都から「遊佐越中《（盛貞）》・誉田《（就康）》・平三頭」が援軍として下っていることもその証左となる[70]。

河内下向後の文明一八年頃における誉田の奉行の総勢は、次の八名であった。

【史料[71]】

河内国畠山右衛門佐《（義就）》方奉行

遊佐《（就家）》　遊佐中務丞《（就盛）》

誉田《（正康）》　平

花田《（家清）》　豊岡《（慶綱）》

小柳《（貞綱）》　済藤《（斎）》

木沢家が姿を消して、代わりに遊佐就家が復帰したようである。内衆最高位の遊佐就家を筆頭に遊佐就盛・誉田正康の守護代家、そしてそれに続けて准守護代家の平家を記していることから、家格序列をそのままに表記したものと考えられる。遊佐盛貞・就盛家と誉田家の家格が、「五人奉行方」連署奉書の署判順と入れ替わっているが、誉田就康から正康に世代交代し、当主が若輩となったことに伴う変化かもしれない。そうだとすれば、家そのものの家格はほぼ同格ということになる。

そして、河内下向に伴い設置された「河内三奉行」が新たに加えられている。花田・豊岡・小柳三氏の連署奉書［17・18］では、花田氏と豊岡氏の署判順が入れ替わるので、両家の家格は同じである。ところが、小柳氏は数ある連署書状を含めても、常に日下に署判しているので家格は少し下がるようである。[72] その序列も【史料】には反映されている。

問題は末席の斎藤氏である。「五人奉行方」のうち斎藤宗時は、河内下向時にも健在で、先陣をつとめた遊佐就盛の次に連なっている。[73] そのため、新興の「河内三奉行」よりも下位に位置するのはやや不可解である。遊佐家と誉田家の家格の逆転を踏まえると、斎藤家も世代交代したのではなかろうか。

以上のように整理すると、【史料】は、「五人奉行方」と「河内三奉行」の総員を家格順に並べたものと評価できよう。「河内三奉行」が成立しても、「五人奉行方」は健在だったのである。

ただし、「五人奉行方」のうち顕著な動きがみえるのは守護代家のみとなっていく。この段階における畠山家と荘園領主の交渉は、川岡氏も指摘するように、「寺門奉行」たる守護代家の誉田正康が「披露状」の宛所となる書札礼上の正規の取次で、「河内三奉行」が当主側近として「内儀」の取次をするという複線的な形態をとるようになる。[74] 大乗院の政覚が、狛野荘一件の礼として、「豊岡（慶綱）并遊佐中務方（就盛）ニ巻数」を贈っているのも、同様に正規の取次と内儀の取次の関係といえるだろう。[75] その結果、本来の奉行人の姿は後景に退いていく。

2　「両奉行」への回帰と奉書様式の変化

延徳二年（一四九〇）に義就が没すると、翌年には花田家清と豊岡慶綱が、遊佐氏と誉田氏によって追放される。[76] このとき「小柳一人相残」とされるように、小柳貞綱は追放の対象とはならなかった。そして、文亀元年（一五〇一）の観心寺への「堀銭」賦課にあたって、「自遊佐殿若党二人、一人ハ名字梅木原、一人者真庭、自両奉行者、小柳殿者鵜沼、木澤殿内ニハ山本、已上之上使」とみえる。[77] 遊佐氏からの若党に加え、小柳氏と木沢氏の「両奉行」から、上使が派遣されているのである。川岡勉氏は、ここに木沢氏の台頭を見出している。

その前年の明応九年（一五〇〇）にも、「従誉田両奉行之御衆・遊佐越中殿《就盛》上使両三人」とみえる。(78)ここでの「両奉行」も小柳氏と木沢氏で、遊佐氏は先述の「寺門奉行」に相当するのであろう。「河内三奉行」から「両奉行」への変化こそあるものの、荘園領主と畠山家の間の複線的な交渉のあり方は、河内下向後、普遍的なものとなりつつあった。

右の事例における小柳氏が、従前と変わらず貞綱に該当することは、文亀元年八月の観心寺段銭皆済状を小柳貞綱と盛秀が連署で発給していることから確認できる。(79)また、この一例から、盛秀が木沢氏に該当すると考えられる。これ以降、永正四年（一五〇七）に至るまでの奉書［19〜23］には、すべてに盛秀の署判が存在するが、同年に遊佐基盛が所領の件につき「相尋木澤」と述べていることも、盛秀を木沢氏に比定する証左となる。(80)

小柳貞綱の姿は、右の観心寺段銭皆済状を最後にみえなくなり、文亀元年一〇月の［19］からは某宗春が奉行人として活動を始める。その所見も［20］の永正三年までで、永正四年の［21］からは、某康綱が奉行人として登場する。「綱」の通字から小柳氏である可能性も考えられるが、これ以上の判断材料は見当たらない。

そして、木沢盛秀と某康綱の連署奉書［21〜23］や小柳家綱と某宣忠の連署奉書［25・26］にて、署判の順序が前後入れ替わっているように、かつての奉行人と守護代家の連署はなくなり、対等の関係にある奉行人による連署奉書となる。なお、［27］の連署奉書を発給した小柳家綱と平英房も前後入れ替わって署判することがあるので、(81)両者ともに奉行人といえよう。そのほか、表20には名前がみえないが、永正六年以降に奉行人的立場で三通ほど連署状を発給している遊佐英当と須屋武久が確認できる。(82)彼らの署名順も入れ替わることがあるので、同格の奉行人とみてよかろう。

必ず日下に署判していた小柳氏が、そうではなくなっていることも注目される。川岡氏は、「河内三奉行」のうち花田家清・豊岡慶綱の抜けた穴を埋めるように木沢氏が台頭してきたと理解しているが、河内下向後も「五人奉行方」が存続していることを踏まえれば、むしろ「河内三奉行」として一定の経験を積んだ小柳氏が家格を上げて、「五人奉行方」のなかの奉行人に組み込まれたとみるほうが妥当かと思われる。その点は、河内下向以前から存在した奉行人体制と同じく「両奉行」という二人体制となることからも裏付けられよう。

以上の考察を踏まえて表20をみると、次のような指摘ができる。義就の側近のみで構成される「河内三奉行」の成立に伴い、守護代家は奉書に署判することがなくなった。そして「河内三奉行」が解体されるに伴い、本来の「両奉行」体制への回帰が図られるが、守護代家が署判する様式は復活せず、奉行人が連署する様式が固まるのである。それに伴い、永正四年には、河内守護代家の遊佐就盛と越中守護代家の遊佐基盛の連署状がみられるようになる。荘園領主との交渉が複線的となったことは、このように文書上にも反映しているのである。

そして、右のような「両奉行」体制は、畠山義堯奉行人である小柳家綱と平英房の連署奉書［27］まで確認できる。木沢長政と対立して享禄五年（一五三二）に畠山義堯が滅ぶと、長政は新たに在氏を当主に推戴し、義就流を再興した。そこに義堯奉行人の姿はなく、「平若狭守《英正》」「井口《美濃守》」に長政の弟である「木澤中務」を加えた三奉行制がとられた(83)。

長政が没したのち、天文一八年（一五四九）に在氏から尚誠へ代替わりした際には、再び二人の奉行人体制となり、義堯奉行人であったため長政段階に姿を消していた小柳氏が木沢矩秀とともに奉行人に復活する。その二人の名とともに、義堯奉行人であった「平豊前入道《英房》」も、「奉行にてはなし」とはされるが中枢部に復帰している(84)。

注目されるのは、天文二一年に、奉行人家である英房の後継者平誠佑と守護代家である遊佐家盛が、連署奉書［28］を発給していることである。畠山家本来の復古的な連署奉書はこの一通のみだが、奉書以外にも同様の連署状が天文二一年に集中してみられる(85)。これは没落していた畠山尚誠が、同年に河内奪回戦に踏み切ったことと無関係ではあるまい[86]。

四　木沢家の系譜

1　義就の河内下向前

第一節で指摘したように、木沢兵庫入道善堯と木沢常陸入道蓮因という二人の奉行人がほぼ同時に登場する。このように、木沢家は早くより二つの家が存在したようである。

また、応仁前後の奉書を網羅的に比較することによって、畠山家の奉書は日下に奉行人が、奥に守護代が連署する様式であったことが明白となった。それを踏まえると、［9・11］の日下に署判する某繁元や、長禄二年（一四五八）の［10］の日下に署判する木沢秀興も奉行人とみてよかろう。

秀興の通称は「左近大夫」である[87]。それとは別に、文安四年（一四四七）には「木澤左近大夫秀継」が確認できる[88]。時期が近接するので、秀継と秀興が同一人物なのか、あるいは二人の間に世代交代があったのかは判断を付けがたいが、ひとまず、秀継は嘉吉三年（一四四三）以来、畠山持国の奉行人をつとめていたことを確認しておく[89]。それ以降、文安年中には越中寒江荘のうち八町村内赤塚名の代官に就任するなど、享徳二年（一四五三）頃までほぼ間断なく活動が確認できる[90]。この間、宝徳三年（一四五一）に京極氏に殺害された畠山氏被官の木沢氏がいるので、やはりこの時期にも木沢家は複数の系統が存在しているようである[91]。

その人物との関係は不詳だが、長禄四年の［11］には、宛所に「木澤兵庫助」の名がみえる[92]。「五人奉行方」の「兵庫」を通称とする助秀と、時期的に近いので一致する可能性もあるだろう。このように、善堯以来の通称を受け継ぐ兵庫助家の存在が確認できることから、左近大夫家は蓮因の系統ではないかと思われる。

そして、木沢長政の出自を考えるにあたって注目されるのは、長政の父浮泛の通称が「左近大夫」で秀継・秀興と一致することである。また、［9］の文中に、東大寺領越中高瀬荘の代官として名のみえる「木澤孫四郎」にも着目したい。なぜなら、長政が高瀬荘の支配に関与しているだけでなく、長政の跡を継いだ相政も通称を「孫四郎」とするからである。(93)［9］が長禄元年以前のものならば、秀継の活動がちょうど途切れる時期にあたることから、文中の木沢孫四郎がのちの秀興である可能性もあるだろう。

以上のように、木沢家は兵庫助家と左近大夫家の二系統が存在し、長政は後者を出自とすると考えられる。

2　義就の河内下向後

義就の河内下向直前には、助秀の後継者と考えられる木沢左衛門尉が確認できたが、下向後には奉行人から姿を消していた。ただし、木沢家が途絶えているわけではない。

誉田を訪れた招月庵正広は、文明一八年（一四八六）一〇月四日に「豊岡孫右衛門慶綱興行」の歌会に招かれており、さらにその三日後にも「小柳孫七・木沢孫六秀久なと参会」の歌会にも同席している。(94)二年後の長享二年（一四八八）にも正広は誉田を訪れており、まず一〇月二一日に「小柳孫七興行」の歌会に参加したのち、二二日には「孫右衛門尉慶綱すゝめ」の歌会に、そして二三日には「孫六秀久すゝめ」の歌会に参加している。(95)

このように「河内三奉行」と近い立場にいる木沢秀久の存在が確認できる。問題は、彼が兵庫助家と左近大夫家のいずれにあたるのかという点であるが、ここで想起されるのが、豊岡慶綱と花田家清の追放が、義就側近の排除と「両奉行」制への回帰を目的としたものであったということである。その結果として奉行人に抜擢された木沢盛秀が、義就側近に近い秀久系統の人物であるとは考えがたい。

盛秀の文書上の終見は永正四年（一五〇七）の［21］であるが、その年のうちから畠山義英が籠もる河内嶽山城が細川勢に攻められ、翌五年正月一七日には木沢兵庫助らが討たれて落城している[96]。兵庫助家は諱の下に「秀」を、左近大夫家は諱の上に「秀」を用いる傾向があることからも、盛秀は右の木沢兵庫助にあたると判断される。そこから敷衍すると、秀久は左近大夫家であろう。兵庫助家の通字「秀」を左近大夫家が諱の上に戴くことから、本家が兵庫助家で、左近大夫家は分家といえるかもしれない。

明応二年（一四九三）五月に上洛してきた畠山基家の先陣をつとめたのは「遊佐越中守《就盛》父子」で、その軍勢のなかに木沢氏の名もみえる[97]。在京中の基家の取次をつとめる「木澤修理進」も確認できるが、兵庫助家と左近大夫家のいずれに属するのかは判断がつけがたい[98]。七月に基家は河内に下向するが、そのとき『遊佐越中守《就盛》・平・木澤・隅田此四員」は基家息の義英に添えられて京都に残っている[99]。京都に残った木沢氏の活動は若干確認できるが、名前は不詳である[100]。ただし、これ以降、誉田にて奉行人として活動するのは盛秀なので、在京していたのは左近大夫家の系統ではないかと思われる[101]。

その点を検証する手がかりは、木沢浮泛が天文元年（一五三二）に三条西実隆へ酒肴を贈った経緯にある[102]。浮泛に覚えがない実隆は、なぜ突如として贈ってきたのか確認したところ、浮泛は「故下冷泉《政為》同道卅年前来之者也」と主張している。義英が京都を離れる明応七年が、天文元年から三四年前にあたるので、在京していた木沢氏は浮泛であると想定できよう。

在京していた頃の義英は、細川政元の庇護下で育つこととなる。例えば、今熊野にいる母を訪ねた政元一行は、「右京大夫《細川政元》一族以下召具、騎馬二十一騎、其内畠山御雑司《御曹司》在之」で構成されており、「細川与畠山ハ主従儀也」と揶揄されるような状況にあった[103]。のちのち、木沢長政が細川家と畠山家の間を渡り歩くような家格となり得たのは、浮泛がこのような環境のなかで重要な役割を果たしていたからかもしれない。また、冷泉政為と交遊を持っているように、公家社会との繋がりがあったことも看過できまい。さらに、基家が没して義英へ代替わりすると、畠山家中で最も幅を利かせることとなる遊佐就盛と行動をともにしていることも、浮泛が急成長を遂げた要因として注目しうる。

先述のように、天文一八年の畠山在氏から尚誠への代替わりにあたって、木沢長政段階に排除されていた奉行人層が尚誠のもとへ復帰する。そのなかに木沢矩秀が含まれることは見逃せない。「秀」の通字のあり方からも、彼は兵庫助家の人物と考えられる。

以上のように、木沢家は、早い段階から善堯―助秀―左衛門尉―盛秀―矩秀という兵庫助家と、蓮因―秀継―秀興―孫四郎―秀久―浮泛―長政―相政という左近大夫家の二系統が存在していた。当初は、善堯と蓮因の両者が奉行人をつとめていたが、嘉吉三年（一四四三）から長禄二年（一四五八）には秀継・秀興の在職が、そして応仁二年（一四六八）から文明三年までは木沢助秀の在職が確認できる。このように兵庫助家と左近大夫家が、交互に当主の近くに抜擢される傾向は以後も続く。

助秀のあとはその後継と思われる左衛門尉の名が一時みられるが、河内下向とともに姿を消し、義就の側近集団のなかに秀久の名が確認できる。義就の死とともに側近集団が追放されると、盛秀が奉行人に就任する。そののち義英・義堯が流浪し勢力を減退させるなかで、浮泛・長政父子が台頭してきた。ところが長政が滅亡すると、矩秀が奉行人として登場するのである。ここから、両木沢家は同じ義就流に属しながらも、競合関係にあったといえるのではなかろうか。この推測が正しければ、誉田家のように木沢家が分裂して離反するのも、時間の問題だったといえるだろう。

また、木沢家は守護代層と扱われることもあったが、少なくとも本家筋と考えられる兵庫助家は、家職ともいうべき奉行人を一貫してつとめていたことが確認できた。それに対して左近大夫家は、当主の近くに仕えていることはわかるが、もはや奉行人にもなることはなかった。したがって、木沢長政が地位を上昇させた要因を、これ以上家の性格から追究するのは困難かと思われる。

むすびにかえて

本章では、畠山家における奉書様式の変化に着目することで、発給者に名を連ねる木沢家の立場について検討してきた。その結果、木沢家の家格は一貫して奉行人であり、守護代層とは明らかに区別されるべき存在であることが確認できた。また、木沢長政は、さらにその庶流出身であると想定できた。よって、木沢長政が台頭する過程に関する議論は、いったん振り出しに戻ったといえる。

ただし、父の浮泛が細川政元庇護下にある畠山義英に従って在京していたことや、浮泛が行動をともにする遊佐就盛が畠山家中で最大勢力となることなどが新たに浮上してきた。長政が細川家と畠山家を渡り歩くようになる要因、京都支配に積極的に関与する要因、畠山家中で急成長した要因は、いずれの淵源も浮泛段階に求められるのである。ただ、残念ながら浮泛段階の史料はこれ以上残されていないので、長政台頭の背景については、長政個人を対象とすることで、章を改めて検討したい。

ここでは、本章でみてきた畠山家の奉書の変容について、別途論じた細川京兆家の事例を踏まえつつ(104)、俯瞰的な視点から捉え直しておく。

戦国期の室町幕府は、管領政治から将軍親政へと規模を縮小することで立て直しを図っていく。そのため、幕府と管領の関係は相対的に疎遠となり、京兆家でも側近を抜擢して独自に権力の再編を図るようになる。文筆官僚として奉行人の身分を比較的低く設定している京兆家の場合は、それまでみられない名字の者が奉行人に参入するようになる。畠山家の奉行人は、守護代との連署がみられることからも明らかなように、家格が高めに設定されていたため、そこに組み込むことはできず、「河内三奉行」という新たな在国奉行人を設置することとなったのであろう。その結果、奉行人と守護代家で文書発給ルートが分割され、柔軟な対応が可能となった。

　応仁以前の奉書は、受益者のもとに送られるとはいっても、表20の宛所をみても明らかなように、体裁はあくまでも被官への命令文書であった。その点は、京兆家の奉書と一致する。畠山家の場合は、応仁の乱を契機として、地下宛てとなる「五人奉行方」奉書が登場する。京兆家の場合、奉書様式を簡単には崩さず、地下宛ての奉書は延徳三年（一四九一）が初見であるが、細川勝元の直書はやはり応仁の乱を契機に地下宛てのものが登場する。その理由は、戦争を遂行するにあたって、地下の掌握が不可欠であったためと推測されたが、この点は畠山氏も軌を一にすることから裏付けられよう。小谷利明氏も指摘するように、「五人奉行方」奉書は、義就が実力をもって山城一国を軍事的に占領しようとするなかで登場したものなのである。

　例えば興福寺は、畠山家に対して義就への直状でやりとりするか、守護代家で「寺門奉行」でもある誉田正康への披露状を通じてやりとりするか困惑している。その理由は、「近年右衛門佐（畠山義就）殿依威勢、大都公武以当座追従、書状之礼義多以披露状也、於左衛門守（畠山政長）（督）殿者、毎年（事カ）守上古之儀慇懃無極、於右衛門佐殿者、是モ以上古雖被為宗、以外強儀太之間、当時被任雅意時節可為如何哉、進退難測量」というものであった。[105] 義就の書札礼は「威勢」によって変化しつつあったのである。

　京兆家と畠山家では、奉書の成立過程が異なるため、戦国期以降の変容にも相違がみられるが、直面する課題が近似するため、大局においては同様の対応が見出される。こうした変化の同質性から社会の変動のありようをみていくとともに、差異の部分から家の特質を読み取っていくことが今後の課題となってくる。

註

（1）弓倉弘年「戦国期義就流畠山氏の動向」（同『中世後期畿内近国守護の研究』清文堂出版、二〇〇六年）。山下真理子「天文期木沢長政の動向」（『大正大学大学院研究論集』第三八号、二〇一四年）。
（2）弓倉弘年「紀伊守護家畠山氏の支配体制」（前掲註（1）弓倉著書）。
（3）「廿一口方評定引付」応仁三年四月二五日条（東寺百合文書天地之部三七号）。
（4）川岡勉「河内国守護畠山氏における守護代と奉行人」（同『室町幕府と守護権力』吉川弘文館、二〇〇二年、初出一九九七年）。以下、川岡氏の所説はこれによる。
（5）前掲註（1）弓倉論文。
（6）小谷利明「奉書様式文書と奉行人文書」（同『畿内戦国期守護と地域社会』清文堂出版、二〇〇三年、初出一九九七年）。以下、小谷氏の所説はこれによる。
（7）矢田俊文「戦国期守護家・守護代家奉書と署判者」（同編『戦国期の権力と文書』高志書院、二〇〇四年）。
（8）『醍醐寺文書』一四四号。
（9）表20では［8］以前に若干空白期がみられるが、『康富記』正長二年（一四二九）八月二八日条でも奉行人としての発給文書が確認できる。
（10）「御前落居奉書」（『室町幕府引付史料集成』上巻五六頁・七五頁）。
（11）東寺百合文書を函四四号・四五号。
（12）いずれも東京大学史料編纂所の影写本・写真帳にて、刊本の署名を訂正した。前掲註（2）弓倉論文は、秀為の署名を「秀明」と読み、菊大路家文書七三号（『石清水文書』六）と宝簡集六九一号（『高野山文書』二）も同一人物の発給文書と指摘する。たしかに、「秀明」を崩したような署名も存在するが、花押の一部と署名が重なったことによるもので、必ずしもすべての署名が「秀明」と読めるわけではない。そのため、すべての署名に適応しそうなのは、秀為だと判断した。
（13）『晴富宿禰記』文明一〇年四月一五日条・一七日条。勧修寺文書（東京大学史料編纂所影写本）のうち年未詳七月二〇日付伊地知直賢書状および明応八年七月付同禁制。前掲註（2）弓倉論文で、某姓直秋（直賢）とされている人物は彼のことであろう。
（14）今谷明「室町時代の河内守護」（同『守護領国支配機構の研究』法政大学出版局、一九八六年、初出一九七六年）および同「増訂室町幕府侍所頭人並山城守護補任沿革考証稿」（同上、初出一九七五年）。
（15）弓倉弘年「畠山氏分裂の原因に関して」（前掲註（1）弓倉著書）。

(16)「廿一口方評定引付」文明元年六月一六日条（東寺百合文書天地之部三七号）。
(17)「最勝光院方評定引付」応仁二年八月二四日条（東寺百合文書け函二一号）。
(18)『観心寺文書』一七三号・二一四号。
(19)「鎮守八幡宮供僧評定引付」文明元年七月一七日条・同二年正月一九日条（東寺百合文書ね函一二号）。
(20)『北野社家日記』延徳二年正月二九日条・明応二年八月二三日条。『蔭凉軒日録』明応二年八月一四日条。
(21)『康富記』嘉吉二年八月二二日条・二八日条。
(22)『大乗院寺社雑事記』長禄四年九月一七日条。「長禄四年記」同月一六日条（設楽薫「室町幕府評定衆摂津之親の日記『長禄四年記』の研究」〈『東京大学史料編纂所研究紀要』第三号、一九九二年〉）にも両名がみえる。
(23)本書第一部第三章「細川高国の近習と内衆の再編」。
(24)『蔭凉軒日録』明応二年五月二一日条。
(25)『親長卿記』文明六年七月二六日条。『大乗院寺社雑事記』同月二七日条。
(26)『大乗院寺社雑事記』明応四年一一月四日条・同五年一〇月五日条。「明応六年記」明応六年七月二三日条（『続群書類従』第二輯下）。「東寺過去帳」№二七七。
(27)『後法興院記』明応六年一一月一八日条・二四日条。
(28)「永正元年記」永正五年七月二六日条（『大日本史料』同日条）。『守光公記』永正五年八月八日条でも遊佐弾正一類の戦没が確認できる。
(29)『金剛寺文書』二四八号。
(30)『談山神社文書』六号。「室町家御内書案」（『改定史籍集覧』第二七冊六七五頁）。
(31)奥家文書二二号（『和歌山県史』中世史料一）。
(32)法隆寺文書ニ函一一九号・一九〇号（『法隆寺の至宝』第八巻）。
(33)法隆寺文書ニ函一八九号。
(34)二見文書三五号（『五條市史』史料）。
(35)『大乗院寺社雑事記』文明九年一〇月二日条。「廿一口方評定引付」同三年三月一八日条（東寺百合文書天地之部三八号）。
(36)東寺百合文書ニ函一六四号。『金剛寺文書』一三七号。

(37)『大乗院寺社雑事記』延徳四年正月四日条。「蓮成院記録」同年四月六日条。

(38)『晴富宿禰記』明応二年五月一九日条。

(39)『蔭凉軒日録』明応二年七月二二日条。

(40)『大乗院寺社雑事記』明応九年二月二六日条。

(41)『蔭凉軒日録』明応二年七月二八日条。

(42)『大乗院寺社雑事記』明応七年九月二六日条。『後法興院記』同年八月二日条・九日条。

(43)「文亀年中記写」文亀元年六月条・同三年九月八日条（末柄豊「国立公文書館所蔵『文亀年中記写』」〈『中世後期南都蒐蔵古典籍の復元的研究』研究代表者武井和人、二〇〇六年〉）。

(44)『観心寺文書』五七三号。西村氏が盛貞・就盛の有力内衆であることは、「廿一口方評定引付」応仁三年三月二二日条・文明二年一一月二一日条（東寺百合文書天地之部三七号・ち函一九号）や、「文亀年中記写」永正元年一一月二五日条でも確認できる。

(45)『観心寺文書』五八二号。

(46)『多聞院日記』永正三年二月七日条。同上永正四年一二月四日条に「印宗(叟)」、「不問物語」永正八年八月二四日条に「遊佐河内入道印叟」、「養徳院祠堂年月牌覚」（『大徳寺文書』二三九三号）に八月二四日を没日とする「印叟宗盛」がみえる。

(47)有井家文書（中田法寿編『高野山文書』第一一巻二七一号）。興国寺文書三四号（『和歌山県史』中世史料二）。

(48)法隆寺文書ハ函二九七号・二五一号。『多聞院日記』永正四年一二月四日条にも孫三郎の名がみえる。

(49)『後法興院記』明応六年一一月一八日条。

(50)「東寺過去帳」№四八七。

(51)宮本圭造「武家手猿楽の系譜」（『能楽研究』第三六号、二〇一一年）。

(52)『談山神社文書』一七号・二〇号。

(53)『真観寺文書の研究』四八号。

(54)前掲註(1)弓倉論文は、在氏書状と英盛副状を取り次ぐ木沢左衛門大夫の存在から長政の出自について推測しているが、長政没後のものなので出自を推測する手がかりとはならない。

(55)興福院文書（東京大学史料編纂所影写本）のうち永正一六年九月二六日付遊佐英盛書状。この文書については、本書第二部

第一章「細川澄元陣営の再編と上洛戦」。
(56)『大館常興日記』天文一一年五月一一日条。
(57)前掲註(2)弓倉論文。勧修寺文書（東京大学史料編纂所影写本）のうち康正元年一二月付畠山義就書状案に、「守護代誉田三川入道」とみえるのが入道の初見である。
(58)『大乗院寺社雑事記』長禄四年一〇月一〇日条。『経覚私要鈔』同月一一日条。「長禄寛正記」同月一〇日条（『群書類従』第二〇輯）によると、金宝は久康の伯父にあたる。
(59)前掲註(14)今谷「増訂室町幕府侍所頭人並山城守護補任沿革考証稿」。『北野社家日記』第八、一五頁。『大乗院寺社雑事記』長禄四年二月九日条。
(60)「廿一口方評定引付」文明三年八月二四日条（東寺百合文書天地之部三八号）。
(61)『大乗院寺社雑事記』文明七年二月二三日条。「廿一口方評定引付」同年四月二一日条（東寺百合文書ち函二一号）。
(62)『大乗院寺社雑事記』文明一七年九月一一日条。『多聞院日記』同一六年五月二七日条。
(63)『大乗院寺社雑事記』明応六年七月一九日条。「明応六年記」同年七月二四日条。『大乗院寺社雑事記』同年一一月一八日条。
(64)「東寺過去帳」No.五八三。
(65)『蜷川家文書』四九三号。
(66)「東寺過去帳」No.一一六二。『天文日記』天文一二年四月二四日条。萩原大輔「中世『名を籠める』文書論」（『史林』第九三巻第六号、二〇一〇年）が紹介する史料のなかで、明応五年に綴喜郡玉井荘を押領する畠山基家内衆の「遠江守」も、誉田氏と考えられる。この一例については、川口成人氏からご教示を得た。
(67)「廿一口方評定引付」文明八年一二月二〇日条（東寺百合文書ち函二二号）。
(68)『経覚私要鈔』文明二年七月二一日条。
(69)『経覚私要鈔』文明三年六月二二日条。
(70)『経覚私要鈔』文明三年七月二〇日条・二一日条。
(71)「文明十六七年記」（『大日本史料』延徳二年一二月一二日条）。国立公文書館デジタルアーカイブにより配列を原文書に合わせた。
(72)『多聞院日記』文明一六年一二月一八日条。『政覚大僧正記』同一七年四月二四日条。法隆寺文書ニ函二六九号。豊岡氏の家

格が相対的に高いことは、「奏者豊岡木澤」とみえるように、河内下向以前から木沢氏とともに畠山義就の奏者をつとめていることからも窺える（「廿一口方評定引付」文明五年一一月二五日条〈東寺百合文書ち函二〇号〉）。小柳氏はオヤナギと読むようなので（「東寺過去帳」№四八七）、大和の小柳（奈良県三宅町小柳）出身ではないかと考えられる。もしそれが正しければ、他国衆であることが家格の低さの要因であろう。

(73)『大乗院寺社雑事記』文明九年一〇月二日条。

(74)『多聞院日記』文明一六年一一月二〇日条。畿内におけるこのような複線的な取次関係の意義については、本書第二部第七章「細川晴元の取次と内衆の対立構造」を参照されたい。

(75)『政覚大僧正記』文明一七年一一月一〇日条。

(76)『大乗院寺社雑事記』延徳三年二月二五日条。

(77)『観心寺文書』五二〇号。

(78)東寺百合文書ネ函一三七号。明応三年から文亀元年にかけて、連署にて観心寺段銭皆済状を発給している人物は、明応三年のそれに「観心寺ニテ直ニ小柳殿へ被召仕候」とあることから、両奉行の上使と考えられる（『観心寺文書』三九八号～四〇四号）。事情は不明ながら、文亀元年のみ、本文で述べたように、木沢盛秀と小柳貞綱の両奉行が自ら段銭皆済状を発給している。

(79)『観心寺文書』四〇五号。

(80)『春日大社文書』三七五号。

(81)建水分神社文書（『建水分神社の文化財』八号）。両者の連署状には『観心寺文書』二二六号もある。

(82)『金剛寺文書』二三九号。『談山神社文書』二五号・二六号。

(83)『観心寺文書』三八〇号。

(84)『観心寺文書』三八四号。英房の諱は、同上二四三号による。

(85)『真観寺文書の研究』四八号。栄山寺文書一二七号（『五條市史』史料）。二見文書三五号。

(86)弓倉弘年「畠山義就の子孫達」（前掲註(1)弓倉著書）。

(87)『壬生家文書』一七六七号。

(88)『経覚私要鈔』文安四年七月二七日条。

(89)『萩藩閥閲録』巻一二一―二周布吉兵衛一〇九号・一一一号・一二四号。
(90)「賀茂御祖皇太神宮諸国神戸記」巻四（『富山県史』史料編Ⅱ、七四一号）。『康富記』享徳二年一〇月一一日条。同上嘉吉二年一〇月一三日条・文安六年五月九日条にみえる木沢氏も、奉行人や奏者の役割を担っていることから秀継であろう。そのほか、『経覚私要鈔』宝徳二年九月二五日条・享徳二年正月二四日条などにもみえる。
(91)『康富記』宝徳三年九月九日条。
(92)直後には、討死している「木澤山城守」も確認できるが、系譜上の位置付けはわからない（『大乗院寺社雑事記』長禄四年五月二五日条）。
(93)本書第二部補論二「木沢長政の墓と遺族の動向」。
(94)「松下集」文明一八年一〇月四日条・七日条（『私家集大成』第六巻二九一頁）。
(95)「松下集」長享二年一〇月二一日条〜二三日条（『私家集大成』第六巻二九七頁）。そのほか、「古今消息集」（内閣文庫蔵）所収の年未詳四月八日付某助茂納状写の宛所にも「木澤孫六」の名がみえる。
(96)「不問物語」永正五年正月一七日条。
(97)『蔭凉軒日録』明応二年五月一九日条。
(98)『北野社家日記』明応二年七月二一日条。筑波大学附属図書館ホームページの写真にて一部修正した。
(99)『蔭凉軒日録』明応二年七月二八日条。『北野社家日記』同日条では、「京都ニ残面々遊佐越中・平父子」とされる。
(100)『北野社家日記』明応二年九月四日条。
(101)例えば明応三年に、河内より山城へ進出し狛新城に入った「木澤」は、河内に在国していた兵庫助家の系統であろう（『大乗院寺社雑事記』同年一〇月五日条）。前掲註(66)萩原論文が紹介する史料によると、ここでの「木澤」の名は又四郎である。
(102)『実隆公記』天文元年一一月二一日条。
(103)『大乗院寺社雑事記』明応三年二月二三日条。
(104)本書終章「戦国期畿内政治史と細川権力の展開」および第一部第一章「奉行人奉書にみる細川京兆家の政治姿勢」。
(105)『多聞院日記』文明一六年五月二七日条。

第六章　木沢長政の政治的立場と軍事編成

はじめに

畠山家内衆出身の木沢長政は、享禄三年（一五三〇）末に細川晴元の内衆として京都に突如として姿を現す。そこから、細川京兆家と畠山家の双方に属して急激な権力的成長を遂げるものの、天文一〇年（一五四一）には晴元に見限られ、翌一一年三月に戦没する。登場があまりに唐突で、かつ短命に終わったため、長政が急成長を遂げた要因はいまひとつわかっていない。本章の主たる目的は、その点を探ることにある。

長政に関する言及は、行論中でも適宜引用するように少なからず存在するが、彼がいかなる政治的立場にあったのか明確に論じたものは意外と少ない。よって、ここに急成長を遂げた要因について、何かしらの回答を得る余地があるように思われる。これを第一節の検討課題とする。

上述のように、二君に仕えたという点も、長政の権力的特質である。晴元との関係性については、取次体制を通じて別個に整理したので(1)、第二節ではその成果を踏まえつつ、畠山在氏との関係性についてみておきたい。従来の研究では、長政個人に視野が限定されがちであったため、「梟雄」という印象に基づいて、畠山家を克服すべき対象とみてきた嫌いがある。その側面は否定できないが、権力として把握するには、在氏や長政の周辺人物も組み込みながら、支配体制を構造的かつ客観的に描く必要があるだろう。

表21　木沢長政発給文書

番号	年　月　日	差出・花押	宛　　所	対象	出　　典
1	(享禄4).1.6	木澤長政① 柳本甚次郎	当地百姓中	山城	『大徳寺文書』588号
2	(享禄4).1.13	長政①	庭玉軒	山城	大徳寺文書
3	天文元.11.13	長政②	観心寺衆僧御中	河内	『観心寺文書』227号
4	天文元.11.—	左京亮②	観心寺同七郷	河内	『観心寺文書』229号
5	(天文2).3.18	木澤長政	城州淀六郷沙汰人中	山城	「集古雑編」上(『真宗全書』続編第23巻)
6	(天文2).4.4	木澤長政	淀六郷沙汰人御中	山城	「集古雑編」上(『真宗全書』続編第23巻)
7	(天文元～2).9.13	木澤長政②	当所名主百姓中	山城	真乗院文書
8	(天文2).10.7	長政②	当地百姓中	河内	『観心寺文書』586号
9	(天文2).11.28	長政③	飯尾次郎左衛門尉	河内	『唐招提寺史料』第一186号
10	(天文3).1.17	木澤長政③	当地名主百姓中	山城	真乗院文書
11	天文3.2.27	左京亮長政④	観心寺	河内	『観心寺文書』230号
12	(天文3).7.11	木澤長政④	栄松寺分名主百姓中	山城	真乗院文書
13	(天文3).12.14	長政④	江兵	河内	『唐招提寺史料』第一187号
14	(天文4).3.17	木澤左京亮長政⑤	金剛寺年預御坊	河内	『金剛寺文書』256号
15	(天文4).7.6	長政⑥	長福寺	山城	桂文書
16	(天文4).10.(17)	木澤左京亮長政	□主百姓中	山城	東寺百合文書ひ函218号
17	(天文4).10.17	木澤左京亮長政	中路左介 原田神次郎	山城	東寺百合文書チ函262号
18	(天文5).6.19	木沢左京亮長政	諸法花衆諸寺御中	山城	「座中天文物語」(『日本庶民文化史料集成』第2巻)
19	(天文5).9.28	木澤左京亮長政⑦	四條道場御役者中	山城	彰考館文庫諸寺文書纂所収金蓮寺文書
20	(天文5).10.7	木澤長政⑦	深草名主百姓中	山城	真乗院文書
21	(天文5).10.17	木澤長政⑦	渡邊源兵衛尉	山城	『大仙院文書』35号
22	(天文5).10.17	木澤長政⑦	渡邊与三	山城	『大仙院文書』37号
23	天文5.⑩.6	長政⑦	興福寺供目代御房	大和	『春日大社文書』147号
24	(天文6).3.21	長政⑦	竹内越前守	山城	国学院大学図書館所蔵文書
25	(天文6).9.25	長政⑧	片岡左衛門尉	山城	『尊経閣文庫所蔵石清水文書』75号
26	天文6.12.13	長政⑧	当寺住侶中	河内	『金剛寺文書』254号
27	(天文6).12.13	長政⑧	金剛寺年預御坊	河内	『金剛寺文書』255号
28	天文6.12.21	木澤左京亮長	法隆寺年会五師御坊	大和	法隆寺文書ニ函283号

		政⑧			(『法隆寺の至宝』8)
29	(天文7～9).2.21	木澤左京亮長政⑧⑨	上坂助八	近江	上坂家文書
30	(天文9).10.8	長政⑨	遊佐新次郎	河内	『真観寺文書の研究』58号
31	天文9.11.9	長政⑨	通法寺雑掌	河内	通法寺文書
32	天文9.11.12	長政⑨	如意庵	山城	『大徳寺文書』1604号
33	天文9.12.5	長政⑨	大徳寺侍衣	山城	『大徳寺文書』1610号
34	(天文10).10.11	木澤左京亮長政⑩	智恩院	大和	円成寺文書
35	天文10.10.—	左京亮⑩	摂津国上郡水無瀬庄	摂津	水無瀬宮文書118号(『島本町史』史料篇)
36	天文10.10.—	左京亮⑩	大山崎	山城	離宮八幡宮文書243号(『大山崎町史』史料編)
37	天文10.10.—	左京亮⑩	紫野大徳寺境内	山城	『大徳寺文書』255号
38	天文10.10.—	左京亮⑩	山城国梅津長福寺	山城	『長福寺文書の研究』1166号
39	天文10.10.—	左京亮⑩	龍安寺同門前	山城	龍安寺文書(『戦国乱世と山科本願寺』5号)
40	天文10.11.—	左京亮⑩	賀茂	山城	『賀茂別雷神社文書』175号
41	(天文10).12.7	木澤長政⑩	栄松寺分当所百姓中	山城	真乗院文書

註1）　24は国学院大学図書館ホームページ。29は長浜城歴史博物館所蔵写真。そのほかで刊本の出典がないものは東京大学史料編纂所謄写本・影写本・写真帳。
註2）　差出欄を網掛けしたのは案文，それ以外は正文。

また、全体を通じて、短期間のうちに「当時人数持」と呼ばれるに至った[2]、軍事編成の実態を可能な限り明らかにしたい。いうまでもなく、この点にこそ、急成長の要因が見出されると予想されるからである。

さて、考察の前提として、長政の発給文書を表21に掲げておいた。ここから史料を引用する際は、「1」のごとく表記する。なお、長政の花押には微細な経年変化がみられるので、図8に従って確認しておく。

長政の発給文書は、①享禄四年の「1」が最も古く、②天文元年一一月の「3」を初見として、それまでアからイにかけて真っ直ぐに伸びていた線が途中で折れ曲がる。③天文二年一一月の「9」を初見として、それまで曲線だったウの部分に角が出てくる。④天文三年二月の「11」を初見として、それまで左寄りにあったエの点が中央に打たれるようになる。また、イの部分へ向けて伸びていたア

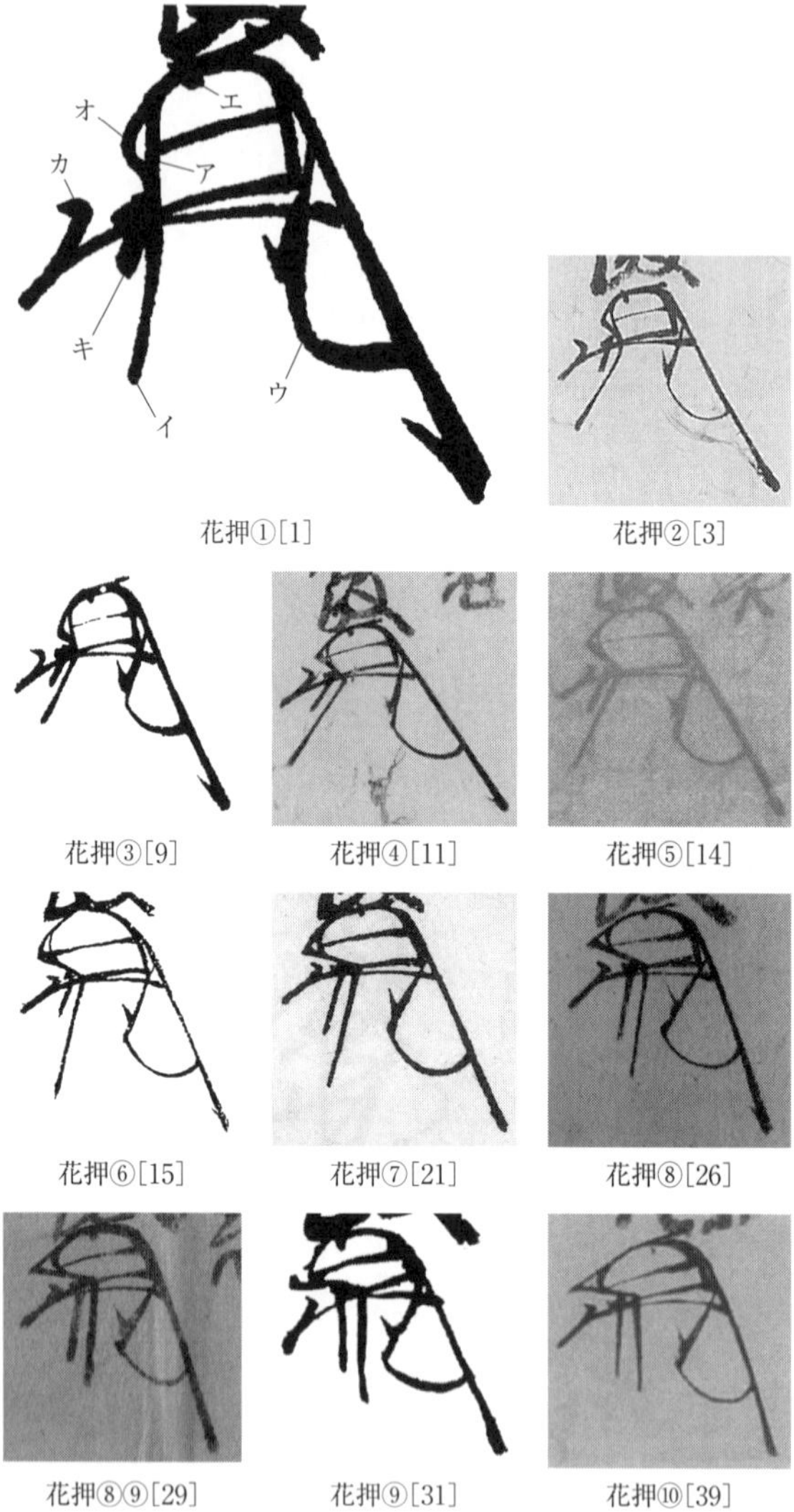

図8　木沢長政の花押

の線が左寄りに引かれるようになり、それに伴ってオが嘴状に伸びる。⑤天文四年三月の［14］を初見として、それまで左寄りに打たれていたカの点の上に、オの部分が嘴状に伸びてくる。⑥天文四年七月の［15］を初見として、それまで股を開くように伸びていたイの線が閉じて、ウの部分と近づく。⑦天文五年九月の［19］を初見として、それまでイの線と比べて明らかに短かったキの線が伸びてくる。⑧天文六年九月の［25］を初見として、それまで左に払っていたイ・キの線が下に向けて伸びるようになる。⑨天文九年一〇月の［30］を初見として、イ・キの線が垂直に真下に伸びるようになる。⑩天文一〇年一〇月の［34］を初見として、それまで中央にあったエの点が右寄りに打たれるようになる。

以上のように、変化の指標が概ね一年ごとにみられることから、花押によって発給文書の年次をほぼ特定することができる。ただし、前後の文書の残りが悪いため、〔7〕の年代は絞りきれていない。同じく、⑧と⑨の間の過渡的な形状をしている〔29〕も、年代を特定できなかった。

一　長政の政治的立場

1　公権の及ぶ範囲

長政の権力は広域に及んでいるので、支配の実態は地域ごとに区々である。そこでここでは、支配の内実は措いておき、ひとまず長政が何かしらの公権を及ぼしている範囲を確認しておきたい。

①京　都

享禄三年（一五三〇）一一月三日に、細川高国方の軍勢が洛東の如意ヶ嶽に着陣し、翌日には勝軍山城へ陣取る[3]。それに対する細川晴元方の反応はしばらくみられないが、一二月一二日になると「木澤（長政）・柳本（甚次郎）」の軍勢が勝軍山城への攻撃を始める[4]。これが長政の初見となる。

それ以前の晴元方は一枚岩ではなく、将軍として足利義晴を推す柳本賢治一派と、足利義維を推す三好元長一派が競合していた[5]。晴元は、大永七年（一五二七）に義維を擁して阿波から堺へ上陸してきたが、享禄二年になると賢治らの意見を容れて義晴を推し始める。そのため、元長は阿波へ下向する。これにより優勢となった賢治も、享禄三年に暗殺されてしまう。このとき賢治の息子はまだ幼少であったため、柳本甚次郎が当主を代行することとなった。長政はその同僚として、突如として表舞台に登場するのである。この頃の長政の様子と前半生を知らせる史料を引用しておく。

【史料1】(6)

木澤《キサワ》衆五六人負手云々、木澤者畠山彼(被、以下同)官人也、而依令害遊《ユ》佐出奔、其後為常桓(細川高国)彼官之分、今度河内国於所々有武勇之誉、而称有述懐、又近日境六郎(細川晴元)為彼官云々、言語道断、無所存之由各笑之、近日入洛、度々取出勢数多勢也、殊以美麗、驚目了、但至合戦可無指事之旨、各笑談之、

「キサワ」とフリガナが振られていることから、京都では聞き慣れない名前であったことがわかる。木沢家は代々畠山義就流の被官であったが、長政は畠山家を離れ細川高国の被官となった。ところが、この直前に晴元の被官となったようである。他に史料がないのではっきりしたことはいえないが、長政が畠山家と京兆家の間を渡り歩いたり、京都で活動したりすることにさほど抵抗感を抱かなかったのは、父の浮泛が細川政元の庇護下で在京する畠山義英に近侍していたためと思われる(7)。

　在京して高国勢と対峙する木沢長政と柳本甚次郎は、享禄三年末に京都の地子銭に対して半済を賦課したため、荘園領主たちはその免除を両名に訴えている(8)。その結果として、［1］にみられるように彼らの連署状にて半済の免除がなされた。これらの事例から、両名がこの段階における晴元方の京都支配を担っていたことがわかる。高国勢と木沢・柳本勢は、翌享禄四年にかけて京都周辺で小競り合いを続けるが、三月八日になると木沢・柳本勢は京都から没落している(9)。よって、長政による京都支配はこれで幕切れとなる。

　高国方が勢力を盛り返してきたこともあって、直後に晴元は元長を畿内に召喚する。これによって高国を滅ぼすことには成功するものの、元長はその勢いのまま享禄五年初めに甚次郎まで討ち果たしてしまう。結果として晴元・長政と元長の間は決裂し、同年六月に元長は自刃に追い込まれる。さらに、元長に与した長政の旧主であ

る畠山義堯も自刃した。このように対抗勢力や同輩が次々に消えると、長政は「当時権勢者」と呼ばれるに至る(10)。以後は、初見事例のように京都を主たる活動の場とすることはなく、どちらかというと在国することが多くなるが、例えば、上京のうえ、法華一揆を動員して大坂本願寺を攻める事例がみられるように(11)、なおも京都を軍事的基盤の一部としている。この一例は、長政が京都において一定の支持を得ていたことの証左ともなろう。

以上、京都における長政は、柳本賢治を受け継ぐ形で登場している点に留意しておきたい。賢治は、将軍として義晴を擁しつつ、将軍も京兆家も不在のなか、その代理として京都の支配を担っていた。かかる立場を踏襲していることは、［7］で「公方御下知云、柳本弾正忠（賢治）時同名修理亮（柳本春重）一行云、旁以明白上者」と称して、南禅寺真乗院領を安堵していることからも明らかであろう。

②河　内

享禄三年一二月に勝軍山城を攻める長政を揶揄して、「近江までとらんといつる木澤殿　いひもり（飯盛）山を人ニくハるな」という狂歌が詠まれている(12)。ここから、すでに河内の飯盛山城を居城としていたことが判明する。ただし、河内国内において公的立場で文書を発給する初見は、天文元年（一五三二）の［3・4］で、畠山義堯を退けたのちのことである。

以降における河内支配の展開については、弓倉弘年氏の研究に詳しい。すなわち、畠山政長流の守護代である遊佐長教と長政の間で合意が形成され、両畠山家を守護とし、長教・長政を守護代とする半国支配体制となるのである(13)。

③山　城

今谷明氏は、長政を三好元長後任の山城守護代としたうえで、長政が在城する葛野郡の峰ヶ堂城（峯城）を下山城五郡の守護所としている(14)。たしかに、久世・綴喜・相楽の上山城三郡における守護代は、高国段階は内堀東雲軒がつとめ、高国の滅亡とともに長政が継承したと当時から認識されていた(15)。それに対して下山城守護代は、天文元年六月に元長が没すると、同年八月までに高畠長信がその立場を継承しているので(16)、再検討の余地がある。山下真理子氏も、同様に疑義を呈しているが、当該地域における長政の立場は明示していない(17)。そこで、今谷氏が根拠とした史料をもとに、長政の立場を改めて検証しておく。

【史料2】(18)

城州西岡中脉寺社本所領、不依権門勢家当所務半済但当給人地除之、但於代官職地者公用半分、事、為峯城々米被仰付上者、早可被加下知由候也、仍執達如件、

（天文二）
九月廿八日　（茨木）長隆在判

木澤左京亮（長政）殿

このように、京兆家奉行人奉書にて西岡における半済米の徴収権が認められていることから、今谷氏は長政を守護代とする。そして、その収納先が「峯城」となっていることから、峰ヶ堂城を守護所とするのである。

【史料3】［17］

西岡同中脉寺祐（社）本所領半済事、為御城米自去年（天文三年）雖被仰付拙者、尓今無其沙汰候、然者当年儀も去年之筋目可申付候由、重而被成御下知候旨、西岡中所々相触候、谷山田・桂上下郷、自其方急度可被申触事肝要候、

恐々謹言、

（天文四年）十月十七日木澤左京亮
長政在判

中路左介殿
原田神次郎（正親）殿
御宿所

谷山田・桂近辺を地盤とする西岡国人の中路氏と原田氏に宛てて、城米徴収について触れるよう伝えている[19]。同日付のものと考えられる「□（名）主百姓中」宛ての［16］から、【史料3】は「峯城米」の「半済年貢」にかかるものであることも裏付けられる。今谷氏は【史料3】を【史料2】と同じ天文三年に比定するのに対し、山下氏は「為御城米自去年（天文三年）雖被仰付」との一文を踏まえて天文四年に比定し、二年連続で半済が徴収されたと解釈している。先例に反して長政が半済を徴収しているという訴えが、天文四年に荘園領主から出てくるので[20]、「尓今無其沙汰候」とあるように天文三年は不調に終わり、天文四年に改めて徴収を試みたとみるべきであろう。

このように、「峯城」への半済米徴収が長政に認められたことは事実である。しかし、応仁の乱の際に、細川氏は守護分国ではない西岡において半済分の徴収権を幕府に認められていることから、軍事用途たる西岡半済分は、必ずしも守護や守護代の立場になくとも幕府の許可さえあれば得ることができる[21]。また、天文七年に京兆家は、「山倚（崎）御城料」を「下五郡段銭」として賦課しているので、仮に長政が下山城守護代であれば同様の手段をとったはずである[22]。しかも、この「下五郡段銭」に長政は一切関与していない[23]。これらの諸点を踏まえると、長政を下山城守護代とする説は成り立ちがたい。

では、長政はいかなる立場で「峯城」に入り、そしていかなる根拠をもって半済を徴収したのであろうか。その契機として注目したいのは、【史料2】の直前にあたる天文三年八月初頭に、長政らが洛西の「谷の城」に籠もる高国残党を撃退していることである[24]。遡ること三ヶ月前の同年五月頃から、後述のように近江に退いていた足利義晴の側近と長政は交渉を持っていた。そして、六月頃に高国残党が谷の城に籠城し、七月二〇日から本格的な攻防戦が始まる。その直後の七月二八日付で、義晴は長政を宛所とした御内書を発給し、出陣を褒している。[25]このように義晴と長政は、晴元を介すことなく直接的な関係を結び始める。

そして長政が高国残党を撃退すると、八月二八日に「就上意《足利義晴》御入洛」「細川六郎《晴元》殿初而上洛」し、九月三日に義晴も坂本より上洛してくる。[26]「木澤依相調、細川六郎上洛在京」と評されるように、[27]義晴と高国が没落した大永七年の桂川合戦以来となる将軍・京兆家の在京は、長政の奔走によって実現された。

ここで注意したいのは、右の合戦を契機として谷の城の呼称が姿を消し、「峯城」の呼称が登場することである。谷の城は、「谷山城」や「谷山田」とも呼ばれるように、【史料3】で半済米の賦課が命じられている地域の西側山上にあったと考えられる。すなわち峰ヶ堂城の所在地と重なるのである。天文五年の長政の陣替えを本願寺の証如は、「居所西岡から谷ニ在陣也」と認識していることからも、[28]谷の城と「峯城」は同一で、現在峰ヶ堂城と呼ばれる城に該当するものと思われる。おそらく、谷の城を長政の城として取り立てるにあたって、「峯城」へと改称したのであろう。したがって、「峯城」には高国残党の再上洛を防ぐとともに、京都西郊の守りを固める役割が期待されていたはずである。その任にあたる軍事用途として、長政は半済徴収権を義晴に認められたと考えられる。

④大　和

長政の大和支配については、安国陽子氏や山下真理子氏などが言及しているが、支配の根拠となる政治的な立場については明確な説明がない。[29]それに対して高橋遼氏は、幕府から直接的に大和国支配を認められていたのではなく、幕府から委任された京兆家の代官として大和国に関わったという。[30]しかし、長政段階の大和における京兆家の立場を実際に検討しているわけではないため、長政をその代官とするのは推論に推論を重ねることとなっており、説得性に欠ける。

長政の大和支配は、天文五年から語られることが多いが、神田千里氏が指摘するように天文元年には大和国人と連携しているようである(31)。そして天文三年には、大和で越智氏との合戦に及んでいる(32)。実際、同年には、「筒井殿ヨリ雇被申人夫十五人、十日分之日数之所ニ、木蔵左京之助《(木沢左京亮長政)》方ヨリ筒井殿へ、日数之事猶被申」とみえるように、長政は大和の筒井氏を介して間接的に人夫を徴発している(33)。このように、史料の数こそ限られているものの、河内で公権力として文書を発給し始めたのとほぼ同時に、大和でも活動を開始する。

天文二年には、長政が「木澤大和衆」を引き連れて大坂本願寺と戦っている(34)。この「木澤大和衆」という呼称は、大坂と奈良という離れた場所で合致しており、特殊な軍事編成として一定の共通認識となっていた。法華一揆が、長政に味方するのと引き替えに山科七郷をはじめとする地域の代官請を要求していることから(35)、長政に与することでそれまでは考えられないような恩賞が期待できたようである。天文五年以前には、まだ長政は大和を直接的に支配していないことから、「木澤大和衆」も同様に編成された傭兵的な存在である可能性がある。

天文五年正月に予定していた大和入国を延期とした長政は、その間、大和信貴山城の構築を進め、同年六月に河内飯盛山城から拠点を移す(36)。峰ヶ堂城の整備とも時期が重なることから、長政が国の枠組を越えた支配を意識していたことがみてとれよう。そして天文六年七月末からは、越智氏を攻める「大和国陣取」を実行に移し、一二月には開陣している(37)。それと前後して、長政は次の文書を発給した。

【史料4】〔28〕

為今度一揆蜂起過怠、相懸国中段米事、御懇望候間、令免許上者不可有相違候、恐々謹言、

木澤左京亮

天文六
十二月廿一日　　　　　　　　　長政（花押）

法隆寺
　年会五師御坊

【史料4】は山下氏も引用するが、誤読により文意が正しく取れていない。内容を正すと、大和国の者たちが一揆を起こした代償として、長政は大和一国に段米を賦課したことがわかる。法隆寺が右のような免許を取り付けているように、おそらく礼銭と引き替えに免許状を発給していたため、現実には一国平均で徴収されることはなかったと思われるが、興福寺領や薬師寺領などでも「木澤方反米」が確認できるので(38)、それなりの根拠をもって一国単位で賦課したようである。

さらに天文八年にも大和へ出陣しているが、このとき長政は薬師寺領に対して「田地算田」を実施すると達している(39)。薬師寺は礼銭を支払うことで回避を図っているので、実際にどこまで土地を掌握したのかは不詳であるが、安国氏も指摘するように闕所地に給人を入れ置くなど、かなり踏み込んだ支配を行ったことは事実であろう。

ここで本項の検討を整理しておく。長政は、京都や西岡においても一定の公権を行使していたが、これらはあくまでも一時的なものであった。それに対して河内・上山城・大和においては、国郡制的な枠組に基づく広域支配権を行使していた。「河内半国・山城半国・和州一国ヲモ大略知行」した赤沢朝経と支配地域が重なるので(40)、おそらくその先例に倣ったものと思われる。次項では、この三ヶ国における長政の政治的立場をより明確なものとしたい。

2　長政の守護進退権

天文五年（一五三六）に、本願寺が吉野上市・下市における還住の取り計らいを依頼したところ、長政は「大和之儀木沢■為守護間、木沢進退候」と自らの立場を説明し、自身が動けば容易に解決するであろうと回答している[41]。この一例はよく引用されるが、実際のところ大和の守護権は興福寺が握っているため、ここでいう「守護」はいわゆる幕府職制上の守護ではなく、あくまでもその地位を標榜して長政が「自称」したものという理解に落ち着いている[42]。ただ、注意したいのは、本願寺が右の長政の発言を「其通吉野へ」伝達しているように、大きな違和感を抱いていないことである。すなわち、本願寺は長政を「守護」と「他称」したことになる。

このように解釈次第で評価は大きく変わってしまうので、ただの一例で議論を完結させるのは危険である。そこで他の晴元内衆に目を移すと、よく知られる事例として、山科言継が「細川京兆披（被）官波多野（丹波守護）備前守（秀忠）」と記していることが比較対象として浮かんでくる[43]。丹波守護は代々京兆家がつとめているため、かつてはこれを丹波守護代の意で記したものと解釈していた[44]。それに対して近年は、守護に相当するほど成長した波多野秀忠の実力を評価した表現という理解が多くを占めている[45]。

右の点については、中御門宣胤が永正四年（一五〇七）に暗殺された政元を「天下無双之権威、丹波・摂津・大和・河内・山城・讃岐・土左（佐）等守護也」と評しているのが参考となる[46]。政元がこれらの国々に強い影響力を持っているのは事実だが、正式に守護となっているのは丹波・摂津・讃岐・土佐の四ヶ国のみである。このように戦国期には、実質的な守護という意味で「守護」が用いられることもあった。丹波と大和の事例はそれぞれ別個で議論されてきたが、以上のように事例を突き合わせると、長政が第三者から「守護」と認識されることがあってもおかしくないといえよう。

いずれにしても、秀忠が幕府職制上の守護ではないという点については、衆目の一致するところであり、あくまでも言継の第三者的な評価だというのが現時点での見解といえる。ただ、秀忠の場合も、長政同様にこの一例のみで議論されてきたという問題点を指摘しうる。なぜなら、内談衆として幕府の中枢にいる大館常興が、「丹波守護波多野」と表記していることを見落としているからである。(47) こうなると、幕府は秀忠のみならず長政も「守護」と認識していた可能性が浮上してくる。

上山城の事例もみておこう。天文二年一一月に、久世郡に所在する石清水八幡宮領狭山郷の代官である高畠泰長に対し、長政は「守護進退ニ為御代官職」与えられたと主張して、代官職の上表を要求した。(48) 急なことなので、ひとまず当年分は半分ずつ支配することとし、以後の代官職を放棄することで泰長は了承している。この一例から、長政がこれ以前に上山城守護代に就任したことが知られるが、ここでは「守護進退ニ」と称していることに注意したい。「守護」として代官職を得るのではなく、「守護進退」として代官職を得たと述べているのである。この「守護進退」とは、実際には守護代の地位にあるものの、守護並の権限を持つことを意味しているのではなかろうか。大和においても「守護」として「進退」するという表現を用いていたように、両国における長政の立場には類似性を見出すことができる。

その実態を探るために、天文一〇年六月二〇日付で一斉に発給された石清水八幡宮若宮造営・遷宮にかかる幕府奉行人奉書（以下、本項では奉書と略）を分析する。表22に示したように、このとき要脚段銭は河内・上山城・大和の三ヶ国に賦課されることとなり、善法寺のもとで巣林庵等祥が徴収にあたる旨を各国に伝えている。賦課の範囲が長政の支配地域と合致することから、石清水八幡宮と長政の交渉によって実現したものとみられる。

河内では、畠山在氏と畠山弥九郎の両守護に宛てた奉書と、それぞれの守護代である木沢長政と遊佐長教に宛てた奉書が発給された。守護代に宛てたものは、両守護へ奉書が発給されたことを「存知」するようにという内容となっている。一方、

年号	『室奉』
書下	3472
書下	3476
書下	3471
付	3477
書下	3474
付	3475
書下	3473

表22　石清水八幡宮造営・遷宮にかかる幕府奉行人奉書

種　別	主　旨	差　出	宛　所
分国奉加	「至納下者等祥蔵主存知之，既取立云々，早被奉加，同分国輩以下可被加下知之由，所仰下也」	大和守（飯尾堯連） 前信濃守（諏訪長俊）	右京兆代（細川晴元） 細川播磨守殿（元常） 山名右金吾代（祐豊） 佐々木弾正少弼殿（定頼）
上山城反銭	「早守事書之旨，厳密相懸之，不日可被致其沙汰，……至納下者可為等祥蔵主由，所仰下也」	前信濃守（諏訪長俊） 大和守（飯尾堯連）	上山城三郡分 木沢左京亮殿（長政）
河内国反銭	「早守事書旨，相懸之，可被致其沙汰，……至納下者可為等祥蔵主之由，所仰下也」	前丹後守晴秀（松田） 大和守堯連（飯尾）	畠山右金吾代（在氏） 畠山弥九郎殿代
	「早守事書旨，相懸之，可被致其沙汰，……至納下者可為等祥蔵主趣，被成奉書訖，可被存知之由，被仰出候也」	晴秀（松田） 堯連（飯尾）	遊佐新次郎殿（長教） 木沢左京亮殿（長政）
大和国反銭	「早守事書之旨，相懸之，可被致其沙汰，……至納下者可為等祥蔵主之由，所仰下也」	豊前守（松田頼康） 大和守（飯尾堯連）	興福寺雑掌
	「事書在之，早可被存知之，……至納下者可為等祥蔵主由，被仰出候也」	頼康（松田） 堯連（飯尾）	国民中
	「事書在之，興福寺幷国民中申合，可被存知之，……至納下者可為等祥蔵主由，所被仰下也」	豊前守（松田頼康） 大和守（飯尾堯連）	木沢左京亮殿（長政）

註）石清水文書拾遺49号（『石清水文書』６）による。

上山城の長政宛て奉書は、河内両守護宛てとほぼ同文である。京兆家に宛てた奉書はあくまでも奉加を求める内容で、上山城反銭にかかるものではない。ここからも、上山城において、長政は守護並の権限を持っていたことが窺えよう。

大和の場合はやや複雑で、興福寺雑掌・国民中・木沢長政宛ての三通が用意された。長政宛てのものは、「興福寺幷国民中申合」わせて「存知」するよう命じられている。文面から長政の役割ははっきりしないが、「申合」わせるようにという指示から、守護の下位に位置付けられている河内とは異なり、必ずしも興福寺の下位にいるとは限らない。

より正確を期するために、表22

表23　京兆家宛て幕府奉行人奉書

<table>
<tr><th>年代</th><th>丹波</th><th>摂津</th><th>山城</th><th colspan="2">その他の国</th></tr>
<tr><td>1410～</td><td>守護代
70
香西豊前入道殿
85</td><td></td><td></td><td colspan="2"></td></tr>
<tr><td>1420～</td><td></td><td></td><td></td><td colspan="2"></td></tr>
<tr><td>1430～</td><td>守護代
231 237 239</td><td>守護代
143</td><td></td><td colspan="2"></td></tr>
<tr><td>1440～</td><td>守護代
253 277 284 365</td><td></td><td></td><td colspan="2"></td></tr>
<tr><td>1450～</td><td>守護代
416 458 468 507
531 536 537</td><td></td><td></td><td colspan="2"></td></tr>
<tr><td>1460～</td><td>守護代
809</td><td></td><td>右京兆代
744</td><td colspan="2"></td></tr>
<tr><td>1470～</td><td>守護代
851 974 1010
1024 1042
内藤弾正忠殿
982</td><td>守護代
1110 1155</td><td>聡明丸(聡明殿)代
1037 1067 1095
1121</td><td colspan="2"></td></tr>
<tr><td>1480～</td><td>守護代
1590
右京兆代
1559</td><td>守護代
1276 1334 1409 1626
1628
細河典厩代
1408</td><td>右京兆代
1526 1549</td><td colspan="2"></td></tr>
<tr><td rowspan="2">1490～</td><td rowspan="2">守護代
1840</td><td rowspan="2">右京兆代
2124
細川(河)典厩代
1853 2125
薬師寺備後守殿
1913</td><td rowspan="2">右京兆代
1825 1997 2064
2075 2080 2109
2143 2147 2155
薬師寺備後守殿
2078
香西又六殿
2111</td><td>近江</td><td>備前</td></tr>
<tr><td>安富筑後守殿
1746 1748 1752
1757 1761 1767
1772 1773 1777
1780 1783 1796
1801 1806 1814
1817 1822</td><td>右京兆代
1928</td></tr>
<tr><td rowspan="2">1500～</td><td rowspan="2">右京兆代
2493
内藤備前守殿
2192</td><td rowspan="2">守護代
2473
右京兆(六郎殿)代
2436 2530</td><td rowspan="2">右京兆代
2162 2244 2271
2292 2505 2520
2606 2609 2616</td><td>和泉</td><td rowspan="2"></td></tr>
<tr><td>右京兆代
2201</td></tr>
</table>

年代	丹波	摂津	山城	その他の国	
		薬師寺三郎左衛門尉殿 2437 (右京兆) 2505	安富筑後守殿 2272 2277 沢蔵軒 2334	安富筑後守殿 2294	
1510～	守護代 2637 右京兆代 2636 2742 2995		右京兆代 2655 2676 2723 2794 2830 2888	越中 右京兆代 2724	
1520～		柳本弾正忠殿 3179	柳本弾正忠殿 3173		
1530～	右京兆(六郎殿)代 3258 3396 内藤殿 3259		右京兆(六郎殿)代 3261 3275 3323 3354 松井越前入道殿 3201 高畠与十郎殿 3222 細川弥九郎代 3277 木沢左京亮殿 3324		
1540～	右京兆代 3582		右京兆代 3472 3544 3592 木沢左京亮殿 3476	大和 木沢左京亮殿 3473	河内 木沢左京亮殿 3477

註）数字は『室町幕府文書集成　奉行人奉書篇』の文書番号。そのうち網掛けしたのは書下年号，それ以外は付年号。京兆家内衆でも違乱の主体として宛所となっているものは省き，違乱等を停止する上位権限の立場で宛所となっているもののみを取り上げた。なお，京兆家を補佐する細川典厩家宛てのものも掲げている。

に掲げた奉書を京兆家宛て奉書全体のなかに位置付けてみたい。その作業をするにあたって、表23には京兆家宛ての奉書を対象となる国および宛所ごとに整理しておいた。

小泉義博氏が明らかにしたように、京兆家は家格が高いため、奉書の宛所が「細川右京大夫」と直接的になることはなく、原則として間接的に「守護代」宛てとなる[49]。また、応仁の乱を契機として、守護分国ではない山城においても京兆家に対して命令を出す必要性が生じたため、応仁元年（一四六七）を初見として「右京兆代」なる宛所が登場する（表23の七四四号。以下、本項では文書番号のみ記す）。

表23をみると、「右京兆代」（右京大夫任官前は「聡明殿代」「六郎殿代」）宛ての奉書は、本来「守護代」宛てしか存在しなかった京兆家分国の摂津・丹波へも波及していく様子がわかる。その理由は、同一案件につき同日付で、「右京兆代」と「守護代」に宛てた奉書の内容から読み取ることができる（二六三六号・三七号）。すなわち、「右京兆代」宛ては「被官人」の押妨を、「守護代」宛ては「方々」の押妨を退けるよう命じており、京兆家被官の動きが活発となるのに応じて、直接的にその違乱を停止しうる「右京兆代」宛ての効果が、受益者たちに期待されるようになったと推察される。

また、守護代個人名に宛てた奉書が、次第に増えていく傾向も読み取れよう。ただし、応永二一年（一四一四）には、すでに「香西豊前入道《常建》」宛てがみられるように（八五号）、当初から皆無というわけではない。守護代宛てにしたほうが、恒久的な効果が期待できるにも拘わらず、個人名宛てにした理由は次のように想定できる。右の事例は、香西常建の丹波守護代としての初見史料なので[50]、漠然と「守護代」宛てにするのではなく、新たに就任した守護代に提示したいという受益者側の意図が働いていると思われる。また、文明七年（一四七五）の「内藤弾正忠《元貞》」宛ても（九八二号）、直前の文明五年に細川勝元が没して嫡子の政元が幼かったため、京兆家に宛てるよりも守護代個人に宛てたほうが効果的だと判断されたのであろう。このように、守護代個人名宛ての奉書は、やや特殊な状況下に限定されていた。

近江が新たに京兆家分国となり、延徳三年（一四九一）に安富元家が守護代に任じられると、一斉に個人名宛ての奉書が発給されている（一七四六号ほか）。これも香西常建の事例と同様、新任の守護代を意識したものと思われるが、これを機に個人名宛ての奉書は普遍的となっていく。時期的にみて、京兆家における守護代が世襲のものとなり、その権限も相対的に強まりつつある傾向と無関係ではあるまい(51)。

長政個人名に宛てた奉書も、その延長線上に位置付けられるわけだが、それ以前の守護代個人名宛て奉書との間には決定的な違いがある。長政宛て奉書が書下年号になるのに対して、それ以前の個人名宛て奉書はおしなべて付年号なのである。よく知られるように、奉書は書下年号になると署名は官途名で料紙は竪紙となり、付年号だと署名が諱で料紙が折紙になる。いうまでもなく前者のほうが厚礼で、後者は薄礼である。ここからも、長政の待遇は破格であるように見受けられる。

ただし、表23によると、同じ宛所であっても書下年号の場合と付年号の場合があるため、奉書の様式は宛所の格に完全に規定されているわけでもなさそうである。小泉氏が指摘するように、京兆家に敬意を払って下位身分を宛所とする以上、原則として「守護代」や「右京兆代」宛ては付年号になるはずだと思われるが、実際には書下年号のものもままみられる。この点は、研究史上の懸案でもあるので(52)、「守護代」や「右京兆代」宛てで書下年号となる奉書の法則性を読み取っておきたい。

書下年号となる「右京兆（聡明殿・六郎殿）代」宛て奉書の多くは、同日付同内容で、地下宛てや被官・土豪宛ての奉書も付随している（一〇三七・三八号、一〇九五・九六号、一八二五・二六号、一九二六〜二八号、二二〇九〜一二号、二二四三・四四号、二二五五・五六号、二四三六・三七号、二五二〇・二一号、二六五五・五六号）。同じく「守護代」宛ての場合も、地下宛て奉書が同時に発給されている（二四七三・七四号）。このように、「右京兆代」

や「守護代」よりもさらに下位身分を宛所とする奉書が付随する際に、差別化を図るために書下年号の様式が用いられたようである。

やや趣が異なる事例として、書下年号となっている「六郎殿代」宛て奉書と、付年号となっている守護代「内藤」宛て奉書が同日付同内容で発給されているが、これもまた差別化を意図したものであろう（三二五八・五九号）。あるいは書下年号の「右京兆代」宛てと、付年号の「和泉両守護代」宛て・地下宛てという組み合わせも確認できる（二二〇一〜〇三号）。

以上のように、下位身分宛ての奉書を同時に発給する際に、「右京兆代」や「守護代」宛て奉書は書下年号となった。対になる付年号の奉書が確認できない事例もままみられるが、同内容の奉書で、かつ薄礼のものは、日記類で省略されたり、あるいは散逸することも多いのではなかろうか。

さて、ここで表22の長政宛て奉書に目を戻そう。まず、河内国反銭については、守護宛てとの差別化を図って付年号となっている。つまり、守護代待遇ということになる。一方の上山城反銭については、差別化の必要性がないにも拘わらず、書下年号となっている。これは守護待遇であることを意味しよう。そして、大和国反銭については、興福寺とともに書下年号となっている。これが守護代待遇ではなく、興福寺とともに守護待遇であることは、「和泉両守護代」宛て奉書と比較しても明らかである。

本項での考察から、長政は少なくとも幕府からは、守護の待遇を受けていたことが明らかとなった。もちろん、守護補任の事実は確認できないし、京兆家がそれを公認していたかどうかも疑問である。また、上山城では、守護代の地位にあるとの認識が同時代から存在した。そのため本章では、ひとまず長政が上山城と大和で持つ権限を、守護並の権限を意味する史料用語を用いて、守護進退権と呼ぶことにする。

3　義晴との関係

享禄三年（一五三〇）当初、京都では「木澤（長政）彦七（内藤貞誠）より□けなけなる事と存候」、「自然悪もの候ハ、木澤して可給候」と評されていた[53]。京都で対峙する高国方の内藤貞誠よりも、晴元方の長政のほうが心掛けがよいので、悪者は彼に退治してもらえばよいというのである。あるいは、「木澤以使者申上候趣、近比過分義候而も迷惑仕候、乍去彼志やさしく候、天下御警固可及力分可申由、常々申候」とも伝えられている[54]。長政の要求は過分なところもあるが、志は優しく、力の及ぶ限り天下の警固をすると常々口にしているという。このように、初期の長政は天下、つまり義晴治世下における警固を担っていると自負しており、ゆえに京都での支持も一定程度獲得していた。それに応えて義晴も、前項でみたように破格の待遇を与えている。

享禄四年以降の長政は、恒常的に在京しなくなるが、義晴との交渉ルートは維持していた。例えば天文三年（一五三四）五月には、近江に退いていた義晴の側近から長政方に宛てて、三通の書状が送られている[55]。そのうち二通が長政宛てで、残る一通が長政に代わって在京する菊田善介宛てである。彼は長政の「被官人」で、天文八年の幕府から長政への下知は、「木澤代菊田」が「在京」しているので彼に渡されている[56]。それ以外でも、幕府と長政の間を繋ぐ使者は、ほぼ彼に固定されていた[57]。このように長政は在京雑掌を置いて、義晴との関係維持に努めていたことが窺える。

天文一〇年一〇月六日に晴元に見限られて孤立すると、長政は同月一三日に幕府に対して「京都御警固儀可申付由」を頼んでいる[58]。そして、二九日には「京都御けいこ（警固）の分」と称して長政は京都に軍勢を派遣した[59]。この日、晴元は岩倉へ退去するにあたって義晴の同行を頼りに求めたが、義晴はそれに応じなかった[60]。そうしたところに長政勢が出陣してきて晴元が退去したので、大館常興は「先以無事也」と安堵している。義晴は、まだ長政を見捨てていないのである。一一月一八日に、義晴は晴元への合力を諸大名に命じた[61]。このように義晴は晴元の要請に従う一方で、常興を通じて長政にも使者を遣わしており[62]、やはり完全には見放していない。

以上のように、晴元を介すことなく、義晴と長政の間には密接な関係が形成されていた。主従制の原理からすると、畠山家や京兆家を渡り歩く姿はまさに裏切りの連続だが、義晴と高国が連携しているときは高国に従い、義晴が晴元方につくと晴元に従っていることから、長政の義晴への忠誠は実は一貫しているのである。「堺公方」の足利義維が勢力を伸ばすも、京都では将軍としての実績がある義晴に肩入れする者が多かった。おそらく長政も、義晴でなければ京畿の混乱は収まらないと考えていたのであろう。義晴にとっても、長政と直接的な関係を結ぶことで、京兆家への牽制を効かせることができるという利点があったに違いない。その点は、波多野秀忠を「丹波守護」として把握しようとしていることからも窺える。

二　長政周辺の人的構成

1　畠山在氏の奉行人と取次

義就流畠山家では、両遊佐家と誉田家の守護代三家が筆頭格の内衆として位置付けられていたが、長政が実権を握った時期には、これらの勢力は畠山在氏のもとを離脱しており、奉行人の平英房も在氏のもとを離れていた[63]。本項では、その結果として成立した在氏の内衆について整理しておきたい。

【史料5[64]】

御屋形様継目御判礼銭注文

参貫文　　飯盛御屋形様（畠山在氏）小次郎殿

壱貫文　御屋形様御奉行　平若狭守（英正）
壱貫文　同　井口殿（中務大輔）
壱貫文　同　木澤中務殿
壱貫文　木澤左近大夫入道殿浮泛ノ事也
（壱）□貫文　木澤左京亮（長政）殿
弐貫文　是者取継　窪田豊前（家利）入道殿
以上合拾貫文
文殊院年預之時
天文六年丁酉十一月十三日　宥盛

河内の観心寺が、在氏から代替わりの判物を得たときの礼銭注文である。「飯盛御屋形様」とあるように、長政が居城の飯盛山城を在氏に譲ったのちのもので、在氏の内衆が木沢一族で占められていることを示す際に必ず引用される史料だが、木沢一族以外については検討の余地が残されている。そこで、【史料5】のうち肩書が記される「御屋形様御奉行」と「取継」について検討しておく。

平若狭守の諱は英正で、在氏の先代にあたる義堯の奉行人もつとめていた。[65]その偏諱から、義英・義堯・在氏の三代にわたって仕えていたと考えられる。また、木沢中務大輔は長政の弟で、長政没後も在氏と英正・中務大輔はしばらく行動をともにしていた。[66]残る「井口殿」は、在氏の使者などをつとめた井口美濃守で、天文六年（一五三七）二月二日には越中に入国を図ったことが知られる。[67]ところが、越中の門徒衆が、その日は仏事で忙しいので延期するよう求めてきた。そこで一四、五日になって改めて入国しようとしたところ、超勝寺と瑞泉寺から使者がやってきて、乱入したら抵抗すると脅してきたという。

前年の天文五年四月に、木沢長政と遊佐長教の双方から人数を添えて、「畠山小次郎（在氏）子息」を畠山家分国の越中へ送るという話が浮上すると、長政は越中門徒の協力を本願寺に度々要請している(68)。閏一〇月頃になると計画も徐々に具体化し始め、長政は「越中へ代官被下候ツル間、門下中無等閑様に」申し付けるよう本願寺に依頼し、さらに越中門徒への書状も求めている(69)。この在氏子息の代官が井口氏であった。井口氏は在氏の奉行人ではあるものの、長政の策に従って動く存在といえよう。

越中入国に失敗した井口氏は、【史料5】にて河内へ帰還していることが確認できるが、これを終見としてその名がみられなくなる。入れ替わるようにして、天文七年正月に江鷗軒なる在氏の有力内衆が唐突に登場する事実は(70)、両者が同一人物であることを示唆する。【史料5】では「井口殿」のみ通称が記されないが、直前の改名により新たな名がわからなかったため、このような表記となっているのではなかろうか。そうであるならば、越中入国の失敗による引責で入道したとみることもできる。

【史料5】の最後に連なる窪田家利の動向から、その推測を裏付けておこう。彼は、「是者取継」とあるように、観心寺担当の取次で、【史料5】と同日付で礼銭の礼状を観心寺に送っている(71)。その直後に改めて家利から観心寺へ送られた書状によると、「御継目之御判之儀被仰付ニ亮殿（木沢長政）へ之御礼候、目出度候、就其、大輔殿（木沢中務大輔）御腹定（立）之由候て、重而御礼可被申之由候」とあるように(72)、在氏の判物を得た観心寺は長政への礼は難なく済ませたが、中務大輔を怒らせてしまったようである。そこで家利は、「従我々書状を相調候て進之候間、此通被仰候て、御礼可被仰候」と、中務大輔の機嫌を損ねない方法を観心寺に伝えている。右の活動内容のみだと、家利は畠山家の取次なのか、あるいは木沢家の取次なのか、判断に迷うところなので、もう少し事例をみておこう。

【史料6】(73)

金口其外諸公事寺家衆へ就申懸、両年預御登城候、種々致分別、如此制札調置参候、此方之儀者、別儀有間

敷候、高屋方へ御調肝要候、御奉書銭迄御奉行へ渡申候、平殿（英正）・江鷗軒両人御方へ弐百疋、奉書銭合三貫弐百文御引替申候、此料足御反銭之代物ニ候間、此方にてゑり可申候、可被成其御心得候、於様躰ハ、御両人可有御存知候、将又、中務（木沢中務大輔）へ御折帋候、是も御礼入可申候と存候、万御分別肝要候、高屋方調候て、此方より人を御副候て、序ニ制札御打候て可然候ハん哉と存候、猶委細使僧可有御申候、恐々謹言、

（天文七年）八月廿六日　　窪田豊前入道 家利（花押）

観心寺

　年預御坊　参

　光明院

江鷗軒の名がみえることと、後述のように中務大輔が天文八年初めまでに奉行を辞めることから天文七年に比定できる。冒頭の「両年預御登城候」とは、前年の代替わりと今回の「制札」にかかる二度の飯盛山登城を意味するのであろう。ここから、家利や「御奉行」である「平殿（英正）・江鷗軒両人」は飯盛山城に在城していたと考えられる。それに対して「中務（木沢中務大輔）へ御折帋候、是も御礼入可申候」とあるように、同じ奉行人ながら、中務大輔だけは飯盛山に在城していないようで、やや立ち位置が異なっている。右の奉行人の構成から、井门美濃守と江鷗軒が同一人物であることはほぼ確実であろう。と同時に、奉行人三者との間を仲介していることから、家利が在氏の取次であることも確定する。

問題は、家利が木沢家寄りの動きをみせていることであるが、これについては長政が細川晴元のもとで構築した取次体制が参考となる[74]。畠山在氏を擁立する以前の長政は、晴元の近くに仕えて取次をしていた[75]。しかし、立身して各地を転々とするようになると、晴元の傍に常にいることができなくなる。そのため、晴元側近のうち懇意の関係にある古津元幸と湯浅国氏に自らの取次業務の一部を委託するようになる。もちろん、相応の家格にな

ければ対外交渉には携われないので、必要に応じて長政も取次業務を継続した。こうして、大身取次と側近取次が対となる分業体制を構築するのである。

それを踏まえると、家利は在氏側近でありつつも、長政と懇意の関係にあったということになる。長政にしてみれば、在氏と晴元から距離を置きつつも、それぞれの側近に懇意の者を置いておくことで、二君と不即不離の関係を築くことができる。畠山家内衆としての立場を維持しながらも、京兆家内衆としての地位も獲得できた要因は、この体制に求められよう。

おそらく、この体制は三好家の先例を参考にしたのではないかと考えられる。なぜなら、三好家は、阿波守護である讃州家の内衆でありながらも、京兆家の内衆となり、双方の立場を使い分けていたからである。(76) 京兆家としての基盤を持たない細川澄元・晴元父子は、新たに軍事力を編成する必要性に迫られたため、他家との両属を許す構造が生まれたものと思われる。京兆家と三好家を結ぶ側近取次は高畠家であったが、讃州家と三好家を結ぶ側近取次については未検討なので、長政段階の前提として明らかにしておきたい。

若松和三郎氏や天野忠幸氏は、篠原長政を三好家の重臣とみている。(77) たしかに篠原長政は、永正一七年（一五二〇）に三好元長書状の副状を発給しているが、(78) 長政は書中で元長による書状発給を「従千熊殿《(三好元長)》以折紙被仰候」と称している。このように敬語が並ぶことから、篠原長政を三好家の被官とすることは難しい。前後する永正一八年に、細川晴元の側近として活動する篠原之良が、讃州家内衆出身と思われることを踏まえると、(79) 長政も讃州家内衆である可能性を模索しておく必要がある。

本願寺から讃州家の細川持隆方へ音信を贈る際にも、篠原氏は常に登場する。事例を並べると、天文一五年一〇月に「細川彦九郎《(持隆)》」「三好豊前守《(実休)》」「篠原右京進」、天文一七年正月に「讃州《(細川持隆)》」「三好豊前」「篠原大和」、天文一七年五月に「細川讃岐守」「三好豊前守」「篠原大和守」となる。(80) このように、実休と篠原氏は、持隆の内衆として常に対となっていた。なお、天文一五年一二月に本願寺から「豊前」と「篠原」へ音信を贈ったところ、「三好豊前守」「篠原大和守」から返礼が届いている(81)。ここから、篠原右京進は天文一五年末頃に大和守と改称したことがみてとれる(82)。

天文八年には、二心がないことを伝えるために、持隆から幕府への使者として「篠原右京進」が派遣される(83)。このような重要な役割を陪臣に任せるわけがない。また、天文一六年に、長政の後継者である篠原大和守は、京都の寺院に宛てて禁制を発給している(84)。この時期に守護の陪臣クラスが京都に禁制を発給することもない。よって、篠原家は本来讃州家内衆の家格にあるとみるべきであろう。

軍事に重きを置く大身の実体と使者などの側近業務を担う篠原氏という讃州家における関係は、京兆家における取次の関係と照応する。京兆家でも大身取次と側近取次が密接な関係を築いていたように、讃州家においても三好家と篠原家は血縁関係を結ぶ(85)。その結果、両家は常に対となって動くことから、「篠原三好千満内者歟」とみえるように、すでに当時から主従関係にあるという誤解を与えてしまうこともあった(86)。

右の事例は、三好本宗家たる畿内の長慶と阿波三好家の実体に分離する以降のものなので(87)、それ以前の三好之長・元長段階は、高畠家を介して京兆家と、そして篠原家を介して讃州家と繋がっていたのであろう。これを踏襲したのが木沢長政の取次体制であったと考えられる。

2　長政一族と拠点城郭の展開

天文七年（一五三八）一一月に本願寺の証如は、長政の側近である中坊堯仙からの意見に従い、表24に並ぶ長政の「同名・与力衆」へ音信を贈っている。【史料5】でも在氏の奉行として登場する筆頭の中務は、「中務大輔木沢弟也」とみえるように長政の弟である(88)。それに続く又四郎も長政の弟で(89)、音信の差や仮名であることから中務大

表24　木沢長政の同名・与力衆

名　前	酒　肴
中務	3種5荷
又四郎	3種3荷
右近	3種3荷
窪田	3種5荷
西山	3種3荷
小早川	3種3荷
小野民部	3種2荷
清原	3種2荷
福田	3種2荷
木沢新介	3種3荷

註）『天文日記』天文7年11月25日条による。

輔より年少と考えられる。残る同名の右近と新介は、続柄を記す事例が一切ないので血縁が離れているようである。

本願寺との交渉をみていると、天文八年二月が又四郎の終見となっており、天文九年三月に「木沢右馬允（左）」が登場し、以後一貫して「木沢左馬允」となることから[90]、いずれも同一人物と考えられる。その点は、「左京亮（木沢長政）弟中務丞（中務大輔）・同右馬允（左）」とみえるように、長政・中務大輔・左馬允が三兄弟であることからも裏づけられる[91]。

また、又四郎の終見となる天文八年二月の事例は、証如からの年頭儀礼が初めてというだけでなく、畠山在氏への音信に際し、その内衆として江鷗軒と対になって贈られている点においても注目すべきである。なぜなら、それ以前から本願寺と又四郎の間には音信のやりとりがあるものの、表24のように木沢同名の一人という扱いに留まっていたからである[92]。ところが、天文八年は在氏の有力内衆に位置付けられ、翌天文九年三月の年頭儀礼においても平英正・江鷗軒という奉行人に並んで、右にみた「木沢右馬允（左）」に贈られている。このように、又四郎は天文七年末から翌年初めにかけて木沢同名から在氏の奉行人へと立場を変え、やや遅れて左馬允に改称した。

同様に、中務大輔も天文八年に初めて年頭儀礼を贈られているが、これは在氏の奉行人としてではなく、中務大輔個人を対象としたものであった[93]。つまり、奉行人の職を又四郎へ譲ると同時に、中務大輔は本願寺の年頭儀礼の対象となるような家格に上昇したのである[94]。その立場を検討する材料となるのが、「木澤中務大夫（輔）」に宛てた天文九年の京兆家奉行人奉書である[95]。そこでは、久世郡中村郷の遍照心院領を買得したと称して押領する者がいるが、返付するよう命じたので、中務大輔に対しても「左京亮長政被相談、宜被存知由候也」と通達されている。ここから、中務大輔が上山城の広域支配に携わる立場についたことがわかる。上山城守護代が長政であるためその位置付けは難しいが、おそらく守護進退権を持つ長政のもとで、守護代並の権限、つまり守護代進退権を付与されたのではなかろうか。

その点を裏付けるために、もう一人の長政一族である父浮泛を取り上げたい。【史料5】では、三人の奉行人に続いて、長政と浮泛の名が並ぶ。ここで注意したいのは、河内守護代たる長政への礼銭が、下位に位置する浮泛や奉行人たちと同じ一貫文ということである。このとき観心寺に送られた代替わりの判物は、在氏発給のものが七通、浮泛発給のものが一通で、長政発給のものがないことから[96]、このような額になったものと思われる。浮泛の発給文書を分析した小谷利明氏は、浮泛を長政の代理とするのみで、具体的な立場は明言していない[97]。そこで、長政と浮泛の関係について、もう少し踏み込んで検討しておく。

天文五年の浮泛は、すでに在氏や長政とは別に独自に年始の音信を本願寺に贈っており、その際、自前の奏者である田辺氏を抱えていることも確認できる[98]。また天文七年には、「木沢（長政）申とて、自中坊若井方へ河州両寺還住事浮泛ニ申聞候」とみえるように[99]、浮泛は長政の指示のもとで河内支配に関与している。

河内国茨田郡鞆呂岐に新関を設けた浮泛は、天文五年に長政を通じて本願寺から撤廃を求められているが聞き入れなかった[100]。天文四年末頃のものと考えられる文書にも、「飯盛衆□伊庭右京亮・□間新介此両人八十計礼物をとり候、木澤父ふはん（浮泛）と中物重悪物候、弐千疋礼をとり候事候、子にて候□（左）京亮申事も□（不ヵ）入耳候」とあって[101]、長政の意見を聞き入れない浮泛の姿はしばしばみられる。

本願寺は、天文五年に畠山在氏へ初めて音信を贈るにあたって、当初は在氏への取次として浮泛も対象に入れていたが、談合の末、「浮泛事ハ木沢父候へとも、百姓あたりなともあしく候間、飯盛に□退度存事候間、□□□中務なとにハ御用なとも候ハんするほとに、中務方被遣候て可然候よし」という結論を出している[102]。すなわち、浮泛は百姓への対応も悪く、飯盛山城に押し込めたいという意見もあるので、長政の弟中務大輔を取次役にした

表25　木沢浮泛発給文書

符号	年　月　日	差出・花押	宛　　所	対象	出　　典
A	(天文4～5).5.24	浮泛①	観心寺	河内	『観心寺文書』228号
B	天文5.12.13	浮泛②	観心寺衆僧御中	河内	『観心寺文書』232号
C	(天文6).9.27	浮泛②	崎山・今井・別所・嶋野・松井	大和	二見文書28号(『新修五條市史』史料)
D	天文6.11.13	沙弥浮泛③	観心寺年行事	河内	『観心寺文書』235号
E	天文6.12.21	木沢左近大夫入道浮泛②	(宛所切断)	河内	革島文書(東京大学史料編纂所影写本)
F	(天文8).9.11	浮泛③	久我庄名主百姓中	山城	『久我家文書』533号
G	(天文9).9.10	浮泛③	遊佐新次郎	河内	『真観寺文書の研究』29号
H	(年未詳).7.4	浮況(泛)	西大寺	大和	「筒井氏代々旧記并宝来等旧記」82号

註）Hは，溝田直己「奈良県立図書情報館蔵『西大寺旧記』所収『筒井氏代々旧記并宝来等旧記』」(『大和郡山城』城郭談話会，2009年)。

のである。意見の主は欠損もありはっきりしないが、長政と考えてよかろう。そしてついに、天文九年七月までに長政は「対浮泛義絶」している[103]。

以上を整理すると、天文五年以前から、浮泛は長政の代理で河内支配をしていたとみられる。そして、その体制が崩れるのは天文九年ということになろう。実際、長政の発給文書は、天文四年三月の［14］以降、河内ではしばらくみられなくなる。唯一、天文六年一二月一三日付の［26・27］が存在するが、ほぼ同時に同内容の文書をもう一人の河内守護代である遊佐長教が発給していることから[104]、署判者の立場を揃えておく必要に迫られた例外的事例と判断される。この二通を除くと、天文九年に義絶するまで河内での文書発給は一切ない。中務大輔の事例も踏まえるならば、天文四年三月以降に、浮泛は河内の守護代進退権を付与されたと考えられる。

右の推測を浮泛の発給文書からも検証しておきたい。表25には、管見の限りで浮泛の発給文書を掲げておいた。浮泛の花押は、基本的な形状は変わらないが、中央縦長楕円に注目すると長政同様に微細な変化が確認できる。まず［A］の花押には、①楕円の左下に斜めに引かれる二本の線があるが、［B］以降はそれがなくなる。そして［D］以降の花押は、概ね③楕円の頂点部分から中央縦方向に線が引かれるようになるが、それ以前のものは、②たすき掛けのように斜めに線が引かれる。

右の花押の変化を踏まえつつ、それぞれの事例をみておく。まず、［A］は天文元年一一月の「長政一行」［3］をうけて発給されていることから、年代を絞ることができる。浮泛が河内支配を担うようになるのが天文四年三月以降であることから、おそらく天文四年もしくは五年のものであろう。そのほかも含め、河内における発給文書は、いずれも公的な立場で所領を安堵するものばかりである。

ただし、河内以外に発給されたものも目立つ。逐一みておくと、［C］は、大和の土豪に対する軍事作戦上の指示であることから、先述した天文六年の「大和国陣取」に伴うものと考えられる。木沢又四郎の与力に対する指示なので、まだ未熟な又四郎に代わって発給したのであろう。［H］は西大寺に対する音信の礼状で、これも大和における公的立場を示すものではない(105)。残る［F］は、山城国久我荘における訴訟が終わるまで、地下にて年貢を拘留しておくよう指示したものである。一読すると公的な立場で発給したもののように見受けられるが、別に検討したように、河内に下向するも長政との交渉がなかなか実現しなかった久我晴通がひとまず仮に得たもので、浮泛の山城支配を示すものではない(106)。このように、河内とそれ以外では、発給文書の性格が明らかに異なっている。

興味深いことに、天文九年七月までに長政と浮泛が義絶すると、南泉庵の返付交渉という同一案件について、遊佐長教は長政と浮泛の両者と別々に協議している［30・G］。長政による河内への文書発給は、この協議を機に復活するのである。義絶によって守護代の権限を再び行使し始めた長政と守護代進退権を持つ浮泛との間で、支配系統の混乱が生じたことは明らかであろう。

以上のように、長政は、幕府の後ろ盾を背景として、従来の守護・守護代とは少し異質な体制を一族によって構築しつつあった。天文五年正月に長政は大和入国を計画していたことから、これに先立って浮泛に河内の守護代進退権を委ねたものと推察される。そして天文八年までに、中務大輔へも上山城の守護代進退権を付与し、まもなく浮泛と義絶する。天文五年にはすでに浮泛を退けようとしている風聞も立っていることから、中務大輔を浮泛の後任にしようと考えていたのではなかろうか。この点について、一族による分権体制と拠点城郭とを重ね合わせながら検証しておきたい。

天文五年に、長政は飯盛山城を畠山在氏に譲って信貴山城へ移った。ただし、浮泛ら木沢一族を残しているので、飯盛山城は長政の手を完全に離れたわけではない。一方で、天文三年には谷の城を接収して峰ヶ堂城として整備するが、この城については近接する山崎城を晴元が整備して以降は使用した形跡がみられない。また、天文八年に大和から河内に帰国した長政は、二上山城に入っている[107]。程なくして信貴山城に戻ったようだが、天文一〇年には「先日城州笠置城手ニ入ニ就テ、彼城へ越候」とみえるように、長政は上山城の笠置山城に移って新たに改修を加えた[108]。このように、長政は自らが移動を繰り返すことで複数の拠点城郭を整備していく。

長政の上山城進出は、中務大輔を浮泛の後任に据える動きと関係しているように思える。なぜなら、「尼上嶽ニ城作所為云々、此年又、木澤左京亮笠置城ヲ借テ七月廿八日ニ入城、処々用害超過云々」ともみえるように、天文一〇年には笠置山城の整備と同時に二上山城にも改修が加えられており[109]、そこに中務大輔が関与しているからである。

【史料7】[110]

二上之城へ、竹之儀参十壱荷引荷、慥請取、清原方へ渡申候、請取之儀者、相奉行大輔殿（木沢中務大輔）供ニ信貴へ被越候条、重而調可進候、将亦先度者柿数百給候、祝着候、恐々謹言、

十月三日（天文一〇年）　　　　　橋川源介

信久（花押）

観心寺
　年預御房
　　御返報

観心寺が、二上山城に竹を納めた際のものである。観心寺から竹を受け取った橋川信久は、中務大輔配下の奉行人である清原氏に竹を渡したが、清原氏の同僚にあたる「相奉行」が中務大輔とともに信貴山城へ赴いていたため、奉行人の連署による請取状が発給できなかった。そのため、請取状を改めて送ると伝えている。中務大輔が二上山城を拠点としていることだけでなく、そのもとに奉行人体制が構築されていることも確認できよう。このように、中務大輔の上山城支配は短期間のうちに幕を下ろし、浮泛の後任として河内での政治的活動を始めつつあった。のちに晴元と長政が武力衝突すると、「舎弟中務尾（尼）上ノ大将」とみえるように[111]、中務大輔はそのまま二上山城に籠城している。

一方、天文一〇年一一月に笠置山城が伊賀衆の攻撃を受けると、「城大将」である木沢右近の甥がそれを退けている[112]。おそらく、右近の留守を守っていたのであろう。ここから、右近を上山城における中務大輔の後任にしようとする長政の心づもりが垣間みえる。また、この人事異動からは、笠置山城を二上山城の下位に序列化する意図も読み取れよう[113]。

3　与力の編成

京兆家分国における守護代配下の要職は、京兆家被官の地位を持つ与力（寄子）によって占められていた。その理由の一つに、使者として荘園領主と渡りあうなど、京畿で重要な政務につくには、守護被官の地位を要したことが挙げられる[114]。もともと守護代の家格すら持っていない長政も、同様の対応を取っていたと思われる。

例えば、長政が書状を認めることができない場合に代書したり、あるいは病気の際に「代官」をつとめたりする中坊堯仙は、竹内門跡の坊官を出自とする高い家格を有しており被官ではない[115]。また、長政から足利義晴への使者をつとめる藤沢神右衛門尉は、もともと細川尹賢の被官であった[116]。信貴山城で行われた裁判では、「中務《（木沢中務大輔）》其外御与力衆為異見、中分」とみえるように、長政の与力衆による意見に従って仲裁がなされた[117]。ここからは、長政の弟である中務大輔も、畠山家の被官身分を有する広義の与力に含まれることがわかる。

長政の主要な配下が被官でないことは、表24に列する人物が「同名・与力衆」と呼ばれていることからも窺える。ここから同名を除いて酒肴を基準に序列化すると、窪田を筆頭に西山・小早川が上位に位置付けられ、小野民部・清原・福田を下位に並べることができる。以下、それぞれの立場について簡単に検討しておきたい。

窪田孫五郎光家と西山四郎兵衛尉某は、天文二年（一五三三）に連署して［8］の副状を発給していることから[118]、表24の窪田と西山に該当すると考えられる。木沢方から半済の放状を得た大徳寺が、享禄四年二月に長政配下と思われる佐久間孫二郎と「奏者」の窪田孫五郎に礼銭を贈っているように[119]、光家は早くから長政の近くに仕えていた。一方の四郎兵衛尉は、「木沢与力」と呼ばれる「堺の者」で、大坂寺内の西町にも家を持っていたことが知られる[120]。このように経済的な活動が窺えることからも、その出自は堺北庄政所の西山家に求められる[121]。光家を与力と称した史料は確認できないが、四郎兵衛尉と連署していることから立場を同じくするものと推察される。

長政から本願寺への使者を最も頻繁につとめるのは堯仙である。ただし、証如が堯仙を呼び出すこともしばしばみられるように[122]、これは両者の個人的な関係を前提としたものであった。本願寺への公的な使者は、そのほか小早川安芸守が度々つとめているが、彼が携わるのは本願寺との和睦に関するものなどいずれも重要案件である[123]。それに対して長政からの年頭儀礼は、天文五年から七年まで小野民部丞が毎年持参している[124]。その初例に「小野

表26　窪田光家旧蔵文書

符号	年　月　日	差　　　出	宛　　　所
a	(年未詳).12.27	池彦三秀忠	窪田弥五郎(光家)
b	(年未詳).12. 9	(窪田)豊前入道家利	内膳助(窪田光家)
c	(年未詳).12.17	小安(小早川安芸守)忠徳	窪内(窪田光家)
d	(年未詳).12.22	津田周防兼能	窪田内膳助(光家)
e	(年未詳).12.23	秀政	窪田内膳助(光家)
f	(年未詳). 4.10	伊右高将	左京亮(木沢長政)
g	(年未詳). 4.13	光弘	木沢左京亮(長政)
h	(年未詳). 9.晦	政置	木左(木沢長政)
i	(年未詳). 9.28	実相院信盛	五十川出羽守・西山越前守
j	(年未詳).12.21	宗泉	桑原道隆房

註）柳生文書（東京大学史料編纂所影写本）による。

民部号与力」と記しているように、彼が長政の被官ではなく、与力と称したため証如は面会したようである。同じく面会を果たしていることから小早川安芸守も与力と思われるが、使者としての役割の差が表24の酒肴の差にも反映されている。なお、民部丞の終見は表24の天文七年一一月で、翌八年から一一年までは小野但馬守が年頭儀礼を持参するようになる。[125] よって、民部丞と但馬守は同一人物と考えられる。

福田は、「ふくてん」と読む「木沢内者」である。[126] 被官の最高位にあたるのであろう。清原は、河内一七ヶ所において長政の代官をつとめる人物で、[127]【史料7】では中務大輔のもとで奉行人をつとめていた。その「相奉行」とは福田のことではないかと推察される。以上のように、有力配下の大半が与力で、下層の一部のみ被官で構成される点は、京兆家守護代の事例と一致する。

次に与力の出自を検討する素材として、大和国添上郡の柳生文書に注目したい。詳しい事情はよくわからないが、柳生文書のなかには本来柳生家のものではないと思われる文書が若干混入しており、その一群を抽出すると表26のようになる。窪田孫五郎光家を宛所とするものが一通[a]、長政を宛所とするものが三通[f~h]含まれるのが印象的である。長政の奏者をつとめ、表24でも中務大輔と並んで酒肴の量が最大であったように、光家は長政方が政治的判断を下すにあたって極めて重要な位置にいた。よって、長政宛ての書状も、奏者である光家のもとに残されたものと想定しうる。窪田内膳助を宛所とするものが四通［b～e］も含まれているが、孫五郎の確実な終見が連署状の天文二年であることから、それ以降に通称を改めたのではなかろうか。以上の点から、表26の一群は窪田光家旧蔵文書と考えられる。

いずれも未翻刻なので、詳細は改めて検討する必要はあるが、ここでは長政の与力・被官に関わる点に限定して若干の指摘をしておきたい。まず、［b］の差出・宛所に名字がないことからもわかるように、両者は窪田一族と思われる。すなわち、在氏の側近取次である家利と長政の筆頭与力である光家は、いずれも在氏被官の家格にあり、密接な関係を持っていたのである。これは、長政と家利が懇意の関係にあることを裏付けている。［i］の差出である実相院信盛は、長政の被官と考えられる(128)。宛所の西山越前守も、おそらく西山四郎兵衛尉と何らかの関係があるだろう。また［c］から、小早川安芸守の忠徳という諱も判明する。

［c］で注意したいのは、文中に「在津」および「帰城」とみえるように、忠徳が堺と信貴山城を往復していることである。西山四郎兵衛尉が堺の政所出身と推測されるだけでなく、窪田家利も「堺へ越候而、少用之儀」があると述べているように(129)、長政の有力な与力は総じて堺との関係を有している。［j］の宛所である桑原道隆房も堺の住人であることから(130)、長政急成長の背景には、堺の経済的な支援もあったのではなかろうか。

おわりに

京兆家の内訌が深化するにつれ、京兆家と組み合わせるべき将軍を義晴と義維のいずれにするかという点も争点となる。その過程で、長政は義晴と直接的な関係を結ぶ。一方でそこには、京兆家を牽制しようとする義晴の意図も働いたであろう。従来の研究では、守護層との関係に目を奪われていたため、長政は主君を頻繁に替えたと理解されていたが、義晴への忠誠は一貫しており、それに応えて義晴も長政に守護進退権を与えた。幕府の家格秩序を維持するために守護への補任はしなかったが、守護並みの権限行使をいわば黙認したのである。そして、この権限を背景として、長政は一族に守護代並の権限と拠点城郭を分与し、複数の分国支配を実現させようとした。

また、自らが移動を繰り返して拠点城郭の整備を重ねるのも長政の特徴といえる。それらはいずれも山城で、大和と北河内の国境付近に位置する飯盛山城をはじめとして、大和と中河内の国境付近にあたる信貴山城、大和と南河内の国境付近にあたる二上山城、大和と南山城の国境付近にあたる笠置山城と、いずれも大和を取り巻くように立地する。中西裕樹氏は長政による戦争のあり方からその意図を探っているが(131)、長政が複数国に跨る支配を志向したという特徴に鑑みて、ここではその側面から国境周辺に拠点城郭を配置した意図を捉え直してみたい。

行論中でも触れたように、京都の法華一揆や「木澤大和衆」など、長政は従来の守護・守護代とは異なる方法で軍事動員を図っていた。経済力のある堺の関係者で有力与力が占められている点も、それまでにはない軍事編成のあり方を示唆する。【史料1】によると、軍勢の姿が「美麗」で衆目を驚かせたが、いざ合戦になると見た目だけであったという。軍備や人数は揃っていても合戦に不慣れな点は、長政による軍事編成を反映したものと評価できるのではなかろうか。

長政による国境の掌握も、その延長線上で捉えることができる。国境周辺の在地勢力は、いずれか一方の守護勢力に深く肩入れすると後背を突かれてしまうため、両属的な立場を維持することが多い。事実、信貴山周辺の大和国人も、興福寺と畠山家に両属的であった(132)。そのため、国境周辺にはいわゆる境目地域と呼ばれる中立的な緩衝地帯が形成されやすい。長政による国境の掌握は、従来の守護・守護代の枠組では完全に把握できなかった、この軍事力の確保を企図したものではないかと推察される。境目地域の在地勢力も、それまで抑制されていた外部への権益拡大が期待できるので、長政を支持するわけである。しかも、既存の基盤に立脚する遊佐長教や興福寺との軍事力確保をめぐる競合も、ある程度は回避できる。わずかな期間で「当時人数持」となれた背景は、右のように想定される。

以上のように、長政は従来の守護・守護代とは異質の支配を志向していたが、必ずしもすべてにおいて目新しいというわけではない。例えば取次体制をみる限り、京兆家と畠山家の二つの主家に従うあり方は、京兆家と讃州家に従う三好家の方式を踏襲していた。配下を与力によって編成する方式も、やはり京兆家守護代以来のものであった。河内半国・上山城・大和という領域設定も、おそらく赤沢朝経の先例に倣ったものであろう。そして、朝経のそれを具現化した長政による国境を越えた支配のあり方は、さらなる展開を遂げることとなる。すなわち、丹波との国境を意識した摂津の芥川山城や播磨との国境を意識した摂津の滝山城など、細川晴元・三好長慶・松永久秀の城郭に踏襲されるのである。そして最終的には、飯盛山城と信貴山城が長慶と久秀の拠点となる。

また、守護進退権についても、幕府に守護と遇されていた波多野秀忠との連続性が認められる。天文四年（一五三五）に、秀忠は細川晴国のもとを離れ晴元方へ帰参するが、その際に息子を幕府に出仕させている(133)。おそらく、晴元との間を仲介した義晴に、帰参の条件として長政並の権限、つまり丹波の守護進退権を要求して認められたのではないかと思われる。このように長政を嚆矢として、義晴と直接的に結ぶことで、京兆家内衆ながら守護と黙認される道が開かれる。

天野忠幸氏は、長慶以外に畿内で居城を次々に移した人物を認めていないが(134)、長政はその先駆に他ならない。さらに天野氏は、京都を見下ろす飯盛山城に在城することで、長慶が足利家に優越することを視覚的に示したとするが、義晴に忠誠を尽くした長政との連続性を踏まえるとその説には従いがたい。足利家と長慶の関係は、将軍による守護進退権の付与がさらに継続するのか否か考慮したうえで、改めて捉え直す必要があるだろう。

註

(1) 本書第二部第七章「細川晴元の取次と内衆の対立構造」。
(2) 「細川両家記」天文一〇年九月六日条。
(3) 『二水記』『後法成寺関白記』享禄三年一一月三日条・四日条。
(4) 『実隆公記』『二水記』『後法成寺関白記』享禄三年一二月一二日条・一三日条。
(5) 当該期の政況については、本書第二部第三章「『堺公方』期の京都支配と柳本賢治」。
(6) 『二水記』享禄三年一二月一八日条。原文には見せ消ち等があるが、煩雑となるので修正後の文章とした。
(7) 長政以前の木沢家については、本書第二部第五章「畠山家における奉書の展開と木沢家の出自」。
(8) 『実隆公記』享禄三年一二月二五日条。東寺百合文書ゑ函八七号・チ函三〇三号。
(9) 『実隆公記』『二水記』『後法成寺関白記』享禄四年三月八日条。
(10) 『実隆公記』天文元年一一月二二日条。
(11) 『私心記』天文二年三月二四日条・二八日条。
(12) 『実隆公記』巻八、四一二頁。同上享禄三年一二月二一日条。
(13) 弓倉弘年「戦国期義就流畠山氏の動向」(同『中世後期畿内近国守護の研究』清文堂出版、二〇〇六年)。
(14) 今谷明「細川・三好体制研究序説」(同『室町幕府解体過程の研究』岩波書店、一九八五年、初出一九七三年)。同「畿内近国における守護所の分立」(同『守護領国支配機構の研究』法政大学出版局、一九八六年、初出一九八五年)。
(15) 本書第一部補論二「上山城守護代の内堀東雲軒」。
(16) 「経厚法印日記」天文元年八月二八日条。
(17) 山下真理子「天文期細川晴元奉行人奉書から見る晴元有力被官の動向」(小此木輝之先生古稀記念論文集刊行会編『歴史と文化』青史出版、二〇一六年)。同「天文期山城国をめぐる三好宗三の動向」(『地方史研究』第三八六号、二〇一七年)。
(18) 東寺百合文書ひ函一八一号。欠損部分は、同日付の同上一八〇号で補える。
(19) 「別本賦引付」天文九年一二月二九日条(『室町幕府引付史料集成』上巻五一九頁)にて、「西岡内岡郷形《(刑)》部庄事、致買得当知行」している「原田神次郎正親」が確認できる。
(20) 『久我家文書』五三七号・近衛家文書(『室奉』三三二四・三三二八)。

(21) 本書第一部第一章「奉行人奉書にみる細川京兆家の政治姿勢」。
(22) 『大徳寺文書』二二三九号。「親俊日記」天文七年三月五日条に晴元による山崎城築城の情報がみえることから、同年に比定できる。
(23) 『大館常興日記』天文七年九月一日条〜八日条。
(24) この合戦の経過については、本書第二部第七章「細川晴元の取次と内衆の対立構造」および第三部第二章「細川晴国陣営の再編と崩壊」。
(25) 「御内書引付」（『続群書類従』第二三輯下）。
(26) 『北野社家日記』八、一五二頁。
(27) 「厳助往年記」天文三年六《（八）》月二九日条。
(28) 『天文日記』天文五年九月二〇日条。
(29) 安国陽子「戦国期大和の権力と在地構造」（『日本史研究』第三四一号、一九九一年）。山下真理子「天文期木沢長政の動向」（『大正大学大学院研究論集』第三八号、二〇一四年）。
(30) 高橋遼「戦国期大和国における松永久秀の正当性」（『目白大学短期大学部研究紀要』第五二号、二〇一六年）。
(31) 神田千里「天文の畿内一向一揆ノート」（千葉乗隆編『日本の歴史と真宗』自照社出版、二〇〇一年）。
(32) 『私心記』天文三年一一月一四日条。
(33) 「薬師寺上下公文所要録」天文三年五月条（田中稔・永野温子「薬師寺上下公文所要録」〈『史学雑誌』第七九編第五号、一九七〇年〉）。木沢を「木蔵」と呼ぶ事例は、『実隆公記』巻八、四一二頁紙背文書にもある。『大乗院寺社雑事記』文明一五年九月九日条では「木雑」と表記されることから、当時はキゾウと発音することもあったようである。
(34) 「二条寺主家記抜萃」天文二年九月一二日条。『私心記』同年一一月一六日条。
(35) 『言継卿記』天文三年三月一六日条。
(36) 『天文日記』天文五年正月一三日条・一四日条・六月二六日条。
(37) 「享禄天文之記」天文六年七月二九日条（内閣文庫蔵大乗院文書）。『天文日記』同年八月一六日条・一二月一五日条。
(38) 「学侶引付写」天文八年一二月二七日条（内閣文庫蔵大乗院文書）。「薬師寺上下公文所要録」同九年三月一三日条。
(39) 『天文日記』天文八年六月二三日条。「証如書札案」天文八年六〇号（『大系真宗史料』文書記録編四）。「薬師寺上下公文所要録」同年四月二三日条。
(40)「不問物語」永正四年三月条。
(41)『天文日記』天文五年正月二〇日条。
(42)前掲註(13)弓倉論文。前掲註(29)山下論文。前掲註(30)高橋論文。
(43)『言継卿記』天文一三年六月二三日条。
(44)森田恭二『戦国期歴代細川氏の研究』(和泉書院、一九九四年)一〇六頁。福島克彦「丹波波多野氏の基礎的考察(上)」(『歴史と神戸』第三八巻第五号、一九九九年)。
(45)芦田岩男「丹波波多野氏の勢力拡大過程」(『兵庫県の歴史』二六、一九九二年)。藤田達生「八上城とその城下町の変容」(八上城研究会編『戦国・織豊期城郭論』和泉書院、二〇〇〇年)。古野貢「室町幕府―守護体制下の分国支配構造」(『市大日本史』第一二号、二〇〇九年)。渡邊大門「波多野氏の丹波国支配をめぐって」(『鷹陵史学』第三七号、二〇一一年)。
(46)『宣胤卿記』永正四年六月二四日条。
(47)『大館常興日記』天文九年三月二三日条。
(48)田中家文書一一四九号(『石清水文書』三)。
(49)小泉義博「室町幕府奉行人奉書の充所」(『日本史研究』第一六六号、一九七六年)。
(50)今谷明「室町・戦国期の丹波守護と土豪」(前掲註(14)今谷『守護領国支配機構の研究』、初出一九七八年)。
(51)本書第一部第四章「摂津守護代薬師寺氏の寄子編成」。
(52)上島有「解説」(日本古文書学会編『日本古文書学論集』八、吉川弘文館、一九八七年)など。
(53)『実隆公記』巻八、四〇四頁紙背文書。
(54)『実隆公記』巻八、四〇七頁紙背文書。
(55)『北野社家日記』八、一四七～八頁。なお、筑波大学附属図書館ホームページの画像で訂正した。
(56)「披露事記録」天文八年六月二七日条・「伺事記録」同月三〇日条(『室町幕府引付集成』上巻一四五頁・一五八頁)。
(57)『大館常興日記』天文九年五月一九日条・一〇月二五日条。わずかに「使者三隅」が確認できる(『大館常興日記』同年九月二四日条)。
(58)『大館常興日記』天文一〇年一〇月六日条・一三日条。

(59)『大館常興日記』天文一〇年一〇月二九日条。〔35～40〕は、それに伴う禁制である。
(60)「惟房公記」天文一〇年一〇月二九日条（『続々群書類従』第五）。
(61)『大館常興日記』天文一〇年一一月一八日条。
(62)『大館常興日記』天文一〇年一一月一九日条。一二月一日条によると、長政からの返事はなかった。
(63)本書第二部第五章「畠山家における奉書の展開と木沢家の出自」・補論二「木沢長政の墓と遺族の動向」。
(64)『観心寺文書』三八〇号。
(65)弓倉弘年「紀伊守護家畠山氏の支配体制」（前掲註(13)弓倉著書、初出一九九〇年）。
(66)本書第二部補論二「木沢長政の墓と遺族の動向」。
(67)『天文日記』天文五年八月二九日条・同六年四月六日条。井口家については、熱田公「畠山家分裂のはじまりをめぐって」（同『中世寺領荘園と動乱期の社会』思文閣出版、二〇〇四年、初出一九八九年）。
(68)『天文日記』天文五年四月五日条・六月三日条。
(69)『天文日記』天文五年閏一〇月二二日条・一一月一四日条。
(70)『天文日記』天文七年正月二一日条。
(71)『観心寺文書』一四九号。
(72)『観心寺文書』五九〇号。
(73)『観心寺文書』五八九号。
(74)本書第二部第七章「細川晴元の取次と内衆の対立構造」。
(75)「晴元御前衆可竹軒・三好神五郎・木澤左京亮」（「細川両家記」享禄四年条）が、長政の在氏擁立によって解体する様子は、「蓮成院記録」天文二年正月条の行間の書き込みからも読み取ることができる。
(76)本書第二部第一章「細川澄元陣営の再編と上洛戦」。
(77)若松和三郎『戦国三好氏と篠原長房』（戎光祥出版、二〇一三年、初版一九八九年）。天野忠幸「阿波三好氏の系譜と動向」（同編『阿波三好氏』岩田書院、二〇一二年）。
(78)安楽寺文書（『戦三』三〇・三一）。
(79)本書第二部第七章「細川晴元の取次と内衆の対立構造」。

(80)『天文日記』天文一五年一〇月二三日条・同一六年正月二九日条・同一七年五月一〇日条。
(81)『天文日記』天文一五年一二月六日条・一六日条。
(82)若松氏や天野氏は、永正一七年に元長副状を発給する篠原大和守長政と天文一六年に禁制を発給する篠原大和守を同一人物とみるが、花押は全く異なる。三〇年以上の隔たりからして、別人とみるべきであろう。天文年間に活動する篠原大和守の終見は天文二二年で、晩年は堺に居住していたようである（『天文日記』天文二一年一一月一九日条・同二二年一二月二日条）。それに対して天文二三年には、阿波から「篠原右京進」が「渡海」して出陣している（「細川両家記」天文二三年一一月二日条）。これが長房である。若松氏と天野氏は、天文八年と天文一五年にみえる「篠原右京進」を長房に比定して長政の子息とみるが、長政と長房の間に右京進から大和守へと改称した諱不詳の人物を一代挟まなければ、本願寺の音信を贈る対象が一定しないなど、史料解釈の整合性が保てない。
(83)『天文日記』天文八年九月二九日条・一〇月一日条。本書第二部第八章「細川晴元に対する交渉と取次」。
(84)妙蓮寺文書・妙顕寺文書・知恩寺文書（『戦三』一八六・一九〇・一九一）。
(85)『天文日記』天文六年九月一六日条・一八日条によると、具体的な血縁関係はわからないが、篠原孫太郎の母は三好家出身であった。
(86)『天文日記』天文一二年五月四日条。
(87)天野忠幸「三好氏の権力基盤と阿波国人」（同『戦国期三好政権の研究』清文堂出版、二〇一〇年、初出二〇〇六年）。分離する以前では、「学侶引付写」永正四年八月四日条にて、細川澄元とともに三好之長・高畠長信へ音信を贈っている事例が確認できる。
(88)『天文日記』天文五年三月二六日条。『多聞院日記』天文一一年三月八日条に「斎藤《山城守》木澤ヲ贔屓シテ長政弟中務カ所へムスメヲ遣テ親子ニナリ」とみえるように、妻は斎藤山城守の娘である。
(89)『天文日記』天文五年正月一六日条。
(90)『天文日記』天文八年二月二三日条・二五日条・同九年三月二一日条・同一〇年一〇月一五日条・一八日条・同一一年閏三月八日条・同一六年閏七月二日条。
(91)『言継卿記』天文一一年三月一八日条。「細川両家記」天文一〇年九月条からも、左馬允が伊丹親興の娘を娶ったこととともに、長政の弟ということが知られる。

(92)『天文日記』天文五年正月一六日条・六月六日条。
(93)『天文日記』天文八年二月二二日条。
(94)越後の長尾為景に、「就越中計策之儀、其已後可被申候之処、依遠路無其儀、只今従屋形《（畠山在氏）》以書状被申候」と伝えた五月五日付の守能・英正の連署状は、在氏がすでに「屋形」と称されていることから、家督相続後の天文七年以降のものである（『上杉家文書』二九四号）。差出の一人が平英正なので、もう一人の守能はここまでの検討を踏まえると江鷗軒・木沢中務大輔・木沢左馬允のいずれかとなる。
(95)大通寺文書（『城陽市史』第四巻一九三頁）。
(96)『観心寺文書』二三一号・二三三号〜二三九号。
(97)小谷利明「戦国期の守護権力」（同『畿内戦国期守護と地域社会』清文堂出版、二〇〇三年）。
(98)『天文日記』天文五年正月一六日条・一七日条・二七日条。
(99)『天文日記』天文七年正月二一日条。
(100)『天文日記』天文五年四月一日条。この事例については、鍛代敏雄「本願寺教団の交通網」（同『中世後期の寺社と経済』思文閣出版、一九九九年、初出一九八七年）。
(101)『実隆公記』巻九、八二頁紙背文書。
(102)『天文日記』天文五年六月二六日条。
(103)『天文日記』天文九年七月八日条。
(104)『金剛寺文書』二五八号・二五九号。
(105)署名は「浮況」となっているが、この書状を取り次ぐ「木原」が、「大舘記（七）」（『ビブリア』第八六号、一九八六年）六五頁に木沢方の代官として名がみえるので、浮泛の誤写と判断した。
(106)本書第二部第八章「細川晴元に対する交渉と取次」。天文四年に比定されていた［F］を、上では天文八年と推定したが、花押の面からも裏付けることができる。
(107)本書第二部第八章「細川晴元に対する交渉と取次」。
(108)『天文日記』天文一〇年八月一八日条。「享禄天文之記」同年七月二八日条。
(109)「二条寺主家記抜萃」天文一〇年条。

(110)『観心寺文書』五九七号。
(111)『多聞院日記』天文一一年三月一九日条。
(112)『多聞院日記』天文一〇年一一月二六日条・二八日条。
(113)一族それぞれに分掌された権限の内実は不詳だが、河内における観心寺と甲斐庄孫太郎の間で争われた裁判が信貴山城で行われているように（『観心寺文書』五八八号）、長政の居城に上位機能が備わっていた。ただしこの一例は、浮泛との義絶から中務大輔が二上山城に赴任するまでの間の、河内支配の空白期に相当する可能性もある。
(114)本書第一部第四章「摂津守護代薬師寺氏の寄子編成」。
(115)本書第二部第八章「細川晴元に対する交渉と取次」。『天文日記』天文六年正月一七日条。堯仙は長政が戦没すると姿を消すが、天文一三年に死去したようである（『私心記』天文一三年四月二七日条）。
(116)本書第二部第八章「細川晴元に対する交渉と取次」。「大舘記（三）」（『ビブリア』第八〇号、一九八三年）七〇頁。
(117)『観心寺文書』五八八号。
(118)『観心寺文書』五八七号。
(119)『大徳寺文書』二三二二号。
(120)『天文日記』天文六年九月二〇日条。
(121)『天文日記』天文八年一二月六日条。『開口神社史料』古文書第四巻八号。
(122)『天文日記』天文七年六月二〇日条・同年九月一八日条・同九年二月一四日条など。
(123)『私心記』天文四年一二月二三日条。『天文日記』同五年正月二一日条・六月二九日条。
(124)『天文日記』天文五年正月一〇日条・同六年正月七日条・同七年正月六日条。
(125)『天文日記』天文八年正月七日条・同九年正月八日条・同一〇年正月七日条・同一一年正月七日条。
(126)『天文日記』天文九年六月二八日条。
(127)『天文日記』天文六年七月一九日条。
(128)「披露事記録」天文八年六月二七日条（『室町幕府引付史料集成』上巻一四五頁）。
(129)『観心寺文書』一五〇号。
(130)『大館常興日記』天文七年九月五日条。「親俊日記」同年一一月二二日条。

(131) 中西裕樹「木沢長政の城」（『史敏』通巻八号、二〇一一年）。
(132) 田中慶治「室町期大和・河内国境地帯における諸勢力の動向をめぐって」（同『中世後期畿内近国の権力構造』清文堂出版、二〇一三年、初出二〇〇八年）。
(133) 本書第三部第二章「細川晴国陣営の再編と崩壊」。
(134) 天野忠幸「三好・松永の山城とその機能」（齋藤慎一編『城館と中世史料』高志書院、二〇一五年）。

補論二　木沢長政の墓と遺族の動向

大阪府柏原市の安堂太平寺共同墓地に残る五輪塔の地輪には、「天文十一年／法界衆生／宗澤禅定門／平等利益／三月十七日」と陰刻されている(1)。この五輪塔は、昭和一三年（一九三八）に太平寺集落の北のはずれから移してきたもので、木沢長政が太平寺合戦で戦没した天文一一年（一五四二）三月一七日とも日付が合致する。ゆえに、長政の墓と伝えられてきた。

その一方で、現地に建つ説明板でも「伝　木沢長政の墓」という名称が与えられているように、長政の墓である確証は得られていない。たしかに地輪以外が後補と思われるため製作年代もはっきりせず、現物のみから判断する以上は、後世の創作である可能性も視野に入れておく必要がある。さらに、木沢家は断絶してしまうため、長政を弔う者がいたかどうかも疑問で、仮に中世に遡るものだとしても他人の墓である可能性も残される。

ただ、長政没後の木沢家については、これまで研究の対象とされることがなかっただけで、検討の余地は残されている。そこで小論では、長政没後の木沢家の動向について検証することで、可能な範囲で五輪塔の歴史的な評価を試みたい。

天文一一年には、「木澤左京亮（長政）・同右近・同又八郎」など一族もろとも戦没するものの、飯盛山城に籠もる「木澤父（浮泛）・同孫・左京亮弟中務丞（中務大輔）・同右（左）馬允」は、なおも健在であった(2)。長政が細川晴元らの軍勢と敵対したのに対し、木沢浮泛以下の者たちは、主君である義就流の畠山在氏とともに飯盛山城に籠城し、長政に非協力的な姿勢を示していた。このうち長政の父である浮泛の行方はよくわからないが、かなりの高齢に達しているため(3)、程なく没したものと思われる。よって小論では、長政の弟にあたる中務大輔・左馬允兄弟および浮泛の孫、すなわち長政の息子の動向を辿っておく。

長政が謀叛人として扱われている以上、飯盛山籠城衆にも嫌疑がかけられていた。そのため、長政没後も身動きがとれない木沢左馬允は、大坂寺内に隠し置いている女子供について、本願寺に便宜を図るよう依頼している(4)。さらに在氏は、左馬允の赦免を幕府に願い出ている(5)。このように飯盛山籠城衆は天文一一年を通じて様々な工作を図ったが、結果は実らず、天文一二年には「飯盛落居」となり、「畠山右衛門督(在氏)、木沢中務大輔、平若狭等(英正)」は「何も牢人」となった(6)。左馬允はなおも再起を図っており、翌天文一三年には美濃の斎藤利政とも交渉を持っている(7)。

天文一五年八月になると、中務大輔は本願寺に対し、「出張」を予告したうえで馬を所望している(8)。ほぼ同時に、細川氏綱の内衆である長塩正親も同じく本願寺に出張の助成を要求していることから(9)、この直後に晴元に対抗して挙兵する氏綱に、中務大輔は合流したとみられる。弟の左馬允も中務大輔と行動をともにしたようで、天文一六年閏六月に本願寺は兄弟に宛てて樽を贈っているが、これを最後に二人は姿を消してしまう(10)。

さて、天文一一年以前の河内支配は、木沢長政と遊佐長教の両守護代による半国体制をとっていた(11)。ところが晴元と長政が敵対すると、長教は晴元に味方するとともに、対立していた政長流守護の畠山稙長と結んで半国体制は解消に向かう(12)。これにより、長政の持っていた利権をめぐって、飯盛山籠城衆と稙長・長教のせめぎ合いが生じたことは想像に難くないが、結果として飯盛山籠城衆が没落するため、関係する史料はあまり残されていない。そのなかで、長政が法隆寺に預けていた兵粮米をめぐる交渉は、比較的その様子を詳しく伝えている。ほとんどが未翻刻であるため、やや煩雑となるが関係する史料を順に掲げ、経過を整理しておく。

【史料1】(13)

木澤左京亮（長政）兵粮米寺家江被預置事、必定之間、万一於被執散放者、可為御越度之由可申旨候、恐々謹言、

（天文一一年）三月廿日　　萱振玄蕃助
　　　　　　　　　　　　賢継（花押）
　　　　　　　　　　吉益長門守
　　　　　　　　　　　　家次（花押）

法隆寺年預御坊
　　御同宿中

【史料2】[14]

急度申候、木澤兵粮米儀、寺家江過分被預置段、慥其聞候、就其以奉書被申出候、早意徳（得）可被渡置事肝要候、若菟角候而者、以人数可有算合候条、不可有御油断候、御返事委可示給候、恐々謹言、

（天文一一年）三月廿二日　　萱振玄蕃助
　　　　　　　　　　　　　　賢継（花押）

法隆寺年預坊
　　御同宿中

長政が三月一七日に戦没すると、早速三日後には、高屋城の長教内衆である萱振賢継と吉益家次が、兵粮米をそのまま確保しておくようにという長教の意向を【史料1】にて申し入れている。【史料2】の文中にある「奉書」とは、【史料1】のことであろう。【史料2】では、より具体的に兵粮米の提出が命じられている。

【史料3】[15]

就木澤方預米之儀、雖被仰届候、河州（遊佐長教）無承引由申曲事候、就其自順昭（筒井）可被申届心得被存候、急度可被申越候、

更不可存無沙汰候、猶松立院可被申候由可預御披露候、恐々謹言、

潤三月二日(天文一一年)　　高祐(中坊)（花押）

法隆寺年預五師御房

それに対して法隆寺は、兵粮米の提出を拒んでいた。その理由ははっきりしないが、長教方が聞き入れなかったため、法隆寺は中坊高祐に協力を仰いだようである。その結果、【史料3】で高祐は、主君の筒井順昭から長教方へ口入れする旨を返事している。これ以降、しばらく動きが途絶えることから、長教方は順昭からの意見に従い、兵粮米の収取を諦めたものと思われる。

【史料4】(16)

「(包紙上書)
行善入(行松善右衛門尉入道康忠)　（墨引）　丹備入(丹下備後入道)
　参　　盛賢
　　申給へ」

法隆寺木澤兵粮米之事、被成御尋候、同被仰懸御用脚之事、寺家無如在趣、筒井殿(順昭)達而被申候間、涯分可申分候、於我等聊無疎意候、彼寺へも此由御入魂肝要候、恐々謹言、

七月廿七日(天文一一年)　　盛賢（花押）

行善入
　参
　　申給へ

七月になると、長教内衆の行松康忠が稙長内衆の丹下盛賢に対し、兵粮米の扱いについて尋ねたようである。

【史料4】はそれへの回答で、順昭からの申し入れもあったので、疎意なき旨を盛賢は返答している。【史料4】が法隆寺に残されていることに鑑みると、法隆寺は康忠を通じて稙長方の意向を確認したものとみられる。稙長の復帰とともに、守護と守護代の重層的な支配が復活したため(17)、念のためにかかる照会がなされたのであろう。

【史料5】(18)

木澤兵粮米拾七石余、当寺在之由、従三始(好)神五郎(政長)方如此書状候、彼(木沢長政)后室宗三(三好政長)為親類間、遣度由候、於被預者可被渡置候、但中坊法眼(高祐)へ可被相理事肝要候、恐々謹言、

田河六郎左衛門尉

(天文一一年)拾月十一日　忠(能忠)(花押)

吉益長門守

家次(花押)

法隆寺

年会御坊

ところが、三好政長(神五郎入道宗三)からの書状が登場することで、事態は新たな展開を遂げる。そこには、「木澤兵粮米拾七石余、当寺在之由」が記されていたようである。長教内衆が発給した【史料5】(19)は、この新たな事実を踏まえたうえで、木沢長政の未亡人が親類なので、兵粮米を彼女に遣わしたいという政長の要望に従うよう求めるのである。ただし、仲立ちをした中坊高祐の顔を潰すわけにもいかないので、彼に断りを入れることが条件とされた。

その翌日、次の二通の文書が発給されている。

【史料6】(20)

寺家之御蔵之事、親にて候者左京亮長政、永々預り申候て祝着候、就其只今明申候て返進候、向後自余之中
事有間敷候、猶様躰又者可申入候、恐々謹言、
十月十二日《（天文二年）》　相政《（木沢）》（花押）
法隆寺年預御中

【史料7】[21]
木澤左京亮、貴寺蔵借用由候、然者長政息孫四郎《（木沢相政）》方へ只今蔵物被渡申由尤肝要候、向後従他所雖申事候、御
承引有間敷候、為其孫四郎書状被遣之候、猶様躰使者金田弥介可申候、恐々謹言、
十月十二日《（天文二年）》　元家《（遊佐）》（花押）
法隆寺年預御中

【史料6】の発給者である相政は長政の子を称しており、【史料7】では彼のことを孫四郎とする。このように、長政亡きあとの家督は、孫四郎相政が継承していた。一方、【史料7】の発給者は、義就流畠山氏の守護代家である両遊佐家と誉田家のうち、筆頭にあたる河内守護代家の遊佐元家である。[22]おそらく、相政がまだ幼いために、このように元家が後見する形で文書を発給したのであろう。【史料6】では、借用していた蔵は返却すると述べている。裏を返せば、中身の兵粮米は、自身の所有に帰することを強く主張したものとなっている。

ここで注意したいのは、弓倉弘年氏も指摘するように、義就流の守護代家は、長政が実権を握っていた時期には姿をみせないということである。[23]つまり、木沢相政と遊佐元家は、飯盛山籠城衆には含まれない可能性が高い。では、義就流守護代家は、長政が実権を握っていた期間、どうしていたのであろうか。在氏の前代にあたる畠山義堯は、享禄四年（一五三一）に長政の飯盛山城を攻める。それに対して晴元や可竹軒周聡は、同年八月二〇日に談合して義堯勢を背後から攻撃した。[24]周聡の右腕である中坊堯琛は、同日付の書状にて「今日遊佐《（英盛）》出頭」と

記していることから[25]、義堯勢の主体は遊佐氏であったことが判明する。

天文元年に義堯が没し、長政が在氏を擁立した頃の義堯残党の構成は、法隆寺に伝わる天文三年八月付の「舎利殿本尊厨子東脇口中台裏墨書」に「□（畠）山播州　遊佐兵庫守（兵庫助英当カ）　内山　繁元　英盛（遊佐）」とみえる[26]。政長流である畠山稙長の弟に播磨守晴熙がいるが、ここに並ぶのは義就流の内衆である[27]。義堯の叔父も播磨守を名乗っており、永正一〇年（一五一三）に没していることから[28]、ここでの「□（畠）山播州」とはその後継者にあたると推測される。義堯残党の多くは、在氏とは一線を画す形で、播磨守を中心としてまとまっていたのである。

ところが【史料7】の元家は、長政未亡人に兵粮米を渡したいという政長の意向や、それを尊重する長教方の意向とは異なる主張をしているので、どちらかというと飯盛山籠城衆寄りの立場といえる。しかし、籠城していては、兵粮米に関わる情報の収集や文書の発給はままならない。おそらく、相容れなかった長政が戦没したことによって、義堯残党は城の外から飯盛山籠城衆への合流を試みるようになったのであろう。その過程で、城外にいた相政を擁立したと考えられる。事実、元家だけでなく、天文一一年五月には遊佐英盛が、天文一二年四月には誉田遠江守が在氏の内衆として動くようになり、義就流守護代家は在氏のもとに出揃う[29]。

【史料8】[30]

木澤方兵粮米貴寺へ被預置候分之儀、三好神五郎（政長）方并自高屋両奉行（吉益家次・田河能忠）書状、何も写見給候、然者木左（木沢長政）後室かたへ相尋可申候処、此砌者山中ニ渡候間相届、自是御返事可申取計、三好方・高屋儀も於無別儀者、率爾ニいつかたへも被渡候間敷候、重而様躰可申入候、其段御分別専一候、恐々謹言、

中坊法眼

（天文一一年）十月十四日　高祐（花押）

和喜坊

御返報

義堯残党からの書状を受け取る一方で、法隆寺は【史料5】の指示に従い、高祐に政長の書状と【史料5】の写を送った。【史料8】はその返事である。ここでは、長政の未亡人が「山中」にいるため、確認がすぐには取れないこと、ゆえに兵粮米はどこにも渡すべきではないことが伝えられている。

【史料9】[31]

就木澤方被預置候米之儀、先段三好神五郎(政長)方并従高屋書状共写見給候、其砌彼女房衆山中ニ渡候つる間申届、重而御左右可申由御報申候き、近日可請取由候間、為御案内申入候、先日行松入道(康忠)方在奈良之時、此子細申請処、不可有別儀由候間、急度可請取之由候、然者彼後室文并立入弥左衛門入道書状取可進之候、猶此者可申候、恐々謹言、

中坊法眼

(天文一一年)十二月廿三日　　高祐(花押)

法隆寺

和喜坊

進覧之候

ようやく一二月になって、高祐のもとへ長政未亡人から兵粮米を受け取る旨が伝えられたので、高祐は【史料9】に副えて長政未亡人の書状を送るとともに、改めて受け取る段になったら長政未亡人から連絡が来ることを申し送っている。これ以後の関係文書は残されていないので、最終的にどのように落ち着いたのかはっきりしないが、このまま事が運べば、相政ではなく長政の未亡人が兵粮米を受け取ることとなったであろう。

ここまでみてきた兵粮米の事例で確認しておきたいのは、長政の遺産にそれなりの価値があったことと、それ

を継承しうる人物が複数いたことである。ゆえに、長政の正当な後継者を主張する意義もあった。これは、五輪塔を建立する動機が存在したことを意味する。

続けて、相政のその後の動向も確認しておきたい。長政の子息は、相政以外にも、天文五年四月に元服した「ねや法師」がいる(32)。元服後は、「孫九郎」の仮名を用いており、飯盛山城を拠点としていたようである(33)。よって、飯盛山籠城衆のうち浮泛の孫とは、彼のことに相違あるまい。元服の時期から推測するに、孫九郎の誕生は、三好政長が畿内に進出する大永七年（一五二七）の桂川合戦以前となるので、母親が先述の未亡人である可能性は低い。それに対して、相政の仮名「孫四郎」は、木沢家の歴代嫡子が用いた通称とみられる(34)。ここから、盟友政長との関係を強化するために、長政は三好氏の血を受け継ぐ弟の相政を嫡子としたと推測される。

天文一六年二月には、摂津原田城を取り巻く軍勢のなかに晴元方に復帰した畠山在氏のほか「木澤大和守・同弟」がいる(35)。「木沢大和」「同山城」ともみえることから、弟は「山城守」の受領名を用いたと考えられる(36)。先述のように、中務大輔・左馬允の兄弟はこのとき敵対する氏綱方についていた。ゆえにここでの木沢兄弟は、孫九郎と相政の兄弟とみられる。だとすると、孫九郎は「大和守」へと改称したこととなる。兄が、浮泛の「左近大夫」や長政の「左京亮」、もしくは木沢家の本国にあたる「河内守」を通称としていないことからも、弟が家督継承者である可能性を指摘できる。おそらく「大和守」の受領名は、兄が大和を、そして弟の相政が嫡子として河内や山城を、将来的に分担して支配することを標榜して用いたのであろう。

三好政長は、自身とも関係のある長政の遺族に対して、それなりの配慮を示していたため、その縁で孫九郎と相政は晴元方へ帰参したものと思われる。それに対し、政長と直接の関係がなく、かつ義堯残党ともともと折り合いがよくない中務大輔・左馬允兄弟は、晴元方へ帰参するを潔しとせず、その結果木沢家は分裂したのであろう。しかし、結局のところ、長政弟の兄弟は先述のように程なくして姿を消し、長政息の兄弟も最後まで晴元方についていたため、晴元が氏綱に追われ、政長が戦没することとなる天文一八年を最後に姿を消してしまう。[37]

以上のように、長政没後もその遺族はしばらく存続していた。また、長政の後継者を主張することは、長政の遺産を継承する正当性を得ることにも繋がり、ひいては長政の地盤であった河内や大和の支配にあたっても効果が期待された。ここに、後継者として、長政を弔うための五輪塔を建立する積極的な意義が見出される。特に長政の子息たちは、政長に優遇されて一時的に勢力の挽回を果たすため、このときに建立された可能性が高い。もちろん長政の子息に限らず未亡人が建立した可能性もあるだろう。いずれにしても、木沢家の活動が見出される天文一〇年代に五輪塔の建立時期は絞り込めるのではなかろうか。

実際、京都本法寺の過去帳にその名が記載されていることから、長政を供養しようとする者がいたことは間違いない。[38]しかも、そこには「宗澤」という長政の戒名が記されている。すなわち、五輪塔の地輪に刻まれた戒名と一致するのである。「宗澤」の戒名が、一般に全く知られていないことを踏まえると、この地輪が後世に創作された可能性はきわめて低い。以上の検討から、地輪は長政を弔うために、天文一八年以前に作製された五輪塔の一部と推測される。

註

（1）『柏原市史』第一巻一一六頁。
（2）『言継卿記』天文一一年三月一八日条。
（3）浮泛については、本書第二部第五章「畠山家における奉書の展開と木沢家の出自」。
（4）『天文日記』天文一一年閏三月八日条。
（5）『大舘常興日記』天文一一年四月八日条。
（6）『天文日記』天文一二年正月二六日条・四月二四日条。
（7）（天文一三年）九月二四日付斎藤利政書状案（内閣文庫蔵「古今消息集」五）。

(8)『天文日記』天文一五年八月一二日条。
(9)本書第三部第三章「細川国慶の出自と同族関係」。
(10)『天文日記』天文一六年閏七月二日条。
(11)弓倉弘年「天文年間河内半国体制考」(同『中世後期畿内近国守護の研究』清文堂出版、二〇〇六年、初出二〇〇一年)。
(12)小谷利明「畠山稙長の動向」(矢田俊文編『戦国期の権力と文書』高志書院、二〇〇四年)。
(13)法隆寺文書ニ函一三五号(『法隆寺の至宝』第八巻)。
(14)法隆寺文書ニ函一八四号。
(15)法隆寺文書ニ函一八五号。
(16)法隆寺文書ハ函一一五号。
(17)弓倉弘年「天文期の政長流畠山氏」(前掲註(11)弓倉著書)。
(18)法隆寺文書ハ函一八九号(『戦三』参考一七)。
(19)田河六郎左衛門尉忠の花押は、『真観寺文書の研究』三四号の田河三河守能忠の花押と一致する。
(20)法隆寺文書ハ函一七三号。
(21)法隆寺文書ニ函一八九号。
(22)本書第二部第五章「畠山家における奉書の展開と木沢家の出自」。
(23)弓倉弘年「戦国期義就流畠山氏の動向」(前掲註(11)弓倉著書)。遊佐氏全般だと、「親俊日記」天文一一年三月一九日条に、長政とともに戦没した遊佐又五郎がわずかに確認できる。
(24)「細川両家記」享禄四年八月二〇日条。
(25)東寺百合文書め函一二四号。
(26)高田良信編『法隆寺銘文集成』上巻一三五頁。
(27)弓倉弘年「天文年間畠山播磨守小考」(前掲註(11)弓倉著書、初出一九九五年)。小谷利明「文書解説」(『慈願寺史』真宗大谷派慈願寺、二〇〇一年)。本書第二部第五章「畠山家における奉書の展開と木沢家の出自」。
(28)「拾芥記」永正一〇年八月二四日条。
(29)『大館常興日記』天文一一年五月一一日条。『天文日記』同一二年四月二四日条。

(30) 法隆寺文書二函二八六号。
(31) 法隆寺文書二函二八七号。
(32) 『天文日記』天文五年四月二四日条。
(33) 『天文日記』天文一〇年三月一九日条。『お湯殿の上の日記』同月一〇日条。
(34) 本書第二部第五章「畠山家における奉書の展開と木沢家の出自」。
(35) 「細川両家記」天文一六年二月九日条。
(36) 「音信御日記」天文一六年一〇月二九日条（北西弘『一向一揆の研究』春秋社、一九八一年）。
(37) 「細川両家記」天文一六年七月五日条・同一八年五月九日条。しばらくのちの「細川両家記」永禄三年八月六日条に木沢大和守、一〇月八日条に木沢新太郎が確認できるが、関係はわからない。
(38) 「本法寺過去帳」（『続群書類従』第三三輯下）。

補論三　青年期の細川晴元

細川京兆家の晴元は、幼くして当主となったため、彼の表向きの意思は側近の可竹軒周聡が大きく左右していた。[1]そのため、成長に伴い、晴元がいつ頃から主体的な意思を示し始めるのかという点は、権力の質的変化を捉えるうえでも重要である。小論では、晴元の発給文書を主たる素材としてその点を考察する。

表27には、初期の六郎署名の段階から晴元署名の初見まで、発給文書を一覧にまとめた。ここでまず指摘したいのは、上洛戦を始める大永六年（一五二六）から文書発給が認められるも、当初は花押を用いていないことである。花押使用の初見は享禄四年（一五三一）ながら、享禄元年が晴元十五歳の判始の年にあたるので、[2]この頃に花押を用い始めたと考えられる。

唯一の例外として、内容から大永六年に比定できる表27の2には、花押が存在する。感状にも拘わらず花押がなく保証力が弱かったために、受給者である荻野左衛門大夫が、のちに花押の追記を求めたのではないかと思われる。

注意したいのは、天文三年（一五三四）五月二二日を初見として、花押2に改めていることである。これは、判始の際に周囲に言われるがままに定めた花押1を、二十歳になった晴元が自発的に改めたことを意味しているのではなかろうか。

晴元の成長については、呼称の変化も一つの指標となる。幕府奉行人奉書では、天文三年一〇月七日付まで京兆家に対する宛所は「六郎殿代」となっているが、天文四年一〇月一八日付を初見として『右京兆代」に変化し

表27　初期の細川晴元発給文書

番号	年　月　日	差出・花押	出　　　典
1	(大永６).11.24	六郎	多田神社文書422号(『兵庫県史』史料編中世１)
2	(大永６).12.14	六郎(花押１)	尊経閣文庫所蔵文書(『新修亀岡市史』資料編中世1072号)
3	(大永７).１.14	六郎	波多野家文書２号(『兵庫県史』史料編中世９)
4	(大永７).５.27	六郎	波多野家文書４号(『兵庫県史』史料編中世９)
5	(大永７).６.21	六郎	和田寺文書29号(『兵庫県史』史料編中世３)
6	(大永６・７).12.11	六郎	和田寺文書30号(『兵庫県史』史料編中世３)
7	(享禄４).２.７	六郎(花押１)	小江神社文書(『東浅井郡志』巻４)
8	享禄４.10.20	(花押１)	『賀茂別雷神社文書』91号
9	(享禄５).３.５	六郎(花押１)	末吉文書９号(『兵庫県史』史料編中世９)
10	(天文２).１.23	六郎(花押１)	本満寺文書(『日蓮宗宗学全書』第22巻178頁)
11	(天文２).３.９	六郎(花押１)	小寺文書３号(『新修福岡市史』資料編中世１)
12	(天文２).４.７	六郎(花押１)	本満寺文書(『日蓮宗宗学全書』第22巻178頁)
13	(天文２).４.11	六郎(花押１)	本満寺文書(『日蓮宗宗学全書』第22巻179頁)
14	(天文２).４.26	六郎(花押１)	荻野文書16号(『兵庫県史』史料編中世９)
15	(天文２).４.28	六郎(花押１)	芦田文書３号(『兵庫県史』史料編中世３)
16	(天文２).５.１	六郎(花押１)	大東急記念文庫蔵小畠文書(『新修亀岡市史』資料編中世1375号)
17	(天文２).５.２	六郎(花押１)	本満寺文書(『日蓮宗宗学全書』第22巻179頁)
18	(天文２).６.８	六郎(花押１)	本満寺文書(『日蓮宗宗学全書』第22巻179頁)
19	(天文２).６.28	六郎(花押１)	本満寺文書(『日蓮宗宗学全書』第22巻180頁)
20	(天文２).６.28	六郎(花押１)	本満寺文書(『日蓮宗宗学全書』第22巻180頁)
21	(天文２).８.10	六郎(花押１)	丹波片山文書49号(『和知町誌』史料集１)
22	(天文２).８.20	六郎(花押１)	丹波片山文書50号(『和知町誌』史料集１)
23	(天文２).10.10	六郎	古今消息集(東京大学史料編纂所謄写本)
24	(天文２).10.20	六郎(花押１)	本満寺文書(『日蓮宗宗学全書』第22巻181頁)
25	(天文２).10.23	六郎(花押１)	本満寺文書(『日蓮宗宗学全書』第22巻182頁)
26	(天文２).11.９	六郎(花押１)	田所初次家文書(『新修亀岡市史』資料編中世1501号)
27	(天文２).12.７	六郎(花押１影)	古今消息集(東京大学史料編纂所謄写本)
28	(天文２).12.25	六郎(花押１)	本満寺文書(『日蓮宗宗学全書』第22巻182頁)
29	(〜天文３).１.27	六郎(花押１)	勝尾寺文書1075号(『箕面市史』史料編２)
30	天文３.５.12	源(花押２)	大通寺文書(東京大学史料編纂所影写本)
31	(天文３).11.３	晴元(花押２)	末吉文書11号(『兵庫県史』史料編中世９)

註１）『国史大辞典』細川晴元の項に掲載される花押のうち，上から順に花押１・花押２。

註２）差出欄を網掛けしたのは案文，それ以外は正文。

ている。[3] また山科言継は、天文四年正月に「細川六郎（晴元）所へ」赴いている。[4] 吉井功兒氏は右の一連の事例を踏まえて、『歴名土代』が晴元の右京大夫任官を天文六年八月一日とするのは誤記で、正しくは天文四年八月一日であるとした。[5] さらに当時の通例からみて、右の任官と将軍足利義晴からの偏諱の授与は、同時のことだと想定している。

【史料】（表27の31）

去月廿日、於摂州下郡（川辺郡）潮江合戦時、父帯刀左衛門尉討死、忠節段誠神妙、且不敏（憫）至候也、謹言、

（天文三年）十一月三日　　晴元（花押）

瓦林太久丸とのへ

右の史料は、天文三年一〇月二〇日に三好長慶方の三好連盛・長逸が、「潮江庄西の田中」で三好政長勢を破っていることから年次を特定できる。[6] よって吉井氏の想定とは異なり、六郎署名の確実な終見である天文二年末から翌三年一一月までの間に、晴元と名乗ったことになる。

一方、右京大夫任官は、吉井氏の想定通り天文四年中頃とみられる。その点で参考となるのは、天文五年三月に晴元からの使者として山中藤左衛門を迎えたときの本願寺の認識である。このとき証如は山中氏を「右京大夫（細川晴元）」からの使者とするのに対し、実従は「六郎殿（細川晴元）」の使者と認識している。[7] 義晴の偏諱授与と同時に右京大夫に任官されたとすると、さすがに天文五年には周知されているであろうから、実従の認識の遅れは、任官からまだ間がないことを示唆していると捉えておきたい。

以上のように、享禄年間あたりから晴元は花押による決裁権を持つようになったが、表27をみても明らかなように、本格的に文書を発給するようになるのは天文二年を俟たねばならない。おそらく、天文二年二月の周聡戦没が転機となったのであろう。その後、天文三年になると、自ら花押を改める。このように周聡が姿を消すと、

晴元は次第に主体的な意思を表立って発するようになる。そして、天文四年には右京大夫として、名実ともに京兆家の当主となった。

註

(1) 本書第二部第三章「『堺公方』期の京都支配と柳本賢治」。以下、周聡についてはこれによる。
(2) 百瀬今朝雄「『歳十五已前之輩』と花押」(同『弘安書札礼の研究』東京大学出版会、二〇〇〇年、初出一九八六年)。
(3) 広隆寺文書・久我家文書(『室奉』三一七五・三三一三)。
(4) 『言継卿記』天文四年正月六日条。なお、「祇園執行日記」天文四年九月二八日条に「六郎」の上洛記事がみえるが、直前に谷の城攻防戦の記事があることや『北野社家日記』第八の天文三年同日条に「六郎殿初而上洛」とみえることから、「祇園執行日記」該当部分は、正しくは天文三年の記事である。
(5) 吉井功兒「細川晴元・昭元父子に関する若干の基礎的考察」(『ヒストリア』第一二〇号、一九八八年)。
(6) 「細川両家記」天文三年一〇月二〇日条。宛所の瓦林氏の動向は、本書第二部第七章「細川晴元の取次と内衆の対立構造」。
(7) 『天文日記』天文五年三月二六日条。『私心記』同日条。

第七章　細川晴元の取次と内衆の対立構造

はじめに

十六世紀中葉に畿内の覇権を握る三好長慶は、細川京兆家当主である晴元の内衆として出発した。室町幕府の解体過程を網羅的に研究した今谷明氏が、手始めに晴元権力の構造分析に取りかかったのも[1]、三好権力成立の前提を把握しておく必要があったためであろう。今谷氏は、晴元奉行人の茨木長隆を「管領代」として上位に置き、そのもとに独立した軍事力を持つ柳本賢治・三好元長らを位置付けた。このうち、長隆は摂津、賢治は丹波、元長は阿波に地盤を持っているように、畿内出身と阿波出身を混合している点に、晴元権力の特徴を見出すことができる。ゆえに今谷氏は、両者の間に根深い亀裂があるとみており、最終的に「管領代」の地位をめぐって長隆と長慶が対立したとする。

古野貢氏も、摂津国人を長隆に、そして阿波国人を元長とその息長慶に代表させて晴元権力の構造を論じている[2]。また、長隆を在地社会にて強力な領主的支配を展開しうる存在と規定しており、彼を特別視する点も継承している。しかし現実には、晴元のブレインともいえる可竹軒周聡が指示した文面そのままに奉書を発給しているように、長隆はあくまでも文筆官僚なので適切な評価とはいいがたい[3]。そのほか晴元の内衆を取り上げたものとして、高畠長直を対象とした黒田紘一郎氏の論考や、木沢長政を対象とした山下真理子氏の論考などもあるが、いずれも個別人物史の範疇に留まっており、内衆の構造を論じるには至っていない(4)。

以上のように、晴元の内衆については早くに着目され始めたものの、研究蓄積そのものはさほどあるわけではない。また、長隆の位置付けについては意見が分かれるが、独自に軍事行動を行う大身に代表させて内衆の構造を論じる点は、今谷氏以来の見方となっている。問題は、晴元内衆の内部対立を論じる際に、両陣営にどのような人物が分布しているのか、ほとんど検討されることなく、畿内出身と阿波出身が対峙していると安易に評価が下されてきたことにある。畿内と阿波で出自が異なるとなぜ対立するのか、納得のいく説明がなされたことがないのもそのためであろう。実際には、三好長慶と三好政長が対立するなど(5)、阿波国人内部にも亀裂はあるので、対立と出身地の間に直接の因果関係があるかどうかは再検討の余地がある。

また、晴元段階の内衆に関する研究の不足は、そのまま京兆家の内衆構造を通時代的に捉える際の障壁ともなっている。筆者がこれまで指摘してきたように、京兆家の内衆は、本来、譜代の年寄と新参の近習という二重構造を採っていたが、晴元段階には、年寄が後退して近習の権力化が活発となり、三好元長や柳本賢治のような晴元から半ば自立した権力が登場する(6)。もちろんその場合でも、本章でみるように晴元の近くに仕える小身の近習もいるが、彼らも組み込んだ晴元段階独特の内衆構造は、筆者も十分に提示できていない。見方を変えれば、三好権力を生み出した土壌が十分に明らかとなっていないともいえよう。

かかる問題関心から、本章では長慶が晴元を倒す天文一八年（一五四九）の江口合戦までを対象として、内部対立の争点を意識しながら、晴元内衆の構造的特質について検討する。なお、晴元段階には、右にみたように近習と一括りでは論じることができない状況となっているため、本章では、権力化を遂げつつあるものを大身と呼び、晴元に近侍するものに限定して側近と呼ぶこととする。そして、両者の関係を構造的に提示したい。

とりわけ晴元の側近は、次のような理由からも注視したいと考えている。幼くして父澄元を失った晴元は、畿内に勢力を伸ばす契機となった大永七年（一五二七）の桂川合戦の段階でも、わずか十四歳であった。となると、側近の影響は成人に比べて多分にあるとみるべきであるし、成長に伴って主体的な意志が形成されてくるとともに、側近との関係にも変化があると予想される。このように従来看過されがちであった側近を晴元と大身の間に構造的に組み込むことで、大身の主導権争いに単純化した従来の見方を止揚することが可能になるかと思われる。

また、諸勢力が晴元と交渉するにあたっては、山下真理子氏が検討したように、三好長慶・三好政長・木沢長政などの大身が取次を担うが(7)、本章でみるように、そこには側近の取次も深く関与する。同様に、武田氏の取次を分析した丸島和洋氏も、一門・宿老層と当主側近層の組み合わせで交渉がなされていると指摘している(8)。その理由は、当主への披露や当主の内意把握を行う側近が対外交渉の実質を担うも、当主個人に抜擢された不安定な地位にあるために、一門・宿老層によって当主の発言の信頼性を保証する必要があったことに求められる。と同時に、一門・宿老層は当主の近くに常にいるわけではないので、その点においても側近との間に相互補完の関係があったといえる。このような二重の交渉ルートは、後北条氏や佐竹氏でもみられることから(9)、戦国期の権力構造を反映して、ある程度の普遍性が認められるといえよう。大身と側近の関係を構造的に理解するにあたって、取次行為は格好の素材といえるのである。

以上を踏まえて、本章ではまず第一節で、晴元の取次発給文書について基本的な変遷を把握する。そのうえで第二節では、側近取次の人的構成について時期的な変化も踏まえて明らかにしたい。そして第三節では、側近取次と大身取次の組み合わせから、晴元陣営内部の対立構造を投影する。

一　取次連署状の変遷

1　取次連署状の成立

細川澄元は、永正一七年（一五二〇）の上洛戦に失敗すると、同年六月に没してしまう。澄元亡きあとの敗戦の混乱を収拾するためにも、晴元陣営は所領安堵などの必要に迫られたと思われるが、このとき晴元はわずか七歳で、文書を発給することはできなかった。また、奉行人奉書も、大永七年（一五二七）に堺へと進出するまで登場しない(10)。このような状況下で、次のような様式の文書が登場する。

【史料1】(11)

讃岐国西方高瀬内秋山幸比（幸久）沙知行本地并水田分等事、数度被成御下知処、競望之族在之由太無謂、所詮退押妨之輩、年貢諸公事物等之事、可致其沙汰彼代之旨、被仰出候也、恐々謹言、

永正十八
九月十三日　瓦林日向守 在時（花押）
湯浅弾正忠 国氏（花押）
篠原左京進 之良（花押）

当所
名主百姓中

【史料2】(12)

隣国西方御知行分事、香川方江被仰出候処、悉止違乱去渡之由、御返事被申上候、早々可有御知行候、自然重而競望之族在之者、可有御註進候、厳重被仰付候様可申達候、恐々謹言、

六月廿三日

瓦林日向守　在時（花押）
湯浅弾正忠　国氏（花押）
古津修理進　元幸（花押）

秋山幸比沙殿
御尊報

讃岐国人秋山氏の所領が違乱されるのを停止したもので、内容からして【史料2】も永正一八年に近い時期のものとみられる。讃岐は京兆家分国なので、当該期の京都の政治状況を踏まえて、右の二通には「細川高国在京奉行人連署奉書」の文書名が与えられてきたが、高国の近くには発給者たちの姿を確認できない[13]。よって右の二通は、澄元の分国讃岐を継承した晴元の周辺から発給されたものと考えられる。ただし、【史料2】で讃岐を「隣国」と称していることから、発給者たちは澄元の実家がある阿波に在国しているようである。高国方の事例になるが、高国不在時に近習三名が連署して高国の意思を代弁している事例がみられるので[14]、それと同様に個人的な恣意ではないことを示すために連署としているのであろう。以下では、発給者四名の立場について検討しておく。

古津元幸は晴元の傍に仕える側近で、のちに筑後守の受領名に改め、「六郎(細川晴元)奉行」と呼ばれている[15]。「堺公方」期にも可竹軒周聡などが「奉行衆」と呼ばれていることから[16]、これは奉書を発給する奉行人という意味ではなく、晴元の意を奉じて諸務をこなす広い意味での奉行であろう。広義の奉行をより厳密に区分すると、梅叔法霖が細川晴元に音信を贈った際に、「古津(元幸)申次、飯尾上野(元運)奏者」とみえるように[17]、奉行人の飯尾元運が受け取りの窓口となって奏者をつとめ、それを晴元に伝達する申次は元幸がつとめるという役割分担がなされていた。本願寺が晴元方から制札を得た際には、元幸が「取次」、奉行人の茨木長隆が「書出」という役割を担った[18]。山科言継が堀普請役の免除を訴えたときも、元幸を経由して長隆の奉書が発給された[19]。ここから元幸は、晴元の側近取次と想定される。

湯浅国氏は、晴元の書状末尾に「猶古津（元幸）・湯浅（国氏）可申候也」と記される事例もみられるように[20]、元幸と連署して晴元の副状を発給することもあった。湯浅氏と古津氏は、那東郡の那賀川河口周辺（徳島県阿南市）を出自とする同郷の阿波国人と考えてよいかと思われる[21]。そして国氏も、享禄二年（一五二九）までに弾正忠から大和守の受領名へと改めている[22]。「敷地奉書事、湯浅大和守（国氏）申出進上之」とみえるように[23]、やはり国氏も奉書発給の窓口となっていた。梅叔法霖は、慈照院領橘御園の件につき、六角定頼の書状を副えて京兆家へ訴え出ているが、その窓口も国氏であった[24]。

篠原氏は、近江から阿波に移ってきた一族で、三好家の被官という見方もあるが[25]、之良は細川成之の偏諱をうけていることから、阿波守護家の被官出身と考えられる。那西郡の太龍寺（徳島県阿南市加茂町）に伝わった明応一〇年（一五〇一）銘の灯籠や、永正四年の名西郡の宇佐八幡神社（同県神山町下分）棟札にその名がみえるように、之良は古津氏や湯浅氏とも比較的近い場所を地盤としていたようである[26]。残念ながら、【史料1】以後の動向はよくわからない。

最後に瓦林在時について検討しておく。永正年間では、摂津鷹尾城主の瓦林正頼が著名ながら、彼は高国方である。それに対し、近辺の灘五郷には「澄元ヒイキノ者」が多くおり、その頭目である「足高」も正頼と同名の瓦林氏であった[27]。彼は、永正八年五月一日に正頼方の手によって暗殺されてしまうが、同月六日には灘五郷から二〇〇〇人もの軍勢で反撃に出て、鷹尾城を攻める。さらに六月六日にも、再度鷹尾城へ攻撃を仕掛けているが、これも失敗に終わる。のちに「ナタ五郷内澄元ヒイキノ者トモハ皆浪人ニテ、或阿州ニ下向シ、或淡州・播州辺ニ徘徊シケル」とみえることから、灘五郷衆の多くは、直後の七月に四国から上ってきた澄元勢に合流したとみられる。

次の史料は、七月一三日に始まった澄元方の上洛戦と内容が合致する。

【史料3】[28]

去七月十三日、於泉州家原合戦、打太刀被疵、同廿三日摂州蘆屋城江詰寄、責落外城之時、抽粉骨之由、尤御神妙候、弥可励戦功事、肝要候、謹言、

（永正八年）十二月十四日　　澄元（細川）（花押）

瓦林新五郎とのへ

和泉に上陸した澄元方は、高国方を堺の南にあたる家原で破り、さらに瓦林正頼が籠もる蘆屋（鷹尾）城を攻撃した。ここから、宛所の瓦林新五郎は、灘五郷衆の一員と考えられる。【史料3】を含む末吉文書は、ほぼすべてが瓦林家を宛所としているが、例外として、「摂津国々人中」に宛てて、まもなく上洛戦に踏み切ることを伝達した永正八年四月二〇日付の澄元書状も残されている[29]。このように、澄元方摂津国人を取りまとめる家柄にあることからも、末吉文書は本来灘の瓦林家に伝わっていた文書群であろう。永正五年一一月に比定できる瓦林出雲守に宛てた澄元書状も残されているので[30]、出雲守と「足高」は同一人物で、新五郎はその後継者と考えられる。

末吉文書のうち【史料3】の次に古いものが、足利義稙御内書にあたる[31]。自身の帰洛に忠節を尽くすよう求めたものであることから、高国との溝が深まり義稙が京都を出奔した大永元年から、失意のうちに没した大永三年の間のものである。この御内書の宛所が、【史料1】と符合する瓦林日向守となっており、在時が晴元方のなかでも相応の地位にあったことがわかる。年代的にみて、新五郎は若き日の在時と考えられよう。

元幸や国氏の事例から、本項で検討した者たちは、側近のなかでも当主への取次行為を行う者と想定される。また、【史料1】と【史料2】の発給者が重複することから、構成員もある程度固定されていたようである。こ

れらの点から、ひとまず本章では彼らを側近取次と呼称することにする。瓦林氏が摂津出身、篠原氏が近江出身であることから、晴元の側近取次は伝統的家職に基づくものではなかった。湯浅氏や古津氏が拠点とする那賀川河口には、阿波国内でも有数の木材積み出し港である平島があり、兵庫津と密接な繋がりがあった(32)。のちに堺から下向した足利義維が、平島荘のうち古津に居を構えることとなったのも、元幸の存在と畿内への繋がりという両面から捉え直すことができよう。このように当該期の側近取次は、畿内への進出を多分に意識した構成であった。おそらく、澄元が将来の畿内進出を想定して、幼少の晴元側近に取り立てたのではなかろうか。

2　取次連署状の展開

前項で取り上げた側近取次の発給文書は、以後しばらく確認できないが、大永初年に瓦林在時が御内書を受け取っているところをみると、晴元の有力側近として一応は機能していたようである。ところが、大永七年（一五二七）の桂川合戦に勝利して、晴元方が畿内に実権を及ぼすようになっても、しばらくは彼らの発給文書が確認できない。再び連署状を発給するようになるのは、天文三年（一五三四）になってからである。

【史料4】（表28の1）

大寺寄宿御免除之儀、先々以筋目、御制札并寺領等御下知申調進之、目出候、雖為何時、御屋形様御下向候而、於多人数者、御宿可被参之由申上候、其段請文被相調、早々可給候、委細猶林勘解由左衛門尉可被申候、

恐々謹言、

（天文三年）
後正月十六日　　（湯浅）国氏（花押）
　　　　　　　　（古津）元幸（花押）

三宅主計入道殿

御返報

念仏寺領の諸役免除を認めた、天文三年正月二八日付の晴元奉行人奉書を用意して送った際のものである(33)。これ以前の「堺公方」期には、可竹軒周聡が奉書の発給を司っていたが、天文二年に彼は戦死する(34)。湯浅国氏と古津元幸は、その立場を受け継いだものとみられる。

すでに一覧表を作成して指摘したように、「堺公方」期には、三好元長や柳本賢治のほか、「晴元御前衆」とも呼ばれる可竹軒周聡・三好政長・木沢長政らが連署して晴元方の意向を示すことがあった(35)。彼らは側近というよりも、大身と呼ぶべき地位にあるが、荘園領主に対しては「申次」としての姿勢を示していた。おそらくこの種の文書は、側近取次の連署状を発展的に継承した大身取次の連署状とでも呼ぶべきものと考えられる。彼らが「御前衆」として連署状を発給するようになったため、側近取次は後景に退き、「堺公方」期には目立った活動をみせなくなったのであろう。

しかし、天文二年に至るまでに、「堺公方」と呼ばれた足利義維は阿波へ下向し、晴元方の中核的なメンバーであった柳本賢治・三好元長・可竹軒周聡らも軒並み没してしまう。さらに晴元自身も、天文二年二月に一向一揆の襲撃を受けて一度は淡路まで引き下がり、四月に入って摂津池田に進出する(36)。右の状況を立て直した頃に至って、【史料4】のような側近取次による連署状が復活するのである。

表28には、「堺公方」期ののち、江口合戦に至るまでを対象として、晴元方から発給された連署状を網羅した。ここには、三好政長など大身の名が一部にみえるものの、「堺公方」期とは一転して、本来の側近取次による連署状に立ち帰った様子が窺える。それだけでなく、当該期には連署状の様式にも変化がみられる。

【史料5】（表28の3）

御敵切々相動由承候、則致披露候、木左《木沢長政》・三神《三好政長》参城候条、御手遣御談合半候、如承候、至当城《勝龍寺城》御敵取懸候者

表28　天文２年から18年までの細川晴元方連署状

番号	年　月　日	差　　出	宛　　所	出　　典
1	(天文３).１.16	(湯浅)国氏 (古津)元幸	三宅主計入道	『開口神社史料』第２巻３号
2	(天文３).１.16	湯浅大和守国氏	三宅主計入道	『開口神社史料』第４巻13号
3	(天文３).６.２	古津筑後守元幸 (茨木)長隆 高畠甚九郎長直 飯尾二郎左衛門尉元運 湯浅大和守国氏 (古津)元幸	西岡連署衆御中	桂文書
4	(天文５).５.３	古津筑後守国氏(ママ) 湯浅大和守元幸(ママ)	大庭左京亮	「座中天文物語」(『日本庶民文化史料集成』第２巻)
5	(天文７以前).４.17	高畠甚九郎長直 湯浅大和守国氏 古津筑後守元幸	箕面寺年行事	滝安寺文書７号(『箕面市史』史料編２)
6	(天文７以前).12.23	(飯尾)元運 高畠甚九郎長直 茨木伊賀守長隆 湯浅大和守国氏 (古津)元業(幸)	木津(沢)左京亮	「松雲公遺編類纂」所収「石清水八幡宮古文書目録」(『尊経閣文庫所蔵石清水文書』)
7	(天文８以前).７.２	高畠甚九郎長直 高畠与十郎長信	賀茂社雑掌御中	賀茂別雷神社文書
8	(天文８ヵ).12.20	(波々伯部)元継 (高畠)長直 (垪和)道祐	伊勢守(伊勢貞孝)	『蜷川家文書』539号
9	(天文９).１.６	(仏地院)長祐 (古津)元幸	上月左近将監	上月文書70号(『兵庫県史』史料編中世９)
10	(天文９ヵ).８.16	(波々伯部)元継 (松永)久秀 (三好)政長	賀茂一社社中	『賀茂別雷神社文書』280号
11	(天文９ヵ).９.25	波々伯部左衛門尉元継 垪和道祐	小森新九郎	『大徳寺文書』2248号
12	(天文12).６.６	波々伯部左衛門尉元継 田井源介長次	半隠軒(三好政長)	『大徳寺文書』2256-１号
13	(天文12).７.６	(田井)長次 (波々伯部)元継	半隠軒(三好政長)	『大徳寺文書』2258号
14	(天文16).７.６	宗三(三好政長) (高畠)長直	年預御坊	桂文書(包紙は東寺百合文書ニ函529号)
15	(天文17以前).２.20	飯尾兵部丞為清 波々伯部左衛門尉元継	四府駕輿丁衆中	壬生文書

註１)　刊本の典拠を示していないものは，東京大学史料編纂所影写本・写真帳による。
註２)　差出欄の署名や序列は，史料に即している。

以後巻可被相果候間、可御心安候、猶様躰細々可有御註進候、恐々謹言、

（天文三年）六月二日

（茨木）長隆（花押）

高畠甚九郎 長直（花押）

飯尾二郎左衛門尉 元運（花押）

湯浅大和守 国氏（花押）

（古津）元幸（花押）

西岡連署衆御中

木沢長政と三好政長が参陣したことを、籠城している西岡国人に報じたものである。飯尾元運は天文五年閏一〇月までに上野介へと改めているので[37]、年代はそれ以前に絞られる。この期間で、長政と政長が西岡周辺で参戦したのは、「木澤左京（長政）・三好甚五郎（政長）西山谷山城囲之」とみえる合戦以外に見当たらない[38]。すなわち、細川晴国勢が籠城する谷の城をめぐって、天文三年六月に始まる攻防戦である。【史料5】で長政・政長の両名が参城した場は、晴元の居城である芥川山城であろう。一方、この頃、調子武吉をはじめとする西岡の「国諸侍」は、晴元方に属して「勝龍寺御城致入城、日夜御番」をつとめていたことも知られる[39]。

発給者のうち、湯浅国氏・古津元幸のほか、後述するように高畠長直も側近取次である。残る茨木長隆と飯尾元運は、よく知られるように晴元の奉行人である。確たることはいえないが、ここまでみてきた連署状の機能からすると、何らかの事情で晴元が文書を発給できない場合に、このような様式で対応したのではなかろうか。事例が少ないことから、この様式は継続しなかった可能性も考えられるが、【史料5】と同じ連署者で、かつ五名のうち中央三名がフルネームの署名となる様式の文書は、表28の6にもみられる。ここから、側近取次の再登場と同時に、文書様式の整備も図られた可能性を指摘しうる。

本節での検討を整理すると次のようになる。澄元が没した直後から、晴元の側近取次は形成されていたが、「堺公方」期には大身取次が主体となって文書発給を担い、側近取次は後景に退く。ところが「堺公方」期の終焉とともに、幼少期から晴元の傍に仕えていた側近取次が、再び文書発給を担うようになった。その際、文書の様式も新たに整えられたようである。本節では、以上の事実を指摘するに留め、その歴史的評価については、側近取次と大身取次の関係を踏まえて、最後に試みることとしたい。

二　側近取次の構成

1　澄元段階の側近取次

本項では、側近取次の起源を澄元段階に遡って探っておく。

【史料6】[40]

長塩又四郎知行分事、於御前被召仕候者ニくたされ候さい所の儀者、まつ不及申候、その外すこしの在所あるよし候を、奉書をも申給候ハて、わうりやう(押領)のやからあるよし候、さ様之儀成とも、被仰付候て、かんにんさせられ候ハゝ、於拙者可為祝着候、いつれニさ様之在所奉書を申かた候共、かゝへをかれ候て、又四郎事ひきまハされ候ハゝ、別而可為本望候、たのミ入候、恐々謹言、

(永正四年)十二月十二日　高国(細川)（花押）

高畠与三(長信)殿

「堺公方」期の高畠長信は、与十郎を通称としていたことが知られるが、政元の養子として上京した澄元に従っていた頃は与三と名乗っていた[41]。澄元・長信と高国の親交があるのは、ともに手を結んで澄之を討った永正四

年（一五〇七）後半から対立する永正五年前半までの間に限定されるので、【史料6】は年代を特定することができる。

【史料6】で高国は、長塩又四郎の知行分について、奉書もないのに押領する者がいるので黙らせて欲しいと依頼するとともに、そのうち奉書を求めるような者が出てきたとしても、応じることなく又四郎の知行を尊重して欲しいと念を押している。京兆家奉行人奉書を発給するか否かは、長信が握っていると認識されていたのである。ここから、長信が澄元の取次をつとめていることが判明する。

永正五年に澄元と高国が隔心すると、京兆家の主立った内衆は高国に靡いた。その理由は、「皆強澄元ニハ雖不飽申、或三好筑前守《（之長）》、或高畠与三《（長信）》・忠阿《（弥）》ミナント申テ従阿州付申タル面々、余緩怠至極ニテ存外無礼ナルニソ各退屈セラレケル」というものであった(42)。三好之長・高畠長信・忠阿弥の三名は、澄元の近臣という立場を利用して、ほしいままに振舞っていたようである。よって、三者とも取次行為をした可能性は高いが、忠阿弥は出自もよくわからない同朋衆で、之長は澄元の軍事力の中心的な存在である。そのため、のちの側近取次と同じ立場にあたるのは、長信に限定されるのではなかろうか。おそらく澄元は、晴元段階のように側近取次を整備する間もなく、京都を追われる結果になったと思われる。

黒田紘一郎氏は、永正一三年付の幕府奉行人奉書に「城州鳥羽高畠庄西東内地下人高畠与三郎・同神六」とあるのを根拠として、高畠氏の出自を山城鳥羽高畠荘に求めている(43)。しかし、澄元とともに長信が四国に下向していた期間に含まれることや、「地下人」と呼ばれる身分であることから、同名の別人としたほうが無難であろう。そもそも長信は、「従阿州付申タル面々」に含まれていることから、阿波に出自を求めるべきである。おそらく、名西郡高畠村（徳島県石井町）が名字の地で、阿波守護家の知行である備前児島で段銭奉行などの任にあたっている高畠和泉入道は、同族と考えられる(44)。

「堺公方」期に至ると、高畠長信は地位を上昇させ、単なる取次ではなくなる。そして天文元年に三好元長が没すると、長信は下山城守護代の立場を継承し、独自に京都で禁制を発給するなど一定の権力化を果たす。それに代わって享禄二年（一五二九）一〇月を初見に、側近としての活動を始めるのが、弟の高畠長直である[45]。

2　晴元段階の側近取次

そのほか前節でみたように、晴元段階初期の取次として、古津元幸・湯浅国氏・篠原之良・瓦林在時の四名が確認できる。このうち之良は早々に名がみえなくなり、在時は次節でみるように高国方に離反する。また、「細川殿奉行湯浅（国氏）」は、天文七年（一五三八）五月に死去する[46]。

天文八年一〇月、上洛した晴元に対して祝儀を贈った本願寺は、その周囲に仕える高畠長直・古津元幸・田井長次・波々伯部元継・垪和道祐の五名にも音信を贈っている[47]。このうち垪和道祐は、本願寺からここで初めて音信を贈られていることから、国氏が抜けた穴の補充と考えられる。この交代の事例も一つの証左となるが、以下でも検討するように、この時期の側近取次は定員が五名に固定しているようである。

それ以後の側近取次の構成については、天文一七年八月に三好政長の不正を訴えて、晴元への「取合」を求めた三好長慶書状の宛所が手がかりとなる。すなわち、「垪道」・「波々左」・「田源」・「高伊」・「平丹」の五名である[48]。このうち「垪道」は垪和道祐、「田源」は田井源助長次とすることに疑いないが、残る三名については今少し検討が必要である。

永禄一〇年（一五六七）には、「高畠伊豆守《故》」の旧宅にあった「五間・七間見事之家」が庭田家に移築されている[49]。天文一七年七月一一日に、本願寺の証如は高畠長直が受領名を得ていたことを聞き及んでいるので[50]、天文一八年の江口合戦で没したときの長直は、甚九郎ではなく伊豆守を称していたようである。よって、「高伊」とは長直のことに相違あるまい。

「細川両家記」は、江口合戦の戦没者を「御一家の天竺弥六殿・宗三入道・高畠甚九郎・平井新左衛門・田井源助・波々伯部・豊田弾正、この外已上八百人討死」と記し、甚九郎のままとしているが、田井長次の生存がこれ以後も確認できるなど、当該記事は正確ではない[51]。他方、「長享年後畿内兵乱記」では、「宗三・山中・高畠伊豆・平井丹後・波々伯部左衛門尉兄弟打死」と伊豆守への改称が正しく反映されている[52]。

ここから浮かび上がるのは、平井直信も没直前に新左衛門から丹後守へ改称したという事実である。すなわち「平丹」とは、平井直信に他ならない。次節で検討するように、古津元幸は天文一一年までに側近取次から外れているので、その穴は天文一三年を初見として活動する直信が埋めたと考えられる[53]。

同じく長慶書状の宛所にみえる波々伯部左衛門尉についても検討しておく。澄元が政元の養子として上洛したときから仕えていた波々伯部元継は、当初又五郎の仮名を用いており、のちに左衛門尉に改めている[54]。山科言継が波々伯部元継に使者を送った際に、「波々伯部左衛門尉（元継）に人遣申候へは、又五郎（元家）存知之事候」とあって[55]、以後、又五郎の仮名を踏襲した元家が専ら対応している。このように天文一〇年代に入ると、元継は息子の元家に業務の一部を譲り始めたようである。ただし、元継は隠居することなく、なおも晴元のもとに出仕を続けており、天文一七年八月には伯耆守を名乗っている[56]。したがって、江口合戦で戦死した波々伯部左衛門尉は、それまで又五郎を名乗っていた元家と考えられる。

ここで注意したいのは、長直・直信・元継の三者が、ほぼ同時に受領名を得ていることである。その契機の候補として、直前の天文一七年六月二九日に実施された細川晴元亭への将軍御成が挙げられよう[57]。この御成を検討するにあたって見落とせないのが、「天文十七年細川亭御成記」（以下「御成記」）である[58]。従来は、天文七年七月二九日に晴元亭への将軍御成が実施されていることから、「御成記」冒頭に記された「天文十七年」は「天文七年」の誤記だと考えられてきた(59)。

しかし、「御成記」には長直・直信・元継の三者が揃って受領名で登場している。また、後述のように天文一一年に入道する三好政長も、「三好宗之(三)」の法名で登場する。それだけでなく、主賓の「御両御所様」が、天文一五年に元服して将軍宣下を受けた義輝と父義晴の両名と考えられることからも、天文七年とするには矛盾があまりに多すぎる。「御成記」底本の情報として、「ハしめニ天文十七年廿九日細川殿に晴元御成之記とありて、月を脱せり」ということが知られることから、素直に六月が脱落したとみるほうがよかろう(60)。御成の実施から一〇日余りを経て、証如が長直の改称を知ったことも含め、御成を契機として受領名を得たという推論に矛盾する点はみられない。

そして、「御成記」で供物奉行をつとめる五名は、波々伯部元継と元家が入れ替わっている点を除き、長慶書状の宛所と合致する(61)。ここから、江口合戦時の側近取次を埒和道祐・波々伯部元家（元継）・田井長次・高畠長直・平井直信の五家とする裏付けが得られることとなる。なお、入道して宗徹を名乗った波々伯部元継は、江口合戦を生き延びた埒和道祐・田井長次とともに、晴元の流浪に従っている(62)。

ここで本節の検討をまとめておく。澄元が在京していた段階の側近取次は、高畠長信一人であったが、幼少期の晴元は複数名の側近取次によって支えられていた。そして天文年間に入ると、定員が五名に固定され、側近取次が体制として整備されている様子をみてとることができた。前節では、天文三年頃から側近取次が文書発給を再開すると同時に、文書様式も整備されたのではないかと推測したが、その点は、本節における人員面の検討からも裏付けることができるのではなかろうか。

三　取次の交代と内衆の内部対立

1　本願寺担当の取次

本願寺から晴元方への贈答を分析した山下真理子氏は、木沢長政・三好長慶・三好政長以外の内衆に定められた年頭儀礼は贈られなかったとし、天文一五年（一五四六）から高畠長直へも年頭儀礼が定例化すると指摘する。また、「三好孫二郎(長慶)へ自今般定于取次了」とみえるように(63)、天文一〇年一二月に本願寺との取次を長慶に定めたことに着目し、長政が本願寺と晴元の間に立ってしばしば取次を行っていることと、直前の一〇月に長政が晴元から離反していることを踏まえて、長政から長慶に取次が交代したと理解している。それが事実だとすると、天文一五年までは側近取次が十全に機能していないことになるが、大身取次と側近取次の相互補完という視点を導入すると、見方もまた変わる可能性があるだろう。

天文六年の晴元祝言にあたって、本願寺の使者である下間真頼は、晴元内衆のうち木沢長政・高畠長直・田井長次・古津元幸への音信を用意して持参した(64)。ところが帰ってきた真頼は、「湯浅(国氏)ニ音信候て可然」という長政の意見に従って、追加で湯浅国氏へも音信を贈った旨を報告している。当時、晴元と和解したばかりの本願寺は、誰に音信を贈るかというのも手探りであった。右の一件から、長政と本願寺は知音関係にあること、長政と国氏も親しい関係にあること、そして本願寺と国氏はあまり面識がないことが推測できる。

本願寺から晴元方への年始の音信は、山下氏が指摘するように長政ら大身には晴元とは別の日に独自に贈っている。表29に示したように、晴元のもとへは交流が再開した天文五年から晴元宛て単独で贈っていたが、天文七年には坊官である下間頼慶の意見に従って、国氏に対しても三種二荷を贈り始めた。長政の意見を得て、国氏が本願寺担当の側近取次だと認識したのであろう。ここに、大身取次の長政と側近取次の国氏という組み合わせを想定することができる。ところが、先述のように国氏は同年五月に死去する。

その後、同年八月に本願寺が制札を得たときには、「古津（元幸）へ取次候為礼五百疋遣候、木沢意見也」とあるように、長政は古津元幸へ礼銭を贈るべきだと意見している(65)。長政は、元幸が国氏に代わる立場だと意見したのであろう。制札銭のように、本願寺が晴元へ臨時で音信を贈る際には、必要に応じて晴元周辺の側近取次何人かにも贈ったが(66)、年始の音信は、天文七年の初例では国氏一人のみであった。そして、天文八年以降は、表29のように元幸一人に贈られるようになる。初めての試みであったためか、歳暮の初例では長政から元幸宛ての案文を得たうえで贈っているように、側近取次が国氏から元幸に交代したこと、そしてそれと対となる大身取次は長政が担ったことは間違いあるまい(67)。

表29に示したように、天文六年から一〇年に至るまで、音信の送り状案も概ね残されている。それによると、正月一六日付で発給される晴元宛ての送り状には、「木沢左京亮（長政）可被申候」とあるように、長政が披露する旨が記されており、同日付で長政宛ての音信送り状も作成されているのである。このように、書札礼のうえでは、晴元の傍に仕える長政が披露する形をとっている。しかし実態は異なり、長政が正月中旬に晴元のもとにいることはほぼない。

本願寺に対する長政個人からの年始の音信は太刀一腰で、例年正月七日前後に届く。表29のように、本願寺は即日もしくは翌日に返書を送るが、このときには返礼の品を

木沢長政	
返書発送	使者出発
天11日条	天13日条
天８日条・証８日付	天16日条
天７日条・証７日付	天16日条
天７日条	天16日条
天８日条・証８日付	天16日条
天８日条・証８日付	天16日条
天７日条	天16日条
—	—
—	—
—	—
—	—
—	—
—	—
—	—

（『大系真宗史料』文書記録編４）の

表29　本願寺から細川晴元・木沢長政への年頭儀礼

年	細川晴元			
	対象・酒肴	使者出発	使者帰着	送り状
天文5	晴元3種5荷	天15日条	天20日条	—
天文6	晴元3種5荷	天14日条	天22日条	証16日付晴元・長政宛
天文7	晴元3種5荷・国氏3種2荷	天15日条	天21日条	証15日付長政宛
天文8	晴元3種5荷・元幸3種2荷	天・音14日条	天20日条	証16日付晴元・長政宛
天文9	晴元3種5荷・元幸3種2荷	天10日条	天24日条	証16日付晴元・長政宛
天文10	晴元3種5荷・元幸3種2荷	天10日条	天20日条	証16日付晴元・長政宛
天文11	晴元3種5荷・長慶3種5荷 →長直3種2荷	天18日条	天20日条	—
天文12	晴元3種5荷・長直3種2荷	天・音10日条	天21日条	—
天文13	晴元3種5荷・長直3種2荷	天・音10日条	天19日条	—
天文14	—	—	—	—
天文15	晴元3種5荷・長直3種2荷	天・音10日条	天19日条	—
天文16	晴元3種5荷・長直3種2荷	天・音16日条	天18日条	証16日付晴元・長直宛
天文17	晴元3種5荷・長直3種2荷	(証12日)	—	証16日付晴元・長直宛
天文18	晴元・長直	天10日条	天20日条	—

註）天は『天文日記』，音は「音信御日記」（北西弘『一向一揆の研究』春秋社，1981年），証は「証如書札案」略。月はすべて正月。

送らない。そして、晴元への音信を贈った直後の一六日に、長政への使者が遣わされる。このとき贈られる品は、長政個人からの音信に対する返礼として太刀一腰、そして晴元への取次の礼として三種三荷が常であった。

わずかに天文五年のみ、長政自身が晴元に披露している。しかしこれも例外的で、本願寺は長政が大和へ赴くことを聞き及んでいたため、例年より早めの一三日に音信を送ったところ、結果大和行きが延引したので、長政が自ら晴元のもとへ披露に赴くと申し出てきたのである(68)。本願寺としては、長政本人が披露するとは想定していなかったこととなる。

右の一例から、本来は長政自身が披露していたようだが、大身となって各地に赴任するようになり、それが叶わなくなったものと推測される。そのため天文七年からは、側近取次が実際に披露を行うようになった。よって、側近取次を選択するのは、本願寺でも晴元でもなく、長政であったと考えられる。長政自身にとっても、晴元との間を確実に仲介する側近取次は、不可欠の存在であったはずなので、国氏・元幸とは以前より懇意であったに違いない。右のように、晴元への披露は長政が懇意にしている側近取次に委託されたが、書札礼の先例は変えることができないため、長政は書札上の架空の披露を行い続けることとなった。複線的な取次関係は、以上のように形成されたこととなる。

ところが、事態はまた変化を遂げる。先述のように、天文一〇年冬になると三好長慶を新たに取次に定めるのである。このとき臨時で用意された晴元方への出陣見舞は、内衆では長慶のほか、波多野秀忠・三好政長・高畠長直へ贈られており、元幸の名はない(69)。以後も、元幸への年始の音信は贈られなくなることから、長慶への取次交代は、山下氏の想定するような長政の更迭だけでなく、元幸の更迭をも意味している可能性が浮上する。

その点を検証するにあたって参照すべきなのは、いうまでもなく天文一一年の年頭儀礼である。本願寺から長慶へは、例年晴元とは別の日に年頭儀礼が贈られていたが、この年に限って晴元と同時に贈られた。そのときの使者へは、「△一三好孫次郎へ以一翰三種五荷近年此分遣来遣之、此人於無在城者、高畠神五郎(九)へ三種二荷此樽可遣之由、委所申付也」という指示がなされていた。長慶に音信を用意したが、もし芥川に在城していなかったならば、音信の量を減らして長直に渡すのである。「近年此分遣来」とわざわざ注記しているのは、大身取次には三種三荷、側近取次には三種二荷が定例となっていたが、長慶の処遇に合わせたことを意味している。長慶がいたならば長直には音信を渡さないので、正式な取次の任にあるのは長慶ということになる。結果的には、「三好ハ無居住」であったので、右の指示の前半部分は見せ消ちにされ、取次の任は長直が代行する。この結果は、書札礼上は長政が披露担当者だが、実際は国氏・元幸が披露するという関係と合致する。

また、右のやりとりから、側近取次の役割まで大身が担うという逆戻りの人事に、本願寺も対応に苦慮している様子が窺えよう。山下氏は、長慶を取次に定めたのは本願寺だと解釈しているが、右の対応からは晴元方が定めたと理解するほうが無難かと思われる。

　側近取次としての長慶の役割を高畠長直が代行した理由は、芥川山城に届けた長慶への音信を、長直が仲介して摂津下郡にいる長慶のもとへ届けた事例から明らかになる。その理由とは、「甚九郎《(高畠長直)》ハ三好取次事候間申聞かせる」というものであった[70]。長直は、長慶にとっても、晴元との間を繋ぐ側近取次だったのである。

　以後、長慶への年始の音信は、以前と同様に晴元と別個に贈られるようになる。年頭恒例の音信は、『天文日記』のなかでは略述される傾向にあり、天文一二年の場合は、送付先が「京都」で一括されてしまうが、長直からの返礼は届いているので、贈ったことは間違いない。略述された音信の内容は、山下氏が引用していない「音信御日記」で補うことができ、天文一二年も天文一三年も三種二荷が長直に贈られたことを確認できる。天文一四年は日記そのものが残されていないが、一貫して三種二荷が贈られたことは表29からも疑いあるまい。音信の送り状については、天文一六年・一七年の事例しか残されていないが、長政による架空の披露は解消され、晴元宛てと長直宛ての二通が対になっている。側近取次の交代劇を踏まえると、天文七年から側近取次への年頭儀礼は欠かすことなく定例化したとみるべきで、本項冒頭で示した山下氏の見解は事実誤認といわざるを得ない。

　天文一一年の年始の音信以後、芥川山城に在城していないため側近取次として機能しない長慶は、長政が元幸・国氏を紹介したように、長直を側近取次として推し、自身は大身取次の座にすわったとみられる。長政から長慶、そして長直へと単線的に取次が交代したとみる山下氏は、長政離反の反省から、長慶と本願寺の関係強化を恐れた晴元が、長慶を取次から外したと推測するが、単に晴元の近くにいないので側近取次として機能しなかっただけであろう。むしろこの取次の交代劇からは、長慶自身が一旦間に入ることで、長政系の側近取次から長慶系の側近取次へと変化したことを読み取るべきである。

2　古津元幸の失脚

前項でみたように、古津元幸は木沢長政が乱を起こすのと同時に本願寺の側近取次を更迭されていた。元幸には、景幸という後継者がいたが、元幸の抜けた穴は平井直信が埋めている。高畠家の場合は長信と長直の兄弟で、波々伯部家の場合も元継と元家の親子で取次を踏襲していることから、後任人事の面からみても、長政と懇意にあった元幸は失脚したのではないかと思われる。

松岡心平氏が指摘するように、のちに細川幽斎の能楽サークルにおけるリーダー的存在となる古津宗印は、観世家の出身であり、天文年間に細川晴元に仕えたと考えられる[71]。すなわち、天文一一年（一五四二）から翌年頃を初見として活動を始める古津景幸は、内者に「徳阿弥」を抱えるなど、同一人物である可能性が高い[72]。

天文八年に三好長慶が晴元のために能を用意したところ、観世元忠が足利義晴に用事を申し付けられて出演できなくなったので、観世元頼を代役に立てるという出来事があった[73]。ここからは、観世元頼と長慶が関係を持っていたことを読み取れるとともに、元頼が宗印の実兄であることから、長慶が宗印を古津家当主に推した可能性も指摘しうる。いずれにせよ、古津家は名跡こそ残されたものの、全く別の家として生まれ変わったと考えられる。

本願寺の取次の立場を長慶に奪われた元幸は、即座に姿を消したわけではなかった。天文一一年二月には、「今日上京下京喧嘩云々、数輩討死云々、上者細川内古津与高畠神九郎《長直》云々、下者江州衆与地下人云々」という事件が起こっている[74]。京兆家内衆による上京方と江州衆・地下人による下京方の間で喧嘩があったという読み方もできなくはないが、「昨日下京へ江州馬淵衆譴責罷出候、及喧嘩人数損也、又上京衆モ喧嘩アリ」という記録からも[75]、上京で古津と高畠の喧嘩があったとみるのが妥当であろう。いわば、本願寺の新旧取次が対立していたのである。

これ以後、古津元幸は姿を消してしまうことからも、木沢長政の乱に端を発して、側近取次から長政派が一掃されたと考えられる。大身取次だけに目を奪われると、畿内出身の長政と阿波出身の長慶という対立にみえるが、側近取次に視点を移すと元幸と長直という阿波出身者同士の対立となっていることに留意したい。

3　対立の争点

ここで注目したいのは、三好之長と高畠長信が、澄元が在京していたとき以来、内衆の中核をなしていたということである。つまり、三好長慶と高畠長直の両家は、澄元派京兆家成立時から続く古参の家なのである(76)。それに対して、享禄四年（一五三一）に晴元へ向けて三好元長の讒言をした可竹軒周聡・三好政長・木沢長政ら「晴元御前衆」(77)は、「堺公方」期に俄に台頭した出頭人とも呼ぶべき者たちである。ただし、三好長久は永正一七年（一五二〇）の等持院合戦で三好之長とともに自刃しているので、その弟にあたる政長は出頭人のなかでもやや古株に位置する(78)。

側近取次では、古津元幸と湯浅国氏が晴元段階に初めて史料上に登場する。他方、木沢長政の乱後も側近取次として残った波々伯部元継は、先述のように澄元在京時から仕えていた。田井長次も、永正一七年に戦没した田井蔵人の後継者と考えられることから、やはり澄元の段階から仕えていた家であろう(79)。ただし、側近として表舞台に出てくるのはいずれも天文期で、新参と古参の中間的な立場に位置する。そして、この両名が連署して晴元からの命を政長へ伝えた際に、「従両人可申由候」と述べていることから（表28の12）、政長と元継・長次も大身取次と側近取次の関係にあったと考えられる。

こうして全体をみてみると、表30のように、澄元派京兆家成立時から苦難の時期を乗り越えて京兆家を支え続

表30　天文前期における取次関係

	大身取次	側近取次
古参	三好長慶	高畠長直
↑	三好政長	波々伯部元継 田井長次
↓ 新参	木沢長政	古津元幸 湯浅国氏

註）湯浅国氏没後は垪和道祐が，古津元幸失脚後は平井直信が補充されるが，対応関係にある大身取次は特定できなかった。なお，天文後期に入ると，波々伯部元継は息子の元家とともに業務を担うようになる。

けた古参の家と、晴元の近くに寄ることで俄に台頭した出頭人の家に色分けすることができ、さらに後者は、晴元段階に出仕した新参と、澄元段階から出仕していた古参と新参の中間的な立場に細分できる。そして、それぞれの立場のなかで、大身取次と側近取次の組み合わせが構成されているのである。

現当主に近く様々な権限を行使する出頭人を、実績ある古参がよく思わないというのは、古今を問わず珍しくない話である[80]。実際、側近取次五名に宛てた先述の三好長慶書状では、三好政長が「御屋形様《細川晴元》之御前を申掠」めていると非難している。あるいは、「就三好神五郎《政長》進退之儀、孫次郎《三好長慶》同前仁各不申」と周囲からみられている事例もある[81]。畿内への進出という一つの目標に向かっている際には、この対立も目立たなかったが、それが達成されるに伴い激化するのは時間の問題であった。

実際に対立が表面化すると、側近取次がどのように動くのかみておこう。天文八年（一五三九）に晴元・政長と長慶が対立した際には、側近取次の古津元幸・田井長次・波々伯部元継は晴元方に参陣している[82]。問題は長慶に一番近い高畠長直である。彼は、「三好孫次郎《長慶》屋形《細川晴元》付御敵、神五郎《三好政長》明日出仕云々、然間高畠神九郎《長直》払髻縛、今夜当軒江可来云」とあるように[83]、晴元が長慶を敵と認めたことによって、髻を切って相国寺に入ってくるという。ここまでみてきたように、対となる側近取次と大身取次は懇意の間柄にあったがために、晴元と長慶に挟まれて立場に窮した長直は、中立の姿勢を示すために出奔せざるを得なかったのであろう。結果的には、長慶と政長の全面衝突は避けられ、長直は難を逃れる[84]。

続けて、出身地の違いが対立軸ではないことを改めて確認するために、それぞれの派閥の内部構成について少しみておきたい。

古参の構成は、三好・高畠家が中心となるが、阿波出身者以外も含まれている。その代表例は、代々豊後守を名乗る摂津国人の芥川氏である。同家は、在京時だけでなく阿波に下向しても、後裔が澄元を一貫して支え続けており、之長・元長と行動をともにすることが多かった。天文八年に晴元と対立した長慶が、将軍家に対して疎略なき旨を弁明したときも、仲介をしたのは芥川豊後守であった(85)。

出頭人方で注意したい人物は、取次連署状の初見事例で連署に加わっていた瓦林在時である。彼は、澄元段階から属しつつも、晴元の側近取次として台頭したという点で、新参と古参の中間的立場に属す。在時は、大永初年の義稙御内書を受け取ってからしばらくすると、晴元のもとを離れ、高国方へ離反しており、享禄四年六月の大物崩れの際に高国とともに敗死している(86)。その後継者と考えられる帯刀左衛門尉は、まもなく晴元方に復帰したようで、享禄五年三月には、政長と衝突する元長の成敗に協力するよう晴元から求められている(87)。彼は、天文三年の潮江合戦では、政長方として従軍して戦死したと考えられる(88)。さらに帯刀左衛門尉の子太久丸は、おそらく又四郎と名を改め、天文五年には三好政長と申し合わせて越水城に入っている(89)。晴元方復帰後の瓦林氏は、一貫して政長と行動をともにしているのである。出頭人の古株という立場を同じくする者が、ここでも一つの派閥に属しており、出身地の違いが対立軸ではないことを改めて確認できる。

また、出頭人方では、三好政長と畠山家被官出身の木沢長政が密接な関係を築いていた。最終的に政長は長慶と手を組み、長政の討伐に加わるが、これは内部対立に終止符を打つためのやむを得ない選択だったようである。晴元方からの長政排斥の意味については、最後に述べるとして、ここでは政長がやむなく長政討伐に加わったことだけ確認しておく。

長政が没したのちに、政長は法隆寺に対して次のように要求している。すなわち、「木澤兵粮米拾七石余、当寺在之由、従三始（好）神五郎（政長）方如此書状候、彼后室宗三（三好政長）為親類間、遣度由候」とあるように[90]、長政が法隆寺に預けていた兵粮米を長政の後家に与えたいというのである。その理由は、後家が政長の親類ということにあった。また、長政没の翌々月を初見として半隠軒宗三を名乗っていることから[91]、長政の死が入道の契機となったようである。このように、政長と長政はもともと密接な関係にあり、行きがかり上、長政を討伐せざるを得なかったことが窺える。

ここで、本節の考察をまとめておく。本願寺の贈答を分析すると、木沢長政と湯浅国氏・古津元幸、三好長慶と高畠長直という大身取次と側近取次の組み合わせが確認できた。そして、この組み合わせの結束が極めて強いことから、晴元内衆の対立は澄元派京兆家成立時からの古参と、晴元期に台頭した出頭人が対峙していると想定できた。より厳密には、三好政長を代表とする、出頭人のなかでも古株に属す中間的なグループもあり、三つ巴となることでさらに複雑な様相をみせることとなる。

むすびにかえて

晴元内衆の内部対立は、畿内出身者と阿波出身者の対立として説明されてきたが、本章の検討により、澄元擁立以来の実績に対する自負が強い古参と、晴元との絆が強い出頭人の対立が基軸になっていたといえるだろう。当然のことながら、古参よりも新参に畿内出身者が多く含まれるため、畿内出身者対阿波出身者の誤解が生じたが、現実には両陣営ともに畿内出身者と阿波出身者が混在していた。

もちろん、晴元陣営全体での対立軸は、それだけではなかったと思われる。例えば、足利義維らの上洛がままならなかったのは、堺にて三好元長と阿波の有力国人である海部氏が対立していたためとされ、その渦中で篠原久兵衛が元長によって殺害されている(92)。このように、畿内への出陣をめぐっては、阿波守護家被官と京兆家被官で意見が食い違うこともままあったと思われる。本章では論点を明確にするために、京兆家の内部に視野を絞ったが、今後は阿波守護家との関係も加味しながら、晴元陣営全体の構造を解明していく必要もあるだろう。

さて、第一節でみたように、「堺公方」期には大身取次が主体となって文書発給を担ったため、側近取次は後景に退き、「堺公方」期が終わるとともに側近取次が文書発給を再開するようになる。最後に、これが意味するところを考えておきたい。

右の変化からは、大身取次によって側近取次が圧迫されたように見受けられるが、のちに大身取次と側近取次が密接な関係を結んでいるので、敵対関係にあったわけではない。そこで参照すべきは、実際には本願寺からの年頭儀礼を側近取次が晴元に披露するものの、書札礼のうえでは大身取次の長政が披露する架空の形式を守り続けたという事例である。すなわち、側近取次は本願寺にとって文書の受発給対象に相当する家格にないのである。加えて、当主晴元が未熟の間は、代理人による発言の保証力がなおさら重要となる。そのため、畿内進出にあたって諸権門との交渉の必要に迫られると、側近取次は文書発給から退き、大身取次がそれに代わったのであろう。その間、側近取次は文書発給こそしないものの(93)、晴元の近くにいて大身取次との間を繋ぐ役割を続けていたからこそ、「堺公方」期以後も両者は密接な繋がりを維持したのだと思われる。

しかし、畿内に進出して晴元から離れての活動が多くなるにつれ、大身取次にとって、晴元へ披露することや連署状を発給し続けることは困難になっていく。そこで、晴元が当主としての発言力を付けるのをまって、側近取次を制度として再整備し、取次行為の一部を彼らに委ねるようになった。側近取次の文書発給が再開されるのは天文三年（一五三四）からだったが、実際晴元が本格的に文書を発給したり、主体的な意思を示したりするようになるのも、ほぼ同じころである(94)。このような体制に移行するのを主導したのは、側近取次を本願寺に紹介したのが木沢長政であったように、大身取次であったと考えられる。晴元権力における、大身取次と側近取次による複線的な交渉ルートは、以上のような過程で形成された。

　そもそも、高国期までの京兆家は、守護代層をはじめとした譜代の年寄と、国人から抜擢された馬廻などの近習の間で、家格秩序が厳然としており、それによって安定的な体制の維持が図られていた(95)。ところが澄元は、養父政元から年寄を継承することないまま、京都を離れることとなる。しかも、上洛戦を進めるにあたっては、軍事・政治の両面において有用な人物を、家格に関係なく次々と抜擢せざるを得なかった。

　その点について、特徴的な事例を一つ挙げておく。天文五年八月に宿敵の細川晴国を倒すと、翌月に晴元は上洛し幕府に出仕する。このとき晴元に従ったのは、「京兆大夫上洛云々、後騎三騎云々」あるいは「細川殿出仕三好仙熊・波多野・木澤騎馬云々」とみえるように、三好長慶・波多野秀忠・木沢長政の三名であった(96)。京兆家が幕府へ出仕するときには、年寄のうち守護代層が騎馬に乗って従うのが本来の姿であったが、晴元段階には近習層がその役をつとめるようになるのである。本願寺は、近習のつもりで長政に晴元への披露を依頼していたが、長政の立場が変わるに伴い、さらに下層の人物が側近取次をつとめるようになるため、現実と架空の二重で対応せざるを得なくなったのである。晴元の内衆構成が、京兆家本来の家格秩序から大きく隔たっていることを本願寺ははっきりと認識していたといえよう。

　そして、次から次へと新参が中枢部に食い込んでいくという家格秩序の欠落した体質が、晴元内衆の内部対立の要因でもあった。天文年間中頃になってくると、高国方の残党である細川氏綱勢の動きも活発になってくるので、晴元方にとっては内部対立の解消が大きな課題となってくる。

　天文一〇年に起こった木沢長政の乱は、長政が自発的に起こしたわけではない点に注意が必要である。同年七月には、それまで対立していた長慶と政長が申し合わせて、摂津国人上田氏を殺害してその城を略取し、さらに九月には塩川氏を攻撃する。(97) そこで塩川氏は長政に援軍を要請した。それに応じた長政が長慶・政長と敵対するという構図になったところ、長政に味方するものが誰一人いなくなって反乱分子として扱われ、翌一一年三月に長政は討死する。一連の動向から、長政は長慶・政長による計略に落ちたとしか思えないのである。政長が長政の死を悼んでいることからも、より大きな目的のもとに長政を討たざるを得なかったことが読み取れる。

その目的とは、新参の急先鋒ともいえる長政や古津元幸を排除することで、澄元段階の家格秩序へと戻し、これによって内部対立の芽を摘み取るというものではなかろうか。本願寺の年頭儀礼に話を戻すと、長政の死後は書札礼上も実際も晴元に披露するのは側近取次である高畠長直に統一されており、側近取次から新参を排除することが家格秩序の整理に繋がったことを窺わせている。

しかし、もはやこの段階で新参を排除しても手遅れであった。山下真理子氏が指摘するように、本願寺からの年頭儀礼は、晴元の内衆のなかでは長慶と長政に対して独自に贈られていたが、長政没後は長慶と政長に切り替えられる。晴元内衆の内部対立そのものが解消されたとは到底みえなかったため、本願寺はこのように双方との交渉ルートを維持しておく必要があると判断したのであろう。

以上のように、晴元権力は京兆家内衆の伝統的な秩序を伴わない点で、それ以前の細川権力とは決定的な差異があった。この環境こそが、三好権力を培養する格好の土壌になったといえよう。また、秩序の欠落ゆえに、内衆の対立関係は容易に解消しなかった。その対立関係を整理する過程で、長慶は生き残りに成功したのである。

本章で用いた方法論について、もう一点指摘しておきたいことがある。従来の取次研究は、確立した戦国大名権力を対象としていたため、複線的な取次関係が成立する過程までは明らかにできていなかった。本章が対象とした澄元・晴元権力は、京兆家という伝統的権威を継承しつつも、その内実は新興勢力であるため、勢力の拡大に伴って複線的な取次関係が必然的に生じてくる様子を実態に則して明らかにすることができたと思う。このように、細川権力論と戦国大名論の相互の対話は有効な視点といえるが、幕府を補佐する特殊な権力だという先入観が働きすぎて、細川権力論のなかでは等閑に付されてきた感がある。別途論じたように(98)、一般的な権力論で押さえられるところをまず押さえることが、細川権力論を進展させるうえで不可避であることを改めて強調して擱筆する。

註

(1) 今谷明「細川・三好体制研究序説」(同『室町幕府解体過程の研究』岩波書店、一九八五年、初出一九七三年)。
(2) 古野貢「『京兆家―内衆体制』の解体と京兆家」(同『中世後期細川氏の権力構造』吉川弘文館、二〇〇八年)。
(3) 本書第二部第三章「『堺公方』期の京都支配と柳本賢治」。
(4) 黒田紘一郎「高畠甚九郎伝」(同『中世都市京都の研究』校倉書房、一九九五年、初出一九九一年)。以下、黒田氏の所論はこれによる。山下真理子「天文期木沢長政の動向」(『大正大学大学院研究論集』第三八号、二〇一四年)。
(5) 仁木宏「細川氏奉行人飯尾為清奉書と大山崎徳政事情」(『大山崎町歴史資料館館報』第五号、一九九八年)。
(6) 本書終章「戦国期畿内政治史と細川権力の展開」。
(7) 山下真理子「天文期細川晴元家中体制下の内衆と三好氏」(『戦国史研究』第六九号、二〇一五年)。以下、山下氏の所論はこれによる。
(8) 丸島和洋「武田氏の外交取次とその構成」(同『戦国大名武田氏の権力構造』思文閣出版、二〇一一年、初出二〇〇八年)。
(9) 黒田基樹「戦国大名北条氏の他国衆統制(一)」(同『戦国大名領国の支配構造』岩田書院、一九九七年、初出一九九六年)。市村高男「戦国期常陸佐竹氏の領域支配とその特質」(同『戦国期東国の都市と権力』思文閣出版、一九九四年)。
(10) 浜口誠至「細川京兆家奉行人奉書による幕政の補完と代行」(同『在京大名細川京兆家の政治史的研究』思文閣出版、二〇一四年)。
(11) 秋山家文書三二号(『香川県史』第八巻)。なお、『高瀬文化史Ⅰ　中世の高瀬を読む―秋山家文書①―』(高瀬町、二〇〇〇年)五八頁の写真版にて、瓦林在時の諱を修正した。
(12) 田中健二「『香川県史』刊行後の新出中世文書の紹介について」(『香川県立文書館紀要』第一九号、二〇一五年)所収秋山家文書。
(13) 本書第一部第二章「細川高国の近習とその構成」。
(14) 本書第一部第三章「細川高国の近習と内衆の再編」。
(15) 『言継卿記』天文三年正月一二日条・閏正月四日条・同四年正月四日条。
(16) 東寺百合文書ニ函二二九号。
(17) 『鹿苑日録』天文七年五月晦日条。
(18) 『天文日記』天文七年八月二一日条。本章で『天文日記』を引用する際は、必要に応じて写真版で修正を加えている。
(19) 『言継卿記』天文三年四月二五日条・二九日条。
(20) 末吉文書一〇号（『兵庫県史』史料編中世九）。
(21) 「故城記」（『阿波国徴古雑抄』二二三頁）。湯浅氏については、『那賀川町史』上巻二八二頁も参照されたい。
(22) 東寺文書五常仁（『東寺文書聚英』四五三号）。
(23) 『後法成寺関白記』享禄四年一二月二四日条。
(24) 『鹿苑日録』天文六年九月七日条。
(25) 「昔阿波物語」（『阿波国徴古雑抄』六四八頁）。篠原氏については、本書第二部第六章「木沢長政の政治的立場と軍事編成」も参照されたい。
(26) 「篠原略系考証」（東京大学史料編纂所写本「徴古雑抄続編」八所収）。
(27) 以下、灘周辺の動向については、「瓦林正頼記」永正八年条。
(28) 末吉文書八号。以下、澄元発給文書の年次比定については、本書第二部第一章「細川澄元陣営の再編と上洛戦」による。
(29) 末吉文書六号。末吉文書三号によると、南北朝期には「瓦林嶋田」を名乗っている。
(30) 末吉文書七号。
(31) 末吉文書五号。
(32) 山下知之「中世後期阿波南方における水運の発達と地域社会」（『四国中世史研究』第四号、一九九七年）。『那賀川町史』上巻二八七頁～二九九頁。
(33) 『開口神社史料』第一巻二〇号～二一一号。

(34)『言継卿記』天文二年二月一二日条。

(35)本書第二部第三章「『堺公方』期の京都支配と柳本賢治」。

(36)「細川両家記」天文二年二月一〇日条・四月六日条。

(37)『本能寺史料』中世篇九五号。『言継卿記』天文四年正月四日条では、二郎左衛門と認識されている。

(38)「長享年後畿内兵乱記」天文三年七月二〇日条。本書第三部第二章「細川晴国陣営の再編と崩壊」で指摘したように、晴国勢は遅くとも六月一九日までには谷の城に入城していたが、【史料5】により六月初頭には進軍してきたことが明らかとなる。

(39)調子家文書九九号（『長岡京市史』資料編二）。仁木宏「戦国期京郊における地域社会と支配」（本多隆成編『戦国・織豊期の権力と社会』吉川弘文館、一九九九年）。

(40)高橋研一「下関市立長府博物館蔵『筆陣』所収の中世文書について」（『山口県史研究』第一七号、二〇〇九年）三八号。

(41)『大徳寺文書』五五三号。宝珠院文書七函七四号・一三八号（京都大学総合博物館蔵）。

(42)「不問物語」永正五年条。

(43)仁和寺心蓮院文書（『室奉』二八六九）。

(44)「故城記」（『阿波国徴古雑抄』二一九頁）。高畠和泉入道については、三宅克広「室町期備前児島郡の分郡支配」（『岡山県史研究』第一一号、一九八九年）。近世に備前に土着した高畠家では、阿波国高畠を名字の地とする伝承を受け継いでいる（永山卯三郎編著『倉敷市史』第六冊、名著出版、二〇七頁）。

(45)晴元奉行人飯尾元運が発給した禁制では、「可被処厳科者也」と晴元の意を奉じているが、長信発給のものにはそのような文言がない（浄福寺文書三号・四号〈『京都浄土宗寺院文書』〉）。長信の地位や京都で禁制を発給する意味などについては、本書第二部第三章「『堺公方』期の京都支配と柳本賢治」を参照されたい。

(46)「親俊日記」天文七年五月六日条。

(47)『天文日記』天文八年一〇月一三日条。

(48)『後鑑』天文一七年八月一二日条（『戦三』二〇九）。

(49)『言継卿記』永禄一〇年四月二一日条・六月二九日条。

(50)『天文日記』天文一七年七月一一日条。

(51)「細川両家記」天文一八年六月二四日条。『天文日記』同年一二月二〇日条。

(52)「長享年後畿内兵乱記」天文一八年六月二四日条。

(53)『言継卿記』天文一三年四月二三日条。

(54)「不問物語」永正五年四月九日条。『大徳寺文書』七八八号・二一九四—九号。

(55)『言継卿記』天文一四年二月七日条。元家の諱は、『大徳寺文書』一一九四号による。

(56)大東急記念文庫所蔵文書（『戦三』二一一〇）。

(57)「長享年後畿内兵乱記」天文一七年六月二九日条。

(58)「天文十七年細川亭御成記」（『続群書類従』第二三輯）。

(59)『群書解題』第一六巻下四九頁の今江広道氏による解説、および『続群書類従』第二三輯二九八頁の石井英雄氏による解説。

(60)「武家之書提要」（『群書解題』第一六巻下一二二頁）。

(61)「音信御日記」天文一五年六月二二日条（北西弘『一向一揆の研究』春秋社、一九八一年）によると、本願寺が婚礼の音信を晴元方に贈る際も、取次を担当した高畠長直だけでなく、「此四人ハ彼一儀不申次者候」とされる垪和道祐・田井長次・平井直信・波々伯部元継も対象に含んでいる。

(62)『上杉家文書』四五六号・四五七号。『大徳寺文書』二八八号。佐藤行信氏所蔵文書（『戦三』五一八の『後鑑』所収文書と同文）。

(63)『天文日記』天文一〇年一二月一二日条。

(64)『天文日記』天文六年四月二八日条・五月六日条。

(65)『天文日記』天文七年八月二一日条。

(66)『天文日記』天文八年七月二七日条・一〇月一三日条。

(67)『天文日記』天文八年一二月二三日条。「木澤左京亮（長政）かたへ古津（元幸）・湯浅（国氏）申遣候」（『大館常興日記』三、一五八頁）という事例からも、三者の関係は読み取れる。そのほか、足利義晴方と細川晴元方の所領等をめぐる係争の解決を図った会談の場には、「自京兆ハ木澤・古津・湯浅・茨木（長隆）・飯尾上野（元運）・兵部（飯尾為清）以下」が列席した（『久我家文書』五六二号）。義晴方との窓口となっていた長政が（本書第二部第六章「木沢長政の政治的立場と軍事編成」）、実務レベルでの交渉要員である側近取次と奉行人の総勢を伴うと、このような構成となる。

(68)『天文日記』天文五年正月一四日条。

(69)『天文日記』天文一〇年一二月一二日条。
(70)『天文日記』天文一〇年一二月一五日条。
(71)松岡心平「能における安土桃山」(『国文学　解釈と教材の研究』第五一巻一一号、二〇〇六年)。なお、松岡氏は古津氏の出自を若狭に求めているが、根拠は薄い。
(72)『鹿苑日録』二〇表紙。当初は左衛門尉を名乗り、のちに元幸と同じく修理進に改めている(『本能寺史料』中世篇一二六号・一二七号・一二九号)。なお景幸の諱は『大徳寺文書』二二二一号などにみえる。
(73)「親俊日記」天文八年正月二五日条。
(74)『言継卿記』天文一一年二月一日条。
(75)「親俊日記」天文一一年二月二日条。
(76)高畠長信の後継者と考えられる高畠与三・徳夜叉父子のうち、徳夜叉の祖母は、黒田紘一郎氏も指摘するように内侍所の五位と呼ばれる。菊大路家文書二四三号(『戦三』参考一一)にみえる三好元長の祖母「五位女」と同一人物であれば、三好家と高畠家は血縁関係にあることとなる。
(77)「細川両家記」享禄四年条。
(78)天野忠幸「長尚流三好氏の動向」(同『増補版戦国期三好政権の研究』清文堂出版、二〇一五年、初出二〇一三年)。
(79)「細川両家記」永正一七年正月一〇日条。坪和道祐と平井直信については出自を特定できなかった。
(80)京兆家の事例は、本書終章「戦国期畿内政治史と細川権力の展開」。
(81)天文八年一二月一〇日付六角定頼書状(早稲田大学図書館蔵「古文書影写集」)。
(82)『鹿苑日録』天文八年閏六月一八日条・七月二五日条。『天文日記』同年七月二七日条。
(83)『鹿苑日録』天文八年閏六月六日条。
(84)問題は兄の高畠長信で、同年末には殺害されている(『鹿苑日録』天文八年一一月三〇日条)。長信は、本来三好之長と結んでいたが、元長と対立することもあり(「細川両家記」享禄二年八月一〇日条)、天文八年の今回の対立でも政長方として参戦している(「親俊日記」同年七月一四日条)。長慶方から政長方へ、あるいはその逆にも態度を変転しうる人物なので、いずれかの陣営からの報復措置である可能性も考えられよう。
(85)『大館常興日記』天文八年閏六月一五日条・一七日条。芥川家については、本書第二部第一章「細川澄元陣営の再編と上洛戦」。
(86)「細川両家記」享禄四年六月四日条。
(87)末吉文書九号。
(88)末吉文書一一号。本書第二部補論三「青年期の細川晴元」。
(89)末吉文書一〇号。
(90)法隆寺文書ハ函二八九号(『戦三』参考一七、『法隆寺の至宝』第八巻一八四頁の写真版で一部修正した)。
(91)「親俊日記」天文一一年四月二〇日条。
(92)『二水記』大永七年七月一三日条。「東寺過去帳」№一四八〇。
(93)所見はわずかながら、前掲註(23)のように、奉書発給の手続きをすることもあった。
(94)本書第二部補論三「青年期の細川晴元」。
(95)以下、京兆家内衆の家格秩序については、本書第一部第三章「細川高国の近習と内衆の再編」。
(96)『後法成寺関白記』天文五年九月二四日条。『鹿苑日録』同月二七日条。
(97)『鹿苑日録』天文一〇年七月二〇日条。「細川両家記」天文一〇年九月六日条〜同一一年三月一七日条。
(98)本書終章「戦国期畿内政治史と細川権力の展開」。

第八章　細川晴元に対する交渉と取次

はじめに

木沢長政は、細川京兆家の内衆として、細川晴元と本願寺の間に立って取次をしていた。のちに各地を転戦するようになり、日常的な取次が困難になると、長政は晴元の傍に仕える側近のうち、懇意の関係にある古津元幸と湯浅国氏に取次行為の一部を委ねるようになる。こうして、対外的な窓口となる大身取次の長政と、晴元に直接伝達する側近取次の二重構造が生まれた。のちに国氏が天文七年（一五三八）に没すると、長政と元幸が対となって取次がなされることとなる(1)。

前章で示した細川晴元のもとにおける右の取次体制は、本願寺からの年頭儀礼を主たる対象として提示した一つのモデルであり、実際の交渉における取次の機能については十分に示すことができていない。交渉の結果として得た文書は多く存在するものの、そこに至るまでの交渉過程を詳細かつ端的に伝える史料がほとんど残されていないからである。そのため、断片的な史料を重ね合わせながら、複雑な交渉過程を復元していくという作業が改めて必要とされる。

そこで本章では、京兆家に対して交渉を持ちかけようとする者たちが、それぞれの取次に対してどのようにアプローチするのか、実例に即して検証する。まず第一節では、安芸の有力国人である毛利元就からの交渉を対象とすることで、前章にて畿内の宗教勢力から示した晴元の対外交渉のあり方について、普遍化を図りたい。

また、右に示した取次体制は、あくまでも対外交渉における基本構造であり、前章でも若干事例を紹介したように、荘園領主などの京都の住人が晴元に対して交渉する際や定例化した贈答を送る際は、大身取次を介することなく、奏者としての奉行人と側近取次が対となって晴元への取次を担うようになる。このように、側近取次が定着すると、京都においては新たな展開がみられる。この点についても、実例に即しながら検証する必要があるだろう。そこで第二節では、京兆家と関係が深い幕臣の交渉事例を取り上げることとする。

一　安芸国人毛利家の交渉

【史料1】(2)

去年尼子(詮久)至当城(郡山城)発向候処、数度被得軍利由、誠無比類次第候、然間大内(義隆)被相談、去正月十三日重而及一戦、自身砕手属本意之由、対木澤(長政)左京亮書状旨令披見候、被対天下忠功不可如之候、仍太刀一腰康真進之候、弥被廻計策可被抽戦功事肝要候、猶木澤可申候、恐々謹言、

(天文一〇年)四月廿一日　(細川)晴元（花押）

毛利(元就)右馬頭殿

【史料2】

至当用害(郡山城)雲州衆取向候之処、数度之合戦被得勝利候、然ニ義隆(大内)被示合、去正月十三日重而被及一戦、敵陣被切崩、悉令敗北之由、木澤左京亮(長政)注進候、天下無其隠候、御高名至候、猶長政可有演説候、恐々謹言、

(天文一〇年)五月八日　(六角)定頼（花押）

毛利右馬頭（元就）殿

現状では、【史料1】文中のカギ括弧より前の部分と、【史料2】文中のカギ括弧より後ろの部分が繋げられている。また、その逆も同様となっている。このように錯簡となっているため、右では復元的に翻刻しておいた。錯簡と判断した根拠は筆跡にもあるが、そもそも現状では、晴元書状の「天下に高名を轟かせた」という内容が重複してしまい、明らかに問題がある。また、晴元の書状では「義隆」や「長政」などの諱が基本的に用いられないが、六角定頼はよく用いることから、右のように復元することで諸矛盾が解決する。[3]

【史料1】からは、天文一〇年（一五四二）正月に郡山城で尼子詮久に勝利した毛利元就が、木沢長政に宛てた書状でその旨を伝え、併せて晴元への披露を依頼したことがわかる。【史料2】にも「木澤左京亮（長政）注進候」とあるように、晴元や定頼は、長政からの報告をうけて右の感状を発給している。

【史料3】[4]

去二月十四日御状、委細拝見申候、仍尼子（詮久）陣退散由御註進、則披露申候、就其、毛利右馬頭（元就）方働無比類由、
無其隠候、木左（木沢長政）かたへ懇註進候、其趣披露仕候之処、被成御書候、従長政かた、巨細可被申候、将亦、貴所
今度御忠節無比類旨、被成御書候、先以珍重候、此表事も、赤松殿（晴政）被仰合、近日可有其働候、自大内殿（義隆）茂、
御懇以使僧（正法寺）御申儀ニ候、則御返事被申候、次爰元似相之御用之儀承、不可有疎意候、猶委曲御同名甲斐守方
可被申候、不能巨細候、恐々謹言、
卯月廿一日（天文一〇年）　　元幸（古津）（花押）
宍戸安芸守（元源）殿
御返報

冒頭の一文から、宍戸元源は二月一四日付で古津元幸に宛てて、元就の武勲を報じたことが窺える。元幸から

元源に宛てて送られた【史料3】はその返事で、【史料1】の晴元感状に副えられたものである。長政に宛てた元就の書状は、元源の書状とともに畿内へ向けて送られたであろうから、日付は二月一四日前後とみてよかろう。

その点で注目したいのは、よく知られる天文一〇年二月一六日付の「毛利元就郡山籠城日記」である[5]。尼子勢が退却する際に多数の死者を出した様子を、晴元のライバルにあたる高国の没落に例えて「先年道永（細川高国）天王寺御崩之時、於渡邊川死候趣之由」としていることから、この日記は晴元へ披露することを主目的として作成されたものとみられる。よって、元就の書状も二月一六日付であったと思われる。

【史料3】からは、大内義隆の配下に属する元就が、守護たる義隆—晴元の関係や晴元取次の二重構造に照応させつつ、元就—長政と元源—元幸の二重で交渉を図ったことがわかる。宍戸家は、本来毛利家と立場を同じくする安芸国人だが、晴元の取次体制に応じて一つ下位に位置付けられたこととなる。ただし、長政も元幸も、晴元の内衆という意味では立場は同じである。このように、晴元の取次体制は、国衆の横断的な権力構造を持つ毛利家との交渉にも対応しうるものであった。

ここで、宍戸家が毛利家の取次をつとめた事情について検討しておきたい。安芸国人の吉川経信に宛てた嘉吉元年（一四四一）の細川持賢書状は、文末に「委細者宍戸入道（智元）可申候」とみえるように宍戸氏が取り次いでいる[6]。また、持賢と安芸国人の毛利麻原三郎の間を取り次いだのも、宍戸安芸入道智元であった[7]。さらに、寛正二年（一四六一）の安芸国入江保年貢請取状案には、持賢の口入れによって宍戸駿河守持朝が代官職を得たと記されている[8]。このように、宍戸家は早くより細川典厩家と近い立場にあったようである。

ところが持朝は、応仁・文明の乱にあたって西軍に与したため、文明二年（一四七〇）にその跡職が毛利豊元に与えられた[9]。それから翌年にかけて、持朝の拠点があった安芸の入江城や吉茂荘が、豊元らによって攻撃される[10]。そして、持朝に代わって台頭したのが宍戸興家である。細川勝元は、興家に宛てて持朝の跡職を豊元に与えた旨を伝えるとともに、「及弓矢儀候者、令合力毛利、可致忠節候」と命じている。[11]ここからは、興家が京兆家の力で抜擢されたことを窺うことができるとともに、すでに毛利家の下位に位置付けられていることも確認できる。

　興家の跡を継いだ元家には、三人の男子が存在した。[12]長兄の隆兼は元家隠居所の地名をとって深瀬家を興し、末弟の元源が元家の跡を継いだ。そして次兄にあたる家俊は、司箭院興仙と名を改め、明応三年（一四九四）に上洛してきて細川政元の近習として活動する。[13]このように宍戸家は、京兆家と極めて近い関係にあった。

　それに対して宍戸家と毛利家の間柄は、必ずしも芳しくなかった。元就の兄にあたる興元が当主であった段階には、宍戸元源と度々争いを繰り返している。[14]にも拘わらず、晴元の先代にあたる細川澄元と興元の間で関係が取り結ばれた際には、元源が両者を仲介している。[15]元源のこのような役割は、京兆家との関係に基づくものといえよう。

【史料4】[16]

　　去弐月御状卯月廿日ニ京着候、
　就尼子(詮久)敗北之儀、御札旨、致披露候、委細被成　御書候、
一従毛利(元就)殿合戦様体御注進、他より雖被申候、被仰事候間、涯分致御取合候、委曲被成　御書、御太刀被参候、
一尼子其表へ乱入之由、其聞候間、明暮無御心元存候処、則座ニ被切崩、憐(隣)国被任尊意由候間、京都迄御大慶候、猶御国行目出候、備後黒河辺迄御存分候哉、
一従大内(義隆)殿、正法寺と申使僧被差上、毛利殿戦功無比類由、御注進候、猶以直注進候間、御感不斜候、其表数月御気遣奉察候キ、

一雲州御調略之段、如何候哉、商人上下仕候、無事由申候、弥無御由（油）断」御謀略肝要候、
一幡（播）州之儀、赤松（晴政）殿御入国候、横岡城被責候、近日可有落居由候、
一尼子民部少輔（詮久）備前堺目ニ在陣由申候、如何候哉、備中之儀、石川父子、尼子敗北以前ニ庄入国候て討取候
刻、其表如此候間、弥々無別儀旨注進候、
一義隆・陶（隆房）諸勢其表へ相継由候間、目出候、
一此度雖御状到来候、国様体、御馬御札、態御注進可然存候、次古津（元幸）御報被申候、恐々謹言、
（天文一〇年）卯月廿四日　■■（元綱カ）（宍戸甲斐守）（花押）
安芸守殿（宍戸元源）
参御報

【史料4】は、現状ではカギ括弧の前後で分断されているが、筆跡や内容の一致から接合しておいた。尚書に四月二〇日に京着したと記されているように、元就と元源の書状が京都に届くには二ヶ月を要した。実際に晴元が太刀を贈る根拠となったことから、おそらく長政のもとには案文が残され、正文が京着したものと思われる。【史料4】の発給者は、右の二通を京都で受け取り、元幸のもとへ届けて晴元へ披露している。そしてその結果、【史料1】と【史料3】を得た。署名は、「元綱」と読めそうだが、断定はできないので保留しておいた。ただし、【史料3】末尾で元幸が「御同名甲斐守方可被申候」と記すことから、宍戸甲斐守とみてまず間違いなかろう。

甲斐守は、【史料4】で京都で得た様々な情報を申し送っていることから、在京して元源の使者をつとめた人物と考えられる。[17] 興仙の息子である宍戸源次郎も政元に仕えて在京していることから、興仙・源次郎・甲斐守は立場の近い人物といえるのではなかろうか。京兆家と安芸国人を繋ぐという宍戸家の立ち位置を踏まえると、興

仙以来の宍戸一族の在京は、彼らの単なる自発的行為ではなく、宍戸本家と京兆家の望むところでもあった可能性が高い。

　長政は、天文五年以降、主として信貴山城（奈良県平群町）を居城としていた[18]。もちろんしばしば在京もするが、二〇日に甲斐守のもとに届いた書状に対して、二一日に晴元らが返書を認めていることから、元就から長政への書状は、甲斐守のもとへ到着すると即座に元幸のもとへ届けられた可能性が高い。つまり、この書状の伝達経路からも、長政は在京していないと考えられる。

【史料5】[19]

猶々元就へも深重可申談之由申候、定而可有御同心之条、被成其意候者、可為本望候、急候間閣筆候、

雖無案内之儀、自毛右《毛利元就》、為使者河内与三次郎方被差上候処、古津筑後《元幸》守方へ之御一礼到来候間、則至京都申上、御屋形《細川晴元》直書等之儀申調、慥河与方へ渡進入候、定而届可被申候、仍而其表事、依被抽御粉骨、雲州衆之儀、急速令没落段、不及是非題目候、弥目出度御註進奉待候、向後者自然之御用可承候、左京亮《木沢長政》も不存疎略候様可申聞候、委細之儀者此人《宍戸甲斐守》可被申候間、不能詳候、恐々謹言、

五月廿日《天文一〇年》　堯仙《中坊》（花押）

宍戸安芸守《元源》殿

御宿所

【史料6】[20]

将亦雖軽秒《尠》候、折節現来候間、油煙五誕《挺》進入候、弥御満足之儀共可被遊候、久河与《河内与三次郎》、見苦所ニ留申候、失面目候哉、乍去別而可申承候間、不一世御縁与存計候、自屋形《細川晴元》被参候太刀、木左《木沢長政》進入候太刀馬代、御使へ渡申候、

雖未申承候、先年従別所(村治)方申伝、只今之御使被相越候き、以其筋目、不存寄河与預御尋候之間、左京亮(木沢長政)方へ御音信之趣、慥申聞、於御要害(郡山城)、毎度被得軍利、殊去正月十三日雲州衆令敗北由、以御一書御註進之旨、奉始公儀(足利義晴)、右京兆(細川晴元)・右金吾(山名祐豊)・佐々木霜台(六角定頼)へ令披露候之条、無比類御高名、末代之御名誉、大下静謐之基、珍重之由、以直書被申候間、拙身迄も大慶ニ候、随分長政致馳走候、就其、義隆(大内)之儀も別而申談候、土州一条殿御儀、是又我々有子細、入魂之御事共候、久御使(河内与三次郎)此方逗留候間、御覧及義者、定而演説可被申候、次播州之義、赤松殿(晴政)働、家中衆之覚悟、依不相揃、于今然々敷無之候、涯分自此方相副力、異見申儀ニ候、弥其方之儀被示合、可被励戦功事、専用ニ存候、(中略)猶河内与三次郎殿へ申候間、令省略候、恐々謹言、

五月廿日(天文一〇年)　　　　堯仙(中坊)（花押）

毛利右馬頭(元就)殿

御宿所

元就らの書状が京着してから、ちょうど一ヶ月後の書状である。右の二通を発給した中坊堯仙は、長政の側近である。(21) いずれも【史料1】などを用意した旨を伝えたもので、うち【史料6】は、元就から長政に宛てた書状への返事にあたるものである。元就との交渉相手となるのは、本来ならば長政だが、長政が文書を発給した旨が書中に一切記されない。おそらく長政が不在だったので、堯仙が代わりに返書を認めたのだと考えられる。この推測を成立させるには、長政と堯仙の関係を明らかにするとともに、両者の家格差がさほどないことを説明しておく必要があるだろう。

堯仙は、もともと中坊堯琛と名乗る可竹軒周聡の右腕であったが、柳本賢治への取次もするなど、晴元方として広範な活動をしていた。そして、天文二年に周聡が没すると、堯仙と改名し長政に近侍するようになる。このように、堯仙は特定の人物の被官となることはなかった。よって、堯仙は長政の近くに居ながらも、両者は主従

関係にはないと思われる。

堯仙の特殊な立場は、法名でありながらも、父の実子として中坊家を世襲するという在俗の人物である点にもみることができる。その父は、明応三年（一四九四）に伏見宮邦高親王の使者をつとめている。この二点を踏まえると、堯仙の出自は次のように推測できる。

明応三年の冬に、竹内門跡の曼殊院良鎮とその弟子である邦高親王の弟慈雲法親王は、師弟で対立する。仲裁に入った京兆家は良鎮の理を認めたが、翌四年になると幕府がその裁定を覆したため慈雲法親王が優勢となる[22]。もともと中坊は、良鎮の取次として名のみえる人物であったが[23]、師弟対決にあたって良鎮から離れて慈雲法親王方につき、伏見宮とも繋がりを持つようになったようである。以上の諸点から、中坊家は竹内門跡の坊官であることが明らかとなり、その立場から堯仙父の名も「大蔵卿好慶」と判明する[24]。堯仙が長政に代わって書状を認め得たのは、この家格を有するがゆえであろう。

以上を踏まえて、堯仙の書状に話を戻そう。二通の書状から、元就から派遣されてきた使者は、郡山合戦にも参戦した河内与三次郎であることが判明する[25]。【史料5】で堯仙は、与三次郎が携えてきた書状を京都に届けて、【史料1】の晴元直書を得たと述べている。直前の天文一〇年三月に堯仙は在京しているが[26]、右の一文から四月には京都を離れていたはずである。堯仙も、原則として信貴山城を居所としているので[27]、【史料6】で与三次郎を留め置いた「見苦所」とは信貴山城のことであろう。安芸を発した書状が、京都に届くまで二ヶ月も要したのは、長政のいる信貴山城を経由したためであった。

【史料6】によると、与三次郎は信貴山城に「久」しく「逗留」しているので、彼は上洛しなかった可能性が高い。もし上洛したのならば、宍戸甲斐守が【史料4】で何かしら触れるはずである。ところが、そこでは与三次郎の名前どころか、安芸からの使者の存在すら触れられていない。また、【史料1】は与三次郎が直接得たものではなく、長政・堯仙が「河与(河内与三次郎)方へ渡進入候」ものであったことが【史料5】に記されている。そのため、少なくとも使者として、与三次郎が京都へ赴くことはなかったといってよかろう。

よって、信貴山城の長政のもとからは別の使者が京都に上り、そこで宍戸甲斐守と合流し、占津元幸のもとへ赴いたと考えられる。そして【史料1】と【史料3】を得ると、甲斐守は宍戸元源に宛てて【史料4】を認めた。ただし、先述のように「河与(河内与三次郎)方へ渡進入候」とあることから、これらは直接安芸へ送られたのではなく、一旦、信貴山城の与三次郎のもとへ送られた。

宍戸元源宛ての【史料5】の文末には、「委細之儀此人(宍戸甲斐守)可被申候」と記されている。河内与三次郎ではなく「此人」が詳細を伝えるとされることから、この一文は一ヶ月前の【史料4】で宍戸甲斐守が詳細を伝えていることを指しているのであろう。つまり与三次郎は、【史料1】等を入手してもすぐには帰国せず、またこれらを国許に送ることもなかった。【史料6】によると、長政は晴元だけでなく、足利義晴や山名家・六角家にも元就の書状を披露しているので、残りの感状が届くのを待っていたのであろう。

【史料7】(28)

其表事、被得本意通、注進状令披見候、当城(郡山城)儀去年以来敵取詰之処、堅固被相践、剰被切崩敵令敗北之段、都鄙無其隠候、名誉不及是非候、仍太刀一腰国吉進之候、弥無由(油)断御調略肝要候、此方動事、切々申付候、尚浦上与四郎(政宗)可申候、恐々謹言、

(天文一〇年)六月四日　「(貼紙)赤松大膳大夫(左京)」　晴政（花押）

毛利右馬頭(元就)殿

それからしばらく後に、長政が披露の手続きをしていない赤松晴政からも右のような感状を得ている。【史料7】の入手過程は、次の史料から判明する。

【史料8[29]】

此間御在京御辛労候、都鄙之様体被承、祝着被申候、仍御条数之内、一所之事、爰許本意候者、可有申沙汰之趣、相心得可申由候、尚於子細者、以面申承候間、無其儀候、御下向之事、塩屋助左衛門尉に時宜申含候、定而可申入候、恐々謹言、

（天文一〇年）六月五日　（津田）家職（花押）

河内与三次郎殿

御旅所

与三次郎が、「此間御在京」したとされているが、先述のように彼は信貴山城に長らく滞在したので、これは広く畿内に滞在したことを意味すると思われる。【史料8】からは、与三次郎が赤松晴政奉行人である津田家職に面会して、数ヶ条の要求をしたことがわかる。そのうちの一つが、【史料7】の発給であったに違いない。天文八年に尼子詮久によって播磨から追われた晴政は、【史料4】にもみえるように、この頃播磨に復帰したばかりであった。よって与三次郎は、【史料7】を得た六月四日以前に、播磨まで下向していることとなる。【史料5】と【史料6】を受け取ると、程なくして信貴山城をあとにしたとみてよかろう。

つまり、京都での交渉結果を待っていた与三次郎は、五月八日付の【史料2】を受け取ると、その他の感状は待つことなく、帰国の途についたこととなる。将軍家はこれ以後も尼子家との関係を保っているので[30]、感状が発給される見込みはないとの報があったのかもしれない。しかし、それを聞いてあきらめたとしても、長政の書状が用意されるまで待機することなく、堯仙の代書で済ましていることから、急いで帰国する必要に迫られていたようである。

慌ただしく帰国の途についた理由は、【史料4】の末尾にもみえるように、いち早く元就側から「国様体、御

馬御礼」を発する必要があったためであろう。そしてもう一つの理由は、尼子家の逆襲に備えて、赤松家と取り急ぎ連携を結ばなければならないという点に求められる。与三次郎が赤松家に要求した具体的内容は不詳だが、【史料6】にもみえるように、毛利家と赤松家にとっての共通の敵である尼子家に対して、共同戦線を張るうえでの何かしらの要求であろう。

以上を踏まえて、改めて細川晴元と毛利元就の交渉を全体的に整理すると次のようになる。元就の使者である河内与三次郎は、信貴山城の木沢長政のもとへ赴いて長政へ宛てた元就書状とともに、古津元幸へ宛てた宍戸元源書状を手渡した。それを受け取った長政は、将軍義晴や晴元のほか、山名祐豊・六角定頼への披露の手続きを調え、京都に使者を送った。その使者は、在京する宍戸甲斐守のもとを訪れたのち、ともに元幸のもとへ向かい、晴元に元就・元源・長政の書状を披露した。その結果得た【史料1】と【史料3】に、【史料4】の甲斐守の書状を添えて、京都における一度目の交渉成果が信貴山城へ送られる。おそらく甲斐守と長政の使者はさらに行動をともにして、今度は六角家から【史料2】を得る。甲斐守らは、引き続き他家の取次を訪問した可能性も残されるが、【史料2】が信貴山城へ送られた段階で、与三次郎がそのまま帰国の途についてしまったため、京都における活動の詳細はこれ以後よくわからない。また、元就へいち早く交渉成果を伝える必要と赤松家との連携を結ぶ必要があったため、与三次郎は中坊堯仙から長政の代書である【史料5】と【史料6】を得て帰国の途につく。

重要なのは、元源宛ての書状が宍戸家に残っていないように、元源は主体的に交渉をしたのではなく、あくまでも毛利家の取次として関与したということである。すなわち、元就は、あらかじめ長政宛てと元幸宛ての二通の書状を用意したということになる。これは、まず最初に信貴山城にいる対外的な窓口となる大身取次の長政と交渉を持ち、そのうえで京都にいる側近取次の元幸のもとへ向かい晴元への披露を依頼するという段取りを、当初から予定していたことを意味する。

このように、元就は晴元の取次体制に忠実に対応しながら交渉を図っている。最終段階で堯仙が長政の書状を代書した点を除けば、晴元方もそれに沿って対応をとっていた。したがって、大身取次と側近取次の二重構造は、晴元権力が対外的に交渉するうえで、普遍的に機能していたと評価できるだろう。

二　幕臣大館家の交渉

【史料9】[31]

態令啓候、就御進発以参陣御礼可申入之処、聊所労之儀候条、非疎略候、宜預御意得事、可畏入存候、就中知行分、摂州上郡之内溝杭村事、代々本領当知行候、当時三宅（国村）押領之由、然ニ今度帰参旨承及候間、可然様、被加御意候ハヽ、一段可為祝着候、猶使者冨森左京亮（信春）可申入候、恐々謹言、

十月三日（天文五年）　　左衛門佐晴光（大館）

謹上　播磨守殿（細川元常）　参

足利義晴の側近で内談衆の一員でもある大館晴光は、天文五年（一五三六）一〇月に晴元方の和泉守護細川元常に対して、右のような要請をした。すなわち、摂津溝杭村の大館家知行分を三宅国村が押領しているので、それを停止するよう求めている。国村が晴元方へ帰参したことを聞き及んだので、押領停止の好機とみたようである[32]。訴える先を元常とした理由ははっきりしないが、晴元方の有力者で、かつ懇意の関係にあったためであろう。

この案件は、なかなか解決をみなかった。その様子を窺い知ることのできる文書が、内談衆でもある晴光の父

が残した『大館常興日記』天文九年五月記の紙背にまとまって残されているので、そこから大館家と晴元方の交渉について復元的に検証してみたい。

【史料10】[33]

「天文《異筆》六、十、十九、宮内卿殿御局への文也、」
いよとの《大館伊予入道常興》よりみそくゐ《溝杭》の事、ちゝ《遅々》のたん《段》御めいわく《迷惑》のとをり《通》御申候よし、おほせ《仰》きかせられ候、内き《儀》はりまのかミ《細川播磨守元常》申ふんハ、津殿《摂津元造》といよとの《大館常興》のへくハしく申入候つる、かやうにのひまいらせ候事ハ、何とも〳〵せうし《笑止》にそんし候、一日〳〵にふるつかた《古津元幸》へかたく申つかハし候、やかて御あんない《案内》申候ハんと候て、いまゝてのひまいらせ候事にて候、このうへハ何とも我々つかまつり候ハんやう御さ候ハす候、ことに日をさし候て、よしう《与州》仰こうふり候とをりをも申つかハし候、このうへにて御しあんしたい《思案次第》にて御入まいらせ候、はりまのかミも国より申候へとも、いまにこのふんの御事候、しかれハ我々さいそく《催促》にてもゑんいん《延引》のきおるし《着下ろしヵ》御計候、おそれなから弓矢八幡もせうらん《照覧》候へ、いさゝか〳〵わたくしそりやく《疎略》にあらす候、昨日御いのこ《猪子》にう京大夫《細川晴元》しこう《祗候》いたし候ハゝ、ふるつにちき《直》になをなを《〳〵》きふ〳〵《汲々》申きかせ候ハんかくこ《覚悟》にて候つれとも、しゆんし《遵》申さす候ほとに何ともつかまつり候ハんやう御さなく候、たひ〳〵申遣候へとも、るすの《留守》ミにて候よし申候、とにかくに日もなき御事にて候ほとに、我々におほせられ候ふんにてハ、とゝきまいらせ候かたきよし、いよとのへ御申まいらせ候、なを御ミつからにて申入候まゝ、とゝめまいらせ候よし申給へ、かしく、

ほそ川きやうふ《細川刑部》の少輔
はる《晴》広

安五《宮》　参
申給へ

差出の細川晴広は、晴光と同じく内談衆である細川高久の息子にあたる。一方の宛所である宮内卿局は義晴の乳母で、大館家と近い関係にある人物である[34]。大館家に宛てた宮内卿局からの【史料10】の送り状も残っており[35]、宮内卿局を介して晴広に問い合わせをしていたことが確認できる。

元常からの状況報告は、「津殿（摂津元造）といよとの（大館常興）へくハしく申入候つる」とあるように、常興だけでなく、同じく内談衆の摂津元造にもなされていることから、両家がともに元常を頼っていたようである。溝杭村には幕府御料所があるので[36]、それに付随して大館家や摂津家の知行分も存在したのであろう。

また、「国より申候」ともみえるように、元常は摂津守護の命令系統に働きかけて、押領停止を図ったようである。それに対して晴広は、晴元の側近取次である古津元幸に働きかけていたが、いずれも成果は挙がらなかった。冒頭の異筆に従えば、右の交渉結果は、【史料9】から一年を経過した天文六年一〇月段階のものである。新たに晴広を介して元幸に働きかけ始めたものの、この消息が送られた前日にも、晴元の出仕を見計らって元幸に訴えようとして失敗しているように、思わしくない状況が続いているようである。

【史料11】[37]

尚々切々可申遣候、心得申候、

与州（大館常興）より昨日御札趣示給候、昨晩致退出披見申候間、則古津（元幸）かたへ申遣候、他行仕候にて候条、今朝又遣使者、未罷帰候、依其趣、与州へも可申候、貴殿よりも御懇之蒙仰候旨可申候、以前も古津罷出之由申候間、不及御左右申候つる、併不相届尽心と存候、何候や取乱如此候、近日為御使飯盛（河内）へ罷越候計候、様体以面上可申述候、かしく、

細　刑（細川晴広）

摂参（摂津元造）御返事

晴広は、常興を介して元造から得た要求を昨日・今日と二度にわたって元幸へ伝達したが、不在のため叶わな

かったらしい。右の晴広消息は、その旨を元造へ報告したものである。「近日為御使飯盛(河内)へ罷越候」とみえることを踏まえると、晴広はまだ在京しているので、元幸の居所も京都に想定できる。史料中には溝杭や三宅の文言はみえないが、晴広を介して常興・元造両者の要求を元幸に訴えるという交渉ルートが合致することや、「以前も古津罷出之由申候間、不及御左右申候つる」という過去の出来事が【史料10】の内容と重なることから、ここまでみてきた交渉の延長線上に位置付けてよいかと思われる。

【史料12】(38)

尚々摂丹無事になるへき由、弥申候間、珍重存候、次久我殿(晴通)御知行分之儀ニ付て、尓今飯盛御在城にて候、就其為御使罷下候、様体必以参可申入候、然者貴殿御馬を申請度心中、乍次先々申計何も自是猶可申入候、大方十三日辺に可罷立かと存候、条々追而可申述候間、万事閣筆候、かへり候て申候へく候、

かしく、

昨日者御懇札先以畏入存候、当番につきて、及晩致退出候て、則古津(元幸)かたへ申遣候、罷出候由候間、今朝も以使者申遣候、摂州楯鉾之儀ニ付て自阿州篠原左(右)京進と申者罷出候、就其儀古津つめ候て大夫(細川晴元)所ニある由申候、乍両度堅申置候由申候、三宅(国村)儀も奏者ニ相尋候へハ、何候哉三宅千世寿と哉らん申候者罷上候由候、何とも候へ、切々可致催促覚悟候、如尊意厳重之御請を申、尓今遅々段言語道断曲事千万存候、於我等聊非疎略候、摂津殿(元造)よりも御意之趣懇ニ承候事、兎角ニ御別儀者御座有間敷候へ共、延引段不及是非候、尚以意得申候、涯分可申遣候、（中略）

細(細川晴広)刑

与州(大館常興)参誰にても

中給へ

晴広から常興に宛てた消息である。昨晩に当番から退出したのち、二度にわたって元幸へ使者を送っている点が一致することから、【史料11】と【史料12】は同日に発給されたものに違いない。

二通の年代を推測するには、「摂州楯鉾之儀ニ付て自阿州篠原左（右）京進と申者罷出候」という記述が手がかりとなる。天文八年六月頃から、細川晴元・三好政長と三好長慶が対立する京兆家の内紛が始まり、一時は摂津方面から京都へ向けて戦闘も発生する(39)。さらには、阿波守護の細川持隆が出張してくるとの風聞も立っており、大内義隆が京兆家の内紛に関与しないよう持隆へ御内書を送るべきだという意見も寄せている(40)。事態が収束し始めた九月末頃になって、二心がないことを示すためか、持隆の使者である篠原右京進が大坂近辺を通過して京都へ向かっている(41)。その使者が京着しているので、【史料11】と【史料12】の発給日は一〇月上旬としてよかろう。「摂丹無事になるへき由」とは、後掲【史料13】にも「摂丹之儀に被取乱」とみえるように、内紛の収束を意味している。

尚書によると、晴広は久我家の知行分にかかる将軍義晴の使者として、飯盛山城（大阪府大東市・四條畷市）へ下向するようである。義晴の妻は久我晴通の姉なので、何らかの助成を図るのであろう。「大方十三日辺に可罷立かと存候」と出発予定日が知らされていることからも、やはり一〇月上旬の発給とみて間違いあるまい。

なお、久我晴通はすでに飯盛山城に滞在していた。飯盛山城はもともと木沢長政の居城であったが、前述のようにこの頃の長政は信貴山城へ居城を移していた。飯盛山城は主君の畠山在氏に譲られ、そのもとに長政の父である浮泛などもいた(42)。晴通は、所領の森・法久寺分について、長政を介して晴元方へ交渉することを目的としていたようだが、後述のように長政は二上山城（奈良県葛城市・大阪府太子町）にいて捕まらなかったので、ひとまず浮泛に掛け合ったようである。その結果、長政が晴元へ申し分けるまで、年貢を拘え置くよう地下に命じた浮泛の折紙を九月一一日付で得ている(43)。晴広の任務は、久我家の要望を聞き入れるよう長政に求めることにあったようで、その成果として、長政が奔走する旨を伝えた一一月一三日付の義晴御内書が、晴広を介して晴通に届けられた(44)。

次に掲げる【史料13】から、【史料12】の文中にみえる三宅千世寿は国村の子とわかる。ここからも、元幸に訴えようとしているのは、溝杭村の押領問題であることが裏付けられる。

【史料13】(45)

尊書忝畏存候、御知行分事、自刑部《細川晴広》御さいそく《催促》のよし候、尤可然存候、三宅息《千世寿》罷上候間、此みきり被仰出候ハ、、一途可相調候、自阿州使者もハや昨旦罷くたり候、此方之儀共かいふん《涯分》取合申調候やうに可被助言候、乍恐　両神者〱不可存疎意候、所務之儀もいさゝかも相違あるましく候、其段かた〱被申付候、摂丹之儀に被取乱、遅々　上意いかゝと第一せうし《笑止》に候、せつかく《折角》自刑部御さいかく《才覚》専一候、又明日辺尊書者こま〱と被遊、我々にたいし被成下候ハ、、すなハち大夫《細川晴元》ニミせ申まいらせ候、然者古筑《古津元幸》も申よく候へく候歟、かいふん《涯分》ちそう《馳走》いたし候へく候、このよし御ひろう《披露》せらるへく候、刑部御状拝見致返上候、かたかた《〱》得御意候、かしく、

飯尾兵部丞

為清

冨森殿

晴元奉行人である飯尾為清から常興内衆の冨森氏へ宛てた消息で、「自阿州使者もハや昨旦罷くたり候」とあることから、【史料12】よりやや後のものである。末尾の為清にみせた「刑部御状」とは、【史料12】のことであろう。為清と元幸はともに晴元に近侍する立場にあるが、大館家から元幸に対しては晴広を必ず介するのに対し、為清に対しては直接的に交渉をもっていた。

為清は、国村の息子が上洛するので時宜もよいとし、「御知行分事」については晴広から元幸に対して催促を

して然るべきだと述べている。また、為清宛てに書状を送ってくれたら、晴元にみせるとも述べている。そうすると、元幸も悪くは言わないだろうというのである。裏を返すと、為清から晴元への働きかけはできても、晴元方としての最終的な判断を下すには、元幸の同意が必要ということになる。奉行人のみでは、正規の披露は成立しないのである。ここから、奉行人に比して、側近取次の権限が大きいことを読み取れるとともに、晴元の独断では事が進まない様子も窺える。

【史料14[46]】

尊書旨委曲拝見仕候、仍飯兵（飯尾為清）一札披見候て、則返進申候、条々得其意存候、古津（元幸）かたへ書状調、其上にて以使者口上にて堅く聽可申遣候、意得申候〳〵、将又飯盛迄我々ハ罷越候、然者則長政（木沢）かたへ藤澤可罷下候間、懇ニ遣書状、藤（藤沢）にも堅可申付内内（々）覚悟候条、尚以得其意候、此方三宅子（千世寿）あるを幸候間、切々可申遣候、可御心安候、次御馬之儀御懇ニ畏入存候、御厩者そへられ候て可被下候由、尚以畏存候、皆具已下事皆々頼存候、又御むち（鞭）をも申請度候、冨森方へ能々被仰付候て可被下候、かたかた（〳〵）従是可申入候、かしく、

細刑（細川晴広）

与州（大館常興）参返事　申給へ

冒頭の部分から、常興は【史料13】を晴広に送って為清からの後押しがあることも伝え、元幸へのさらなる催促を求めたことがわかる。それへの返書である【史料13】で、晴広は改めて元幸に書状を送ったうえで、使者も送ると述べている。さらに、飯盛山城に晴広とともに下ると思われる藤沢氏が長政のもとへ赴く予定なので、彼を通じて長政にも常興の要求を伝えるという。木沢家には、浮泛に仕える藤沢神兵衛と、長政に仕える藤沢神右衛門尉がいるので、ここでの藤沢氏はそのいずれかと考えられる[47]。元幸と長政は対となって取次行為をしている

ので、長政に働きかけることが元幸を動かすうえで有効だと判断したのであろう。

なお、飯盛山城へ下向するにあたって、晴広は【史料12】にても常興に馬を借りたい旨を予告していたが、【史料14】の後半では、改めて馬のほか馬子や馬具などを用意するよう具体的に求めている。

【史料15】[48]

むち（鞭）態持被下候、条々御懇ニ被入御心、千万々々畏存候、くらかいく（鞍皆具）ハ勢州（伊勢貞孝）へ申請候間、可御心易候、借用仕候出候者不及御案内候旨申入候間、不能其儀候処、尚以御懇切に尋承候、難申尽存候、昨日ハ親之者（細川高久）御言伝無申計候、次御知行分之儀、古津（元幸）かたへ度々申候へ共、未一途候間、長政（木沢）かたへ可申遣覚悟候、然者貴殿御書をも可被遣候哉、飯盛より則藤澤艮（尼）上嶽へ可罷越候間、以口状も堅可申遣候、さやう（左様）に今日中に被調候ハ、可被下候、尚々御馬并口付事、弥頼存計候、つよく雨ふり候ハ、重而御左右可申入候、なを／＼種々御念比（懇ろ）さ難述筆紙候、何様以参御礼可申述候由申給へ候、かしく、

細　刑（細川晴広）

与州参（大館常興）御返事誰にても

申給へ

【史料14】で求めていた馬具を受領していることから、発給の順序が特定できる。また、肝心の馬がまだ届いていないので、晴広が出発予定日としていた一〇月一三日以前のものと思われる。つまり、【史料11】〜【史料15】は、日付こそ特定できないものの、すべて一〇月前半に絞り込むことができる。

そして、元幸からの反応は相変わらずなかった。そこで、【史料14】にもみえたように、藤沢氏を介して長政に対しても働きかけるようである。長政に宛てた常興の書状を今日中に調えるよう伝えていることから、出発も差し迫っていることが窺えよう。

なお、藤沢氏は飯盛山城を経由して、「艮（尼）上嶽」へ向かうことから、長政は二上山城にいることが判明する。

天文八年六月に長政は大和から帰陣してくるが[49]、飯盛山城ではなく二上山城に入っていたのである。長政が二上山城を拠点城郭として整備したのは、天文一〇年のことと考えられてきたが[50]、実はそれを遡るようである。

以上を踏まえて、細川晴元と大舘家の交渉から読み取れることを整理しておく。

幕臣の大舘家は、様々な人物を通じて京兆家と繋がっていることから、あらゆる知音関係を駆使して交渉していた。それ以外の京都の荘園領主たちも、知音関係の数に差はあるにせよ、様々な形で京兆家と繋がりを持っていたはずである。そのため、対外交渉とは異なり、京都においては大身取次を介さずに側近取次に直接交渉することも多かったと思われる。

ただし、当初から側近取次が定着していたわけではなかった。大舘家の場合、天文五年当初は、和泉守護の細川元常を通じて事態の打開を目指していたが、それでは埒が明かず、古津元幸経由での交渉に力点を置くようになっていく。これは、天文三年頃に本格的に始動する側近取次が、京都において定着しつつあったことを示唆する。

元幸との幕府側の交渉窓口は、細川晴広に一本化されていた。そのような関係でありながらも、晴広は元幸をなかなか捕まえられず、必ずしも密な関係にあるわけではなかった。訴えを聞き入れるか否かは、元幸の意向に大きく左右されていたのである。仮に訴えの内容が直接晴元の耳に入ったとしても、側近取次が同意しなければ、訴えは聞き入れられなかった。このように側近取次の権限は、始動からまもなくして強まりつつあった。

ただし、側近取次の権限は、あくまでも大身取次から委任されて行使しているものなので、その点において一定の規制はかかっていたはずである。そのため、元幸への交渉が難航すると、晴広は対の関係にある大身取次の木沢長政に働きかけようとしたのであった。

おわりに

本章第一節では、大身取次→側近取次→細川晴元→側近取次→大身取次という対外交渉の手順を確認し、大身取次と側近取次が対となって普遍的に機能していることを確認した。第二節では、側近取次が定着すると、京都においては、晴元へ直接的に交渉できる側近取次への期待が高まるとともに、その権限も強まる様子をみた。それに伴って、晴元個人の意向がどうであるか以前に、側近取次が披露するか否かが、晴元方としての意志決定を大きく左右するようになるのである。

ゆえに、京都の住人が訴訟をするにあたっては、晴元自身の判断に対する期待よりも、側近取次に影響力のある大身取次に対する期待のほうが、相対的に高まっていくのではなかろうか。久我晴通が飯盛山城まで下向していることは、そのことを物語っている。本章では木沢長政しか取り上げなかったが、前章でも述べたように、大身取次には三好長慶・三好政長もいる。彼らが主導権争いを繰り広げ、最終的に晴元を抑えて長慶が台頭していく要因は、かかる取次体制から生じる権力への期待のあり方にも読み取ることができよう。

もちろん、この取次体制が成立した際は、必ずしも不安定なものではなかったと思われる。前章でも述べたように、大身取次の長慶には対となる側近取次として高畠長直、政長には波々伯部元継・田井長次がいた。大身取次の間では、早くから主導権争いがあったはずだが、晴元の周囲にいる側近取次の間で調整がなされることで、バランスが保たれていたのであろう。ところが晴元が成長すると、長慶や長政など、自身よりも影響力を及ぼしつつある大身取次との対立が目立つようになり、それが大身取次同士の争いに火をつけることとなるのである。これと連動して、側近取次の間にも争いが生じたことは前章でも述べた通りである。取次体制からみると、晴元権力の崩壊過程は以上のように見通すことができる。

註

（1）本書第二部第七章「細川晴元の取次と内衆の対立構造」。以下、前章とはこれを指す。
（2）長府毛利文書（無銘手鑑）六号・七号（『広島県史』古代中世資料編Ⅴ）。【史料2】も同上。
（3）かかる錯簡が生じた要因ははっきりしないが、何らかの由緒を語るために手を加えた可能性がある。なぜなら、【史料1】と【史料2】の錯簡状態のものを、畠山在氏・細川晴元・六角定頼の「三管領」連署状へと改変した偽文書が、「江濃記」（『群書類従』第二一輯）に引用されているからである。「江濃記」の不審な点については、笹川祥生「『江濃記』の描く戦国の近江」（同『戦国武将のこころ』吉川弘文館、二〇〇四年）。
（4）『毛利家文書』二八九号。
（5）『毛利家文書』二八六号。
（6）『吉川家文書』二六九号。
（7）『毛利家文書』一三四四号。法名は厳島野坂文書一一七八号（『広島県史』古代中世資料編Ⅱ）による。
（8）『壬生家文書』二五三号。諱は『壬生家文書』七八一号による。
（9）『毛利家文書』一三三号・一三四号。
（10）『毛利家文書』一三二号。『萩藩閥閲録』巻八―二福原対馬七八号・巻一二六綿貫左兵衛一四号・一六号。
（11）『毛利家文書』一三五号。
（12）「宍戸系図」（『続群書類従』第五輯上）。
（13）末柄豊「細川政元と修験道」（『遙かなる中世』第一二号、一九九二年）。
（14）『毛利家文書』五四四号。
（15）本書第二部第一章「細川澄元陣営の再編と上洛戦」。
（16）『毛利家文書』二九二号・一四八〇号。
（17）前掲註（13）末柄論文。
（18）『天文日記』天文五年六月二六日条・同六年六月四日条。中西裕樹「木沢長政の城」（『史敏』通巻八号、二〇一一年）。

(19)『毛利家文書』二九一号。
(20)『毛利家文書』二九〇号。
(21)本書第二部第三章「『堺公方』期の京都支配と柳本賢治」。以下、堯仙については、特に断らない限りこれによる。なお、神田千里「天文の畿内一向一揆ノート」(千葉乗隆編『日本の歴史と真宗』自照社出版、二〇〇一年)や、小谷利明「畠山稙長の動向」(矢田俊文編『戦国期の権力と文書』高志書院、二〇〇四年)などでは、堯仙を大和筒井氏の被官である中坊氏に比定するが、それでは説明のつかないことが多すぎる。
(22)『大乗院寺社雑事記』明応四年三月一日条。
(23)『北野社家日記』長享二年正月七日条・延徳四年正月一〇日条・明応三年正月八日条。
(24)「明応八年目代盛増日記」正月一〇日条・二九日条(『北野天満宮史料』目代日記)。
(25)天文九年一二月一一日に負傷している(『毛利家文書』二八七号)。
(26)『天文日記』天文八年閏六月一一日条・同一〇年三月一九日条。『お湯殿の上の日記』同一〇年三月一六日条。
(27)『天文日記』天文八年閏六月一一日条。
(28)長府毛利文書(東京大学史料編纂所影写本)。
(29)『毛利家文書』二一九号。
(30)『大館常興日記』天文一〇年一〇月一日条。
(31)「大舘記(四)」(『ビブリア』第八三号、一九八四年)七五頁。
(32)三宅国村の動向については、本書第三部第二章「細川晴国陣営の再編と崩壊」。
(33)『大館常興日記』三、一五二頁～一五四頁。
(34)設楽薫「将軍足利義晴の嗣立と大館常興の登場」(『日本歴史』第六三一号、二〇〇〇年)。羽田聡「室町幕府女房の基礎的考察」(『京都国立博物館学叢』第二六号、二〇〇四年)。
(35)『大館常興日記』三、一四四頁～一四六頁。
(36)「大舘記(七)」(『ビブリア』第八六号、一九八六年)六五頁。
(37)『大館常興日記』三、一五〇頁。
(38)『大館常興日記』三、一四六頁～一四八頁。

(39) 仁木宏「細川氏奉行人飯尾為清奉書と大山崎徳政事情」(『大山崎町歴史資料館館報』第五号、一九九九年)。
(40)『大館常興日記』天文八年閏六月六日条・九月一五日条。
(41)『天文日記』天文八年九月二九日条。
(42)『観心寺文書』三八〇号。
(43)『久我家文書』五三三号。
(44)『久我家文書』五三八号。刊本では、浮泛折紙と義晴御内書を西岡の久我家領に対する天文四年の半済免除(同上五三四号～五三七号)と関係づけているが、右の二通は西岡における久我家領のうち、森・法久寺分に限定した問題となっており、別の案件と判断される。御内書の宛所が、天文五年に晴通が任官する「久我中納言」となっていることからも、両通は天文八年に比定しうる。
(45)『大館常興日記』三、一五九頁～一六〇頁。
(46)『大館常興日記』三、一四二頁～一四三頁。
(47)『実隆公記』天文元年一一月二二日条。「大舘記(三)」(『ビブリア』第八〇号、一九八三年)七〇頁。藤沢氏の出自については、本書第一部第二章「細川高国の近習とその構成」。
(48)『大館常興日記』三、一五〇頁～一五一頁。
(49)『天文日記』天文八年六月二三日条。
(50) 前掲註(18)中西論文。

補論四　足利義晴派対足利義維派のその後

「堺公方」期における細川晴元の内衆は、将軍として足利義晴を推す柳本賢治らと足利義維を推す三好元長らに二分して対立していた[1]。享禄三年（一五三〇）の賢治暗殺によって後者が有利になるとみえたが、天文元年（一五三二）には元長も自刃に追い込まれてしまう。その結果、賢治の路線を受け継いだ木沢長政が台頭することとなり、義晴の擁立が図られた[2]。元長自刃後、義維は堺から阿波に下向してしまうため、それ以後の義維支持者の動きは、史料上からははっきりと捉えにくい。ただ、晴元内衆の内部対立は以後も続くことから[3]、義晴が将軍として確立した後も、義維を推す者たちは根強く存続したのではないかと推察される。

そこで注目されるのが、天文二年における晴元方の分裂である。この年の五月二九日に本願寺と晴元の間の和与が破れると、六月五日に晴元方の三好連盛と三好長逸は本願寺のもとへ走った[4]。連盛と長逸は、元長遺児でまだ幼い三好長慶の両腕ともいうべき存在で、元長の遺臣である。連盛らの寝返りは、晴元と対抗関係にあった細川高国の残党を率いる細川晴国と本願寺・畠山稙長が結んで仕組んだ晴元陣営の離間策であることは明らかな一方で[5]、連盛らがその策に同調した理由ははっきりしなかった。次の未紹介史料からは、その点を窺うことができる。

【史料[6]】（各条の冒頭に付した丸数字は筆者註）

　尚々委細藤二郎所用之事候て、罷越候旨候間申入候、爰元之儀御尋候へく候、

今度者就　御帰座之儀、自江州進藤（貞治）・永原（重隆）両人罷上、左京亮（木沢長政）令上洛、南禅寺・建仁寺於両寺談合共候て、

来廿一日　御入洛之事相定候、屋形(細川晴元)も其分候、先以目出候哉、

□(一)①左京亮者京都之地子之事為可申付、於尓今在京之分候、雖然少□(之)間にて一昨日当城(飯盛山城)迄罷下、我々も同前候、聽而来十二日各又罷上□□(候間)、取乱不及是非候、当国(河内)衆南北共ニ馳走人数・人夫京上候間、天下之覚□(候)、我々も江州衆之儀者前々致執次参会之衆候間、入魂共にて長政与之間つうしを仕候て、夜ハ皆六日酒御堂候、過御推量候、世上成□□事、内儀者可有御蜜(密)候、おかしく候、

□(一)②南御方様(伏見宮邦高親王室)、去閏月(天文三年閏正月)より御歓楽候て、万松(文山等勝)雖御待申候、尓今無上洛候を我々上候ときこしめし候て、可致同道かとおほしめし候き、去十七日ニ京□(上)仕候間、直ニ参候へハ、万松ハと被仰候条、自跡可被出候と申候、其以後御盃と□(被)仰候て、我々ニ給候間たへ候て、一夜御とき申罷帰、又廿三日参候へハ、只今□□見候つる間、すて申かたく候て、又御とき申、廿四日朝罷帰候き、其夜御遠行候、今時分御不弁かきりもなき事候、則伏見へ忍取、廿九日暁御荼毘候、院□□(号ハ)惣衛院蘭庭祐芳与申候、為御防申入候、来十九日迄御中陰候、御裏□□一身御迷惑不及是非候、殊庭方も細少之事候間、様躰共あさましく候、

□(一)③公儀(足利義晴)者今日近衛殿(尚通)姫君御祝言必定候、是も迚之事ニ御上洛候て可然事□(と)各申事、多はいれ候ましきにて如此候、おかしく候、

□(一)④大坂ニハ又色々令調略内儀行共仕候、さやうに候共不可有指儀候間、可御心安候、都□(之)静謐をいやかり候て如此仕申事候、定而雑説共可申候、少もくるしかるましく□(候)、三好伊賀守(連盛)・久介(三好長逸)両人、是ハ一身之者候を大坂へよひ取候、其にて如此申事候、かハる事ハあるましく候、三好神五郎(政長)・千熊丸(三好長慶)何も芥川□□(二行欠損)説なとをほんニ可仕候哉、左京亮如此候ハんする間ハたのもしくおほしめし候へく候、拙者なと昼夜きつかい辛労不及是非候、只今又丹波へ人を越□(候)、前々より我々申次知音候間、左京亮相談如此仕成候事候、珍重候、

一□⑤越智方よりも我々方へ罷上候時以後長政儀取成頼入候由申候て、書状ニ□（白）布一端そへて被送候、面目之儀候、然者涯分越智方取合も申分候、本望□（候）、筒子藤松（筒井順興息順昭）来臨之儀のほりさまに申入候哉、これも白布ニ杉原にて少之儀ニ候へ共、□（世）上之覚候間珍重候、

一□⑥この文しやこん院へ被仰候か、いつかたへ成共慥なる便足ニ簀川（大和国添上郡）へ被遣□□（候へく候）、かさねて寺嶋状にても又しんさう文にても申候ハヽ、このかミふくろを□（被）遣候て可給候、奉頼候、たしかなる便足にてなく候ハヽ、かミふくろハつか□（ハ）され候ましく候、まつ此文をつかハされ候て人をとりニまいらせ候てつ□□（かハ）され候へく候、

一□⑦たちの（立野）へハ京よりさしたる物にてハなく候へ共、ちときやもしなる物□（を）もちて罷下、五色・六色つかハし候はヽ一たん祝着たるへく候、此由母儀ニ申度候、のほりさまニハ人夫二人やとい申、又かさねても可申由申送候、

一□⑧今日立野、左京亮かたへ礼ニ登城候由安内（案）候、可為如何候哉、かい（涯）分無□（等）閑とりもち申候、条々被仰候儀共皆々被申分も無隙候て延引申候、無御心元候、御帰座候て天下静候ハヽ、隙も少ハ可在之存候間、其時迄御待をなされ候へく候、かい（涯）分可申調候も、大略当国衆者知音分候間本望候、かい（涯）分御ちからニ成可申候、此旨可有御披露候、恐々謹言、

六月八日（天文二年）　堯仙（中坊）（花押）

散位殿
参

【史料】はもともと軸装されていたようで、四周が裁断されているため文字が少なからず欠損している。差出は、木沢長政の右腕ともいうべき中坊堯仙である(7)。宛所の「散位」は不詳だが、末尾で「披露」を依頼している

ことから、実際には「散位」の主人格に宛てたものと理解される。⑥で「しやこん院」という僧に使者を命じて大和国内の簀川へ【史料】を転送するよう依頼していること、そして⑤や⑧などで越智氏・筒井氏・立野氏など大和の有力国人が長政のもとに礼に訪れている様子を伝えていることを踏まえると、大和の有力寺院に宛てたものと推測される。年代は、③にみえる足利義晴と近衛尚通女の婚礼が、天文三年六月八日に執り行われたことから特定できる。(8)まさに、連盛らが晴元のもとを離れた直後のものである。

冒頭部分より、近江に逃れていた足利義晴の帰洛について、六角氏から派遣されてきた進藤貞治・永原重隆と木沢長政の間で交渉が持たれ、準備を進めていたことがわかる。会合の場は南禅寺と建仁寺であった。上洛の期日は六月二一日に定められ、それに合わせて晴元も上洛することとなっていた。この交渉は、②から推察するに五月一七日頃に始まったようである。①によると、六月六日までに話はまとまって、長政と堯仙は一旦河内の飯盛山城に戻っている。京都警固のために河内の軍勢を動員することがその目的で、一二日の再上洛を予定していた。

ところが実際には、まず八月二八日に晴元が上洛して建仁寺に入り、やや遅れて九月三日に義晴も上洛して南禅寺に入っている。(9)ここから、南禅寺と建仁寺を御座所とすることは当初の予定通りであったことがわかる一方で、上洛の期日は二ヶ月余り遅れたことも明らかとなる。その理由は、六月二日までに京都近辺に晴国勢が出陣してきており、(10)程なくして洛西の谷の城で籠城戦を始めたことに求められる。木沢長政と三好政長が八月初旬にこれを落とすことで、ようやく義晴と晴元の入洛は実現するのである。大坂における連盛らの離反と晴国の挙兵が示し合わせた結果であることは、時期が合致することからも明らかであろう。

長政は、義維よりも世論の支持を得ている義晴を擁立することで畿内の静謐を図っており、ゆえに義晴から優遇されることとなる。(11)それがまた、長政による京都支配の正当性確保にも繋がっていた。このことを踏まえると、

①にみえる京都の地子銭も、おそらく義晴の上洛用途を名目として徴収を図ったものと思われる。こうした政策が一定の成果を収めていることは、先述のように大和国人が次々と長政のもとへ礼に訪れている様子からも窺うことができる。

注目すべきは、河内国衆が京都の静謐に尽力することを「天下之覚」としていることである。ここに限らず長政は、義晴を擁立することで畿内の静謐を図ることを、「天下」のために尽力すると常日頃から表現していた(12)。小谷利明氏は、木沢長政の乱を経て畠山氏が将軍の進退と直結するような戦争で「天下」の用語を使用するようになったと指摘しているが(13)、本来は晴元方の内部対立や京兆家内訌の解消を目指すなかで長政が主張していた論理であり、畠山氏はその姿勢を踏襲したとみるほうが、時系列的にみるとより正確なのではないかと思われる。

このような政策をとる長政に対して、④によると本願寺や連盛らは、「都□(之)静謐をいやかり候て」晴元のもとを離れたという。それまで、必ずしも一体の動きをみせていなかった連盛らと本願寺・晴国・稙長の諸勢力が連合したのは、義晴の上洛を阻止したいという点で利害が一致したためと理解される。すでに連盛らは一味の者を大坂に呼び寄せつつあるものの、堯仙はそれをさほど大きな問題ではないとしている。右のようにそもそも一枚岩の勢力ではないうえ、三好政長や連盛らの主人にあたる長慶が芥川山城にいるからであろう。肝心の部分が一行欠損しているが、長慶をある意味人質として抱えている以上は、大きな問題にならないと踏んでいるようである。

見方を変えれば、連盛らは、長慶の身柄を確保されるという弱い立場にありながらも挙兵したこととなる。その理由は次のように説明できる。晴元方の主導権を長政に握られることを連盛らが快く思っていなかった可能性もあるが、三好政長のように長政との友好関係を保っている晴元の内衆も少なくない。そもそも連盛らは、他ならぬ長政らの曖で早々に晴元方に帰参している(14)。よって問題視しているのは、長政の存在そのものよりも、将軍を義晴とすることであったに違いない。すなわち、連盛らは、亡き元長の遺志である義維の擁立にこだわっていたのである。連盛らの挙兵は、晴元方からの離反を表明したものではなく、義晴を将軍とする晴元方の方針を転換させるために起こしたいわばデモンストレーションであった。したがって、義晴擁立に抗えないことを悟ると、早々に帰参したのである。義維派を圧伏することなく、懐柔することでこの場を収めたことは、晴元陣営がこの後も義維派を内包したまま存続したことを意味する。

③にみえるように、義晴の上洛と近衛尚通女との婚姻が、一体のものとして進められたことも見逃せない(15)。なぜなら、義晴と接近した近衛家が浮上することを、対抗関係にある九条稙通は快く思わず出奔し、義維の擁立に奔走し始めるからである。水野智之氏は、このことについて、義晴の上洛を機に稙通は本願寺・義維・連盛らの勢力に接近したと指摘する(16)。しかし、義晴上洛後も稙通はしばらく在京していた(17)。また、稙通が関白を辞して出奔した一一月二一日までに、連盛らは晴元のもとに帰参したようである。よって、より厳密には、連盛らの帰参によって晴元方が一本化され、義晴方の連合が確実なものとなってしまったため、稙通は義維方に身を投じたといえよう。このように、京兆家は内部に様々な立場の者を含み込んでいるため、その政治方針をみる際には、意見が一本化しているか否かという点を見落としてはならない。

さて、これ以後義晴の優位は明白となり、義維の出番はしばらくなくなる。支持する将軍が異なることを要因とした京兆家内衆の軍事衝突は、事実上、天文三年が最後といってよいだろう。そのため、義維派の動きはさらに断片的にしか把握できなくなるが、可能な範囲で確認しておきたい。

天文一五年に上洛してきた高国残党の細川国慶が義晴と結ぶと(18)、義維に晴元方の将軍となる好機が訪れる。事実、翌一六年に義維は、九条稙通と図って堺への上陸を計画している(19)。ところが、計画を実行に移した際には時すでに遅く、国慶は戦没し義晴と晴元は和解していたため、阿波守護である細川持隆の説得にて義維は再び阿波に下向した。[20]義維と持隆が接触しているように、義維の渡海は四国勢と無関係に行われたわけではなかった。おそらく、三好氏の本拠である四国においては、義維を推す一派が根強かったものと思われる。

持隆と三好実休は、四国勢を率いてしばしば行動をともにするが、天文一七年五月を最後にそれもなくなる。[21]直後に持隆の実兄である晴元と、[22]実休の実兄である長慶が対立するためであろう。しばらくは相互の干渉がみられないが、天文二二年六月になると阿波勝瑞にて、三好実休・十河一存の長慶弟たちが持隆を殺害する。[23]天野忠幸氏や山下知之氏は、実休が実権を握るために持隆を殺害したとするが、[24]結果として実権を握ったことは事実であるものの、それを目論んで殺害したかどうかについては慎重になるべきであろう。

ここでは、大きな反発が出ることなく実休が阿波の実権を握っていくことを踏まえ、持隆殺害には相応の正当性があったとみておきたい。天文二二年三月に長慶と対立した義晴の後継者義輝は、晴元と結ぶこととなる。持隆がこれに呼応したため殺害したとするならばそれなりの正当性はあるし、義維派が根強い四国にて実休の行動が受け入れられたことも納得がいく。

持隆が義維の上洛を図ったため殺害されたという説もあるが、軍記物によるもので根拠は薄弱である。[25]義維の上洛を図る九条稙通の娘婿が他ならぬ十河一存であり、ゆえに長慶と稙通も近い関係にあったことを踏まえれば、[26]義維上洛の機会を窺っていたのは持隆ではなく、むしろ常に三好方であったとみるべきであろう。

事実、天文二二年一〇月になると、長慶は義維の上洛を模索するようになる。[27]高橋遼氏は、長慶・実休・一存らの兄弟が集まって実施された天文二三年の洲本会議について、対幕府方針について兄弟間での意思統一が図られたとするが、[28]より具体的には、義維の上洛を図る四国勢と、その可否を模索する長慶の間で議論がなされたのではないかと思われる。しかし、結果的に義維の上洛は見送られる。かくして生じた将軍不在状況を、かつて今谷明氏は幕府体制の否定と評価したが、[29]のちに義輝を再び迎え入れていることからもそのような評価には慎重でありたい。

四国勢に根強い義維派が多いことを踏まえると、三好権力を支える四国の軍事力を確保するために、長慶は義維擁立という選択肢を完全に破棄することができなかったのではなかろうか。一方で、一時的ではあるが、長政が畿内の静謐を実現したことを踏まえると、義晴・義輝と結ぶ利点も捨てがたかった。その点は、義維を推しつつも、最終的に義晴に妥協した連盛らの動きからも読み取れよう。

長慶は、二つの将軍の間で揺れ動きつつも、いずれの将軍も完全な否定にまでは至らなかった。その結果、多くの支持者を得ることができ、長政段階以上の静謐を実現するに至ったのである。この点においては、急激に軍事力を確保した結果、あらゆる立場の者を含み込んでしまった晴元陣営の性格と類似しているが、兄弟会談の事実にみられるように、意志を一本化することに長けていた点に大きな違いがある。また長慶は、将軍家だけでなく京兆家も、高国派の細川氏綱と晴元派の細川昭元の双方を擁立するが、これも軌を一にした政策といえよう。

以上のように、二つの将軍をいずれも否定しないというのが、長慶の基本路線であったと考えられる。それゆえに、義輝を軽視するような姿勢はみられるものの、そのことをもってして長慶が将軍権力そのものを克服しようとしていたとは決していえない。

註

（1）本書第二部第三章「『堺公方』期の京都支配と柳本賢治」。

（2）本書第二部第六章「木沢長政の政治的立場と軍事編成」。

（3）本書第二部第七章「細川晴元の取次と内衆の対立構造」。

（4）『私心記』天文三年五月二九日条・六月五日条。

（5）本書第三部第二章「細川晴国陣営の再編と崩壊」。以下、天文三年の情勢については特に断らない限りこれによる。

（6）緒方文書（東京大学史料編纂所影写本）。奈良帝室博物館員をつとめた緒方益井氏の所蔵文書である。

（7）②で、五月二四日の死没に至る模様が伝えられている南御方とは、伏見宮邦高親王の室で貞敦親王の母である（『お湯殿の上の日記』天文三年五月二四日条）。彼女は今出川教季の娘で、邦高親王が没した直後に従三位に叙せられている（同上享禄五年三月二九日条・『尊卑分脈』第一篇一六一頁）。堯仙は、竹内門跡の坊官家出身だが、邦高親王の弟慈雲法親王が門跡を継承したため、伏見宮家にも仕えるようになる（本書第二部第八章「細川晴元に対する交渉と取次」）。堯仙が南御方のもとへ出入りしているのもそのためである。南御方が来訪を待ち望んでいた相国寺万松軒の文山等勝は、邦高親王との間に生まれた子とみてよかろう（『尊卑分脈』第三篇五八三頁）。等勝は、享禄元年に朽木へ下向しているように、義晴と近い関係にあった（『実隆公記』享禄元年一一月八日条）。

（8）『お湯殿の上の日記』天文三年六月八日条。

（9）『北野社家日記』八、一五二頁。「祇園執行日記」天文四《（三）》年九《（八）》月二八日条・九月三日条。「祇園執行日記」の錯簡については、本書第二部補論三「青年期の細川晴元」の註（4）参照。

（10）本書第二部第七章「細川晴元の取次と内衆の対立構造」。④によると、長政は晴国の本拠地である丹波へ使者を送っているが、後方を攪乱するためであろう。

（11）本書第二部第六章「木沢長政の政治的立場と軍事編成」。

（12）本書第二部第六章「木沢長政の政治的立場と軍事編成」。

（13）小谷利明「畿内戦国期守護と室町幕府」（『日本史研究』第五一〇号、二〇〇五年）。

（14）「細川両家記」天文三年一〇月二〇日条。

（15）このように義晴と近衛家は密接な繋がりを持っていたため、義晴を支援する長政や弟の又四郎も近衛家と交流を持っていた（『後法成寺関白記』天文二年四月一四日条・同五年二月二九日条・一〇月七日条）。

（16）水野智之「室町・戦国期の本願寺と公家勢力」（新行紀一編『戦国期の真宗と一向一揆』吉川弘文館、二〇一〇年）。

（17）『お湯殿の上の日記』天文三年八月一六日条。

（18）本書第三部第四章「細川国慶の上洛戦と京都支配」。

（19）『天文日記』天文一六年二月二五日条・三月一四日条。

（20）『天文日記』天文一六年一一月三日条・一二月一日条。

（21）『天文日記』天文一七年五月一〇日条。

（22）本書第二部第一章「細川澄元陣営の再編と上洛戦」で指摘したように、従来は従兄弟と考えられていたが、正しくは兄弟である。それを踏まえると、最期まで晴元と密接に連携した動きをとることの説明もつく。

（23）賜蘆文庫文書（東京大学史料編纂所影写本）のうち「東寺光明真言講過去帳」第九、天文二二年六月一七日条。「細川両家記」同月九日条。

（24）天野忠幸「三好氏の権力基盤と阿波国人」（同『戦国期三好政権の研究』清文堂出版、二〇一〇年、初出二〇〇六年）。山下知之「戦国期阿波三好氏の動向と地域権力」（『徳島県立文書館研究紀要』第七号、二〇一七年）。

（25）若松和三郎「細川持隆」（同『中世阿波細川氏考』原田印刷出版、二〇〇〇年、のち二〇一三年に『阿波細川氏の研究』と改題して戎光祥出版から復刻）。

（26）拙稿「信長上洛前夜の畿内情勢」（『日本歴史』第七三六号、二〇〇九年）。

（27）『天文日記』天文二二年一〇月二九日条。

（28）高橋遼「三好本宗家と阿波三好家」（『日本歴史』第八一四号、二〇一六年）。

（29）今谷明「三好・松永政権小考」（同『室町幕府解体過程の研究』岩波書店、一九八五年、初出一九七五年）。

第三部　高国派残党の蜂起

第一章　細川晴国・氏綱の出自と関係

――「長府細川系図」の史料批判を兼ねて――

はじめに

永正四年（一五〇七）の細川政元暗殺に端を発する細川家の同族間紛争が、畿内を中心とする広域戦争の主要な争点となったことは改めて述べるまでもない。この争いは、細川澄元―晴元と継承される澄元派と、細川高国―晴国―氏綱と継承される高国派の対立で展開するが、晴国・氏綱段階の高国派は勢力も衰えているためか、断片的な事実が指摘されるのみでまとまった研究は少ない(1)。それは、晴国・氏綱のいずれもが、生年すら明らかとなっていないことにも表れている(2)。

この現状を招いた要因は、畿内の実権を握った勢力（具体的には細川高国―細川晴元―三好長慶）を時系列で繋ぐことで、政治史的な流れを把握するという手法そのものにあると考えられる。この方法では、高国残党は負けるべくして挙兵したという見方しかできず、細川両家の相克は極めて予定調和的なものとなってしまう。よって筆者は、畿内の戦乱のなかに高国残党独自の動向を位置付ける必要性を感じているが、その分析に手を付けるには、晴国・氏綱の出自等に関する基礎情報があまりに乏しすぎる。本章はその点を補い、議論の前提を調えようとするものである。

そもそも、晴国については天文二年（一五三三）、氏綱については天文一二年の挙兵以前の動向が、皆目といってよいほど明らかとなっていない。ゆえに天文五年の晴国自刃から氏綱挙兵までの時間的空白は、そのまま二人の間の距離ともなっており、高国残党という点が共通するのみでそれ以上の関係は知られていない。両者が連携して戦えば、晴元方により効果的な打撃を与え得たことは火を見るよりも明らかなのに、なぜ時間差をもって挙兵したのか。あるいは、晴国は丹波、氏綱は和泉で挙兵したことは周知の事実だが、なぜ懸け離れた場所を選んだのか。このような疑問に応えるためにも、本章では挙兵以前の晴国と氏綱の動向に重点を置くことで、両者の関係についても触れるつもりである。

その検討にあたっては、両者ともに高国の後継者を自負していることから、高国権力下でそれぞれが置かれていた立場が重要となってくる。『尊卑分脈』をもとに作成した図9によると、細川晴国の実父は野州家当主の政春、氏綱の実父は典厩家当主の尹賢である。両家ともに細川宗家である京兆家の分家で、野州家は満元の弟満国を祖とし、典厩家は持之の弟持賢を祖とする。家格では氏綱の典厩家の方が上位だが、高国は政春の実子であるため、血筋の面で高国に近いのは晴国ということになる。この微妙なズレについて注意が払われたことはないが、挙兵の時期・場所にみえる二人の距離と無関係ではないように思える。そこで、京兆・典厩・野州の細川三家の秩序は、考察全体を通じて意識しておきたい。

図9　『尊卑分脈』細川家系図（抄）

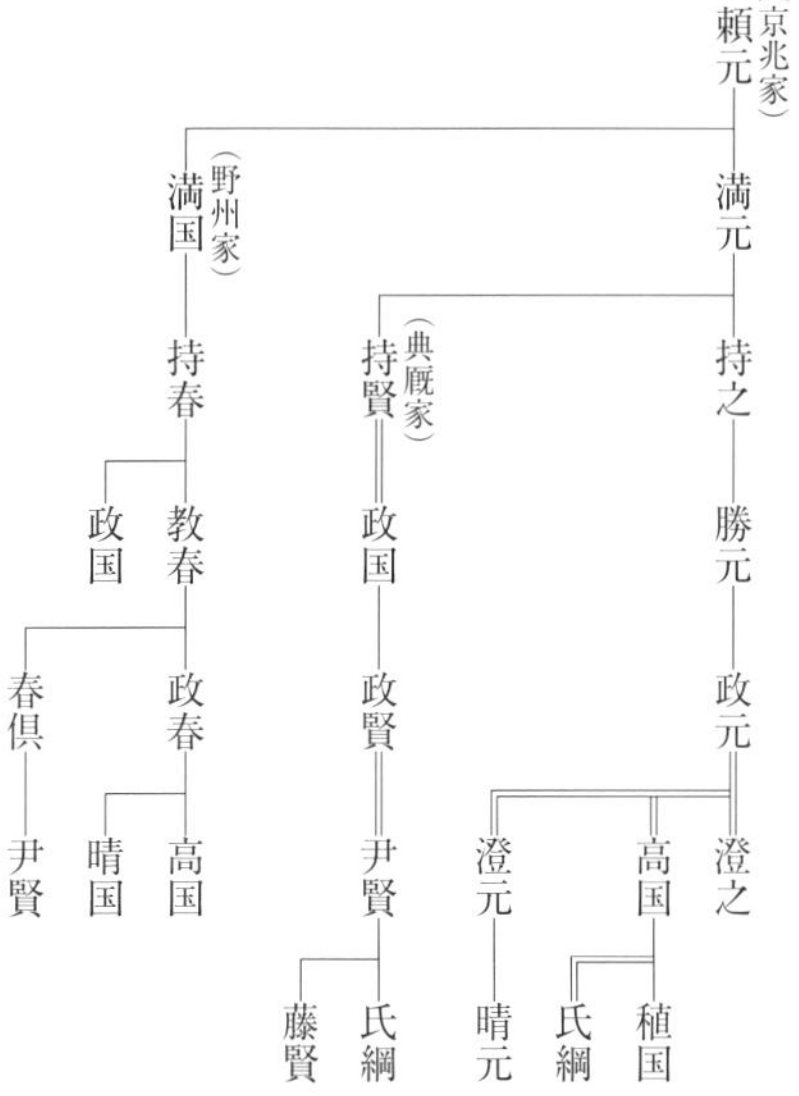

（註）『尊卑分脈』第三篇二八一頁～二八五頁による。

最後に本章の構成について触れておく。晴国・氏綱の出自や初期の動向を検討するにあたって、他にみられない晴国の詳細な個人情報や初期の氏綱発給文書が掲載される「長府細川系図」は、避けては通れない。備中の領主から長府毛利家の家老へと転身した細川家に伝わるこの史料は、広く利用されてきたが、近世に編まれたものでありながら史料批判が十分になされているとはいいがたい。したがって、第一節で確実な史料から晴国・氏綱の基礎情報を確認し、それをもとに第二節で「長府細川系図」に史料批判を加え、利用の可否を判断したうえで、第一節で得た情報に肉付けするという構成をとることにする。

一　高国派細川三家の構成と晴国・氏綱の出自

1　高野山西院来迎堂勧進帳の分析

ここでは、晴国・氏綱の立ち位置を考える前提として、高国期における京兆・典厩・野州三家とその周辺の関係をみておこう。次に掲げる勧進帳は、高国権力の構造をよく示す史料といえる。

【史料1】(3)（アルファベットは筆者註）

勧進沙門某甲　敬白

　於紀州伊都郡高野山金剛峯寺加西院来迎堂修理欲自他大願成就

（中略）

大永七稔六月吉日　　　勧進沙門某甲敬白

A鶴　寿　丸

（以下四名略）

B河内守（花押）
（以下一一名略）

C右京大夫（花押）
右馬頭（花押）
沙　弥（花押）
（五行ほど空白）

D紀元成（花押）
美作守（花押）
藤原国貞（花押）
橘国長（花押）

E兵庫助（花押）
運　兼（花押）
（二行ほど空白）
□守（花押）

高野山に残るこの勧進帳には、前半に西院来迎堂の修理という勧進の目的を述べた大永七年（一五二七）の年紀を伴う文言があって、後半に奉加者二七名の署判が続く。署名はただ並列されるのではなく、地位に応じて記される場所にも高低の差がみられる。小谷利明氏は、それをもとにAからEの五つのグループに分類しているので、その呼称にしたがって概略を述べよう。(4)

小谷氏が明らかにしたように、冒頭上段に署名するAの五名は畠山一族で、続くBの「河内守」すなわち遊佐順盛に始まる一二名は畠山氏の内衆にあたる。小谷氏の関心は畠山氏の内衆構成にあるので、ここまでが主要な分析対象となっており、CからEまでの検討はほとんどなされていない。

Cグループのうち「右京大夫」は高国、「右馬頭」は尹賢に該当する。三人目の「沙弥」の花押は、入道して「道亘」を名乗った時期の政春の花押と合致する[5]。他の細川一族は署名していないことから、この三家が高国権力の中枢にあって一線を画す存在であったことがみてとれる。

その下位にあたるDグループは、筆頭の「紀元成」は後述するとして、「美作守」は香川元綱、「藤原国貞」は内藤国貞、「橘国長」は薬師寺国長である。「大永四年細川亭御成記」に、「御屋形様《細川高国》守護代四人（中略）香河美作守《元綱》・内藤弾正忠《国貞》・薬師寺九郎左衛門《国長》・薬師寺与次《国盛》」とあるうちの三名までが一致するので[6]、京兆家守護代グループに該当するとみられる。Cグループのあとの五行ほどの空白は、他の細川一族が署判を追加する場合に備えての余地と考えられるが、Dグループのあとにはすぐに Eグループが続く。したがって、京兆家守護代グループの定員は四名に固定していたといえそうである。

さらに下位のEグループは、人名比定がより困難で、しかも最後の一人は署名の上部が破損している。しかしながら末尾の花押は、後述のごとく和泉守護代松浦守のものと一致するので、Eグループは細川家庶流分国の守護代クラスに位置すると思われる。これも後に述べるが、松浦守は肥前守を名乗るものの、この段階ではまだ左衛門大夫を使用しているので、ここでの「守」は受領名の一部ではなく諱と判断される。また彼は、晴元方和泉守護細川元常の守護代なので[7]、ここに署判したときは、元常から離反して高国方に連なっていたことになる。松浦守が元常から離反するのは、一般的にこれよりしばらく後のことと考えられているので、この署判の時期の特定は、和泉の戦国史にとっても極めて重要である。

その【史料1】の年代だが、巻頭言が大永七年のものであることは疑う余地がないものの、細川政春が永正一五年（一五一八）に没している点には考慮が必要であろう。活字になってしまうとわかりづらいが、【史料1】は前半と後半で罫紙も異なることから、署判部分が先に成立し、のちに巻頭言が貼り付けられたようである。では署判部分はいつ頃成立したのであろうか。

大永七年の成立を前提とする小谷氏は、冒頭の署名「鶴寿丸」が畠山稙長と同じ幼名で、永正一二年に稙長が元服することから、ここでの「鶴寿丸」は稙長の嫡子とするが、上述の史料的性格からして稙長本人と考えてよい。ここから、署判部分の始まりは鶴寿丸が幕府行事に参加し始める永正七年から元服する同一二年までの間におよそ絞り込むことができる(8)。

もちろんこの一点だけで、全員がほぼ同時に署判したとすることはできない。例えば、内藤国貞の先代にあたる貞正は、永正一八年七月まで丹波守護代としての徴証がみられるので(9)、それに従えば国貞が署名するDグループの部分は時期がやや下ることとなる。しかし、別途明らかにしたように、高国が実権を握ると程なくして在京する国貞が守護代の立場を継承しており、一線を退いた貞正は在国して守護代の業務を代行しているのが実態であった(10)。よって、国貞の署判は年代を特定する材料とはならない。

Dグループの署判の時期を絞るために、改めて「大永四年細川亭御成記」に注目したい。そこには香川元綱・内藤国貞・薬師寺国長・同国盛の順で名前が記されていた。これと【史料1】の元綱・国貞・国長の順序が一致することから、両史料の人名の並びは身分的な序列をそのままに反映していると思われる。つまり、筆頭の「紀元成」が失脚して、のちに薬師寺国盛が参入したのであろう。

京兆家内衆の筆頭格で紀姓を用い、かつ高国が実権を握った永正五年以降に没落するという条件に当てはまるのは、安富家をおいて他にない。細川政元に仕えた元家以降の安富家については一般にあまり知られていないが、「安富又三郎元成遁世して、丹波の南昌庵といふ会下にあるよし」とする史料からも、「紀元成」とは安富元成の

【史料1】　大永元年　大永4年　享禄2年

図10　松浦守の花押

ことで、永正一一年までに遁世したことが判明する。[11] よって、鶴寿丸からDグループまでの署判は、期間を置かずして永正一一年以前になされたということになる。

最後の松浦守については、判断基準が花押のみなので時期の特定は難しいが、図10に掲げた花押の形状から概ねは推定できる。例えば、彼の後半生にあたる享禄・天文期（一五二八〜五五）に入ると、左端の縦棒がまっすぐ下まで延び、右下に向けて延びる線と二本足で立つような形に定まるので、[12] そうではないものはそれ以前ということになる。【史料1】の花押は、左端の縦棒が棒というよりも点に近く、右下に延びる線一本で立っているような形をとっており、筆順は同じながら形状は随分と異なる。

和泉国人の田代家に残された文書のうちには、文面から大永年間に年次比定できる松浦守の花押が二点あり、いずれも左側の縦棒の延び具合等が、【史料1】と享禄・天文期の間の過渡的な形態をとっている。[13] しかも、大永四年の花押は享禄・天文期に近く、大永元年の花押は【史料1】に近い。それでいて一致することはないので、【史料1】の花押は永正期まで遡ることは間違いない。

以上の分析から【史料1】の作成過程を改めて整理すると、署判は永正年間中頃に始まり、さほど期間を置かずしてすべてが調ったが、何かしらの事情で大永七年に体裁を一新して勧進を再開したことになる。その事情とは、「高野山検校帳」にみえる「永正十八年二月十二日、西院来迎堂西ニ福智院ト云坊舎アリ、自是火出テ来迎堂ヨリ始テ東ニ焼」という記事が答えを与えてくれる。[14]

【史料1】では引用を省略したが、勧進の趣旨を述べるなかでも「先年回禄之砌当院灰燼畢」としているように、前半は永正一八年（同年大永に改元）に焼失した来迎堂の再建を目的としたものであった[15]。それ以前に成立した後半の署判部分は、来迎堂再建とは無関係の勧進に伴うものということになる。より多くの奉加を集めるために、永正年間中頃に得た高国周辺の錚々たる顔ぶれの署判を転用したため、今見る勧進帳の姿となったのである。いわば、真正な文書と真正な文書を組み合わせた広義の偽文書なのだが、京兆・典厩・野州家を三本柱とし、畠山氏と連携する永正期の高国の権力構造を如実に示していることは、ここまでの検討からも疑いあるまい。

しかも、全く知られることのなかった永正期の松浦守の動向を示す点でも稀有である。よく知られるように、松浦守は天文後期に元常のもとを離れ地域権力化する。矢田俊文氏は、享禄・天文期に判物を発給するようになることから、松浦守の自立化の時期をその頃に求めている[16]。【史料1】で明るみに出た永正期の離反は、元常が畿内に戻れば従っているので、自立というよりも元常が四国に流浪していたことによる和泉在国のためのやむなき選択であろう。よって矢田氏の説に大きな異論はないが、松浦守が絶妙なバランス感覚で高国方とも関係を持ち、和泉に在国し続けていたことは、発言力を増し自立化していく前提として高く評価してよい。

そしてこのような松浦守の動向と、氏綱が権力として浮上し、かつ和泉と関係を持ち始める過程は、密接に関わってくることとなる。

2　細川氏綱の出自と初期の動向

細川氏綱は尹賢の嫡男なので、永正一〇年（一五一三）四月の「細川右馬頭《尹賢》家督誕生」という記事は[17]、氏綱の生誕を意味している。前にも引用した「大永四年細川亭御成記」によると、大永四年（一五二四）三月に細川尹賢邸へ御成をした将軍義晴に対し、「是様御曹司様《細川尹賢》」である「宮寿殿」が太刀と馬を進上しているので、元服まては宮寿と名乗っていたことがわかる。

氏綱の元服は、大永六年一二月二七日に「細川二郎（氏綱）・同八郎（晴国）今日元服」とみえるように、晴国と同時に行われた[18]。氏綱の元服にあたって注目したいのは、その直前に尹賢が、当時一流の知識人であった清原宣賢に対し、「入道加冠例」を尋ねていることである[19]。大永五年、高国は稙国への家督譲渡とともに入道するが、その年のうちに稙国が急死したので家督へ戻ることとなる。結果的に入道は先走りになってしまったといえよう。この状況から推察するに、尹賢が意図しているのは高国を氏綱の加冠役とすることであろう。しかし、宣賢がそのような先例はないと回答していることも踏まえると、尹賢の考えは実現することがなかったと思われる。

その傍証となりうるのは、氏綱が元服後しばらく「清」という一字名を用いていたことである[20]。細川家の人物が一字名を名乗るのは極めて珍しいが、おそらく高国からの偏諱を保留したことによるものであろう。ここで氏綱発給文書の初見を掲げておく。

【史料2】[21]

和田之内五郎四郎分之事、申分通得其意候条、令領知可忠節事肝要候、猶松浦左衛門大夫・檜山忠兵衛尉可申候、謹言、

十月十三日　清（花押）

和田太郎次郎とのへ

【史料2】以外の清の花押は、少しずつ形態が異なるものの氏綱署名の段階と共通点がみられるが、【史料2】の花押だけは全く異なる[22]。しかしながら清発給文書のすべては、檜山忠兵衛尉が取り次いでいるので別人ということはない。そのため、発給文書の初見と判断される。

檜山忠兵衛尉の諱は賢久で[23]、氏綱の父である尹賢の偏諱をうけている。この書状を取り次ぐもう一人は松浦守なので、彼が元常のもとを離れ高国方につくのは、永正期の一度に留まらなかったことがみてとれる[24]。

松浦守が肥前守を名乗っている初見は、大永七年一二月二〇日付の元常書状で、ここでは元常の配下として動いている(25)。左衛門大夫を名乗ったのはそれ以前で、氏綱の元服が大永六年一二月なので、【史料2】は大永七年に特定できる。したがって、松浦守は大永七年一〇月までは高国方として氏綱の配下におり、それからまもなくして晴元方に戻って元常の守護代に復帰し、それを契機に肥前守と改めたことになる。

晴元方を離れ高国方へついた時期も推定しておこう。阿波から和泉に上陸した細川元常は、大永四年一〇月一日に菱木で高国勢と合戦に及び勝利する(26)。一〇月一一日付で日根野氏に宛てた元常の感状に、「去朔日於泉州菱木合戦之時、松浦与一所ニ励戦功由、左衛門大夫令注進候」とあるように(27)、この合戦で松浦守は元常方に属して戦っていた。ところが一二月に入ると細川稙国の兵が投入されて反撃に遭い、晴元勢は再び四国に退去した。とはいえ、大永七年二月に至っても、足利義維を奉じて四国から淡路へ渡海する旨など、晴元方の内々の近況を松浦守は報じているので(28)、彼が高国方の軍門に下ったのはそれ以降のこととなる。

【史料3】(29)

就御寺領吉見之段銭之儀、預御状候、委細拝見申候、従前々被参置候、付而ハ不可有別儀候、可御心安候、自然御聊爾なと被仰候てハ如何申候、可被成其御心得候也、江州辺之儀、珍子細者可預御知候、旁以面可申承候、恐々謹言、

大永七年

五月廿九日　　　守(松浦)　在判

蔵春軒　御報

寺領の段銭免除が従前通りなされるか危惧した蔵春軒は、松浦守にその旨を問い質したのであろう。この書状はその問いに答えたものと理解される。【史料3】単体では、松浦守が元常から離反した様子は読み取れないが、

【史料2】の存在を踏まえると、【史料3】をさほど遡らない時期に和泉に残った松浦守が高国方の姿勢を明示したため、蔵春軒がそれに反応したのだと推察される。近江の高国たちに目新しい動きがあれば教えて欲しいとも述べているが、少なくともここからはその動きに対する敵対心は窺えない。

和泉国鶴原荘の領主佐竹基親の動向は、松浦守が大永七年に元常から離反したことを裏付けている。「古本佐竹系図」によると、基親は佐竹澄常の弟で、彦三郎・新介を名乗り、元亀二年（一五七一）に六十五歳で没している(30)。澄常は三十一歳と早世したため、弟の基親が家督を継いだ。病床の澄常は松浦守に対し、弟松千世（基親）への家督譲渡を通知し、「御一字可申請之旨」への協力を要請している(31)。基親は大永元年に十五歳なので、この書状の年代は直前の永正後期に推定される。

松千世は、実際元常から一字を拝領し彦三郎常秋を名乗っているので(32)、当初は松浦守とともに元常に仕えていた。ところが大永七年七月頃には、高国とともに近江に退去していた義晴方の幕府に自領の安堵を求めており、翌年幕府は高国派和泉下守護である細川勝基に対して押妨を止めるよう通達している(33)。佐竹氏も松浦守に従って大永七年に高国方へつくことになったため、それとほぼ同時に高国方の訴訟体系に沿って自領の安堵を求めたのである。松浦守は同年のうちに元常のもとへ戻ったが、常秋はそのまま高国方に残り、細川勝基の偏諱をうけて新介基親に改めたのであろう(34)。

問題は、元服直後でかつ和泉と接点のなかった氏綱が、【史料2】にて和泉国人和田氏の知行を安堵している理由である。いったいどのような立場に立って【史料2】を発給したのであろうか。

【史料4】(35)

去十月朔日於菱木合戦之時、逢一番太刀、父太郎次郎《助高》令討死之条、尤神妙至忠節無比類候、弥忠儀肝要候也、謹言、

十一月（大永四年）二日　晴宣（細川）（花押）

和田宮千代（助守）とのへ

先述の菱木合戦後に、高国派和泉上守護の細川晴宣が、配下の和田氏に発給した感状である。和田文書に含まれる同家の系図から、太郎次郎は助高で、彼の戦死に伴い急遽跡を継ぐことになった宮千代は助守に比定できる。岡田謙一氏によると、晴宣は大永六年正月以降、史料上から姿を消すというので[36]、氏綱は晴宣に代わる立場で【史料2】を発給したと推測される。

【史料5】[37]

依京都一左右被得可令進発候、然者涯分揃人数可抽忠節事可為本望候、猶持地院可被申候、謹言、

十二月廿七日　晴宣（細川）（花押）

和田宮千代（助守）殿

宮千代宛てであるから【史料4】以降のものである。大永七年一〇月の【史料2】では、助守が宮千代を改め父の仮名太郎次郎を受け継いでいるので[38]、大永四年から六年のものということになる。大永四年末に四国へ退去した晴元勢が、同六年一二月に堺へ再上陸し始めるので[39]、京都への進発を予期する【史料5】はそれをうけて発給されたものであろう。翌大永七年二月に桂川の戦いで両軍は激突し、高国は近江へ敗走する。晴宣はこの戦いの渦中で没落したため、これ以降、史料上の所見がなくなるのではなかろうか。

氏綱は、この状況下で和泉支配を支えるために、晴宣の代理として派遣されたと考えられる[40]。もちろん氏綱は典厩家の嫡子なので、和泉守護に補任するという格下げ人事はあり得ないし、そもそも晴宣は畠山稙長の弟なので、盟友関係にある畠山氏のポストを侵食することも考えがたい。あくまでも桂川合戦後の臨時的な措置といえよう。

そしてそれは、松浦・佐竹両氏の勧誘に成功したことからも明らかなように、一定の功を奏したと評価できる。晴元方の「堺公方」が成立する一方で、高国権力が瓦解し始める時期にあたるため、この段階では晴元方が圧倒していたイメージが強いが、松浦・佐竹両氏の動向は、必ずしも高国方が不利な状況に追い込まれていたわけではないことを示している。同時期に偽作された【史料1】で高国方の署判が活用されたように、高野山も高国権力がまだ健在であるという意識を持っていた。高国が最終的に滅亡するのは事実ながら、それを前提としてこの時期の戦乱を予定調和的にみるのは慎まなければなるまい。

最後に、清から氏綱へと改名した時期について検討しておきたい。その重要な手がかりとなるのは、氏綱の名の確実な初見ともいえる『天文日記』天文一二年（一五四三）一〇月二〇日条である。すなわち本願寺証如が、氏綱の挙兵失敗につき細川晴元へ祝辞を送った際に、「細川（晴元）へ、就次郎氏綱方敗軍事令音信」と通常は記さない諱をわざわざ注記しているのである。『天文日記』と対をなす「音信御日記」でも、同日条に「次郎氏綱」と同様の記述がなされることから、[41]証如はこの直前に氏綱改名の事実を知ったと推察される。

それ以前からも、氏綱は「細川次郎」の名でしばしば『天文日記』にみえるが、天文一二年に入ってからこの日までには、①七月一一日条、②七月一四日条、③八月三日条、④八月六日条、⑤九月二三日条、⑥一〇月一日条の計六回登場する。このうち①③⑥では氏綱の書状を受け取っているので、証如は⑥で初めて改名を知った可能性が高い。この推測が正しければ、八月から一〇月までの間に改名したことになる。天文一二年七月末に、氏綱は高国後継者を自称して最初の挙兵をするので、改名はそれに合わせたものと考えられる。

3　三浦家本「細川系図」と氏綱の近親

本項では、氏綱近親の動向について検討する。その主たる狙いは、氏綱の弟和匡（のちの藤賢）が氏綱に代わって尹賢の跡を継ぐことになるので、この継承過程をみることで、氏綱が高国の継承者となる時期を浮かび上がらせることにある。

そこでまず取り上げたいのは、尹賢と和匡について、他の史料にはない情報をいくつか載せる三浦家本「細川系図」である[42]。この系図が残された三浦家は、和匡の子元賢が毛利家家臣の三浦元忠の養子となったため、細川から三浦へ改姓したとされる。元賢はのちに毛利家を離れたというが、毛利家に仕え続けた三浦家の文書や系図からは、元賢が養子となった形跡が一切確認できないので[43]、「長府細川系図」同様、この系図も検討の余地がある。

しかし、そのことをもってして「細川系図」に記されるすべての情報を否定しなければならないわけではない。例えば、「天正十八年《（一五九〇）》七月廿三日於京都卒、七十四歳」とする「細川系図」の和匡死没記事に従えば、彼は永正一四年（一五一七）生まれということになるが、兄氏綱より四歳年下ということもさることながら、後述のように永正一七年にはある程度成長しているので、この生年は極めて整合的である。氏綱の生年や挙兵以前の動向が全く知られていないなかで、このように矛盾なく和匡の年齢を想定するのは、偶然にしてはできすぎている。ここから、「細川系図」の和匡死没記事は、過去帳のような何らかの正しい情報に基づくものと考えられる。

「細川系図」の信憑性を裏付ける事例として、尹賢の死没記事についても検討しておこう。享禄四年（一五三一）六月の大物崩れを切り抜けて摂津の「冨田寺ニ退去」していた尹賢は、「右馬頭《（細川尹賢）》於摂州一《（ママ）》渡生害云々、木澤衆打取云々」とみられるように、七月二四日に晴元方の木沢勢の攻撃を受けて、摂津の某渡し場で討ち取られたという[44]。その二日後に近衛尚通が得た「典厩《（細川尹賢）》入水云々、木澤衆執懸云々」という情報によると[45]、実際の死因は入水であったようである。整理すると、木沢勢の追討を逃れて富田から淀川沿いまで行き、渡し船には乗ったものの、なぜだか対岸まで辿り着くことなく自殺したということになる。

直前に富田寺内町（高槻市富田町）に匿われていたことを踏まえると、その二年前に山崎での合戦に敗北した柳本賢治が対岸の「枚方の道場」へ逃げ込んだように、[46] 尹賢も枚方寺内町（枚方市枚方上之町）に逃げ込もうとしていた可能性が高い。枚方寺内町の成立時期は不詳ながら、当時枚方が淀川左岸の浄土真宗の拠点となっていたことは、証如が山科本願寺から大坂本願寺へ向かう途中に立ち寄っていることからも裏付けられる。[47] 上述の経過から、富田寺内町のように混乱に巻き込まれることを危惧した枚方寺内町が、入寺を拒否したため、尹賢は行き場がなくなり自殺したのだと推察される。

それを踏まえて「細川系図」の尹賢死没記事をみると、「某年七月廿四日、於河内国平堅（枚方）自殺」となっており、いずれの史料にも記されていない死没の地が特定されている。このような詳細な情報を載せつつも、没年が不詳の場合はあえてそのままにするという点に、情報を操作していない客観的な姿勢をみてとることもできる。他の部分については改めて検討する必要もあるが、過去帳の類に記されていそうな尹賢・和匡の死没記事は、以上の点から信用してもよいかと思われる。

では、実際に氏綱兄弟の動向についてみてみよう。永正一七年五月一五日、尹賢は子息を連れて近衛尚通のもとを訪ねているが、あいにく風呂に入っていたため対面はできず、尚通は「典厩（細川尹賢）息子三四人相具来」という不確定な情報しか得ていない。[48] それから四日後には「駿河左衛門佐○《令同道》典厩息三人来」とみえ、尹賢の子息は三人と確定できる。[49] 尹賢に代わって息子たちを引率してきた駿河左衛門佐は尹賢の弟で、細川駿州家を継ぎ左衛門佐を名乗っていたのでこのように呼ばれる。[50] 当初は駿州家が代々用いる四郎の仮名を名乗り、永正一六年に左衛門佐に改めている。[51]

氏綱はこのとき八歳、和匡は「細川系図」に従えば四歳である。残るもう一人の兄弟は、挨拶に訪れているのでさらに年少となることはなかろうから、異母兄弟か義兄弟かと思われる。以前指摘したように、氏綱・和匡と行動をともにする近親で、両者に比べ出自がやや劣る勝国（三郎、のち左衛門佐）なる人物がいるが[52]、以下の検討から三人目の兄弟は勝国である可能性が高い。

例えば、能登畠山氏の重臣温井総貞が、氏綱内衆の寺町三郎左衛門尉に宛てた天文後期の書状では、「御屋形様（細川氏綱）四郎殿様（細川和匡）　三郎殿様（細川勝国）」の三方への取次を依頼しており[53]、【史料1】でみた高国期における三家の序列を彷彿とさせる。当初三郎を名乗っていた勝国は、のちに左衛門佐を名乗っているので、駿州家を継承する立場にあったようである。仮に勝国が駿河左衛門佐の実子であった場合、勝国は三郎ではなく四郎を名乗ったであろうし、駿河左衛門佐が尚通を訪問した際には、自身の子供もともに引率したと思われる。駿河左衛門佐が尹賢子息を引率したのは、三兄弟のうち一人を養子に迎えることが既定路線となっていたからではなかろうか。

そこで改めて注目したいのは、和匡が四郎の仮名を名乗っていることである。これは、和匡が駿河左衛門佐の養子となっていたことを示唆している。氏綱との年齢差からして享禄年間の元服と考えられるが、和匡が他家を継いだということは、その頃の氏綱はまだ尹賢の後継者であったことになる。しかし、典厩家という家柄や氏綱の中途半端な諱を踏まえれば、実子に恵まれないまま高国に万一のことがあれば、その跡を継承することになっていたはずである。結果、享禄四年の大物崩れによって高国が落命し、その道を選択することになったため、和匡が典厩家の当主に繰り上がり、勝国が駿州家を継ぐことになったのであろう。

以上のように三兄弟を措定すると、尹賢が典厩家の政賢の跡を継いだ理由について、「娶政国（細川）孫女為妻、以故継政賢（同）」とする「細川系図」の記述は、俄に信憑性を帯びてくる。父親が同じ尹賢だとしても、母親が典厩家出身か否かで同家での位置付けは全く異なったものとなってしまうからである。「細川系図」の尹賢・和匡部分には信憑性も認められ、近衛邸訪問の記事とも符合することから、氏綱・和匡・勝国の序列は年齢だけでなく、母親が典厩家の血を引くか否かという点も作用していると考えておきたい。

4　細川晴国の出自と初期の動向

高国のもとにおける備中守護は、政春の弟である春倶の長男国豊、さらにその子と考えられる九郎二郎へと継承されたようであるが、永正一二年（一五一五）一〇月、九郎二郎は十九歳の若さで自殺する[54]。そこで急遽、高国は父政春を備中守護に補任した。以後この家は、政春の官途安房守に基づいて、史料上は房州家と呼ばれるようになる。

政春唯一の男子であった高国は、永正五年に京兆家の家督を継承したため、政春の跡を継ぐべき実子はいなかった。しかもすでに入道していた政春は、このとき齢六十であった。高齢の政春にとって最大の課題は、家督継承者の確保にあったと思われるが、翌永正一三年八月には「房州家督誕生」とみえるように[55]、その課題は難なく解決する。この子こそが晴国である。

難題を解決した政春は、晴国生誕から一年後の永正一四年八月頃に病に罹り、翌一五年正月に没する[56]。この結果も視野に入れて状況を踏まえれば、備中守護に補任された段階で、政春は万一に備えて養子を迎えていたと推測される。その点を明記した史料や系図の類は一切ないが、傍証をいくつか拾い出しておこう。

天文五年（一五三六）八月二九日の晴国自刃の経過について、「細川両家記」は「晴国御兄弟を境津へ落申由候て、天王寺にて御腹めさせけると也」としており[57]、兄弟の存在を窺わせている。本願寺の証如も同様の情報を得ているが、「八郎兄弟《東禅寺事歟》并内者上下五人生害よし申候」のように、晴国の兄弟に傍註を打ち、「東禅寺事歟」と推測を加えている[58]。もちろんこの記述から、晴国とともに「東禅寺」が没したと即断はできないが、「東禅寺」が晴国の兄弟であることについては、ある程度の信を置いてもよいかと思われる。

この「東禅寺」は、正しくは東漸寺と表記するのであろう。つまり晴国の兄弟は、出家して父政春の菩提寺である東漸寺の住持となっていたと推察されるのである。晴国誕生直後に政春は罹患するため、晴国に弟がいた可能性は低く、仮にいたとしても出家させる理由が見当たらない。上記の経過から推測すれば、晴国が生まれたため出家させられた義兄がいたと考えるのが自然ではなかろうか。そしてその義兄は、政春が没するに伴い養父の菩提寺住持になったと考えたい。

【史料6】[59]

坊領神吉村事宇津（元朝）令懇望条、為武略申付候、雖然属本意彼等遣替地可返付候、弥祈念肝要候、猶東漸寺可有演説候、恐々謹言、

三月十三日　晴国（花押）

尾崎坊

このように、東漸寺は神護寺尾崎坊に対して晴国の意を伝える役割も担っている。東漸寺の活動は、現在のところ以上の例しか確認できないが、証如が晴国兄弟と聞いて具体的に「東禅寺」を想起したことも踏まえると、東漸寺は晴国勢力における対寺院交渉の役割を担っていた可能性もあるだろう。

続けて、成人するまでの晴国の所見について確認する。大永四年（一五二四）正月の政春七回忌は、「平安城居住大功徳主源朝臣虎増」が執り行っており[60]、事前に東漸寺に経を贈った三条西実隆は、「細川虎益」から返礼を受けている[61]。ここから元服前の晴国は、虎増（虎益）と名乗っていたことが判明する。

晴国の元服は、既述のように大永六年一二月に氏綱とともに行われ、以後八郎の仮名を用いることとなる。当時氏綱は十四歳で相応の年齢だが、晴国は十一歳とやや早めの元服であった。両者の年齢差は、氏綱が元服祝儀の返礼として近衛尚通のもとを訪れたのに対して、晴国はまだ義晴に出仕していないことを理由に訪問しないという違いにも表れている[62]。晴国の元服が急がれたのは、房州家の安定的継承にも理由が求められるが、二人揃っ

ての元服は、当時の高国権力が抱えていた課題とも無関係ではないと思われる。なぜなら、大永五年四月に高国の家督を継承したばかりの嫡子稙国が、同年一〇月に急死しているからである。つまり二人揃っての元服は、稙国の一周忌が終えるのを待って行われた、高国権力の世代交代を世に知らしめる式典としての性格も有していたと推察されるのである。

とはいえ氏綱の元服は、年齢的にみても規定路線であったと思われる。そのことは、洛中洛外図屏風（歴博甲本）が示している。小島道裕氏によると、この屏風は高国が稙国へ家督を譲渡した直後の様子を描いたもので、高国権力の次世代の繁栄を予祝したものとされる(63)。ただし、現状をそのまま描いているのではなく、近く完成予定の足利義晴邸がすでに描写されているように、そこに示されているのは来るべき政権像といえる。それを踏まえて細川典厩邸をみると、広縁に当主の尹賢と氏綱が同じ服装で並んで座っており、正確にはこの段階で元服していない氏綱が元服後という設定となっている。

したがって、屏風が描かれた大永五年には、氏綱の元服がすでに予定されていたことになる。その矢先に稙国の死が訪れたため、元服は一周忌が終わるまで延期されたと考えられる。また、二人揃っての元服は、晴国の年齢からして当初は計画されていなかったであろう。一年を待つうちに晴国がそれなりの年齢に達したので、高国権力の安泰を周知するために新たに企画されたと推測したい。

なお、念のために述べておくが、高国が晴国を養子とした形跡はなく、仮にそうしてしまうと房州家の家督が不在となってしまうことから、この段階ではあくまで晴国は房州家の、氏綱は典厩家の継承者とみるべきである。

二　「長府細川系図」の分析

1　「長府細川系図」の概要と研究史

『尊卑分脈』にみえる細川家の系譜は前掲図9の通りであるが、現在、一般的に用いられる晴国前後の細川野州（房州）家の系譜は、それに輝政（初名通政）と通董（初名通頼）の二名を補った図11Aのようなものである。

図11A　一般的な細川野州（房州）家系図

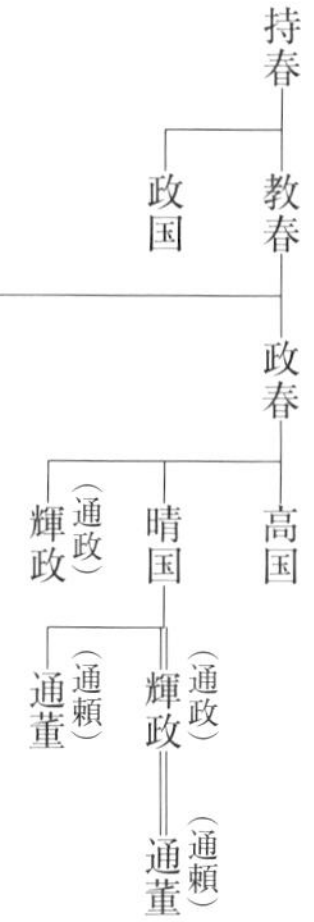

図11B　「長府細川系図」（抄）

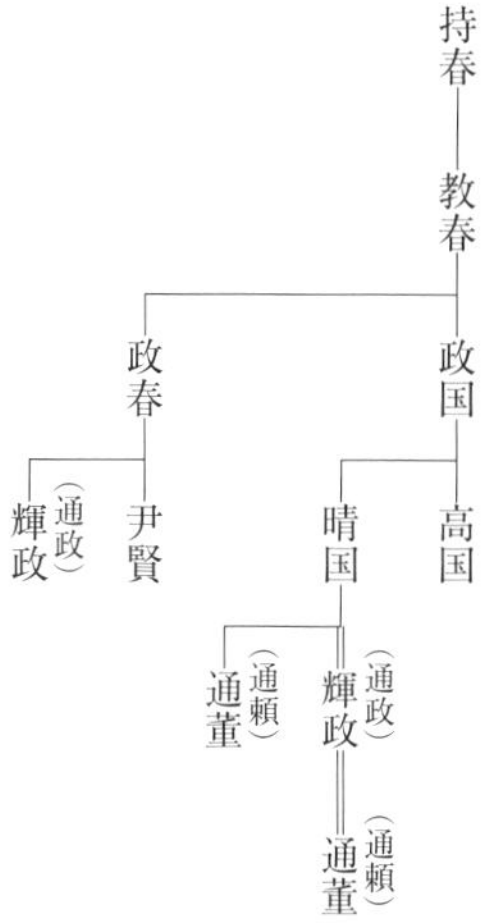

これは藤井駿氏が作成したものを原型としており、今現在も備中地域の自治体史や研究などで踏襲され続けている[64]。

図11Aに従えば、輝政は晴国の実弟でのちに養子となり、通董は晴国の実子でのちに輝政の養子となったことになるが、その複雑な継承関係を追記する典拠となったのは、図11Bの「長府細川系図」（以下「系図」と略す）である[65]。この史料は、清和天皇に始まるいわゆる清和源氏の系図で、とりわけ十五世紀から十六世紀にかけての部分に力を入れて作成していることは情報量の差から一目瞭然といえる。のちにこの家は、毛利家に仕えて萩藩の支藩長府藩で家老をつとめた。近世にまとめられたこの「系図」を、藤井氏は「長府の細川氏の所蔵する所の写であるから、相当の信憑性がある」というが、政国と政春の系譜上の位置付けは、『尊卑分脈』と比較すればわかるように明らかな誤りである。

藤井氏はその誤りを修正するかのように、政春を正しく教春と高国の間の代に移動させ、それとともに政春の息子である輝政もスライドさせる。これによって、『尊卑分脈』にも「系図」にも存在しない、高国・晴国・輝政の三兄弟が登場することとなった。ただし、「系図」で輝政の兄とされる尹賢は、『尊卑分脈』と齟齬を来さないように政春の子とはしていない。このように現在通用している系図は、十分な吟味を加えていない史料に、強引な操作を加えて作成したものといえる。

では、「系図」に記される晴国の情報について、信憑性を確認しておきたい。

八郎　従四位下　任右馬頭　備中国主／安房守　武蔵守／在城予州松山／永正十四丁丑年三月被加相伴衆天文五年丙申年／摂州大坂本願寺合戦之時八月廿九日於天王寺／生害四十三歳号龍興寺殿（／は改行）

天文五年（一五三六）に四十三歳で没したこととなっているので、ここでは生年が明応三年（一四九四）に設定されており、実際よりも二〇年以上の誤差が認められる。文明一六年（一四八四）生まれの高国と晴国は、実際は三十歳以上も年が離れているが、おそらく両者が一般的な兄弟の年齢関係にあると想定して作成したのであろう。没年については、前にも引用した「細川両家記」や『天文日記』などから間違いはないが、この情報自体は「足利季世記」などの近世に成立した軍記物にも掲載されるので、(66)「系図」の信憑性を裏付ける根拠とはなり得ない。名乗りについては、『天文日記』では晴国死亡記事に至るまで一貫して「八郎」と呼称されており、それ以外を名乗った形跡は他の史料でもみられない。永正一四年（一五一七）に相伴衆に加えられたことはいうまでもなく、備中や伊予に在国した事実も一切確認できない。

以上のように、少なくとも晴国に関しては、信用に値する情報が皆無に近い。にも拘わらず、多くの研究者たちが「系図」を信用してしまう理由は、その書式にあると考えられる。すなわち「系図」の歴代当主部分に、該当する当主宛ての家伝文書が原文そのままに引用されるという書式である。表31Aの満国を例に取れば、まず右

表31Ａ　「長府細川系図」の引用文書

番号	年　月　日	差　出	宛　所	原本	刊本	「系図」上の位置づけ（仮名・官途の変遷）
1	応永14. 12. 9	足利義満	細川満国	○	博５	満国（右馬頭→下野守）
2	応永15. 9 . 30	足利義持	細川満国	○	博６	
3	応永28. 11. 28	足利義持	細川持春	○	博７	持春（六郎→民部少輔→下野守）
4	応永33. 10. 14	細川満元	細川持春	○	博８	
5	永享６. ６. 19	足利義教	細川持春	○	博９	
6	長禄４. ３. 26	足利義政	細川持春	○	博11	
7	長禄４. ３. 26	足利義政	細川教春	○	博10	教春（民部少輔→下野守）
8	（年欠）. １. 18	足利義政	細川教春	×	文４	
9	応仁２. ５. ６	足利義政	細川教春	○	博12	
—	—	—	—	—	—	政国（九郎→右馬頭→武蔵守→中務大輔）
10	永正12. 10. 26	細川高国	細川政春	×	文５	晴国（八郎→右馬頭→安房守→武蔵守）
11	永正12. 10. 26	細川高国	細川政春	×	文６	
—	—	—	—	—	—	輝政（武蔵守→安房守）
12	（年欠）. ７. ３	細川氏綱	細川通董	×	文７	通董（太郎→右馬頭→下野守）
13	（年欠）. ４. ２	細川氏綱	細川通董	×	文８	
14	（年欠）. 12. １	足利義昭	細川通董	×	文９	
15	（年欠）. 12. １	三淵藤英	細川通董	×	文10	
16	（年欠）. 11. ９	足利義昭	細川通董	○	博13	
17	（年欠）. 11. ６	細川藤賢	細川通董	×	文11	
18	（年欠）. 11. 24	足利義昭	細川通董	×	文12	
19	（年欠）. 11. 25	細川藤賢	細川通董	×	文13	
20	（年欠）. ７. ５	足利義昭	細川通董	○	博14	
21	（年欠）. １. 25	豊臣秀吉	細川元通	×	文14	元通（少輔九郎→彦左衛門尉→下野守）

註１）　原本欄の有無は，必ずしも現存を意味するわけではなく，東京大学史料編纂所影写本作成当時の状況である。

註２）　刊本欄の「博」は下関市立長府博物館蔵文書，「文」は下関文書館蔵文書の文書番号。いずれも『山口県史』史料編中世４所収。

註３）　１の日付は「系図」では「十月」と脱字している。

馬頭から下野守へといった名乗りの変化など略歴が記され、それに続けて1と2の二点の古文書が写されるといった具合である。

『山口県史』に全点が所収されていることからも窺えるように、それらの引用文書が近世に創作できるような内容ではなく、古文書学的にみても特に問題がないので、「系図」全体も事実を踏まえていると期待を寄せてしまうのであろう。しかし、引用文書の信憑性の高さは、必ずしも「系図」における地の文章や血縁関係を裏付ける論拠とはなり得ない。引用文書とそれ以外の「系図」の記述は、信憑性を検討する際に一旦切り離して考えるべきであろう。

2　「長府細川系図」の構成

ここでは「系図」の全体的な構成から作成の目的を明らかにし、利用可能な部分とそうでない部分を峻別する。

「系図」は、安永四年（一七七五）頃までの記述が一つの筆跡で記され、さらに異筆で大正三年（一九一四）に没する細川宮遠まで書き加えられている。「系図」に引用される古文書は、表31Aに挙げたように全部で二一点で、それ以前・以後に古文書の引用はない。十五世紀から十六世紀に力点を置いた系図であることは、ここからも了解されよう。

表31Bは、大正三年作成の東京大学史料編纂所影写本に所収される長府細川家文書のうち、「系図」に掲載されない古文書の一覧である。ここから、「系図」への古文書引用にあたって、家伝文書のなかから取捨選択したことがわかる。

例えば22から25にかけての四点は、同筆で写されたもので、それぞれの宛先である細川頼重・氏久・勝久の三代は、細川頼元の弟である満之を祖とし、高国が実権を握る以前に代々備中守護をつとめていた。この家は、同じ細川家でも野州家とは全く異なる家なので、「系図」には反映されていない。入手の方法は不明ながら、長府細川家における史料蒐集の一端がここからみてとれよう。

26の大内義隆による太刀・食籠の送り状の宛所は、「細川刑部少輔」となっている。この時期の細川刑部少輔といえば、将軍家の近臣である細川晴広が思い浮かぶ(67)。吉田兼右が「細川刑部少輔大内申次也」と記すように(68)、晴広は大内家の申次であったことから、26の宛所も彼と考えてよかろう。細川晴広と長府細川家は、同名とはいえ血縁関係は全く伴っておらず、接点らしい接点も見当たらない。この一例は、長府細川家が自家とは直接関係なかろうとも、史料に「細川」の名がみえる中世文書であれば蒐集の対象としていたことを示唆している。「系図」に蒐集史料が反映されていないので、その目的は今となってはわからないが、自家由緒の体系化とこの蒐集活動は全くの無関係ではあるまい。

29と30の宛所「田惣右」は不詳ながら、残りはすべて長府細川家の当主に宛てられたものである。そのうち33は、最後の長府藩主毛利元敏から細川宮遠に送られた書状で、日付からも明らかなように太陽暦採用後の近代文書である。これを除く27・28・31・32は、いずれも中世末から近世初頭の当主宛てであるが、「系図」には一切掲載されていない。

その四点すべてが、近世段階の主家筋にあたる毛利一族から送られたものであるため、中世段階にお

表31Ｂ　その他の長府細川家文書

番号	年　月　日	差　出	宛　所	原本	刊本
22	応永12.10.29	足利義満	細川頼重	×	博１
23	応永15.12.20	足利義持	細川頼重	×	博２
24	永享２.１.26	足利義教	細川氏久	×	博３
25	長禄４.５.18	足利義政	細川勝久	×	博４
26	(年欠).10.24	大内義隆	細川晴広	○	博15
27	(年欠).５.９	毛利元就	細川通董	○	文１
28	(年欠).12.１	小早川隆景	細川通董	○	文２
29	(年欠).６.14	毛利元清	(田惣右)	○	博16
30	(年欠).９.29	毛利元清	(田宗右)	○	博17
31	(年欠).１.29	毛利輝元	細川元通	○	文３
32	(年欠).８.24	毛利秀元	細川元董	○	—
33	(年欠).12.31	毛利元敏	細川宮遠	○	—

註１)・２)　表31Ａに同じ。
註３)　25の差出は追筆で「浄徳院殿」すなわち義尚とされるが，時期から義政に比定した。

ける毛利家との関係性を排除しようとする意思が、「系図」には働いているように思える。その狙いは、毛利家の配下であることが一目瞭然となる書状を外し、足利家・細川家との繋がりを示す書状ばかりを並べることで、中世段階における家格の高さを強調することにあるのだろう。

「系図」掲載の古文書は、後半のものについては原本が残らないものが目立つものの、以上のような取捨選択の作業を前提とすると、「系図」作成時には概ね原本が残っていたと考えてよいかと思われる。しかし、家系は疑うべきところも多い。例えば、先述のように政春に高国と晴国以外の実子はいないので、「系図」に登場する晴国の弟で養子となった輝政の存在は疑わしい。天文二二年（一五五三）に五十歳で没したとする「系図」に従えば、晴国よりも早い永正元年（一五〇四）の生まれとなってしまうのも、その疑問に拍車を掛ける。そもそも輝政の存在は、「系図」以外の史料では一切確認できない。

ただし、通董は紛れもなく実在の人物である。備中浅口郡に地盤を持ち、のちに毛利家の重臣となっていく通董の事績は、近世の毛利家中でも共有されている情報なので改竄の可能性は低い。よって、天文四年とされる通董の生年などは、「系図」を信用してもよいかと思われる。このように「系図」には、近世に受け継がれた毛利家中としての細川家の情報と、晴国の出自や没年など「足利季世記」に類する軍記物等から得られる情報が併存している。この二系統の情報を、家伝文書を用いながら整合的に繋ぐことこそが、「系図」の作成目的と推定される。

とすると、通董の生年と晴国の没年の隔たりがわずか一年であるところに、「系図」作成上の最大の課題があったに違いない。なぜなら、この部分の接続が「系図」作成の主目的でありながら、手元にある確実な情報は、その時期に細川家が連続していたことを否定しかねない内容のものといえるからである。ここに、晴国と通董の間を時間的に繋ぐ輝政の「系図」上の存在意義が見出される(69)。また、通董が晴国の後継者であることは後掲【史料8】から疑いないものの、実子であるかどうかは検討の余地がある。

輝政が実在しないであろう根拠をもう一つ挙げておく。永正一二年に政春を備中守護に補任した際の10・11の高国書状が、「系図」では誤って晴国宛ての文書として掲載されている。これによって、野州家初代満国以降、歴代当主のほぼ全員に対して家伝文書が掲載され、連綿と続く家であることを視覚的にも訴えうる系図となっている。この点から逆説的にみれば、家伝文書が掲載されない当主は、「系図」の作成者自身、実際には当主でないことを自覚しながら作為した可能性を指摘できる。それに該当する当主は二名のみで、うち一人は輝政である。

そして残る一人は政国である。『尊卑分脈』などからも明らかなように、政国が野州家の当主となった事実はない。政国を当主のごとく記した理由は、次のように説明できる。史実の上での政国は、野州家の次男として生まれ、典厩家を継ぎ右馬頭を名乗った。この事実を利用し、以後の野州家当主は典厩家の家督も合わせ持ったという理解がこの系図を貫いている。具体的には、政国の長男高国は当初右馬頭に任官し、のちに京兆家を継いだこととなっている。それに伴って弟の晴国が右馬頭に任官し、さらにその息子通董にも右馬頭は受け継がれたように記されるが、いうまでもなく高国は政国の子ではないし、政国以外の三者が右馬頭に任じられた事実もない。「系図」が、毛利一族からの書状を意識的に排除していたことを踏まえれば、この必要以上ともいえる右馬頭へのこだわりは、毛利元就・輝元が先例に倣って右馬頭を名乗ったことと関係があるように思える。つまり、細川家は毛利家と同等、あるいはそれ以上の家格であると暗に示そうとしているのではなかろうか(70)。

以上のように家系には稚拙な改竄がみられながら、引用文書においては少なくともそのレベルの改竄は見当たらない。おそらく「系図」の作者は、先述のごとく信憑性を確保するために、手元にある確実な情報までは改竄しなかったはずである。家系の稚拙な改竄が、逆に引用文書の信憑性の高さを際立たせているといってもよかろう。

3　「長府細川系図」所載細川氏綱書状の検討

「系図」には作為された部分が多分にみられるものの、引用文書は信用できると判断されるので、最後に「系図」に掲載される二通の氏綱書状について、年次の比定などを試みておきたい。

【史料7】

新春之吉兆雖事旧候、珍重々々猶更不可有休期候、仍田邊孫四郎旧冬相越候間、則差下候、様躰如何候哉、其以後不能返答候、無心元候、随而最（是）許儀調略之事、至丹州佐治内藤（国貞）者三月十五日入国候、然者城・摂・泉之儀急度申付候、於様躰者可御心安候、猶藤澤兵庫助可申候、恐々謹言、

四月二日　氏綱（細川）判

太郎殿（細川通董）

申給へ

田中修実氏はこれを天文二一年（一五五二）のものと推定し、古野貢氏もそれに倣っているが、単に氏綱方による丹波攻めだけを拠り所としており、同年に比定するには根拠があまりに薄弱である。[71] 丹波守護代家の内藤国貞が、三月一五日に佐治（兵庫県丹波市青垣町佐治）から丹波へ入国したと報じている点からもう少し具体的に検討しておこう。

内藤国貞は浪人中に度々丹波入国を図っているが、三月に最も近いのは、天文一四年の「自去月（四月）比丹波江内藤牢人出張」という事例である。[72] 三月一五日に入国し、四月に入って表立った行動を開始したとすると時期的にも符合する。国貞はさらに進軍し、「関の城」（京都府南丹市日吉町の旧世木村）に籠城するが、七月二七日に落城して再び身を隠すこととなる。[73]

佐治は但馬との国境に近いので、国貞はこの直前に浪人として但馬に潜伏していたのであろう。天文元年の細川晴国丹波入国の際にも、但馬守護の山名祐豊と内藤国貞は連絡を取り合っているので、ここでも祐豊の援助を受けていたと考えられる。三好長慶が実権を握った天文二一年段階には、すでに国貞は長慶に属して丹波八木城に復帰しているので、京都方面からの入国は考えられても但馬方面からの入国は考えがたい。よって従来の天文二一年は誤りであり、天文一四年に年次比定を改める必要がある。[74]

さて、「田邊孫四郎旧冬相越候」と述べているように、【史料7】からは、少なくとも天文一三年には氏綱と通董の間で連絡を取り合っていたことが確認できる。ただし、「其以後不能返答候」ともあるように、それほど密に連絡を取り合っているわけでもない。

「系図」には、もう一点氏綱の書状が掲載される。

【史料8】

安房守殿家督之事、如先々可有御存知事肝要候、猶掃部助・赤澤源次郎可被申候、恐々謹言、

七月三日　　　　　　氏綱判

太郎殿

古野氏は、おそらく晴国が天文五年に自刃したことを前提として、【史料8】を天文六年に比定しているが、先述のように「氏綱」と署名し始めるのは、天文一二年八月以降と思われる。また内容からして、氏綱と通董の間で交渉が始まったときのものと考えられるので、【史料7】が【史料8】に先行することはない。よって天文一三年に比定できる。

【史料8】を素直に読めば、通董への「安房守」の家督継承を認めるものと理解されるが、田中氏は「通董が結果的に父や叔父の官途の安房守」を名乗っていないことから、晴国から通董への家督継承を否定するものとす

る。さらに古野氏は、「野州家家督の件は、晴国から通董ではなく、輝政へ継承されることを認めるよう、氏綱から出されたものである」と拡大解釈している。

しかし、ここまで明らかにしたように、晴国は安房守を名乗っていないし、輝政は実在しない。また、通董は八郎ではなく太郎を名乗っていることから、晴国の縁者ではあっても実子ではないと思われる。だからこそ安房守へのこだわりもなく、それ以前の野州家に回帰して、表31Aにみられるように成長して下野守を名乗ったのであろう。

そもそも、ここでいう「安房守殿」とは、特定個人を指しているわけではない。例えば晴国自身が「房州八郎」と呼ばれ、あるいは、細川晴元・法華一揆と本願寺との間で和睦した際、「細川家督六郎(晴元)、於八郎(晴国)者可為房州」、すなわち晴元は京兆家家督、晴国は「房州」家督と定められたように、安房守は政春の官途から派生して家督を意味する言葉となっていた[75]。とすると、やはり素直に解釈するのが妥当かと思われる。

以上のような年次比定や解釈に従えば、次のようなことがいえるだろう。【史料8】が氏綱と通董の最初の接触だとすると、天文一二年七月末の挙兵にあたって、氏綱は本来ならばまず第一に根回しをすべきと思われる晴国残党と連絡をとっていなかったこととなる。挙兵が失敗するにあたり、再興のためにやむなく連絡を取り始めたともいえなくはない。晴国と氏綱は、二人して高国権力の次代を担うと目されていたはずだが、天文初年の晴国挙兵にあたって氏綱が行動を起こした徴候も見出せないので、同じ高国残党とはいっても、晴国の挙兵と氏綱の挙兵の間には連続性が稀薄といえそうである。

【史料8】で、「八郎殿家督」あるいは「晴国殿家督」と明示することなく、あえて「安房守殿家督」とややぼやかした表現としているのも、それなりの理由があると思われる。なぜなら、晴国の家督とした場合、高国後継者としての地位も含む可能性が生じるからである。晴国はあくまでも房州家当主であり、天文初年の挙兵は高国の正統な継承者としてのものではないというのが氏綱方の主張なのではなかろうか。

実際、「常桓（高国）ノ跡ヲツキ（継）」、あるいは「細川次郎殿氏綱と申候は常植（桓）御跡目と申て諸浪人集」とされるように、氏綱は高国の後継者として挙兵している(76)。最初に述べたように、家格のうえでは典厩家が上であり、氏綱としては晴国が自身をさしおいて高国の継承者たらんとしたことを問題視していたのであろう。和泉にそれなりの地盤を持ちつつも、氏綱が晴国の挙兵に同調しなかった理由はそこに見出される。

その点で注目されるのは、細川氏綱の奉行人として知られる斎藤春隆である。彼はそれ以前に、晴国奉行人をつとめており国富を名乗っていた(77)。この諱の遍歴は、もともと政春に出仕して春隆を名乗り、晴国から一字を拝領して国富と改名したものの、のちに旧名に復したことを意味している。氏綱のもとでは、晴国に仕えていた過去を捨てなければならなかったのである。

このような晴国と氏綱の不連続性を踏まえると、晴国を裏切り自刃に追い込んだ三宅国村が、天文一五年の氏綱二度目の挙兵にあたって、何の差し障りもなく氏綱と合流したことも矛盾なく理解することができる(78)。

おわりに

本章では、高国残党を畿内の戦乱の中に位置付けるための前提作業として、まず第一節で生年・幼名・兄弟や元服の時期など、これまで知られることのなかった挙兵以前の晴国・氏綱の実態に迫った。第二節では、それを踏まえたうえで、二人の情報が比較的多く掲載される「長府細川系図」に史料批判を加え、利用できる部分とそうではない部分を峻別した。

そして、その基礎作業を進めると同時に、全体を通じて晴国と氏綱の関係について考察した。これまで両者は、単に高国残党として同じ枠組で括られがちであったが、京兆・典厩・野州という細川三家の伝統的な序列に注目すると、高国後継者の座をめぐって両者の間には軋轢が生じていた様子がみえてきた。晴国と氏綱の挙兵は、必ずしも連続的なものではなかったのである。その関係も作用して、野州家の地位は氏綱のもとで房州家から駿州家へと変化していく。

また、氏綱がなぜ和泉で挙兵したのかという問いに十分な答えは用意されていなかったが、理由は極めて単純で、挙兵以前から地盤を持っていただけのことであった。また、本章では晴国が丹波を挙兵の地に選んだ理由までは踏み込まなかったが、次章で述べるように、各地を流浪していた高国に代わって丹波守護を代行していたためである。つまり、守護を代行していた点とその領国で挙兵したという点で、晴国と氏綱の間には共通点がみられるのである。ところが従来は、両者ともに挙兵以前の動向が捨象されていたため、地縁なきところで挙兵したという先入観が働いてしまっていた。ゆえに彼らの軍事行動は、ゲリラ戦として処理される傾向にあったのであろう。

だからといって、高国残党が晴元方に匹敵するほどの軍事力を持っていたというつもりはない。重要なのは、下火になった勢力が何度も持ち直すことで、細川両家の対立が十六世紀前半を通じて収束しなかったということである。終わりが見えそうで終わらないのはなぜかという点こそ、混沌とした畿内の戦乱の本質や争点を明らかにするうえで問うべき課題といえるが、晴国や氏綱が積極的に活動した時期は「晴元政権期」と位置付けられていたため、真正面からその課題に取り組まれることはなかった。

こうした現状に鑑みると、晴国と氏綱の間の不連続性は、細川両家の争乱が終結しない理由に迫る有効な切口となるような気がする。この視点から、冒頭で述べた高国派敗北史観を乗り越えていくことが次の課題となる。

註

（1）まとまったものとしては、細川家の歴代当主の事績を整理した森田恭二『戦国期歴代細川氏の研究』（和泉書院、一九九四年）と、晴国・氏綱それぞれの挙兵の過程を検討した高屋茂男「細川晴国の動向に関する基礎的考察」（『丹波』創刊号、一九九九年）および小谷利明「畠山稙長の動向」（矢田俊文編『戦国期の権力と文書』高志書院、二〇〇四年）しかなかった。その後、本章の初出とほぼ時を同じくして、畑和良「細川通董の野州家相続とその背景」（『倉敷の歴史』第二二号、二〇一二年）および岡田謙一「細川晴国小考」（天野忠幸他編『戦国・織豊期の西国社会』日本史史料研究会、二〇一二年）が発表された。内容的に重複する箇所も多いが、筆者の見解を改めるべき点は特に見出されなかったため、本章では逐一触れることはしない。見解の相違点については、本書第三部第二章「細川晴国陣営の再編と崩壊」および第六章「内衆からみた細川氏綱と三好長慶の関係」で触れることとする。

（2）辞典を例にとると、氏綱については『国史大辞典』第一二巻（吉川弘文館、一九九一年）七二九頁（小川信氏執筆）など。晴国については、立項されることすらほとんどなく、『戦国大名家臣団事典』西国編（新人物往来社、一九八一年）一一二頁（小川信氏執筆）の短文と、さらにその要約が『戦国人名事典』（新人物往来社、一九八七年）六九三頁にみえる程度である。

（3）興山寺文書一六一号（中田法寿編『高野山文書』第七巻）に翻刻されるが、東京大学史料編纂所影写本（「高野山文書」九九）によって修正を加えた。なお、本文二行目を「加明院来迎堂修理」と誤って翻刻されて以来、この史料は「高野山加明院勧進帳」という史料名で用いられてきたが、正しくは「西院来迎堂に修理を加え」と読むべきなので、「高野山西院来迎堂勧進帳」が適切な史料名である。

（4）小谷利明「守護近習と奉行人」（同『畿内戦国期守護と地域社会』清文堂出版、二〇〇三年、初出一九九二年）。

（5）備中安倍家文書一号（『鴨方町史』史料編）。

（6）「大永四年細川亭御成記」（『続群書類従』第二三輯下）。

（7）この時期、和泉守護は高国方と澄元方がそれぞれ設けており、さらに高国方は上下守護を置いていた。詳しくは、岡田謙一「細川高国派の和泉守護について」（『ヒストリア』第一八二号、二〇〇二年）および同「細川澄元（晴元）派の和泉守護細川元常父子について」（小山靖憲編『戦国期畿内の政治社会構造』和泉書院、二〇〇六年）。

（8）『実隆公記』永正七年四月二九日条。前掲註（1）小谷論文。

（9）今谷明「室町・戦国期の丹波守護と土豪」（同『守護領国支配機構の研究』法政大学出版局、一九八六年、初出一九七八年）。

(10) 本書第一部第三章「細川高国の近習と内衆の再編」。

(11) 「再昌草」永正一一年九月二五日条。例えば、横尾国和「細川氏内衆安富氏の動向と性格」(『国史学』第一一八号、一九八二年)は、永正七年九月二四日付の波々伯部盛重書状(東寺百合文書ノ函三五八号)に登場する「安富民部」を最後に高国権力下の畿内では安富家が姿を消すとしているが、本書第一部第二章「細川高国の近習とその構成」および第三章「細川高国の近習と内衆の再編」で指摘したように、この系統の安富家は近習として存続している。

守護代家としての安富家については、末柄豊「『不問物語』をめぐって」(『年報三田中世史研究』一五、二〇〇八年)の註(10)で指摘されるように、二分していたことを踏まえる必要があるだろう。すなわち、安富元家は長子元治を廃嫡し、年少の弟を嫡子としており、その弟は文亀二年(一五〇二)に元服していた。のちに細川政元が元家を失脚に追い込むと、代わりに元治が召し出されている。横尾氏が指摘するように、元治は永正元年の薬師寺攻めの際に没する。

そして細川政元暗殺直後の「細川大心院記」永正四年六月二四日条に、反政元勢力が結集した細川澄之方のなかに「安富新兵衛尉元顕」が突如として浮上する。政元から失脚に追いやられた元家が、又三郎→新兵衛尉→筑後守と名乗っていたことから、元顕は元家の子で元治の弟にあたると考えられる。同年八月一日の合戦で澄之が細川澄元勢に滅ぼされると、元顕は落ち延びる道すがら討たれてしまう(同上八月一日条)。

やがて、澄元と高国の間で確執が生じると、「不問物語」永正五年条の高国に味方した人物のなかに、上述の安富民部丞の名がみえる。それとは別に、「不問物語」永正六年六月一七日条には、高国方の「家僕ニハ安富又三郎元運・長塩備前守元親・秋庭備中守元実……」とみえ、内衆の筆頭に「安富又三郎元運」なる人物が登場する。元家の長子元治は、父の仮名を受け継いで「又三郎」を名乗っていたことから、元運は元治の子ではないかと推察される。この元運が「紀元成」に最も近い人物と考えられるが、同一人物である確証は得られなかった。

(12) 享禄二年のものは『熊取町史』史料編Ⅰ付録一三頁、同三年のものは『熊取町史』本文編一八五頁。天文期のものは鈴木慎一「圓光寺伝来松浦守書状について」(『大阪の歴史と文化財』第四号、一九九九年)。

(13) 田代文書(東京大学史料編纂所影写本)のうちには、花押の据えられた松浦守発給文書が三点あり、いずれも『高石市史』第二巻中世編に翻刻される。一一月六日付の四二三号文書は、将軍義稙が阿波からの「御迎船」で渡海したことを伝えているので、大永元年一〇月の義稙による堺上陸が失敗に終わったときのものである(『大日本史料』大永元年一〇月二三日条)。九月一九日付の四二二号は、元常が近日入国することを伝えていることから、次節で述べる大永四年一〇月の和泉菱木合戦の直前と推定される。残る四二〇号は、文面からの年次比定はできないが、日根文書（『岸和田市史』第二巻六二五頁に写真掲載）とともに、大永四年の四二三号と花押の形状が近似する。
(14) 又続宝簡集一六六一号（『高野山文書』七）。
(15) この火事による被害は、全山規模のものであった（『大日本史料』大永元年二月一二日条）。復旧のための勧進は、同年のうちに始まっているが（同上五月二日条）、来迎堂は後回しになったのであろう。
(16) 矢田俊文「戦国期の守護代家」（同『日本中世戦国期権力構造の研究』塙書房、一九九八年、初出一九八九年）。
(17) 『後法成寺関白記』永正一〇年四月三〇日条。
(18) 『後法成寺関白記』大永六年一二月二七日条。
(19) 『実隆公記』大永六年一二月一七日条。
(20) 『大阪狭山市史』第二巻七〇八頁（小谷利明氏執筆）。
(21) 和田文書（東京大学史料編纂所影写本）。
(22) 本書第三部第六章「内衆からみた細川氏綱と三好長慶の関係」。
(23) 施福寺文書中世五（『和泉市史紀要第六集　槇尾山施福寺の歴史的総合調査研究』第二分冊、二〇〇一年）。
(24) 松浦守が左衛門大夫を名乗ったのは、大永元年に比定しうる田代文書（『高石市史』第二巻中世編四　一三号）の包紙に「松浦左衛門大夫守」と署名することから確実である。なお念のために述べておくが、元服直後の氏綱が、松浦守とともに晴元方についているということは、檜山賢久が行動をともにしていることからも考えがたい。
(25) 離宮八幡宮文書二六八号（『大山崎町史』史料編）。前掲註(7)岡田「細川澄元（晴元）派の和泉守護細川元常父子について」。
(26) 同年の戦況については、前掲註(7)岡田「細川高国派の和泉守護について」。
(27) 日根文書（『新修泉佐野市史』第四巻戦国時代中期四五号）。
(28) 本書第二部補論一「桂川合戦前夜の細川晴元方による京都包囲網」。
(29) 『永源師檀紀年録並付録』（阿波郷土会、二〇〇一年）二一五頁。
(30) 佐々木倫朗「秋田県公文書館所蔵『古本佐竹系図』に関する一考察」（峰岸純夫他編『中世武家系図の史料論』下巻、高志書院、二〇〇七年）。
(31) 秋田藩家蔵文書（『新修泉佐野市史』第四巻戦国時代中期五六号）。

(32) 同右六一号。

(33) 同右五四号・六一号。

(34) 佐竹基親は、天文六年には将軍義晴の命で常陸に下向するため、それまでに晴元方に戻ることとなる（前掲註(30)佐々木論文）。当時鶴原荘は、井上民部丞が押領していたが、それに伴い返付されることとなった（『新修泉佐野市史』第四巻戦国時代中期九四号）。

(35) 和田文書（前掲註(7)岡田「細川高国派の和泉守護について」）。

(36) 前掲註(7)岡田「細川高国派の和泉守護について」。ただし、晴宣は「証如上人方々へ被遣宛名留」（『真宗史料集成』第三巻一一二七頁）に登場するので、ここでは没していないと思われる。

(37) 真乗院文書一四号（『大阪狭山市史』第二巻付録）。

(38) 和田家の系図では、助高の仮名は太郎次郎とされ、助守は幼名宮千代でのちに雅楽助を名乗っている。太郎次郎を名乗る人物は系図の前後にいないため、和田太郎次郎はすべて助高に比定されてきた。しかし、氏綱の元服時期を特定することによって助高没後のものであることが確実となった【史料2】では、宛所が「和田太郎次郎」となっている。真乗院文書一三号の細川清書状でも宛所は「和田太郎次郎」である。つまり、助守は大永七年までに宮千代を改め、父の仮名を受け継いだということになる。天文一〇年六月五日付の常盛書状（色川三郎兵衛所蔵和田文書、東京大学史料編纂所謄写本）では、宛所が「和田雅楽佐《助》」となっており、同じ頃の四月一二日付細川清書状（和田文書）でも「和田雅楽助」となっているので、のちに雅楽助へと変更したようである。

(39) 『二水記』大永六年一二月一四日条。

(40) 近衛尚通は、翌享禄元年（一五二八）から氏綱に対して独自に音信を贈るようになっている（『後法成寺関白記』享禄元年八月一一日条）。ここから、氏綱が尹賢から一定の自立をした勢力として認識されていることがみてとれる。

(41) 「音信御日記」（北西弘『一向一揆の研究』春秋社、一九八一年）。

(42) 「細川系図」（『続群書類従』第五輯上）。日置謙『加能郷土辞彙』（金沢文化協会、一九四二年）八一二頁によると、三浦家は加賀藩士である。

(43) 『大日本古文書』家わけ第一四に所収される三浦家文書、および『萩藩閥閲録』巻四五の三浦又右衛門家文書。

(44) 『後法成寺関白記』享禄四年六月七日条。『二水記』享禄四年七月二四日条。

(45)『後法成寺関白記』享禄四年七月二六日条。
(46)「細川両家記」享禄二年正月一日条。
(47)「稙通公記」享禄五年六月五日条。「厳助往年記」同日条によると、「坊主其外内衆已下」を引き連れての物々しい下向であった。この下向は細川晴元の依頼に基づくもので、「細川両家記」享禄五年五月一九日条に示されるように、一揆を煽動し畠山義堯を攻撃することを目的としていた。とすると、証如は動員をかけるために、枚方寺内町に立ち寄った可能性も考えられる。
(48)『後法成寺関白記』永正一七年五月一五日条。
(49)『後法成寺関白記』永正一七年五月一九日条。
(50)岡田謙一「細川右馬頭尹賢小考」（阿部猛編『中世政治史の研究』日本史史料研究会、二〇一〇年）。
(51)『後法成寺関白記』永正一六年正月三日条・一一月二二日条。
(52)拙稿「信長上洛前夜の畿内情勢」（『日本歴史』第七三六号、二〇〇九年）。
(53)『寄託品特別展・燈心文庫の史料Ⅱ　公家・武家・寺家』（京都市歴史資料館、一九九一年）一六号。
(54)政春の備中守護補任に至るまでの経過は、前掲註(50)岡田論文。
(55)『後法成寺関白記』永正一三年八月一七日条。
(56)「再昌草」永正一五年二月条。
(57)「細川両家記」天文五年八月二九日条。
(58)『天文日記』天文五年八月三〇日条。
(59)山科家古文書二（内閣文庫蔵）。
(60)「見桃録」（『大日本史料』永正一五年正月九日条）。
(61)『実隆公記』大永三年一二月八日条・一六日条。「再昌草」大永三年一二月八日条。
(62)『後法成寺関白記』大永六年一二月二九日条。
(63)小島道裕『描かれた戦国の京都』（吉川弘文館、二〇〇九年）。
(64)藤井駿「備中守護の細川氏について」（同『吉備地方史の研究』法蔵館、一九七一年、初出一九五七年）。『鴨方町史』本編（一九九〇年）三四八頁。『金光町史』本編（二〇〇三年）一九七頁。古野貢『中世後期細川氏の権力構造』（吉川弘文館、二〇〇八年）三〇頁。前掲註(50)岡田論文。

(65) 藤井氏は、吉川彰準編『長川寺由緒記』（長川寺、一九三六年）に所収される写を典拠としているが、『鴨方町史』史料編に原典の写真が掲載されている。そのほか、東京大学史料編纂所に「細川系図」と題した謄写本もある。『鴨方町史』には中世から近世初期にかけての部分しか掲載されていないので、それ以外の部分については東京大学史料編纂所の写真帳で確認した。

(66) 「足利季世記」（『改定史籍集覧』第一三冊）。

(67) 細川晴広については、設楽薫「足利義晴期における内談衆の人的構成に関する考察」（『遙かなる中世』第一九号、二〇〇一年）が詳しい。

(68) 「兼右卿記」天文二年七月二九日条（東京大学史料編纂所写真帳）。

(69) 通董の生年を変更すれば解決する問題であるが、それはしていない。通董に関する情報を改竄していないと判断した理由はここにもある。

(70) このような主家への強気ともいえる態度は、元通の子元董の代の「系図」の地の文章からも読み取れる。そこには、徳川家に自家の由緒を訴えて備中浅口郡に所領を得る内意を得たが、長府藩主毛利秀元から差し止めるように命じられ、その代わりに同藩で破格の待遇を得ることとなったと記される。事の真相は不明ながら、これを最後に詳細な記述がなくなり、名前や生没年などに限られる淡々とした系図となることから、少なくとも「系図」の作者は、細川家の中世的な栄華の終焉と毛利家との主従関係の確定をここに措定していることが窺える。この点も含め、「系図」の改竄部分は、近世後期における上級武士の血統意識や主従意識をみるうえで、非常に興味深い素材といえよう。

(71) 田中修実「官途と武人の世界」（『鴨方町史』本編、一九九〇年）。古野貢「『京兆家―内衆体制』の解体と庶流分国」（前掲註(64)古野著書、初出二〇〇七年）。以下、両者の説はこれによる。

(72) 「厳助往年記」天文一四年五月六日条。

(73) 「細川両家記」天文一四年条。

(74) 荻野文書二二号（『兵庫県史』史料編中世九）。前掲註(1)高屋論文。

(75) 『二水記』天文元年一〇月二〇日条。「信州下向記」天文二年七月一三日条（『新編信濃史料叢書』第一〇巻）。

(76) 『多聞院日記』天文一二年七月二七日条。「細川両家記」天文一二年七月二五日条。

(77) 国富奉書の花押（『大覚寺文書』上巻四二七頁）と春隆奉書の花押（『久我家文書』第一巻八七四頁）が一致することによる。

（78）「細川両家記」天文五年八月二九日条・同一五年九月三日条。

第二章　細川晴国陣営の再編と崩壊
――発給文書の年次比定を踏まえて――

はじめに

永正四年（一五〇七）に細川政元が暗殺されると、養子の高国と澄元の間で、後継の座をめぐる争いが繰り広げられる。しばらくして高国派が実権を握るが、大永七年（一五二七）の桂川合戦を契機に立場が入れ替わり、これより後は澄元の息子晴元が事を有利に進める。さらに、享禄四年（一五三一）の大物崩れにおける高国の自刃によって、高国派は壊滅的な打撃を受けた。

ところが、程なくして高国弟の晴国が残党に擁立される。結果的に晴国の挙兵は失敗に終わり、天文五年（一五三六）にやはり自刃に追い込まれるが、さらに高国の従甥にあたる氏綱が擁立され、武力蜂起が細々と続いた。そして最終的に、天文一八年の江口合戦で氏綱を擁する三好長慶が勝利し、晴元に代わって実権を握ることで、細川両家の争いは収束へと向かうが、なおも小競り合いは続く。

このように約半世紀にわたる細川両家の対立は、畿内近国における戦乱の基本構図ではあるものの、両勢力が拮抗していた期間は実は短い。とりわけ桂川合戦から江口合戦までの二〇年余は、高国派の劣勢が明白で、何度か壊滅の危機にも陥っている。にもかかわらず支援者が途絶えることなく続き、結果、高国派の勝利で幕を閉じる事実に鑑みれば、高国派残党の再生産構造を解明することが、畿内近国における戦乱の根源的な要因を把握するうえで不可避の課題といえる。そこで本章では、高国没後に晴国陣営が再編される過程を、特に守護代や国人などの領主層の離合集散に注目しながら明らかにしたい。

右のような重要性に反して晴国への関心は乏しく、天文初期の法華一揆を分析するなかで晴国と本願寺の同盟について触れた藤井学氏や、細川氏歴代の動向を整理するなかで晴国にも若干触れた森田恭二氏の業績などを除けば、挙兵に至る経過を整理した高屋茂男氏の論考が長らく唯一の専論であった(1)。しかも、いずれも晴国に関する情報が限られたなかでの論考であるため、本章でも適宜指摘するように事実誤認も少なくない。ようやく最近になって、岡田謙一氏と筆者の論考が発表され、晴国に関する情報も充実しつつある(2)。

とはいえ、岡田氏も筆者も、高国派内部における晴国の政治的な立場に主眼を置いているため、彼が表舞台に登場する経過や人間関係が主たる検討対象となっており、丹波から山城方面を襲撃した天文二年以後の、いわば晴国が本格的に活動した時期については、従来の研究同様に検討が不十分である。挙兵以後、配下の三宅国村に裏切られて自刃する天文五年までを短絡的に繋ぐ現状では、負けるべくして挙兵したという見方に陥りかねない。このような問題意識から、晴国方の視点に立って、その軍事行動を段階的に把握するとともに、晴国陣営が崩壊する具体的理由についても検討する必要性を感じている。

右の点は、前に掲げた残党再編の問題と密接に関わっている。晴国方が見据えていた勝機を確認することで、高国派残党が再結集へと向かう理由も明確となるであろうし、一方で陣容の拡大・縮小は、軍事行動にも直截に反映すると考えられるからである。したがって、人的構成と軍事行動を表裏の関係として捉えながら論述を進めるよう心掛けたい。

なお、晴国への視点が乏しい現状は、史料的な環境やそれに基づく分析方法にも規定されていると考えられる。

具体的には、地方に比べ日記類が圧倒的に豊富なため、畿内における権力の基本的動向は、必然的にそこから立ち上げられたものになるという問題である。ゆえに京都周辺を制圧する優者の動向は精緻に把握できる一方で、京都から距離を置いている劣者の動向は部分的にしか明らかにし得ない。この現状を打開するには、いわゆる戦国大名研究と同様に、発給文書の編年化という基礎作業が必要と考える。その作業によって、日記類の主観的な情勢判断や曖昧な情報を相対化する道も拓けるであろう。

出　　　典
光明寺文書１号(『綾部市史』史料編)
『賀茂別雷神社文書』389号＊1
『賀茂別雷神社文書』367号
大東急記念文庫小畠文書(『亀岡市史』中世1212号)
大東急記念文庫小畠文書＊2
大志万文書３号(『福知山市史』史料編１)＊3
尊経閣文庫所蔵文書＊4
燈心文庫(『寄託品特別展・燈心文庫の史料Ⅱ』13号)
『東福寺文書』35号＊4
佐藤行信氏所蔵文書＊4
内閣文庫蔵「古今消息集」＊4
尊経閣文庫所蔵文書(『長岡京市史』資料編２，216頁)
早稲田大学中央図書館所蔵「諸家文書写」巻一＊5
荻野文書14号(『兵庫県史』史料編中世９)＊6
尊経閣文庫所蔵文書(『長岡京市史』資料編２，216頁)＊4
塩見文書２号(『福知山市史』史料編１)
塩見文書４号(『福知山市史』史料編１)
塩見文書７号(『福知山市史』史料編１)
保阪潤治氏所蔵文書＊7
尊経閣文庫所蔵文書(『長岡京市史』資料編２，216頁)＊8
荻野文書15号(『兵庫県史』史料編中世９)＊6
中村文書５号(『兵庫県史』史料編中世３)＊9
仁部家文書(『多田院御家人』その２，17頁)
片山家文書51号(『和知町誌史料集』１)
『能勢家文書』24号
中村文書４号(『兵庫県史』史料編中世３)＊9
山科家古文書(『高尾山神護寺文書集成』478号)＊4
『能勢家文書』26号
福田家文書４号(『京都市史編さん通信』241)
「諸家文書纂」13所収＊10
京都大学所蔵「古文書纂」19所収大福光寺文書＊6
離宮八幡宮文書233号(『大山崎町史』史料編)＊11
尊経閣文庫所蔵「旧武家手鑑」(本文註(２)岡田論文)＊4
福田家文書１号(『京都市史編さん通信』241)
福田家文書２号(『京都市史編さん通信』241)
離宮八幡宮文書235号(『大山崎町史』史料編)＊11
赤井文書４号(『兵庫県史』史料編中世９)＊10
荻野文書５号(『兵庫県史』史料編中世３)＊12
田中家文書(『多田院御家人』14頁)

表32A　細川晴国発給文書

番号	年　月　日	差出	花　押	縦横比	宛　　所	猶～可申候
1	(享禄3ヵ).—.—	晴国	1	0.44	—	—
2	(享禄3).12.16	晴国	2A	0.36	賀茂氏人中	赤木兵部丞
3	(享禄4).2.18	晴国	2A	0.36	賀茂氏人中	赤木兵部丞
4	(享禄4).5.26	晴国	2A	0.35	小畠七郎	—
5	(享禄4).8.23	晴国	2B前	0.36	小畠七郎	—
6	(享禄4).8.25	晴国	2B前	0.35	波々伯部源次郎入道	—
7	(享禄4).9.25	晴国	2B前	0.38	—	—
8	(天文元).2.26	晴国	2B前	0.31	寺町三郎左衛門入道	赤木兵部丞
9	享禄5(天文元).4.—	八郎	2B後	0.39	東福寺	—
10	(天文元).5.9	晴国	2B後	0.45	植松弾正忠	野田弾正忠
11	(天文元).5.9	晴国	2B後影	0.45	山口弥次郎	野田弾正忠
12	(天文元).5.12	晴国	2B後	0.40	野田弾正忠入道	赤木兵部丞
13	(天文元).5.12	晴国	2B後影	0.42	野田弾正忠入道	赤木兵部丞
14	(天文元).7.9	晴国	2B後	0.45	荻野六郎左衛門尉	国盛
15	(天文元).7.13	晴国	2B後	0.42	野田弾正忠	—
16	(天文元ヵ).7.25	晴国	—	—	塩見常見	—
17	(天文元).8.9	晴国	—	—	塩見藤三郎	波々伯部(源脱)次郎入道
18	(天文元).10.1	晴国	—	—	塩見筑後守	内藤弾正忠・波々伯部源内左衛門尉
19	(天文元).10.9	晴国	2C前	0.47	荻野左衛門大夫	国盛
20	(天文元).11.9	晴国	2C前	0.51	野田弾正忠	意水軒
21	(天文元).11.21	晴国	2C前	0.43	荻野六郎左衛門尉	内藤弾正忠
22	(天文元).11.23	晴国	2C前	0.51	成春	内藤弾正忠
23	(天文元).12.16	晴国	2C前	0.48	—	藤沢右近大夫
24	(天文元).12.26	晴国	2C前	0.46	片山助次郎	内藤弾正忠
25	(天文2).1.10	晴国	2C前	0.45	能勢源五郎	中沢越前守・赤木兵部丞
26	(天文2).2.10	晴国	2C前	0.48	浄春	内藤弾正忠
27	(天文2).3.13	晴国	2C前	0.40	尾崎坊	東漸寺(可有演説候)
28	(天文2).3.24	晴国	2C前	0.45	能勢源五郎	河原林越前守
29	(天文2).4.15	晴国	2C前	0.47	福田三郎左衛門尉	石原左京進
30	(天文2).4.21	晴国	2C前影	0.47	佐野弥三郎	春綱・春輔
31	(天文2).4.22	晴国	2C前	0.48	大福光寺	上原神六
32	天文2.6.20	源	2C前	0.45	大山崎	—
33	(天文2).6.25	晴国	2C前	0.41	荻野左衛門大夫	赤木兵部丞
34	(天文2).6.27	晴国	2C前	0.40	福田越後守	—
35	(天文2).6.27	晴国	2C前	0.40	福田太郎三郎	—
36	(天文2).6.30	晴国	2C前	0.48	太山崎惣中	波多野備前守
37	(天文2).7.11	晴国	2C前影	0.47	荻野左衛門大夫	両三人
38	(天文2).9.23	晴国	2C後	0.47	荻野弥四郎	荻野伊与守
39	(天文2).10.19	晴国	2C後	0.40	田中弥四郎	—

一　花押の編年

1　高国存命時

晴国は、細川房州家の政春次男として、永正一三年（一五一六）に生まれた。政春の長男高国は京兆家を継いでいたため、晴国は政春の跡を継ぐ形で、大永六年（一五二六）に十一歳で元服した。本節では、以後天文五年

出　　典
雨森善四郎氏所蔵文書（『亀岡市史』中世1193号）＊4
波多野家文書10号（『兵庫県史』史料編中世９）
戦国武将文書（『能勢家文書』）＊4
波多野家文書11号（『兵庫県史』史料編中世９）
広隆寺文書＊1
福田家文書３号（『京都市史編さん通信』241）
多田神社文書477号（『兵庫県史』史料編中世１）＊4
「古今采輯」（本文註（２）岡田論文）＊4
波多野家文書６号（『兵庫県史』史料編中世９）＊10
波多野家文書７号（『兵庫県史』史料編中世９）＊10
西野嘉右衛門氏所蔵文書＊4
波多野家文書８号（『兵庫県史』史料編中世９）
離宮八幡宮文書236号（『大山崎町史』史料編）＊11
『能勢家文書』25号
福田家文書５号（『京都市史編さん通信』241）
波多野家文書９号（『兵庫県史』史料編中世９）
京都大学所蔵「古文書集」＊6
勝尾寺文書1173号（『箕面市史』史料編２）＊4
仁部家文書（『多田院御家人』その２，17頁）
田中家文書（『多田院御家人』14頁）
大東急記念文庫小畠文書（『亀岡市史』中世1217号）＊2
『大徳寺文書別集真珠庵文書』368号
大東急記念文庫小畠文書＊2
波多野家文書５号（『兵庫県史』史料編中世９）＊10
「古状書写」（『大日本史料稿本』同日条）＊4
離宮八幡宮文書237号（『大山崎町史』史料編）＊13
西野嘉右衛門氏所蔵文書＊4
多田神社文書419号（『兵庫県史』史料編中世１）＊14

１中世の略。『多田院御家人』は『川辺郡猪名川町における多田院御
書』の略。
花押を確認した。
大学図書館ホームページ　＊６京都大学文学部古文書室　＊７『弘文
『大山崎町歴史資料館館報』第13号　＊12『特別展　黒井城と春日局』

番号	年　月　日	差出	花　押	縦横比	宛　　所	猶～可申候
40	(天文２).10.29	晴国	２Ｃ後	0.39	長尾蔵介	—
41	(天文２).10.29	晴国	—	—	波多野与兵衛尉	—
42	(天文２).11. 1	晴国	２Ｃ後	0.40	能勢左馬助	中沢新四郎・赤木兵部丞
43	(天文２).12.13	晴国	—	—	波多野与兵衛尉	—
44	(天文２).12.25	晴国	２Ｃ後	0.38	広隆寺	龍見甚三郎
45	(天文３). 1.13	晴国	２Ｃ後	0.37	福田三郎左衛門尉	国慶(可被申候)
46	(天文３). 6. 9	晴国	２Ｄ前	0.31	多田院	塩川伯耆守・中沢新四郎
47	(天文３). 6.19	晴国	２影	0.41	尾張守	三宅出羽守
48	(天文２・３). 6.24	晴国	２影	0.40	波多野与兵衛尉	—
49	(天文２・３). 7.17	晴国	２影	0.42	波多野与兵衛尉	—
50	(天文３). 7.25	晴国	２Ｄ前	0.34	奈良修理亮	中沢新四郎
51	(天文３ヵ). 7.29	晴国	—	—	波多野与兵衛尉	—
52	(天文３). 8. 5	晴国	２Ｄ前	0.31	大山崎惣中	赤木備中守
53	(天文３). 8.12	晴国	２Ｄ前	0.35	能勢源左衛門尉	瓦林対馬守
54	(天文３). 8.14	晴国	２Ｄ前	0.34	福田三郎左衛門尉	—
55	(天文２・３). 8.25	晴国	—	—	波多野与兵衛尉	—
56	(天文３). 8.29	晴国	２Ｄ前	0.33	橋本甚次郎	—
57	(天文３). 9.11	晴国	２Ｄ前	0.31	勝尾寺	三宅出羽守
58	(天文３).10.18	晴国	２Ｄ前	0.36	塩川伯耆守	—
59	(天文３).10.18	晴国	２Ｄ前	0.34	田中々務丞	—
60	(天文３).10.19	晴国	２Ｄ前	0.36	小畠七郎	瓦林四郎兵衛尉
61	(天文３).12.14	晴国	２Ｄ前	0.33	真珠庵	中沢新四郎
62	(天文４). 3.24	晴国	２Ｄ前	0.33	小畠七郎	両人
63	(天文４ヵ). 4.21	晴国	２Ｄ前影	0.35	波多野与兵衛尉	—
64	天文４. 8.23	—	２Ｄ後影	0.28	住持	—
65	(天文５). 3.20	晴総	２Ｄ後	0.32	大山崎惣中	赤木備中守
66	(天文５). 3.27	晴総	２Ｄ後	0.29	奈良修理亮	中沢新四郎
67	(天文５). 4.26	晴総	２Ｄ後	0.31	多田院	中沢新四郎

註１）　刊本で翻刻されるものについては出典の（　）内に記した。なお『亀岡市史』中世は『新修亀岡市史』資料編
　家人に関する調査研究』の略。『能勢家文書』は『東京大学史料編纂所研究成果報告2010−1　真如寺所蔵能勢家文
註２）　＊の註記があるものは刊本がないか，あるいは刊本に花押が掲載されないもので，下記の所蔵機関・冊子等で
　＊１京都市歴史資料館　＊２亀岡市文化資料館　＊３福知山市郷土資料館　＊４東京大学史料編纂所　＊５早稲田
　荘古文書目録』　＊８『長岡京市史』本文編１　＊９兵庫県公館県政資料館　＊10内閣文庫所蔵諸家文書纂　＊11
　(春日町歴史民俗資料館)　＊13大山崎町歴史資料館　＊14川西市文化財資料館

表32B　細川晴国奉行人発給文書

符号	年　月　日	差出	宛　　所	出　　典
a	天文２．５．28	国冨	当所名主百姓中	尊経閣文庫所蔵神護寺文書（『高尾山神護寺文書集成』479号）＊4
b	天文２．12．23	国綱	広隆寺衆徒中	広隆寺文書＊1
c	天文２．12．24	国綱	二尊院	二尊院文書＊1
d	天文３．２．９	国綱	小畠七郎	小畠文書＊4
e	（天文３）．６．26	国綱	新坊	多田神社文書421号（『兵庫県史』史料編中世１）＊14
f	天文４．２．９	国冨	所々名主百姓中	尊経閣文庫所蔵大覚寺文書13号（『大覚寺文書』上巻）
g	（天文５）．４．26	国綱	多田院知事	多田神社文書420号（『兵庫県史』史料編中世１）＊14

註）　表32A註２）に同じ。

（一五三六）に没するまでの花押の経年変化を主な指標として、管見に入った晴国発給文書の年次比定を行う。結果をあらかじめ示しておくと、表32Aのようになる。以下、表32Bとともに、表中の史料を引用する際は、番号を［1］のように表記する。また、図12に掲げた花押一覧も適宜参照されたい。

晴国の花押を大別すると、丹波光明寺に残る再建奉加帳［1］の表紙に据えられたものと、それ以外のすべてに二分できるので、各々花押１・花押２と呼ぶことにする。没直前まで使用した花押２は、享禄五年（一五三二、同年天文と改元）の年紀を持つ禁制［9］にも据えられるので、花押１の使用時期は少なくともそれを遡るはずである。

ところが、この奉加帳は天文二年の成立とされてきた(3)。奉加した人名の脇には所々に年代が注記されており、そのうち最も古いのはたしかに同年である。それ以後も、奉加の記録は書き継がれ、最終的に江戸時代中期まで続くが、晴国を含む冒頭の二〇名には年代の注記がない。したがって、奉加帳が最初に作成されたのは、天文二年を遡るとみるべきであろう。また奉加帳の存在は、備中守護をつとめた房州家の後継者で、本来丹波と直接的な接点を持たないはずの晴国が、少なくとも享禄年間には、丹波における権威者として奉加帳の表紙に単独で署名する地位にいたという事実も示している。

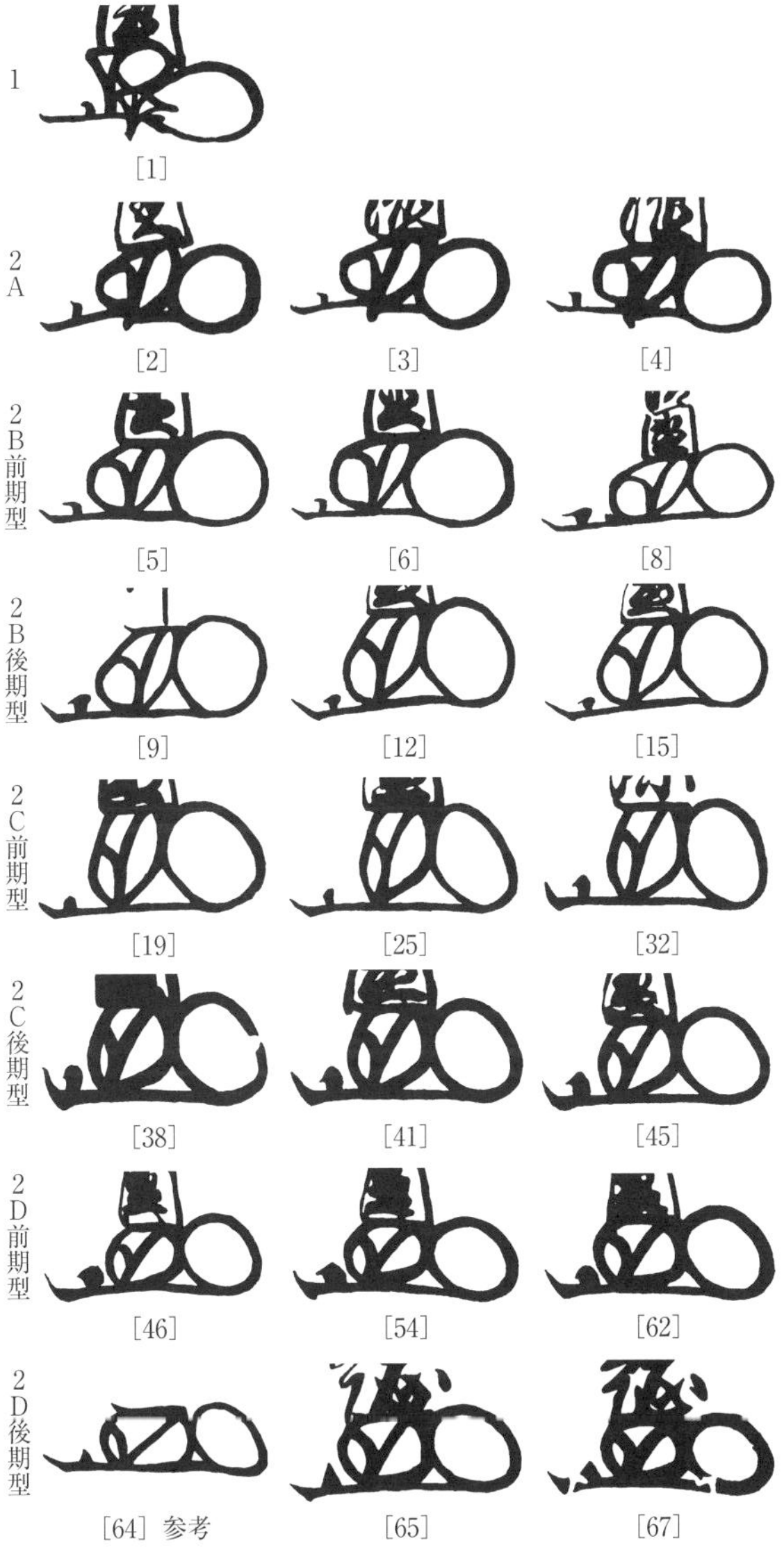

図12　細川晴国の花押

続く花押2は、少しずつ変化するので細かく編年化することが可能である。その変化を説明するため、図13に示したように、予め便宜的にパーツの呼称を定めておく。花押2は、基本的に上下二本の平行線に挟まれた台形に近い形態をとるため、平行線はそれぞれ「上底」・「下底」と呼ぶことにする。上底は、署名の「国」のクニガマエの下側を塞ぐように位置するが、この特徴は兄高国に始まるもので、かつ花押1から受け継ぐものでもある。上底と下底の間に描かれる二つの円は、それぞれ「中央円」・「右側円」と呼ぶ。そして中央円の内側には、「y」

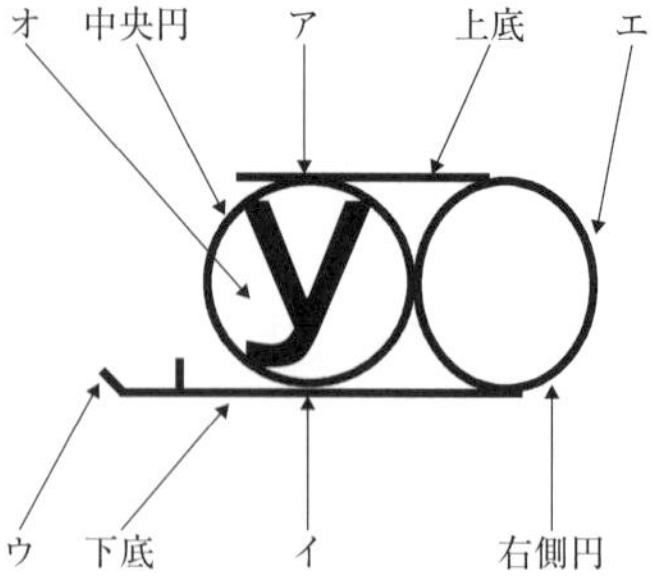

図13　花押２模式図

の字状の意匠が加えられる。

また、花押の縦と横の比率には、後述のように変化が明瞭にみられるので、表32Ａには、高さ（中央円のアからイまでの長さ）を横幅（左端のウから最も離れたエまでの長さ）で割った数値を掲載しておいた。[4] すなわち、その数値が高ければ縦長、低ければ横長の形状であることを意味する。以下この数値は、単に「縦横比」と呼ぶことにする。

さて花押２は、基本的には上下二本の平行線に挟まれるとしたが、厳密には下底がのちのもののように一直線にならない花押が三点だけ確認できる［２〜４］。しかもその三点は、いずれも中央円の「ｙ」の付け根部分が下底の下側まで突き抜けており、台形とは呼びがたい形となっている。この特徴も、花押１を受け継いだものと評価できる。花押２に移行しつつも花押１の特徴を残したこれらを、以下、花押２Ａと呼ぶことにしたい。花押２Ａは、やはり享禄五年の禁制［９］以前のものと推察される。

三点のうち、五月二六日付の［４］は、「去廿三日、丹州桑田郡国分寺口」での小畠七郎の戦功を褒賞したものである。岡田謙一氏も指摘するように、これは享禄四年五月二三日の「今日於丹波国有合戦」という情報と一致する。[5] 残る二点は、一二月一六日付で「至坂本（近江）著陣候、近日可手遣候」と報じた書状［２］と、二月一八日付で「就此表働之儀、馳走之由祝着候」と謝した書状［３］で、いずれも賀茂社に宛てたものである。享禄五年の直前で、高国方が坂本から京都を窺い、かつ賀茂社周辺で軍事行動に及んだのは、享禄三年末から四年初めにかけてのことである。この時期、高国自身は浦上村宗の援助を得て播磨・摂津方面を転戦していたが、それとは別に「常桓（高国）牢人衆」が一一月三日に洛東の如意ヶ嶽周辺へ着陣し、それから翌年にかけて連日のように晴元方と小競り合いを続けている。(6) 当時の公家の日記には、「内藤彦七（貞誠）」など実戦に参加した者しか名前が登場しないが、晴国はこの「常桓牢人衆」の頭目として推戴されていたのであろう。近衛尚通が晴国のもとへ使者を送っていることからも、(7) この時期晴国が京都付近に来ていたことは裏付けられる。

晴国は、享禄三年段階でまだ十五歳である。同年が判始の年にあたることを踏まえれば、(8) 光明寺奉加帳の成立年代は、花押2の初見である享禄三年一二月以前ではあるものの、同年のうちと考えられる。

2　高国没後

花押2は、2Aに続き2B・2C・2Dと変化する。2Aとそれ以後のものは、「y」の付け根が下底を突き抜けているか否かで判別できる。続く2Cへかけては、縦横比に顕著な変化がみられ、2Bの〇・四〇前後から、2Cでは〇・四五を超えるようになる。ただし、その時々で筆勢も異なるため、単純に縦横比だけでは判断できない場合もある。(9)

そこで、2Bと2Cの判別の基準をもう少し具体的にまとめておく。まず、2A・2Bでは、右側円が真円に近いが、2Cでは縦横比が高くなるに伴い、繭の形をした楕円形となる。また、2Aから2Bへ移行するに伴い、上底と下底の平行線はある程度整ったものの、2Bでは右上がりとなっていた。2Cになると、上底と下底が水平を意識したものとなる。さらに付け加えると、2Bの中央円左下が垂れ下がって弛んでいるのは、2A以来の特徴といえるが、2Cではその弛みがなくなる。弛みの有無というと曖昧かもしれないが、「y」の字によって三分割された中央円のうち左下部分（図13のオ）の形状だけ抜き出してみれば、弛んでいるか否かは一目瞭然であろう。

なお2Bのうちには、年次の明らかな享禄五年（一五三二）の禁制［9］を基準に形状を見比べると、2Cよりも2Aに極めて親近性のあるもの［5～7］がある。後述のようにこれら三点は、享禄四年のものとみて大過ないので、形状が過渡的な［8］までを含めて2Bの前期型とし、以後の後期型と区別した。年紀を伴う天文二年（一五三三）の禁制［32］を目安に花押を比較すると、天文元年のうちには2Cへと移行するのが確実なので、前・後期型の区別で2Bの文書はすべて年次が特定できる。これによって2Bの初見は享禄四年八月となり、2Aの終見とのわずかな期間に享禄四年六月の大物崩れを挟むこととなるから、高国の死が花押の変化を促した可能性も指摘しうる。

2Bから2Cへの変化が縦横比の向上であったのに対し、2C以後は没するまでひたすらに縦横比が低下し続け、それに伴い墨の線も太くなる。その始まりは天文二年冬頃だが、この時期の花押は過渡的で晩年のものまでは拉げていないので、2Cの後期型としておく。区分するにあたっては、縦横比だけを判断基準とするのではなく、中央円が縦長の場合は前期型、縦と横の比率がほぼ等しくなれば後期型とした。これによって、2C前期型の使用期間はほぼ一年間、後期型はそれ未満となり、2B同様に年次の特定が可能となる。

より明確な扁平化は、天文三年夏頃に登場する2Dに表れる[10]。縦横比でもその変化は読み取れるが、中央円が横長となるので違いは明瞭である。2Dの縦横比そのものは2B段階へと戻るわけだが、右側円は繭を寝かせたような形となり、中央円は再び弛むわけではなく2Cをそのまま縦に圧縮した形となるため、全体的な形状は両者の間で大きく異なる。

晴国は天文五年に晴総と改名するが、「八郎《（晴国）》よりハ無返事、其子細者、従旧冬《（天文四年）》雖名乗被替候、未相定候間、何へも無返事候」とみえるように[11]、前年冬から同年初頭までは、新しい名前を思案中という理由で文書を発給していない。その直前にあたる天文四年八月の［64］には署名がないことから、改名を考え始めた当初は無署名で文書を発給していたようである。つまり、晴国署名の2Dも一年余の間に絞り込まれるので、およその年次比定が可能となる。なお、改名した年の八月に没するため天文五年に限定される晴総署名の2Dは、中央円左側の下底に打たれる点が三角形に整えられるので、これを後期型として前期型と区別した。忠実な写ではないため参考までだが、後期型は［64］まで遡るようである。

はじめに述べたように、晴国の動向は時期的に偏って把握されてきたが、ここまでの作業成果である表32Aによってその問題は大幅に改善する。と同時に、この表は既往の研究の問題点も明確にしている。例えば高屋茂男氏は、論考中で引用する晴国書状をすべて天文二年に比定し、天文三年以降急速に史料がみられなくなるとしたが、明らかな誤解である。また森田恭二氏は、野田弾正忠宛ての三点［12・15・20］を晴国方の活発な軍事行動が日記類で確認できる天文二年に比定し、合戦後の褒賞として論じるが、三点はいずれもその前年のものであり、表立った行動に出る前の根回しという評価に改まる。このように、晴国自身の行動を直視せず、日記類に引きずられたため多くの誤解が生じてきたのである。

二　晴国陣営の形成過程

1　晴国の所在を巡って

前節でみたように、晴国はこれまで知られている以上に早くから活動をしていた。ともすれば、従来は勢いに任せて挙兵したと見なされてきたが、長い準備過程のある段階で勝機を見出し、挙兵したと考えるべきであろう。そこで本節では、晴国勢が本格的に京都方面へ進出する以前の準備過程を中心として、晴元方との全面対決の決断を下した段階の晴国陣営の状況を明らかにしたい。具体的には、まず晴国個人の動きを踏まえたうえで、軍事編成と奉行人体制の展開についてみていく。

高屋茂男氏は、高国存命時の晴国の動向を不明としていたが、岡田謙一氏は享禄四年（一五三一）三月に推定される高国書状に登場すること、また同年五月には感状［4］を発給していることを新たに指摘した。さらに前節の検討によって、すでに享禄三年には高国名代として丹波勢の頭目となり、文書も発給していることが判明した。晴国が丹波を挙兵の場とした理由には十分な説明が伴っていなかったが、播磨・摂津方面で活動する兄高国に代わって、京兆家分国である丹波の支配に早くから携わっていたとすることで説明がつく。

挙兵前の動向について課題として残されているのは、晴国の居場所について見解が定まっていないことである。高屋氏は、但馬守護山名祐豊の支援を受けつつ、天文元年（一五三二）九月頃に潜伏先の若狭から丹波へ入国したとする。それに対し、享禄四年にはすでに丹波に在国していたことを確認した岡田氏は、丹波国内を平定するために山名氏の協力を仰いだとし、若狭からの入国については否定的である。

たしかに、高国没直後は、京都から離れていない場所にいたようである。高国没から三ヶ月後の［7］は、宛先は途切れているものの「御下向已後者御床敷候」と述べていることから、宛所の人物が京都から離れる一方、晴国は京都近辺にいる様子が窺える。「物馬（射脱）・鷹朝暮御遊覧ひとしほ御なつかしく」と犬追物や鷹狩の日々を懐かしむなど、危機感を全く感じさせない書状であることからも、丹波に在国していた可能性が高い。また、高屋氏が根拠とした「細川八郎（晴国）殿常桓御舎弟越前ニ有、牢籠而同年若州滞留于谷田寺、九月廿五日庚午丹波奥郡入国」という記事の史料的な質は若干劣るし、京都に伝わってきた「房州八郎近日従若州赴丹州、波多野同意」という情報もあくまで「巷説」である[12]。

とはいえ、性格が全く異なる二つの史料で、若狭から丹波への入国が一致するという事実は無視しがたい。岡田氏は、天文元年七月段階に、晴国が「丹州之儀、大略相調候」と述べていること［15］や、丹波国内にて晴国方と晴元方の合戦が始まっていること［16］を根拠として、晴国が丹波に在国していると説くが、若狭に在国していたとしても丹波への調略は不可能ではないし、丹波国内で前哨戦が始まっていても不思議ではない。

そこで注目されるのが、高屋説で丹波入国直後にあたる時期に、山城西岡国人の野田弾正忠が「於吉坂山在城」している事実である〔20〕。その所在は、若狭から丹後を経由して奥丹波へと続く丹後街道上の、若狭・丹後国境にあたる吉坂峠に違いあるまい。丹波入国ルートにおける繋ぎの城以外に、この城の利用目的は考えられないことから、晴国は若狭から丹後を経由して丹波へ入ったのであろう。以上を整理すると、高国没後しばらくは丹波に留まったが、程なくして若狭方面へ一旦没落し、天文元年九月頃に再起して丹波へ入国したということになる。

さて、丹波への再入国は「房州八郎近日従若州赴丹州、波多野同意」という「巷説」の通り、晴元方から寝返った波多野秀忠と結びつくことで成し遂げられたものであった。秀忠が晴元方を離れた時期は、晴元に攻められ「丹波国波多野、昨今之間悉没落」した天文元年六月のことである（13）。そして早くも七月一三日付の晴国書状〔15〕に「波多野以下帰参」とあることから、直後には連携を始めたことが確認できる。

九月に丹波へ入国した晴国は、すぐさま秀忠の本拠である八上に入城したわけではなく、「来廿八日（三月）、至八上出張候」と述べているように〔28〕、天文二年三月までは他の場所で活動をしている。天文元年一〇月には「当城堅固候」〔18〕、あるいは「至当城赤井取懸候間、急度後巻之儀先以肝要候」〔19〕とみえるように、晴国はいずれかの城に籠城し、赤井氏の攻撃を受けていた。この城の所在は特定できないが、吉坂峠を通じて入国したことから、赤井氏の地盤に近い奥丹波で籠城し、八上に入るタイミングを窺っていたのであろう。天文二年四月には「近日至摂州表可出張」と目的地がさらに先へと進んでいることから〔29〕、三月末の八上入城計画は予定通りに実施されたとみられる。

高国存命時には、晴国による知行宛行・安堵は確認できない。京兆家分国におけるその権限は、やはり高国が握っていたのであろう。丹波国人の小畠七郎が、高国没からわずか二ヶ月にして、後継者の晴国から改めて知行を安堵されていることは、それを示唆する［5］。この安堵状で注意したいのは、「別帋一書五ヶ条弥不可有別儀候」という文言である。「別帋」は残されていないが、その内容の一部は、次の事例から知行宛行の約束と推察される。

天文元年（一五三二）五月、晴国は西岡国人の野田弾正忠に対して当知行を安堵したうえで［12］、同日付でも う一通作成し、高国が他者に宛行っていなければという条件を付けて山城・丹波のうちで新恩を給与した［13］。まだ本格的な軍事行動を起こす前なので、この新恩は実質的には宛行の約束である。［5］と「別帋」の関係も、同様のものであったに違いない。宛行約束には差し替えの可能性があるため、二通に分けるという措置をとったのであろう。

晴国は、この時期同様の宛行約束をばらまき、味方の確保に努めていた。例えば［8］では、摂津欠郡西成分の代官職は高国が薬師寺次郎左衛門尉に宛行ったが、本意に達したら薬師寺を宥めて、寺町三郎左衛門入道に与える旨を伝えている。寺町氏は、天文二年三月に晴元方として堺津合戦に参戦していることから[14]、この工作は結果的に失敗に終わっているが、全体的にみればこのような根回しはある程度奏功している。表32Aには、「猶～可申候」と書状末尾に示される取次担当者を掲げておいたが、ここからも晴国方の多彩な陣容をみてとれよう。この点も適宜参照しつつ、当該期の晴国陣営を概観しておく。

高国から氏綱の時代に至るまで、高国派を常に支え続けた細川（上野）玄蕃頭家の国慶は[15]、晴国書状にて「猶国慶可被申候」〔45〕と唯一敬語となるように、一族として別格の地位にあった。彼は丹波勢を率いて京都周辺で活動することが多く、のちに嵯峨の土豪福田氏が「属玄蕃頭《細川国慶》手」して参戦しているように〔45〕、京都周辺の土豪も指揮下に置いていた。天文元年六月には、「たんは《丹波》のうへのしう《上野衆》」が京都に現れるが、「さしたる事もせす」姿を消している。[16]この上野衆、すなわち国慶の動きと関連するのは、同年四月付の晴国禁制〔9〕と国慶の副状で、[17]東福寺は国慶を通じて若狭に潜伏する晴国から禁制を得ている。晴国が丹波へ再入国する直前には、改めて「八郎《晴国》衆」が京都周辺で「陣札打」をするなど「出張用意」をしているが、[18]これも国慶によるものと考えられる。

〔18〕以下にみられる内藤弾正忠こと内藤国貞は、高国のもとで丹波守護代の地位にあったため、初期の晴国陣営では最も期待される存在であったはずである。晴国方としての確実な初見は、天文元年八月一四日付山名祐豊書状だが、[19]高国存命時から引き続き晴国を補佐していたとみるのが自然である。

また〔18〕では、波々伯部源内左衛門尉が内藤国貞と同列に扱われている。[20]彼は、軍事指揮下に荻野六郎左衛門尉を置くなど〔14〕、丹波国衆の寄親的立場にあった。そのほか波々伯部氏には、奥丹波の大志万氏に対する晴国の知行安堵を、寄親的立場で仲介する源次郎入道がいる〔6〕。右の事例が高国没直後であることから、彼は高国存命時から晴国を補佐していたと考えられる。大永年間には、「波々伯部源次郎国盛」の名が確認できるので、[21]奥丹波の国人荻野氏・塩見氏らを指揮下に収める「国盛」〔14・16・17・19〕と源次郎入道は同一人物であろう。

「属野田弾正忠手」と表現されるように〔56〕、西岡国人の野田弾正忠も寄親的地位にあった。指揮下に従える植松弾正忠と山口弥次郎が、それぞれ「去年《享禄四年》於吉祥院名代入城」したことと「去年《享禄四年》於保津在陣」したことを同日付で褒賞されていることから〔10・11〕、野田氏は当初から晴国方に付いていたとみられる。[22]同様に「属石原左京亮手」とされる石原氏も西岡国人で〔34・35・54〕、晴国方としての初見は天文二年四月ながら〔29〕、高国期にも活動がみられるので(23)、その延長線上で晴国に合流したものと思われる。

以上が、若狭在国時に調えられた初期晴国陣営の主要部分で、それなりに充実した構成であることが窺えよう。そして、ここに波多野秀忠が合流することで、丹波再入国の決断が下されたのである。「波多野以下帰参」を最初に報じた七月一三日付の晴国書状［15］では、「丹州之儀、大略相調候」とも述べられる。岡田氏は「丹波国をおおよそ手中におさめた」と解釈し誇張だとするが、若狭在国中であることを踏まえれば、丹波守護代の地位をめぐって対抗関係にあった内藤氏と波多野氏の糾合に成功し、再入国の道が開けたことを表現したものとするのが無難である。さらには、このような調略と同時に、幕府への根回しも怠っておらず、晴国は当時近江の桑実寺にいた足利義晴とも連絡をとっている(24)。

続く九月の丹波入国と関連して興味深いのは、ほぼ同時に花押2Bから2Cへと変化していることである。その形状は前述の通り、縦長で形も水平に整えられており、尊大となった印象をうける。この変化は、念願の丹波再入国と無関係ではあるまい。

また、丹波入国直後には口丹波方面にも工作を進めており、天文元年一二月には宇津元朝に神吉村周辺の支配を「為武略申付」けている［a］。すなわち、切り取り次第に与えるということで、初期の晴国に多くみられた宛行約束である。

以上のように、波多野氏との合流により、長らく分裂してきた丹波勢力を糾合することに成功し、晴国陣営は順風満帆ともいえる状態にあった。それに触発されるがごとく、高国派の残党も晴国のもとへ次々と集まることとなる。例えば、天文二年三月の瓦林（河原林）越前守［28］を初見として、四郎兵衛尉［60］、そして惣領の対馬守春信［53］など、摂津国人の瓦林氏がこの頃から姿を見せ始める(25)。

3　奉行人体制の整備

赤木兵部丞は、高国存命時から晴国書状を取り次ぐ人物である〔2・3〕。賀茂社に宛てた赤木兵部丞春輔・石田佐渡守春能の連署状が二通確認できることと(26)、「春綱・春輔」が晴国の書状を取り次ぐ事例がみられることから〔30〕、諱は春輔と判明する。

ただし、前者二通は晴国方として発給したものではない。なぜなら、二通のうち一通は閏四月付で、晴国生前の永正九年（一五一二）に比定できるからである。春輔は、若かりし頃弥三郎の仮名を用いていたが、その赤木弥三郎に宛てて高国被官の太田保定が「自　房州様《細川政春》御申段致披露候」と報じているように、早くから晴国の父政春に仕えていた(27)。なお、天文二年（一五三三）を最後に兵部丞がみえなくなり〔42〕、翌三年に赤木備中守が登場することから〔52〕、晩年になって通称を改めたと考えられる(28)。

その経歴が示す通り、春輔は幼少期から晴国を支え続けた側近中の側近で、前項で触れた将軍義晴との交渉も担当している。初期の晴国書状をみる限り、春輔の立場に近い者は他に見当たらないが、天文二年に入ると体制に変化が生じ、春輔とともに取り次ぐ中沢越前守の名が確認できる〔25〕。中沢・赤木の順で表記されることから格上にあたる中沢氏は、直前まで高国の側近で奉行人でもあった中沢越前守秀綱と考えられる(29)。

天文元年八月二日付の姓未詳能綱書状では、「仍而内々儀、具披露申候、可御心安候、先以似合儀、聊不可有疎意候、御返事之段者、中越《中沢秀綱》以被仰出之由候条、定而可被申越候」と能勢国頼に報じている(30)。晴国への協力と見返りに与えられる国頼への新知については、中沢秀綱が差配することとなっているのである。初期の晴国による知行宛行は、高国が他者に与えていなければという条件が付いていた〔13〕。高国期の知行割を把握する秀綱の合流は、その点が大幅に改善されたことを想像させるとともに、房州家の側近のみで構成されていた吏僚層が充実していく過程も示している。ただ、秀綱の所見はわずかで、程なくしてその座は後継者の中沢新四郎に託されることとなる［42］。

この交代の間に、表32B掲出のごとく晴国方が発給した奉行人奉書が確認されるようになる。その内訳は、国冨発給が二通［a・f］、国綱発給が三通で［b～d］、奉書ではないが国綱の書状がさらに一通存在する［e・g］。(31) いずれも諱しか署名されないが、国冨の花押は細川氏綱奉行人の斎藤春隆と一致するので、同一人物と判明する。(32) 他方、多田院に対し満仲宝殿の造営を晴国へ披露したと返答する国綱は［g］、同日付で満仲宝殿造営を了承した晴国書状を取り次ぐ中沢新四郎と立場が一致するので［67］、両者は同一人物である。(33)

国綱の奉書は、所領を安堵するごく一般的なものであるのに対し、国冨の奉書はやや特殊である。一つは天文元年一二月に宇津元朝へ神吉村を宛行った晴国の「御下知」を「被棄破之」［a］、神吉村を尾崎坊へ返付するというものである。もう一つは、やはり中河秀信へ宛行う旨を「被弃破之」［f］、上乗院門跡領を返付するものであった。(34) わずか二例であるが、先行する給人への知行宛行を撤回し、寺領の返付を伝える点で共通する。ここから、国綱と国冨の間で一種の分業がなされていた可能性を指摘しうる。

国冨奉書［a］が発給される二ヶ月前には、すでに晴国書状［27］にて、宇津には「替地」を与えて神吉村は尾崎坊へ「可返付候」と約束されていた。つまり国冨の奉書は、替地等を調整した後の決定通知と理解される。挙兵前以来乱発していた宛行約束によって、自領を侵害された寺社からの訴えが度々あり、国冨は実務面においてその対応にあたっていたのであろう。国冨発給のものが晴国方奉書の初見であることは、寺社からの要求に応えようとするなかで、晴国の奉行人体制が成立したことを示唆する。

もちろん寺社は、事案次第で晴元・晴国双方へ働きかけていたであろうし、晴国方への期待は必ずしも晴元方へのそれを越えるものではなかったと思われる。とはいえ、奉書が発給され始めた事実は、保証者としての晴国への期待を示すと同時に、それに対応して晴国の権力機構が整備されつつあることも示しており、重視したい。

三　晴国陣営の解体過程

1　同盟・敵対関係の変遷

晴国が、畿内での戦闘に本格的に参入した天文二年（一五三三）以降は、本願寺と晴元の間で和睦と破談が繰り返され、畠山家の内訌も浮上するなど、極めて複雑な政治情勢となる。そこで本項では、晴国を取り巻く同盟・敵対関係の変遷を整理しておきたい。そして次項以降では、それに伴う晴国方の内部構成の変化から、晴国の挙兵が失敗に終わった理由について検討する。

八上入城直後の天文二年四月に「近日至摂州表可出張」と述べるように［29］、晴国の次の目標は摂津への出張であった。これは、同盟関係にある本願寺勢との合流を意味する。まずは五月に、大坂の本願寺を攻撃している晴元方の後背を突いて、細川国慶を中心とする丹波勢が京都へ本格的に進出し、「去（六月）十八日於平岡（平岡八幡宮）、丹波輩薬師寺備後守（国長）以下数百人討捕」とあるように、翌月には京都の留守を預かる薬師寺国長を討ち取った［33］[35]。

おそらく、余勢を駆って晴国本隊も摂津へ進出する予定だったと思われるが、国長の死を機に状況が一変する。六月二一日に京都へ伝わってきた晴元方と本願寺の間での和睦の風聞は、翌二二日に「大坂和睦之儀必定」と確定情報となり、二四日には発向していた法華一揆も帰陣してくるのである[36]。両陣営を取り持ったのは三好千熊丸（のちの長慶）で[37]、元服前であることからして実際はその後見人が仲介したと思われる。その場では、晴元が京兆家の家督、晴国が房州家の家督と定められたが、「和与必定之処、常桓（高国）牢人衆小坂（大坂）之城ニ有之、其衆切懸而三百人計ツ、両方打死」と伝えられるように、大坂にいた晴国勢は、その調停案に従うことなく戦闘を継続する[38]。

予定していた晴国自身の摂津出張はなくなったが、八月末には晴国方の瓦林氏と薬師寺氏が本願寺目前の摂津中島に入り、ここを拠点として、阿倍野方面への打ちまわりを皮切りに活動を開始する。(39) 九月六日には、和平に同意していない一部の一向一揆勢と協力して、瓦林氏が越水城を乗っ取るが、晴元方の「三好伊賀守・同久助」以下の軍勢から反撃を受けたため、「侘言」をして開城し、一四日には中島へと戻っている。(40)

ここにみえる三好伊賀守は諱を連盛といい、天文八年に浪人となるまで初期の三好長慶家臣団において中核を占めていた人物である。(41) また、長慶の右腕でのちに三好三人衆を構成することとなる三好長逸の息子が、天文後期から久助を名乗るようになるため、(42) ここで連盛と対になる久助は若き日の長逸と考えられる。連盛と長逸は、本願寺と晴元の和平を長慶の後見という立場で実際に仲介したと想定されるので、瓦林氏や一揆衆からの「侘言」に対しても理解を示したのであろう。

細川国慶も京都にて粘り強く抵抗するが、六月二三日の妙顕寺夜討が一つのピークで[34・35]、それ以降九月頃までは「イツモノ事」や「細々出候」といわれるような小規模な軍事行動が続く。(43) ところが一〇月に入ると、洛西の西院で「両共ニ少打レ」た事例をはじめとして、「於官聴近辺、細川八郎《晴国》衆・細川六郎《晴元》衆有合戦、軍庭者八郎方失利、但六郎方人数精兵等打死・手負等有之」とみられるように、双方に被害を出すようになる。(44) 同月二〇日にも「今日高畠与十郎方・法花衆西京へ令出陳《陣》云々、然間自暁京中以外騒動也、此儀八郎方衆玄蕃《細川国慶》源五郎西出陳《陣》云々」という状況になるが、このときは双方が引いている。(45)

一〇月の変化は、丹波の晴国方本陣と連動したものであった。一〇月二一日には穴太・長谷山などで、波多野氏を中心とする晴国方主力と晴元方の間で合戦があり[40・41]、晴国方が勝利を収め赤沢蔵人(景盛)兄弟が戦死しているからである。(46) そして一二月七日には西岡に入り、翌日その勢いに任せて京都へ攻め入っている。(47) ところが一二月二五日に法華一揆が西京を焼き払い、(48) 以後京都周辺は一旦小康状態となる。

新たな動きは、河内守護の畠山稙長と守護代の遊佐長教の対立に始まる。晴元と結ぶ長教に対抗して、稙長が本願寺と歩調を合わせ始め、天文三年正月に軍事的対立へと発展すると、(49)本願寺内部でもそれに対応した動きが起こる。天文三年三月に、下間頼盛が法主の証如を人質にとるという事件が発生し、これを契機に方針を変更した本願寺は、五月末に晴元との和睦破棄を宣言し再戦に及ぶのである。(50)このように、本願寺のなかでも主戦派の頼盛は晴国との同盟を主張していた。

頼盛が動き出してから和睦破棄を宣言するまでの間、本願寺は諸方面への根回しを進めていた。例えば、「三好扱之儀」のために堺へ使者を遣しているが、その目的は、三好家内部の政長と長慶の対立に目を付け、長慶勢を懐柔することにあったとみられる。(51)実際、和睦を破棄した直後の六月五日に、三好連盛と長逸は本願寺へ赴き頼盛と同陣し、二六日には椋橋城から晴元方の兵を追い落としてここを拠点としている。(52)

それと連動して、四月頃には再び晴国勢が西岡方面へ出張してくる。(53)四月段階での晴国勢の駐屯場所は不明だが、七月二〇日頃になると、京都を視野に収める谷の城に籠もった晴国勢を晴元方が攻撃し始める。(54)「西山城細川玄蕃頭楯籠」ともみえるように、(55)西岡方面へ派遣された細川国慶がその主力となっていたようである［52］。この動きに関係して注目されるのが、六月一九日付で晴国が「尾張守」すなわち畠山稙長に宛てた［47］である。そこには、「御音信本望候、仍於河内表合戦不及是非候、雖然谷無別儀候、可御心安候、弥諸口調略半候、此砌急度御上洛可然候」とあり、遅くとも六月段階には「谷」に駐屯していることが判明する。(56)また、稙長と連動して入洛を果たすことが、谷の城在城の目的であることもわかる。さらには、稙長と晴国の連携が裏付けられることで、晴国・稙長・長慶との連立の成立を前提として、本願寺が和睦破棄を決断したことも確認できる。

七月二〇日から谷の城への晴元方の攻撃が開始されると、晴国方も対抗して七月二八日には京都北西の「法金剛口」まで攻め込んでいる［56］。波多野秀親の与力・被官が多数討死した七月二二日の「京口合戦」も、おそらくこのときのものであろう［51］。しかし、八月三日から四日にかけて、谷の城は落城する(57)。嵯峨の土豪福田三郎左衛門尉の娘婿等も(58)、「谷要害」に入城していたがこのとき討死している［54］。

ただし、摂津方面では本願寺方が優勢を維持している(59)。まず八月には、椋橋城へ向けて晴元方の伊丹衆が出撃し、北中島で交戦するが撃退されている。一〇月には、三好政長が灘に上陸したため、下間頼盛と三好連盛・長逸の連合軍が椋橋城より出撃し、潮江庄の西で伊丹・池田衆を加えた政長勢を破っている(60)。転進して国慶と合流した頼盛は、河内の森河内でもさらに勝利を重ねている(61)。

以上のように、本願寺・畠山稙長との連携が維持される限りは、長慶勢の取り込みに成功したように、晴国方は必ずしも不利な状況に追い込まれているわけではなかった。しかし、木沢長政らの仲介で長慶勢はまもなく晴元方に帰参し、天文三年一一月にはその見返りとして政長方から長洲荘代官職を得ている(62)。また遊佐長教が畠山長経を守護に擁立すると、居場所のなくなった稙長も程なくして紀州へ退去する(63)。この状況下で晴元方による総攻撃が始まり、天文四年六月に本願寺が敗北を喫すると、九月初め頃には本願寺と晴元の間で二度目の和睦手続きが始まる(64)。これによって、晴国は改めて孤立することとなる。

2　丹波勢の分裂

天文二年（一五三三）六月に結ばれた本願寺と晴元方の間の一度目の和平は、晴国陣営に大きな変容をもたらす。同年七月二五日付で、将軍義晴が晴元に「香川・内藤・長塩・上京其外輩(原)」の帰参を受諾するよう命じているように(65)、当初より晴国を支え続けてきた丹波守護代の内藤国貞が離反するのである。国貞のライバルともいえる波多野秀忠が、六月末には内藤家が代々用いていた備前守の官途を使用し［36］、守護代を標榜し始めるので(66)、国貞が離反したのもこの頃と思われる。

帰参の対象となっている四者のうち、香川・長塩両氏は晴国方として活動した痕跡がないので、高国の死とともに没落していたのであろう。残る上原氏は、晴国方として行動した丹波に地盤を持つ上原神六である［7・31］。内藤国貞と行動をともにしていた波々伯部一族も、国貞と同時に晴国方から姿を消しており、それと入れ代わりで奥丹波では荻野氏が晴国方の中心となるので［37・38］、前後して晴元方へ帰順した可能性が高い。

本願寺と晴元が和平してしまった以上、晴国が置かれた状況は明らかに芳しくないが、丹波勢の離反はおそらくそれだけが理由ではない。なぜなら、このとき晴国方から離反した西岡・摂津国人が確認できないからである。むしろこれは丹波国内の問題で、内藤国貞の離反と前後して波多野秀忠が備前守を名乗るという不遜な態度からも看取できるように、新参の秀忠が重用されることへの反発が大きかったのではなかろうか。共通の敵を抱えることで、もともと相容れない丹波国内勢力は一つにまとまっていたが、和平によってその標的が擦れてしまい、離反という形で表出したのであろう。

国貞への遠慮が不要となった秀忠は、さらに権力化を志向する。天文三年七月に、一族の秀親を船井郡代に任じた判物を発給し(67)、自立化を進めるのである。それと前後して、秀忠も晴国を見限って晴元方へ帰属することとなるが、従来の研究ではその時期が明確とされていない。

例えば、秀忠判物に最初に注目した藤田達生氏は、判物発給時までに秀忠が晴元に帰属していた可能性を示唆しつつも断定は避け、晴国方に残っていたにせよ、波多野氏は事実上の守護代として勢力を扶植しつつあったとする(68)。以後の研究でも、この判物が波多野氏の自立化を示しているという点で意見の一致をみるが、福島克彦氏は秀忠の所属について明言を避けており、古野貢氏は晴元方として発給したと考えているようである(69)。このように、所属の問題が二の次とされてきた感は否めないが、畿内近国の広域権力として一定の地位を確立している晴元方に属しているのか、あるいは実効支配すらしていない土地を宛行うような晴国方に属しているかで、判物発給の持つ意味は大きく異なるはずである。

結論を述べると、天文三年一〇月の［60］で、晴国が「相談波多野与兵衛尉《秀親》、手遣肝要候」と述べていることから、判物は晴国方の丹波守護代として発給されたことになる。丹波勢の多くが晴元方に帰参した後なので、どこまで実効的に支配したのか検討の余地はあるものの、秀忠が晴国方に留まることで発言力を高めたことは間違いあるまい。このように自由度の高い劣勢の側に属すほうが、むしろ大幅な勢力伸長を図りうる場合があるため、細川両家の争いは優劣がはっきりしても収束しないのではなかろうか。

花押をくずして写しているため断定はできないが、天文四年四月に推測される［63］でも、波多野氏は晴国方に付いている。ところが同年七月初め、秀忠の子「太藤丸」が、丹波御料所代官職就任の礼を述べるため波多野秀親以下を率いて上洛しているので(70)、この直前に秀忠は晴元方へ帰参したと理解される。本願寺と晴元の間での和平の気運が高まるなかで、これ以上晴国方に留まっても利がないとみた秀忠は、自身を最も高値で売り込める段階で晴元方に帰参したのであろう。

丹波国人の小畠七郎も、程なくして一一月に波多野氏を通じて晴元方へ帰参している(71)。内藤国貞に引き続き秀忠まで晴元方に帰参してしまうことで、丹波国人にとって晴国方として戦闘を継続する意味は完全に失われてしまう。晴国発給文書の宛所やその文中にみえる人物の出自が、この時期摂津に絞り込まれていく傾向にあるのもそのためである。

3　晴国の最期と三宅国村

天文五年（一五三六）八月二九日、三宅国村は堺へ落ち延びると称して晴国を誘い出し、天王寺にて自害に追い込む(72)。そして、国村自身はそのまま晴元のもとへ帰参する。

国村は摂津の有力国人で、天文三年六月の［47］を畠山稙長へ取り次いでいるのを初見として、晴国の配下として活動している。国村とその一族の称願寺は、対本願寺の交渉も一手に任されており[73]、晴国方の外交を取り仕切っていたといってもよい。とりわけ、波多野氏離反後の晴国陣営では、最有力者の立場にあった。そこで本項では、彼の動向に焦点を合わせることで、晴国陣営が解体していく過程をみることとしたい。

国村と本願寺坊官下間家との間には姻戚関係があり、国村と行動をともにする称願寺もまた下間家から来ていた[74]。晴国が国村を重用したのも、その関係に期待してのことであろう[75]。国村自身は本来門徒ではなかったが、天文三年二月に門徒となっている[76]。その時期からして、本願寺・晴国・畠山稙長の連合に相乗りしたことを意味していると考えられるので、国村が晴国の臣下となったのもこの頃と想定される。しばらくして三好長慶方もここに合流したように、この段階では晴国方に付くメリットがそれなりに大きかったといえよう。

ところが、天文四年六月の本願寺敗北を契機として、前項でみたように晴国は丹波の基盤を失っていく。しかも、本願寺と晴元の間で和議が進められ、立つ瀬を失うと、晴国にとって頼るべきは国村のみとなってしまう。その意に反して、国村は独自の動きを示し始める。天文四年九月に始まる和睦交渉のなかで、興正寺蓮秀の子息が本願寺方の人質として国村のもとへ送られるのである[77]。のちに本願寺から「三宅出羽守（国村）方へ、為先年右京兆（細川晴元）和与礼、以書状鳥目五十貫」が送られていることから[78]、この人質は国村を介して晴元へ送られたのであろう。国村は晴国の臣下でありつつも、晴元と本願寺の間を仲介するという極めて複雑な立場にあったことになる。

本願寺は、天文五年の年始の祝儀を晴国と取次の国村へ同時に送っているが、そのうち国村への祝儀については、「二三ヶ年之間三宅三種五荷遣て候へども、世上就静謐、木澤など方へも三荷遣候間、二宅へ奔走候へバ帰聞事候間、為其三荷遣」という注釈が添えられている[79]。和睦交渉も終わり静謐となったので、国村への礼物は五荷から三荷に減らしたが、国村が奔走するようなことがあれば、改めて五荷に戻すこともあるだろうというのである。和睦交渉以外にも、何らかの役割を期待している様子がここから窺える。

天文五年三月になると、和平に同意しない中島の一揆衆と摂津国人の富田中務丞が一味して、西難波に立て籠もる三好連盛・長逸勢を攻め落とす(80)。晴総と改名し心機一転した晴国が、西難波合戦における奈良修理亮の働きを賞しているので［66］、富田氏も晴国の指揮下にいたのであろう。このように晴国の動きは和平に綻びを与えるものであり、証如が期待した国村の奔走とは、その禍根を取り除くことにあったと思われる。

国村がそれに応えようとしていたことは、天文五年五月に称願寺が証如へ提示した二つの進言から明確となる(81)。一つは、「薬師寺備前之事、八郎殿《晴国》へ申入られ候へバ曲事間、申届候べきよし」というものであった。当時、薬師寺備前は本願寺に近い榎並の路次で、略奪行為に及んでいた(82)。つまり、彼が晴国に合流したら再び戦闘が始まるであろうから、まずは申し届けて宥めるべきだというのである。そしてもう一つは、「備中《下間頼盛》ニ同意候武士之事も寺内へ出入可停止之よし」というもので、和平に反対している下間頼盛一派の寺内からの閉め出しである。前回の和平破棄と同様に、主戦派の頼盛の力で本願寺を再び戦場へ引き戻す以外に、晴国が再浮上する見込みはまずない。晴国がそれを嘱望していたことは疑うべくもないが、称願寺はそれとは逆のことを忠告しているのである。やはり国村たちは、主君である晴国の動きを止めるように本願寺から期待されていたといえよう。

七月に入って、証如が三宅方へ書状を送ると、三宅方よりその返礼が届くと同時に、晴国方の有力国人でのちに国村と行動をともにする瓦林春信も、証如のもとへ使者を贈っている(83)。以後の動きからみて、この段階で摂津国人衆と本願寺との間で晴国討伐の準備が進められていた可能性が高い。

七月二九日には、晴元方の木沢長政・三好連盛・三好政長が一味同心して、本願寺に断ったうえで、三月以来中島に陣取っていた一揆勢を殲滅した(84)。証如は、それとほぼ同時に中島へ入った国村へ酒肴を贈っている(85)。晴国の自害は、それからまもなくのことである。おそらく国村は、本願寺との間を取り持つとでも称して、晴国を誘い出したのであろう。

直後に証如は、「八郎晴總生涯之儀ニ付而、珍重ニ候」という趣旨の書状を晴元へ送るが、そこでは「晴總之事、書状には不顕之、只今度之儀、珍重に候と書候也」という配慮がなされた[86]。やはり、証如も晴国の死を望んでいたが、自身の関与はここでは伏せておこうとしている。それに続けて国村は、報酬を求めるかのごとく、証如に対し太刀を所望してくる[87]。

以上の経過を踏まえると、主君の晴国を自害に追い込むという国村の行動の背景には、本願寺の強い意向があったといえる。本願寺も当初はそこまで望んでいなかったと思われるが、天文五年に入ってからの晴国方再起によって、もはや制止は不可能と悟ったに違いない。一方の国村は、晴元とも通じているため、どのタイミングでも晴国を見限ることはできたはずである。それを先延ばしにしていたのは、晴国の首とその一派の殲滅を手土産にすることが、自身を最も高く売り込む方法だったからだと考えられる。

おわりに

本章では、まず細川晴国の発給文書を網羅し、花押を主な指標として編年化を試みた。そして、この作業によって得られた情報をもとに、晴国陣営が再形成されていく過程と崩壊していく過程を軍事行動と関連づけながら跡づけていった。

高国が没した享禄四年（一五三一）以後、晴国は若狭に潜伏しつつも、内藤氏と波多野氏に二分していた丹波勢を一つにまとめ、本願寺と同盟を結び、着々と再起の準備を進めていた。さらには摂津国人も糾合し、寺社からの要求に応える形で奉行人制度も整備するなど、大物崩れによって壊滅状態となった高国派残党は、山城・摂津方面へ進出してくる天文二年（一五三三）までの間に大幅に回復していた。

晴国方は、本願寺だけでなく畠山稙長や三好長慶などとも連合することで、戦いを有利に進める時期もあったが、本願寺が一貫した動きをとらず、二度にわたって晴元方と和睦を結んだため、それに翻弄されて内部崩壊を繰り返した。具体的には、一度目の和睦を契機に内藤国貞が、二度目の和睦を前にして波多野秀忠が離反するのである。そして最後まで従った三宅国村も、本願寺が裏で糸を引く形で晴国を自刃に追い込む。

右にみる離合集散のあり方からは、次のような高国派残党の再生産構造における特質を指摘できる。例えば秀忠は、未熟な晴国勢力に寄生し高い地位を得たうえで、晴元方へと返り咲いた。それによって、晴国方筆頭の地位を占めることとなった国村も、自らを最も高く売り込むタイミングを見計らい晴国を見限った。いずれも劣勢の側につくメリットを最大限に利用して、地位の向上を図っているのである。天文三年に晴国方へ寝返り、その年のうちに晴元方へ帰参することで長洲荘代官職を得た、幼き長慶を擁する連盛もその延長線上に捉えられよう。そしてその究極の姿は、長じて晴元方から氏綱方へ鞍替えし、実権を握った長慶といえるのではなかろうか。このように細川家の同族間紛争は、その対立を利用する領主層の動きにも下支えされるものであった。

そのため、一方が劣勢になろうとも、幾度となく戦火は再燃するのである。晴元や本願寺が、最終的に解決策を晴国生害に求めたのも自然なりゆきであり、それを左右する立場にあったがゆえに、国村は晴元・本願寺・晴国の間を自由に往来できたのだと思われる。そして、晴国が没した結果、「細川両家の儀、常植（桓）（細川高国）御跡目晴国御生害の上は、世上静謐候はんずるかと諸人申」す状況が訪れるが、[88]大方の予想に反して氏綱が挙兵することになる。やはりここにも、細川家の家督をめぐる論理だけでは説明できない領主層の動きが背景にあったと思われるが、その点は氏綱に焦点をスライドさせることで改めて論じたい。

註

(1) 藤井学「初期法華一揆の戦闘分析」(同『法華衆と町衆』法藏館、二〇〇三年、初出一九八五年)。森田恭二『戦国期歴代細川氏の研究』(和泉書院、一九九四年)。高屋茂男「細川晴国の動向に関する基礎的考察」(『丹波』創刊号、一九九九年)。

(2) 岡田謙一「細川晴国小考」(天野忠幸他編『戦国・織豊期の西国社会』日本史史料研究会、二〇一二年)。本書第三部第一章「細川晴国・氏綱の出自と関係」。

(3) 『綾部市史』上巻一八八頁・二〇一頁・二三三頁。前掲註(1)高屋論文。

(4) 料紙に対して水平ではない花押もあるため、このような採寸方法をとった。

(5) 『二水記』享禄四年五月二三日条。

(6) 『実隆公記』『二水記』『後法成寺関白記』享禄三年一一月三日条～同四年三月八日条。

(7) 『後法成寺関白記』享禄四年四月四日条。

(8) 百瀬今朝雄「『歳十五已前之輩』と花押」(同『弘安書札礼の研究』東京大学出版会、二〇〇〇年、初出一九八六年)。

(9) 例えば[27]の場合、下底が勢い余って通常より伸びているため、数値が極端に異なる。

(10) 2C前期型末期の[32]から2C後期型にかけて、図13のウ部分は釣針のような弧を描いて上に向く特徴があるが、[46]もその名残があるため2Dの初見と判断した。

(11) 『天文日記』天文五年正月二四日条。

(12) 「羽賀寺年中行事」(『福井県史』資料編九、四六五頁)。『二水記』天文元年一〇月二〇日条。

(13) 『言継卿記』天文元年六月二二日条。

(14) 「御内書引付」(『続群書類従』第二三輯下三一七頁)。

(15) 本書第三部第三章「細川国慶の出自と同族関係」。

(16) 『お湯殿の上の日記』天文元年六月二日条。

(17) 尊経閣文庫所蔵東福寺文書(本書第三部第三章「細川国慶の出自と同族関係」の【史料3】)。

(18) 「経厚法印日記」天文元年九月四日条。「祇園執行日記」同月一二日条。

(19) 荻野文書二二号(『兵庫県史』史料編中世九)。

(20) 表32Aの出典では「源左衛門尉」と翻刻されるが、影写本で「内」を補った。

(21)『大仙院文書』二六号。
(22)山口氏の出自は不詳だが、植松氏は洛南の植松荘出身と考えられる。
(23)『実隆公記』大永四年正月一〇日条。
(24)「大舘記（五）」（『ビブリア』第八四号、一九八四年）一〇〇頁の七月二〇日付「八郎《晴国》」宛て大舘晴光副状によると、晴国への返信として義晴の「御自筆御内書」が発給されており、高国の後継者として認知されていることがわかる。小谷利明「畠山稙長の動向」（矢田俊文編『戦国期の権力と文書』高志書院、二〇〇四年）も指摘するように、義晴は天文二年に入ると晴元方と連携し始めることから、右の晴光副状は天文元年に比定される。
(25)春信の諱は勝尾寺文書九八二号（『箕面市史』史料編二）や興福院文書（東京大学史料編纂所影写本）の「射芸秘決口伝写」奥書による。瓦林氏同様、「属塩川伯耆守《国満》手」とみられるように［39・59］、摂津国人の塩川氏も寄親的な立場での活動が確認できるようになる。そのほか、摂津方面と連絡をとる藤沢右近大夫［23］は、本書第一部第二章「細川高国の近習とその構成」で取り上げた高国の近習である藤沢左近大夫国躬との関係が考えられる。
(26)賀茂別雷神社文書Ⅱ土蔵―M武家書状―二四号（京都市歴史資料館蔵写真版。文書番号は、『賀茂別雷神社文書目録』〈京都府教育委員会、二〇〇三年〉による）・『賀茂別雷神社文書』二六八号。
(27)勧修寺文書（東京大学史料編纂所影写本）の九月二日付赤木弥三郎春輔書状。『大徳寺文書』七七五号。
(28)松永久秀に仕える「赤木兵部丞」は春輔の後継者とみられる（『大徳寺文書別集真珠庵文書』二〇四号～二〇六号）。
(29)水無瀬神宮文書一一六号（『島本町史』史料篇）。
(30)『東京大学史料編纂所研究成果報告二〇一〇―一　真如寺所蔵能勢家文書』三三号。姓未詳ながら、「丹州之儀共、相調候間、近日可為御出張由候」と報じているので、丹波再入国直前に晴国方として発給したことがわかる。
(31)『兵庫県史』は「国綱」を「周聰」と誤読し、この二通を「可竹軒周聰書状」とする。
(32)本書第三部第一章「細川晴国・氏綱の出自と関係」。
(33)国綱は多田院に対し、多田荘の段銭等を「為寄進、如先々返付」する晴国書状も取り次いでいる［46］。しばらくのちの国綱書状［e］では、「御礼物内三百疋」の請取を通知し、加えて「相残分」を要求する。押領した段銭の去り渡しと引き替えに、晴国方は礼銭を要求していたのである。
(34)中河秀信の諱は『大徳寺文書』二二一六号による。

(35) 表32Aの出典を写真帳で訂正した。この合戦については、本書第三部第三章「細川国慶の出自と同族関係」も参照。
(36) 「兼右卿記」天文二年六月二一日条・二二日条（東京大学史料編纂所写真帳）。『実隆公記』同月二三日条・二四日条。
(37) 「本福寺明宗跡書」天文二年六月二〇日条（『大系真宗史料』文書記録編三）。
(38) 「信州下向記」天文二年七月一三日条（『新編信濃史料叢書』第一〇巻、一九七四年）。「兼右卿記」天文二年六月二二日条。
(39) 『私心記』天文二年九月一日条。
(40) 「細川両家記」天文二年九月条。
(41) 天野忠幸「三好一族の人名比定について」（同『戦国期三好政権の研究』清文堂出版、二〇一〇年）。
(42) 『言継卿記』天文一九年七月一四日条。『多聞院日記』永禄一〇年一〇月二三日条。
(43) 「祇園執行日記」天文二年七月三日条〜九月三日条。妙顕寺の夜討については『実隆公記』「兼右卿記」などにもみえる。
(44) 「祇園執行日記」天文二年一〇月一四日条。「兼右卿記」同月一八日条。
(45) 以上「兼右卿記」天文二年一〇月条。
(46) 『私心記』天文二年一〇月二一日条。『言継卿記』同月二二日条。一〇月一七日には、晴国方の塩川国満らが米谷中村城を攻撃していることから［39］、摂津方面とも示し合わせていた可能性が考えられる。
(47) 『言継卿記』天文二年一二月七日条・八日条。「祇園執行日記」同日条。
(48) 『言継卿記』天文二年一二月二五日条。
(49) 前掲註(24)小谷論文。
(50) 『私心記』天文三年三月一二日条・五月二九日条。この前後の本願寺の動向は、神田千里『一向一揆と石山合戦』（吉川弘文館、二〇〇七年）に詳しい。
(51) 『私心記』天文三年三月二五日条。三好家内部の対立については、今谷明『戦国三好一族』（新人物往来社、一九八五年）。
(52) 『私心記』天文三年六月五日条・七日条・二六日条。
(53) 『実隆公記』天文三年四月一八日条。
(54) 『私心記』天文三年七月一九日条。「祇園執行日記」同月二〇日条。「長享年後畿内兵乱記」同日条。谷の城は「谷山城」・「谷山田」・「西山城」とも呼ばれる。
(55) 『北野社家日記』第八、一五二頁。

(56) 岡田氏はこれを天文四年に比定しているが、谷の城籠城は天文三年以外にあり得ない。

(57) 『言継卿記』天文三年八月三日条。『私心記』同日条。「祇園執行日記」同日条。なお、「祇園執行日記」の年代の修正については、本書第二部補論三「青年期の細川晴元」の註(4)参照。

(58) 表32Aの出典で「恩智等」と翻刻される部分を「息智等」と訂正し解釈した。

(59) 『私心記』天文三年八月一一日条。「細川両家記」同日条。

(60) 『私心記』天文三年一〇月一九日条。「細川両家記」同月二〇日条。前田徹「仁部家の中世史料」(『川辺郡猪名川町における多田院御家人に関する調査研究—その2　仁部家史料調査—』猪名川町歴史文化遺産活性化実行委員会、二〇一六年)が指摘するように、この合戦と一〇月二日の小舟山合戦[58・59]は、連動している可能性がある。

(61) 『私心記』天文三年一〇月二〇日条。

(62) 「細川両家記」天文三年条。長江正一『三好長慶』(吉川弘文館、一九六八年)は、長慶勢の帰参を一〇月二二日頃とするが、『私心記』同月二五日条でも、連盛・長逸はまだ戦陣にいる。早島大祐「乾家と法華堂領荘園」(勝山清次編『南都寺院文書の世界』思文閣出版、二〇〇七年)によると、大永六年(一五二六)段階で三好越後守長尚に与えられていた長洲荘代官職は、天文三年一一月二一日付で三好連盛が請け負っている。長尚は政長の父なので(前掲註(41)天野論文)、代官職譲渡は帰参の交換条件と考えられる。

(63) 前掲註(24)小谷論文。

(64) 「後奈良天皇宸記」天文四年六月一三日条。『私心記』天文四年九月条。

(65) 『後鑑』所引「御内書引付」。「京」と「原」の草書体は近似するので、本文に示したように誤写と考えられる。なお『言継卿記』天文二年一〇月二二日条で、晴元方としての国貞の参戦が確認できる。

(66) 福島克彦「文書解題」(『丹波国船井郡小林家文書調査報告書』南丹市日吉町郷土資料館、二〇〇六年)。

(67) 能勢文書三号(八上城研究会編『戦国・織豊期城郭論』和泉書院、二〇〇〇年)。

(68) 藤田達生「戦国・織豊期城郭論」(同『城郭と由緒の戦争論』校倉書房、二〇一七年、初出一九九四年)。ただし、初出段階では晴国方として発給したものとしており、前掲註(67)八上城研究会編書に所収する際に本文のような解釈に変えている。

(69) 福島克彦「波多野氏の基礎的考察(上)」(『歴史と神戸』第三八巻第五号、一九九九年)。古野貢「室町幕府—守護体制下の分国支配構造」(『市大日本史』第一二号、二〇〇九年)。

(70)「後奈良天皇宸記」天文四年七月六日条。「厳助往年記」天文四年七月一日条。
(71) 小畠文書一号（前掲註(67)八上城研究会編書）。同書では天文二年に比定されているが、〔4〕から〔62〕まで小畠氏が晴国方である事実と、本文で正した波多野氏の動向に照らし合わせれば、天文四年とするのが妥当である。
(72)「細川両家記」天文五年八月二九日条。
(73)『私心記』天文四年六月二九日条。『天文日記』同五年正月二二日条・二四日条。
(74)「川那部系図」（『続群書類従』第五輯下）によると、下間頼広の長女が三宅国村の妻で、四男梵阿が「時宗、摂津国三宅村称願寺住持」とされる。
(75)『私心記』天文三年七月二八日条で、谷の城籠城中に称願寺が本願寺を訪れているのも、援軍要請を目的としている可能性がある。
(76)『私心記』天文三年二月一一日条。
(77)『私心記』天文四年九月一一日条。
(78)『天文日記』天文六年一二月二七日条。
(79)『天文日記』天文五年正月二二日条。第一節第2項でも述べたように、このとき晴国は新たな名前を思案中のため、文書発給は停止していると回答している。晴国が厳しい現状に直面していることは、この対応からも窺える。
(80)「細川両家記」天文五年三月二六日条。富田中務丞は「細川殿御被官」で（「別本賦引付」〈『室町幕府引付史料集成』上巻五〇七頁〉）、西富松荘の一部を買得するなど（「頭人御加判引付」〈同上下巻一七五頁〉）、西摂で勢力を伸ばした一族である。
(81)『天文日記』天文五年五月二四日条。
(82)『天文日記』天文五年五月二七日条。
(83)『天文日記』天文五年七月一一日条・一七日条。
(84)「細川両家記」天文五年七月二九日条。
(85)『天文日記』天文五年八月三日条。
(86)『天文日記』天文五年九月五日条。
(87)『天文日記』天文五年九月七日条。
(88)「細川両家記」天文一〇年九月六日条。

第三章　細川国慶の出自と同族関係

はじめに

永正四年（一五〇七）の細川政元暗殺後、養子の澄元は同じく養子の澄之を討つ。続けて澄元は、もう一人の養子であった高国との溝を深める。以後、畿内の諸勢力は、澄元派と高国派に分かれて熾烈な争いを繰り広げた。享禄四年（一五三一）の大物崩れによって高国が自刃した結果、澄元息の晴元を中心として事態は収束に向かうかと思われたが、翌天文元年（一五三二）からは高国の弟晴国が旗頭となり、高国派残党の抵抗が止むことはなかった。ところが、晴国も天文五年には自刃して果てる。天文一〇年頃までは、「細川両家の儀、常植（桓）（高国）御跡目晴国御生害の上は、世上静謐候はんずるかと諸人申」していたとされるように[1]、高国・晴国の死没を契機として、高国派の動きは徐々に低調となっていく。

そして、晴国没から七年もの時が経過した天文一二年に、高国派の旗頭として細川氏綱が挙兵する。氏綱方による軍事行動は、晴元方に度々制圧されるものの、天文一七年に三好長慶が晴元方から氏綱方へ鞍替えすると、翌年の江口合戦で勝利し、氏綱を推戴した長慶が台頭するに至った。

本章で取り上げる細川国慶は、細川玄蕃頭家の三代目にあたり、晴国挙兵以来の低調期ともいえる高国残党を一貫して支え続けた末に、氏綱と合流した人物である。いわば、天文年間の高国派の動向のみならず、三好長慶が実権を握る過程を考えるうえでも無視し得ない人物である。

にも拘わらず、彼の研究は皆無に近い。現時点では、久我荘を押領する玄蕃頭家三代について検討した岡野友彦氏の研究が最もまとまっているが、あくまでも久我荘に関わる範囲に限定されており、国慶の動向全体は視野に入っていない(2)。

こうした現状は、長慶が実権を握る直前の天文一六年に、国慶が戦没していることにも起因していると思われる。誤解を恐れずにもう少し踏み込んで述べると、氏綱に最終的な勝利をもたらした長慶に視線が集中したがために、等閑に付されていると考えられる。結果からの推測や勝者の歴史からだけでは、事実を正しくは把握できまい。

また国慶は、天文二年に京都で挙兵したのをはじめ、翌三年森河内・七年宇治・一二年堺・一四年宇治・一五年京都と各地を転戦しているが(3)、そのほとんどがゲリラ的ですぐに鎮圧されているため、大勢に大きな影響を与えていない（とみえる）ことも研究の対象とならない理由であろう。しかし、これもまた結果のみに囚われた視点といえる。不利な状況下にも拘わらず、徹底抗戦の姿勢を貫いた理由は奈辺にあったのか、問い直す必要がある。

研究の遅れは、さらなる弊害をもたらしている。玄蕃頭家当主の人名比定に、少なからぬ誤りがみられるのである。その代表例は、天文一五年に入京した玄蕃頭家の初代元治が京都に混乱を招くが、翌年に国慶が戦死したため落ち着きを取り戻したという理解である(4)。結論を述べると、この一連の行動は国慶単独のものであり、祖父と孫が行動をともにしたわけではない。

それを踏まえると、国慶を研究の俎上に乗せるためには、まず第一に系譜の整理が不可避といえる。出自の考察は、「寡兵」にも拘わらず徹底抗戦を挑み続けたその行動論理を把握するうえでも必要であろう。

また、それとは逆に「寡兵」という先入観を疑う視点も用意しておきたい。数の上で圧倒的に不利であったことは疑いないが、やはり戦い続けるにはそれなりの協力者が不可欠と思われるからである。よって、国慶に与同する人物の洗い出し作業が、その次の課題となる。ただし本章では、系譜の復元に主眼を置いている関係上、同族関係を明らかにするに留め、内衆の洗い出しは次章で改めて行うこととする。

図14A　『尊卑分脈』細川遠州家・玄蕃頭家系図（抄）

（註）『尊卑分脈』第三篇二七九頁による。

一　玄蕃頭家の系譜

1　細川元治

図14Aは、『尊卑分脈』のうち本章に関係する部分を抄出したものである。これによると、細川玄蕃頭家は土佐守護代をつとめた遠州家の持益次男元治を初代とし、孫の国慶の戦死によってわずか三代で断絶している。なお遠州家と玄蕃頭家は、上野姓と細川姓を併用するが、混乱を避けるため本文では細川に統一しておく。

元治は細川政元の近くに仕えており、押領を働く「上野玄蕃頭」の名が、文明一八年（一四八六）以降しばしば登場する[5]。明応三年（一四九四）一〇月四日には、自身の被官を誅伐しようとして返り討ちに遭うなど、気性の激しい性格を垣間見ることもできる[6]。

高国派と澄元派に分裂する前後の元治の動向を辿っておく。永正元年（一五〇四）の細川政元による薬師寺元一攻めには、「玄番（蕃）頭元治・子息源五郎元全」が加わっている[7]。前線で戦う元治は、ここでも疵をこうむっている[8]。永正四年六月の細川政元暗殺に際しては、細川澄元方についたため、細川澄之方に追われて若狭へと落ち延びた。[9]そして、八月一日に澄元方は京都に侵攻し、澄之らを討った。[10]以降、諸記録では「玄蕃入道」・「一雲軒」とされることが多いが、発給文書では「箕踞軒一雲」と署名する。[11]

翌年に、澄元とそれを補佐してきた高国の間で確執が生じると、元治は反澄元の立場を明らかにし高国擁立の中心となっている。具体的には、澄元に代えて家督に据える適任者を一同で評議した際に、典厩家の政賢を推す意見が出る一方、元治は、①政賢の実際の血縁は京兆家から遠く高国の方が近い、②高国は政元と養子の契約をしている、③器用・功がある、④畠山尚順が姉婿であるため河内・紀伊を味方につけることで摂津・丹波の分国を維持しやすい、といった理由をあげ、皆を納得させたという。[12]以後、元治とその子孫たちは、一貫して高国派として行動することとなった。

享禄三年（一五三〇）末に、元治は晴元方の柳本甚次郎らに襲われていることから、[13]少なくともこの頃までは生存を確認できるが、これを最後に文献上からは姿を消す。あるいは翌年の大物崩れの際に高国とともに没したのかもしれない。弟にあたる月関周透が、寛正元年（一四六〇）生まれであるため、[14]このときすでに元治は七十歳を超えている。仮にその場を凌いだにせよ、程なく没しているはずである。

2　細川元全

次に元治の子息について検討しておこう。

『尊卑分脈』によると、元治の子息は源五郎「元慶」ただ一人である。岡野友彦氏をはじめ、これに従う研究も少なくない。それに対し、「不問物語」に登場する元治の子息は、先述の源五郎元全のみである。そこで、「元慶」と元全が同一人物にあたるか否かを検討しておきたい。

「正法山妙心禅寺大休和尚法語」に収録される「徳雲院殿前刑部通叟宗普大禅定門」の肖像賛には、この人物が「遠州太守勝益」の三男で「叔父一雲」の猶子となったこと、没日は大永三年（一五二三）三月二六日で享年は三十八歳であったことなどが記されている。(15) 一方、「不問物語」には、高国擁立にあたって与同した人物のなかに「玄番（蕃）入道一雲・子息源五郎元全・甥治部少輔政益」がみえるとともに、「遠江守政益・舎弟源五郎元全」ともあり、政益と元全がいずれも勝益の子であることを裏付ける記述がみられる。(16) よって、「元慶」と元全は同一人物といえる。

ただし、「元慶」の名は『尊卑分脉』以外では確認できない。それに対し、元全の名で発給した文書は二点ほど確認できるので、「元慶」の使用は、差し控えたほうが無難であろう。

【史料1】(17)

（包紙上書）「　　源五郎（細川）
賀茂氏人御中　　元全」

（端裏切封墨引）

就今度京都之儀、両度音信被申候、御祝著由候、就其近日可有御進発之間、可被抽忠節旨、被成御書候、定日者重而可申候、親候者若州へ罷越候、今明日此方へ可参候、然者、自是以使者巨細可申候、五十余郷被相談、可有出張候、猶両人可被申候、恐々謹言、

（永正四年）七月十日　　元全（花押）

賀茂
氏人御中

史料纂集では発給者を「安富ヵ」とするが、「源五郎元全」は紛れもなく細川元全のことである。また年次も特定されていないが、「親候者若州へ罷越候」とあるように、元治が若狭へ引き下がっていることから永正四年

（一五〇七）に特定できる。

賀茂社は、音信を送るとともに、澄元による社領の安堵を求めたようで、七月一九日に澄元は安堵状を発給している。[18] それへの添状が、元全の署名がみえるもう一点の発給文書である。[19] その後、若狭から戻ってきた元治は、八月付で賀茂社に対して政元発給の禁制に相違なき旨を伝えた。[20] 以上の経過から、元全は若狭に下っていた元治に代わって、文書を発給していたことが窺える。元全の存命時を通じて、元治が第一線で活躍していたため、元全の発給文書の数は極めて限られるのであろう。

ただし、元治は出家して、形の上では元全に家を譲っていたと考えられる。永正八年に起こった火事の出火元について、元治の家ではなく「入夜有火、細川源五郎宅云々」と噂されていることは、[21] 元治と元全が別居状態にあることを示唆しているからである。

なお元全は、少なくとも永正一二年までは源五郎を名乗っており、それ以後戒名にみえるように刑部と名乗りを変えたようである。[22]

3　細川国慶

大永四年（一五二四）の元全一周忌は、「正法山妙心禅寺大休和尚法語」に所収される香語によると、「山城州平安居住大功徳主源五郎」が執り行っている。また、これに合わせて画工が作製した前述の元全肖像は、「孝子国慶」が依頼したものであった。ここから大永四年には、すでに高国の偏諱をうけて元服し、源五郎国慶と名乗っていることが確認できる。元全の享年から推測するに、まだ元服したばかりであろう。

『尊卑分脈』には、国慶は天文一六年（一五四七）に三十七歳で没したと注記される。それが事実だとすれば、永正八年（一五一一）生まれで、大永四年には十四歳ということになる。この点は、ある程度信用してもよさそうである。

冒頭でも述べたように、天文期の玄蕃頭を元治に比定する誤りがしばしばみられるが、第1項で指摘したように、すでにこの頃元治は没していたと思われる。ここでは天文期の人物比定をより確実なものとするため、国慶が源五郎から玄蕃頭へと改めた時期を絞り込み、そのうえで誤解が生じた理由についても追究したい。

次の史料は、国慶が源五郎を名乗る唯一のものであるため、自ずと発給文書の初見となる。

【史料2】[23]

久我殿(通言)御家領以下之儀、自然非分輩雖有之、残置此方、為与力衆被相支、可有注進候、然者即柳本弾正忠(賢治)方へ拙者可申分候、此旨各可被存知候、恐々謹言、

(享禄三年)卯月十八日　源五郎 国慶（花押）

諸与力中

岡野友彦氏は、文中に登場する柳本賢治が活躍した時期にあたる大永六年から享禄三年（一五三〇）頃のものと推定しているが[24]、その時期賢治は弟香西元盛が殺害されたことに不満を抱き、高国方から離反していることに注意を払う必要があるだろう。なぜなら、賢治に対して国慶が「申分」ける関係、すなわち友好関係にあるものの、先述のように国慶の祖父元治は、享禄三年末まで高国方の立場を貫いており、国慶自身も高国没後の不利な状況下ですら晴国擁立に奔走する生粋の高国派で、生涯を通じて離反した形跡が認められないからである。

となると、【史料2】は賢治が高国方から離反する大永六年以前のものという可能性も浮上してくるが、元治の影響下で元全の発給文書が限られていたことを踏まえると、元服直後の国慶が【史料2】を発給したということにも無理があるように思える。また、当時まだ実権を握っていない賢治に、わざわざ「申分」けるという必要性も見出せない。

そこで注目されるのは、享禄三年正月の「柳本弾正忠太刀一腰持来、令対面給盃、上野源五郎・椿首座・和田兵庫・○桂阿弥等令同道」という記事や、「柳本弾正持馬・太刀折帋来、椿首座引導、上野源五郎同持太刀来」という記事である。(25) 陣営を異にするはずの賢治と国慶が、ともに近衛尚通や三条西実隆のもとを訪れているのである。

この時期高国は、劣勢に立たされ京都を長らく離れていた。京都では晴元方の賢治が実権を握っていたが、同じく晴元方の実力者である三好元長との折り合いが悪く、晴元と賢治の間にも軋轢が生じていた。そうしたなかで、高国方の諸将が晴元派へと離反することなく、京都へ戻り賢治との距離を縮めていたことは十分に考えられることである。賢治は享禄三年六月に没することから、【史料2】は同年に絞り込んでよかろう。

その次に確認できる国慶の発給文書は、左のようなものである。

【史料3】(26)

「（捻封上書）
　細川玄番（蕃）頭
東福寺　　　　国慶
　御役者中　　　　」

就出張之儀、八郎（細川晴国）制札之事承候、則相調進入候、毎篇於御用之儀者、蒙仰可致馳走候、此旨御寺中へ御伝達簡要候、恐々謹言、

（享禄五年）卯月廿一日　　国慶（花押）

東福寺
　御役者中

文中の「八郎制札」とは、享禄五年（同年天文に改元）四月付の細川晴国制札を指すことから(27)、同年に比定で

きる。晴国の動向を整理した高屋茂男氏は、享禄五年七月の「常桓津国ニテ討死セラレ候テ後、八郎代ニ成候後、先以御敵分也、仍八郎ハ西国田舎辺ニイラレゲニ候シ、カクト不知」という記述を、明確な動向の初見とするが[28]、それ以前より活動を開始していたことになる。【史料3】は、その当初より国慶が晴国を補佐する立場にあることを示していることから、国慶は晴国擁立にあたって中心的役割を担ったと考えてよかろう。

そして、【史料2】と【史料3】を踏まえると、源五郎から玄蕃頭へと改めたのは、享禄三年四月から同五年四月までの間ということになる。ところが、国慶潜伏時のことでもあったため、当時の人々の間ではその変更が正しく認識されていなかったようである。誤解の始まりはこの点にあるので、以下、当時の記録にみえる国慶の表記についてみてみよう。

天文二年になると、晴国方は具体的な軍事行動に出る。五月二六日には「高雄・栂尾ヘムケテ八郎衆三千計ニテ」出陣しており、京都の留守を預かる薬師寺国長がそれへの対処にあたっている[29]。「今八郎ハ丹波ニ居ラレ候」とあるように、記主の王寿丸がいう「八郎衆」は晴国自身を含んでいない点に注意したい。それからしばらく両者の間で小競り合いが続くが、六月一八日に国長と法華衆の連合軍が攻撃を仕掛けて返り討ちに遭い、国長をはじめ多くの死者を出した。

本願寺の実従は、このことを「於京都高尾合戦、玄番（蕃）頭合戦理運」と記していることから[30]、高雄に在陣する「八郎衆」は国慶だと判明する。やや後にまとめられた「長享年後畿内兵乱記」でも「玄蕃得勝利」とするが、『実隆公記』では「丹兵（丹波）」と呼ぶように、同時代の記録に国慶の名が正しく記されることは少ない[31]。晴国と同盟関係にあった本願寺は別にして、京都の住民にはそもそも存在自体があまり知られていなかったようである。

興味深いのは近衛尚通の認識である。彼は出陣してきたばかりの国慶を「源五郎出張」と記している[32]。そして高雄合戦が終了すると、「玄番（蕃）頭五百斗打マハリ」とみえるように表記を修正しているのである[33]。ここから、国慶を知る者の間でも、玄蕃頭への改名は知られていなかったことが窺える。それでも尚通の場合は、京都周辺での合戦の過程で情報が耳に入ったが、奈良の多聞院英俊ともなると、天文一二年に至っても国慶のことを「源五郎」と呼称している(34)。

以上のような改名の事実とその認識のズレを踏まえると、天文一四年の「上野源五郎牢人衆三千許山城へ出張、井手城取之、（中略）山城宇治江出張衆玄蕃頭敗北」という記述には注意を払う必要がある(35)。この時期「源五郎」を名乗った人物は確認できないことから、厳助が過去の記録を整理しなおした際に、国慶のかつての名である「源五郎」と「玄蕃頭」を混用してしまったというのが実際のところであろう。つまりここでは、国慶が井手から宇治へ進軍したと理解すべきである。

ところが『史料綜覧』では、「厳助往年記」の記述を「細川氏綱ノ党上野元全、山城井手城ヲ攻略ス、尋デ、元全ノ父元治、槙島ニ出陣ス」と解釈してしまっている(36)。冒頭で述べた天文期の「玄蕃頭」を上野元治に比定してしまう事例は、すべてここから派生したものである。ここまでの検討を踏まえると、天文期における「源五郎」と「玄蕃頭」に峻別は不要で、すべて国慶に比定して然るべきといえよう。

以上、人名比定に必要な範囲で、玄蕃頭家三代の系譜を整理してみた。限られた情報ではあるが、ここから国慶の生い立ちについて推測を逞しくすれば、次のようなことがいえるだろう。

若くして父を失った国慶は、おそらく祖父元治に後見されて成長したと考えられる。元治は高国擁立の中心的人物であり、若いうちから非常に行動的で、老年に至るまで精力的な活動を展開した。その元治が早くに元全を失うと、国慶に大きな期待を寄せたであろうことは想像に難くない。国慶が、のちに晴元方への徹底抗戦という道を歩むことになったのも、こうした若年期の環境が少なからず影響したのではなかろうか。

もちろんこれは、憶測の域を出るものではない。そこで、国慶とともに歩む周辺一族を洗い出し、反晴元という意識が一族の間で根付いていることを節を改めて確認したい。

二　国慶を取り巻く同族連合

1　細川左馬助

『尊卑分脈』には国慶の兄弟が記されないが、龍安寺に残された記録によって庶弟がいたことを確認できる。[37]後世の書き込みと思われるものもあるが、以下関係する記事を列挙する。

①天文一五年九月一三日条「五百文玄蕃殿始京入之時礼、使桃、」
②天文一六年正月条「四十四文玄蕃頭庶弟左馬方（助脱）来臨時酒、」
③天文一六年九月一六日条「四拾文酒自左馬助方兵粮米借用トシテ以折紙被申、使者二人朝夕、」
④天文一六年九月一六日条「百文酒玄蕃頭出陣時、百拾文酒玄蕃頭細川《ホソコヲ》（地名）エ被遣、百六十文饅頭、」
⑤天文一六年一〇月六日条「引剝《ヒッペキ》御屋形エ祈禱礼台、玄蕃殿合戦時同日八十文肴・饅頭、古津方エ散而後八文、同台足付百三文、同酒一文、祈禱礼台引剝玄蕃頭殿エ同合戦時八十文樽酒、同玄蕃頭・左馬助方両所エ、」

冒頭でも述べたように、天文一五年（一五四六）から一六年にかけて、国慶は京都に進駐していた。その入京の日にあたる九月一三日に、[38]龍安寺は音信を贈った（①）。国慶在京時の翌年正月には、龍安寺を訪れた「玄蕃頭庶弟左馬方（助脱）」に対して、酒を振舞っている（②）。

のちに晴元勢が上洛してくると、閏七月に国慶は高雄で迎え撃つが、それも叶わず丹波へ退去する。[39]そして九月一六日、龍安寺に対して左馬助が兵粮米の借用を要求してきた（③）。先の高雄攻めの際に龍安寺が晴元の陣所となったことを踏まえれば、[40]この要求に応じることはなかったと思われる。もちろん、無沙汰をして万一のことがあってはならないので、龍安寺はとりあえず国慶に対して音信のみを贈った（④）。以上の反応から、左馬助の要求は個人的なものではなく、国慶方として「折紙」を発給したことがわかる。また、国慶の潜伏先が、京都にも比較的近い細川（京都市右京区京北細野町）であったことも判明する。

国慶が再び軍事行動を起こすのは、一〇月に入ってからのことである。五日に桂川沿いの河島城を攻め、六日には西京の大将軍まで攻め上ったものの、その日のうちに戦死した(41)。龍安寺は、亡くなる直前の国慶に再び音信を贈っている（⑤）。その宛先は「玄蕃頭・左馬助方両所」であった。ここからも、左馬助は国慶の片腕として活動していたことが窺える。「東寺光明真言講過去帳」には、天文一六年一〇月六日没の「細川玄蕃頭国慶」に並んで「同弟左馬助」が記されることから(42)、両者は同時に没したと考えられる。なお、国慶の弟には、彼の挙兵に与同して浪人となった像泉坊なる者もいた(43)。よって、この像泉坊が還俗して左馬助と改称した可能性も否定できない。

2　細川高益

前述のように、遠州家の当主政益は、玄蕃頭家の元治・元全らと行動をともにすることが多かった。このような両家の関係が、国慶の代まで下るか否かについて検討しておこう。

土佐の安喜家に残された保元物語の奥書には、「享禄四年七月廿八日、細川刑部少輔家俊川九歳、細川遠州政益ヨリ写畢」とあり(44)、遠州家の一族である細川家俊が、享禄四年（一五三一）七月に政益の蔵書を写したものであることがわかる。その直前の六月四日には、大物崩れによって高国が自刃しているため、この書写は上方ではなく土佐でなされたはずである。市村高男氏も指摘するように、この頃政益とその一族は土佐に在住していたと思われる(45)。その点は、政益が「不問物語」など中央の史料に永正年間まではしばしば登場するものの、以後全くといっていいほど見えなくなってしまうことからも裏付けられよう。

しかし、京都との縁が完全に途切れたわけではなかった。天文二年（一五三三）に三条西実隆は「細川刑部少輔家俊土佐住人此亭にて、卅首歌取重て披講」している[46]。この前後に実隆が土佐に下向した形跡はないから、家俊の亭は京都かその近辺に所在しているはずである。先述のように、この時期、国慶は晴国を高国後継者として擁立し、自身は京都に進駐していた。以前からの高国派としての行動を踏まえると、それに歩調を合わせて政益が配下の家俊を上洛させたと考えるのもあながち間違いではあるまい。

『尊卑分脈』所載の系図では遠州家の末代を政益とし、この頃を最後に政益の所見もなくなる。それに代わって、市村氏が指摘するように官途名・通字の点から政益の後継者とみられる細川遠江守高益の活動が、確認できるようになる。

【史料4】[47]

頂妙寺事、高益《(細川)》進退上者如先々寄宿已下令免除候条、聊不可有別義候、猶四郎殿《(細川和匡)》可有演説候、恐々謹言、

十一月二日　　氏綱（花押）

遠江守殿《(細川高益)》

時期の確定は難しいが、和匡が四郎を名乗っているので、少なくとも天文二〇年以前のもので、花押の形状から天文一五年に推定される[48]。これよりのちには、「就寄宿免除之儀、従頂妙寺音信到来」したので、あらためて高益に対して書状を送っている[49]。この頃の高益は、土佐ではなく氏綱の近くで活動していた。

【史料5】[50]

出張之儀、尾州《(畠山稙長)》并尼子《(晴久)》示合不日可及其行候、然者此砌各相談忠節肝要候、猶遠州《(細川高益)》可被申候、謹言、

六月十六日　　氏綱（花押影）

香宗我部（親秀）殿

ここでは、「尚遠州（細川高益）可被申候」と、氏綱の意を伝達する役割を担っている。氏綱は、土佐守護代の系譜を引く高益を介して、土佐国人の香宗我部氏と連絡を取り合っているのである。

【史料5】で注意したいのは、氏綱の花押である。というのも、その形状から天文一三年のものと推定できるからである。[51] したがって、これが高益の初見史料となり、挙兵当初から氏綱に仕えていたことが確認できる。氏綱と高益の間にもともと直接的な接点がなく、氏綱挙兵の準備を進めるなかで国慶が各方面へ働きかけをしていることから、[52] その段階で国慶は高益との連携を進めたと考えられる。

【史料6】[53]

「（付紙）天文十五年十月十三日　上野
　遠江守・長塩民部丞ゟ下間丹後法橋へ受取案」

「（端裏書）上野遠江守　天文十五　十　十三　阿閉持来
　　請取案
長塩民部丞」　」

今度要脚事被申候処、弐万疋御引替被仰調請取申候、然者冨田（摂津）之内普門寺分事、限三ヶ年相当可有直納由被申候間、返弁事聊以不可有相違候、此旨相心得可申入之由候、恐々、

　十月四日　　長塩民部丞　正親在判
　　　　　　遠江守　高益

　下間丹後（光頼）法橋御房
　　御宿所

高益とともに連署する長塩正親は、天文一二年の挙兵以来、氏綱の最有力内衆である。[54] 当初は又四郎を名乗り、

天文一三年には民部丞と改めている[55]。天文二一年正月二二日付の証如書状案が民部丞としての終見で、同年四月八日を初見として長塩備前守を名乗っている[56]。氏綱・和匡（のちの藤賢）兄弟が、揃って右京大夫・右馬頭に任官したのが天文二一年三月のことなので、それに合わせたものであろう。

高益同様、官途・通字の面からみて、正親は細川政元・高国のもとで評定衆や守護代の立場にあった長塩備前守元親の後継者と考えて間違いあるまい。政益も同様の立場にあったことを踏まえると、高益と正親も氏綱のもとで同等の立場にあったといえる。このほかにも、「猶高益（細川）・寺町弥三郎可申候」と記される氏綱の知行宛行状もみられるが[57]、これもまたかつて評定衆を務めた家の組み合わせである。

続けて、【史料6】が発給された背景について考察しておく。正親は、天文一五年八月に証如のもとを訪れ、「就出張助成之儀、切々申越」している[58]。このとき証如は、「只□五百疋」ばかりを正親に遣わした。その直後に、氏綱は遊佐長教と結び晴元方との合戦に及ぶ[59]。

翌月になると、国慶が京都を制圧し、芥川山城も氏綱方の手に落ちるなど、氏綱方優勢で事が進んでいた[60]。【史料6】にみえるように、芥川に程近い普門寺分の直納を約束するという契約も、現実的なものとなってきたのである。そこで証如は、態度を変えて二万疋を用意したのであろう。

おそらくその交渉をまとめるため、証如は長塩正親に対し、九月二九日に来るよう申し定めていた[61]。そうしたところ、「案内者」として「阿閉」だけが来て、肝心の正親が来なかった。阿閉だけでは地位に不足があって交渉もできないため、「阿閉令迷惑」ているという。阿閉大和守は、氏綱の「馬廻者」でもあるので、証如は対面し盃を交わすこととした。

正親は、翌月八日になって、太刀と馬を持参して礼を述べに訪れている[62]。【史料6】の本文は四日付なので、このときすでに契約の中身自体は固まっていたはずである。しかし、端裏書によると、【史料6】は一三日に阿閉が持参したものらしい。【史料6】を見る限り、高益の署名には判が据えられていないことから、おそらく八日に高益の判を据えたうえで持参するつもりだったが、それが調わなかったためこの日は礼を述べるだけに留めたのであろう。しかし、それでもしばらくは高益を掴まえることができそうになかったので、一三日に阿閉が持参したと考えておきたい。

史料が限られているため、このとき高益がどこにいたのかは不明である。しかし、遠州家と玄蕃頭家の関係を踏まえると、国慶と行動をともにしていたと考えるのが自然かと思われる。この頃国慶は上洛し、京都の掌握に取りかかったばかりであった。高益もそれに随行していたと考えると、ここに判が据えられていない理由も納得がいく。

おわりに

本章の検討によって、玄蕃頭家の人名比定は確実になしうるようになった。また、遠州家との同族連合が、国慶期まで下るであろうことも確認し、高国派として根強く活動するのは、独り国慶だけではないことがみてとれた。以上の成果をまとめると、図14Bのようになる。

これによって、天文一五年（一五四六）から一六年にかけての元治と国慶の混在は、完全に解消されたこととなる。実をいうと本章の狙いは、この一年弱の京都情勢を明らかにするための布石とすることにもあった。というのも、暫定的かつ短期間ではあるが、国慶はこの時期、京都を支配しているのである。

図14B　細川遠州家・玄蕃頭家略系図

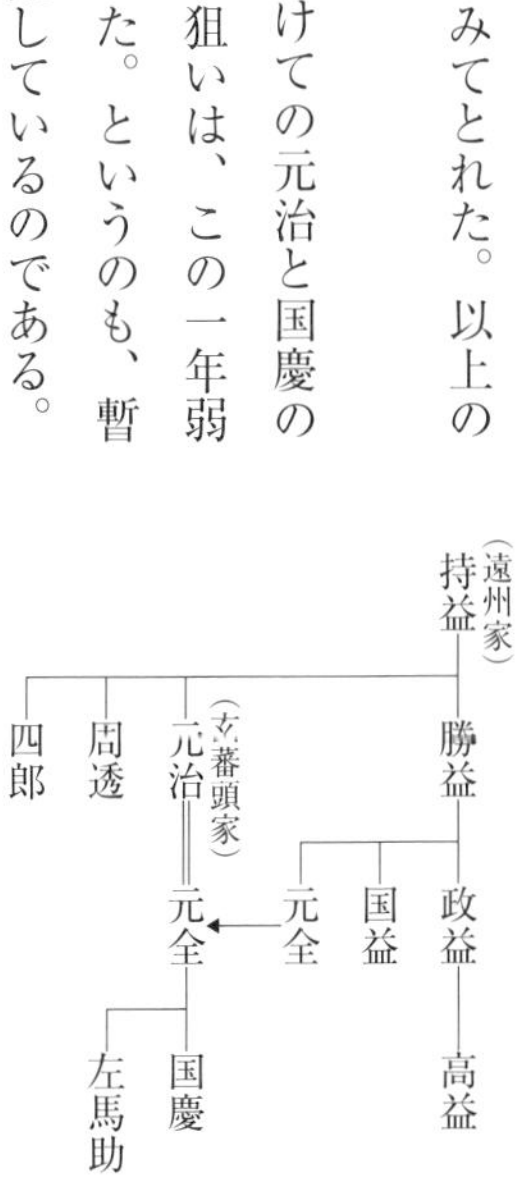

ところが、これもまた失敗に終わったため、まともに顧みられたことがない。たしかに時間的にはわずかであるものの、歴史的な流れのなかでみると、これは意外と大きな見落としであると筆者は認識している。

ここ最近、三好長慶による支配の研究が蓄積されつつある。(63)そこでは、とりわけ織田信長段階との連続性が意識され、信長に先行する権力としての位置付けがなされている。こうした研究の積み重ねによって、織田権力の革新性は、信長の個性からくる先入観も加わり、必要以上に強調されてきたことが明らかとなってきた。当然、それに比例して三好権力の革新性はより際立つようになってきている。

しかし、信長にいえることは、長慶についてもまた然りなのではなかろうか。すなわち、長慶の直前に京都を支配した国慶との比較を踏まえなければ、長慶の革新性もまた正しくは評価できないのである。その点は章を改めて論じることとしたい。

註

(1)「細川両家記」天文一〇年九月条。

(2)岡野友彦「山城国久我荘の政所と闕所地処分」(同『中世久我家と久我家領荘園』続群書類従完成会、二〇〇二年)。

(3)『私心記』天文二年六月一八日条・同三年一〇月二〇日条。「厳助往年記」同七年一〇月条・同一四年五月条。『多聞院日記』同一二年七月二七日条。天文一五年以降は本章第二節第1項参照。

(4)長江正一『三好長慶』(吉川弘文館、一九六八年)八八頁・九三頁。『京都の歴史3　近世の胎動』(学芸書林、一九七二年)四九五頁。今谷明『戦国三好一族』(新人物往来社、一九八五年)一〇九頁。仁木宏『京都の都市共同体と権力』(思文閣出版、二〇一〇年)五二頁・一六二頁。さらに「足利季世記」天文一六年一〇月六日条(『改定史籍集覧』第一三冊)では、国慶を「細川次郎氏綱ノ養子ノ舎弟」と荒唐無稽な設定をしており、長江正一氏もそれを紹介しているため、混乱に拍車が掛かっている。

(5)『蔭凉軒日録』文明一八年二月二八日条を初見とする。元治の動向については、弟にあたる月関周透との関係を整理した芳澤勝弘「横川景三の『小補艶詞』と月関周透」(『花園大学国際禅学研究所論叢』第一号、二〇〇六年)が詳しい。なお、安芸国入江保の代官をつとめる毛利氏に対して、文明一八年・一九年に書状を送った「細河上野玄蕃頭元氏」（『壬生家文書』二五六号・二五八号）と、明応四年に書状を送った「玄蕃元治」（『壬生家文書』二六八号）は、同一人物と考えられることから、元治の初名は元氏と判明する。

（6）『後法興院記』明応三年一〇月八日条。『大乗院寺社雑事記』同月一〇日条には、元治が没したという情報も記されるが誤報である。

（7）「不問物語」永正元年九月六日条。

（8）「不問物語」永正元年九月一〇日条。元治は、備中での合戦でも疵を負っている（『蔭凉軒日録』延徳四年四月六日条・七日条）。

（9）「不問物語」永正四年六月二四日条。

（10）「不問物語」永正四年八月一日条。

（11）『上杉家文書』二七〇号・三四七号。「不問物語」永正四年八月一日条では下向先の若狭で入道したとするが、永正四年八月段階では、まだ「元治」の名で署名していることから（『賀茂別雷神社文書』一六八号）、出家の時期については検討を要する。

（12）「不問物語」永正五年条。

（13）『二水記』享禄三年一二月一一日条。

（14）前掲註（5）芳澤論文。なお、『尊卑分脈』によると、周透の下にもさらに弟与次元賢がいる。そのほか、「東寺過去帳」№二三四や「宗典僧正記」明応四年一〇月条（『歴代残闕日記』第一八巻）には、元治の弟として明応四年（一四九五）に没した「上野四郎」の名がみえる。彼は、「依為土一揆大将、令生涯」という。『後法興院記』明応四年一〇月四日条～三〇日条にみえる京都の土一揆を主導した事実は、玄蕃頭家の立ち位置を考えるうえでも興味深い。

（15）「正法山妙心禅寺大休和尚法語」（『大日本史料』第九編之一三、一三七頁～一四二頁）。ここでも「元慶」と頭註・傍註が打たれる。これらの註が『尊卑分脈』に基づいていることについては、山田邦明・渡邉正男「史料編纂　刊行物紹介　大日本史料第九編之二十三」（『東京大学史料編纂所報』第三八号、二〇〇三年）を参照。

（16）「不問物語」永正五年条・同六年六月一七日条。

（17）『賀茂別雷神社文書』三八八号。

（18）同右八二号。

(19) 同右八三号。
(20) 同右一六八号。
(21) 『実隆公記』永正八年八月一五日条。
(22) 『久我家文書』四四三号。石野弥栄「細川京兆家の守護支配について」(『栃木史学』第七号、一九九三年)は、「元慶」も玄蕃頭を名乗ったとするが誤認である。
(23) 『久我家文書』五一三号。
(24) 前掲註(2)岡野論文。
(25) 『後法成寺関白記』享禄三年正月一二日条。『実隆公記』同日条。
(26) 尊経閣文庫所蔵東福寺文書。
(27) 『東福寺文書』三五号。
(28) 高屋茂男「細川晴国の動向に関する基礎的考察」(『丹波』創刊号、一九九九年)。「祇園執行日記」享禄五年七月二八日条。
(29) 「祇園執行日記」天文二年五月二六日条。
(30) 『私心記』天文二年六月一八日条。
(31) 「長享年後畿内兵乱記」天文二年六月一八日条。『実隆公記』同日条。
(32) 『後法成寺関白記』天文二年五月二八日条。
(33) 『後法成寺関白記』天文二年六月二〇日条。
(34) 『多聞院日記』天文一二年七月二七日条。
(35) 「厳助往年記」天文一四年五月六日条。
(36) 『史料綜覧』天文一四年五月六日条。以後、同一五年九月一四日条や同一六年一月一一日条などにも「上野元治」が登場する。
(37) 「日黄事故略鈔」(「大雲山誌稿」一九〈東京大学史料編纂所謄写本〉)。
(38) 「後奈良天皇宸記」天文一五年九月一三日条。「二条寺主家記抜萃」同日条。「長享年後畿内兵乱記」同日条。
(39) 「厳助往年記」天文一六年閏七月条。
(40) 同右。

(41)「長享年後畿内兵乱記」天文一六年一〇月条。
(42)賜蘆文庫文書（東京大学史料編纂所影写本）のうち「東寺光明真言講過去帳」第九。
(43)『天文日記』天文六年正月八日条。
(44)「土佐国蠹簡集脱漏」四八号（『高知県史』古代・中世史料編）。
(45)市村高男「細勝寺所蔵『細川氏家譜』について」（『高知大学教育学部研究報告』第六一号、二〇〇一年）。
(46)「再昌草」天文二年九月二一日条。
(47)『頂妙寺文書』古文書一二号。
(48)本書第三部第六章「内衆からみた細川氏綱と三好長慶の関係」。
(49)『頂妙寺文書』古文書一三号。
(50)「土佐国蠹簡集」七八二号（『高知県史』古代・中世史料編）。
(51)本書第三部第六章「内衆からみた細川氏綱と三好長慶の関係」。
(52)小谷利明「畠山稙長の動向」（矢田俊文編『戦国期の権力と文書』高志書院、二〇〇四年）。
(53)本願寺文書（東京大学史料編纂所影写本）。
(54)拙稿「信長上洛前夜の畿内情勢」（『日本歴史』第七三六号、二〇〇九年）。発給文書はほとんど残されていないが、挙兵直後の天文一二年八月一六日付のものが確認できる（勝尾寺文書九八三号〈『箕面市史』史料編二〉）。
(55)『天文日記』天文一二年九月二三日条・同一三年八月一九日条。
(56)「証如書札案」天文二三年七号（『大系真宗史料』文書記録編四。天文二三年の帳面に含まれるが、『天文日記』天文二一年正月二三日条から年次が特定できる）。『天文日記』天文二一年四月八日条。なお、天文二二年一一月一七日付の誓願寺への居宅の寄進状では、長塩備前守盛俊と署名しており、時期ははっきりしないが諱も改めたことが確認できる（『誓願寺文書の研究』誓願寺所蔵文書六三号）。『誓願寺文書の研究』八九頁では盛俊を細川晴元の被官と推測するが、『天文日記』天文二三年正月一六日条まで長塩備前守は一貫して氏綱の内衆として活動しているし、晴元陣営に長塩の名は一切みられない。居宅の寄進は、氏綱の淀移徙に伴うものかもしれない（本書第三部第六章「内衆からみた細川氏綱と三好長慶の関係」）。
(57)『寄託品特別展・燈心文庫の史料Ⅱ　公家・武家・寺家』（京都市歴史資料館、一九九一年）一四号。
(58)『天文日記』天文一五年八月一四日条。

(59)「細川両家記」天文一五年八月二〇日条。
(60)「細川両家記」天文一五年九月条。
(61)『天文日記』天文一五年九月二九日条。
(62)『天文日記』天文一五年一〇月八日条。
(63) 前掲註(4)仁木著書や天野忠幸『戦国期三好政権の研究』(清文堂出版、二〇一〇年)など。

第四章　細川国慶の上洛戦と京都支配

はじめに

首都京都の支配は、三好長慶・織田信長・豊臣秀吉という外来勢力の手によって段階的に変化を遂げ、近世を迎える。仁木宏氏は、自律性を高めつつある京都の都市共同体が、この過程で公家や寺社などの土地領主を介さず権力と直接交渉を持つようになることや、権力側もその都市共同体を支配の一環に位置付けるようになることに着目し、それを指標の一つとして京都支配の変化を捉えた(1)。そして、従来の研究が織田段階での転換に力点をおいていたのに対し、権力側と都市共同体の交渉が三好段階に始まることを指摘し、その革新性を高く評価する。

仁木氏の研究は、軽視されがちであった三好段階に光を当てつつ、織豊期まで連続して視野に入れることで、三好権力の革新性を浮き彫りにしたものといえる。ここから、織田権力の革新性は前代との比較で初めて正当に評価できることを教えられるとともに、その延長線上で捉えると、三好権力と前代の比較には不備が残されていることに気付かされる。

この問題は、上京中に宛てた細川国慶発給文書の評価に端的に表れる。国慶は長慶の直前に京都を支配した人物だが、仁木氏は論文初出段階で、これを誤って三好権力下で発給されたものとする(2)。のちに著書へ再録するにあたって、年代と国慶の立場を正し、そのうえで公家や寺社などの土地領主を介さず一円的に行った国慶の地子銭徴収について、「これ以前にはなかった政策であり、三好政権はそうした政策を継承した」と、初出段階にはなかった評価が加えられた。ところが、新たに生じた国慶の画期性についてはこれ以上の言及もなく、史料に従えば長慶の画期性は一歩後退するはずだが、論旨全体の変更もない。つまり、現時点での仁木氏による三好権力の評価は、国慶の存在をうまく組み込めていないのである。おそらく、研究史上ほとんど注目されたことがない国慶は、実像もよくわからないため、深く踏み込むことができなかったのであろう。

かかる現状にあるため、まずは前章にて、国慶の出自等を整理しておいた。(3) そこでも示したように、細川玄蕃頭家の三代目にあたる国慶は、細川高国や晴国といった旗頭を失い形勢が傾いた後も、高国派残党として細川晴元との徹底抗戦の立場を貫いた人物で、のちに高国派の新たな旗頭である細川氏綱と合流する。(4) 氏綱勢は、蜂起と潜伏を繰り返すが、天文一七年（一五四八）に三好長慶が晴元方から氏綱方へ転じると、翌年の江口合戦で勝利し、氏綱を推戴する形で長慶が実権を握る。その間、天文一五年に、国慶は摂津・河内方面で戦う氏綱に代わって入洛し、一年に満たない期間ではあるが京都を支配した。このように比較的重要な役割を演じているだけでなく、三好権力の革新性が昨今改めて強調されていることからも、(5) 国慶の実像解明は畿内戦国史全体にとっても課題といえる。

国慶が等閑視されてきた要因は、史料的な制約にもあろうが、京都支配が短期で終わったうえ、氏綱と長慶の合流をみることなく天文一六年に戦没したことにも求められよう。すなわち、活動期間からみて、大勢に影響を与える存在ではないという先入観が働いているのではなかろうか。ところが本章でみるように、国慶のもとで活動していた面々は、三好権力下でも京都支配の担当として活躍しており、仁木氏が指摘した政策面以外でも国慶から長慶への連続性は確認できるのである。この点は、長慶の内衆を整理した今谷明氏や天野忠幸氏の研究でも看過されており、結果として三好段階と前代との断絶を強調することとなっている。(6) その反省から、本章では国

表33　細川国慶方発給文書

番号	年　月　日	差出・花押	宛　　所	出　　典
1	（享禄３）．４．18	源五郎国慶１Ａ	諸与力中	『久我家文書』513号
2	（天文元）．４．21	国慶１Ｂ	東福寺御役者中	尊経閣文庫所蔵東福寺文書
3	天文２．７．11	中河九郎左衛門尉秀信	当寺納所禅師	『大徳寺文書』2216号
4	（天文２）．７．12	今村源介慶満Ａ	安井名主百姓中	『大徳寺文書』2217号
5	（天文２）．７．15	玄蕃頭国慶１Ｂ	当寺納所禅師	『大徳寺文書』2218号
6	（天文２）．11．10	今村源介慶満Ａ 津田筑後守経長	当所名主百姓中	二尊院文書
7	（天文２）．11．30	玄蕃頭国慶１Ｂ	二尊院	二尊院文書
8	（天文２）．12．10	玄蕃頭国慶１Ｂ	大覚寺門跡御雑掌	井関家文書４－14号（『大覚寺文書』上巻）
9	（天文２）．12．13	玄蕃頭国慶１Ｂ	当所名主百姓中	二尊院文書
10	（天文３）．２．20	玄蕃頭国慶１Ｂ	西林院	勧修寺文書
11	（天文３）．２．26	玄蕃頭国慶１Ｂ	二尊院	二尊院文書
12	天文７．10．16	玄蕃頭源１Ｃ	大山崎	離宮八幡宮文書240号（『大山崎町史』史料編）
13	（天文９）．２．７	国慶１Ｃ	福田三郎左衛門尉	福田家文書７号（『京都市史編さん通信』242）
14	天文14．11．２	玄蕃頭国慶	西	「南行雑録」１所収西文書
15	（天文15）．８．15	（物集女）慶照	大山崎惣御中	離宮八幡宮文書251号（『大山崎町史』史料編）
16	天文15．８．—	玄蕃頭源２	水無瀬	水無瀬神宮文書122号（『島本町史』史料篇）
17	天文15．９．—	玄蕃頭源２	賀茂社所々院内	『賀茂別雷神社文書』179号
18	天文15．９．—	玄蕃頭源２	村雲成福寺	浄福寺文書８号（『京都浄土宗寺院文書』）
19	天文15．９．—	玄蕃頭源２	太秦広隆寺并境内	広隆寺文書
20	天文15．９．—	玄蕃頭源２	三条御蔵町	大阪大谷大学博物館所蔵文書（本書第三部補論）
21	（天文15）．９．25	玄蕃頭国慶２	当所名主百姓中	『大徳寺文書』2333号
22	（天文15）．９．30	玄蕃頭国慶２	西林院 密乗院	勧修寺文書
23	（天文15）．９．30	津田筑後守経長	所々名主百性中	勧修寺文書
24	（天文15）．10．10	玄蕃頭国慶２	社家御中	『松尾大社史料集』文書篇１，134号
25	（天文15）．10．14	玄蕃頭国慶２	当所名主百姓中	山科家古文書
26	（天文15）．10．14	玄蕃頭国慶	安芸左京亮	「御産所日記」（『群書類従』第23輯）所収
27	（天文15）．10．15	細川玄蕃頭国慶２	三宝院殿御雑掌	『醍醐寺文書』1446号
28	（天文15）．10．19	玄蕃頭国慶２	小森彦右衛門尉	『誓願寺文書の研究』誓願寺所蔵文書60号

番号	年　月　日	差出・花押	宛　　所	出　　典
29	(天文15).10.19	国慶2	当所名主百姓中	宝鏡寺文書
30	(天文15).10.24	玄蕃頭国慶2	東寺雑掌	東寺百合文書り函176号
31	(天文15).10.24	国慶2	当所名主百姓中	東寺百合文書り函177号
32	(天文15).10.25	国慶2	名主百姓中	『大徳寺文書別集真珠庵文書』910-14号
33	(天文15).10.29	玄蕃頭国慶2	東寺雑掌御中	東寺百合文書り函179号
34	(天文15).10.29	今村源介慶満B	里村喜介	東寺百合文書ヲ函197号
35	(天文15).10.30	今村源介慶満B	(里村)喜介 備前(岡本祐清)	東寺百合文書ヲ函198号
36	(天文15).11. 3	玄蕃頭国慶2	東寺衆徒御中	東寺百合文書ニ函374号
37	(天文15).11. 6	今村源介慶満B	東寺御上使衆各御中	東寺百合文書ヲ函203号
38	(天文15).11.17	玄蕃頭国慶2	円首座	東寺百合文書ニ函382号
39	(天文15).11.18	今村源介慶満B	里村喜介	東寺百合文書ち函28号
40	(天文15).11.28	伊吹因幡守広家	里村喜介	東寺百合文書ニ函212号
41	(天文15).12.15	玄蕃頭国慶2	鷹山主殿助(弘頼) 安見与兵衛(宗房)	興福院蔵鷹山文書(『城陽市史』第4巻203頁)
42	(天文15).12.16	上使中重□ 員征 貞朝	鷹山主殿助(弘頼) 安見与兵衛尉(宗房)	興福院蔵鷹山文書(『城陽市史』第4巻203頁)
43	(天文15).12.19	玄蕃頭国慶2	上京中	室町頭町文書(『京都町触集成』別巻2，145号)
44	(天文15).12.22	国慶2	小泉源左衛門尉(秀清)	山科家古文書
45	(天文15).12.29	国慶2	当所名主百姓中	京都大学所蔵「古文書纂」3所収出納文書
46	(天文15).12.29	玄蕃頭国慶2	竹内宮内少輔(季治)	『久我家文書』588号
47	(天文15).12.29	国慶2	小寺源兵衛	『久我家文書』589号
48	(天文15).12.30	細川玄蕃頭国慶2	竹内宮内少輔(季治)	『久我家文書』590号
49	(天文16). 1. 8	今村源介慶満B	名主百姓中	東寺百合文書ヲ函156号
50	(天文16). 1. 8	今村源介慶満B	東寺八条名主百姓中	『東寺文書聚英』437号
51	(天文16). 1.13	津田筑後守経長	室町頭御町中	室町頭町文書(『京都町触集成』別巻2，149号)
52	(天文16). 2. 3	今村源介慶満B 安岡与三右衛門豊虎	内海源三郎	宝鏡寺文書
53	(天文16). 4.21	玄蕃頭国慶2	大徳寺納所禅師	『大徳寺文書』752号
54	(天文16). 4.21	今源(今村源介)慶満B	上大(上坂満信)	『大徳寺文書』589号
55	(天文16). 4.21	今源(今村源介)慶満	小寺源兵衛尉 片山十兵衛尉	『大徳寺文書』590号
56	(天文16). 7.18	玄蕃頭国慶2	峠弾正忠	佐藤行信氏所蔵文書
57	(天文16). 8.16	国慶2	大山崎惣御中	離宮八幡宮文書252号(『大山崎町史』史料編)
58	(天文16). 8.22	(小泉)秀清	宝(宝菩提院)	東寺百合文書キ函235号

		(今村)慶満Ｂ		
59	(天文16).９.18	(今村)慶満Ｂ	宝少(宝菩提院)	東寺百合文書キ函242号
60	(天文16).９.18	(小泉)秀清	宝(宝菩提院)	東寺百合文書キ函243号
61	(天文16).９.23	今弥(今村弥七)政次	ほんほたい(宝菩提院)	東寺百合文書キ函244号
62	(天文16).９.23	(小泉)秀清	宝(宝菩提院)	東寺百合文書キ函245号
63	(天文16).９.26	(小泉)秀清 (今村)慶満Ｂ	宝(宝菩提院)	東寺百合文書キ函246号

註１）　差出欄を網掛けしたのは案文，それ以外は正文。
註２）　細川国慶・今村慶満のみ花押の形状を示した。
註３）　刊本で本文や花押が確認できないものは，東京大学史料編纂所の謄写本・影写本・写真帳で閲覧した。

花押１Ａ[1]　　花押１Ｂ[5]　　花押１Ｃ[12]　　花押２［21］

図15　細川国慶の花押

花押１は，左端の縦棒が極端に長く直線的な花押１Ａを初期型として，以後のものは丸みを帯びるようになる。ただし，花押１Ｂまでは真下に向けて伸びていた左下の縦棒が，天文７年の年紀を持つ花押１Ｃでは左側に払うようになる。花押２の使用期間は，約１年であるため，年次の比定は容易である。

慶が京都を支配した時期だけでなく、それ以前の上洛戦から彼の没後までを対象とし、配下が編成される過程と彼らが長慶のもとへ転属するまでの動向も視野に入れておきたい。そして、その成果も交えながら国慶段階における京都支配の到達点を明らかにし、三好権力による京都支配の相対化を図ることとする。

なお、前提作業として、国慶の内衆や彼に与力する人物を摘出したうえで、彼らと国慶自身の発給文書を表33にまとめておいた(7)。表33での年次比定にあたっては、国慶方の動向と照らし合わせるだけでなく、図15のように国慶の花押が変遷するので、それも考慮に入れている。また、表33に掲げた史料を本文中で引用する際は、表の番号を［1］のごとく註記する。

一　上洛戦の展開

1　細川晴国挙兵時の国慶内衆

高国没の翌年にあたる天文元年（一五三二）四月に、東福寺は国慶を通じて晴国の禁制を得ている［2］。これを嚆矢として、晴国と国慶の行動は徐々に具体化し、翌天文二年には、京都の晴元方に対して、本格的な軍事行動を仕掛けることとなった。

五月二六日には「高雄・栂尾へムケテ八郎衆《（細川晴国）》三千計ニテ」出陣しており、京都の留守を預かる薬師寺国長がそれへの対処にあたっている(8)。「今八郎ハ丹波ニ居ラレ候」ともあるように、ここでの「八郎衆」には晴国自身が含まれていない点に注意したい。それからしばらく両者の間で小競り合いが続くが、六月一八日に国長と法華衆の連合軍が攻撃を仕掛けて返り討ちに遭い、国長をはじめ多くの死者を出した(9)。

本願寺の実従は、このことを「於京都高尾《（雄）》合戦、玄番《（蕃）》頭《（細川国慶）》合戦理運」と記していることから(10)、高雄に在陣する「八郎衆」は国慶だと判明する。以後一二月に至るまで、京都周辺を打ち廻る「八郎衆」が度々確認できるが(11)、翌年に入ると姿を消す。そして天文三年一〇月一三日には、国慶の軍勢が大阪平野を太融寺から左専道へ向けて東進し、二〇日にはその先の森河内で本願寺勢と連合して合戦に及んでいる(12)。これを最後に国慶の目立った軍事行動はしばらく確認できなくなり、天文五年八月には盟主の晴国も自刃する。

以上の動向から、京都周辺に発給された花押1Bの文書のほとんどは、天文二年後半から翌三年初頭の間に比定される。それを踏まえて、当時の国慶内衆について検討しておく。

【史料1】［3］

龍翔寺領安井之内散在田畠山林地子銭諸公事物等事、任当知行之旨、如先々全可有御寺納候、雖然当地子之儀までニて候、但玄番《（蕃）》頭殿より雖被仰付候、以石原左京進殿蒙仰候間、差置申候、弥可有御納所事肝要候、

恐惶謹言、

天文弐
七月十一日　中河九郎左衛門尉
秀信（花押）

当寺
納所禅師

【史料2】［4］

当地子銭之事、先度玄番(蕃)頭任折紙之旨、可被相拘候、万一当手人数雖為違乱、玄番頭於無折帋者、不可有承引候、若一所成共、不及注進於作物者、可為二重成候、此由堅可申旨候、恐々謹言、

(天文二年)七月十二日　今村源介 慶満（花押）

安井 名主百姓中

【史料3】［5］

安井村之儀、中河九郎左衛門尉(秀信)雖遣候、龍翔寺当地子銭事者、以石原左京亮方被仰届、彼放状在之上者、如先々可有御寺納候、恐々謹言、

(天文二年)七月十五日　玄番頭 国慶（花押）

当寺 納所禅師

これらは、高雄から洛中への途上にある龍翔寺領安井の地子銭について触れたものである。三点を突き合わせると、次のような経過を辿ることができる。【史料2】にあるように、国慶はまず折紙をもって、当年分の地子銭はどこへも収めることなく百姓が拘え置くように指示し、当面の安堵を伝えた。その地子銭をどのように差配するかは、次の段階に発給される折紙に従うべきとし、国慶方であろうとも折紙を持たない者の指示には従ってはならないとされた。「西畠事玄蕃頭出下知了」ともみえるように、(13)この下知は龍翔寺領に限定されるものではなかったようである。

【史料1】に従えば、国慶の指示を携えて安井に派遣されたのは、指揮下にある中河秀信であったと考えられる。その指示の内容は、当知行を認めたうえで、当年分の地子銭に限定して徴収するというものであった。つまり、将来にわたる寺領安堵と引き替えに、目先の臨時収入を獲得するのが国慶方の狙いであったといえる。しか

し、晴国方部将の石原左京亮を通じて龍翔寺側からの抵抗をうけたため、(14)秀信は安井からの地子銭徴収はしない旨を【史料1】にて龍翔寺に伝えた。それと前後して、龍翔寺は国慶方へも働きかけたため、国慶内衆の今村慶満は、当初の指示に従い地子銭は当面地下に留保すべきとの【史料2】を発給したのであろう。そして、「彼放状」と呼ばれる【史料1】を確認すると、国慶は【史料3】にて、安井からの地子銭徴収は行わない旨を龍翔寺に伝えた。

ここで注目すべきは、【史料2】が慶満の初見史料となることである。長江正一氏の先駆的な研究以来、彼は三好長慶の最も有力な内衆とされてきた。(15)そこには長慶の偏諱をうけているという錯覚も働いているのであろうが、範長から長慶へと名を改めるのは天文一七年のことである（混乱を避けるため本章では長慶で統一する）。

花押A［4］　花押B［34］

図16　今村慶満の花押（1）

慶満の花押は生涯を通じて筆順は変わらないが、図16に示したように、初期の花押Aは中央部が円となる特徴があり、のちの花押Bとは明らかに形状が異なる。花押Aを据えた文書は、もう一点だけ確認できる。津田経長と連署して、二尊院領の百姓に対し納所を命じたものである［6］。両名が連署する形式はこの一点のみだが、表33に示されるように国慶陣営から地下宛てに文書を発給するのは、国慶本人か彼ら二人に限られる。ここから、慶満・経長が当初より国慶内衆のなかで最上級に位置したと考えられる。

二人のうち慶満は、京都の東口にあたる汁谷口から南口の法性寺・柳原にかけてを地盤とする問屋の今村一族出身であることが明らかとなっている。(16)一方の経長は、京都の外港伏見の流通に携わる津田一族出身で、慶満同様に長慶に抜擢された人物とされてきたが、(17)これも見直す必要があるだろう。そこで、津田一族について今少し詳しくみておく。

永正五年（一五〇八）、細川澄元との間に確執を生じ京都を退去した細川高国が、再入洛を図って「伏見ノ津田兵庫助カ城ニ楯籠」もり京都を窺っていることから、城主の津田惣領家は兵庫助を名乗っていたと考えられる。(18)連歌師の宗長は、伏見の津田聚情軒と懇意にしていたことがその日記から知られるが、あるとき「聚情同名(津田)北村兵庫助」から醍醐への周遊に誘われている。(19)ここから津田惣領家は、北村姓も用いていたことが判明する。三条西家領美豆牧の荘務を請け負う細川元治は、永正元年に「代官北村」を任じているが、同四年に元治らが解任され、代わりの代官が入部すると、「玄蕃頭(細川元治)違乱」として「美豆御牧北村衆攻来」ている。(20)永正元年の元治らによる淀城・神足城攻撃にも、「伏見津田」が加わっているので、(21)津田北村家は国慶の祖父にあたる元治の頃から玄蕃頭家に仕えていたようである。元治は、高国擁立の中心的存在であることから、永正五年の伏見津田入城にも密接に絡んでいるに違いない。このような高国派としての元治と津田氏の関係を前提にすると、国慶に仕える経長は兵庫助の系譜に連なると考えられる。

残る中河秀信は、【史料1】にて「玄番(蕃)頭殿」と国慶に敬称を用いていることや、安井に隣接する太秦・嵯峨周辺の所領を晴国から宛行われていること（後述）などから、国慶の与力で、内衆ではない。それ以外では所見がないが、活動範囲から推測するに、高雄の北に位置する中川を出自とする土豪であろう。やはりここも丹波からの上洛経路にあたる。

天野忠幸氏は、交通路や流通に立脚した領主を被官化し、個別に登用した点を三好長慶による内衆編成の特質とし、慶満や経長をその例とする。(22)しかし、彼らが国慶の内衆と判明した以上、長慶のその方針は、国慶のそれを踏襲したものという可能性も浮上する。

ただし注意したいのは、京都周辺の流通に携わる者たちを把握しようとする動きは、津田氏の例が示すように国慶の代に始まったことではなく、玄蕃頭家初代の元治まで遡りうることである。例えば「細川玄蕃頭(元治)被官人善光」は、土岐石谷氏が知行する「塩合物公事并見入等事」を違乱しているが、この石谷氏の知行とは「洛中諸国塩合物并馬荷公事等」とも呼ばれ、それには木幡関の代官職も付帯していた(23)。そのほか、元治の「被官人木寺源次郎」は、「商人」と呼ばれている(24)。元治が播磨国伊川荘の代官職を一時期つとめたことや、久我荘を違乱したことは知られるが(25)、新興の玄蕃頭家には明確な地盤と呼べるものが見当たらない。そのため、京都周辺で活動する「商人」と呼ばれるような階層の者たちを編成することで、人的基盤を確保しようとしたのであろう。

2　細川氏綱の擁立

晴国没から二年が経過した天文七年（一五三八）一〇月、細川国慶と内藤国貞が宇治と丹波で同時に蜂起する(26)。国貞は一〇月一七日以前に八木城へ籠城しているが、晴元方の攻撃を受けて早くも一一月一〇日には没落している(27)。また、それとは別に一〇月一二日に丹波口へ、そして一五日に京都北西の杉坂まで進軍したのちに、晴元勢に追い払われた「敵」も確認できる(28)。翌一六日に国慶は大山崎に禁制を発給しており［12］、一七日にはそれを追うかのように、晴元方の薬師寺元房が山崎へ出張しているので(29)、この「敵」は国慶に該当する。

国慶は、薬師寺の追撃から逃れるようにして宇治へ入ったことになるが、その鎮圧については記録が残されていない。八木落城に伴い、蜂起は自然消滅したのであろう。このように、結果として国慶の軍事行動は大勢に影響を与えるものではなかったが、それなりの目論見は持っていたはずである。その点については、近年の畠山氏研究が答えを与えてくれる。

この当時、河内守護の座を離れた畠山稙長は、守護代の遊佐長教と対立して紀伊に在国していた。弓倉弘年氏は、その稙長が天文七年八月頃、出雲の尼子氏と連携して上洛を企てていたことを明らかにした(30)。それをうけて小谷利明氏は、氏綱と稙長が尼子氏と連携して上洛する旨を、嵯峨の福田三郎左衛門尉に伝えた国慶書状［13］を天文九年に比定し、氏綱の擁立計画が、実際に挙兵する天文一二年以前から存在したことを明確にした(31)。残る課題は、氏綱擁立計画が天文七年まで遡りうるか否かであろう。

本願寺とも連携していた稙長は、証如に対して近く上洛するつもりである旨を伝えていた。それに対して証如は、稙長とその内衆の丹下盛賢、および氏綱と紀州門徒に宛てた書状を天文七年七月二七日に一括で発送し、八月一三日にはそれぞれの返書をまとめて受け取っている[32]。ここから、氏綱が稙長のもとに身を寄せていたことを確認できるが、やりとりの内容は音信の授受に留まるため、稙長が氏綱の挙兵計画を抱いていたと直ちにはわからない。が、やや遅れて起こった国慶挙兵の目的は何かと問うた場合、すでに稙長と国慶の間では、氏綱擁立が計画されていたという以外に回答は見当たらないのではなかろうか。

結果的にこのとき稙長は、上洛戦を実行に移さなかった。稙長が反応を示さなかったことからみて、国慶の軍事行動は稙長と示し合わせたものではなく、稙長の上洛を誘う呼び水とするつもりで起こしたと思われる。それは失敗に終わったが、以後も国慶と稙長の水面下での連携が続いていたことは、天文九年の国慶書状が示す通りである。以上のように、この時期の国慶の動向は、稙長・氏綱と結びつけることではじめて理解が可能となる。

天文一〇年に木沢長政が晴元に対して反乱を起こすと、それを討つため稙長は高屋に入城する。これによって稙長は長教と和し、さらには晴元との友好関係を保ちながら畿内に戻ることができた。ところが天文一二年、氏綱は勇み足気味に挙兵し、堺を攻撃する。頼みの綱である稙長は、晴元との関係を保つため、ここでは氏綱を支援しなかった。そのため氏綱の挙兵は失敗に終わる。

稙長の意図を離れて氏綱が挙兵した理由を、小谷氏は晴元方和泉守護代の松浦氏と畠山方守護代玉井氏の対立に求め、玉井氏が氏綱を擁立して先手を打ったと指摘する。その点に異論はないが、煮え切らない稙長に痺れを切らした国慶の影響も、少なからずあったと考えたい。事実、先頭に立って堺に第一撃を加えたのは国慶であった[33]。

それからしばらく氏綱・国慶は姿をくらますが、天文一四年四月になると国慶は南山城に侵攻して、五月六日には井手城を攻略し、一二日に宇治槙島まで進出した[34]。一方、兼ねてからの盟友である内藤国貞も、三月一五日には丹波北西の佐治から入国し、丹波を縦断して世木に入城した[35]。ここに、天文七年と同様の京都を挟み込む布陣が再現されるのである。

誇張もあるが、五月二四日に国慶討伐のために出立した晴元勢は、「一万計」とも、「凡六万人」ともいわれる[36]。そこから考えて、単独で勝利する見込みなど当初からなかったであろう。パターン化した国慶の行動からは、京都に侵入するか、あるいはその兆しが生じれば、稙長も靡くだろうという狙いが見え隠れする。

丹波と宇治への布陣は、晴元方に二正面作戦をとらせるのが狙いであることは容易に想像がつく。ただ、内藤の本国が丹波であるのに対し、国慶と宇治の間に直接の接点は見当たらない。ここで思い起こされるのは、今村慶満・津田経長の本拠が、宇治からの上洛途上にあたるということである。この布陣は、京都侵攻を第一目標とする国慶の軍事編成とも密接に関係しているのであろう。ところがこの目論見も、布陣直後の五月一五日に稙長が没することで潰えてしまい、宇治田原まで退却した国慶の軍勢は二六日までに鎮圧され、国貞が拠る関城も七月二七日に落城してしまう[37]。

3　天文一五年の上洛過程

天文一五年（一五四六）に入ると、氏綱・国慶は、稙長亡きあとの河内を実質的に支配する遊佐長教の支援を取り付けた。その情報を得た晴元は、三好長慶の軍勢を八月一六日に堺へ投入するが、機先を制して氏綱・長教連合軍が二〇日に堺の長慶を攻撃する[38]。堺の町人に曖を依頼し、氏綱方の兵を解いた長慶は、すぐさま四国から援兵を呼び寄せたため、それからしばらく摂津・河内の各所で戦闘が繰り広げられることとなった。

その渦中、勝敗の行方もわからぬ八月二九日に、国慶は堺を発って京都へ向かっている[39]。摂津・河内に晴元勢を引き付けておいて、国慶率いる別動隊で京都制圧を果たすというのが、氏綱方の当初からの計画であったのであろう。

国慶の上洛にあたって、大山崎と氏綱・国慶の間を取り持ったのは、西岡国人の物集女慶照であった。国慶が上洛する直前の八月一五日付書状［15］では、大山崎惣中に対し氏綱の「御書」を届け[40]、氏綱は「爰元就不案内」、国慶と談合しながら事を進めていくことを伝えている。慶照の名が、国慶の偏諱をうけたものである可能性も捨てきれないが、右の書中で国慶を「玄番《(蕃)》頭殿」と敬称で呼ぶことから、慶照は国慶の内衆ではなく氏綱から副えられた与力と考えられる。

国慶は、八月付で上洛の途上にあたる水無瀬神宮に禁制を発給した［16］。ここに据えられるのが、花押2の初見である。国慶は九月一三日に京都へ入り、翌一四日には嵯峨に逃れた晴元を追撃している。さらに一九日には丹波の合戦で晴元勢が敗北しており、二五日に国慶が再度入洛しているので、この追撃も国慶が行ったのであろう[41]。

この間、氏綱と国慶は、九月付で京都の寺社や町に多数の禁制を発給している［17〜20］[42]。そして、再上洛した九月二五日付で龍翔寺への年貢諸公事の納所を安井の百姓に命じたのを皮切りに、国慶は京都の支配に本格的に取りかかる［21］。九月三〇日には、勧修寺西林院・密乗院の所領を安堵しているが、それを取り次いだのは津田経長であった［22・23］。また、一〇月一〇日の松尾社領の安堵状は、今村慶満が取り次いでいる［24］。これらの事例から、天文初年と同様、この両名が国慶の京都支配を支えていたと見受けられる。

その内実は次節に譲ることとし、ここでは国慶の上洛直後に西岡で起こり、追うようにして一〇月五日に洛中まで乱入した徳政一揆について、国慶の上洛戦および次節の京都支配に関わる範囲で取り上げておきたい。この一揆については、研究の蓄積がある反面[43]、惹起した契機については検討が及んでいないが、その数年前から続く徳政状況や国慶の動向を踏まえれば、次のように説明が可能となる。

天文八年に、細川晴元と三好長慶の間で対立が生じると、窮地に追い込まれた晴元は八幡四郷を対象とする徳政を交換条件として、西岡一揆の軍事動員を目論んでいる[44]。ところが早期に和睦が成立したため、晴元にとって徳政の発令は不要となってしまう。当然、西岡一揆による徳政要求運動は過熱化の一途を辿ることとなった。その状況をうけて、今次は京都に討ち入る国慶が、西岡一揆を動員するために徳政を交換条件として提示したと考えられる[45]。天文八年がそうであったように、上洛する国慶を迎え撃つべく、同様の働きかけが晴元方からなされたことも想定しうるが、国慶勢に新たに現地の案内者として物集女慶照が合流していることや、後に国慶が幕府から一揆鎮圧の責任を負わされていること（後述）を踏まえると、国慶から西岡への働きかけがあった蓋然性は高い。いずれにせよ、国慶上洛戦が契機となって徳政一揆が起こったことに相違あるまい。ところが、西岡国人衆を本格的に動員するまでもなく、国慶は京都を手中に収めることとなった。いうなれば天文八年と同様、徳政の必要性はなくなったわけである。国慶の入洛と同時ではなく、やや遅れて一揆が蜂起した理由もそこにある。

一一月一〇日に幕府は徳政令を発布して収拾を図るが、一二月二七日に幕府奉行人が「一揆中」による松尾社への郷別賦課を禁止しているように[46]、混乱は一向に収まらなかった。なぜなら、幕府が「洛中徳政」を発令したのに対し[47]、西岡一揆は天文八年に不履行となっていた八幡四郷の徳政を要求していたからである。事実、翌年二月には、「八幡徳政」を要求して、「一揆中」が石清水八幡宮の社頭に閉籠して神訴に及んでいる[48]。

以上のように、今回の上洛戦は遊佐長教の支援を受けているということもあって、これまでになく周到に手を打っていたことがわかる。しかしながら、独自の所領を持たない国慶方の軍事動員は、「空手形」に頼る覚束ないものでもあった。同様に、京都を制圧するには相当の軍事用途を要したはずであるが、その点も国慶にとっては大きな課題となったことであろう。すなわち、国慶による京都支配は、無から有をいかにして生むか、これを課題としており、それが実現して初めて存立しうるものであったと想定されるのである。

二　京都の支配

1　礼銭の授受

国慶発給文書の大半は、寺社領の安堵に関わるものである。それらと引き替えに、国慶が礼銭を得ていたことは想像に難くない。ここでは、東寺領上久世荘におけるその種の交渉から、国慶による支配の特質を探ってみたい。

天文一五年（一五四六）一〇月九日付の書状で、氏綱は上久世荘のうち寒川分を遊佐長教方の平盛知に安堵する旨を国慶に伝えた[49]。さらに同月二七日、細川高国から付与されたという先規に従い寒川分を知行するよう、氏綱は盛知に対して正式に通知している[50]。よって九日の国慶への通知は、前もって寒川分の確保を命じたものと理解される。もっとも、上久世荘のうち本所分と名主分は東寺領であるため、別途一〇日付の書状で氏綱はそれを安堵している[51]。

ところが、国慶が「平三郎（盛知）左衛門尉号公文寒川分拝領、本所分共」に差し押さえようとしてきたので、東寺はその旨を氏綱近臣の松田守興に訴え出た[52]。そのため氏綱は、二二日付の書状で国慶に対し去り渡しを命じている[53]。それをうけて、国慶は二四日に寺納に相違なき旨を東寺と百姓中に対して伝えた[30・31]。二七日付の氏綱から盛知への通知は、国慶による寒川分の掌握を確認したうえでのものであったということになる。

表向きは、これで話がまとまったかにみえるが、国慶と東寺の交渉はむしろここから始まっている。二九日には、改めて国慶から東寺に対して「久世内東寺領事、先日如申、更不可有相違候」と、二四日付の安堵状を改めて追認する一見意味のない書状が送られる［33］。その真意は、同日付の今村慶満書状から判明する［34］。そこでは「久世内東寺領事、更無別儀候処、兎角者只今重而御状被付候間、聊不可有相違候」としたうえで、「然者御礼物事、此儘可被渡置候」と述べられる。おそらく本所分の押領を退けるために、東寺側は礼銭を用意する交渉を進めていたのであろう。ところが、それを受け取る前に氏綱から押領を停止されてしまったため、国慶は改めて安堵状を押し売りする形で、その交渉のままに礼銭を要求したのである。そしてその翌日に、慶満は礼銭一〇貫文を受け取っている［35］[54]。

それ以後も、国慶の安堵状は一一月三日・一七日と続く［36・38］。一八日付の慶満の書状に「久世庄本所分御礼物、早々可有御渡候」とあるように［39］、国慶が要求する礼銭は一〇貫文に留まらなかったのである。さらに一一月二八日には、国慶配下の伊吹広家が、「久世庄之礼物残分」を慶満に早々に渡すよう述べ、今日中に渡さなかった場合、明日にも催促を加えると脅している［40］。

恩を売って礼銭を収奪するのは戦国の常といえるが、とりわけ基盤のない国慶にとっては、このような方法を積極的に取り入れざるを得なかったはずである。天文二年の二尊院領を例に取れば、一一月一〇日に慶満・経長から地下に対し寺納を命じたうえで［6］、三〇日に国慶が二尊院に対して安堵状を発給し［7］、さらに一二月一三日には難渋する地下に対し催促を加えている［9］。そして、一二月二四日に晴国奉行人の中沢国綱が奉書を発給すると[55]、それを追認する形でもう一度折紙を発給している［11］。「畑郷百姓号平尾与四郎者、以細川玄蕃頭折紙、笠取池淵分之儀及違乱」といった混乱も[56]、このような折紙乱発の延長線上で理解されよう。目先の利益を優先する国慶権力のこの性格が、自壊を招くこととなる。

2　幕府・氏綱との関係

国慶の祖父元治の意見によって、高国が細川政元の亡き跡を継いだように、玄蕃頭家は京兆家当主不在時にそれに代わる発言力を持つ家でもあった[57]。また、国慶は丹波に在国する細川晴国に代わって京都で活動をしていた。これらの先例に従い、国慶は氏綱から京都の支配を任されたのであろうが、前項の事例からは、その支配権を確固たるものとしていたとはいいがたい。そこで注目されるのは将軍義晴の動向である。

天文一五年（一五四六）一一月頃より、義晴は北白川城を整備し始める[58]。そして一二月一九日に、京都の騒擾を避けるという名目で、近江坂本にて息子の義輝（当時は義藤）に将軍職を譲り、前将軍として後見する立場をとった。その元服加冠は六角定頼が管領代として執り行ったので、表向きは晴元方支持の姿勢を保っている[59]。一般的には、天文一六年三月末に至って、北白川城へ入り反晴元の旗幟を鮮明にしたといわれる[60]。

しかし、事実は必ずしもそうではない。幕府政所執事の伊勢貞孝は、天文一五年一〇月一二日付で「御料所丹州桐野河内村幷美濃田保儀、内藤（国貞）就入国、被成御下知候、御同陣之由候間、可然候様御入魂所仰候」という内容の書状を国慶へ送っている[61]。ここからは、内藤国貞が今回も国慶と連動して丹波に入国したことだけでなく、水面下では、国慶と幕府がすでに通じていることも確認できる。この関係は、国慶による京都支配に一つの正当性を与えるものであり、重要な前提となったはずである[62]。そこで本項では、氏綱も交えつつ幕府と国慶の関係について検討しておきたい。

国慶は龍翔寺領や西林院・密乗院領を安堵しているが［21〜24］、これらの寺院は同時に氏綱へも安堵を要求していた[63]。前項の事例も踏まえれば、国慶の支配は寺社にとっても心許ないものに映っていたと思われる。その点は氏綱も危惧しており、自身の奉行人である斎藤春隆を京都に派遣していたようである。管見に入った彼の名

表34　斎藤春隆関係文書

符号	年　月　日	差　出	宛　所	出　典
a	天文2.5.28	(斎藤)国冨	当所名主百姓中	尊経閣古文書纂(『高雄山神護寺文書集成』479号)
b	天文4.2.9	(斎藤)国冨	所々名主百姓中	尊経閣文庫所蔵大覚寺文書13号(『大覚寺文書』上巻)
c	天文15.8.27	長門守藤原朝臣(斎藤春隆)	太山崎庄	離宮八幡宮文書254号(『大山崎町史』史料編)
d	天文15.9.—	長門守藤原朝臣(斎藤春隆)	誓願寺	『誓願寺文書の研究』誓願寺所蔵文書59号
e	(天文15).10.5	斎藤長門守春隆	当所名主百姓中	真乗院文書
f	(天文15).10.9	斎藤長門守春隆	当所名主百姓中	『久我家文書』582号
g	(天文15).10.11	斎藤長門守春隆	当町地下人中	『久我家文書』583号
h	(天文15).10.11	斎藤長門守春隆	当所名主百姓中	『久我家文書』584号
i	(天文15).10.11	斎藤長門守春隆	所々名主百姓中	『久我家文書』585号
j	(天文15).10.11	(細川)氏綱	東福寺侍衣禅師	尊経閣文庫所蔵東福寺文書
k	(天文15).10.19	(細川)氏綱	密乗院・西林院	勧修寺文書
l	(天文15).10.28	(細川)氏綱	広隆寺	広隆寺文書
m	天文15.11.15	(斎藤)春隆	所々名主百姓中	『長福寺文書の研究』1169号
n	(天文16).2.30	(細川)氏綱	広隆寺	広隆寺文書
o	(年未詳).5.10	斎藤長門守春隆	地蔵院	東大寺文書

註）差出欄を網掛けしたのは案文，それ以外は正文。

がみえる史料は表34の通りで、自身の発給文書を除くと、氏綱が「猶斎藤長門守《(春隆)》可申候」とするものしかなく、国慶在京時の京都周辺に集中している。

そのうち冒頭二点の国冨奉書の花押は、のちの春隆のものと合致する。前者は一旦宇津元朝に宛行った高雄山尾崎坊領を召し上げて返付することを、後者も中河秀信に宛行った太秦・嵯峨の上乗院門跡領を同様に返付することを伝えたものである。前者は、天文二年三月一三日付の細川晴国判物をうけて発給されているので[64]、国冨段階の春隆は晴国の奉行人であったことになる。おそらく彼は、京都周辺での経験を買われ、上洛戦にあたって氏綱に抜擢されたのであろう。

天文一五年八月二七日には、大山崎に宛てて禁制を発給している。大山崎惣中は、物集女慶照を通じて氏綱の禁制を望んでいたが［15］、何らかの事情でそれが調わなかったため、春隆が代わりに発給したのであろう。氏綱方がこの年発給した禁制のほとんどは九月付で、八月付のものは大山崎と同じく上洛途上の水無瀬神宮に残る国慶のものしかみられないので［16］、春隆は国慶とともに上洛したと考えてよさそうである。

一〇月付の発給文書は、いずれも「先私以折帋可申付候由被仰出也」、あるいは「只今者御下知御停止之条、以折紙可申付之由候也」のように、氏綱の下知が停止中なので、春隆の折紙をもって達するという形式をとり、書き止めはいずれも「穴堅（賢）」となっている。このように、春隆は氏綱不在の状態で、氏綱の意思を代弁していた。やや時期をあけた一一月一五日付のものは、そのような文言もなく、書き止めも「仍状如件」となっており、状況に変化が生じたことを窺わせる。

そのうち一〇月五日付の奉書は、真乗院領の当知行を認めたうえで、他納を防ぐため年貢等は当面百姓が保持しておくよう命じたものである。そののち一〇月一二日付の幕府奉行人奉書によって、真乗院領は安堵されている[65]。この現場でのいち早い判断も、春隆の在京を裏付けるものといえる。それに対し、久我家領についての一〇月付の奉書は九月三〇日付の幕府奉行人奉書による安堵を追認したもので、一一月一五日付で大覚寺が兼帯する上乗院（下河原）門跡領を安堵したものも同じく九月二八日付の幕府奉行人奉書を追認するものである[66]。

このように春隆の奉書は、いずれも幕府奉行人奉書と歩調を合わせたものであった。ここから、春隆は国慶の補佐というよりも、氏綱と幕府の間を結ぶために送り込まれたと考えられる。しかも、春隆が制止しているのは、国慶による押領であった。

【史料4】［44］

従大覚寺殿様御書誠忝候、我等覚悟儀連々貴所如存知上意次第候、然者　御門主様御取合奉憑候外無他候、
御領事者（上乗院門跡領）　公方様（足利義輝）於御対面者則渡可申候、此旨可被申上候、恐々謹言、
十二月廿二日（天文一五年）　　国慶（花押）

小泉源左衛門尉（秀清）殿
進之候

これによると、上乗院門跡領の引き渡しはなされていなかったらしく、大覚寺から小泉秀清を通じて申し入れがあった。周知のように秀清は、西院小泉城を居城とする国人で、他の例に漏れず、従来の研究では長慶の被官とされてきた人物である。しかし、九月一三日の国慶勢入京に際し、龍安寺が国慶に対して五〇〇文、今村慶満・津田経長・小泉秀清のそれぞれに二〇〇文ずつの礼銭を贈っていることから、慶満・経長と並んで国慶内衆の筆頭に位置していたことがわかる[67]。

国慶は、「我等覚悟」は将軍の「上意次第」であるとしたうえで、ちょうどこのとき、坂本で将軍職に就任したばかりの義輝（実質はそれを後見する義晴）との対面が叶えば、上乗院門跡領は引き渡すと述べる。より具体的には、「御門主様御取合奉憑」とも述べるように、大覚寺門跡に対して義輝と国慶の対面の場を取り持つことを交換条件としているのである。去り渡しに際して様々な交換条件を突きつけるという、前項で取り上げた東寺領と同様の方策がみてとれるとともに、ここからは、幕府と国慶の関係がこじれつつあることも読み取れる。一一月一五日付で語調が強まるのも、それをくい止めようとする春隆の意識の表れではなかろうか。

上乗院門跡領のこの後の行方については史料が残されていないが、同じく幕府と氏綱双方の奉行人奉書で久我家の知行が認められた久我荘竹内大弼分については、一二月三〇日付で去り渡すことが伝えられた［48］。このように、幕府の方針に従おうとする年末の国慶の行動は、幕府との関係修復に狙いの一つがあったとみられる[68]。ただし、その前日の二九日付で、荘内の末次名については物集女慶照に渡すよう久我家へ伝えており［46］、やはりここでも交換条件を突きつけている。

徳政一揆への対応も、国慶と幕府の関係を示している。将軍就任の翌日に、義輝が代始の御判を石清水八幡宮に与えていることからすれば[69]、八幡における徳政一揆の鎮圧は、幕府にとって重要な課題となったはずである。

一方の国慶にとっては、京都から離れた八幡での一揆なので火急の課題ではないと思われるが、次にみるようにその鎮圧に尽力している。おそらく、幕府から一揆を起こした責任を問われていたのであろう。

国慶は、一二月一五日に八幡に上使衆を派遣し、上山城の守護代である鷹山弘頼・安見宗房から派遣された上使と相談のうえで、その「始末」を付けようとしている［41］。「年内無余日」を理由に上使衆が焦りを示していることから［42］、すでにこのとき一揆は社頭に籠もって、年始の祭礼を妨げようとしていたのであろう。さらに一揆は、八幡から人質も取っていた。上使衆は南山城の国人衆と牧・交野一揆を動員して、西岡一揆を制圧する計画も立てているが、先述のように神訴が翌年にも及んでいることに鑑みれば、少なくとも年内にそれが実行に移されることはなかったであろう。この計画と平行して、末次名を物集女慶照へ渡す手筈を調えていることは、すでに述べた通りである。これは、西岡一揆の鎮圧にあたってキーマンとなる慶照を繋ぎとめておくための配慮とみてよかろう(70)。

以上のように、幕府との関係改善を共通の課題としつつも、京都の現場で現実問題として目先の利益を確保しなければならない国慶と、遠く離れた氏綱の間には少なからぬ温度差もあった。そのため氏綱は、幕府との関係を維持すべく奉行人の斎藤春隆を派遣し、国慶の行動に一定の制限を掛けようとしていた。とはいえ、春隆の奉書がいずれも現状維持に撤したものであることからもわかるように、彼に独自の裁量権はほとんどなく、事実上、氏綱方の京都支配は、国慶に任される形となっていたと思われる。結果、春隆による制御は思うように機能しなかったのである。

3　地子銭の徴収をめぐって

天文一五年（一五四六）一二月二四日に義晴が坂本から京都へ戻ると、国慶への幕府の風当たりはさらに強くなり、最終的には京都から追放されることとなる。事の発端は次の折紙にあった。

【史料5】〔43〕

洛中洛外屋地子并野畠地子銭事、上使十人相副条、縦国慶折帋雖在之、寺社本所共ニ余仁へ不可相渡候、但公方衆儀以当知行旨可致其沙汰、更此方不可有競望者也、仍折紙如件、

十二月十九日（天文一五年）　玄蕃頭国慶（花押）

上京中

洛中洛外の地下に対し、たとえ国慶による安堵の折紙があったとしても、寺社本所をはじめいずれにも地子銭を納付してはならないというものである。ただし、公方衆の当知行については例外であった。これも義晴との関係を示している。その日付からして、おそらく将軍代替を名目として徴収しようとしているのであろう。

これは、天文二年に実施した当年限りの地子銭徴収を再施行したものといえる。前回の経験を踏まえると、必ずしも一律で徴収するのではなく、さしあたって地下で留保しておき、上使衆が徴収するか否かを判断するのであろう(71)。不動堂の地子銭等、出納家の当知行を確認したうえで、森刑部少輔方への納所を命じるという一見矛盾した指示もみられるが〔45〕、森を上使と捉えれば納得がいく。ここからは、当年分の地子銭納付と引き替えに、国慶支配下における当知行を認定するという国慶方の主張が読み取れよう。翌年正月には、今村慶満が東寺領八条巷所および西九条巷所の他納を禁じているが〔49・50〕、これも上使が派遣されるまでの地子銭留保を命じたものと理解しうる。見境なく押領するのではなく、表向きは支配者としての正当性を保つ配慮が残されているのである。

とはいえ、当然この施策に対しては、諸方面からの反発があった。例えば、一二月二六日の幕府奉行人奉書では、南御所領安居院南頬屋地への妨げを退け、地子銭を雑掌へ渡すよう百姓に命じている(72)。誰が押領しているの

かはわからないが、少なくとも幕府奉行人は、この奉書が【史料5】と相反するものであることは認識していたであろう。そのほかにも、「玄蕃頭方衆」による違乱停止を幕府に要求する者は年末にかけて続く(73)。

正月一〇日には、一条房通の使者として中御門宣綱が山科言継のもとを訪れ、「御地子上野《(細川国慶)》玄蕃頭可押領之由申之間、可被打立之間、及物忩者可参之由」を伝えている(74)。房通が国慶の地子銭押領に対し、武力をもって抗議するので、そのような事態となった場合の協力を要請するのである。

翌一一日には、改めて一条家から使者として保多新五郎が訪れ、合力を依頼してきた。山科家からは、大津掃部助ら一一名が具足を付けて合流するが、そこには他にも多くの公家衆・奉公衆が参加しており、総勢二〇〇人に上ったという。さらには、「上京中地下之輩悉御合力」の予定であったが、鹿王院の潤仲周瓏の仲裁によって和解・解散している。

一二日には一条家の保多加賀守が礼を述べに訪れ、「御地子之儀去夜落居」の旨を伝えている。そこでは「百姓中五百疋、保多五百疋可馳走分」と述べられているが、国慶による支配の傾向を踏まえると、これは地子銭の徴収断念と引き替えに国慶が提示した礼銭の額と考えられる。礼銭が本所と地下の折半となっていることから、ここでは国慶方と一条家だけでなく、地下を加えた三方それぞれが譲歩する形で解決が図られたと理解される。

一三日に返礼のため一条家を訪問した言継は、幕府が国慶を「御敵」として成敗する旨を京中に触れたため、「彼千疋御礼物」も不要となったという情報を得ている。国慶は詫びを入れているが、翌一四日には「玄蕃頭今日早々高雄へ先出奔」したという。こうして幕府との亀裂は決定的なものとなり、国慶はこれ以降京都の支配に直接関わることはなくなってしまう。

その直前の一三日に、津田経長は室町頭町に対し、「御町喧嘩之儀、今村源介方申談候、聊爾之儀有間敷候、於有中事者従拙者可申候」と触れている[51](75)。京都の支配が慶満と経長の合議によって担われていたことが示される一方で、「従拙者可申候」とも述べるように、詳細は不明だが、両者の間には担当区分が存在したこともわかる。ここでいう「御町喧嘩」とは他ならぬ地子銭騒動を指しており、今回それに与同したことは不問に付すということであろう。このような文書が発給されたということは、室町頭町が個別に礼銭に応じていた事実を示唆している。前に、国慶方と一条家だけでなく、地下を加えた三方で交渉がなされたと判断した根拠はここにもある。

このように、実際には地子銭押領という不当な行為に及ぶことなく、混乱を避けたい地下からの自発的な礼銭の提出に落ち着いている。寺社本所だけでなく、肝心の地子銭を保持する地下も巻き込むことによって、臨時収入の確保に成功しているのである。

上述の経過からみると、国慶の影響力は京都から後退し、礼銭の納付自体も白紙に戻されたかにみえるが事実は異なる。なぜなら、二月三日には、慶満およびその同僚と思われる安岡豊虎が連署して、「南御所地子銭御礼物参百疋請取申候、然者あひすミ申候」［52］と、地子銭免除に伴う礼銭の請取状を発給しているからである。経長は、［51］を最後に国慶とともに京都から姿を消すが、慶満は京都に残って礼銭の取りまとめをしていたのであった。地子銭の他納という先例作りを避けたい領主は、礼銭として処理することで当知行の認定を図り、それによって国慶方も軍事用途の調達ができていたのである。そのような国慶方の支配を実質的に支えていたのは、最後まで京都に残った慶満に違いない。

三　国慶内衆の再編

1　国慶の最期

天文一六年（一五四七）正月に高雄へ出奔したのち、国慶の発給文書はほとんどみられなくなってしまう。慶満が京都に残っていた時期では、大徳寺に配下の足軽が矢銭を懸けることを停止した一点しか確認できない［53］。同日付慶満書状には、これが発給された経過が述べられている［54］。すなわち、「昨日小野（山城国葛野郡）へ参候て、諸事申談罷帰候、高屋（河内国古市郡）へ之下儀、先延引候、敵之働見合、可有下向由候」とあって、国慶は高雄よりさらに丹波に近い小野に引き下がっているため、慶満はわざわざそこまで赴いたのである。さらに今後の去就についても相談しており、河内守護所の高屋城へ下向するのはひとまず延引し、しばらくは敵の様子をみることに決めた。この頃になると、京都周辺からの撤退も視野に入れ始めたらしい。また一連の動きから、京都の支配は慶満に任せきった状態にあったとみてよかろう。

それからまもなくして、四国衆を主力とした晴元方の軍勢が本格的に北上を開始し、五月五日には芥川山城の攻撃を開始している[76]。「芥川城中退堀（屈）可在之候哉候、笑止ニ存候、玄番（蕃）頭殿ハ西院まて着陣之由、今朝注進候」とあるように[77]、五月二五日までに国慶は芥川山城救援のため西院まで出陣しているが、芥川山城は六月二五日に開城してしまい、七月一二日に晴元は入洛を果たしている。国慶は、例によって高雄に籠もったが、閏七月三日から晴元方の攻撃が始まり、早くも五日には丹波に落ち延び内藤勢と合流している[78]。さらに、一一日には晴元方の追討をうけて敗戦した[79]。

その後の国慶の行動は、東寺宝菩提院と今村慶満らの間でやりとりされた書状から読み取ることができる。宝菩提院は、内容は不明ながら国慶に対して何らかの要求をしており、それに対して八月二二日付で小泉秀清・今村慶満が連署して、「去十六日より国慶丹州へ被罷越」ているため、「国慶帰陣次第ニ可申調候」と答えている［58］。国慶は一時的に京都周辺へ戻ってきており、八月一六日に再び丹波へ赴いたらしい。同日付で大山崎惣中に送られた国慶の書状では、「今村源介・小泉源左衛門尉可申候」とされており、京都周辺での留守は、この二人に委ねられていたことがここからも窺える［57］。

一月ほどのちに宝菩提院は改めて催促をしており、九月一八日に慶満と秀清それぞれが、互いに相談したうえで国慶を説得しているが、承諾を得られていない旨を伝えている［59・60］。宝菩提院はその直後に、慶満・秀清のもとへ浄林坊を使僧として、それぞれ一〇〇疋ずつの礼銭を贈った。秀清は二三日付でその礼状を認めているが［62］、慶満はこのとき丹波の国慶のもとに赴いていたため、代わりに今村政次が礼状を認めている［61］。慶満自身が「弟にて候」という政次は、慶満とともに柳原に屋敷を構えていたが、この直後に両屋敷は闕所となっている(80)。政次も三好長慶のもとでの活動がみられるが(81)、やはりその直前は国慶方として行動していたのである。

丹波から慶満が戻ってくると、再度秀清と慶満が連署して、宝菩提院に書状を送った［63］。そこでは、国慶の承諾が得られず両人ともに迷惑しているとし、すでに渡している一〇〇〇疋の礼銭に、さらに一〇〇〇疋上積みすればうまくいくのではなかろうか、と伝えている。実際は、国慶と慶満の談合によって、その線で折り合いをつけたのであろう。

それからまもなくして再度京都に現れた国慶は、小泉・今村勢と合流して、一〇月五日に桂川沿いの河島城を攻略し、翌日大将軍まで攻め込んで討死した(82)。これによって、ただちに国慶の影響力が消滅したとは考えないほうがよかろう。あくまで頭目を失っただけであり、国慶抜きでも京都の支配をし得た内衆の組織自体は温存されているからである。

2　国慶内衆のその後

国慶没後、その内衆の多くが、広い意味で三好方に属したことは間違いない。しかし、本来氏綱の陪臣的な立場にあたる彼らが、氏綱方へ転じたばかりの長慶とすぐさま被官関係を結び得たであろうか。

今谷明氏は、山科言継が慶満による率分関の押領を停止するよう長慶に対し訴えていることから、慶満を長慶の被官とした[83]。しかし、その訴状に「四郎殿（細川和匡）江申候処、則雖被成下知候、尚以不能承引」とあるように、まず氏綱の弟である和匡に下知を依頼したが、効果がなかったため長慶に依頼したことがわかる。この事例は、むしろ慶満が長慶直属の被官ではないことを証するものといえる。

天文一八年（一五四九）三月に龍安寺は氏綱方に音信を贈っているが、それを氏綱に披露したのは、もとから仕えていた多羅尾綱知に小泉秀清と慶満を加えた三名であった[84]。国慶没後、その旧臣たちは、まず氏綱方に組み込まれたのである。天文二二年に、氏綱は津田経長を伴い伏見宮を訪れていることから、経長もまた氏綱の近臣として存続していたことが窺える[85]。彼らは、大枠では長慶の指揮下で動いているため、被官化したかのように誤解されてきたが、少なくとも天文年間は細川家を介して動いていたのである。これらの事例は、氏綱と長慶を一枚岩としてみることへの警鐘にもなるであろう。

では、軍事編成上はどうであったか。その点で取り上げたいのは、天文二二年頃のものと思われる「勝龍寺普請儀申候処、従筑州（三好長慶）被相除候条、御沙汰有間敷由承候、今度儀者、火急普請候」と東寺に伝えた今村慶満ほか八名の連署状である[86]。普請役は長慶から免除されていると訴える東寺に対して、今回の西岡勝龍寺城普請役は火急の普請であるため免除しない旨がここでは主張されている。

慶満らが長慶の免許を否定し得たという中身自体も興味深いが、ここで注目したいのは、筆頭の慶満以下に記された連署者である。すなわち、中路壱岐守光隆・四手井左衛門尉家保・寒河修理進運秀・渡辺市正勝・小泉助兵衛秀次・中沢一丞継綱・物集女孫九郎国光となっており、仁木宏氏は彼らを西岡国人および西岡に代官職などの権益を有する者とする[87]。しかし、享禄四年（一五三一）の長慶方西岡国人一四名の連署状と名字が一人として一致せず[88]、慶満ら西岡国人以外の者が含まれていることには注意を払いたい。

このうち小泉秀次は、「西院小泉城同名助兵衛入城」とあるように秀清の一族である(89)。また、氏綱と大山崎の間を取り持った物集女慶照は、天文一六年八月を最後に姿を消し、その立場は国光が受け継いでいる(90)。物集女と同じく西岡国人の渡辺勝も、天文一六年に「細川玄番（蕃）頭内渡辺違乱未休」とみえるため(91)、国慶の旧臣と思われる。

以上のようにみると、彼らは西岡を中心とした地縁的グループではあるものの、より厳密にはかつての国慶内衆・与力で構成されている可能性が高い。四手井家保は、山科の東海道沿いに本拠を置くという点で国慶内衆の特徴と一致するため、国慶とも何らかの関わりを持っていたかもしれない。残る中路・寒河・中沢ら西岡国人については判断材料を持たないが、他の西岡国人と一線を画すことは、先述の享禄四年の連署状が示している。

また慶満は、一般にこの時期は小泉城に在城していたとされるが(92)、小泉城は基本的に小泉秀清の居城と考えるべきであろう。慶満自身が、「明日勝龍寺へ可致帰城候」と述べているように(93)、むしろ勝龍寺城を拠点として活動しているようである。それとの関連で注目されるのは、国慶最後の上洛戦が南西の河島から進軍していることである。丹波から上洛するならば、通常通り北西の高雄方面から京都に侵入するはずである。これは、留守を守る小泉・今村勢が西岡に在陣していたためと推察される。

つまり勝龍寺城は、京都を追われた国慶方の拠点となっており、氏綱や長慶はその軍事編成をそのままに踏襲したと考えられるのである。例えば、「細川右京大夫（晴元）足軽少々出京云々、小泉・今村衆出合、於四條野伏有之」とみえるように(94)、京都を攻撃する晴元勢と慶満・秀清は、以後度々渡り合っているが、このような軍事行動も彼ら単体のものではなく、かつての国慶勢を動員したものと捉え直す必要が出てくる。

おわりに

今村慶満や津田経長など細川国慶の内衆は、京都の口々における流通に基盤を置くという共通点を持っていた。西院の小泉秀清も、その範疇で捉えられよう。また、中河秀信・物集女慶照といった与力も、同様の性格を有していたと考えられる。このような構成は、本来的には玄蕃頭家が独自の所領を持っていないことに起因するものであったが、その特質ゆえに京都の軍事的制圧に目的が一本化し、内衆編成もその目的に合わせて洗練されていったと推測される。

彼らのほとんどは、三好長慶によって抜擢されたという誤解を受けてきたが、国慶の内衆体制を長慶がそのまま踏襲したというのが事実である。長慶が芥川山城や飯盛山城に在城しながらも京都を支配し得たのは、それによる部分が極めて大きかったであろう。もちろん、国慶が常に畠山稙長の協力を仰いでいたように、四国衆を中心とした長慶の軍事力と融合することなくして、彼らの京都における安定的な活動は望めなかった。長慶の画期性は、新たな支配体制を築き上げたというよりも、もともと別個の諸勢力をうまく一つにまとめたところにあるといえるのではなかろうか。

国慶の京都支配は、慶満や経長のような都市社会の実態を知る者が担ったという点で、体制面では画期的であったが、それによって実行された支配の内実ともなると、天文二年（一五三三）の挙兵以来一貫して、当座の軍事用途確保を主目的としており、後の統一政権にみられるような支配論理を有していたとは思えない。しかし、礼銭を確保するために、積極的に地下との交渉を持ったことは、後の京都支配にも継承されていったのではなかろうか。

すなわち、冒頭で取り上げた仁木宏氏の指摘に従えば、個別の土地領主を介さず、都市共同体と直接交渉を持つようになったその第一歩は、国慶段階に踏み出されたこととなる。続く長慶段階もその交渉が続けられるなかで、次第に支配論理が固められていったのであろう。それを支配者側で主導したのは、国慶段階から長慶段階に至るまで、一貫して京都支配の最前線に携わった慶満と考えられるが、その点については長慶段階を検討することで改めて裏付けを得ることとしたい。

註

（1）仁木宏『京都の都市共同体と権力』（思文閣出版、二〇一〇年）。
（2）仁木宏「戦国・織田政権期京都における権力と町共同体」（『日本史研究』第三一二号、一九八八年、のち前掲註（1）仁木著書）。
（3）本書第三部第三章「細川国慶の出自と同族関係」。
（4）晴国と氏綱の基本的な情報については、本書第三部第一章「細川晴国・氏綱の出自と関係」を参照されたい。
（5）天野忠幸『戦国期三好政権の研究』（清文堂出版、二〇一〇年）など。
（6）今谷明「三好・松永政権小考」（同『室町幕府解体過程の研究』岩波書店、一九八五年、初出一九七五年）の註（9）。今谷明『戦国三好一族』（新人物往来社、一九八五年）の第六章四。天野忠幸「畿内における三好政権の支配構造」（前掲註（5）天野著書、初出二〇〇六年）の第三節。本章での長慶内衆に対する通説的理解はこれらに基づく。
（7）国慶の指揮下には晴国・氏綱から副えられた与力もいるので、限られた史料のなかでそれと内衆を峻別するのは困難である。そこで国慶の配下をまずは一括で把握し、そのうち対外的に発給した文書のなかで、国慶に対して敬称を用いていないことが確認できた者（つまり国慶を主人と認識している者）に限定して内衆と呼ぶことにする。
（8）「祇園執行日記」天文二年五月二六日条。
（9）「祇園執行日記」天文二年六月一八日条。
（10）『私心記』天文二年六月一八日条。
（11）「祇園執行日記」天文二年七月三日条・四日条・一一日条・二一日条・九月三日条・一二月八日条。
（12）『私心記』天文三年一〇月一三日条・二〇日条。
（13）『実隆公記』天文二年七月一二日条。
（14）石原左京亮については、本書第三部第二章「細川晴国陣営の再編と崩壊」。
（15）長江正一『三好長慶』（吉川弘文館、一九六八年）。慶満は、国慶存命のうちは源介を名乗っており［63］、氏綱に仕えてまもない（天文一八年）三月二二日付の発給文書（竜安寺文書〈東京大学史料編纂所影写本〉）を初見として紀伊守と改めているので、国慶方として発給した文書の特定は容易である。
(16)河内将芳「中世京都『七口』考」（同『中世京都の民衆と社会』思文閣出版、二〇〇〇年、初出二〇〇〇年）。同「中世の稲荷祭神輿渡御の道筋と法性寺大路」（『朱』第四七号、二〇〇八年）。
(17)前掲註(6)天野論文。
(18)「瓦林正頼記」永正五年条。津田家については、拙稿「伏見の津田家とその一族」（『大阪大谷大学歴史文化研究』第一八号、二〇一八年）も参照されたい。
(19)『宗長日記』大永六年九月条。なお、津田一族が流通に携わっていたことは、『宗長日記』大永四年条で、宗長が材木の運送を依頼していることからも窺える。
(20)『実隆公記』永正元年八月二五日条・同四年六月二六日条・九月五日条・同月一一日条。
(21)『後法興院記』永正元年九月六日条。
(22)前掲註(6)天野論文。
(23)東寺百合文書あ函五九号。土岐文書（『室奉』三八六九・三八七一）。
(24)『上杉家文書』一一七〇号。玄蕃頭家が地下人と積極的に関係を持っていたことは、元治の弟四郎や元治内者の「うゑやま」が「十一揆大将」となっていることからも窺うことができる（「東寺過去帳」No.一二三四・「延徳二年目代盛増日記」三月一七日条〈『北野天満宮史料』目代日記〉）。そのほか、西京散所の新三郎も元治の被官であった（「延徳三年目代盛増日記」七月一四日条〈同上〉）。
(25)『蔭凉軒日録』文明一八年七月三日条。岡野友彦「山城国久我荘の政所と闕所地処分」（同『中世久我家と久我家領荘園』続群書類従完成会、二〇〇二年）。
(26)「厳助往年記」天文七年一〇月条。
(27)『鹿苑日録』天文七年一〇月一七日条・一一月一〇日条。「親俊日記」同年一〇月一九日条・一一月一〇日条。
(28)『鹿苑日録』天文七年一〇月一二日条・一〇月一五日条。「親俊日記」同年一〇月一五日条。
(29)『鹿苑日録』天文七年一〇月一七日条。
(30)弓倉弘年「戦国期紀州湯河氏の立場」（同『中世後期畿内近国守護の研究』清文堂出版、二〇〇六年、初出二〇〇二年）。

(31) 小谷利明「畠山稙長の動向」（矢田俊文編『戦国期の権力と文書』高志書院、二〇〇四年）。
(32)『天文日記』天文七年七月二七日条・八月一三日条。「証如書札案」天文七年五一号・五二号・六〇号（『大系真宗史料』文書記録編四）。
(33)『多聞院日記』天文一二年七月二七日条。
(34)『新修八坂神社文書』中世篇二〇三号・二〇五号。「厳助往年記」天文一四年五月六日条。『言継卿記』同月一三日条。
(35) 本書第三部第一章「細川晴国・氏綱の出自と関係」。
(36)『言継卿記』天文一四年五月二四日条。「厳助往年記」同日条。
(37)『言継卿記』天文一四年五月一六日条・二六日条。「細川両家記」天文一四年条。
(38)「細川両家記」天文一五年条。
(39)『私心記』天文一五年八月二九日条。
(40)「御書」は離宮八幡宮文書二五〇号に該当する。なお、『大山崎町史』は氏綱方の発給文書をすべて天文一五年に比定しているが、内容等によって適宜訂正しておく。
(41)「後奈良天皇宸記」天文一五年九月一三日条・一四日条・二二日条・二五日条。
(42) 氏綱発給の禁制は『大徳寺文書』三三二六号・『賀茂別雷神社文書』一七八号および竜安寺文書。なお氏綱は、八月一五日付の前掲註(40)史料から、九月付のこれらの禁制までの間に花押を替えている。長教との軍事同盟にあたり、心機一転を図ったのであろう。国慶の花押改変もそれに歩調を合わせたものと考えられる。
(43) 桑山浩然「徳政令と室町幕府財政」（同『室町幕府の政治と経済』吉川弘文館、二〇〇六年、初出一九六二年）。脇田晴子「徳政一揆の背景」（同『日本中世都市論』東京大学出版会、一九八一年、初出一九七〇年）。
(44) 天文八年の徳政状況については、仁木宏「細川氏奉行人飯尾為清奉書と大山崎徳政事情」（『大山崎町歴史資料館館報』第五号、一九九八年）。
(45)「徳政賦引付」（『室町幕府引付史料集成』下巻）に列挙される債務破棄申請のなかに、国慶の関係者が確認できないだけでなく、「銭主賦引付」（同上二五〇頁・四四八頁）では、国慶に与力する福田三郎左衛門尉が抱えている債務を放棄していないことも確認できるので、徳政そのものが国慶方に与える経済効果は全く期待していなかったはずである。
(46) 東文書（『室奉』三六四六）。

(47) 「長享年後畿内兵乱記」天文一五年一一月条。
(48) 「徳政雑々記」（『室町幕府引付史料集成』下巻五二七頁・五四五頁）。『蜷川家文書』六〇一号・六〇二号。西岡一揆の要求が満たされていなかったことは、西岡からの債務破棄申請が一切ないことからも確認できる（前掲註(45)「徳政賦引付」）。
(49) 東寺百合文書れ函一一三号。
(50) 東寺百合文書そ函一五八号。
(51) 東寺百号文書り函一七一号。
(52) 東寺百合文書を函四三〇号。一二日付の返書の書中で、守興は「近日可罷上候」と述べていることから、京都ではなく氏綱の側に仕えていたと思われる（東寺百合文書ヲ函一九三号）。
(53) 東寺百合文書そ函一五四号。
(54) 宛所の里村喜介は、東寺に代わって一〇貫文を立て替えた人物である（『教王護国寺文書』二五七六号）。
(55) 二尊院文書。勧修寺西林院に宛てた［10］も「被帯御屋形様《（細川晴国）》御下知状」とあるように、この時期の晴国の安堵を踏まえて発給されたものである。
(56) 「厳助往年記」天文一五年一二月一八日条。
(57) 本書第三部第三章「細川国慶の出自と同族関係」。
(58) 「厳助往年記」天文一五年一一月条。
(59) 「光源院殿御元服記」（『群書類従』第二二輯）。
(60) 前掲註(6)今谷『戦国三好一族』。
(61) 尊経閣文庫所蔵文書（『新修亀岡市史』資料編中世一三八四号）。
(62) 義晴期の幕府が実効性を伴って機能していたことは、裁判制度の分析を通じてこれまでも指摘されてきた通りである（山田康弘『戦国期室町幕府と将軍』〈吉川弘文館、二〇〇〇年〉など）。一方、大永七年（一五二七）の桂川合戦で細川高国が没落すると、柳本賢治を嚆矢として様々な人物が京都支配に介入してくる。本書第二部第二章「『堺公方』期の京都支配と松井宗信」・第三章「『堺公方』期の京都支配と柳本賢治」・第六章「木沢長政の政治的立場と軍事編成」で論じたように、彼らの後背には常に義晴の姿があった。
(63) 『大徳寺文書』三二九〇号および表34のk。

(64) 山科家古文書（本書第三部第一章「細川晴国・氏綱の出自と関係」の【史料6】）。年次比定は、本書第三部第二章「細川晴国陣営の再編と崩壊」による。
(65) 真乗院文書（『室奉』三六一九）。
(66) 久我家文書（『室奉』三六一二〜一四）。伊達弥助氏所蔵文書・山科家古文書・尊経閣文庫所蔵大覚寺文書（『室奉』三六〇七〜〇九）。
(67) 「日黄事故略鈔」天文一五年九月一三日条（「大雲山誌稿」一九〈東京大学史料編纂所謄写本〉）。
(68) 国慶は同日、「物集女方《(慶照)》本知」を理由に末次名を慶照へ去り渡すので、その旨に従うよう小寺源兵衛に伝えている［47］。国慶方足軽による矢銭賦課停止を大徳寺から求められた際に［53］、今村慶満が小寺源兵衛尉らにその停止を命じているので［55］、小寺は国慶の配下である。小寺は国慶方として、久我荘を差し押さえていたのであろう。
(69) 菊大路家文書一七二号（『石清水文書』六）。
(70) 天文一六年四月には、細川氏綱・勝国から鷹山弘頼・安見宗房のもとへ、慶照が「西岡案内者」として派遣されている（興福院蔵鷹山文書〈『城陽市史』第四巻二〇五頁〉）。
(71) はじめに述べたように、仁木宏氏は国慶による地子銭徴収を評価するが、それは【史料5】に基づくものである。なお本章では、天文二年の事例を踏まえて解釈を補足した。
(72) 宝鏡寺文書（『室奉』三六四五）。
(73) 「別本賦引付」（『室町幕府引付史料集成』上巻四三七頁）。
(74) 以下の叙述は、『言継卿記』天文一六年正月一〇日条〜一四日条による。
(75) 前掲註(1)仁木著書一三〇頁や『京都町触集成』別巻二などでは、これ以後の文書とされてきたが、慶満と経長が京都支配に携わっていることや、慶満が「源介」を名乗っていることなどから訂正した。
(76) 「細川両家記」天文一六年五月五日条。「長享年後畿内兵乱記」同日条。
(77) （天文一六年）五月二五日付吉益匡弼書状（興福院蔵鷹山文書〈東京大学史料編纂所影写本〉）。
(78) 「厳助往年記」天文一六年閏七月三日条・五日条。
(79) 波多野文書一四号（『兵庫県史』史料編中世九）。
(80) 東寺百合文書ニ函四二六号。『教王護国寺文書』二五八九号。

(81)　前掲註(6)今谷「三好・松永政権小考」。
(82)　『大徳寺文書』二二五三号。「長享年後畿内兵乱記」天文一六年一〇月五日条・六日条。
(83)　『言継卿記』天文一八年八月二七日条。前掲註(6)今谷「三好・松永政権小考」。
(84)　三月二二日付で氏綱・慶満・秀清が、二一日付で綱知が個別に礼状を発給している（竜安寺文書）。
(85)　『言継卿記』天文二二年閏正月五日条。この一例も、経長が伏見に地盤を持つことを示唆する。
(86)　東寺百合文書い函九九号。続く文中に茨木の名がみえることから、茨木長隆が三好方に帰属した天文二一年以降のものである。本書第三部第五章「細川京兆家の内訌と京郊の土豪」の註(15)で指摘するように、慶満の花押から天文二二年頃に比定できる。
(87)　仁木宏「戦国期京郊における地域社会と支配」（本多隆成編『戦国・織豊期の権力と社会』吉川弘文館、一九九九年）。
(88)　増野春氏所蔵文書（『戦三』七三）。『増訂織田信長文書の研究』三七五号参考では天文一九年に比定されるが、連署者が「堺公方」期に活動していることから（本書第二部第三章「『堺公方』期の京都支配と柳本賢治」）、享禄四年とするのが妥当である。
(89)　「長享年後畿内兵乱記」永禄五年八月二六日条。
(90)　（天文一五年）八月二六日付・（天文一八年）五月二八日付細川氏綱書状（離宮八幡宮文書二五三号・二四八号）。『天龍寺文書の研究』六一八号・六二一号。
(91)　曼殊院文書（『室奉』三六五七）。
(92)　前掲註(6)今谷『戦国三好一族』。
(93)　一二月二一日付今村紀伊守慶満書状（勧修寺文書〈『戦三』二〇二三〉）。
(94)　『言継卿記』天文一九年三月七日条。

補論　三条御蔵町宛ての細川国慶禁制

室町幕府をはじめとする中世後期の武家権力は、公家や寺社などの荘園領主を介して京都の都市支配を行っていた。ところが、戦国期に上京・下京といった惣町や個別の町などの都市共同体が成長して発言力を持つようになると、新たにその掌握が課題となってくる。仁木宏氏が指摘するように、下京宛てのものとして天文二年（一五三三）に室町幕府奉行人奉書案が、そして個別町宛てのものとして天文三年に細川京兆家奉行人奉書案が登場することは、それを裏付けている(1)。

ただし、中世においては、文書の宛先と手交される相手は必ずしも一致するわけではなく、実際に武家権力と交渉した受益者のもとに文書は残される。例えば、天文八年から一一年にかけて小河町に宛てて狼藉の停止などを命じた室町幕府奉行人奉書および細川京兆家奉行人奉書は、六通のいずれもが荘園領主たる誓願寺の利権を保護する内容なので、同寺に残されている(2)。また、上京・下京に宛てた天文一〇年の室町幕府奉行人奉書は、都市共同体に残る最古の武家文書であるが、荘園領主へ地子銭を支払うよう命じたもので利権を保護する内容ではない(3)。これらの事例は、命令の直接的な対象に据えられるようになった点において都市共同体の成長を示してはいるものの、必ずしも都市共同体が武家権力と主体的に交渉したことを意味しているわけではない。

仁木氏は、明確な都市支配論理を持って武家権力が都市共同体と交渉を始めるのは、天文一八年頃に実権を握った三好長慶からだと指摘する。さらに織田信長・豊臣秀吉の段階を経て、都市共同体を徐々に支配の末端に組み込んでいき、武家権力による一元的な京都支配に至ったとする。それに対して筆者は、細川氏綱の配下として天文一五年から翌年にかけて京都支配を担った細川国慶が、すでに都市共同体と積極的に交渉を持っていたことを明らかにした(4)。ただし、国慶の目的は、荘園領主に納入される前の地子銭を確保するという極めて単純なものであったため、明確な都市支配論理まで持ち合わせていたわけではない。

国慶が右のような積極策を打ち出せたのは、彼の配下が京都の実情をよく知る流通に基盤をおいた京郊の土豪であったことによる。しかも、天文一六年に国慶が戦没してしばらくすると、彼の配下たちは三好権力下における京都支配に従事することとなる。つまり、長慶による都市支配論理は、国慶による京都支配の経験を踏まえて形成されたものだったのである。次の新出史料も、国慶による支配の画期性を示唆している。

【史料(5)】

禁制　　三条御蔵町

一当手軍勢乱妨狼籍《藉》事

一剪採竹木事

一相懸矢銭兵粮米事

右堅令停止訖、若於違犯輩者可処厳科者也、仍下知如件、

天文十五年九月　日　　玄蕃頭《細川国慶》源（花押）

通常、禁制は軍勢が進出してきたさいに、寺社等が境内における違乱の禁止を求めて、礼銭と引き替えに得るものである。したがって、発給者には一定の権威が求められるため、京都においては幕府か守護あるいはその奉行人しか発給することがなかった。

それが崩れる第一段階は、大永七年（一五二七）に朽木と堺に二つの将軍権力が分裂したときで、京兆家も不

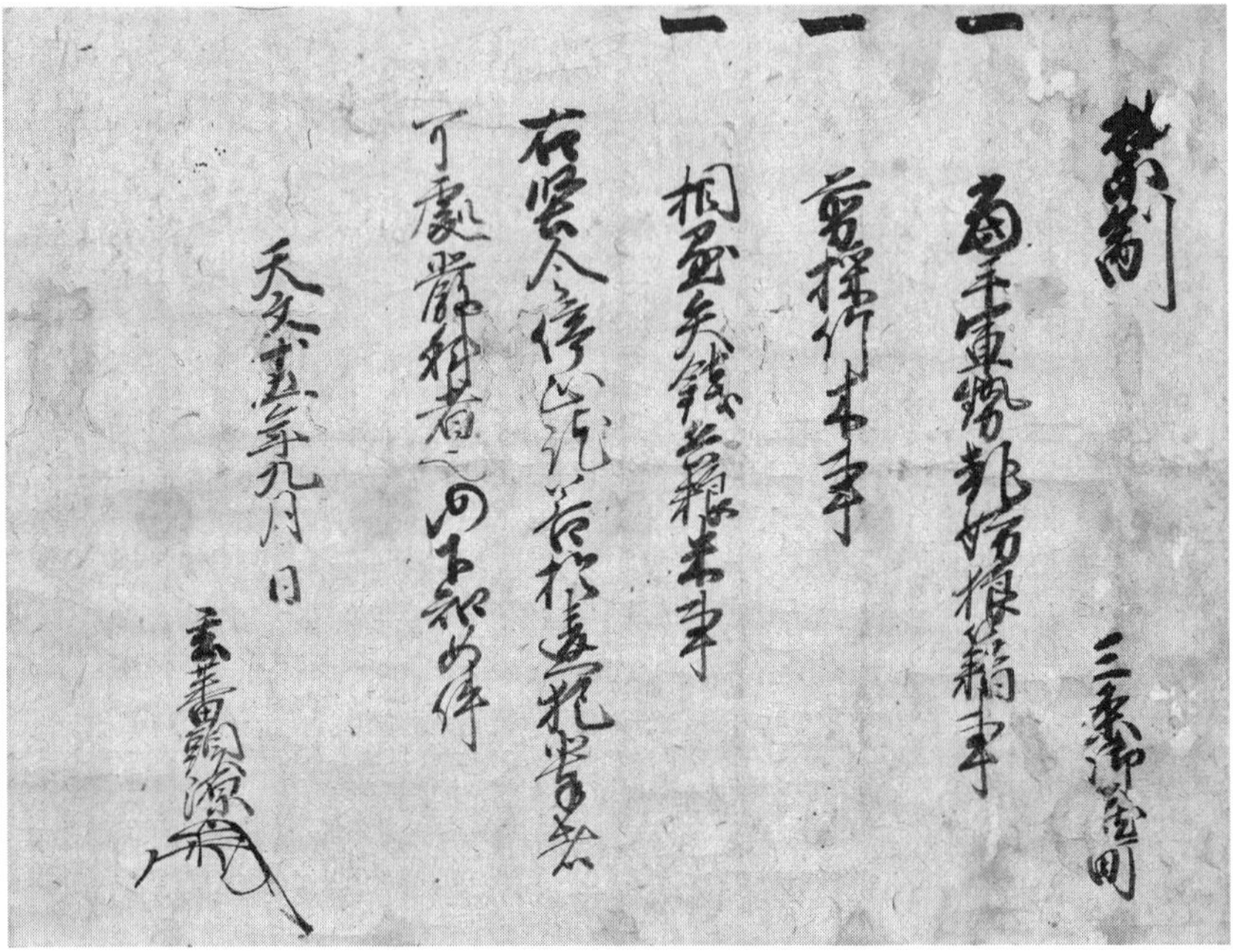

図17　天文15年９月日「細川国慶禁制」

在のなか、その代理として京都を支配していた柳本賢治の禁制が端緒となっている[6]。これは、荘園領主たちが既存の武家権力に限ることなく、京都を実効支配する者に期待を寄せはじめたことを意味している。国慶や長慶などの下位身分の者による京都支配は、その延長線上に位置付けられる。

続く第二段階には、発言力を増した都市共同体も自らの身を守るべく武家権力と交渉しはじめるため、寺社の境内に限定されることなく、個別町宛ての禁制も登場するようになる。禁制の場合は、受益者と宛先が一致することから、都市共同体が主体的に交渉して入手したことは明白である。従来は、白雲絹屋一町と室町頭壱町を対象として室町幕府奉行人が発給した天文一五年一一月付のものがその初見とされてきた[7]。三条御蔵町を対象とした【史料】は、それをわずかに遡るのみだが、京都支配の歴史的展開を考えるうえでは極めて重要な意義を持っている。

　天文一五年九月は、国慶が摂津方面から上洛して京都支配を開始した時期にあたる。よって、都市共同体と積極的に交渉を持つことをある種の既定路線に据えていたことが想定できる。それと関わって注目したいのは、都市共同体に宛てた武家文書が、これ以前はすべて奉行人奉書ということである。文筆官僚が発給する奉行人奉書は、身分の低い者にも対応しうる文書様式であった(8)。それを用いることなく直接的に対応するようになった点も、都市共同体と対峙する姿勢を明示したものと捉えられる。国慶による支配の特質を踏まえると、新たに都市共同体から礼銭を収取することがその主たる狙いと思われる。そして、このような武家権力との直接交渉という経験を踏まえて、都市共同体は幕府にも禁制を求めるようになったのであろう。

　さて、【史料】の対象となっている三条御蔵町は、室町通にも接していることから(9)、現在の京都市中京区三条通室町東入御倉町にあたるとみてよい。その初見は、これまで天文一八年であったが(10)、【史料】はそれもわずかに遡る。注目されるのは、「三条之町北頬并室町東方」すなわち御蔵町に存在した鹿王院領の百姓らが、天文一三年に地子銭減免を要求して認められていることである(11)。そこでは、鹿王院に対し八名が連署して、もとのごとく富貴となったら地子銭を皆納すること、これ以上の減免要求はしないこと、減免されたことは他町に隠密にしておくこと、もし他町に知られたら減免は白紙に戻すことの四点を約束している。このように連署していることや具体的な条件を提示していることからも、三条御蔵町という都市共同体が交渉の主体として機能していることをみてとれよう。

　以上の点から、【史料】は京都における都市共同体の成長とともに、それへの権力側の新たな対応を示すもので、京都支配の一つの画期を伝える貴重な史料といえる。

註

（1）『八坂神社文書』三〇一号（『京都町触集成』別巻二、元禄四年以前九六号、以下［九六］と略）。『言継卿記』天文三年四月二九日条［九八］。仁木宏『京都の都市共同体と権力』（思文閣出版、二〇一〇年）。以下、仁木氏の所説はこれによる。

（2）『誓願寺文書の研究』誓願寺所蔵文書四六号・四八号・四九号・五二号・五三号・五五号［一一二・一一三・一一六・一二四・一二五・一二六］。

（3）室町頭町文書［一一九］。

（4）本書第三部第四章「細川国慶の上洛戦と京都支配」。

（5）大阪大谷大学博物館所蔵文書。二〇一八年四月にインターネットオークションを通じて古物商から購入したもので、軸装されている。

（6）本書第二部第三章「『堺公方』期の京都支配と柳本賢治」。

（7）「上下京町々古書明細記」（『日本都市生活史料集成』一、一五二頁）［一四一］。室町頭町文書［一四二］。

（8）本書第一部第一章「奉行人奉書にみる細川京兆家の政治姿勢」。

（9）『鹿王院文書』六〇二号。

（10）『鹿王院文書』五九一号。

（11）『鹿王院文書』五六六号。

第五章　細川京兆家の内訌と京郊の土豪
――今村家の動向を中心に――

はじめに

京都やその周辺の寺社が、往々にして敵対する両陣営から禁制を得ているように、京都の住人にとっては、特定の権力に結びつくよりも適宜柔軟に対応するほうが、自らを維持するうえで無難であったに違いない。その点は、商工業や流通・金融に関与する京郊の土豪にとっても、同様であったと思われる。

ところが、細川京兆家の内訌が深化すると、細川高国方もしくは細川晴元方のいずれかの陣営に深く肩入れをする京郊の土豪の動きが顕著となる。その典型ともいうべき今村慶満は、晴元が高国を倒したのちになって、圧倒的に不利な条件のもと、高国残党としての活動を開始する。したがって、その動機を探ることは、京兆家の内訌が容易に終息しなかった要因に迫る作業ともなるだろう。

慶満は、高国残党を率いた細川国慶の被官で、天文一六年（一五四七）の国慶没後は細川氏綱に仕え、三好長慶の寄子として配属された人物である(1)。長慶のもとにおける京都の都市支配で中心的な役割を担うため、慶満は長らく長慶の有力被官と誤解されてきた(2)。そのような蓄積に基づき、天野忠幸氏は、流通に立脚した土豪を編成することが三好権力の特質だと説くが(3)、慶満の動向を踏まえると、その前史にあたる細川権力への目配りが必要

図18A「今村氏系図」（抄）

であろう。

　また、慶満周辺の一族関係についても、見解が定まっていない。慶満自身が今村政次のことを後掲【史料11】などで「弟にて候」と述べる一方で、今村家に残された延享四年（一七四七）の「今村氏系図」（以下「系図」）では政次が慶満の嫡子とされているため、河内将芳氏はなおも検討の余地があるとする。[4] しかし、『今村家文書史料集』の刊行まで同家文書の閲覧が叶わなかったため、「系図」の検討はできなかった。二〇一五年末になって、待望の『今村家文書史料集』が刊行され、「系図」をはじめとする同家文書が公にされた。[5] これによって、今村家の研究に進展が期待されるところであるが、同書が史料批判を加えないまま、図18Aのような「系図」に従った叙述を展開している点には少なからず危惧を覚える。[6] 中近世移行期における京都の都市支配を考えるうえで、今村家の存在はもはや欠かせない存在となりつつあることからも、「系図」の史料批判は避けては通れまい。

　慶満と政次の関係で注意したいのは、慶満が高国残党として各地を転戦するなか、政次は自身の権益保証を晴元方に訴えて認められていることである。このように今村家は、京兆家の内訌に即応して分離し、結果として勢力を大幅に伸張させている。ゆえに、慶満と政次の関係を正確に把握する作業は、慶満が高国方についた動機や慶満と政次が分離するに至った経過を検討する前提として、不可欠といえよう。

　以上のような課題意識から、本章では、まず第一節で中近世移行期における今村家の正しい系譜を明らかにし、可能な範囲で「系図」の作成背景についても触れたい。続く第二節では、その系譜を踏まえたうえで、家督継承の流れを把握し、今村家における慶満と政次の立場を明確にする。そして最後に第三節で、慶満と政次の分離という問題を京兆家の政争へ参入する過程と関連づけながら説明するとともに、慶満が形勢不利な高国残党として戦い続けた理由を検討する。

一　「今村氏系図」の検討

1　一次史料からみた系譜

享禄二年（一五二九）の稲荷と東福寺の喧嘩仲裁にあたって、九条稙通が談合した「侍共」のうちに、「柳原」の「大炊助入道常久」すなわち「今村大炊入道」がいる[7]。河内将芳氏は、彼とこの喧嘩に関わって逮捕された法性寺住人の身元引き受け人として登場する「今村浄久入道」が、同一人物であることを明らかにした[8]。慶満・政次以前にみえる今村一族で、具体的に検討されたことがある人物は、現在のところ彼のみである。

また冒頭で述べたように、今村政次についても河内氏の分析がある。後述のように政次が「法性寺柳原座中」の荷物の運送を取り仕切っており、東福寺門前町の法性寺と関係を持つ点が共通することから、河内氏は浄久と政次の間に何らかの血縁関係があったと想定している[9]。「系図」ではその点がより具体的で、慶満の法名を浄久とし、その嫡子を政次としている。次に掲げる史料は、その点に再考を迫るものである。

【史料1】[10]

蓮花王院毘沙門開帳次第

一文安四年丁卯九月三日奉開之、（中略）

一文正元丙戌歳閏二月廿四日開帳、（中略）

一明応三甲寅年二月十八日開帳、（中略）

永正十五年戊寅八月　日　　法眼行芸　判

一永正十五戊寅歳二月廿日開帳、（中略）
一天文廿年十月廿日開帳、（中略）
則十月廿一日千部御経ナリ、今村浄久入道内弁、子息今村紀伊守（慶満）執行也、当坊へ百疋今村相分進之、

これは、妙法院が管轄する蓮華王院の毘沙門天開帳に関する記録である。永正一五年（一五一八）に行芸が開帳するにあたって、文安四年（一四四六）・文正元年（一四六六）・明応三年（一四九四）の開帳記録をまとめたものを原本とする。【史料1】は、以上の四度にわたる開帳記録をさらに写したうえで、天文二〇年（一五五一）の開帳の様子を加筆したものである。かかる作成過程から、成立が天文二〇年を大きく下ることはないと思われる。

そして加筆部分によると、開帳に合わせて今村浄久が内弁を、その息子である紀伊守慶満が執行をつとめて、千部経を実施したという。したがって、浄久と慶満を同一視する「系図」は疑わしい。また、今村家は近世になって妙法院と関わりを持ったとされるが(11)、中世以来関係を有していたこともここから判明する。

【史料2】(12)

今度今村浄久御成敗候、子弥七（政次）儀者、波多野備前守（秀忠）方与力候之間、無別儀候、然者、先年宛身被成　御下知上者、年貢・諸公事物等・地子銭以下、如先々可有納所候、恐々謹言、

（天文一四年）十二月廿六日

垪和
道祐（花押）

今村弥七知行
所々散在百姓中

今村家に伝わるこの文書では、浄久が成敗されるも、子の弥七政次は波多野秀忠の与力であることを理由に赦

免されている。詳細は後述するが、慶満と政次が兄弟の関係にあることは明白であろう。これで、浄久・慶満・政次三者の関係は確定する。

続いて、その次の世代についてもみておきたい。

【史料3】[13]

今度合戦被付鑓、被手負、無比類御働、御高名祝着之至候、御屋形様（細川氏綱）・筑州（三好長慶）具可申上候、御忠節之段難忘候、

尚猪助可申候、恐々謹言、

今村源介

一慶（花押）

（永禄元年）七月四日

今村紀伊守

慶満（花押）

奥田源十郎殿

御宿所

山城国紀伊郡竹田の土豪である奥田源十郎に宛てた感状である。連署していることから、今村一慶は慶満と近い立場にいることがわかる。「系図」では、一慶は慶満の弟とされるが、前章でもみたように源介が慶満の若き日の通称であることから、嫡子とみるべきであろう。

奥田家は、もともと今村家の同輩にあたるため[14]、感状ながら丁寧な表現に終始している。連署としたのも、そのためと思われる。年代は、永禄期の慶満花押と形状が一致することと[15]、永禄三年（一五六〇）正月には長慶が修理大夫となることから絞り込める。その間、永禄元年六月に足利義輝勢が東山に着陣すると、長期にわたって三好勢と小競り合いを続けていることから[16]、【史料3】はそれに伴うものと考えられる。

【史料4】[17]
今村紀伊守満慶《ママ》
（裏書）「永禄五、九月十三日
柳原庄為下司間、入之、」

ここから、慶満は永禄五年に没したことがわかる。[18] 今村父子の連署状が、【史料3】以外に確認できないのは、慶満の晩年にしかみられない様式であったためであろう。ただし、今村家に残る松山重治の書状のなかに「慶満・一慶之御証跡」と並列されるように、[19] 現物は一通しか確認できないが、慶満の晩年には父子の連署状がしばしば発給されていたのかもしれない。

次に政次の後継者についても検討しておく。「系図」によると、政次の息子も父と同じく弥七を通称としているが、政次以降の確実な史料で弥七の名は確認できない。

確実な史料では、明智光秀に塩公事代官職を安堵されている今村甚太郎が確認できる。[20] また、同じく甚太郎に宛てた前田玄以の下代である松田政行の書状では、東福寺からの訴訟があったので出廷するよう伝えられている。[21] 次項でみるように、近世今村家の事実上の始祖は政次である。この家の文書に右のようなものが含まれていることから、織豊期に活動する政次の後継者は甚太郎とみるのが妥当かと思われる。

2　近世今村家の始祖と系図の作成背景

慶満の系統と政次の系統の二つに分かれた今村家は、その後どのように展開したのであろうか。その点を検証するために、政次の花押をおおまかに編年化したうえで、慶満が没して以降の政次の動向を確認しておきたい。なお、政次の花押が据えられた発給文書は、表35に掲げた通りである。ここから引用する際は、［1］のごとく

表35　今村政次発給文書

番号	年　月　日	差出・花押	宛　　所	出　　典
1	(天文16). 9.23	今弥政次 1	ほんほたい奉行	東寺百合文書キ函244号
2	(年未詳).12.28	今村重介政次 2	竹内浄林坊	東寺百合文書チ函287号(『戦三』2121)
3	(弘治 2).12.16	今村重介政次 3	榎木肥前	東寺百合文書ニ函412号(『戦三』218)
4	(弘治 2).12.21	今村重介政次 3	東寺雑掌	東寺百合文書ニ函425号(『戦三』219)
5	(弘治 2).12.22	今村重介政次 3	雑掌	東寺百合文書ニ函427号(『戦三』221)
6	弘治 3 . 2 .19	政所今村重介政次 3	東寺奉行	『教王護国寺文書』2662号
7	(弘治 3). 7 .13	今村重介政次 3	榎木肥前	東寺百合文書イ函198号(『戦三』242)
8	(年未詳). 1 .23	今村重介政次 3	庁御坊	蓮華王院文書 4 -15号(『広島大学所蔵猪熊文書』1)
9	(年未詳).12. 7	今村備後慶政 3	宮野丹後	東寺百合文書え函143号

註)　6と8は，差出を東京大学史料編纂所写真帳で補訂した。

表記する。

政次の花押は、三種が確認できる。まず、前章でも引用した弥七を名乗っていた天文一六年（一五四七）段階の［1］に据えられたものを花押1としよう。のちに重介に改称した段階だけでも二種が確認できるが、そのうち花押1に形状が近い［2］のものを花押2とする。[22]そこから大幅に形状を変えた［3〜8］の花押3は、重介段階の後期に使用したものと思われる。そして、「今村備後慶政」という署名に据えられた［9］の花押が、花押3と合致する。よって、政次は晩年に諱を慶政と改め、かつ備後守の受領名を名乗ったことが判明する。

問題は、「慶」の字が三好長慶から得た偏諱なのか、あるいは慶満から引き継いだ通字なのかという点にある。こ

図18B　今村家略系図

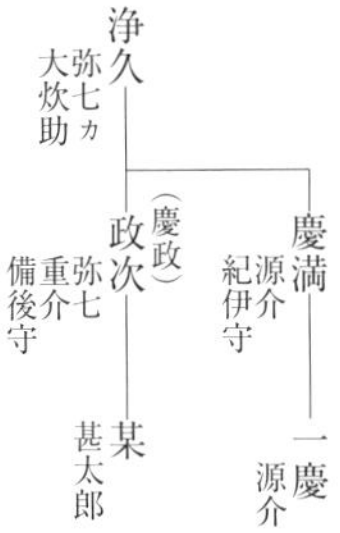

れについては、慶満の嫡子が「慶」の字を諱の下の字に用いて一慶と称していることに注意したい。ここから、この段階の今村家では、「慶」は偏諱ではなく、通字と意識されていたのではないかと思われる。

次に、改称の時期について検討しておきたい。政次は、永禄五年（一五六二）までは重介を名乗っているが、今村家に残る柳本弾正忠秀俊の書状や三好三人衆の一人である三好長逸の書状では、備後守の名で登場する。[23] 秀俊は永禄五年には勘十郎を名乗っているが、永禄八年までに弾正忠へと改称している。[24] 一方の長逸書状は、花押の形状から永禄一〇年もしくは翌一一年に年代が絞り込める。[25] よって、備後守への改称は永禄後期のことと想定できる。また、三好長慶没後、永禄八年に松永久秀と三好三人衆が袂を分かつと、政次は三人衆方についたこともわかる。

折しも一慶は、永禄九年を終見として、以後活動が確認できなくなる。[26] 右の諸点から勘案すると、政次は慶満没後に備後守へと改称し、さらに慶満の系統が途絶えるのと前後して、今村家の通字を継承したという筋書が描ける。かくして、二つに分かれた今村家は、慶満・一慶の系統と政次の系統を合わせた慶政のもとに統合される。

以上の検討から導き出された今村家の正しい系譜は、図18Bのようになる。以下では、図18Aと比較することによって、「系図」の作成背景について推察しておきたい。

浄久の跡は、兄の慶満ではなく弟の政次が継承し、この系統が近世今村家へと続く。また、浄久は晴元に成敗されたが、それ以前に政次が安堵されていた知行は召し上げの対象とはならなかった。よって、近世今村家の事実上の始祖は、政次にあたるといってよかろう。

ところが、近世の今村家では、始祖たる政次が備後守を用いたことすら忘却されており、所蔵文書にみえる備後守と一慶を同一視していた。政次の後継者である甚太郎に至っては、存在すら忘れ去られていた。以上の点から、「系図」は、織豊期以前の今村家に関する知識を持ち合わせない者が作成したと考えられる。

したがって「系図」は、所蔵文書との齟齬のない範囲で、今村家にとって都合よく作成されたものと想定できる。その視点でみると、今村家で最も著名な慶満の嫡流とするのは、当然のなりゆきといえよう。所蔵文書中にも慶満と対で登場する一慶を慶満の弟として処理したのはそのためである。そして、都合のよいことに、政次を浄久の子とする【史料2】が存在したので、浄久を慶満の法名としたのであろう。

右のように「系図」の作成背景が推測できる以上、少なくとも中近世移行期の部分を鵜呑みにすることはできまい。

二　今村家の嫡流

1　黎明期の今村家

本項でみるように、文亀三年（一五〇三）から永正六年（一五〇九）にかけても、今村弥七なる人物が確認できる。政次と通称を同じくするが、活動の時期はおよそ一世代前となる。ここから、弥七は若き頃の浄久である可能性を指摘しうる。そして、仮にその推測が正しければ、浄久の家督は当初から弟の政次が継承していたこととなる。源介を名乗る今村家の人物が、慶満・一慶のほかに見当たらないことからも、右の推論には妥当性が認められる。その点を確認するために、前後の弥七の動向について検討しておく。

【史料5】(27)

密厳院領毘沙門谷小松渓弐段大田地年貢之事、年々未進《為懸年貢》以下悉可致休済(究)之旨、被仰出候所如件、

(文亀二年)十二月二日　(唐橋)在名

柳原《密厳領》御百性(姓)中

年貢として「休（究）済」することを命じた九条家奉行人の奉書案である。[28] 九条道家が東福寺の東側にあたる毘沙門谷に創建した光明峯寺は、応仁二年（一四六八）に戦火で焼失していた。[29] 光明峯寺の密厳院智海は、再建のために奔走していたが、のちに光明峯寺供僧職を召し放たれており、文明一〇年（一四七八）に所領は九条家の支配となっている。[30] その後、九条家は寺地を眠らせることなく、【史料5】のように田地として開発しつつあった。注目したいのは宛所である。見せ消ちとなっているが、密厳院領の開発は柳原の百姓が担ったと想定できよう。

【史料6】[31]

善勝寺宗済蔵主申東山毘沙門谷内小松谷田地弐反大事、度々御成敗之処、不能承引、剰相語今村弥七并新衛門男、寄事於左右、数年々貢令無沙汰之条、対彼今村被成奉書訖、可被存知其段之由候也、仍執達如件、

文亀三
三月十三日　（飯尾）為頼（花押）
（松田）秀和（花押）

東寺公文所

右の室町幕府奉行人奉書が、今村弥七の初見となる。ここでは、弥七らに対して年貢納入を命じる奉書が発給されたことを、東寺に通知している。【史料5】と同一の田地にかかるものであることから、旧密厳院領の開発を担った柳原百姓中の頭目は、弥七であったと思われる。百姓と思しき「新衛門男」と並列されていることからも、弥七は百姓と身分的にさほど隔たっていないようである。この問題に直接的に関わらないはずの東寺に対して、右の通知がなされた理由は、柳原が東寺領であることに求められる。すなわち、弥七は東寺領柳原の住人なのである。

のちの毘沙門谷は、九条家と光明峯寺の寺務職である随心院が共同で管理していたが、以後、光明峯寺は再建されることなく、永正後期からその故地を徐々に手放していく。[32] ただし、永正前期には、九条家家司である芝堯

快の指示のもと、「ひしやもん《（毘沙門）》谷の屋敷共、おの〳〵申付、田ニひらかせ」ていた(33)。

【史料7】(34)

毗沙門谷之山手并諸坊跡開発之田地等若有違乱之族者云々、太不可然、年貢以下早々可取沙汰芝《芝》法眼《（堯快）》之由被
仰出所候也、仍執達如件、
　永正六
　二月九日　　　　在名《（唐橋）》判
　　今村弥七殿

この頃になると、弥七は毘沙門谷全体における年貢納入の責任者となりつつあったことが窺える。このような九条家との関わりは、のちの浄久と共通するものといえよう。

弥七が急成長した要因は、経済面以外にも求められる。永正元年に、京兆家の当主である細川政元に対して、有力内衆の薬師寺元一が反乱を起こす。その鎮圧にあたって、反乱の拠点となった淀藤岡城を接収したのが、「かうさい《（香西元長）》又六かしゆ《（衆）》ほうしやう《（法性）》のいまむら《（今村）》弥七と申者」であった(35)。このように、政元の内衆である香西元長の配下に、法性寺の今村弥七が確認できる。

細川政元の信任を得た香西元長は、明応六年（一四九七）に山城下守護代に就任し、確固たる地盤を持たないにも拘わらず急激に勢力を伸ばす。その軍事力は、今村家のような京郊の土豪を編成することによって得られていたことがわかる。見方を変えれば、京郊の土豪は、元長のような新興の守護代に従うことによって、急成長を遂げたともいえよう。

もう一つ注意したいのは、今村家の拠点が法性寺とされていることである。今村家の拠点は、通説では汁谷口（渋谷口）・柳原・法性寺とされており、京都の南東にあたる点では一致するものの、やや広がりがあって一ヶ所には絞られていない。今村家は様々な宗教勢力と関係を取り結びつつも、後述のように、家蔵文書を東福寺に預

け置いている。このように、最も信頼を寄せていたのは東福寺であった。享禄二年の稲荷と東福寺の喧嘩の際に、浄久が逮捕された法性寺住人の身元引き受け人となっていることからも、東福寺門前にあたる法性寺が本貫地なのであろう。

しかし、永正年間における弥七の居所は柳原にあった。その他の今村一族も、主たる居所は柳原にあったようである。例えば永正九年には、東寺領柳原のうちに今村藤左衛門・今村勘解由の存在が確認できる(36)。したがって、永正一三年から翌年にかけて、法性寺に近接する新熊野観音寺領を度々違乱する今村藤左衛門尉・源左衛門尉兄弟も柳原在住なのではなかろうか(37)。そのほか永正一六年には、柳原の今村与次が刃傷の咎で東寺に屋敷を検封されている(38)。

このように、柳原は主として東寺領で構成される一方で、「柳原者東福寺門前を申」あるいは「東福寺柳原」とみえるように(39)、東福寺の門前という認識もあった。おそらく、東寺領のなかに、法性寺の延長で都市的集落が発達したがために、このような錯綜状況が生まれたものと思われる。

その点を、地理的な側面から確認しておく。近世の今村家居所（京都市東山区本町一〇丁目）は、東福寺門前を南北に走る法性寺道（伏見街道）を北上し、東福寺村北端の一ノ橋を渡って柳原庄村に入ったところにあたる(40)。そこでは、東へ向かう泉涌寺道が交差するが、中世の今村家も柳原の「泉涌寺路」近辺に居住していた(41)。

そして中世においても、一ノ橋より南が東福寺の境内であった(42)。一方、永徳元年（一三八一）に「法性寺柳原自一橋北」とみえるように、一ノ橋より北は「法性寺柳原」と呼ばれる東寺領として、十四世紀後期以降の史料にしばしば登場する(43)。その名称もさることながら、永享一一年（一四三九）を初見として、東寺領である当地に対して、東福寺側から棟別銭等の違乱が度々確認できることから(44)、東福寺門前の延長で成立した都市的な場であることは間違いあるまい。

以上の点を踏まえると、東福寺門前の住人が東寺領柳原へ進出するにあたって、今村家はその中心的な立場にいたと推察される。今村家の勢力拡大をそのように措定したうえで気付かされるのは、汁谷口への権益拡大が天文年間以前は一切確認できないということである。この問題については、改めて検討する。

2　浄久と政次の関係

前項では、通称が共通することから、浄久の家督は政次が継承したと推測した。もちろん、十五世紀初頭の弥七が浄久である確証もないので、ここでは浄久と政次の関係を明確にすることで、右の一連の推測を裏付けることとしたい。

【史料2】の発給者である坍和道祐は、天文七年（一五三八）五月に没した湯浅国氏の後任として、細川晴元の側近取次に参入した人物である[45]。また、前章で述べたように、天文一五年から一六年にかけての国慶による京都支配に政次は同調している。ここから、浄久の成敗と政次の安堵を伝える【史料2】は、天文七年から天文一四年までのものと推測される。

【史料8】[46]

一柳原之儀、天文十五年ヨリ同十七年夏季マテ五季分未進在之、雖然種々御侘言申間、十二貫文分ニテ御免、
　是ハ借銭方へ御返弁、
一百姓指出以下、又内藤兵庫（長時）今村（浄久）跡職存知之間、寺家御代官可存旨種々被申候、被仰分、礼物にて内藤方折
　帋進之、

【史料9】[47]

　尚々此方へ早々可有納所候、何も重而可申候、

急度申候、仍東寺地子銭之事、今村浄久代官存知之義候間、拙者方へ可納申候、若於他納者催促可申候、先度以折紙申候へ共、猶重而申越候、恐々謹言、

内藤兵庫助

（天文一七年）九月十四日　長時（花押）

柳原

名主百姓中

【史料10】[48]

御寺領柳原之内、就今村浄久跡職給御寺領代官職之事、可令存知之旨、雖申入候、従往古御直務之由承分間、如先々可有御直納候、於向後其煩申間敷候、恐々謹言、

内藤兵庫助

（天文一七年）十一月五日　長時（花押）

東寺

年預御房

人々御中

【史料8】からは、天文一七年に今村浄久の跡職である柳原の代官職を内藤長時が領主の東寺に求めたことがわかる。また【史料9】によると、長時は実際に地子銭の徴収に取りかかっている。長時は、柳原の代官職を請切代官だと曲解していたようで、東寺は先例に従って直務代官とする旨を長時に伝えた。【史料10】は、長時がそれに同意したものである。

ここで注意したいのは、天文一五年から天文一七年夏季まで、五季分の地子銭が未進となっていたことである。

つまり、浄久が成敗されたのは、未進が始まる直前の天文一四年である可能性が高い。天文一四年に細川国慶が上洛戦を試みていることから、浄久はそれに同調し、成敗されたのであろう。そのように推測すると、【史料2】の「先年宛身被成　御下知」という一文が、後述する天文一二年三月の晴元による安堵を意味することとなり、整合的に解釈できる。

では、長時がこのタイミングで代官職を要望してきたのはなぜであろうか。浄久は、天文一四年に成敗されたとはいっても、【史料1】でみたように天文二〇年に至ってもなお健在であった。そしてその息政次は、波多野秀忠の与力として晴元方についていた。よって、長時も容易に手を出せる状況ではなかったのであろう。ところが、天文一五年に国慶が入京に成功すると、政次はそれに与同している。そのため、柳原にあった慶満と政次の屋敷は、国慶没とともに天文一七年一〇月までに晴元のもとで闕所となった[49]。このように今村家が不在となった状況で、長時は右の申し出をしてきたのである。

その間、政次は他の国慶残党とともに細川氏綱に従っていたはずである。そこに、晴元の有力内衆であった三好長慶が合流してくる。そして、天文一八年六月の江口合戦で氏綱と長慶は晴元を破る。【史料10】が天文一七年に限定できるのは、右の状況に至って、天文一八年には政次が柳原に復帰しているからである。

【史料11】[50]

尚々弟（今村政次）にて候者、地子銭之儀有様可申談候条、御催促御入候てハ不可有其曲候、重介（今村政次）地子銭・冨田年貢米、天文十七年迄落成由申候、御礼肝要候、

柳原地子銭之儀、急度可致寺納旨堅申付候、弟にて候者、地子銭之儀、十七年迄落成由申候、仍冨田与太郎前ニ女子（御）田相拘未進仕由承候条、相尋候処、是又十七年迄為闕所、落成由申候、何茂有様相糺可申候条、自然御催促被入候而者、可為御越度候、被懸御目、半之儀候条、以内儀申談可相果候、万一於不相済者、可為

御紏明候、将又其国寺領年貢米之事、急度被仰付候者、可為祝着候、何様不図罷上可申入候、此等之旨可預御取成候、恐々謹言、

（弘治二年）
極月廿二日　　　　慶満（花押）
今村紀伊守
年預御房
御同宿中

【史料11】に先立つ一二月一五日に、慶満は「柳原地子銭無沙汰仕者、則弟にて候者へ折帋認上申候、被成御付可被仰付候、将亦冨田与太郎女御田相抱、年貢米難渋仕候由曲事候、是又折帋遺候」という内容の書状を東寺に送っている(51)。すなわち、柳原地子銭と九条女御田年貢米の納入をそれぞれ難渋する政次と冨田与太郎に書状を送って事情を問い合わせたようである。その返事が届いたので、慶満は【史料11】のような報告を改めて東寺に送った。

右の年次は弘治二年（一五五六）に比定できるが(52)、『戦国遺文　三好氏編』では、【史料11】およびそれに関係する［3～5］を天文一七年のものとしている。おそらく、【史料11】に「重介地子銭・冨田年貢米、天文十七年迄落成候由申候」とあるのが根拠と思われる。しかし、この書状の大意は、政次も冨田氏も、「十七年迄為闕所、落成由申」しているので、東寺から「自然御催促被入候而者、可為御越度候」というものである。つまり、天文一七年分以前の地子銭は、政次らが晴元によって闕所処分されて消滅しているので、それ以後の地子銭のみを要求の対象とするよう求めているのである。政次自身が、［3］にて「当納之儀、皆済可申付候」と述べているように、この年の分は納めるつもりとしていることや、天文一八年の後掲【史料13】に重介ではなく弥七とみえることからも、少なくとも天文一八年以降のものである。逆に天文一八年以降が闕所扱いではないことから、

同年に政次は柳原に復帰していることが確認できる。

天文一七年以前の未進分を東寺が問題にしたということは、内藤長時の代官職補任は反故とされ、天文一四年に成敗された浄久の跡職相続を天文一八年の柳原復帰後に政次に対して追認したということになる。おそらく長時は、江口合戦後に晴元が離京するとともに没落したのであろう。

以上のように、浄久の跡職を継承したのは政次であったため、柳原の代官職に慶満が手を出すことはなかった。また、弥七と浄久・政次は柳原を代表する地位にある点で共通することからも、十五世紀初頭にみえる弥七は、浄久とみてよいのではないかと思われる。

三　細川家の内訌と今村家の分流

1　政次の動向

東寺領柳原における浄久の跡職を受け継いだのは、兄の慶満ではなく弟の政次であった。これの意味するところを考えるべく、まずは政次の動向を整理しておく。

河内将芳氏は、今村家が汁谷口を根拠地として、一帯に勢力を持っていたと想定しているが、既述のように浄久の段階にはその事実は確認できない。汁谷口における今村家の活動が確認できるのは、天文一一年（一五四二）以降のことである。ひとまず、河内氏が分析した史料について再検討しておこう。

天文一一年一二月一三日付の政次申状では、「東山汁谷塩合物高荷等諸商売通路上下馬幷宿問之事」について紛失状の発給を幕府に願い出ており、一二月二四日にそれが認められている(53)。紛失の理由は、支証を「東福寺預置、三个年前寺破之時、紛失候」というものであった。天文八年に徳政一揆が東福寺に乱入を図るという事件があったので、[54]紛失の理由はこれであろう。ここから、今村家が徳政一揆の対象とされるような金融業者の側面を持っていたことが窺える。政次は、右の利権を「拙者先祖相伝」と主張するが、それを確認する術がないことには留意が必要である。また、これが現在知られるところの政次の初見史料であることにも注意しておきたい。

政次は、幕府から紛失状を得ると、さらに京兆家にも掛け合い、翌天文一二年三月に細川晴元の奉行人奉書を得ている。[55]このように、重ねて安堵をうけたにも拘わらず、「法性寺柳原座中弁大津松本荷物」を山科花山郷において地下馬が立て替えて運送したため、政次は同年五月にも改めて幕府に訴え、その内容が六月に認められている。[56]ここから、政次が「法性寺柳原座中」の荷物の運送を取り仕切っていたことがわかる。

気をつけたいのは、天文一一年にはなかった「大坂上下荷」あるいは「大坂上下参衆」を独占的に運送する権利が、天文一二年の訴えのなかに新たに加わっていることである。それと関連する四月二〇日付の波多野秀忠書状は、「大坂本願寺参詣」の運送が、本願寺から「拙者《(波多野秀忠)》与力今村弥七《(政次)》方」に一任されたことを東福寺と山科七郷に通知したものである。[57]山科七郷に対して、違乱を停止すべきとの文言もないので、あくまでも新規の利権を通知したものと理解される。よって、幕府に対する二つの訴訟の中間にあたる天文一二年に年次を比定できよう。

こうしてみると、少なくとも山科郷においては、政次は既得権を侵害されたのではなく、むしろその逆で、本願寺の保証を得て新たに進出する立場にあった。河内氏は、右にみえる一連の諸特権を、今村家がそれ以前から所持していたものと読み取っているが、天文一一年を契機として、新たに諸方面へ向けて利権の保証を次々と求めていったとみたほうがよいのではなかろうか。

【史料12[58]】

汁谷通路塩合物高荷等事、近年往還無之候、此砌如先々荷物通路在之者可然候、公方《(足利義晴)》御下知被申請、可被相達肝要候、前々支証粉《(紛)》失由候、さ様之儀、同御下知可被申請候、汁谷事者境内事候間申候、恐々謹言、

庁
行芸（花押）

（天文一一年）
十一月五日
今村弥七殿（政次）

厳密には、これが政次の初見史料となる。発給者である妙法院の庁務行芸は、政次を宛所として、幕府に紛失状を要求して然るべきだと認めているが、蜷川親俊のもとに残されていることからも明らかなように、政次の依頼に基づき妙法院が用意したものであろう。このように、政次が紛失状を得た背景には妙法院の後押しがあった。支証がなくとも政次の主張が反映された理由は、何よりも汁谷口を境内とする妙法院が認定したという点にあるだろう。ただ、「近年往還無之」という状況は見逃せない。今村家が、汁谷口での経営を連綿としていたわけではないことを示しているからである。こうなると、天文一一年の営業「再開」は、どこまでが事実なのか疑わしくなってくる。

政次の後ろ盾は、妙法院だけではなかった。先述のように、天文一一年一二月二四日に幕府は紛失状の発給を認めるが、政次からの依頼をうけていた親俊は、このことを「泉涌寺長老被申、今村弥七申問丸事披露」と記録している[59]。妙法院に隣接する泉涌寺も政次を支援していたのである。おそらく、京郊における運送をめぐって、京都に近接する側と郊外の山科側の間で競合が生じていたため、京都側にあたる者たちが一体となって政次の支持にまわったのではなかろうか。

このような地縁的な繋がりの存在について確認しておく。先述のように、天文八年に徳政一揆が発生しそうになると、東福寺は寺内に乱入しないように隣郷へ下知を出して欲しいと幕府に要請している。そこでの隣郷は「深草・稲荷・今熊野・柳原・九条付東西・菅谷・川勝寺」であった[60]。今村家のように東福寺に支証を預ける者は、概ねこの範囲を対象として金融に携わっていたことがわかる。京都南郊に形成されていた経済圏とみてもよいだろう。

また、東福寺と稲荷の喧嘩に際して、九条稙通が意見を求めた「隣菴之侍共」は、「深草者赤塚、於西山科者進藤、於妙法院者新坊、今熊野金光院、柳原大炊助（今村）入道常（浄）久、竹田之奥田弾正忠・同河内、石井孫三郎」であった。[61] 右の経済圏とおよそ重なることから、この地域の土豪たちが地縁的な繋がりを持っていたことも読み取れよう。

一連の動きが始まった天文一一年という時期も重視したい。この年の三月、晴元の有力内衆として京都周辺にも強い影響力を持っていた木沢長政が討たれる。その傘下にいた者たちが後退した間隙を突いて、京郊における営業の主導権争いが勃発したことは容易に想像がつく。天文一一年まで今村家の動きがしばらく停滞していることからも、政次にとってそれ以前は、どちらかというと雌伏の時期だったと思われる。

それからわずか五年後の天文一六年に、政次は高国方に転じたため一旦柳原を去ってしまう。したがって、天文一一年以後の経営の実態もこれ以上はよくわからない。そして、天文一八年の江口合戦後には柳原に復帰する。次に掲げる史料は、復帰直前のものである。

【史料13[62]】

城州西七条大森分并法性寺今村弥七（政次）知行分等事、今度被成下　御下知候、然者両人共ニ有子細其之与力不相紛候条、為合力進之候上者、永領知不可有相違候、恐々謹言、

天文拾八　　孫四郎（波多野）

七月十一日　　元秀（花押）

次郎殿（波多野）

与兵衛尉殿（波多野秀親）

進之候

江口合戦の敗北をうけて、晴元の内衆で波多野秀忠の後継者である元秀が、一族の秀親らが離反しないよう、晴元の下知を得て新知を用意したことが窺える。そのなかに、与力である政次の知行分が含まれている(63)。晴元の下知に基づくものであることから、政次が晴元被官の立場を得ていたこともわかる。京兆家の有力内衆が配下を組織する際に、土豪層を京兆家被官に推挙し、それを自らの寄子（与力）として編成することが一般的にみられることから(64)、政次の事例もそれに該当するものと思われる。

政次とともに闕所となっている西七条の大森分とは、政次と同じく京郊の土豪で、京都の北部で手広く金融を行っていた大森一族の所領であろう(65)。両人ともに元秀の与力であることから、大森氏も政次と同様の経過で晴元の被官になったものと推察される。

先述のように、天文一一年一二月二四日に無事幕府の裁許が下ると、政次は同月二八日に親俊へ礼銭を贈っている(66)。注目したいのは、それと同時に大森氏も親俊に礼銭を贈っていることである。この大森氏は、親俊への年始や八朔の音信を欠かさない「大森宗弥」であろう(67)。親俊が宗弥の家を訪問しているように、二人は親しい間柄にあった(68)。一二月二八日の礼銭は名目が記されていないので、日付からして単なる歳暮である可能性も否定できないが、【史料13】の存在から、政次と大森家の間に何らかの関係があったと想定したい。

右のように推測する根拠は、天文一六年四月段階で、氏綱方に大森七郎左衛門尉の存在が確認できることにもある(69)。今村家同様に大森家も、高国方と晴元方に両属していた可能性が高いのである。また、前章で示したように、細川国慶の有力被官は、伏見の津田家や西院の小泉家など、今村家同様に京都に近接し、流通に関与したと思われる者たちで構成されていた。京都側と郊外側の間に流通をめぐる競合が想定されることを踏まえると、東福寺周辺にみられるような局地的な土豪連合がまず形勢され、さらに利害の一致から広域的な京都側の土豪連合が成立した可能性も考えられる。

2　高国方としての今村家

前項の検討を今村政次の置かれた立場という点で整理すると、①天文一一年（一五四二）以前の政次は雌伏の時期にあたる、②京郊の流通に関与する者の間では京都側と郊外側の間で競合関係があった、③したがって京都側に属する者たちは連携を結んだ、という三点になる。ただし、いずれも限られた史料から推測に推測を重ねる形で導き出した極めて不確かな結論である。そこで本項では、今村家全体の動向と重ね合わせることで、右の推論を少しでも確かなものとしたい。

大永七年（一五二七）の桂川合戦で細川高国方に勝利して以降、京都周辺は晴元方が席巻する。以後の京都支配には、柳本賢治や三好元長ら晴元の内衆が次々と関与するようになる。それに対して享禄四年（一五三一）三月に、京都を守る晴元内衆の木沢長政・柳本甚次郎らを駆逐して、高国の弟である晴国を擁した内堀氏らが入京する(70)。「内堀南大門へ来時、今村ニ御酒被下」とあるように、この内堀氏の軍勢のなかに「今村」の姿があった(71)。続けて四月には、「稲荷儀」につき酒肴代を彼に送っているので、ここでの「今村」は浄久であろう。このように、浄久はもともと高国方の立場をとっていた。

したがって、享禄四年に高国が没して晴元の治世が明白になると、家を維持するために家督を政次に譲ってしまったのであろう。政次は、時流に合わせて晴元への接近を図る必要に迫られるが、折しも天文四年に、晴国に味方していた波多野秀忠が晴元方へと帰参する(72)。おそらくこれを機に秀忠に近付き、やがて与力として晴元被官の立場を得たに違いない。今村家と波多野家の関係を示す史料が、ここまで事例として挙げてきた天文一二年から天文一八年までのものを除くと見当たらないことや、【史料2】で秀忠の与力を理由に政次が赦免されながらも浄久は成敗されていることから、今村家が波多野家の与力となった時期は、政次の前半生のみに限られる。

前章でみたように、慶満はすでに天文二年には、細川国慶内衆として高国方の立場を明確にしている。浄久が兄の慶満ではなく、弟の政次に家督を譲った理由はここに求められる。

こうして、家督は晴元方に属した政次に譲ったが、なおも浄久は柳原の代官として活動を続けている。したがって、京兆家の内訌に対して、表向きは中立の立場をとっていたのであろう。そうしたところに、天文一四年に国慶に協力して成敗されたと想定される。そして、天文一五年に国慶の入京が成功すると、政次もそれに靡いた。【史料12】でみたように、妙法院ともともと関係を結んでいたのは、政次であった。両者の関係が重介を名乗った柳原復帰後も続いていることは、妙法院庁務に宛てた［8］からも確認できる。浄久と慶満は、その関係に依拠しつつ、【史料1】での千部経を実施していることから、浄久・慶満と政次の間に対立した様子は見出せない。すなわち、慶満・政次への継承のあり方からは、高国方としての立場を残しつつも、時流に合わせて晴元方として経営を維持する、生き残りのための方策が読み取れる。

ここで疑問となるのは、今村家と直接的には関係のない京兆家の家督争いに参入した理由や、高国方でなければならない理由である。この点については、四国から上洛を目指した細川澄元・晴元父子の戦略が大きく影響していると思われる。

永正八年（一五一一）の第二次上洛戦に先立って、細川澄元は山城の西岡国人である竹田氏に対して、新恩を給与するとともに軍勢の動員を求めている(73)。このように、早くから京都周辺の土豪への働きかけを進めていた。同様に、晴元の内衆として急激な成長を遂げた柳本賢治は、新規に西岡の能勢氏や鳥羽の中井氏などを配下に組み込んで、軍事や統治に活用した(74)。

その頃の西岡国人は、柳本賢治方と三好元長方の二派に分裂して対立していた。注意したいのは、いずれも晴元方という点である。このことは、京都への進出をめぐって、西岡国人が競って晴元の有力内衆に属していったことを示唆する。逆の見方をすれば、京都に確固たる地盤を持たない澄元・晴元父子やその内衆たちは、京都への進出を目論む郊外の土豪を次々と取り込むことによって、高国方の切り崩しを図ったのである。

そして、大永七年に晴元方が京都の掌握に成功すると、従来とは全く異なる京都支配が始まる。賢治配下の能勢氏や中井氏など、本来ならば京都支配に関与できない下位身分の者たちが、支配者側に立つのである。また、中小路氏が近衛家に出入りするなど、西岡国人が京都の荘園領主のもとを頻繁に訪れるようになるのも当該期からである。(75) このように晴元権力の成立は、郊外側の土豪の政治参入と地位上昇をもたらした。晴元期に、京都側と郊外側の間における営業権をめぐる競合が惹起した背景は、以上のように想定できる。

京都に進出してきた郊外側の土豪に対し、京都側の土豪が挽回するには、ひとまず晴元方と結びつつも、高国方による京都支配に参入するしか方法がなかった。高国残党に力を貸す者が、京郊の土豪のなかでも、京都側の者たちに多い理由は以上のように説明できよう。京兆家の内訌になかなか決着がつかなかった要因はいくつも想定できるが、争点の一つとなる京都に的を絞った場合、右のような対立構図が大きく作用したものと思われる。

以上の考察から、本項冒頭で示した政次の立場についても、概ね妥当性が認められるかと思う。もちろん、今村家という限られた視点から捉えたため、全体の対立構図については素描に留まる感が拭えない。その点は、他の土豪を対象とすることで、改めて検討する必要がある。(76)

おわりに

本章では、今村家の正しい系譜と家督継承の流れを把握したうえで、慶満と政次の兄弟が異なる陣営に属した意味について検討してきた。その結果、細川京兆家の内訌への対応であったことが浮かび上がってきた。

天野忠幸氏は、流通に立脚した土豪を編成することが、三好権力の特質だと説いた。しかし、そのようなことは、今村弥七が香西元長の配下となっているように、細川政元段階からみられる現象である。さらに、かかる現象は、京都に地盤を持たない細川晴元が京都への進出を図る過程で、とりわけ西岡などの郊外側で加速した。それに対抗して、京都側の土豪は高国方を支援することとなり、京郊における対立は、京兆家の内訌と結びついて激化する。

本章の要点は右に示した通りである。ここでは、右の対立の結末について述べて締めくくりとしたい。

実は、その点については、すでに前章で示している。天文一六年（一五四七）頃の国慶方は、西岡の勝龍寺城を拠点としていたようである。ここから、国慶の京都進出とともに、京都側の土豪と郊外側の土豪は手を結んだことが想像される。もちろん、それがすべての土豪に当てはまるとはいわないが、天文二二年に推定される今村慶満ほか七名の連署状では[77]、西院の小泉氏、山科の四手井氏、そして西岡国人が名を連ねて、東寺に対して勝龍寺城の普請役を賦課している。このように、京郊における土豪の対立はある程度解消し、国慶という旗頭のもとに集結しつつあった。その土豪連合が国慶没後も存続していることから、事実上その中心にあったのは慶満だと考えられる。

問題は、京都側の土豪と郊外側の土豪が一つにまとまった要因であるが、その点は史料的に明らかにしがたい。ただ、細川氏綱や三好長慶のもとで彼らが京都の支配を請け負っている事実を踏まえると、その目的のもとに利害が一致したのではないかと思われる。つまり、矮小なレベルの競合を止揚して京都を一括で把握し、そのうえで富の再分配を図ったのではなかろうか。この推測が正しければ、天野氏のような長慶による編成という見方は一方的で、京郊の土豪自身による自律的な編成という見方も必要となってくる。

なお、永禄三年（一五六〇）には、京都から追放された宣教師に対し、慶満が勝龍寺城へ取り敢えず留まっておくよう伝えていることから、なおも慶満の拠点となっていたことが窺える。[78]「系図」では、慶満は勝龍寺城の「城主」であると伝えられているが、勝龍寺城の公的機能に鑑みると、[79]慶満個人の城とするには無理がある。事実、勝龍寺城の普請は慶満個人ではなく、八名の連署で賦課されていた。

その点で注目に値するのは、「足利義昭入洛記」である。そこでは、永禄一一年に織田信長が上洛してくると、三好三人衆方の「細川玄蕃頭・石成主税《友通》介両人」が勝龍寺城に籠もったとされる。[80]このように三好三人衆のもとでも、勝龍寺城主としての玄蕃頭国慶家の名跡は保たれていたようである。ここから敷衍すると、慶満は名目上は玄蕃頭家の城代として、勝龍寺城を拠点としていたと推察される。

註

（1）本書第三部第四章「細川国慶の上洛戦と京都支配」。以下、前章とする。

（2）長江正一『三好長慶』（吉川弘文館、一九六八年）。今谷明「三好・松永政権小考」（同『室町幕府解体過程の研究』岩波書店、一九八五年、初出一九七五年）。河内将芳「中世京都『七口』考」（同『中世京都の民衆と社会』思文閣出版、二〇〇〇年、初出二〇〇〇年）。

（3）天野忠幸「畿内における三好政権の支配構造」（同『戦国期三好政権の研究』清文堂出版、二〇一〇年、初出二〇〇六年）。

（4）前掲註(2)河内論文。河内氏の見解については、河内将芳「戦国期の京都」（『連続歴史講座『東山区今村家の歴史遺産』の記録』鴨川・高瀬川地域の歴史遺産継承・活用委員会、二〇一七年）も参照されたい。

（5）今村家文書五〇号（『今村家文書史料集』上巻三六頁・三九頁）。本章で今村家文書を引用する際は、以下頁数のみ併記する。

（6）例えば、京都市歴史資料館での展示にそのまま反映されている。展示図録は、『〔特別展〕鴨川・高瀬川流域の人と暮らし』（鴨川・高瀬川地域の歴史遺産継承・活用委員会、二〇一六年）。

（7）「稙通公記」享禄二年三月八日条・九日条。

（8）河内将芳「大永八年の稲荷・東福寺喧嘩について」（『朱』第五〇号、二〇〇七年）。東寺百合文書い函一〇六号・一〇七号。

（9）河内将芳「中世の稲荷祭神輿渡御の道筋と法性寺大路」（『朱』第四七号、二〇〇四年）。

（10）『妙法院史料』古文書一六三号。

(11)『今村家文書史料集』上巻三四頁。

(12)今村家文書三四一号（三二頁）。

(13)国立歴史民俗博物館所蔵文書（『戦三』二〇一一）。なお、写真版に基づき、一部翻刻を訂正した。同一の文書が奥田文書（東京大学史料編纂所写真帳）にも含まれることや『言継卿記』永禄元年二月二四日条・二六日条などから、宛所の奥田家は竹田の政所と呼ばれる家柄と判明する。また、この文書を取り次ぐ猪介は、元亀三年（一五七二）に同じく国慶被官に出自が求められる小泉源左衛門尉と京都で喧嘩をしている今村猪介かと思われる（『兼見卿記』元亀三年正月九日条）。

(14)「稙通公記」享禄二年三月八日条。

(15)前章で述べたように、天文一五年一〇月を初見とする花押Bは、そののち大きく変化することはないが、源介名義だと細川国慶が没する天文一六年以前、紀伊守名義だと天文一八年以降に峻別できる。ただし、花押Bもよくよくみると細かい変化が確認できる。図19に示した花押中央部分の下部にあるアの線が、①の天文一六年四月までは直線だが、②の同年八月になると弧を描くようになる。その特徴は、少なくとも③の天文一九年末までは続く。④の一二月二九日付慶満書状は、書中で地子銭の徴収を担う吹野九郎五郎が今村家文書三四五号（一三頁）の天文二一年正月二〇付柏助太某書状にもみえるので、天文二〇年頃のものと思われる。ここでの花押は、

①天文16年4月21日『大徳寺文書』589号　②天文16年8月22日 東寺百合文書キ函235号　③天文19年12月27日『大徳寺文書』2207号　④天文20年ヵ12月29日 今村家文書342号（33頁）　⑤天文22年ヵ6月25日 東寺百合文書い函99号

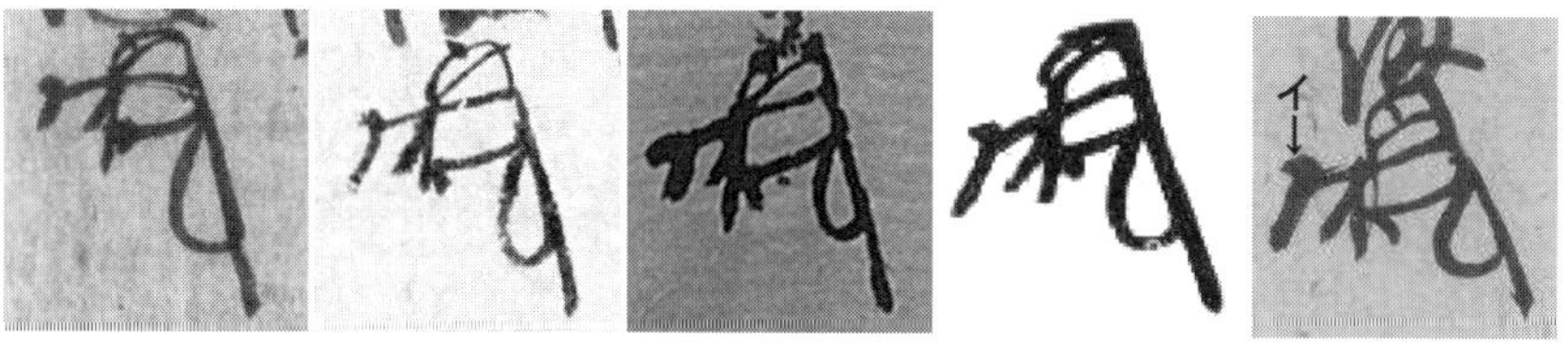

⑥弘治2年12月22日 東寺百合文書ニ函426号　⑦永禄元年7月4日 奥田文書　⑧永禄2年6月吉日 東大寺文書　⑨永禄3年11月23日『沢氏古文書』263号　⑩永禄4年8月16日『園城寺文書』第2巻297号

図19　今村慶満の花押（2）

『大徳寺文書』『園城寺文書』は東京大学史料編纂所のホームページ。東寺百合文書は京都府立京都学・歴彩館東寺百合文書WEB。今村家文書は『今村家文書史料集』上巻口絵。奥田文書は国立歴史民俗博物館蔵H−90号。東大寺文書は東大寺図書館蔵。『戦三』の文書番号は，③2027，④2029，⑤363，⑥220，⑦2011，⑧560，⑨693，⑩775。

直線に戻りつつある。それを踏まえると、紀伊守名義でアの線が直線となっている⑤のような花押は、天文二〇年以降に比定できる。

永禄元年から四年にかけての花押は、それまで左に向けてV字状に開いて描かれていた部分が、⑩のイのように棒状に伸び、さらに花押の中央部分がスリムな形状となる。また、時期が下るほど、花押最上部に打たれた点が内部に食い込んでいくのも特徴である。なお、⑤を仁木宏『戦国時代、村と町のかたち』（山川出版社、二〇〇四年）八二頁では永禄二年、『戦国遺文　三好氏編』では天文二二年と推測するが、慶満の花押からみると後者に妥当性が認められる。

(16)『言継卿記』および「細川両家記」の永禄元年六月四日条以降。

(17)賜蘆文庫文書（東京大学史料編纂所影写本）のうち「東寺光明真言講過去帳」第九。

(18)天野忠幸「三好氏と戦国期の法華宗教団」（『市大日本史』第一三号、二〇一〇年）や同「松永久秀家臣団の形成」（天野忠幸他編『戦国・織豊期の西国社会』日本史史料研究会、二〇一二年）では、永禄七年頃まで慶満を存命と想定しているため、史料解釈に若干の訂正が必要である。

(19)今村家文書三七六号（三〇頁）。

(20)山科郷文書（『早稲田大学所蔵荻野研究室収集文書』八五六号）。内容からみて、山科郷文書は今村家文書の一部を構成するものと判断される。

(21)今村家文書三四四号（三一頁）。

(22)『戦三』二一二では永禄二年に比定されているが、再考を要する。

(23)今村家文書二号・三七四号・三六九号（二八頁・二九頁・三二頁）。そのほか、今村家文書三七一号（二八頁）の足利義輝・義昭御供衆である一色藤長の書状も、備後守へ宛てている。

(24)『大徳寺文書』二七八号。東寺百合文書ヤ函一九八号。

(25)『戦国遺文　三好氏編』第三巻の主要人物花押集では、長逸の花押として1〜3の三種が掲げられているが、今村家文書三六九号の一〇月一三日付長逸書状の花押は、それらとは明らかに異なっている（前掲註(4)文献三四頁）。よって、これを仮に花押Aと呼んでおく。なお、花押Aは今村家文書以外でも確認できるが、『戦国遺文　三好氏編』の翻刻では「(花押2)」と表記しているため、以下訂正しておく。
花押2の確実な終見は永禄一〇年八月二四日付の退蔵院文書（『戦三』一三六三）で、花押Aの確実な初見は永禄一一年三月付の『東福寺文書』三九号・四〇号（『戦三』一三九五・一三九六）である。以下、阿弥陀寺文書・保阪潤治氏所蔵文書（『戦三』一三九九・一四〇〇）と続き、永禄一一年五月一〇日付の『大徳寺文書』六一四号（『戦三』一四〇三）が花押Aの確実な終見となる。そして、永禄一二年正月五日付の成就院文書（『戦三』一四三八）を初見として、長逸は「三好日向入道宗功」と改名し、花押3に改める。

よって、花押Aが据えられた今村家文書の長逸書状は、永禄一〇年から一一年の間に絞り込むことができる。なお、花押Aは、『思文閣古書資料目録』第二四九・二五〇号合併号（思文閣出版、二〇一六年）一五九頁にもみえる。

(26)『言継卿記』永禄九年三月二六日条。『言継卿記』永禄一〇年一〇月二日条によると、細川昭元が内蔵寮率分を「今村分」と称して押領していることから、一慶の系統は闕所となったか、もしくは絶えたとみられる。「系図」が慶満と一慶を兄弟とした理由は、過去帳等で死没の時期が連続していたためではないかと推察される。

(27)「後慈眼院殿雑筆」（『図書寮叢刊九条家歴世記録』三）二一九頁。

(28) この直前に九条家は、光明峯寺領を押領する飯川氏に対して、三ヶ年で一万疋を「休済《究》」することで手を引かせる契約を結んでいる（「後慈眼院殿雑筆」一九六頁・『長岡京市史』本文編一、六六五頁）。よって、ここでの「休済《究》」とは、密厳院分の年貢徴収を休み、それをそのまま債務の処理にまわすことを意味するのであろう。

(29) 光明峯寺および密厳院智海については、『長岡京市史』本文編一、六二二頁〜六二七頁。

(30)『九条家文書』一一二三号。「後慈眼院殿雑筆」六〇頁。

(31) 東寺文書射一九—二一号（『室奉』一三三二）。

(32)『九条家文書』三八号。随心院文書四九号（『長岡京市史』資料編二）。京都寺院関係古文書一〇号（宮内庁書陵部図書寮文庫蔵）。

(33)『九条家文書』一五八四号。

(34)『九条家文書』一九八九号。

(35)『九条家文書』九—一五号。この史料については、拙稿「神足家旧蔵文書の復元的考察」（『史敏』通巻一二号、二〇一四年）。

(36)『教王護国寺文書』二三〇五号・二三一〇号。

(37) 観音寺文書（『室奉』二八六六〜六八・二八九六・二九一二〜一三）。観音寺文書（東京大学史料編纂所影写本）に含まれる永正一二年八月付の今村兄弟による申状案によると、兄である源蔵主の買得分だと主張している。

(38)「最勝光院方評定引付」永正一六年一二月二〇日条（東寺百合文書け函八〇号）。
(39)『大館常興日記』天文八年九月六日条。今村家文書二号（二八頁）。
(40)『今村家文書史料集』附録CDに所収される「下京三拾壱番組絵図写」（今村家文書五三号）など。
(41)『教王護国寺文書』二三〇五号・二三一〇号。
(42)東寺百合文書オ函二四三号。
(43)東寺百合文書サ函一七号。「東寺領法性寺一橋」あるいは「東寺領柳原一橋」との呼称もあるが（東寺百合文書ク函二八号・コ函三〇号）、いずれも同じ場所を指すと思われる。
(44)「最勝光院方評定引付」永享一一年四月二四日条（東寺百合文書る函四五号）。東寺百合文書え函四〇号・四一号・コ函三〇号・フ函一四五号・コ函三三号・三四号など。
(45)本書第二部第七章「細川晴元の取次と内衆の対立構造」。
(46)「最勝光院方評定引付」天文一七年九月一九日条（東寺百合文書る函八九号）。
(47)東寺百合文書ヌ函二八一号。
(48)東寺百合文書つ函七—二一号。
(49)『教王護国寺文書』二五八九号。
(50)東寺百合文書ニ函四二六号（『戦三』二二二〇）。
(51)東寺百合文書え函一四七号（『戦三』二〇二二）。
(52)【史料11】の花押は、前掲註(15)図19の⑥である。⑤と⑦～⑩の間の過渡的な形状となっていることがみてとれよう。よって、【史料11】は弘治年間頃のものではないかと思われる。柳原地子銭の納付状況をみてみると、天文一七年以降はしばらく実態が確認できず、弘治二年一〇月に納付を進めている様子が確認できる（東寺百合文書ト函一六九号）。その頃には天文二三年から弘治二年末までの未進分が計上され（『教王護国寺文書』二六五四号）、翌三年に政次は政所として、［6］にてその清算を済ませつつある。弘治三年夏季も引き続き地子銭の割り振りがなされたようであるが（『教王護国寺文書』二六七二号）、「最勝光院方評定引付」永禄三年一二月二〇日条（東寺百合文書る函一〇四号）によると、「柳原地子事、前々未進五ヶ年相積候」という状況に陥っているように、以後再び地子銭徴収の実態が確認できなくなる。よって、【史料11】やそれに関連する政次の書状［3～7］は、弘治二年から翌年にかけてのものと考えられる。

(53)「別本賦引付」(『室町幕府引付史料集成』上巻五二八頁)。
(54)『大館常興日記』天文八年九月六日条。
(55)山科郷文書(『早稲田大学所蔵荻野研究室収集文書』八五四号)。
(56)「別本賦引付」(『室町幕府引付史料集成』上巻五三〇頁)。山科郷文書(『早稲田大学所蔵荻野研究室収集文書』八五五号、『早稲田大学蔵資料影印叢書　古文書集』三、一〇八号によって年次を訂正)。
(57)今村家文書一号・四号(二八頁・二九頁)。
(58)『蜷川家文書』五七〇号。
(59)「親俊日記」天文一一年一二月二四日条。
(60)『大館常興日記』天文八年九月六日条。
(61)「稙通公記」享禄二年三月八日条。
(62)水府明徳会彰考館徳川博物館蔵能勢文書二一号(八上城研究会編『戦国・織豊期城郭論』和泉書院、二〇〇〇年)。
(63)実際は、晴元方が京都を退去し、直後に政次らが柳原に復帰することから、新知を秀親らが支配することはなかったはずである。
(64)本書第一部第四章「摂津守護代薬師寺氏の寄子編成」。
(65)酒匂由紀子「戦国期京都の『土倉』と大森一族」(『日本史研究』第六二五号、二〇一四年)。
(66)「親俊日記」天文一一年一二月二八日条。
(67)「親俊日記」天文一一年正月二一日条・八月一日条。『大徳寺文書』九三七号・九三八号にみえる「大森宗鎮入道」と同一人物と思われる。
(68)「親俊日記」天文一一年四月二六日条。
(69)興福院蔵鷹山文書のうち細川和匡書状・細川勝国書状(『城陽市史』第四巻二〇五頁)。
(70)本書第三部第二章「細川晴国陣営の再編と崩壊」。第一部補論二「上山城守護代の内堀東雲軒」。
(71)『教王護国寺文書』二四四三号。
(72)本書第三部第二章「細川晴国陣営の再編と崩壊」。
(73)本書第二部第一章「細川澄元陣営の再編と上洛戦」。

(74) 本書第二部第三章「『堺公方』期の京都支配と柳本賢治」。以下、晴元方の動向は特に断らない限りこれによる。

(75) 本書第二部第二章「『堺公方』期の京都支配と松井宗信」。

(76) 一例として、拙稿「伏見の津田家とその一族」（『大阪大谷大学歴史文化研究』第一八号、二〇一八年）では、今村慶満とともに細川国慶に仕えていた津田家の事例を検討し、今村家との共通点を確認しているので併せて参照されたい。

(77) 前掲註(15)図19の⑤。

(78) 松田毅一・川崎桃太訳『フロイス日本史』三、第一〇章。

(79) 仁木宏「戦国期京郊における地域社会と支配」（本多隆成編『戦国・織豊期の権力と社会』吉川弘文館、一九九九年）。

(80) 木下聡「『足利義昭入洛記』と織田信長の上洛について」（田島公編『禁裏・公家文庫研究』第五輯、思文閣出版、二〇一五年）。「雑々聞換書」永禄四年二月一一日条（内閣文庫蔵）には、「筑州《(三好義長)》へ上野源五郎殿・内藤備前守《(貞勝)》礼被参」とみえる。丹波守護代の内藤氏より上位の上野源五郎は、若き日の国慶とも通称が共通するので同一人物と思われる。

第六章　内衆からみた細川氏綱と三好長慶の関係

はじめに

京兆家の家督をめぐって細川晴元と細川氏綱が対立するなか、天文一七年（一五四八）に三好長慶は晴元を見限り、氏綱の支援にまわる。そして、翌一八年には江口合戦に勝利し、氏綱と長慶は京都周辺における実権を奪うことに成功した。

それ以降の氏綱と長慶の関係を、初めて本格的に分析したのは今谷明氏であった(1)。今谷氏によると、晴元の「管領代」として実権を握る茨木長隆の座を狙っていた長慶は、氏綱の「管領代」である松田守興とともに、「管領代格」の立場で京都に臨んだという。まもなく天文一八年九月頃には、守興をその地位から追放して、長慶は「管領代」の全権限を一手に収めたとする。そして、この方法で「管領府の実権を合法的に吸収した上で、幕府体制そのものの否定へと向う」ともした。かかる理解から、今谷氏は「天文十八年以降京兆家家督は一応細川氏綱であるが実権は全くなく実質上三好長慶の統治」という結論を導き出している(2)。

それに対して、長隆や守興の「管領代」なる地位は、実態からみて京兆家奉行人と呼ぶべきとの批判が寄せられた(3)。京兆家奉行人は、いわゆる文筆官僚で地位もさほど高くないため、今現在は長慶がその座を狙っていたという見方も否定されている。その後、氏綱を長慶の傀儡とする見方に対しても異論が示された。例えば下川雅弘氏は、天文一八年から一九年にかけての氏綱は、長慶が賦課した臨時公事を免除する主体として、荘園領主からの期待を受けていたとする(4)。また天野忠幸氏も、「長慶は細川晴元から自立した後も、しばらくは擁立した氏綱との並立状況が続いたが」、程なくして氏綱は後退したとする(5)。

しかしそれでも、自治体史などの一般向けの叙述では、江口合戦後の氏綱を長慶の傀儡として無視する論調が完全には払拭されていない(6)。その理由は、氏綱そのものを対象とした分析がほとんど蓄積されていないことに求められるのではなかろうか。

例えば、「管領代」なる地位が存在しなかったのならば、松田守興の更迭に関する今谷氏の見解も改めるべきかと思われるが、代案が出されているわけではない。また、下川氏の指摘により、荘園領主が氏綱方・長慶方双方と交渉を持っていたことは判明したものの、それぞれにどのような役割を期待したのか明確な違いが示されているわけでもない。同様に、天野氏も氏綱と長慶の「並立状況」と指摘するのみで、その実態を分析しているわけではない。最近になって天野氏は、将軍足利義輝を追放した天文二二年を政権としての三好氏の画期と捉えているが(7)、仮に「並立状況」が事実ならば、それがなぜ、どのようにして終焉を迎えるのか、その点を追究せねば三好権力の成立を説明したことにはなるまい。三好氏の研究がいかに積み重ねられようとも、結局のところ氏綱の分析を欠いているがために、研究上の課題を発展的に解消できずにいるのである。

右の問題を少し視点を変えて捉え直してみたい。今谷氏は、長慶の被官として九名を挙げて考証している(8)。そのうち今村慶満は細川国慶の被官で、天文一六年に国慶が戦没して以降は氏綱に仕えていた(9)。また、多羅尾綱知は本章でみるように氏綱の被官で、その点は偏諱からも明らかである。藤岡直綱は長慶の寄子であって、家格としては京兆家の被官であろう(10)。斎藤基速ももとは足利義維の奉行人という立場であるから、長慶の被官に家格を下げるとは考えがたく、おそらく寄子として長慶に属していたと思われる。そして「小此木」宗国は、東寺百合文書に含まれる発給文書のほとんどで、「此」と「木」を組み合わせて自署していることから小柴が正しく、本章でも触れるように基速の内衆である。

右の諸点から、広い意味で長慶方の動きさえしていれば、氏綱の被官等である可能性は模索することなく、すべて長慶の被官として処理するところに今谷氏の方法的な問題を指摘しうる。氏綱を長慶の傀儡とする説は、この誤解のうえに成り立っているともいえよう。天野氏も、今谷氏の研究は「家臣団編成のあり方を探究する視角を欠いていた」と批判するもの(11)の、結果として今谷氏が指摘した九名の長慶被官に関する理解を概ね踏襲している。よって、現時点での長慶による権力編成に対する評価は、事実以上に肥大化しているといわざるを得ない。

以上のような課題意識から、本章では氏綱被官を厳密に摘出することで、氏綱の主体的な動きを明確にする。とりわけ京都周辺での庶政における氏綱と長慶の関係に注目するため、吏僚的な内衆を中心として考察を進めたい。まず第一節では、動向が不詳である初期の氏綱陣営を把握するために、氏綱の花押を編年化することで、可能な限り氏綱発給文書の年次比定を試みる。そのうえで氏綱の書状を取り次ぐ人物から、内衆構成の特質とそこでの奉行人の位置付けを考察し、守興が更迭された背景について明らかにしたい。続く第二節では、守興更迭後の氏綱と長慶が並立する共同統治の実態について検討する。そして第三節では、その共同統治が解消される契機と過程について論じたい。

一　氏綱の内衆編成と奉行人

1　花押の編年

細川典厩家の当主尹賢の長男として永正一〇年（一五一三）に生まれた細川氏綱は、幼名が宮寿、仮名が二郎で、大永六年（一五二六）に元服している。[12] 天文一二年（一五四三）の挙兵以前の動向についてはほとんど知られていなかったが、小谷利明氏によって、少なくとも天文九年には、すでに細川高国残党の旗頭となっていたことが明らかとされた。[13] しかしそれでも、氏綱の動向については不明な点が多い。そのため、本項では氏綱の花押を編年化するだけでなく、花押の改変と関わる範囲で氏綱の動静についても適宜触れることとする。

小谷氏は、氏綱が若い頃に「清」の一字名を用いており、清段階で三種類の花押を使用したとも指摘している。[14] ただし、自治体史の史料註釈という制約もあって非常に短文で、その根拠も明示されていない。そのため本項では、忖度しながら根拠も併せて提示しておく。

清については、氏綱の側近とする見解もあるが、[15] 後述のように清署名と氏綱署名で花押が一致する事例もあるため、小谷氏の指摘は裏付けられる。また、氏綱の花押を編年化した畑和良氏は、清段階の花押を視野に入れていない。[16] そのため、氏綱の花押を大きく分類して三種類と捉える畑氏の編年案は、清段階のものも含めて四種類に訂正する必要がある。よって本章では、使用した順に花押1～4と呼称し、図20にも示したようにさらに細かい変化がみられるため、アルファベット等で細分する。それに基づく結論は、表36にまとめた通りである。[17] ここから引用する際は、表の番号を用いて［1］のごとく表記する。

①花　押　1

氏綱発給文書の初見にあたる［1］の年次は、大永七年に推測できる。[18] この時期の氏綱は、細川晴宣の死没によって空席となった高国派和泉上守護を代行していたと思われる。花押1は、現在のところこの一例のみでしか確認できない。

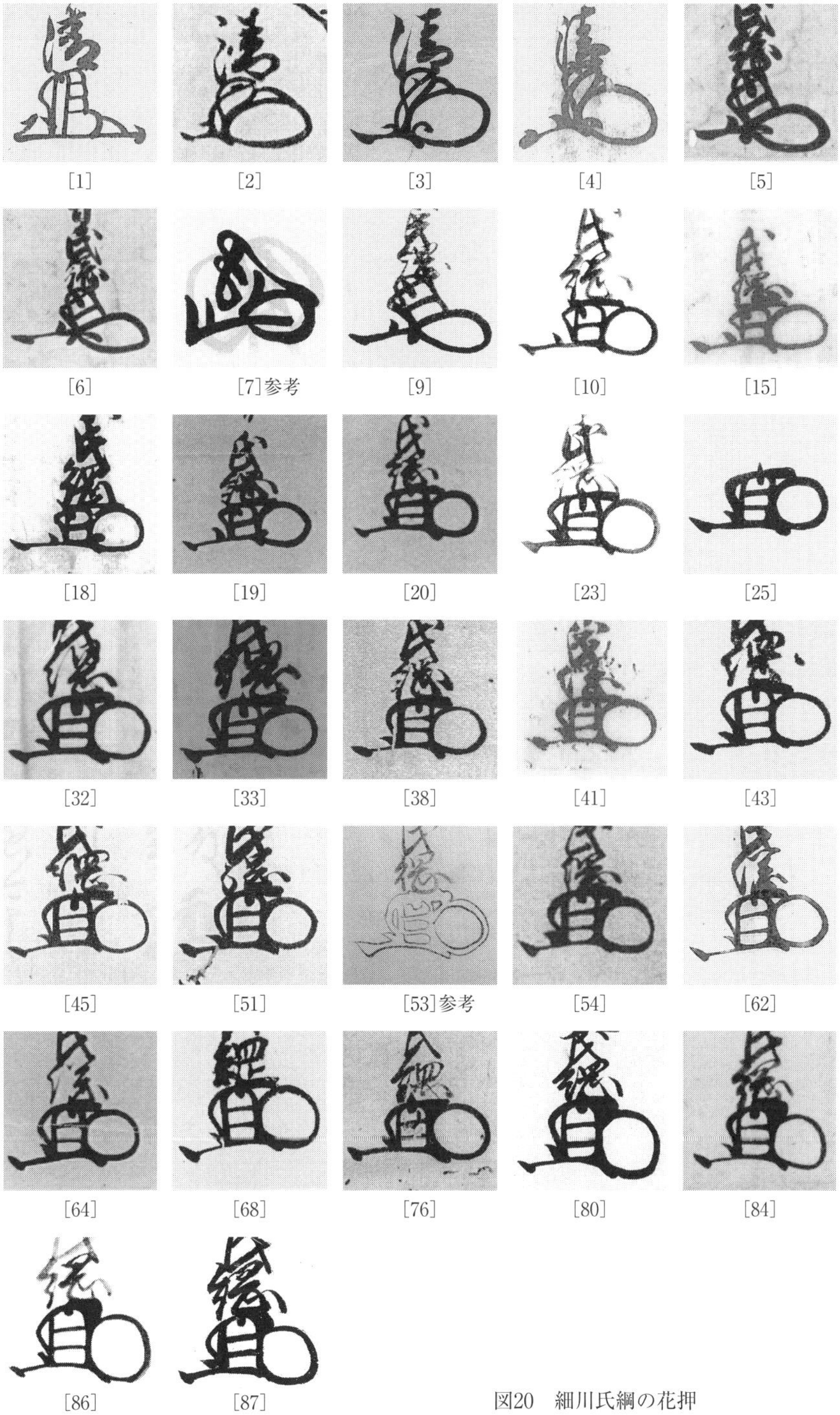
［1］
［2］
［3］
［4］
［5］
［6］
［7］参考
［9］
［10］
［15］
［18］
［19］
［20］
［23］
［25］
［32］
［33］
［38］
［41］
［43］
［45］
［51］
［53］参考
［54］
［62］
［64］
［68］
［76］
［80］
［84］
［86］
［87］

図20　細川氏綱の花押

②花　押　2

花押2は、清段階から氏綱段階にかけて使用している。全体を通じて、右下の円の上に乗るパーツが徐々に背を伸ばしていく様子が読み取れるが、年次比定の明確な指標とはならないので、その点はあくまでも編年の参考とするに留めている。

初期の氏綱花押を編年化する際に着目すべきなのは、右下の円のなかに左側から墨線が入るか否かという点である。なぜなら、転機があるごとにこの点を意識的に変えているからである。例えば、全体的に最も偏平であるため、花押2の最初期のものと考えられる［2］の花押には、円のなかに墨線が入っていない。それよりやや縦長の［3］では、円のなかに墨線が入っている。よって前者を花押2A、後者を花押2Bとする。花押2Bは、［3］から［6］にかけて徐々に縦長となる。

［2］は、遊佐長教の意見に従って、出陣が延期していることを伝えるものである。氏綱は当初、長教と対立して紀伊に下国していた畠山稙長の庇護下にいた。天文一〇年一〇月に始まる木沢長政の乱を契機として稙長と長教が和解するため[19]、氏綱と長教のやりとりが始まるのもそれ以降である。また、天文一二年七月末頃の挙兵に際して、清を改め氏綱の諱を用いるようになる[20]。その二点を踏まえると、清署名の三通は、花押2Aの［2］を天文一一年三月、花押2Bの［3］を同年一〇月、［4］を天文一二年四月に比定できる。さらに、後述のように天文一三年一〇月には花押3が登場するので、［5・6］も天文一三年に限定される。

［9］の花押は、花押2Bの末期と形状は近いが、右下の円のなかに墨線が入らなくなっている。よってこれを花押2Cとする。年代は、［5・6］同様に天文一三年に特定できる。そのほか、畑氏は［7］を天文七年のものと推測しているが、氏綱署名なので天文一二年七月以降のものである。［7］の文中には、天文一四年五月に没する畠山稙長が登場することから、天文一三年に比定できる。花押は筆写の過程で形状が大きく歪められて

いるが、円のなかに墨線が入っている点をはっきりと確認できるので、花押2Bと判断される。
木沢長政の乱終結直後にあたる［2］からは、長教の提案に従って「当山《（槙尾山）》在城」していたことがわかる。天文一二年に和泉の槙尾山で挙兵するかなり前から、氏綱は槙尾山に籠もっていたと推察される。また、［5・6］から推測するに、天文一三年二月頃に出雲尼子氏への使者として赴いた能勢源左衛門尉は、四月頃に下着したようである。このように天文一二年の挙兵に失敗した氏綱は、翌天文一三年に入ると、西国からの支援者を募るようになった。六月付の［7］では、土佐守護代家の細川高益を介して、香宗我部氏にも協力を要請している。さらに、七月付の［8］にて、備中の細川通董と連絡を取り始め、野州家の後継者として認定している。京兆家の家督をめぐって、野州家の細川晴国と氏綱は対抗関係にあったので[21]、再起を図って広く新たな支援者の確保に努めていた様子が窺えよう。

③花　押　3

次に、花押3についてみておきたい。畑氏は、右側の円のなかに墨線が突出するのを花押3の特徴とし、その終見を天文一五年八月一五日付の［19］とする。しかし、花押3を網羅すると、右側の円のなかに墨線が突出しないものもいくつか確認できる。そこで、突出するものを終見に合わせて花押3Bとし、突出しないものをそれ以前の花押3Aとする。花押3Aの［14・15］は、内容が天文一四年の細川国慶による軍事行動に関するものである[22]。これを基準とすることで、花押3Bの初見が天文一四年一〇月の［16］となるので、併せて花押3Aの［10・11］も天文一三年に特定できる。すなわち［10］が花押3Aの初見となる。

ここで、花押改変の意図について少し考えておきたい。天文一二年七月に氏綱は最初の軍事行動を起こすも、同年一〇月には一旦撤兵している[23]。花押2Bから2C、そしてそれと連続する花押3への改変は、再起を企図してのものであろう。しばらくして、天文一四年夏に始まった二度目の軍事行動も七月には終息した[24]。それに伴って花押3Aから花押3Bに改変している。さらに、天文一五年の軍事行動開始に伴って、花押4へと改変した。また、円のなかに墨線がないという点において、花押2Cと花押3Aには連続性が認められる。このように、心機一転を図って花押を大幅に変化させるとともに、験を担いで旧態を維持したり復活させたりすることを繰り返

出　　典
和田文書巻4，18号(本書第三部第一章)
興福院蔵鷹山文書
天龍寺真乗院文書13号(『大阪狭山市史』第2巻付録)
和田文書巻4，20号
『東京大学史料編纂所研究成果報告2010-1　真如寺所蔵能勢家文書』29号
『東京大学史料編纂所研究成果報告2010-1　真如寺所蔵能勢家文書』30号
「土佐国蠧簡集」782号(『高知県史』古代・中世史料編)
長府細川系図(『鴨方町史』史料編)
福田家文書6号(『京都市史編さん通信』241)
脇坂文書1号(『近江東浅井郡志』第4巻)
宝簡集258号(『高野山文書』1)
長府細川系図(『鴨方町史』史料編)
「中氏系譜」(『史敏』12号所収賀茂郷文書研究会論文)
『新修八坂神社文書』中世篇203号
『新修八坂神社文書』中世篇205号
安倍家文書4号(『鴨方町史』史料編)
安倍家文書5号(『鴨方町史』史料編)
『新修八坂神社文書』中世篇221号
離宮八幡宮文書250号(『大山崎町史』史料編)
離宮八幡宮文書253号(『大山崎町史』史料編)
田中繁三氏旧蔵文書64号(『三重県史』資料編中世2)
『大徳寺文書』3326-1号
夜久文書15号(『兵庫県史』史料編中世3)
『東京大学史料編纂所研究成果報告2013-4　丹波大谷村佐々木文書』28号
『賀茂別雷神社文書』178号
竜安寺文書
『大徳寺文書』3190号
東寺百合文書れ函113号
東寺百合文書り函171号
桂文書
尊経閣文庫所蔵東福寺文書
慈願寺文書(『慈願寺史』史料12)
『東京国立博物館図版目録　中世古文書篇』編年文書75号
勧修寺文書
燈心文庫(『寄託品特別展・燈心文庫の史料Ⅱ　公家・武家・寺家』14号)

表36　細川氏綱発給文書

番号	年　月　日	差　出	花　押	宛　所	猶～可申候
1	(大永７).10.13	清	1	和田太郎次郎	松浦左衛門大夫(守) 檜山忠兵衛尉(賢久)
2	(天文11).３.29	清	２Ａ	鷹山主殿助	檜山忠兵衛(賢久)
3	(天文11).10.２	清	２Ｂ	和田太郎次郎	檜山忠兵衛尉(賢久)
4	(天文12).４.12	清	２Ｂ	和田雅楽助	檜山忠兵衛尉(賢久)
5	(天文13).２.９	氏綱	２Ｂ	能勢源左衛門尉	両三人
6	(天文13).４.26	氏綱	２Ｂ	能勢源左衛門尉	両三人(可被申候)
7	(天文13).６.16	氏綱	２Ｂ影	香宗我部	遠州(上野高益)(可被申候)
8	(天文13).７.３	氏綱	―	太郎(細川通頼)	(細川)掃部助 赤沢源次郎(可被申候)
9	(天文13).８.７	氏綱	２Ｃ	石原左京進	―
10	(天文13).10.３	氏綱	３Ａ	小嶋	玄蕃頭(細川国慶)
11	(天文13).10.24	氏綱	３Ａ	心南院	花台院(可有演説候)
12	(天文14).４.２	氏綱	―	太郎(細川通頼)	藤沢兵庫助
13	(天文14ヵ).４.７	氏綱	―	中備後守	今村源介(慶満)
14	(天文14).４.23	氏綱	３Ａ	―	梅養軒
15	(天文14).５.２	氏綱	３Ａ	―	梅養軒
16	(天文14).10.３	氏綱	３Ｂ	安倍善三郎	藤沢兵庫助
17	(天文14).10.26	氏綱	３Ｂ	安倍善三郎	大嶋左兵衛入道
18	(天文15).６.17	氏綱	３Ｂ	玄蕃頭(細川国慶)	―
19	(天文15).８.15	氏綱	３Ｂ	太山崎惣中	玄蕃頭(細川国慶)
20	(天文15).８.26	氏綱	４Ａ初	太山崎惣中	物集女孫四郎(慶照)
21	天文15.９.１	源	４Ａ初	東福寺并諸塔頭門前	―
22	天文15.９.１	源	―	紫野興林院	―
23	(天文15).９.11	氏綱	４Ａ初	夜久一族中	内藤備前守(国貞)
24	(天文15).９.11	氏綱	４Ａ初	―	内藤備前守(国貞)
25	天文15.９.―	源	４Ａ初	城州賀茂社領并所々散在	―
26	天文15.９.―	源	４Ａ初	龍安寺并諸塔頭門前	―
27	(天文15).10.３	氏綱	４Ａ初	龍翔寺侍者御中	―
28	(天文15).10.９	氏綱	―	玄蕃頭(細川国慶)	梅養軒
29	(天文15).10.10	氏綱	４Ａ初	東寺衆僧御中	―
30	(天文15ヵ).10.10	氏綱	４Ａ初	―	―
31	(天文15).10.11	氏綱	４Ａ初	東福寺侍衣禅師	斎藤長門守(春隆)
32	(天文15ヵ).10.11	氏綱	４Ａ初	南部右京進 柴嶋越後守 和気左京進 三竹軒	宿露斎(差越)
33	(天文15).10.15	氏綱	４Ａ初	三宅出羽守(国村)	梅養軒 藤沢兵庫助
34	(天文15).10.19	氏綱	―	密乗院・西林院	斎藤長門守(春隆)
35	(天文15ヵ).10.21	氏綱	４Ａ初	寺町三郎左衛門尉	(細川)高益 寺町弥三郎

していたのである。非常に細かいようではあるが、円のなかの墨線の有無に着目する妥当性は認められよう。

天文一二年のときと同様、天文一四年に二度目の挙兵に失敗した氏綱は、改めて西国方面の支援者を募っている。例えば、備中の安倍氏に宛てた［16］では、「出張之事、調略半候」と称して「一左右次第、参洛」するよう求めている。その直後に方針を変えており、同じく安倍氏に宛てた［17］によると、実現したか否かは不明な

出典
東寺百合文書そ函154号
東寺百合文書そ函158号
広隆寺文書
『頂妙寺文書』古文書12号(「土佐国蠧簡集竹頭」112号)
「北徵遺文」第7冊(『石川県史資料』近世篇6)
『新修八坂神社文書』中世篇195号
小枝家文書(『弘文荘古文書目録』131号)
広隆寺文書
東寺百合文書り函132号
興福院蔵鷹山文書(『城陽市史』第4巻205頁)
勝尾寺文書1120号(『箕面市史』史料編2)
水無瀬神宮文書129号(『島本町史』史料篇)
「譜録　大和晴澄家」(『戦国・織豊期の西国社会』所収木下聡論文)
脇坂文書3号(『近江東浅井郡志』第4巻)
西野嘉右衛門氏所蔵文書
興福院蔵鷹山文書
内閣文庫蔵「古今消息集」6
三浦家文書D6-17号
三吉鼓文書12号(『広島県史』古代中世資料編Ⅳ・『尼子氏関係史料調査報告書』486号)
『頂妙寺文書』古文書13号
片山家文書55号(『和知町誌史料集』1)
「旧武家手鑑」2(尊経閣文庫蔵)
『古典籍展観大入札会出品目録』(東京古典会, 2015年)1107号
尊経閣文庫所蔵文書
脇坂文書2号(『近江東浅井郡志』第4巻)
佐藤行信氏所蔵文書
尊経閣文庫所蔵文書(『長岡京市史』資料編2, 中世編年資料165号)
竜安寺文書
離宮八幡宮文書248号(『大山崎町史』史料編)
『大仙院文書』55号
清凉寺文書33号(『京都浄土宗寺院文書』)
成就院文書(『清水寺史』第3巻戦国時代77号)
『南禅寺文書』286号
早稲田大学中央図書館所蔵「諸家文書写」巻一
『賀茂別雷神社文書』119号
『賀茂別雷神社文書』265号
賀茂別雷神社文書
竜安寺文書
広隆寺文書
広隆寺文書

番号	年　月　日	差　出	花　押	宛　所	猶～可申候
36	(天文15).10.22	氏綱	—	玄蕃頭(細川国慶)	—
37	(天文15).10.27	氏綱	—	平三郎左衛門尉(盛知)	梅養軒
38	(天文15).10.28	氏綱	4A前	広隆寺	斎藤長門守(春隆)
39	(天文15).11. 2	氏綱	4A前	遠江守(上野高益)	四郎(細川和匡)(可有演説候)
40	(天文15).11.11	氏綱	4A影	医師寺満介	瓦林対馬守(春信)
41	(天文16). 2. 3	氏綱	4A前	—	玄蕃頭(細川国慶)
42	(天文16ヵ). 2.24	氏綱	4A前	小枝三郎左衛門尉	松田左衛門尉(守興)
43	(天文16). 2.30	氏綱	4A前	広隆寺	斎藤長門守(春隆)
44	(天文16ヵ). 3. 8	氏綱	4A前	東寺衆徒御中	松田左衛門尉(守興)
45	(天文16). 4. 1	氏綱	4A前	鷹山主殿亮(弘頼) 安見与兵衛尉(宗房)	孫四郎(物集女慶照)
46	(天文16ヵ). 4.15	氏綱	4A前	勝尾寺	泉原左近将監(盛良)
47	(天文16). 5.16	氏綱	4A前	水無瀬	阿閇大和守(長治)
48	(天文16ヵ). 6. 3	氏綱	—	大和刑部少輔	花台院(可有演説候) 多羅尾孫十郎(綱知)
49	(天文16ヵ). 7. 2	氏綱	4A前	小嶋摂津守	多羅尾孫十郎(綱知)
50	(天文16ヵ). 7.10	氏綱	4A前	寺町太郎左衛門入道	寺町三郎左衛門尉
51	(天文16ヵ). 7.11	氏綱	4A前	鷹山主殿助(弘頼)	野田弾正忠
52	(天文16ヵ). 7.17	氏綱	4A影	野田弾正忠	懐月
53	(天文16ヵ).11.15	氏綱	4A前影	福井又四郎	—
54	(天文16ヵ).12. 7	氏綱	4A前	山名宮内少輔(理興)	(細川)通頼(可有演説候)
55	(天文16ヵ).12.27	氏綱	4A前	遠江守(上野高益)	梅養軒 多羅尾孫十郎(綱知)
56	(年未詳).11. 2	氏綱	4A前	片山甚三郎	(荒木源介)国久
57	(年未詳).12. 5	氏綱	4A前	橘坊	松田左衛門尉(守興)
58	(年未詳).12. 7	氏綱	4A前	橘坊	松田左衛門尉(守興)
59	(天文18). 2. 2	氏綱	4A後	掃部助	菱田又四郎
60	(天文18). 2.24	氏綱	4A後	小嶋摂津守	多羅尾孫十郎(綱知)
61	(天文18). 3. 6	氏綱	4A後	橘坊	松田左衛門尉(守興)
62	(天文18). 3.19	氏綱	4A後	野田弾正忠	多羅尾左近大夫(綱知)
63	(天文18). 3.22	氏綱	4A後	龍安寺	掃部助(可被申候)
64	(天文18). 5.28	氏綱	4A後	大山崎中	物集女孫九郎(国光)
65	(天文18). 7. 6	氏綱	4A後	大僊院	冨田中務丞
66	(天文18). 9.21	氏綱	4A後	十穀堯淳房	若槻伊豆守(秀隆)
67	(天文18).11. 1	氏綱	4A後	—	南部備後入道
68	(天文18ヵ).10.11	氏綱	4A後	南禅寺龍花院侍衣禅師	多羅尾左近大夫(綱知)
69	(年未詳). 2. 2	氏綱	4A後	石田修理亮	多羅尾左近大夫(綱知)
70	(年未詳). 2.24	氏綱	4A後	賀茂社正祝宮内大輔	花台院(可有演説候)
71	(年未詳). 3.17	氏綱	4A後	賀茂社社家中	仙野(可被申候)
72	(年未詳). 3.17	氏綱	4A後	斎長寿寺	仙野(可被申候)
73	(年未詳). 6.26	氏綱	4A後	龍安寺	多羅尾左近大夫(綱知)
74	(年未詳). 9.21	氏綱	4A後	太秦広隆寺	石田修理亮
75	(年未詳). 9.21	氏綱	4A後	桂宮院	石田修理亮

から、氏綱は備中方面へ「下国」する予定としている。

④花　押　4

花押4の初見は、天文一五年八月二六日付の［20］である。畑氏は、花押4を右肩を黒く塗りつぶす後期のB

出典
『東寺文書聚英』444号
内閣文庫蔵「古今消息集」4（『戦三』299）
慈照院文書（『戦三』2032）
『京都古書籍・古書画資料目録』第19号129号
『伊達家文書』196号
佐藤行信氏所蔵文書
『言継卿記』同月18日条
湯浅文書（『戦三』384・『丹波動乱』16号）
桐村家文書7号（『福知山市史』史料編1・『戦三』383・『丹波動乱』17号）
片山家文書57号（『和知町誌史料集』1・『戦三』382・『丹波動乱』18号）
小森文書1号（『兵庫県史』史料編中世3・『戦三』参考95）
相州文書所収大住郡少林寺文書（『神奈川県史』資料編3，7347号）
真乗院文書（東京大学史料編纂所写真帳）
勝尾寺文書1129号（『箕面市史』史料編2）
勝尾寺文書1131号（『箕面市史』史料編2）
妙顕寺文書
妙顕寺文書
賀茂別雷神社文書
佐藤行信氏所蔵文書
東寺百合文書り函163号
東寺百合文書り函164号
『思文閣古書資料目録』善本特集第3輯95号
慈照院文書
佐藤行信氏所蔵文書（『戦三』1714）
安倍家文書6号（『鴨方町史』史料編）
『黄薇古簡集』（和気郡東片上村喜兵衛所蔵）
若宮八幡宮文書
成就院文書（『清水寺史』第3巻戦国時代109号）
興福院蔵鷹山文書
興福院蔵鷹山文書
『思文閣古書資料目録』第249・250号合併号50号
岡本文書
大阪大学所蔵東寺文書
「神足家系」18号（『史敏』12号所収拙稿）
『黄薇古簡集』（道越村大嶋猪介所蔵）
「石清水八幡宮古文書目録」327号（『尊経閣文庫所蔵石清水文書』）

文書），奈良県教育委員会（興福院鷹山文書），尊経閣文庫（天龍寺真乗院文書），八
書），京都府立京都学・歴彩館（東寺百合文書），八尾市立歴史民俗資料館（慈願寺
研究室（大阪大学所蔵東寺文書）。上記以外は東京大学史料編纂所。

番号	年　月　日	差　出	花　押	宛　所	猶～可申候
76	(天文19).10.15	氏綱	4B	東寺衆僧御中	—
77	(天文20ヵ).1.7	氏綱	4B影	甲賀諸侍中	三好筑前守(長慶)
78	(天文20ヵ).3.26	氏綱	4B	加地肥前守	—
79	(天文21).4.2	氏綱	4B	大友五郎(義鎮)	斎藤三郎右衛門尉(長盛)
80	(天文21ヵ).9.26	右京大夫氏綱	4B	伊達次郎(晴宗)	寺町石見守
81	(天文21ヵ).9.26	氏綱	4B	上原神兵衛尉	三好筑前守(長慶)(可被申也)
82	(天文22).11.8	氏綱	—	山科(言継)	石田大蔵大夫(頼長)
83	(天文23).3.20	氏綱	4B	粟野	三好筑前守(長慶)(可被申候)
84	(天文23).3.20	氏綱	4B	桐村豊前守	三好筑前守(長慶)(可被申候)
85	(天文23).3.20	氏綱	4影	片山右近丞	三好筑前守(長慶)(可被申候)
86	(天文23ヵ).7.7	氏綱	4B	小森与介	—
87	(永禄元ヵ).8.6	氏綱	4B影	遊佐美作守(安見宗房)	石田大蔵大夫(頼長)
88	(年未詳).1.11	氏綱	4B	真乗院	南部備後入道
89	(年未詳).1.16	氏綱	4B	勝尾寺	泉原左近将監(盛良)
90	(年未詳).1.18	氏綱	4B	勝尾寺	泉原左近将監(盛良)
91	(年未詳).2.6	氏綱	4B	妙顕寺	小泉山城守(秀清)
92	(年未詳).3.8	氏綱	4B	法花寺	小泉山城守(秀清)
93	(年未詳).4.3	氏綱	4B	最長寺	石田大蔵大夫(頼長)
94	(年未詳).6.9	氏綱	4B	高山寺寺僧中	南部備後入道
95	(年未詳).8.18	氏綱	4B	東寺衆徒御中	多羅尾左近大夫(綱知)
96	(年未詳).8.18	氏綱	4B	東寺衆徒御中	多羅尾左近大夫(綱知)
97	(年未詳).8.27	氏綱	4B	—	—
98	(年未詳).9.16	氏綱	4B	住持	若槻伊豆守(長澄)
99	(年未詳).10.26	氏綱	4B	三好日向守	多羅尾左近大夫(綱知)
100	(年未詳).11.1	氏綱	4B	安倍善三郎	石田大蔵大夫(頼長)
101	(年未詳).11.1	氏綱	4B影	湯浅若狭守	多羅尾左近大夫(綱知)
102	(年未詳).11.15	氏綱	4B	佐々大膳大夫	愛染院
103	(年未詳).12.1	氏綱	4B	—	南部備後入道
104	(年未詳).12.3	氏綱	4B	鷹山主殿助(弘頼)	南部源七郎
105	(年未詳).12.10	氏綱	4B	鷹山主殿助(弘頼)	(小畠)次郎左衛門尉
106	(年未詳).12.18	氏綱	4B	大志万左兵衛尉	栖雲寺(可被申候也)
107	(年未詳).12.27	氏綱	4B	—	多羅尾左近大夫(綱知)
108	(年未詳).12.晦	氏綱	4B	東寺衆徒御中	多羅尾左近大夫(綱知)
109	(年未詳).2.6	氏綱	—	神足宮菊	多羅尾左近大夫(綱知)
110	(年未詳).3.17	氏綱	—	大嶋彦十郎并同名中	石田大蔵大夫(頼長)
111	(年未詳).11.14	氏綱	—	善法寺法印御房	—

註)　刊本で本文や花押が確認できないものは，次の所蔵機関等で写真や現物を閲覧した。京都府立山城郷土資料館（和田坂神社（八坂神社文書），大山崎町歴史資料館（離宮八幡宮文書），京都市歴史資料館（賀茂別雷神社文書・広隆寺文文書），枚方市立中央図書館市史資料室（三浦家文書），早稲田大学中央図書館（「諸家文書写」），大阪大学日本史

型とそうではない前期のA型に分類しているので、本章でも大枠はそれに従うこととする。ただし、花押4は晩年に至るまで長期にわたって使用するので、それだけでは、年代をほとんど特定できない。そこで、さらなる細分化を試みたい。

まず、花押4の最初期は、右側の円が真円を意識して描かれているがたどたどしくて形が一定しない。また、花押3の残滓として、左側の三角形に尖った部分が上を向く傾向にある。特に曲線が滑らかでない円は天文一五年九月から一〇月にかけての花押改変当初のみしかみられないので、これを花押4A初期型とする。それからしばらくすると、右側の円は滑らかに描かれるとともに横長の楕円となる。これを花押4A前期型とする。花押4A前期型は、時折右側の円の縦横の径が近くなるが、楕円の形状は残される。そして、天文一六年末のものと思われる［54・55］になると、円が右下に垂れるような形状になるとともに、花押全体も右に垂れるようになる。

花押4A初期型から前期型にかけては、配下の細川国慶が上洛し、京都を暫定的に支配するなど、氏綱方が好調な時期に該当する。そして、天文一六年一〇月に国慶が没すると［54・55］のように若干形状を変え、まもなく氏綱の発給文書は一年間ほど確認できなくなる。そして、天文一七年に三好長慶と遊佐長教によって京兆家当主の座に据えられると、天文一八年からは右側の円の形はやや垂れたままに、花押全体を右肩上がりに描くようになる。これを花押4A後期型とする。(25)

花押4A後期型の始期を確認するために、比較的早い事例である［62］の年代を確認しておく。［62］は、二月に高屋城に入城したことを伝えるものであるが、その事実は他の史料では確認できない。天文一六年一一月に本願寺は、高屋城の遊佐長教とともに氏綱や側近の長塩正親らへ音信を贈っている。(26)翌年初めに改めて高屋城に音信を贈ったところ、「長塩ハ不事調間、堺へ引入也」とあって、氏綱も姿を消している。(27)国慶が京都で敗死すると、天文一七年には晴元と長教が和睦を結んだので、氏綱は居場所がなくなったのであろう。ところが、天文一七年のうちに長慶が晴元のもとを離れて長教と結び、氏綱を京兆家の家督として戴く[28]。その結果、天文一八年五月に本願寺が贈った音信は、高屋城の遊佐長教とともに氏綱と長塩正親のもとへも届いている[29]。以上の点から、［62］は天文一八年に比定できる。

次に、右肩を黒く塗りつぶす花押4Bについてみておきたい。その確実な初見は、天文一九年一〇月の［76］である。当初は［76］のように、花押4Aの形状のまま隙間を塗りつぶすだけであるが、のちに天文二一年の［79～81］のように、右肩を高く上げて塗りつぶすようになる。前者の場合、意図的ではなく、勢い余って塗りつぶしてしまった可能性も考えられるので、それだけを根拠に年代を特定することには慎重となる必要がある。また、氏綱の署名と花押の重なり具合で、右肩が高くみえたり、あるいはそうではなくなったりすることもあるので、明瞭な判断は付けづらい。

それに対して、天文二三年の［83・84］のように、右側の円がこれまでになく弛んだものは、例外なく右肩が高く上がっている。それ以前にあたる天文二一年の［79～81］では、右肩が高く上がっていても、右側の円は真円に近い。よって、氏綱が永禄六年（一五六三）に没するまで、［83・84］と同型の花押を使用し続けたことが確認できれば、それ以外の花押4Bは、それ以前に使用したものということができるだろう。

【史料1】［87］

先度者為八朔之礼儀音信、喜悦候、仍太刀一腰遣之候、祝儀計候、猶石田大蔵大夫(頼長)可申候、謹言、

(永禄元年カ)八月六日　　　氏綱（花押影）

(安見宗房)遊佐美作守殿

花押の形状は、［83・84］とほぼ同じである。刊本では、宛所を遊佐信教に比定しているが、信教は美作守を称していない。ここでは、安見美作守宗房が遊佐氏を称するようになるという弓倉弘年氏の指摘に従いたい[30]。た

は再検討を要する。

だし、氏綱が永禄六年に没していることから、永禄八年を初見として宗房が遊佐氏を称するという弓倉氏の指摘は再検討を要する。

「永禄弐年　正月・二月・三月」分の供料寄進を近江の多賀社不動院へ伝えた正月吉日付の書状には、「遊佐美作守宗房」と署名がある(31)。そのほか、「遊佐美作守」を宛所とする書状案の「未正月十一日作州案文」という端裏書も注目される(32)。なぜなら、宗房の終見は永禄一三年で(33)、それ以前の最後の未年は永禄二年にあたるからである。これら二例から、永禄二年までに宗房は遊佐氏を称していたことが明らかとなる。

また、永禄二年以降は、宗房と長慶が対立することとなるので(34)、【史料1】のように宗房が氏綱に八朔の祝儀を送ることはあり得ない。さらに弘治二年（一五五六）には、まだ「安見美作守宗房」と署名しているので(35)、【史料1】は弘治三年もしくは永禄元年に年代を絞ることができ、宗房が遊佐氏を称した初見事例ということになる。永禄元年一一月に、宗房と対立した主人の畠山高政が高屋城を離れて堺に入っているが(36)、その理由が宗房の専横だとするならば、宗房が遊佐氏を称し始めたことを示す【史料1】は、その直前である可能性が高い。

以上の検討から、天文二三年から少なくとも没する数年前までは、氏綱の花押に形状の変化がなかったことを確認できる。よって、[83・84]に近い形状の花押4Bはおよそ天文二三年以降のもので、そうではない花押4Bは概ねそれ以前と推測はできる。ただし、厳密な線引きは困難なので、ひとまず目安として指摘するに留めておく。天文一八年までの氏綱の内衆編成を把握するという本節の目的はひとまず満たされるので、花押のさらなる編年は後考を期したい。

2　初期の氏綱陣営

本項では、表36の書状を取り次ぐ人物を手がかりとして、三好長慶と合流する以前に、氏綱が独自に培った陣容を概観する。そして、その構成上の特質から、松田守興が更迭された意味について検討したい。

①最初期の内衆

氏綱発給の初見文書［1］を取り次ぐのは、松浦守と檜山賢久である。(37) 当初の氏綱は、和泉守護を代行する立場にあったため、和泉守護代の松浦守も配下に属していた。もともと晴元方であった松浦守は、程なくして氏綱のもとを去る。一方の賢久は、氏綱の実父である尹賢の被官で、初期の氏綱書状［1〜4］では一貫して取次を担っていることから、幼い氏綱を支える側近的立場にあったと思われる。ところが、天文一二年（一五四三）の挙兵以後はその名がみえなくなる。

②年　寄　衆

京兆家の内衆は、譜代の年寄衆と新参の近習で構成されていた。(38) ここでは、そのうち前者を取り上げる。

氏綱を軍事的に支える最有力の内衆として、丹波守護代家の内藤国貞がいる。国貞は高国にも仕え、晴国の挙兵にも臣従していたが、のちに見限って晴元方につく。(39) ところが天文五年に晴国が没すると、程なくして天文七年に高国残党として挙兵した。(40) 以後一貫して、氏綱方として後述の細川国慶とともに各地を転戦する。天文一五年の［23・24］を取り次いでいる事例から、丹波国人を指揮する立場にあったことが窺える。

また、挙兵以来、氏綱の近くに仕えている年寄衆として前述の長塩正親がいる。表36に彼の名はみえないが、後述のように天文一二年の挙兵時には、氏綱の取次に位置したようである。以後、次第に活動の場を失っていくものの、永禄四年（一五六一）の幕府出仕にあたって氏綱が供として内藤・長塩・多羅尾の三氏を連れているように、(41) 氏綱の晩年に至るまで儀礼上は重要な位置を占めていた。

③近　習

多羅尾綱知は、氏綱以前の京兆家内衆にみられない名字であることから近習である。近江国甲賀郡多羅尾出身とみてよかろう。年寄衆ではないにも拘わらず、永禄四年に氏綱の供をつとめているように、綱知は氏綱に近侍することで台頭したようである。天文一六年の［48］を初見として、氏綱の書状を頻繁に取り次ぐようになるが、併せて注目したいのは［55］でともに取り次いでいる梅養軒である。[42] 彼の出自等は一切不明であるが、天文一四年の［14］から短期間のうちに六通もの氏綱書状を取り次いでおり、天文一六年の［55］を最後に姿を消している。[43] よって、綱知は梅養軒の立場を継承したのではないかと考えられる。なお綱知は、天文一八年三月付の［62］を初見として、通称を孫十郎から左近大夫に改めている。

阿閉長治は、「安戸知大和守」とも表記されるようにアトジと読む。[44] 初見は天文一五年で、そこでは氏綱の「馬廻者」、すなわち近習として登場する。[45] 天文一六年の［47］を取り次いでいるほか、天文二一年には、「奏者阿都地大和守」とみえるように氏綱の奏者をつとめている。[46] 出自ははっきりしないが、京兆家内衆にはみられない名字であるため、綱知同様に氏綱に取り立てられて台頭したものと思われる。

そしてもう一人、天文一八年のものと推測される氏綱の書状［66］を取り次いで、副状を発給している若槻秀隆がいる。[47] 彼は、後掲表38に示したように、天文一九年頃に諱を長澄に改めている。細川政元・高国に仕えた若槻元隆と初名の通字が一致することから、その後継と思われる。[48] 元隆は年寄衆である安富元家の弟で、若槻家を継承して政元の近習的な立場にあったが、長澄の頃には譜代的な性格を帯びつつあり、氏綱晩年の細川千句では奉行をつとめている。[49] その一方で、長澄は早い時期の史料にほとんど姿を現さない。その理由は、次の史料から推察できる。

【史料2】[50]

就出張調談此時候、尓今遅参不可然候、此趣内々氏綱(細川)江申被得其意候、急度被下国直談肝要候、巨細丹下
備後入道(盛賢)・三宅四郎兵衛尉(智宣カ)可申候、恐々謹言、
九月三日(天文一三年)　　　稙長(畠山)（花押）
若槻善哉丸

文中に氏綱の諱がみえることから天文一二年以降で、畠山稙長が没する天文一三年以前のものである。天文一二年九月は、氏綱が挙兵して戦闘の最中であることから、稙長のもとへ「直談」のために「下国」できるような状況ではない。よって、挙兵が失敗し、潜伏している翌一三年のものと推測できる。宛所の若槻善哉丸は幼名ながら氏綱の取次をつとめているので、のちの長澄とみてよかろう。長澄の活動が早い時期にほとんどみえないのは、まだ幼かったからに相違あるまい。

近習は、分国の国人からも採用される。天文一五年の［40］を取り次ぐ摂津国人の瓦林春信も、内藤国貞同様に晴国から離反したのち[51]、比較的早くより氏綱に与同している。天文一二年の氏綱挙兵を伝える八月一六日付の書状で、長塩正親が「瓦対(瓦林春信)披露被申候、其分瓦対より被申候、向後者我等他行候共、御使相またせられ候へし」と述べており、同日付で春信が氏綱へ披露した旨の書状を発給している[52]。この二通から、正親が不在のため、春信が代わりに勝尾寺からの音信を氏綱に披露したこととともに、本来は正親が披露すべきであったこともわかる。

【史料3】[53]
就寺町孫四郎進退之儀、以連署被申越之旨、披露申候処、薬師寺(元房)致御敵由慥被申間、然上者可任置書由候、
猶麻植修理亮可申候、恐々謹言、
九月廿日(天文一六年)　　　和匡(細川)（花押）
内藤備前守(国貞)殿

瓦林対馬守《春信》殿
冨田又次郎殿
能勢源左衛門尉殿
若槻六郎次郎殿

薬師寺元房が、氏綱方から晴元方へ転じた天文一六年のものである(54)。寺町孫四郎進退につき、宛所五名が連署状にて、氏綱の弟である和匡（のちの藤賢）を介して氏綱に訴え出たことがわかる。内藤国貞と瓦林春信が含まれることから、五名は氏綱の主要な内衆とみてよかろう。富田氏と能勢氏は、やはり摂津国人である。そして若槻六郎次郎は、元服後の善哉丸であろう。

［106］の宛所となっている氏綱配下の大志万左兵衛尉は、その名字から丹波国何鹿郡の国人出身とみられる。となると、天文一四年の［17］を取り次ぐ「大嶋左兵衛入道」は、その先代にあたる可能性もある。

天文一四年の［12］を初見として氏綱の書状を取り次ぐ藤沢兵庫助は、［12・16］が備中方面への書状であることからも、野州家の内衆出身で高国の近習としても活動した藤沢家を出自とすると思われる。天文一五年の［33］が終見だが、のちに［100・101］で氏綱の使者として備中に下っている藤沢左衛門尉は同族であろう。

④細川一族

氏綱と常に行動をともにした有力一族として、弟の和匡・勝国がいる(55)。特に和匡は、細川典厩家として独立した軍勢を持っていた。また、晴国段階から、一貫して高国残党を支え続けた最有力の一族として、細川玄蕃頭家の細川国慶がいる。おそらく彼を介して、玄蕃頭家の本家筋にあたる土佐守護代家の細川高益も氏綱に合流していた(56)。

そのほか僧体だが、［11・48］などを取り次ぐ氏綱叔父の花台院がいる。(57) 氏綱の実父にあたる尹賢の弟であろう。花台院は、聖護院門跡の院家の一つで、永正五年（一五〇八）に近衛尚通の息子を聖護院に入室させることが決まって以降、花台院任意と尚通は頻繁にやりとりをしている。(58) のちに永正一七年六月を最後に尚通と任意のやりとりは確認できなくなり、翌閏六月に門弟の小童が近衛尚通のもとを訪れ面会している。(59) 大永六年（一五二六）に尚通のもとを訪れた花台院はそれ以前と異なり「僧正」と呼ばれていないことから、成長した小童で任意の後継者と思われる。(60) 彼が氏綱の叔父であろう。花台院が氏綱の書状を取り次ぐ事例はのちのちなくなるが、永禄元年まで氏綱の近くにいることは間違いない。(61)

もう一人注目したいのは、細川通董に宛てた［8］で「猶掃部助・赤澤源次郎可被申候」、龍安寺に宛てた［63］でも「猶掃部助可被申候」と、取次ながら敬語となっている「掃部助」である。［59］では、「掃部助」という通称のみの宛所となっている。通常、このような場合は、有力な家柄かもしくは差出と同じ名字であることが多い。よって、細川掃部助という一族が、氏綱の近くにいたと考えられる。彼の素性については、のちに改めて検討する。

⑤奉　行　人

ここまでを概括すると、初期の氏綱陣営は、京兆家の伝統的基盤ともいえる年寄衆や分国の国人が、人数的に乏しいように見受けられる。その欠を埋めるように、氏綱に近侍することで台頭する近習もみられた。(62) また、一族に多くを依存する構成でもあった。京兆家の奉行人は、幕府奉行人一族が伝統的につとめていたが、右のような構成をとることもあって、当初の氏綱内衆にはそれに該当する人物が見当たらない。［31・42］にみられるように、京都へ進出した天文一五年になって、ようやく斎藤春隆と松田守興が突如として登場している。高国没後

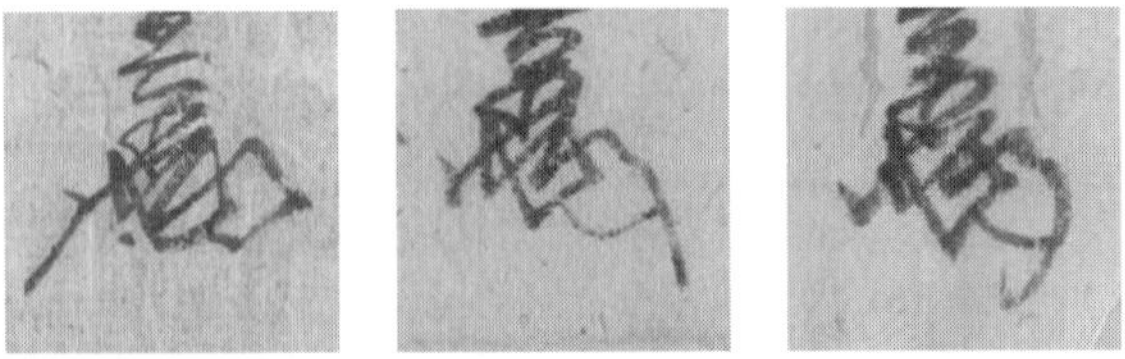

花押1［あ］　花押2［せ］　花押3［ね］

図21　松田守興の花押

右端のパーツ右下から線が飛び出ない花押1，飛び出た線が右下方向に伸びる花押2，飛び出た線が左下方向に伸びる花押3に分類できる。

に挙兵した細川晴国が、奉行人をいち早く整備したのとは対照的といえよう(63)。

斎藤春隆は、氏綱配下として上洛した細川国慶に同行して、奉書の発給を開始する(64)。このように、京都支配の必要性に迫られて登場するという意味で、氏綱は奉行人制度を整備することにどちらかというと消極的であったと見受けられる。しかも、春隆は、高国後継の座をめぐって氏綱と競合関係にあった晴国の奉行人であった(65)。したがって、あくまでも奉行人としての経験を買われて抜擢されたに過ぎず、氏綱の腹心ではなかったはずである。事実、天文一六年に国慶の京都支配が潰えるとともに、春隆は姿を消してしまう。

春隆とほぼ同時に、幕府奉行人一族と思われる松田守興も氏綱の内衆として活動を開始する。ただし、表37のように、春隆が活動している時期にはまだ奉書を発給していない。江口合戦直後に氏綱方の京都支配が再開されるにあたって初めて奉書を発給するようになるが、二ヶ月余でそれも途絶える。今谷明氏は、これを三好長慶による追放とみているが、再検討の余地がある。なぜなら、守興は長慶の弟である十河一存の与力となっているからである(66)。

一存の与力になった時期ははっきりしないが、一存への接近が確認できるのは、天文一八年一二月のことである。このとき、細川勝国知行分のうちから一存を介して九条家へ米を送る契約を結ぶにあたり、奔走したのが守興であった(67)。以後、氏綱との関係は一切みられなくなり、天文二二年には一存の書状を取り次ぐなど(68)、守興は一貫して一存方の立場で文書を発給するようになる。氏綱が奉行人体制の整備に消極的であったことと併せて考えるならば、守興は長慶ではなく氏綱に逐われ、そこを一存に救われたとみるべきであろう(69)。

表37　松田守興発給文書

符号	年　月　日	差　出	花押	宛　所	出　典
あ	(天文15).10.23	松田守興	1	東寺年預御房	東寺百合文書ヲ函193号
い	(天文15).11.24	松左	—	随勝房	東寺百合文書い函123号
う	(天文15).11.28	守興	1	宝	東寺百合文書れ函117号
え	天文18.7.4	守興	2	真乗院	真乗院文書
お	天文18.7.4	守興	2	当所百姓中	真乗院文書
か	天文18.7.7	守興	2	当寺雑掌	『大徳寺文書』603号
き	天文18.7.7	守興	2	当地百姓中	『大徳寺文書』604号
く	天文18.7.7	守興	2	龍翔寺	『大徳寺文書』2261号
け	天文18.7.7	守興	2	当所百姓中	『大徳寺文書』2262号
こ	天文18.7.7	守興	—	龍翔寺雑掌	『大徳寺文書』2201-1号
さ	天文18.7.7	左衛門尉平	2	相国寺塔□□	相国寺本坊文書
し	天文18.7.20	左衛門尉平	2	大山崎惣庄	離宮八幡宮文書258号(『大山崎町史』史料編)
す	(天文18).7.20	守興	2	東寺年預御坊	東寺百合文書め函118号
せ	天文18.7.21	守興	2	当所名主百姓中	東寺百合文書テ函156号
そ	天文18.7.26	守興	2	当所百姓中	真乗院文書
た	(天文18).8.11	松田左衛門守興	2	東寺雑掌	『東寺文書聚英』46号
ち	(天文18).8.11	松田左衛門守興	2	真乗院	真乗院文書(『戦三』756)
つ	(天文18).8.19	守興	2	東寺年預御房	東寺百合文書ニ函319号
て	天文18.8.23	守興	3	当所名主百姓中	田中慶太郎氏所蔵文書
と	天文18.9.14	守興	2	当所百姓中	『大徳寺文書』2203号
な	天文18.9.14	守興	—	当所百姓中	『大徳寺文書』2201-2号
に	(天文19).11.21	守興	2	東寺年預御坊	東寺百合文書ニ函385号(『戦三』758)
ぬ	(永禄元).9.2	守興	3	少将	東寺百合文書て函13-28号(『戦三』537)
ね	(永禄元).9.6	守興	3	東寺年預御坊	東寺百合文書ミ函222号
の	(永禄元).9.15	守興	3	東寺年預御坊	東寺百合文書て函13-15号(『戦三』757)
は	(永禄2).7.8	守興	3	東寺年預御房	東寺百合文書ニ函294号(『戦三』754)
ひ	(永禄2).7.12	守興	3	東寺年預御坊	東寺百合文書ミ函216号(『戦三』755)
ふ	(年未詳).12.15	守興	3	少将	東寺百合文書ゑ函194号

註1）差出欄を網掛けしたのは案文，それ以外は正文。
註2）(　)内に推定年代を記しているものは書状形式，それ以外は奉書形式。

以上のように、氏綱は京都支配に臨むたびに必要に迫られて奉行人体制を整備したが、それを維持しようとする意志に欠けていた。対して苦難の前半生をともに生きた近習たちは、次節以降でもみるように重用される傾向にあることから、支配秩序の形成を図って奉行人体制を整備するものの、結局は氏綱との親疎に基づいて支配体制が改編されたといえる。すなわち、守興の更迭は、長慶の独裁を意味しているのではなく、氏綱が京都周辺の支配に主体的に関わっていたことを示唆しているのである。

二　臨時公事にみる共同統治の実態

1　天文一八年の段米

京兆家が諸役を免除したり、臨時の公事を賦課したりするときは、奉行人奉書で対応することが多い。そのため、奉行人を排除したのちの公事に関する対応の変化からは、氏綱の政治的志向が読み取れると思われる。幸い、表38に示したように、松田守興が排除されたのちに氏綱方は例年のように臨時公事を賦課していることから、本節ではその対応を順にみることで、これまで検討が不十分であった長慶との共同統治の実態を捉えたい。

まず本項では、天文一八年（一五四九）の段米賦課を取り上げる。天文一八年と翌一九年の段米賦課については、下川雅弘氏の専論がすでにあり、さらに天文一九年の「久世方日記」を翻刻したうえで、段米賦課に際して免除のために奔走する東寺の対応も整理している(70)。その成果によると、長慶方が主体となって賦課した段米の免除を図って、東寺は長慶方だけでなく氏綱方にも働きかけたとされる。その認識の是非をひとまず確認しておく。

【史料4】(71)

（尚書略）

貴札致拝見候、仍為反米之儀□（上）久世庄へ催促之由承候、是者左様推量申候、今度貴寺へ免除以前ニ三好料所を為初、我等知行分迄、子細候て、芥河美作（清正）□（へ）氏綱（細川）被申付候而出置候、先日其差別可申之処、取乱無其儀候、自長慶（三好）被申ても不可立候、氏綱へ迚之儀ニ此一儀も無異義様ニと、先日之以取次被仰可然候、委細之段、御雑掌へ申候、定可被申分候、恐惶敬白、

（天文一九年）十一月五日　基速（斎藤）（花押）

宝菩提院（亮恵）

□（参）貴報

発給者は、かつての足利義維奉行人で、この段階では長慶の与力となっている斎藤基速である。省略した尚書部分に「参百疋送被下候」とあり、「久世方日記」一一月四日条で東寺から基速へ三貫文を送っていることから年代が特定できる。東寺の宝菩提院亮恵は、上久世荘への段米催促を停止するべく、基速を通じて長慶からの働きかけを求めたようである。それへの回答にあたる【史料4】では、氏綱が芥川清正に対して段米の賦課を認めたことがわかる。ただし、清正による段米賦課は、天文一九年一〇月一五日付の氏綱直書で認められた「今度貴寺へ免除以前」のことであり、あくまでもそれ以前からの氏綱方による段米賦課の濫觴を説明しているに過ぎない。したがって、天文一九年の段銭賦課に清正が関わっているかどうかは、改めて検討の必要があるので次項の課題としておく。(72)

【史料4】で、長慶から伝えても免除は叶わないので、氏綱に直接訴えるべきだと基速が述べているように、天文一八年・一九年の段米は氏綱方が賦課したものであった。すなわち、下川氏の想定とは逆に、氏綱方が主体的に賦課した段米の免除にあたって、長慶方に期待が寄せられていたのである。しかも、この段階では、長慶方の基速は東寺の要求を断っており、氏綱方の主体性を尊重しているのである。よく知られるように、当該期の長

慶一族には芥川孫十郎がいるが、清正はそれとは異なる系統の家で、おそらく摂津の有力国人に出自が求められる[73]。察するに下川氏は、この二家を混同して、清正を長慶の家臣としてしまったのであろう。

　ここまでの検討を踏まえて、氏綱のもとで清正が実施した段米賦課の実態をみておく。清正は、天文一七年にも段米賦課を試みるが不調に終わったようで、翌一八年九月二五日までに再び段米賦課の話が浮上している[74]。【史料4】によると、長慶の料所や基速の知行分にまで対象が及んでいるので、一定の範囲に一円的に賦課したとみてよかろう。一〇月一七日付の「ア」で清正は、「段米之事、此分従桂河東分相除申」と定めていることから、桂川より西の西岡が主たる対象となったらしい。実際、東寺は「西岡段米」の二貫文を「且納」しており、一一月三日付で摂津国人の水尾為盛らが連署して請取状「イ」を発給している[75]。この請取状は「且納」とあるように一部を納入した段階のものであるが、完済に至るまでに新たな問題が生じている。すなわち、賦課対象とな

出　　典
広隆寺文書(『戦三』255)
東寺百合文書そ函115号
『教王護国寺文書』2598号
勝尾寺文書1116号(『箕面市史』史料編２・『戦三』265)
東文書
三鈷寺文書
金蔵寺文書
東文書
東寺百合文書キ函293号
東寺百合文書ニ函408号(『戦三』298)
東寺百合文書チ函286号(『戦三』2105)
『大徳寺文書』2206号(『戦三』2025)
『大仙院文書』83号(『戦三』2026)
『大徳寺文書』2207号(『戦三』2027)
室町頭町文書(『京都町触集成』別巻２，165号・『戦三』2009)
室町頭町文書(『京都町触集成』別巻２，166号・『戦三』2010)
多田神社文書463号(『兵庫県史』史料編１)
『本興寺文書』15号(『戦三』参考27)
『本興寺文書』14号(『戦三』360)

表38　氏綱・長慶内衆による公事の賦課・免除・催促・請取

符号	年　月　日	差　　出	宛　　所	対象	種別
ア	天文18.10.17	A 芥河四郎左衛門清正	御室御境内中 御領散在 太秦内広隆寺領 桂宮院領	山城	段米
イ	天文18.11.3	？(某) A(水尾為盛)	東寺さつしやう分	山城	段米
ウ	天文18.11.29	A(水尾為盛) ？(某)	東寺公文所	山城	段米
エ	天文18.12.21	A(水尾為盛) ？(某)	勝尾寺	摂津	棟別
オ	(天文18ヵ).12.22	A 多羅尾左近大夫綱知 A 若槻伊豆守秀隆	松尾社家雑掌	山城	棟別
カ	(天文19ヵ).6.2	A 多羅尾左近大夫綱知 A 若槻伊豆守長澄	参鈷寺年預御中	山城	—
キ	(天文19ヵ).6.23	A 多羅尾左近大夫綱知 A 若槻伊豆守長澄	金蔵寺年預御中	山城	—
ク	(天文19ヵ).11.1	A 若槻伊豆守長澄 A 小畠次郎右衛門尉忠清	松尾社務	山城	—
ケ	(天文19).11.30	A 多左太(多羅尾)綱知	麻田随勝	山城	段米
コ	(天文19).12.13	A 今村紀伊守慶満 A 多羅尾左近大夫綱知	東寺惣庄中	山城	段米
サ	(天文19).12.22	A 今村紀伊守慶満	常林 尾崎甚右衛門尉	山城	段米
シ	(天文19).12.25	A 今村紀伊守慶満 A 多羅尾左近大夫綱知	慶首座侍者御中	山城	段米
ス	(天文19).12.25	A 今村紀伊守慶満 A 多羅尾左近大夫綱知	大仙院	山城	段米
セ	(天文19).12.27	A 今村紀伊守慶満 A 多羅尾左近大夫綱知	当寺所々散在名主百姓中	山城	段米
ソ	(天文20).4.21	A 今村紀伊守慶満 A 多羅尾左近大夫綱知	上京中	山城	段米
タ	(天文20).4.23	A(今村)慶満	香取主膳 生嶋与介	山城	段米
チ	(天文22).2.26	C 大八木喜介広次 C 利倉又六久俊	多田院政所禅師	摂津	棟別
ツ	(天文22).3.1	A 斎藤三郎右衛門尉長盛 A(細川)美濃守国親	本興寺	摂津	棟別
テ	(天文22).3.1	B 和久与介房次 B 鹿塩蔵允(宗)綱 B 宇高大隅守可久	本興寺	摂津	棟別

る上久世荘の面積について、東寺方が五〇町、芥川方が六五町と両者の認識に相違があったため、一一月一三日に清正が改めて催促をしているのである[76]。かかる問題が生じたものの、最終的には四八町余と認められたうえで、礼銭を支払うことで完済扱いとなり、改めて一一月二九日に水尾為盛らが連署して請取状［ウ］を発給している。

以上のように、天文一八年の段米は氏綱方の清正が主体的に賦課したものであった。水尾為盛は京兆家被官と思われるが、天文一八年一二月二一日付で「摂州上郡棟別銭」の連署請取状［エ］も発給しているように、芥川清正の与力として、西岡に限らず広く公事の徴収にあたっていたことが知られる。そのほか詳しい実態はわからないが、天文一八年には京都南郊の紀伊郡でも、氏綱内衆の多羅尾綱知が段米を賦課した形跡もみられる[77]。そして翌年の【史料4】における基速の態度を踏まえるならば、おそらく長慶方がこれらの段米賦課に口を挟む余地はなかったものと思われる。

出典
多田神社文書441号（『兵庫県史』史料編１）
多田神社文書467号（『兵庫県史』史料編１）
『大徳寺文書』2269号
『大徳寺文書』2314号
『大徳寺文書』760号（『戦三』377）
『大徳寺文書』2221号（『戦三』376）
『大徳寺文書』2270号
『大徳寺文書』761号（『戦三』378）
『大徳寺文書』2271号（『戦三』参考31）
仁和寺文書（『戦三』372）
遍照心院文書（『戦三』381）
多田神社文書474号（『兵庫県史』史料編１・『戦三』554）
多田神社文書475号（『兵庫県史』史料編１・『戦三』555）
多田神社文書444号（『兵庫県史』史料編１）

符号	年　月　日	差　　出	宛　　所	対象	種別
ト	天文22. 3. 6	A 斎藤三郎右衛門尉長盛 A(細川)美濃守国親	多田院雑掌	摂津	棟別
ナ	(天文22). 3. 6	C 大八木喜介広次 C 利倉又六久俊	多田院雑掌	摂津	棟別
ニ	(天文22).11. 7	A 若伊(若槻)長澄 A 斎三(斎藤)長房	上大(上坂満信)	山城	段米
ヌ	(天文22).11. 7	A 津筑(津田)経長	上大(上坂満信)	山城	段米
ネ	(天文22).11.11	A 若槻伊豆守長澄 B 三好日向守(長逸)代貞清 A 津田筑後守経長 A 斎藤三郎右衛門尉長房	大徳寺雑掌	山城	段米
ノ	(天文22).11.11	A 若槻伊豆守長澄 B 三好日向守(長逸)代貞清 A 津田筑後守経長 A 斎藤三郎右衛門尉長房	安井保百姓中	山城	段米
ハ	(天文22).11.20	A 若槻伊豆守長澄 A 斎藤三郎右衛門尉長房	龍翔寺	山城	段米
ヒ	(天文22).11.23	A 若槻伊豆守長澄 B 三好日向守(長逸)代貞清 A 斎藤三郎右衛門尉長房	大徳寺雑掌	山城	段米
フ	(天文22).11.23	A 若槻伊豆守長澄 A 斎藤三郎右衛門尉長房	龍翔寺	山城	段米
ヘ	(天文22).11.25	A 若槻伊豆守長澄 A 津田筑後守経長 A 斎藤三郎右衛門尉長房	御室御門跡雑掌	山城	段米
ホ	(天文22).12.24	A 若槻伊豆守長澄 B 三好日向守(長逸)代清蔵 A 津田筑後守経長 A 斎藤三郎右衛門尉長房	遍照心院雑掌	山城	段米
マ	(天文23ヵ). 5.11	A 石田大蔵大夫頼長	若槻伊豆守(長澄) 小畠次郎左衛門尉(忠清) 鹿塩蔵允(宗綱)	摂津	段銭
ミ	(天文23ヵ). 5.19	A 小畠次郎左衛門尉忠清 A 多羅尾(綱知)代政盛 B 鹿塩蔵充宗綱 A 若槻伊豆守長澄	多田院雑掌	摂津	段銭
ム	永禄2. 6. 14	D(飯尾)為清	多田院雑掌	摂津	段銭

註1）　天文18年から永禄2年までの期間を対象とした。
註2）　差出欄のAは氏綱方，Bは長慶方，Cは野間郡代方，Dは昭元方。
註3）　への仁和寺文書は東京大学史料編纂所影写本で一部修正。

2　天文一九年の段米

下川氏は、「久世方日記」の分析を通じて、東寺が氏綱方と長慶方の双方と交渉を持っている事実を明らかにした。ただし、長慶方に段米免除を求めていたという解釈については、【史料4】で斎藤基速が断りを入れていることから、交渉がどこまで重ねられたのか再検討の余地がある。

下川氏が長慶方にも段米免除を求めていたと解釈した根拠の一つは、「久世方日記」一一月四日条の「参貫文、斎藤《（基速）》方へ渡申、段銭方御礼物也」、「壱貫文、小柴《（宗国）》方へ渡申」という記述にある。「久世方日記」八月条に「斎藤左林軒《（基速）》内衆小柴左京《（宗国）》」とみえるように、基速と小柴宗国は主従関係にあるので、長慶方に礼銭を贈ったことは間違いない。下川氏は、その見返りとして「段銭・段米」の免除を求めたとするが、一一月四日条には「段米」ではなく「段銭」と表記されていることに注意したい。

たしかに「久世方日記」一〇月一八日条で、氏綱直書の内容を「臨時課役人夫以下段銭段米免除」とするように、「段銭」と「段米」を併記する事例はみられるものの、この一例はあくまでも公事全般を表現したものに過ぎない。「久世方日記」のそれ以外における「段米」は、氏綱方が今まさに賦課しようとしている臨時課役を指している。それに対して「段銭」は、「久世方日記」一一月四日条に「段銭方ヨリ遣申」、一一月六日条に「段銭にて遣畢」とみえるように、礼銭の財源を示しているのである。

「久世方日記」冒頭にあるように、交渉に要した費用は、交渉が進められている最中の一一月二日から一六日にかけて、東寺の寺僧から集められた。したがって、それ以前の必要経費は、催促して取り立てた年貢の「未進分内ヨリ」礼銭を支払っている事例が「久世方日記」一〇月一八日条にみえるように、仮の財源から支出された。同様に一一月四日条の事例も、段銭収入から礼銭が支出されたことを意味しているに違いない。換言するならば、下川氏は「久世方日記」における「段銭」を守護段銭と誤解したが、正しくは東寺が賦課する領主段銭を意味していることになる。

とするならば、宗国―基速―長慶のルートで交渉していた内容とは、いったい何なのであろうか。「久世方日記」八月条にみえるように、東寺は久世荘における天文一六年（一五四七）から一八年までの未進年貢の催促を基速に求めており、それを現場で実行したのが宗国であった。未進年貢の催促に対する礼銭については、長慶へ三〇〇疋（五〇〇疋とも）、基速へ五〇〇疋、宗国へ二〇〇疋とあらかじめ定められていた(78)。「久世方日記」一〇月一八日条によると、事前に基速へは二貫文、宗国へは一貫文を支払っており、一一月四日条の記述と合計すると定められた礼銭と合致する。よって、基速と宗国に贈られた礼銭は未進年貢催促に伴うものであり、段米免除に係るものではない。未進年貢催促の礼銭支払いにかこつけて、段米免除への協力を要請したところ、【史料4】で断られてしまったというのが実状といえよう。

次に天文一九年の段米賦課体制についてみておきたい。下川氏は、長慶の家臣である芥川清正が天文一九年の段米賦課においても中心的立場となり、同じく長慶の家臣である基速が段米賦課の奉行的立場にあったと理解している。しかし、ここまでみてきたように、清正は氏綱方で、基速も段米賦課に直接は関わっていなかった。そこでここでは、下川氏が右の体制を説明する際に用いた史料を順に再検討しておきたい。

【史料5】(79)

就反米之儀、上久世東寺分へ被入譴責由候、尤候、然東寺被申分候、惣次ニ可被出置ニ候者、不可有別儀候、
先一両日之間催促を被相延候者、可為本望候、定而寺家ニも不可有其紛候、恐々謹言、
（天文）天十九　　斎藤越前守殿（ママ）
十一月五日　　基速判

神足殿
高橋殿
御宿所

【史料5】を分析した下川氏は、基速が西岡国人の神足氏と高橋氏に対して、上久世荘への段米催促を命じるだけでなく、その方法についても詳細に指示しているとする。ゆえに基速は、東寺から礼銭を受け取る一方で、段米の催促をするという表裏の行動をとっていたという。しかし、【史料4】と【史料5】が同日付であることや差出に「殿」と追記されることを踏まえるならば、基速の指示を受けた宗国あたりが度々礼銭を贈ってくる東寺に配慮して、【史料4】に案文の【史料5】を副えたと考えるのが自然なのではなかろうか。であるならば、そこに表裏の行動を記すとは考えがたい。

右の矛盾は、下川氏が【史料5】の一文を「先一両日之間催促候て被相延候者」と誤読していることに端を発している。そのため、ひとまず今日明日中に催促したうえで、段米収取を延期するという緩急をつけた方法を具体的に指示したという解釈が導き出されるのである。そしてこれを根拠として、基速を段米賦課の奉行的立場と位置付ける。

しかし、【史料5】の文中で基速が常に敬語を用いていることや、「被入譴責由候、尤候」とあるように神足氏ら氏綱配下の行動に一定の配慮を示していることなどからも、基速は決して神足氏らの命令権者ではない。基速は、「先一両日之間催促を被相延候者、可為本望候」という、催促そのものの延期を希望として述べたに過ぎないのである。段米賦課の主導権は、あくまでも氏綱方に握られていたといえよう(80)。

続けて、天文一九年の段米賦課でも芥川清正が中心的な立場になったとする根拠について、史料に即して検証しておきたい。

【史料6】[81]

尚々聊如在有間敷候、

先度蒙仰候つる儀、則申聞候処、在陣ニ付而依無隙、未芥河江不被罷越候、近日可被越候由候間、可申届候由被申候、聊非疎意候、然共催促衆之儀、先々此方延引之間、御ひかせ候やうニ御才覚肝要候、於登城者定而可有一途候、御使之儀承候、留申候ても如何候間、先々上申候、調次第ニ従此方可申越候、恐々謹言、

小野徳千代

天十九
十一月十日　秀久（花押）

本菩提（宝菩提院）

人々御中

段米の文字はみえないが、時期や内容からして、段米免除を求めるなかで東寺が得た書状とみてよかろう。下川氏は、右の史料の一文を「未芥河殿不被罷越候」と誤読し、東寺が小野秀久に対して「三好長慶家臣の芥川氏への執り成しを依頼」していると解釈する。【史料6】に基づいて該当部分の解釈を正すならば、東寺から小野秀久に対して執り成しを依頼している人物が、芥川山城へなかなか来ないということになるだろう。これによって、天文一九年の段米賦課に芥川氏が関与していた根拠はなくなる一方で、小野秀久を介して交渉しようとしている人物こそが、段米賦課に深く関与しているという新たな可能性も浮上する。

下川氏は小野秀久の立場を不詳とするが、彼の立場を明らかにすれば、自ずとその先にいる人物もみえてくるのではないかと思われる。その手がかりは、やはり「久世方日記」にある。小野秀久と通称を同じくする徳千代が、しばしば登場するのである。「久世方日記」一〇月一八日条によると、東寺は麻田随勝寿盛の子である徳千代を取次として、氏綱内衆の多羅尾綱知との交渉に臨んでいる。小野秀久が綱知と随勝との交渉を取り次いでい

るのをはじめとして、小野久家や小野正久も綱知との交渉を取り次いでいるように、小野一族は綱知に仕えており、東寺との間を常に仲介していた[82]。したがって、「久世方日記」に登場する徳千代と【史料6】の発給者は同一人物であろう。

下川氏は徳千代を東寺の使者とするが、「久世方日記」一〇月一八日条で綱知へ二貫文の礼銭を支払うと同時に、取次の徳千代にも五〇〇文を渡していることから、徳千代は綱知の配下とみるべきである。東寺に属する随勝の子が、都合よく綱知に仕えていたため、このルートを用いて交渉したのである。よって、【史料6】で東寺が小野秀久を介して段銭免除を訴えようとしている人物も、綱知とみて間違いあるまい。

実際、綱知は一一月三〇日になって、「段米之儀も当年までの儀候間、御礼物などにて御果候ても可然哉」という趣旨の返事［ケ］を東寺に送っている。この一文から察するに、氏綱方による段米賦課は、段米そのものの確保ではなく、段米納入の先例ができることを避けたい荘園領主から礼銭を収取することに狙いがあったようである。

天文一九年の段米は、同じく西岡の随心院領小塩荘にも賦課されたことが確認できる。その免除を図って問い合わせたところ、長慶は「今村（慶満）・多羅尾（綱知）相懸候事無之由候、以其旨免除候様」、「氏綱」へ「伝達」するよう回答している[83]。すなわち、今回は氏綱の指示のもと、今村慶満と多羅尾綱知が中心となって賦課しているのである。ここからは、前年の事例と同様、それを制止するにあたって長慶に期待が寄せられていたことがわかる一方で、なおも長慶には段米賦課に関する決定権がないことも読み取れよう。

その実態は、表38にも明らかである。東寺領では段米徴収を拒んでいたようで、一二月一三日には慶満・綱知が連署した［コ］で催促しており、遅れがあったため同月二二日には慶満が単署した［サ］で催促している[84]。また、段米免除もこの両名が連署した［シ・ス］で行っていた。さらには、両名が連署して龍翔寺領における地子銭の寺納を地下に命じている［セ］の事例もあるが、おそらくこれは段米免除に伴うものと思われる。ここから、前年の段米が西岡に限定されていたのに対し、天文一九年の段米は京都も対象となったことが窺える。翌年四月になるが、上京に宛ててやはり両名が連署した［ソ］で「洛中江段米」を免除している。免除にあたっては、礼銭の授受があり、慶満が単署で［タ］の請取状を発給している。

徹底して催促する西岡と礼銭の授受で処理を進める京都の間には温度差があるように見受けられるが、おそらく前年における先例の有無によるものであろう。また、礼銭の交渉や催促にあたっては慶満・綱知が個別に対応するが、公的に段米を賦課あるいは免除するときは、両者が連署して対応していたことも判明する。連署とするのはおそらく恣意性をなくすためで、この性格から高国期の近習連署状の系譜を引くものと評価できる。[85]

以上のように、天文一九年の段米賦課を中心的に担ったのは氏綱方の今村慶満と多羅尾綱知で、長慶はここでも主体的には関わっていなかった。

3　天文一八年～一九年の棟別銭

柴辻俊六氏は、多羅尾綱知と若槻長澄の両名に対して、神護寺への棟別銭賦課を停止するよう求めた二月一六日付の長慶書状を、長慶の高尾方面への進軍に伴うものと推測し、天文二二年（一五五三）に比定している。[86]天野忠幸氏の場合はさらに一歩進んで、同じく綱知と長澄の両名に対して賀茂社領への棟別銭賦課を停止するよう求めた三月二日付の三好長縁書状も関連文書と捉え、天文二二年の摂津における氏綱の代替わり棟別銭賦課と一体のものと理解している。[87]しかし、摂津とは異なり京兆家の守護分国ではない山城を対象として、代替わりを名目とする公事を賦課しうるとは思えない。そのため、右の二通の年次比定には再考が必要である。

そこで、氏綱内衆の綱知と長澄が、京都周辺で棟別銭を賦課した時期について検討しておく。手がかりの一つとなるのは、長澄がまだ秀隆の諱を用いていた段階に、綱知と連署して松尾社の棟別銭を免除している事例［オ］である。もう一つは、［105］や［ヌ］にもみえる氏綱内衆の小畠忠清と若槻長澄が連署して松尾社務に宛てた［ク］で、その文中に「去年御免除」とみえることから、［オ］と［ク］は二年連続で発給されたものと見受けられる。そして、前述した神護寺の棟別銭にかかる長慶書状の花押が、天文一九年の長慶花押と酷似することから、[88]［オ］が天文一八年、［ク］が天文一九年となり、その間に神護寺および賀茂社の棟別銭停止を求めた二通が挟まれるのではなかろうか。同じく若槻長澄と多羅尾綱知の連署による京都周辺での臨時公事の免除［カ・キ］も、天文一九年頃のものではないかと推測される。

以上のように、氏綱方は天文一八年から一九年にかけて西岡を中心に段米を賦課する一方で、別途京都周辺にも棟別銭を賦課していたようである。

4　天文二一年の棟別銭

天文二一年（一五五二）に氏綱・長慶と和解した足利義輝が上洛してくると、氏綱はようやく右京大夫に任じられ、正式に京兆家当主と認められる。それに伴い、翌二二年二月から三月にかけて、［チ］にみえるように「御屋形様（細川氏綱）代替」の棟別銭が摂津に賦課された。その経過を具体的にみておく。

【史料7】［ツ］

就御代替棟別之儀、当寺御免除事、不混自余証文分明上者、聊不可有別儀候、恐々謹言、

（天文二二年）三月朔日　斎藤三郎右衛門尉　長盛（花押）

美濃守　国親（花押）

本興寺

参　玉床下

右のように、尼崎の本興寺に対しては、三月一日付で斎藤長盛・某国親が連署して「御代替棟別」を免除している。それと同日付で、「筑前守（三好長慶）」の「上使」である和久房次・鹿塩宗綱・宇高可久が連署して、「御奉行衆」の長盛・国親連署状に従って「御代替棟別」を免除する旨を［テ］で伝えている。

多田院の場合は、免除する以前の二月二六日に、まず大八木広次と利倉久俊が連署して［チ］で棟別銭を賦課している。そののち三月六日付で、「御奉行衆」の長盛・国親連署状［ト］が発給されたため、広次・久俊もその旨に従って［ナ］で棟別銭を免除している。よって、本興寺の場合は免除される以前の動向を示す史料が残されていないだけで、まずは京兆家分国である摂津に一円的に棟別が賦課されたのちに、荘園領主が個別に免除を要求していったと考えられる。

和久・鹿塩・宇高の三氏は長慶の上使を称していたが、大八木・利倉の両氏は「野間郡代」の「上使」と自称している。野間なる郡は存在しないので、ここでいう「野間郡代」の意味について、少しばかり検討しておきたい。野間郡代の上使が関与する多田院領の多田七郷・小戸（兵庫県川西市）や山本・米谷（同県宝塚市）と、長慶の上使が関与する尼崎は、いずれも川辺郡である。ここで参考としたいのは、利倉氏が野間氏の与力ということと、永禄二年（一五五九）の「御殿御修理料摂州段銭」を久代（川西市）で徴収しているのが「野間」ということである。[89] すなわち、川辺郡南部の港湾部分は長慶の直轄となっており、多田院領や久代などの川辺郡中部においては、同じく川辺郡中部の野間（同県伊丹市）を本拠とする野間長久が、郡代的な役割を担っていた可能性を指摘できよう。摂津国人の野間氏は、本来的には京兆家被官と思われるが、長久は早くから長慶との関係を築いていた。[90]

重要なのは、棟別を賦課する主体が長慶方の上使で、免除する主体が「御奉行衆」という、これ以前の臨時公事ではみられなかった分業がなされていることである。長慶方の人物が「御奉行衆」と称していることから、長盛と国親は氏綱方とみてよいかと思われるが、より具体的にその人物像について検討しておきたい。

まず斎藤長盛であるが、［二・ネ］などにみえる斎藤長房も通称を三郎右衛門尉としており、花押も一致するため、天文二二年のうちに長盛から長房に諱を改めたことが判明する。三郎右衛門尉の通称が共通することから、高国の有力内衆で、奉行人奉書を発給するにあたって賦を発給していた斎藤元陸の後継者と考えられる。(91)【史料7】が史料上の初見となることから、奉行人排除の欠を埋めるように浮上してきたといえる。

長盛と連署する「美濃守国親」は、名字を記さないことから細川一族ではないかと推測される。とはいっても、「御奉行衆」として長盛と連署しているので、立場は京兆家内衆である。細川一族で美濃守を用いた人物を検索すると、かなり遡るが寛正六年（一四六五）に「細川美濃殿上野」が確認できる。(92)細川政元の年寄衆である秋庭元重と長塩元親が連署して、名字なしの「美濃守」に宛てた書状もみられることから、(93)細川美濃守を名乗る人物が京兆家の近くに一定期間存続していたことは間違いない。土佐守護代家やその分家にあたる玄蕃頭家のように、上野を称す細川一族は京兆家の内衆として臣下に下っていることや、その立場に準じて高国の偏諱をうけていると思われることからも、国親は細川美濃守の系譜を引いていると考えたい。

『尊卑分脈』で上野の名字を用いた系統の人物を検索すると、美濃守氏益の名が確認できる。(94)注目すべきは、氏益の祖父が掃部助を用いていることである。初期の氏綱を支える細川一族のなかに掃部助なる者がいることは先述の通りだが、その名は天文一八年を終見としている。よって、天文二二年までに先例に倣って美濃守へ改称した可能性が指摘できよう。

以上のように、京兆家における文書発給を司る家と細川一族の組み合わせで、新たな「御奉行衆」が編成されたのである。同じ連署状とはいっても、天文一八年以来の近習連署状とは性格が異なり、両者ともに京兆家において伝統的な家格を持っている点に注意したい。これは、奉行人の放逐による家政機構の欠を補うものと評価できる。また、長慶の被官が、公事の賦課に主体的に関与し始めたことも確認できた。ただし、免除の主体が氏綱方にある点にはまだ変わりがない。

5　天文二二年の段米

天文二二年（一五五三）一一月になると、再び京都周辺にて段米が賦課される。表38に示した通り、このときの段米免除は、［ヒ・ヘ］など三名による連署もあるが、原則として四名の連署でなされた。四名が連署する際には、三好長逸の名が確実に含まれることから、これらが氏綱方と長慶方の協議を踏まえた連署状ならば、天文二二年前半の分業をさらに進展させた文字通りの共同統治がここに始まったといえる。ただし、いずれも長逸自身ではなく代理人が署判していることから、長逸の名義が用いられただけで、現実には氏綱方四名の連署であった可能性もありうる。そこでここでは、龍翔寺が得た段米免除の連署状［ノ］が発給される過程から、協議の有無を確認しておきたい。

龍翔寺から相談を受けた上坂満信は、四人のうち最も近い関係にあったと思われる津田経長にまず書状を送った。そして経長は、若槻長澄と斎藤長房の「両人」に書状を送った。それをうけて一一月七日に、満信宛ての長澄と長房の連署状［ニ］が経長のもとへ届き、経長は送り状［ヌ］を副えて即日満信に転送している。(95)

このうち経長は、今村慶満と同じく国慶の旧臣で、天文二二年には氏綱に仕えていることが確認できる。(96)慶満と同様に生粋の氏綱内衆ではないものの、その経歴から京都支配に不可欠のノウハウとコネクションを持っていた人物と思われる。長澄はすでにみてきた通り、近習のなかで最も家格の高い家である。そして長房は、氏綱方における文書発給を司る立場にあった。長慶が、尊勝院分のことにつき長澄・長房に宛てて申し入れをしているように、(97)この時期の氏綱方において、両名は中心的な立場にあったようである。

［ニ］にて長澄と長房は、段米免除について「相奉行共申談」じて改めて申し入れる旨を伝えている。経長とは述べていないことから、ここでいう「相奉行」とはまた別の奉行を指しているようである。また、このやりとりから、経長は四人の奉行に含まれるものの、主たる決定権を握っていないこともわかる。実際、龍翔寺のこれ以後の交渉は、満信や経長を介すことなく、長澄・長房と直接なされることとなる。

そして［ノ］が発給されると、龍翔寺は長澄と長房に礼状と樽代を贈っており、一一月二〇日付で両者は返状［ハ］を発給している。［ノ］の対象は安井保のみであったため、龍翔寺は改めて下三栖の寺領における段米免除も長澄と長房に対して求めた。長澄と長房が連署したそれへの返状［フ］では、「三好家奉行衆存分候へ共、両人涯分申調候」と述べている。すなわち長慶方の奉行衆は何かと主張しているが、氏綱方奉行の二人は段米免除へ尽力するというのである。ここから、先の「相奉行」とは「三好家奉行衆」を意味していることが明らかとなる。いわば四人の連署は、氏綱方と長慶方の総意として発給されたものであった。実際に署判しない長逸の名義が利用された理由は、長慶内衆の筆頭クラスでなければ、氏綱内衆との家格差を埋めることができなかったことに求められよう。

ここで本節の検討結果をまとめておく。天文一八年から翌一九年にかけての京都周辺における支配は、主に氏綱方が担っていた。氏綱方が違乱に及ぶと、長慶は荘園領主たちからその制止を求められるものの、氏綱の主体性を尊重していた。この段階における京都周辺の政治体制は、長慶による支配、あるいは氏綱と長慶による共同統治とみられてきたが、氏綱の配下を長慶の配下とすることによって生じた誤解といってよかろう。それに対して天文二二年になると、氏綱方と長慶方の分業が進み、同年後半には両者の連署状が成立して名実ともに共同統治が図られるようになる。

右のような氏綱と長慶の関係性の変化を、書札礼から捉えなおしてみたい。氏綱の書状では、天文二〇年のものと思われる甲賀諸侍中へ宛てた［77］までは「猶三好筑前守可申候」となっているが、天文二一年の［81］で「猶三好筑前守可被申也」となって以降は、長慶に対して敬語を用いるようになる。ここには、幕府における立場の変化が関わっているものと思われる。すなわち、天文二一年二月に長慶が御供衆に加えられるので、幕臣という意味では同じ立場になったのである。それに伴い、氏綱と長慶の主従関係が崩れたため、書札礼にも反映されたとみてよかろう。天文一九年から天文二二年までの間に、長慶方が臨時公事の賦課に積極的に関与し始めるようになる背景はここにある。ただし、天文二二年前半まで、氏綱方と長慶方はあくまでも別個に文書を発給しており、上下関係はまだ歴然としていた。ところが、天文二二年後半になると、氏綱内衆と長慶内衆の家格差は大幅に縮まり、両者の連署状が成立することとなる。以上のように、公事と書札礼の両面を踏まえると、氏綱と長慶の関係性は天文二一年と翌二二年の二度の転機を経て変化したと指摘しうる。

三　共同統治の終焉

1　臨時公事の展開

本節では、前節でみた共同統治が解消される過程を明らかにしたい。まず本項では、引き続き臨時公事の賦課・免除を対象として、氏綱方の主体性が失われていく過程を展望する。

【史料8】［マ］

尚々多左太（多羅尾綱知）へ者、於此方可申候、万々御馳走奉憑存候、此外不申候、

就多田院段銭儀、従彼院被申候分、長慶（三好）より以折帋被申候、京済候上者、如先々、被成其御心得、可然存候、

我等申次之儀候之間、別而御馳走奉憑候、恐々謹言、

（天文二二年カ）
五月十一日　　　　石田大蔵大夫
　　　　　　　　　頼長（花押）

（長澄）
若槻伊豆守殿
（忠清）
小畠次郎左衛門尉殿
（宗綱）
鹿塩蔵允殿
御宿所

【史料9】［ミ］

就御段銭之儀、摂州河辺郡多田七郷并加納山本・米谷・小戸村等、任　御代々証文之旨、為　御一献銭五拾貫文、如先規御京済肝要候、恐々謹言、

（天文二三年カ）
五月十九日　　　　小畠次郎左衛門尉
　　　　　　　　　忠清（花押）
　　　　　　　　　多羅尾代
　　　　　　　　　政盛（花押）
　　　　　　　　　鹿塩蔵允
　　　　　　　　　宗綱（花押）
　　　　　　　　　若槻伊豆守
　　　　　　　　　長澄（花押）

多田院雑掌

多田院領への段銭・棟別銭は免除されるのが常であったが、永正一一年（一五一四）以降の段銭は「一献分」という名目で京済する形式に定まる。(98)【史料8】によると、多田院はその旨をまず長慶に訴えたようである。長慶を通じて多田院の訴えを聞き届けた氏綱の「申次」である石田頼長は、その旨を若槻長澄らに伝えた。(99)それをうけて【史料9】では、段銭の京済が認められている。【史料8】の尚書によると、多羅尾綱知は長澄らとは別の場所にいるようではあるものの、【史料9】では代理人が連署しているように、四者で署名することが予め定められていたようである。しかも、四者のうち鹿塩宗綱は長慶内衆で、(100)それ以外は氏綱内衆となっている。このように、摂津の段銭においても、山城における天文二二年（一五五三）の段米免除と同様の様式が採られた。

ただし、三好長逸の名義を用いないという点において違いも見出すことができる。天文二一年三月の棟別銭までは、臨時公事の免除にあたって氏綱内衆と長慶内衆が別個に文書を発給していたので、【史料9】は天文二三年以降のものと推察される。すなわち、ある段階で、長慶方筆頭である三好長逸の名義を用いることなく、氏綱内衆と連署することが可能となったのである。それと関連して注目したいのは、鹿塩宗綱の署名である。宗綱は、天文二二年の［テ］などにおいて、「宗綱」ではなく「綱」と署名する事例が複数みられる。これは、氏綱の「綱」の字を諱の下側に配置することを遠慮したものと理解される。ところが【史料9】では、「宗綱」と署名しているのである。このような長慶内衆の家格意識の変化は、氏綱内衆との間の家格差が埋まりつつあることを示している。

したがって、氏綱と長慶の関係性を段階的に把握するうえで、【史料8】と【史料9】の年次は極めて重要な意味を有する。天野忠幸氏は、右の二通を永禄二年（一五五九）に比定しているが[101]、少なからず疑問もあるので、根拠とした史料を掲げて検証しておく。

【史料10】［ム］

摂津国多田庄七郷、加納山本・米谷・小戸村寺社諸本所、善源寺等御要脚段銭事、為京済之旨被申条、被止国催促之由候也、仍執達如件、

永禄弐
六月十四日　　　　為清（飯尾）（花押）

多田院雑掌

多田院の段銭を免除する京兆家奉行人奉書である。先述のように、永禄二年には「御殿御修理料摂州段銭」が賦課されているので、天野氏は【史料8】【史料9】も含めて一連の史料だと捉えたのであろう。ただ、ここまでみてきた連署状による臨時公事の賦課・免除が、そもそも京兆家奉行人奉書に代わって登場したものであった

ことから、【史料9】と【史料10】が同年のものとは考えがたい。もう少し踏み込んで述べるならば、奉書による臨時公事の免除が再開したことは、連署状による臨時公事の賦課・免除が終焉したことを意味しているのではないかと思われる。

【史料10】を発給した飯尾為清は、元来、氏綱と敵対していた晴元の奉行人であった。足利義輝と氏綱・長慶の和解の条件として、天文二一年に晴元息の聡明丸（のちの昭元）が長慶のもとに送られると、為清はそれに随伴している。[102] 永禄元年二月に氏綱のもとで催された細川千句において、為清は「執筆第一」をつとめていることから、[103] 氏綱奉行人としての立場を得たかのように見受けられるが、この一例は氏綱方と昭元方の融和を図る象徴的な場である可能性もあるので、政治体制と直結させて考えるのは慎みたい。

後にも詳述するが、永禄二年段階の氏綱は淀城に、また昭元は芥川山城にいた。両者の距離感は、三好氏の政治・儀礼に関する顧問的立場にあった幕臣の伊勢貞助が、「晴元御代書札調進之様躰、飯尾越前守為清ニ被相尋処、注進之、仍永禄二、十二、晦日、淀へ令持参、以多羅尾（綱知）左近大夫申入儀在之、彼正文渡申候間、写置之」と記していることからもみてとれる。[104] すなわち、氏綱方からの要望で晴元時代の書札礼が為清に問われたが、その間を仲介したのは貞助であった。こうした関係からみて、昭元のもとにいる奉行人が氏綱の意を承けて奉書を発給することはありえまい。よって、【史料10】は昭元の意を奉じたものということになる。いわば、【史料10】は、現当主にあたる氏綱を蔑ろにするものでもあった。

天文二一年に長慶方に降って以降、為清にとって初めての奉書でもある【史料10】は、次のような背景で発給されている。【史料10】に副えられた為清の送り状に「文言如仰」とあるように、多田院からの指示通りの文言で記された【史料10】は、晴元段階に発給された天文一〇年の為清奉書と全くの同文となっている。[105] したがって【史料10】は、段銭賦課に伴って発給されてはいるものの、今谷氏も指摘するように、永禄元年の昭元元服に合わせた代替わりの段銭免許という性格が色濃いとみるべきであろう(106)。

そして、永禄二年には為清の奉書による軍勢催促も始まる(107)。昭元の元服によって、京兆家当主でありながらも、氏綱方が発給する文書の政治的役割は消滅してしまったといってもよいかもしれない。では、辛うじてその役割が残されている【史料9】は永禄二年以前のいつ頃のものなのか、氏綱の政治的役割を別の側面からみることで推測したい。

2　内藤国貞の戦没と丹波経略

長慶内衆が氏綱内衆と並んで連署状を発給するという天文二二年（一五五三）一一月以来の事態を、長慶と同じ守護代クラスで、氏綱を当初より支えていた丹波守護代の内藤国貞が仮に目の当たりにしたならば、一悶着あったに違いない。しかし実際は、その直前にあたる天文二二年九月に、国貞は戦没している。ここから、国貞の戦没は、氏綱と長慶の関係を転換させる契機となった可能性を指摘できよう。ここでは、右の推論を検証しておく。

天文二二年九月、丹波守護代家の内藤国貞が晴元勢の攻撃を受けて戦死すると、国貞の娘婿である松永長頼（久秀の弟）は、すぐさま内藤家の八木城を奪還し事態の収拾に努めた(108)。

【史料11】(109)

内藤家督事、国貞契約筋目依在之、松永甚介(長頼)息被定置千勝上者、如先々可被致馳走由候也、仍執達如件、

天文廿二
十一月十五日　　長隆(茨木)（花押）

出野日向守殿
片山左(右)近丞殿

国貞没後から二ヶ月を経ないうちに発給された京兆家奉行人奉書で、国貞との契約に従い、内藤家の家督を長頼息の千勝とする旨を丹波国人に伝えたものである。翌年三月二〇日付の氏綱書状［83～85］では、改めて複数の丹波国人に対して、「内藤跡目事、備前国貞雖契約松永甚介候、長頼以分別、息千勝相続」という旨が一斉に伝えられた。内容に微妙な変化が生じており、本来の契約では長頼が跡目を継承することになっていたが、長頼の配慮で国貞と血の繋がる千勝への相続に結果したとしている点には注意したい。

【史料11】を発給した茨木長隆は、もともと晴元の奉行人で、同僚の飯尾為清とともに芥川山城に在城していた。【史料11】には細川氏綱奉行人奉書との名称が与えられてきたが、前項の検討を踏まえるならば、昭元の奉行人奉書とみるのが適切かと思われる。天文二一年以降に発給された長隆の奉書は右の一通のみで、昭元の元服直後にようやく前項でみた為清の奉書が二通みられる。したがって、【史料11】は、氏綱の直書が何らかの事情で準備できなかったため、丹波の混乱をいち早く収拾するために変則的な手続きで急遽用意されたものと推測される。

以上のように、【史料11】と［83～85］は内容や発給の手続きに、不審な点がみられるのである。しかも、長頼にしてみれば、丹波支配の口実となる実に都合のよい「契約」であった。従来は国貞との生前の「契約」が実態を伴ったものと理解されてきたが[110]、以上の諸点を踏まえると事態を収拾するための口実である可能性も視野に入れておく必要があるように思われる。「契約」の実態については、次の史料が手がかりとなる。

【史料12】［81］

於宇津（丹波）晴元（細川）出張之条、不移時日至八木（丹波）表令着陣、相談内藤弾正忠別而忠節肝要候、猶三好筑前守（長慶）可被申候也、

恐々謹言、

九月廿六日（天文二一年）　　氏綱（花押）

上原神兵衛尉殿

天文二一年八月末に晴元が「宇津へ可被越之由風聞有之」とみえることや、一〇月に「於丹州桑田郡に晴元浪人衆と氏綱方内藤備前守(国貞)合戦」とみえることから年代が特定できる。[111]【史料12】では、丹波の上原氏に対して、国貞の若き頃の通称を継承している「内藤弾正忠」と相談して宇津まで出陣してきた晴元勢にあたるよう指示がなされている。つまり、国貞には歴とした後継者が存在していたのである。国貞とほぼ同時にその後継者もともに倒れるという不測の事態に際して、[112]長頼は国貞との「契約」に基づく家督相続という手を打ったのであった。万一のことがあれば、娘婿を頼りにするという口約束ではありがちなものを、「契約」にまで拡大解釈したものといってもよかろう。

初期より支援を受けてきた内藤家の事実上の乗っ取りを、氏綱が快く思うはずがない。そのため、氏綱が直書発給を拒否したか、もしくは長慶方がしばらく様子をみるために氏綱への直書発給の要請を見送ったため、ひとまず昭元の奉行人奉書で対応したのであろう。そののち、丹波国人や氏綱が納得しやすくなるような、長頼の恣意性を薄めた表現に改変して、氏綱の直書が発給されたわけである。

見方を変えれば、自らを無視して奉行人奉書を発給されようとも、氏綱はそれを最終的には許容したといえる。天文二二年の奉書が長慶方の氏綱に対する姿勢の変化を示す一方で、天文二三年の直書からはそれを受容しなくてはならない氏綱の境遇も読み取れるのである。

【史料13】［86］

去廿九日、於新庄(丹波国氷上郡)・常楽表、合戦時、頸討捕由、尤神妙候、弥忠節肝要候也、謹言、

七月七日(天文二三年カ)　　氏綱（花押）

小森与介とのへ

これと対になる形で、丹波の実質的な支配者である松永「宗勝」が、同日付・同内容の添状を発給している。[113] 宗勝は天文二三年三月の［83～85］までは甚助長頼を名乗っており、以後入道して「宗勝」に改めるので、[114] 少なくともそれ以降のものとなる。天文二三年六月二八日に長慶勢が丹波桑田郡に出陣していることから、[115] このときの合戦に伴うものかと思われる。そうであるならば、千勝による内藤家の家督継承とほぼ同時にあたる長頼の入道は、世俗を離れることで内藤家を乗っ取るつもりがないことを意思表示したものと理解できる。

注意したいのは、氏綱が合戦に伴う感状を【史料13】以外にわずか二通のみしか残していないことである。[116] 氏綱が丹波経略に関わった様子がみられないことからも、【史料13】は氏綱が主体的に発給したのではなく、長頼からの要請に基づくものと判断される。このことは、丹波守護としての氏綱の権威がなお有効視されていたことを示していると同時に、氏綱が長頼による事実上の乗っ取りを許容したことも意味している。国貞を失ったことに伴い、天文二二年から翌二三年にかけて、氏綱は長慶方に全面的に依拠する姿勢へと転換せざるを得なかったのである。よって、【史料9】はその転換期の最終段階にあたる天文二三年のものと推測される。

3　氏綱後退の過程

前節からみてきたように、長慶が御供衆となる天文二一年（一五五二）頃と、内藤国貞没後の天文二二年から翌年にかけての二段階で氏綱の権力は後退していったようである。庶政から身を引いた氏綱は淀城に隠棲するので、居所を定めた時期も氏綱後退の過程を見極めるうえで着目すべき点といえる。

氏綱の淀入城は永禄二年とされることが多いが、天文二一年末にはすでに、「氏綱者淀被居」という事実が確認できる。[117] ただし、弘治二年（一五五六）までは氏綱以前に淀を支配していた小畠氏の活動が確認できるので、淀城が氏綱の居城として確立するのは、それから程なくしてのことと思われる。[118] 以上の点から、天文二一年末頃に氏綱の淀入城が可能性として浮上し始め、弘治年間に居城と定めたと想定される。

それと照応するのが昭元の動向である。天文二一年正月に入洛した当時七歳の昭元は、六月に長慶の越水城へ入った[119]。そして、翌二二年八月に謀叛を起こした芥川孫十郎を逐うと、長慶は芥川山城に入るとともに、越水城の昭元を迎え入れた[120]。すなわち、氏綱の淀入城と長慶のもとで昭元を養育するという方針が浮上する時期、および芥川山城の昭元・長慶と淀城の氏綱という体制が確立する時期は、氏綱が庶政から身を引く二段階とほぼ合致するのである。

右の二段階の変化を裏付けるには、実際に京都に住む荘園領主の目に映った氏綱と長慶の姿を定点観察するのが有効かと思われる。都合のよいことに、山科言継が天文一八年から天文二二年にかけて、今村慶満による禁裏御料所内蔵寮率分の押領を諸方面に度々訴えているので、これを検討の素材として、二段階の変化を捉え直してみたい。

天文一八年八月に、言継は慶満による押領を三好長慶に訴えた[121]。その文中に「四郎殿（細川和匡）江申候処、則雖被成下知候、尚以不能承引、至于今押取候」とみえるように、これ以前にまずは細川和匡に訴えて下知を得ており、それでも効果がなかったために長慶へ新たに訴えたようである。それから程なくして、慶満の競望を停止する旨の長慶折紙が発給された[122]。なお、のちに「今村紀伊守（慶満）押領仕候間、氏綱（細川）并筑前守（三好長慶）相届、両人折紙等雖有之、不能承引押取候」ともみえるように[123]、和匡に訴えて得たのは、氏綱の下知と考えられる。

このように、慶満の主人である氏綱方にまず訴え、それでも事態が好転しなかったため、氏綱方に対して発言力のある長慶に期待したのであった。一一月には、長慶だけでなく、その周辺の三好長逸・松永久秀・狩野宣政にも書状を送って訴え、さらに翌一九年二月にも長慶・長逸・宣政に訴えているが[124]、なおも事態は改善しなかったようである。

転機となるのは、氏綱・長慶と和解した将軍義輝が上洛してきた天文二一年である。これに応じて、三月に言継は幕府奉行人の飯尾盛就を通じて、伊勢貞孝宛ての御内書と長慶への下知を求めた(125)。氏綱への下知ではないことに注意したい。のちに言継は、より強制力のある長慶へ直接宛てた御内書を求めるが、それは叶わず奉書による下知に留まったようである(126)。これをうけて言継は、慶満の主人にあたる氏綱へも幕府からの下知があった旨を通知し、慶満へ堅く命じるよう求めている(127)。このように、義輝の上洛を契機として、長慶は慶満の競望停止をする主体として認識されるようになるが、なおも主人としての氏綱への期待も残されている。

八月には、改めて長慶宛ての義輝御内書の発給を画策し、九月にはひとまず「重御下知」がなされた(128)。そして、言継が待望していた長慶宛て御内書は、しばらくのちの一二月に発給されている(129)。

翌二二年に義輝と長慶が再び対立すると、七月には、芥川孫十郎の拠る芥川山城を攻める長慶方に松尾社家と四ヶ郷の用水相論が持ち込まれた(130)。それと時をほぼ同じくして、言継も率分について改めて訴えるため、沢路筑後守を芥川に派遣している(131)。このように、義輝と長慶が対立すると、長慶のもとへの訴訟が増加する傾向にあったようである。おそらく、京都の荘園領主を繋ぎとめるために、長慶方が優遇するであろうと見越してのことと思われる。事実、戦闘中にも拘わらず、長慶方はこれらの対応にあたっている。

なお、率分の件については、訴えたのが芥川山入城の予定日直前であったため、以後に改めて使者を送るよう長慶方から返事があったが、松永久秀の出陣などもあって再訴は少し遅れる(132)。そして、女房奉書や伊勢氏への副状などを用意し、一〇月九日と一五日の二度にわたって改めて芥川山城に沢路筑後守を遣わした(133)。

その結果、芥川山城で「糺明」を遂げることとなったようである。慶満が長慶の被官であれば、違乱を「停止」するはずなので、慶満はあくまでも氏綱被官の立場にあったといえる。言継は、このときも氏綱へ助力を求めているが、慶満に命じるのではなく「急度相渡候様、筑前守（三好長慶）に被仰付」こと、すなわち長慶が動くように計らうことを求めており、[134] 氏綱も［82］にてそれに同意している。もはや氏綱は糺明の主体ではないのである。

以上のように、天文二一年頃から氏綱と長慶が並立するようになり、天文二二年頃から氏綱と長慶の立場が逆転していくという二段階の変化は、言継の対応にも明瞭に反映されていた。右の顚末からは、荘園領主の期待に応えられるか否かが、京都において権力として機能するか否かを左右したともいえるだろう。なお、結果的に糺明は慶満の参宮や病気を理由に度々延期となり、[135] 実施された形跡もないまま、率分一件に関する記事は日記から姿を消してしまう。このように最終的な結果はわからないものの、当該期以降の畿内における訴訟についてはすでに研究の蓄積があるので、その成果も踏まえながら、天文二二年頃の氏綱と長慶の関係変化について総括しておきたい。

天文二三年の今井用水相論を初見として、いわゆる「長慶裁許状」が登場し、長慶方の主導による裁許が展開したことはよく知られる。今谷明氏は、天文二二年に将軍義輝を逐ったことをその契機とみており、幕府体制の否定の上に成り立っていると評価した。[136] この評価は、天文一八年の氏綱傀儡化を前提として想定された次の階梯ともいえるが、ここまでみてきたように、実際は天文二二年まで氏綱はなおも主体的な支配を行っていた。長慶は、昭元とその奉行人を活用することで氏綱の持っていた権限を吸収していったのであり、義輝を逐ったことが権限拡大の一つの契機ではあっても、幕府に取って代わったというわけではない。実際、今井用水相論の裁許にあたった「評定衆」は、飯尾為清・三好長逸・茨木長隆・斎藤基速・塩田左馬頭の五名であり、昭元の奉行人が二人とも含まれていた。[137]

高橋敏子氏は右の合議体制の存在を肯定的に捉えるのに対し、天野忠幸氏は飯尾為清や茨木長隆が今井用水相論以外の裁許史料に登場しないため、三好氏にはかかる合議機関が存在しなかったとする。[138] 思うに、彼らはあくまでも京兆家奉行人の立場なので、三好家の裁許では発給者に名を連ねないだけではなかろうか。文書に反映されない裁許の審議過程に関与していたことは、次の史料からも窺うことができる。

【史料14】[139]

公事篇

一就訴論三問答相番テモ、問答ノ文言ニ証文右備トモ不書之、披露ノ尋ニ至テ証文出帯ノ事不審ノ間、不可有裁許哉否事、縦右備ト文言雖無之、証文慥之儀ニ付而者、可有裁許由各被申之、右条自芥川以飯越(飯尾為清)右筆方へ被相尋候条、各存分如此云、永禄六癸亥、十一、九、

飯尾為清が、訴訟における三問三答の書式について伊勢貞助に問うたことがわかる。永禄六年（一五六三）に至っても、為清は裁許の審議に関わっていたのである。以上の諸点から、天文二二年の義輝と長慶の対立によって長慶方への訴訟が集中した結果、氏綱を介さずとも京兆家の意見を交えた裁許を下しうる体制が成立し、それが一定期間機能したといえるだろう。

おわりに

本章第一節では、氏綱の花押編年を踏まえたうえで、彼の内衆構成を概観した。その結果、譜代の内衆に乏しく、一族に頼った構造であることが判明した。それもあって、当初は京兆家の家政機関において重要な位置を占めるはずの奉行人を欠いていた。京都への進出に伴い、氏綱は急ぎ奉行人体制の整備を図るが、天文一八年（一五四九）までに奉行人を放逐し、自身に近い近習に庶政を担わせることとなる。今谷明氏は、奉行人を放逐した長慶が氏綱の持つ権力を握ったとしたが、むしろ奉行人の放逐は氏綱の主体性を示すものであった。

第二節と第三節では、かかる氏綱の主体的な支配が長慶との共同統治に移行していく過程をみるとともに、そ

の共同統治から氏綱が後退していく過程も明らかにした。前者の転機は天文二一年である。この年、氏綱・長慶と将軍義輝が和睦すると、長慶は幕臣となり、氏綱との家格差を縮める。と同時に、氏綱が治安維持などの役割を全うできないことが露わになると、荘園領主等からその補完を期待された長慶は、次第に地位を上昇させていった。その結果、氏綱方と長慶方による共同統治の模索が始まる。後者の転機は天文二二年である。この年、内藤国貞父子の死没と義輝との反目という畿内支配の危機が訪れると、それを乗り越えるべく奔走する過程で、長慶は氏綱のもつ権限を吸収し、権力としての安定化を目指した。

以上のように、氏綱と長慶の関係を段階的に把握することによって、三好権力の成立過程は次のように捉え直すことができる。まず、天文一八年に長慶が氏綱を傀儡化したという見方は完全に払拭できたと思う。少なくとも天文二二年前後まで氏綱は主体性を維持しており、長慶もそれを尊重していた。長慶は、必ずしも常に権力の掌握を図っていたわけではなく、国貞父子の死没や義輝との反目などの偶発的要因もあり、それらの危機を氏綱に代わって乗り越えなければならないという側面があったことも見逃してはなるまい。長慶の権力拡大を当然の帰結とする見方は改めるべきであろう。また、天文二二年以降の長慶の権力拡大は、氏綱の権限を吸収した結果でもあった。天文一八年にすでに氏綱の持つ権限を奪ったとみる今谷氏は、天文二二年以降の長慶の権力拡大を幕府に取って代わるものと説明したが、京兆家を無視した一足飛びの見方といわざるを得ない。

では、長慶による権限の吸収を氏綱側はどのように捉えていたのか、氏綱のその後の動向も踏まえつつ、最後に見通しを述べておきたい。

実権を握る者と傀儡の間には、得てして軋轢が生じやすいが、国貞没後の茨木長隆奉書と氏綱直書の時差を除けば、それ以外で氏綱と長慶の間で意見が衝突した形跡は認められない。氏綱が長頼の要請に従って直状を発給するなど、むしろ氏綱は長慶方に協力的であった。氏綱は、長慶方との協調を模索しており、そのために自発的に一線から退いたとしか思えないのである。

氏綱がその思惑を吐露した史料は残されていないので推測に留まるが、自らでは畿内の治安維持が不可能と察した氏綱は、その役割を長慶に委ねたのではなかろうか。あるいは、氏綱が後継者を立てた形跡がないことから、晴元と長慶が対立する現状に鑑み、細川家の内訌を終息させるため、昭元に晴元派と高国派の融合を委ねたという見方もできる。従来は、長慶側からの視点に偏っていたため、自ずと将軍家や京兆家などの旧体制は克服すべき対象とされがちであったが、見直す必要があるだろう。

なお、氏綱は中央の庶政から身を引いたのちも、儀礼の場における活動は継続する。例えば、永禄元年（一五五八）の義輝帰洛にあたって、氏綱は長慶とともに出仕している(140)。また、永禄二年から永禄五年にかけて、氏綱は長慶とともに幕府への出仕を継続している(141)。しかも、永禄四年は、供として「内藤備前守《(貞勝)》・長塩《(盛俊)》・多羅尾《(綱知)》」の三者を従えていることが確認できる。内藤貞勝は千勝の成長した姿と思われることから、松永長頼とも良好な関係を維持していたものとみられる。永禄四年三月に実施された義輝の三好亭御成にも、氏綱は供として池田勝正と多羅尾綱知を連れて参加している(142)。以上のように、氏綱は京兆家として儀礼上の役割を果たしており、長慶との関係も円満だった。

淀城に退いたのちも、氏綱は「淀屋形」として一定の地位を保っており、氏綱没後も多羅尾綱知は「守護代」と呼ばれ、淀城になお健在であった(143)。同じく氏綱没後の永禄七年に、京都から大坂に下向する山科言継は、摂津の水無瀬から船で淀川を下る際に若槻長澄から過書を得ている(144)。ここから、氏綱が摂津守護として一定の役割を果たしていたことや、氏綱没後は遺臣がそれを代行していたこともわかる。のちに多羅尾綱知が三好義継のもとで若江三人衆を構成するように、氏綱遺臣は一つの勢力として機能し続けていた。

これらの事例からも明らかなように、隠棲したのちも氏綱は、三好権力下で決して軽んじられていたわけではない。したがって、長慶は氏綱の権力を奪ったのではなく、氏綱から委ねられてその権限を代行するに至ったとみるほうが、より実態に近いのではないかと思われる。

註

(1)　今谷明「三好・松永政権小考」(同『室町幕府解体過程の研究』岩波書店、一九八五年、初出一九七五年)。
(2)　今谷明「細川・三好体制研究序説」(前掲註(1)今谷著書、初出一九七三年)。
(3)　小泉義博「室町幕府奉行人奉書の充所」(『日本史研究』第一六六号、一九七六年)。上島有「解説」(日本古文書学会編『日本古文書学論集』八、吉川弘文館、一九八七年)。
(4)　下川雅弘「上洛直後における細川氏綱の政治的役割」(『戦国史研究』第五一号、二〇〇六年)。同「三好長慶の上洛と東寺からの礼銭」(『戦国史研究』第五六号、二〇〇八年)。同「『久世方日記』小考」(『日本歴史』第七二七号、二〇〇八年)。
(5)　天野忠幸「畿内における三好政権の支配構造」(同『戦国期三好政権の研究』清文堂出版、二〇一〇年、初出二〇〇六年)。
(6)　『新修茨木市史』第一巻(二〇一二年)など。
(7)　天野忠幸「政治秩序にみる三好政権から織田政権への展開」(『織豊期研究』第一九号、二〇一七年)。
(8)　前掲註(1)今谷論文の註(9)。
(9)　本書第三部第四章「細川国慶の上洛戦と京都支配」。
(10)　本書第一部第四章「摂津守護代薬師寺氏の寄子編成」。
(11)　天野忠幸「戦国期畿内権力研究の成果と課題」(前掲註(5)天野著書)。
(12)　本書第三部第一章「細川晴国・氏綱の出自と関係」。
(13)　小谷利明「畠山稙長の動向」(矢田俊文編『戦国期の権力と文書』高志書院、二〇〇四年)。
(14)　『大阪狭山市史』第二巻(二〇〇二年)七〇八頁(小谷利明氏執筆)。
(15)　『和泉市史紀要第六集　槙尾山施福寺の歴史的総合調査研究』第二分冊(和泉市史編さん委員会、二〇〇一年)四五二頁(仁木宏氏執筆)。
(16)　畑和良「細川通董の野州家相続とその背景」(『倉敷の歴史』第二二号、二〇一二年)。
(17)　なお、『新修八坂神社文書』中世篇二四五号は、表題を「細川氏綱書状」とするが、写真版で確認したところ「道永」と署名し細川高国の花押が据えられていたので除外した。
(18) 本書第三部第一章「細川晴国・氏綱の出自と関係」。
(19) 前掲註(13)小谷論文。
(20) 本書第三部第一章「細川晴国・氏綱の出自と関係」。
(21) 氏綱と晴国の関係については、本書第三部第一章「細川晴国・氏綱の出自と関係」。
(22) 本書第三部第四章「細川国慶の上洛戦と京都支配」。
(23) 「細川両家記」天文一二年条。
(24) 「細川両家記」天文一四年条。
(25) 出張に伴う音信の礼状として大山崎に宛てた五月二八日付の［64］を、刊本では天文一五年に比定しているが、花押4A後期型なので訂正の必要がある。氏綱と陣営を同じくする遊佐長教が、同日付で大山崎に音信の礼状を送っており、その書中で「制札之儀承候、則調進」すると述べている（離宮八幡宮文書二六〇号〈『大山崎町史』史料編〉）。実際、天文一八年五月付で長教が禁制を発給していることから（疋田家本離宮八幡宮文書四一号〈同上〉、刊本では発給者を遊佐信教とするが正しくは長教）、一連の書状は同年に比定できる。
(26) 『天文日記』天文一六年一一月三日条。長塩正親については、本書第三部第三章「細川国慶の出自と同族関係」。
(27) 『天文日記』天文一七年正月二九日条。
(28) 「細川両家記」天文一六年一〇月五日条・同一七年条。
(29) 『天文日記』天文一八年五月一七日条。
(30) 弓倉弘年「天文期の政長流畠山氏」（同『中世後期畿内近国守護の研究』清文堂出版、二〇〇六年）。
(31) 多賀神社文書一〇九号（『多賀神社文書解説』）。
(32) 宝珠院文書三函九六号（京都大学総合博物館蔵）。菊池大樹「中世東大寺堂衆の活動」（『古文書研究』第八三号、二〇一七年）に翻刻されている。
(33) 『言継卿記』永禄一三年正月三日条。
(34) 「細川両家記」永禄二年条。
(35) 田中家文書八五三号（『石清水文書』三）。

(36)「細川両家記」永禄元年一一月三〇日条。
(37)両者については、本書第三部第一章「細川晴国・氏綱の出自と関係」。
(38)本書第一部第三章「細川高国の近習と内衆の再編」。
(39)本書第三部第二章「細川晴国陣営の再編と崩壊」。
(40)本書第三部第四章「細川国慶の上洛戦と京都支配」。
(41)「雑々聞撿書」永禄四年二月三日条（内閣文庫蔵「武家故実雑集」一三）。
(42)「日黄事故略鈔」天文一五年条（「大雲山誌稿」一九〈東京大学史料編纂所謄写本〉）にも、「氏綱取次梅養軒」と「同《(取次)》多羅尾孫十郎」が並んで登場する。
(43)のちに梅養軒は、年未詳八月一二日付の細川藤賢書状を取り次いでいることから（東京大学史料編纂所蔵小枝文書）、藤賢に仕えたようである。
(44)『言継卿記』永禄六年二月二五日条・同元年二月二五日条。
(45)『天文日記』天文一五年九月二九日条。
(46)『言継卿記』天文二一年三月二八日条。
(47)清涼寺文書三四号（『京都浄土宗寺院文書』）。花押の形状は、若槻長澄のものと基本的に一致する。
(48)本書第一部第二章「細川高国の近習とその構成」。
(49)『言継卿記』永禄元年二月二四日条・同六年二月二五日条。
(50)西野嘉右衛門氏所蔵文書（東京大学史料編纂所影写本）。
(51)本書第三部第二章「細川晴国陣営の再編と崩壊」。
(52)勝尾寺文書九八二号・九八三号（『箕面市史』史料編二）。
(53)西野嘉右衛門氏所蔵文書。
(54)本書第一部第四章「摂津守護代薬師寺氏の寄子編成」の註(24)。
(55)拙稿「信長上洛前夜の畿内情勢」（『日本歴史』第七三六号、二〇〇九年）。
(56)本書第三部第三章「細川国慶の出自と同族関係」。
(57)『大徳寺文書別集真珠庵文書』三三三—七号。

(58) 首藤善樹「聖護院門跡の院家」（同『修験道聖護院史要覧』岩田書院、二〇一五年）。『後法成寺関白記』永正五年一二月一八日条など。
(59) 『後法成寺関白記』永正一七年六月一二日条・閏六月一七日条。
(60) 『後法成寺関白記』大永六年三月二七日条。尹賢には弟に高基がいるので、年齢的にみて、さらにその弟かと思われる。
(61) 『言継卿記』天文二二年閏正月五日条・永禄元年二月二五日条。
(62) 本書第一部補論一「細川高国の家督継承と奉行人」。
(63) 本書第三部第二章「細川晴国陣営の再編と崩壊」。
(64) 本書第三部第四章「細川国慶の上洛戦と京都支配」。
(65) 本書第三部第一章「細川晴国・氏綱の出自と関係」・第二章「細川晴国陣営の再編と崩壊」。
(66) 本書終章「戦国期畿内政治史と細川権力の展開」。
(67) 前掲註(55)拙稿の〔史料2〕～〔史料4〕。なお、上記拙稿では、史料中に登場する「松田左衛門尉」を幕府奉行人の松田頼隆に比定しているが、松田守興に訂正する。また、「刑部殿」を富小路氏直に比定しているが、岩本潤一「戦国期の公家家司について」（『戦国史研究』第五八号、二〇〇九年）に基づき、信濃小路長盛に訂正する。
(68) 興福院文書（『戦三』三五五）。
(69) なお、高橋敏子「『大日本古文書　家わけ第十　東寺文書之十七』出版報告」（『東京大学史料編纂所報』第五一号、二〇一六年）は、［ぬ］の年次を天文一五年に比定しているが、内容的には「細川両家記」永禄元年条にみえる戦況と合致する。さらには、［は］およびそれと関連する十河一存書状（東寺百合文書れ函一二〇号）の年次を天文一六年に比定するが、一存の属する長慶と守興の属する氏綱が結ぶのは天文一七年のことなので、一存と守興がそれ以前に友好関係を結ぶことはあり得ない。守興の花押は、図21に示したように三種に分類できるが、その使用時期からみても高橋氏の年次比定には従いがたい。
(70) 前掲註(4)下川「三好長慶の上洛と東寺からの礼銭」および「『久世方日記』小考」。「久世方日記」は東寺百合文書ヲ函一五五号。なお、「久世方日記」の引用に際しては年を省略する。
(71) 東寺百合文書い函一二一号（『戦三』七二四）。なお、この史料を初見として、芥川清正は四郎右衛門尉から美作守に改称している。
(72) 前掲註(4)下川「上洛直後における細川氏綱の政治的役割」。

(73) 本書第二部第一章「細川澄元陣営の再編と上洛戦」。
(74) 東寺百合文書ソ函二四五号。
(75) 「イ・ウ・エ」の請取状に署名はないが、一方の花押が勝尾寺文書一一二五号（『箕面市史』史料編二）の水尾為盛花押と一致する。水尾氏については、拙稿「織豊期の茨木」（『新修茨木市史』第二巻、二〇一六年）。
(76) 東寺百合文書キ函二八〇号。
(77) 『鹿王院文書』五九六号・六〇八号。
(78) 東寺百合文書ヲ函一九四号・一九六号。
(79) 東寺百合文書キ函一七二号（『戦三』一九三）。
(80) 一一月二五日になると、上久世荘から東寺に対して、「御寺家段米之儀付而筑州《(三好長慶)》之御中間・神足方者被付候」との報告があった（東寺百合文書キ函一七五号）。このように長慶の中間が段米催促に関与していることも、下川氏の誤解を膨らませる要因になったと思われる。ここでは、長慶の息が直接掛かった内衆ではなく、「御中間」である点に注意が必要である。氏綱の軍事力を実態面で支えるのは長慶の軍勢であったため、氏綱方の主体的な賦課とはいっても、現場の最前線では「神足方者」だけでなく、長慶の「御中間」も催促に関与したのであろう。
(81) 東寺百合文書キ函一七三号。
(82) 東寺百合文書キ函二九一号・キ函二三四号・ぬ函一〇八号。それぞれの文中に、「左太」・「多左」・「左近大夫」という多羅尾左近大夫綱知の略称がみえる。
(83) 随心院文書六三号（『長岡京市史』資料編二・『戦三』参考二一）。なお、刊本では天文一八年に比定されているが、段米の賦課主体から年次を訂正した。
(84) なお、慶満発給文書の年次比定にあたっては、本書第三部第五章「細川京兆家の内訌と京郊の土豪」における花押の分析も踏まえている。
(85) 本書第一部第三章「細川高国の近習と内衆の再編」。
(86) 柴辻俊六・千葉篤志編『史料集『萬葉荘文庫』所蔵文書』（日本史史料研究会、二〇一三年）五号（『戦三』三五七）。
(87) 天野忠幸『三好長慶』（ミネルヴァ書房、二〇一四年）六五頁。賀茂別雷神社文書（『戦三』三六一）。
(88) 『重要文化財指定記念革嶋家文書展』（京都府立総合資料館、二〇〇三年）一三号（『戦三』一八二）など。

(89)　高木純一「東寺領山城国上久世荘における年貢収納・算用と『沙汰人』」（『史学雑誌』第一二六編第二号、二〇一七年）。久代村古記録（『川西市史』第四巻五二九頁・『戦三』五五三）。

(90)　天野忠幸「戦国野間氏の興亡」（『地域研究いたみ』第四五号、二〇一六年）。天野氏は「野間長久に領地を与えたりして、主従関係を結」んだとするが、典拠とする史料（林原美術館所蔵古判手鑑〈『戦三』一三三〉）では、長慶が長久に対し「可有御知行候」と敬語を用いていることに注意が必要である。よって厳密には、主従関係ではなく寄親寄子関係にあると思われる。

(91)　浜口誠至「細川京兆家奉行人奉書による幕政の補完と代行」（同『在京大名細川京兆家の政治史的研究』思文閣出版、二〇一四年）。斎藤元陸の動向については、本書第一部第三章「細川高国の近習と内衆の再編」でも若干触れているほか、山田貴司「西国の地域権力と室町幕府」（川岡勉編『中世の西国と東国』戎光祥出版、二〇一四年）の〔史料8〕に元陸の発給文書が紹介されている。山田氏は元陸を大友氏の家臣と誤解しているが、高国の外交面において元陸が重要な役割を担っていたことを示す史料である。

(92)　「親元日記」寛正六年二月一日条・四月二八日条（『続史料大成』一〇）。

(93)　東寺百合文書ニ函四〇九号。

(94)　『尊卑分脈』第三篇二七九頁。

(95)　刊本では、［ニ・ヌ］の宛所を「上右」と翻刻するが、上坂大炊助を略した「上大」が正しい（『大徳寺文書別集真珠庵文書』五四一号・九一一―一〇号）。

(96)　本書第三部第四章「細川国慶の上洛戦と京都支配」。『言継卿記』天文二二年閏正月五日条。

(97)　慈照院文書（『戦三』一〇二〇）。

(98)　多田神社文書三九三号・三九四号・三九七号。すでに永正三年には「五十貫文　公用」とみえるように（多田神社文書三七四号）、五〇貫文の支払いをもって段銭を免除する形式は定まっていることから、永正一一年の変化は京済となった点に限定される。

(99)　本書第二部第七章「細川晴元の取次と内衆の対立構造」でも触れたように、晴元の場合、申次は側近取次、奏者は奉行人がつとめていた。よって、石田頼長も側近取次に相当すると考えられる。氏綱の奉行人が解消されると、前述のように阿閉長治が奏者をつとめた事例が確認できる。頼長の出自については確証がないが、本書第一部第二章「細川高国の近習とその構成」で述べたように細川高国の腹心に石田国実がいるため、その一族と考えられる。

(100) 鹿塩氏については、中西裕樹「本山寺蔵　弘治二年銘釣灯籠の『鹿塩内蔵充綱』」（『しろあとだより』第一号、高槻市立しろあと歴史館、二〇一〇年）および拙稿「堺町人出身の旗本鹿塩氏について」（『史敏』通巻七号、二〇一〇年）。

(101) 『戦三』五五四・五五五。前掲註(100)中西論文。

(102) 『言継卿記』天文二一年九月三日条。

(103) 『言継卿記』永禄元年二月二五日条。

(104) 「鳩拙抄」永禄二年一二月晦日条（内閣文庫蔵「武家故実雑集」一〇）。伊勢貞助については、木下聡「『後鑑』所載『伊勢貞助記』について」（『戦国史研究』第五七号、二〇〇九年）。

(105) 多田神社文書四七九号・四三〇号。

(106) 前掲註(1)今谷論文の註(19)。

(107) 夜久文書二一号（『兵庫県史』史料編中世三）。

(108) 「細川両家記」天文二二年九月条。

(109) 野間建明家文書一号（『和知町誌史料集』一・『戦三』参考三〇）。

(110) 天野忠幸「三好氏の広域支配と和泉」（前掲註(5)天野著書、初出二〇〇六年）。福島克彦「文書解題」（『丹波国船井郡小林家文書調査報告書』南丹市日吉町郷土資料館、二〇〇六年）。

(111) 『言継卿記』天文二一年八月二六日条。「細川両家記」同年一〇月二〇日条。

(112) 賜蘆文庫文書（東京大学史料編纂所影写本）のうち「東寺光明真言講過去帳」第九に、「内藤備前守《（国貞）》・同子《（弾正忠）》」「天文廿二月日父子共、依為守護代入之了」とみえる。「厳助往年記」天文一六年閏七月五日条（『改定史籍集覧』第二五冊）にみえる「内藤彦五郎」も、仮名を継承しているため国貞の子であろう。

(113) 小森文書二号（『兵庫県史』史料編中世三）。

(114) 前掲註(110)福島論文。福島氏も示唆するように、宗勝が内藤を称するようになるのは、千勝（貞勝）が姿を消したのちの永禄五年（一五六二）頃と考えられる。

(115) 「細川両家記」天文二三年六月二八日条。

(116) 一つは、一一月七日の丹南口（大阪府松原市）における合戦での軍忠を褒賞した［40］である。花押4A前期型であることを踏まえると、堺に上陸した阿波守護細川持隆の軍勢が出陣して、天文一五年一一月七日に河内で合戦しているので（『天文日記』天文一五年一〇月二三日条・『私心記』同年一一月七日条）、このときのものであろう。

もう一つは［53］で、未紹介史料のため次に全文を掲げておく。

去九月四日於余部合戦之時頸討捕粉骨働尤神妙候、弥忠節肝要候也、謹言、

十一月十五日　　氏綱（花押影）

福井又四郎とのへ

天文一六年八月以降、晴元勢は若林（大阪府松原市・八尾市）に陣取って、氏綱方と「日々合戦」に及んだ。花押4A前期型であることも踏まえると、九月四日の余部（堺市美原区）における合戦とは、このときの一戦であろう。天文一六年一〇月の細川国慶戦没によって、氏綱は没落を余儀なくされた。合戦から二ヶ月以上を経て感状を発給したのは、再興を期して福井氏を繋ぎとめておく必要性が生じたからかもしれない。この点からも、氏綱が感状をあまり発給しなかった様子が窺えよう。

なお、［53］は、河内国交野郡坂村（大阪府枚方市）在住の医師で、好古家の三浦蘭阪が薄様紙に敷写したもので、原紙の寸法も長方形の枠（竪一〇・三センチ×横一九・六センチ）に忠実に反映されている。枠外には「井上清左衛門蔵／庚申（寛政一二年七月）孟秋模義惠（三浦蘭阪）（花押）」との奥書もある。三浦家文書については、『三浦家文書の調査と研究』（研究代表者村田路人、大阪大学大学院文学研究科日本史研究室・枚方市教育委員会、二〇〇七年）を参照されたい。

(117)『天文日記』天文二一年一二月二一日条。

(118)拙稿「淀城と周辺の地域秩序」（『古文書研究』第八一号、二〇一六年）。

(119)「細川両家記」天文二一年正月二八日条・六月五日条。

(120)「細川両家記」天文二二年八月二二日条・二九日条。

(121)『言継卿記』天文一八年八月二七日条。

(122)『言継卿記』天文一八年九月三日条。

(123)『言継卿記』天文二一年三月九日条。

(124)『言継卿記』天文一八年一一月九日条・同一九年二月二二日条。

(125)『言継卿記』天文二一年三月九日条・二〇日条。

(126)『言継卿記』天文二一年三月二四日条・四月一日条・四日条。

(127)『言継卿記』天文二一年四月一四日条。

(128)『言継卿記』天文二一年八月一二日条・九月三日条。
(129)『言継卿記』天文二一年一二月五日条。
(130)『言継卿記』天文二二年七月一一日条・一六日条。
(131)『言継卿記』天文二三年八月一九日条。
(132)『言継卿記』天文二二年八月二二日条・二三日条・九月四日条。
(133)『言継卿記』天文二二年一〇月六日条・八日条・一一日条・一二日条・一四日条。
(134)『言継卿記』天文二三年一一月五日条。
(135)『言継卿記』天文二二年一一月八日条・一八日条。
(136)前掲註(1)今谷論文。
(137)正木彰家文書（『長岡京市史』資料編三、一六六頁・『戦三』三九六）。
(138)高橋敏子「東寺寺僧と公文所との相論にみる三好政権」（東寺文書研究会編『東寺文書にみる中世社会』東京堂出版、一九九九年）。前掲註(5)天野論文。
(139)「鳩拙抄」永禄六年一一月九日条。
(140)「雑々聞撿書」永禄元年一一月二七日条。
(141)「雑々聞撿書」永禄二年三月一〇日条・同四年二月三日条・同五年正月二一日条。
(142)『蜷川家文書』七四七号。「永禄四年三好亭御成記」（『続群書類従』第二三輯下）。
(143)前掲註(118)拙稿。
(144)『言継卿記』永禄七年七月一四日条。

終章　戦国期畿内政治史と細川権力の展開

はじめに

周知のように、戦国期の室町幕府と細川京兆家に関する研究は、今谷明氏によって本格的に先鞭が付けられた(1)。今谷氏の研究は、細川政元段階から三好長慶段階に至るまでを連続的に捉えている点に特徴があったが、その階梯のなかで最初に批判を浴びたのが、「堺幕府」論と「管領代」論であった。すなわち、大永七年（一五二七）の桂川合戦を機に成立した将軍足利義維と管領細川晴元による体制を「堺幕府」と位置付けた今谷氏に対し、義維は将軍職に就いていないうえ、足利義晴も依然として影響力を持っているという批判が寄せられたのである(2)。さらに今谷氏は、「堺幕府」のもとで茨木長隆が「管領代」なる立場に就き、のちに三好長慶がその立場を踏襲することで畿内の覇権を握ったとしたが、「管領代」は実際のところ奉行人なので表現が不適切で、地位もさほど高いものではないという批判も加えられた(3)。

右の指摘は妥当と思われるが、その後も批判に終始して、細川権力と三好権力を連続的にみる新たな視座が再構築されなかった点に問題が残されている。そのため今現在の細川権力論は、最終段階を捨象するか、もしくは解体期・後退期としてしか捉えられなくなっている。一方の三好権力論も、織田権力と連続する先進的な支配の側面ばかりが照射され、それを可能にさせた歴史的要因は今一つはっきりしない状況にある(4)。

もちろん、三好権力が織田権力に先行して、成熟する畿内の都市や地域社会と向き合って掌握に努めていたという事実が浮かび上がってきた意義は大きい[5]。注意が必要なのは、細川権力と都市・地域社会との関係性については研究蓄積に乏しいということである。右の欠落が残されたままでは、三好権力の画期性は正当に評価できまい。そこで本章では、京都の荘園領主や周辺地域社会との関係性も視野に入れながら、細川権力と三好権力を連続的に捉えることを第一の課題とする。

次に問題としたいのは、幕政において重きをなしたがゆえに、幕府との関係性を無視できないという細川権力論の研究方法である。例えば今谷氏は、京兆家の細川政元が幕府の実質的な統治者となり、「京兆専制」を遂げたと指摘した[6]。それに対して末柄豊氏は、細川氏は幕府から相対的に独立して畿内領国化を進めたと批判する。さらに、幕府の実態研究が進み、京兆家とは別個に機能していることが明らかとなったため[7]、現在は「京兆専制」という評価が不適当だという認識に至っている。

その後、古野貢氏は、川岡勉氏による「室町幕府―守護体制」論を前提としつつ、京兆家およびその庶流の分国に展開する内衆の広がりに着目して、これを「京兆家―内衆体制」と規定した[8]。そして、この体制によって幕府内で優越性を保持した京兆家は、幕府権限を代替したとする。浜口誠至氏も指摘するように、幕府に関わる言及については、史料的根拠がほとんど提示されていないため同意しがたいが[9]、裏を返せば幕府との関係性を無視できないという細川権力論の特徴が、ここにも表れている。

その浜口氏は、幕府儀礼や奉行人奉書などの検討を踏まえて、京兆家は幕府制度の枠外から幕政を補完したと結論づける。現段階の到達点としてよいかと思われるが、検討の対象が高国期に限定的で、分析の結果が京兆家の歴史全体のなかでどのように位置付くのかという点にまでは至っていない。また、大内義興などの他大名とともに京兆家を「在京大名」と括るが、それによって京兆家独自の歴史的展開が見落とされる可能性もあるだろう。

各論者による高国期の評価を踏まえれば、細川権力論の問題点はより鮮明となる。例えば、今谷氏による「京兆専制」という視点からだと、高国前期はともに将軍義稙を擁立した大内義興と競合する関係にあり、永正一五年（一五一八）に義興が山口に下向することで本来の姿に戻ったと評価される。それに対して古野氏は、「京兆家―内衆体制」は解体へ向かうも、義興在京時は協力体制のもと維持しており、義興の下向とともに解体へ向け加速するという真逆の評価を下している。他方、「在京大名」の視点から分析した浜口氏は、儀礼を介して前期から後期にかけて権力を確立させていくとし、後期のほうが安定するという。今谷氏に近い見方だが、本来の姿に戻ったのか、徐々に権力を形成していったのかという点でやはり認識に違いはある。

以上のように、細川権力の評価は、独自の権力構造論だけではなく、幕府との関係性も併せて両面からなされてきた。ただし、その両面のいずれに力点を置くかは論者次第であったため、極めて共通理解の得にくい議論になっているといえよう。この状況を打開するには、ひとまず細川権力そのものに視点を据えて、オーソドックスな権力論で押さえられるところは押さえ、共通の土台を用意したうえで議論する必要があると考える。これを本章における第二の課題とする。また、高国期の評価のズレを前提とするならば、時代幅を持ちながら、通時代的・段階的に評価できる指標を設定しなければなるまい。第一の課題も踏まえると、嘉吉の乱や応仁の乱の影響で幕府の変質や地域社会の成長が著しくなる勝元期あたりを起点としておく必要もあるだろう。

二つの課題を解決するために本章で着目するのは、筆者がこれまでも検討してきた京兆家の内衆構造である。今谷氏は、守護代とその管国の国人が対立していることに着目し、国人を登用しないという京兆家の方針に起因するものであるとした。それに対して末柄氏は、国人不登用策を事実誤認であるとし、宿老たる守護代と国人から京兆家に抜擢された近習との対立であり、ひいては国人の掌握をめぐる守護代と京兆家の対立であると関係性を描きなおした。ところがその後、いわゆる家臣団研究のように全体的な構造論として展開することがなかったため、内衆のなかの近習の存在は研究者の共通認識とはならなかった。例えば、古野氏の規定する「京兆家―内衆体制」は、内衆に新参が入らない前提で議論が進められるため、維持もしくは解体の二者択一的な理解に限られ、新参の台頭は体制の動揺としてしか捉えられない(11)。

側近政治の強化によって当主個人の権力を行使しつつも、宿老体制の維持によって家権力の安定を図るという二つの相反する志向性を持つがゆえに、宿老と側近が衝突するという矛盾は、前近代の権力に普遍的な特質といえる(12)。したがって、当主側近の新参を必ずしも否定的にみる必要はなく、肯定的に捉えて内衆体制の再編と解釈する余地もあるだろう。細川権力論にとってまず必要とされるのは、このような権力の基本構造に対する共通理解だと思われる。そこで本章では、京兆家の庶政にあたる新参の内衆を広く近習として捉え、内衆構造の再編を段階的に把握することに努めたい。

近習に着目する意義は、その役割にもある。小谷利明氏によると、近習は京兆家と荘園領主や村を結びつける役割を担った(13)。この点は、第一の課題と密接に関わる。さらに小谷氏は、畠山家の近習がのちに「官僚型戦国領主」へと成長を遂げたともいう(14)。京兆家においても、柳本賢治・木沢長政・三好長慶など、当主近辺から権力化を遂げていく動きがあるので、これは細川権力と三好権力を繋ぐ視点になるのではないかと考えられる。

以上のような問題関心のもと、本章では、幕府・荘園領主・地域社会に対する京兆家の姿勢が変化するに伴い、内衆構造がどのような変容を遂げたのか検討する。そして、内衆構造を指標として、勝元期から政元期にかけての変化を手始めに、政元期から高国期、高国期から晴元期、晴元期から長慶期、という四つの段階差を明確にする。このように連続的に把握することで、分散状況にある研究の止揚を図りたい。

一　奉行人奉書の変容と近習層の充実——勝元期から政元期にかけての変化

1　奉書の機能拡大

常に在京して多方面に権力を行使する細川京兆家は、守護としての分国支配や主従制における被官支配、あるいは幕府支配の側面を分別することなく論じられがちである。そこで本項では、直状等に比べるとそれらを分別しやすい奉行人奉書に着目したい。京兆家奉行人奉書については、今谷氏や浜口氏も網羅したうえで論じているが、政元期以降が中心となっており、勝元期以前の奉書は網羅されていない。政元期に生じた特徴を明確にするには、勝元期以前の奉書を踏まえた分析が必要であろう。

実際、勝元期以前の奉書を集積してみると、十四世紀末の頼元期に二点みえるのを初見として、満元期に八点、持元期に一点、持之期に七点と続き、勝元期に四九点と大幅に増加することが確認できる[15]。そのうち持元期までは、書止文言が「恐々謹言」となる奉書も混在しており、「仍執達如件」に定型化するのは持之期をまたねばならない。また、京兆家奉行人奉書の特徴として単署となることが知られているが、持之期までは連署も混在している。つまり、嘉吉元年（一四四一）の乱後である勝元期になって初めて、従来知られているような京兆家奉行人奉書の書式が定まったことになる。

興味深いことに幕府奉行人奉書はその逆で、嘉吉の乱以後に単署が著しく減少して連署が中心になるとともに、単署奉書の用途も限定されてくると今谷氏は指摘している[16]。「御政道事、為御代官於管領右京兆之許被執行之、判奉行　清左近将監久定、賦奉行　飯尾備前入道常進（遅）」とみえるように[17]、嘉吉の乱後に幕府の判奉行と賦奉行を京兆家奉行人が代行していることは、幕府と京兆家の動きが連動していることを示唆するとともに、京兆家奉行人が相応の能力を持っていたことも表している。さらに寛正三年（一四六二）には、「相語高安入道、潜乞取折紙、相支　上裁、対捍御奉書」とみえるように[18]、京兆家奉行人の高安永隆が大原野社神主の子息と語らって幕府の裁許に背く行為に出ている。このように京兆家奉行人は、官僚の枠を越えた政治的な活動を始めるようになるが、今谷氏によると、やはり幕府奉行人も同じ頃に政治介入を始めるという。

また、勝元期前半までの京兆家奉行人奉書は、発給範囲が守護分国である摂津・丹波・讃岐・土佐に絞られ、宛所が守護代や段銭奉行など被官に限定されるのも政元期以降と大きく異なる点である。ここから、京兆家奉行人奉書は、分国支配上における被官への命令文書として成立したことが窺える。

右の枠組は、勝元期を通じて徐々に崩れていく。まず享徳三年（一四五四）には、書状形式ながら奉行人の発給文書にて、勝元の意向を分国外である山城の東寺に伝える事例がみられる[19]。また、長禄三年（一四五九）には、寺院を宛所とする奉書が登場する[20]。そして応仁元年（一四六七）の乱を契機として、山城を対象とした奉書が展開するようになる。それらの内容は、被官の相論を調停するものや半済分の催促を停止するよう被官に命じたものので、被官への命令文書という枠組を越えるものではない[21]。つまり、これらの事例は領国の拡大を意味するのでなく、分国外への被官化拡大の結果と捉えるのが妥当であろう[22]。他の分国と同様の奉書を山城に対して発給するのは、明応六年（一四九七）に京兆家内衆の香西元長と赤沢朝経が、上下山城守護代に就任するのをまたねばならない。

加えて文明初期以降は、寺社宛ての奉書が普遍的にみられるようになる。文明三年（一四七一）に大徳寺養徳院領を安堵した奉書は、京兆家奉行人発給のものが一一月二五日付、幕府奉行人発給のものが一二月三日付となっている[23]。したがって、京兆家が幕府の命を遵行したのではなく、大徳寺が幕府と京兆家それぞれに奉書を求めたことは明白である。この時期に将軍の意を奉じた管領奉書が事実上消滅することから、京兆家奉行人奉書の対象拡大は、幕府の志向が管領政治から将軍親政へと変化したことと対応しているように見受けられる[24]。すなわち、宿老政治から側近政治へと規模を縮小することで幕府は再建を目指したが、その結果として幕府と京兆家は互いに自立化する傾向にあった。そのため荘園領主たちも、幕府と京兆家の双方に安堵等を求めるようになるのである。京兆家奉行人奉書の整備・拡大はその結果と捉えることができよう。

それを裏付けるかのように、延徳二年（一四九〇）に政元と不仲の足利義稙が将軍になると、その翌年を初見として地下宛ての京兆家奉行人奉書も普遍化するようになり、地下・寺社宛てが多くを占める幕府奉行人奉書に機能が近づく[25]。それもあって、勝元期から政元期にかけて奉書の数はさらに増大するが、一方で当主発給の直書は縮小することとなる。厳密な数字ではないが、筆者が把握しているところでは、勝元の発給文書は六〇〇通を超える。そのうちには、管領として発給した奉書・施行状・下知状などが二〇〇通余り含まれるものの、政元の発給文書は全部で一〇〇通強である。政元がわずか八歳で家督を継承したということも影響しているのであろうが、高国の発給文書が二〇〇通を超えることと比較しても、政元の発給文書の少なさは際立つ。

勝元の発給文書が多く伝わる理由は、「乱中山城国宇治郡山科郷執達状写」がよく示している[26]。ここには、応仁二年から文明二年までの三年間に発給された二六通もの勝元直書が含まれており、応仁の乱にあたって山科惣郷の軍事力に期待していた様子を窺わせる。とりわけ注目されるのは、「山科七郷面々御中」・「大宅里郷中」・「安祥寺郷中」・「御陵郷中」など、地下宛ての感状が含まれていることである。大山崎でも、勝元発給の「大山崎地下衆中」宛てのものがみられるが[27]、京兆家当主発給の地下宛て直書はこの時期に限定される。ここから地下宛ての直書は、軍事力掌握を目論むなかで時限的に登場したものであって、本来は京兆家と地下の間の身分格差から許されない書式であったと考えられる。地下宛ての京兆家奉行人奉書はその課題を解決するものでもあり、結果として幕府奉行人奉書に機能が近づくこととなったのである。それに伴い、当主の直書も減少したのであろう。

2　近習層の充実

細川政元の内衆は、「家ノ子衆」とも呼ばれる南北朝期以来仕える譜代の年寄衆と、摂丹国人から抜擢される「馬廻衆」の重層的な構造となっていた(28)。高国期の事例となるが、「御内衆も年寄衆各罷出」という表現は(29)、内衆には年寄衆以外の存在も含まれることを示唆している。その年寄衆以外の存在とは、高国の「馬廻り柳本又次郎入道宗雄子息・波多野孫右衛門・能勢因幡守・荒木大蔵等」ということになるのだろう(30)。このような区分は、「薬師寺・寺町・山本三人（中略）此内、薬師寺ハ年寄分也、山本ハ馬まわりなり」と晴元期にも確認できる(31)。

はじめにも述べたように、京兆家の内衆に新参を含まない見解が根強く存在するが、それは内衆を年寄衆限定として捉えた事実誤認で、右のように内衆の重層構造は政元期以降普遍的にみられる。新参の内衆が再生産されるなかで、このような階層分化を遂げたのであろう。高国の近くには、馬廻りのほかにも奉行人や守護代一族を出自とするものなども仕えており、彼らは一つのグループを形成していた(32)。そこで本章では、年寄衆以外の新参の内衆を近習と総称することとしたい。

京兆家近習の役割については、小谷利明氏が勝元期を対象として分析している(33)。それによると、近習は文書の発給主体にはならないが、荘園領主の取次となり京兆家の判物発給などの際に間を取り持ったという。また、独自の武力は持たないが、荘園領主と交渉する立場を利用して村の武力を引き出すこともあった。このように身分的に下位にあたる近習は、荘園領主やその先にある在地社会との交渉を担う存在であることから、前項でみた京兆家と地下の間の距離を埋める存在であり、荘園領主の新たな動向に応える存在ともいえよう。内衆の再生産が進んで近習層が形成された要因の一つは、ここに求められるのではなかろうか。

ここで第一節を小括しておく。応仁の乱を契機に寺社や地下に宛てた文書を発給する必要に迫られると、勝元はさしあたって直書で対応した。このように京兆家は、早くから成熟する在地社会の掌握に努めていたが、地下との身分格差をいかに埋めるかが課題となった。そこで乱後には、将軍親政の進展とともに書式が整備されつつあった京兆家奉行人奉書で対応するようになる。その結果、京兆家奉行人奉書の機能は拡大し、幕府奉行人奉書に大きく近づくこととなった。荘園領主たちが、幕府・京兆家双方の奉書を求めるようになったのもその前提の一つといえる。このような荘園領主の動きに対応するため、近習を仲介として活用するようになり、それが内衆構成に変容をもたらしたと考えられる。

二　洛中裁許と近習層の拡大――政元期から高国期にかけての変化

1　裁許制度の展開

前節に引き続き、ここでも奉行人の活動を手がかりに京兆家の政治姿勢の変化を捉えたい。なかでも、政元期から高国期にかけて顕著な変化が認められる裁許に注目する。ただし、京兆家による裁許については史料が極めて限られている。まずは、そもそも裁許の事例が少ない理由を、十五世紀前半における摂津勝尾寺と佐藤家の相論から探っておく。なお、以下の叙述は、表39に整理した関連文書を典拠とする。

永享五年（一四三三）に、佐藤頼清・家清父子は山籠田を勝尾寺に寄進した。ところが同一〇年に、佐藤氏が山籠田を違乱したため、摂津守護代の長塩宗永はそれを停止するよう郡代の庵治氏を通じて再三命じている。その結果、翌一一年に佐藤氏は再び寄進状を認めた。ところが嘉吉二年（一四四二）にまたもや再発したため、宗永は改めて佐藤氏の違乱を停止している。それでも埒が明かなかったため、おそらく宗永の判断で勝尾寺から京

表39　山籠田をめぐる勝尾寺と佐藤家の相論

年　月　日	差　　出	宛　　所	内　　　容	出典
永享５．２．―	藤原（佐藤）左兵衛尉頼□（清） 嫡子小次郎（家清）	（勝尾寺）	佐藤家拝領の地だが勝尾寺の山籠田ゆえに寄進。	864
永享10．12．11	（長塩）宗永	庵治太郎左衛門尉	郡代へ山籠田を勝尾寺に渡すよう命じる。	877
永享10．12．21	（長塩）宗永	庵治太郎左衛門尉	同上。	878
永享10．12．27	（長塩）宗永	庵治太郎左衛門尉	同上ヵ。	879
永享11．１．25	佐藤小次郎家清	（勝尾寺）	山籠田を勝尾寺へ重ねて永代寄進。	880
嘉吉２．９．17	（長塩）宗永	庵治太郎左衛門尉	郡代へ山籠田を勝尾寺に渡すよう命じる。	899
嘉吉２．11．―	（勝尾寺）衆徒等	―	佐藤家の違乱につき京兆家へ申状を提出。	901
嘉吉２．12．18	（飯尾）常暹	長塩備前入道（宗永）	勝元奉行人奉書で佐藤頼清の押妨を停止。	903
嘉吉２．12．19	（長塩）宗永	庵治太郎左衛門尉	守護代から郡代へ奉行人奉書を遵行。	904
（嘉吉２ヵ）．12．25	（長塩）宗永	佐藤小次郎（家清）	佐藤家の違乱が止まないため去状の提出を求める。	906

註）　出典欄は勝尾寺文書（『箕面市史』史料編２）の文書番号。

兆家へ申状が提出され、ここで初めて奉行人奉書による違乱の停止がなされた。佐藤氏はなおも違乱を止めなかったようで、嘉吉二年のものと思われる一二月二五日付の書状で、宗永は次のように去状の提出を佐藤氏に要求した。すなわち「京都にて公事」をないがしろにして違乱を継続する佐藤氏に対し、「向後国之公事ニおいてハ承ましく候」というのである。ここからは、守護代による「国之公事」が重ねられ、それでは如何ともしがたい段階となって初めて「京都にて公事」に委ねられるという関係がわかる。ゆえに、勝元期には奉行人奉書による裁許が極めて少ないのであろう。

右のような奉書の発給体制は、政元期にも概ね共通している。例えば、長享二年（一四八八）に北野社家の松梅院禅予は、前住持禅椿を逮捕するよう命じた奉行人奉書を京兆家の年寄衆である上原賢家・元秀父子を通じて入手している[34]。また、延徳二年（一四九〇）に長福寺は、寺領を還付する旨の奉行人奉書をやはり年寄衆で西讃岐守護代の香川元景を通じて得ている(35)。荘園領主たちが年寄衆に依頼して奉行人奉書を得ているこれらの事例は、開かれた裁許体制が未熟であることを推測させる。

それに対して高国期に至ると、様々な面で変化がみられるようになる。例えば、高国に近侍する斎藤元陸が賦を発給し、その内容に基づき奉行人奉書が発給されている(36)。浜口誠至氏も指摘するように、これは幕府の裁許制度を踏襲したものと評価できるだろう(37)。さらに晴元のもとでも、可竹軒周聡が賦を発給し、それをうけて奉行人奉書が発給されていることを確認できる(38)。

そのほか、高国期における裁判の実態を示すものとして、実際に出廷した竹内基治と瑞文が連署して、法廷の様子を久我家に報告した文書が残っている(39)。永正七年（一五一〇）のそれには、「於飯尾善左衛門（秀兼）私宅、今度御問答之儀ニ付テ、細川ノ両奉行令批判者也、着座人数事、南向ノ上座ニ大膳大夫基治、次ニ瑞文蔵主、其下ニ斎藤甲斐守（貞船）敵奉行也、細川、奉行、北向ノ座ハ善左衛門此方ノ奉行也、同細川奉行、其次ニ小寺又四郎光有其ウシロニ弟七郎五郎、并香川方之使三崎・福井使在之」とあって、訴人と論人が対峙し、それぞれに奉行人が付けられる形で対決したことがわかる。また、京兆家内衆の香川氏と福井氏から、それぞれ使者が派遣されている。この使者が、事前に実況見分したのか、あるいは裁判に立ち会っただけなのかは判然としないが、複数いることからも裁判の公平性を保つための配慮であることには相違なかろう。

右の結果、勝訴側の奉行人である飯尾秀兼は、裁許の内容を反映した奉行人奉書を久我家および地下に宛てて発給している(40)。このように、年寄衆を介して奉書が発給された段階から、開かれた裁許体制が整備された段階へという変化を高国期に見出すことができる。ただし、法廷が奉行人の個人宅ということや関与する人数も必要最小限であることなどから、京兆家が積極的に裁許体制を整備したというよりも、荘園領主からの要請に応じるなかで整備したのではないかと推測される。

右の推測は、高国期における奉行人奉書の変化にも基づくものである。例えば、荘園領主が段銭奉行などの任にある近習の違乱停止を求めた際に、その近習だけでなく連帯責任を負わせる意味で守護代も宛所に加えた奉書を新たに発給するのである[41]。本来ならば、守護代と近習の身分格差から連名となることはないので、荘園領主たちの要望に応じた変化といえる。加えて、今谷明氏も指摘するように、永正五年一一月一二日付のものを初見として、京兆家奉行人奉書による公事取り扱いが洛中屋地に及ぶようになる[42]。政元暗殺後における京兆家の家督争いは、澄之・澄元・高国らによる京都争奪戦の様相を呈した。そのため、永正四年七月二〇日付の細川澄之書状に「澄之為家督令在京可成敗之由、被成　御内書」とあるように[43]、京都の治安維持はその勝者に委ねられるようになる。荘園領主たちが洛中における利権の安堵を京兆家へ求めるようになったのは、その結果であろう。

2　内衆の再編

高国権力には、政元期の体制を再建しようとする復古的な側面が見受けられる。その一例として、守護代四人体制が挙げられる[44]。政元期においては、年寄衆のなかでも東西讃岐・摂津・丹波の守護代四人が別格に位置付けられていた。このうち筆頭をつとめた東讃岐守護代の安富家は、政元期の終わり頃に没落し、高国期に至ると讃岐の支配も事実上放棄してしまう。にも拘わらず、高国は安富元成を守護代筆頭として抜擢し、四人体制を復活させるのである。

このような矛盾含みの立場にあったためか、元成は永正一一年（一五一四）以前に遁世してしまうが、大永四年（一五二四）に実施された将軍義晴の細川尹賢亭御成に際しては、新たに薬師寺国盛を補填することで四人体制を維持していることが確認できる。これ以前に上山城守護代に任じられた内堀東雲軒を含まないことから[45]、守護代四人体制は守護代総員を意味するのではなく、ある種の家格制といえよう。のちに高国は、嫡子の稙国付きとして安富家を再度復活させている。ここからは、安定的な家督継承を目的として、守護代四人体制の維持にこだわった様子がみてとれる。

また、細川野州家の当主であった高国のもとには、もともと野州家奉行人が編成されていたが、京兆家を継承すると同時に野州家奉行人を一掃し、政元期以来の伝統に則り幕府奉行人一族によって奉行人を編成している(46)。そのほか、畠山家と連携して、断絶した和泉守護家を復活させている点にも(47)、高国権力の復古的性格を見出すことができよう。

その一方で、新参の近習を多用して当主権力を行使するのも高国期の特徴である。別途分析したように、永正一七年のものと推定される「十念寺念仏講衆」に連署する三二名の人物は、高国の近習と考えられる(48)。ここには四人の高国奉行人が網羅されているほか、幕府奉行人一族あるいは京兆家分国の守護代一族と考えられる者が含まれている。また、野州家の地盤である備中の国人だけでなく、京兆家分国である摂津・丹波の国人がみられることから、政元近習の継承に成功したことも窺わせる。なかでも注目されるのは、守護代の寄子を出自とする人物である。はじめに述べたように、京兆家と守護代の間では国人の掌握をめぐって競合が生じていたが、政元期には京兆家の被官を守護代の寄子として預けることで、人材を共有し対立を回避する策がとられていた(49)。高国は、政元段階に寄子として守護代に預けられていた人物を、近習として吸収することにも成功しているのである。

このように多彩な面々が含まれる一方で、権力基盤である山城・京都出身の人物が皆無であることから、近習集団には排他的性格が見受けられる。「十念寺念仏講衆」が、等持院の戦い直後における対澄元の意識が高揚した時期に連署されたものであることから、近習集団はある種の一揆的性格を有していたといってもよいかもしれない。このような集団化を遂げることによって、近習たちは京兆家内部で発言力を増大させていく。

先述のように、格の異なる守護代と近習が文書の宛所に並列されるようになったのも、近習が身分上昇を遂げつつあることを示唆する。西岡国人の野田源四郎に宛てて、高国が「今度早速出陣神妙候、相談馬廻衆弥忠節肝要候」と伝えていることも、(50)馬廻衆が軍事指揮をする寄親的な立場に上昇していることを表している。このような流れのなかで、高国期後半には近習上層が年寄衆下層に組み込まれるようになる。ただし、年寄衆上位の序列そのものは最後まで変わることがない。新参を活用しつつも、京兆家内衆本来の序列を維持しようとする点に高国による内衆編成の特徴を見出せよう。

この点は、近習の活用の仕方にも表れている。近習には文書の発給権がほとんどなく、仮に発給する場合でも連署が義務づけられていた。高国がこのように近習の行動を規制したのは、香西元長・赤沢朝経・上原元秀など特定の側近を守護代として年寄衆に抜擢し、権限を集中させたことで自壊を招いた政元の姿を目の当たりにしたためと推測される。

ここで第二節を小括しておく。京兆家分国における問題解決は、もともと守護代に委ねられており、難渋したときに守護代からの求めに応じて初めて奉行人奉書を発給していた。ところが高国期以降は、京兆家内訌の勝者に京都の治安維持が求められるようになるため、荘園領主たちの要請に応じて奉行人が裁許や奉書発給を担うようになる。また、荘園領主への対応にあたる近習をこれまで以上に活用するのも、高国期の特徴である。ただし、側近重用に伴う政元権力の崩壊を眼前にしていた高国は、伝統的な体制の再建にも力を入れるとともに、特定の近習に肩入れしないよう腐心しており、その絶妙なバランスが一時的な安定を招いた。しかし、近習層の発言力増大は避けられるべくもなく、結果的にそのバランスは崩れて、大永六年の波多野・柳本ら近習の反乱、そして翌年の桂川合戦へと至る。

三　「堺公方」成立と近習の権力化――高国期から晴元期にかけての変化

1　京兆家の分裂と将軍義晴の離脱

明応二年（一四九三）の政変を契機として、足利将軍家は義澄―義晴―義輝―義昭と継承される系統と、義稙―義維―義栄と継承される系統に二分化する。やや遅れて、永正四年（一五〇七）の細川政元暗殺に端を発する錯乱により、細川京兆家も澄元―晴元と継承される系統と、高国―晴国―氏綱と継承される系統に分裂する。上記の分裂抗争は、畿内に留まる問題ではなく、中国地方をはじめとした諸地域での戦争と連動していることが、近年の研究で明らかとなってきている(51)。このような中央政治の変化が各地へ波及するのは、大永年間を画期とするという指摘もある(52)。

ところが、根幹ともいうべき大永七年（一五二七）以降の「堺公方」期における畿内の対立構図は、理解の仕方に問題があった。「京兆専制」論への批判として、幕府と京兆家が別個に機能しているという指摘があるにも拘わらず、足利義晴・細川高国の連合と足利義維・細川晴元の連合が対立していると、安易に二項対立として捉える見方が通説を占めてきたのである。すでに分析したように、両公方・両京兆という四つの陣営それぞれの立場を尊重して対立構図を描き直すと、幕府と京兆家の関係性は以下のように整理できる(53)。

従来は、義維と晴元を「堺公方」として一体の権力とみていたため、晴元のもとにおける柳本賢治と三好元長の対立は内輪もめと理解されてきた。しかし実際は、将軍を義維とし、晴元と高国を和睦させて京兆家の統一を図る元長と、義晴のもとに義維を吸収し、その体制下で京兆家の晴元を確立させようとする賢治との間での、中央政治の統一構想を争点とした対立だったのである。晴元の内衆が、義晴や高国と交渉を持つ事例がしばしば見受けられるが、その理由も以上のように背景を想定すれば納得のいくものとなる。

ところが、享禄二年（一五二九）を境として、抗争の質が変化を遂げる。義晴が高国と決別するのである。しかし、享禄四年に再び高国方に接近するなど[54]、単純に晴元方についたわけではなかった。同年の高国没後に残党に擁立された晴国ともやりとりを持つなど[55]、中立的な立場をとって細川家を両天秤にかけるようになるのである。

今岡典和氏が指摘するように、文明初期に管領奉書が消滅したのちも、京兆家は将軍御内書の副状を発給し続けていた[56]。この事実は、管領制解消後も幕府と京兆家は完全に断絶することはなく、一定の距離を置きながら、擁立した権力・擁立された権力として正当性を互いに補完する関係にあったことを示している。いわば不即不離の関係にあったといえるが、それゆえに畿内の抗争は将軍家と京兆家をいかに統合するかという点が争点となったのであろう。右の関係も、高国の死没とともに御内書副状を解消し、前後して成立する内談衆によって義晴の親政体制が固まると消滅する[57]。その結果、将軍家と京兆家の統一構想をめぐる畿内の抗争は、将軍家の絡まない京兆家の単なる家督争いへと転化してしまう[58]。

それによって、近習や国人たちの動きにも、変化がみられるようになる。例えば、晴元のもとにいた波多野秀忠は、天文元年（一五三二）に三好元長との対立に疲弊して丹波に下向するが、元長が晴元に討たれた後も晴元のもとには復帰しなかった。それどころか、晴国擁立の中心的な立場となるのである[59]。おそらく、丹波で地盤を確保するには、晴国方に付くほうが有利と判断したのであろう。のちに秀忠は、丹波国内で判物を発給する権力へ急成長を遂げると、その状況に至って晴元方に復帰している。

同様に摂津国人の三宅国村も、高国残党と晴元方の間を渡り歩きながら成長を遂げている。このように当該期の京兆家の対立は、自己の利権確保に有利なほうを選ぶ近習や国人にも下支えされるものであった。中央政治の統一から京兆家の家督争いに争点が矮小化することによって、彼らが状況に応じて両細川家を渡り歩くようになるため混乱もなかなか収束せず、また高国残党が壊滅的な打撃を受けても支援する者が後を絶たないのである。しかも、高国の後継者をめぐって、晴国と氏綱が対立するなど、高国残党内部でも動きが複雑化しており、畿内の戦争は混迷を極めることとなった(60)。

2　近習層による京都支配

「堺公方」期の動向でもう一つ注目されるのが、桂川合戦とほぼ同時に柳本賢治が京都で禁制を発給し始めるという事実である(61)。なぜなら、京都の長い歴史のなかで、禁制を発給するのは幕府や守護あるいはその奉行人に限定されてきたからである。その範疇外にある賢治を皮切りとして、以後様々な人物が京都で禁制を発給するようになる。賢治は、こうした文書を発給するにあたって、京兆家申次として荘園領主と交渉していた。つまり、賢治の京都支配は、近習としての活動の延長線上に位置付けられるのである。このような利権を保証する文書の発給開始をもって、本章では近習の権力化と評価する。

近習の権力化には、京都の荘園領主たちの動向も関与している。幕府と京兆家が二分化してしまったので、双方から禁制を得ようとすると礼銭が倍増してしまう。また、幕府・京兆家から禁制を得たとしても、対立構造が変化することで反故となってしまう可能性も想定される。これらの問題を回避する手段として、京都を実効支配する近習から禁制を得ようとする動きが生じたのだと考えられる。

また、賢治陣営の構成は、自前の軍勢を持ち合わせていないという近習の性格を色濃く残している。例えば、与力関係を拡大することで軍勢を確保したり、あるいは京都近郊の土豪の庶流や商人などを被官として取り込んだりしていた。彼ら身分の低い被官を支配に参画させるため、柳本名字を付与して取り立てるという方策もとっている。見方を変えると、近習の権力化に乗じることで、無数の近習配下たちが一気に身分上昇を図るのである。

右の現象は、以後の京都周辺で普遍的にみられるようになる。例えば、下山城守護代に就任した三好元長は、阿波出身である自らの配下たちを各郡代に任じた[62]。それ以前の京兆家分国では、守護代家に寄子として付けられた京兆家被官が郡代の過半に任じられていたので[63]、ここにも下位身分の台頭をみてとることができる。また、京兆家被官を与力として編成するのは守護代以来の方式であったが、のちには権力化した近習にも普遍的にみられるようになる[64]。

享禄三年（一五三〇）に賢治が暗殺されると、その立場は木沢長政が受け継ぐこととなる。長政は賢治同様に義晴に接近することで、最終的には守護に相当する権限を得ることとなった[65]。畠山家の被官を出自とする長政は、晴元方に新たに参画したばかりであり、やはり近習の権力化の波に乗ったものと理解できよう[66]。畠山家と京兆家の二つの主家に従う長政の姿は特異にみられがちだが、京兆家と細川讃州家に両属する三好之長以来の方式を踏襲するものといえる[67]。両主家との両属を可能にさせたのは、やはり三好家と同様に主家の近くに仕える側近取次を介して不即不離の関係を築いていたことによる[68]。三好氏や木沢氏は、四国から畿内進出を何度も企て、新興勢力の取り込みを図るなかで形成された細川澄元・晴元父子の軍事編成を色濃く反映した存在といえよう。

ここで注意したいのは、近習の権力化が連続するだけでなく、近習のもとに集まった人材もその連続のなかで継承されるということである。例えば、晴元側近の可竹軒周聡に下代として仕えていた中坊は[69]、天文元年（一五三二）に周聡が没すると長政の右腕ともいうべき存在となっている。急激に権力化を遂げた近習の配下は、譜代の主従関係を築いていないため、仕える者を次から次へと替えることができたのである。上に立つ者が倒れても、そのもとに集まった人材は継承されるという知識や経験の受け継がれかたは注目に値する。

かくして晴元期には、近習が内衆の中心的存在となっていく。例えば、近習と奉行人の連署状というこれまでにない形式の文書が登場する[70]。また、高国段階では将軍御成で守護代四人が重要な役割を担ったが、天文一七年に実施された細川晴元亭への御成では、もはや守護代家が不在という状況となっている[71]。

一方の高国残党にも、賢治らと同様の成長を遂げた人物がいる。晴国と氏綱を支えた細川玄蕃頭家の当主国慶である。玄蕃頭家は、細川一族ではあるものの京兆家からは遠縁で、土佐守護代家の次男にあたる新興の家である[72]。ゆえに「細川被官」と認識されており[73]、明確な地盤も持っていない。したがって、広い意味では近習に属すとみてよいかと思われる。国慶は、柳原の今村慶満、伏見の津田経長、西院の小泉秀清など、京都近郊の流通を掌握する領主を内衆としており[74]、この点においても賢治と共通する性格を有している。ただし、賢治の配下が京都進出を図る郊外の土豪で構成されているのに対し、国慶の場合は京都にて既得権を持つ土豪で構成されている点に相違が見出される[75]。このように京兆家の内訌は、土豪たちの利権をめぐる対立とも重なりつつあった。

国慶が顕著に権力化を遂げるのは、天文一五年から翌年にかけて、氏綱に代わって一時的に京都を支配したときである。国慶による支配の特徴は、地子銭を賦課する際に、荘園領主だけでなく実際に銭を保持している地下も巻き込み、三者交渉を持つ点によく表れている。その狙いは、地子銭免除の礼銭を確実に受け取ることにあった。このように地下と積極的に交渉を持つようになった点が、国慶段階の最大の特徴であるが、それを成し得たのは彼の配下たちが京都の実態をよく知る人物であったためと考えられる。

ここで第三節を小括しておく。桂川合戦前後の畿内の抗争は、単なる細川家の内訌ではなく、相互補完の関係にある将軍家と京兆家をいかに組み合わせるかという中央政治の統一構想をめぐる争いであった。それによって複雑な対立構図を呈したため、荘園領主たちは京都に直接影響力を持つ近習に文書の発給を求めるようになり、近習が権力化を遂げる。享禄二年以降、義晴が中立的な立場から細川家を両天秤にかけるようになると、畿内の抗争は京兆家の単なる家督争いとなってしまう。そのため、この抗争を利用しながら利権を確保しようとする近習や国人の動きが活発となり、彼らの権力化に拍車がかかることとなった。また、近習の権力化は、その配下に都市や村落に精通した下層身分の者たちを組み込むという支配構造の変化も生み出す。これは、近習が培ってきた荘園領主との交渉力だけでなく、地下との交渉力をも兼ね備えた新たな権力が誕生したことを意味する。

四　三好権力の形成と京兆家の立場——晴元期から長慶期にかけての変化

1　細川家内訌の収束

前節でみたように、足利義晴が京兆家の内訌に対して中立的な立場を取り始めたことを契機として、勢力構図は一旦流動的となった。他方、天文一〇年（一五四一）頃になると、細川晴元と大内氏の連携および細川氏綱と尼子氏の連携が明確となり、畿内から西国にかけてを二分化した対立構図が鮮明となっている(76)。右の構図ができあがった時期を絞り込むために、ここでは但馬山名氏の動向に着目したい。

山名氏は、守護分国である備後の覇権をめぐって一貫して尼子氏と対立しており、大永七年（一五二七）には大内氏と同盟を結んで、一族の山名理興を備後に派遣している(77)。その一方で、同年には高国方として丹波に出兵している(78)。さらに、天文元年には細川晴国の挙兵を支援するなど(79)、畿内近国での山名氏は常に親高国方の姿勢を示していた。それに対して高国は、享禄二年（一五二九）に尼子氏へ支援を依頼していることから(80)、この段階では高国方と晴元方を明確に二分する派閥はできていないと推測できる。

ところが山名氏は、天文九年までに晴元方に参画している(81)。ここから、天文中頃までに前述の二分化した構図が形成されたと想定できる。このように地域的な連携が進んだのは、中立的な立場の将軍義晴を軸として、諸大名が駆け引きを始めたためと考えられる(82)。義晴の動きは、とりわけ享禄四年の高国没後に活発となっている(83)。

二分化の背景には、京兆家の内訌が将軍家の絡まない単純な構図となっていたため、各地で進む地域統合の旗頭として京兆家を利用しやすい状況になっていたということもあるだろう。もちろん、京兆家が各地の対立を利用しながら勢力を保持しているという側面も否定はできないが、前節でもみたように、もはや京兆家の主導性は弱くなっており、むしろ自身の旗頭としての利用価値を最大限に活用しながら勢力を保っているとみたほうがよかろう。

このような状況下で、天文一七年に晴元方の三好長慶は氏綱擁立へと転じ、翌年の江口合戦で晴元を破った。そして、天文二一年には、晴元息であるのちの昭元を迎え入れる。以後も晴元は氏綱・長慶に対し抵抗を続けるが、大内傘下にあって親晴元方であった毛利元就が、弘治三年（一五五七）に長慶と交渉を持ち始めていることから(84)、この頃には二分した派閥の統合がかなりの度合いで進んでいたことがわかる。

2　細川氏綱と三好長慶の関係

江口合戦以後の氏綱は、「実権は全くなく実質上三好長慶の統治」であると今谷明氏が位置付けて以降(85)、長らく分析の対象となることはなかった。それに対して下川雅弘氏は、長慶が賦課した臨時の段米を免除するよう東寺が氏綱に対して求めていることに着目し、氏綱の政治的役割に再考が必要だと説いている(86)。ただし、天文一六年（一五四七）に主の細川国慶が戦死したため、氏綱に属することとなった今村慶満を長慶の家臣とするなど、氏綱と長慶の関係については今谷氏以来の誤解を多く引きずっている。そのほか、当該期の京都で活動していた津田経長や小泉秀清も長慶の家臣と誤解されることが多いが、いずれも慶満と立場を同じくしている(87)。つまり、段米賦課の主体を長慶とする点にも再考が必要である。

例えば天文一九年の段米賦課（跡脱カ）は、氏綱の指揮下で、今村慶満と多羅尾綱知が中心となって実施した(88)。そのことは、「就段米之儀、随心院門領西岡小塩庄事、守護不入在所之条、伏見殿以文対長慶（三好）相理候処、如此返事候、今村《（慶満）》・多羅尾《（綱知）》相懸候事無之由候、以其旨免除候様、於御伝達氏綱《（細川）》者可為本望候」とあることからもわかる(89)。長慶の近くに仕えていた斎藤基速が、「為反米之儀□《（上）》久世庄へ催促之由承候、是者左様推量申候、今度貴寺へ免除以前ニ、三好料所を為初、我等知行分迄、子細候て芥河美作□氏綱《（細川）》被申付候而出置候、先日其差別可申之処、取乱無其儀候、自長慶《（三好）》被申ても不可立候」と述べているように(90)、あくまでも氏綱が賦課したものであった。もちろん、いずれの事例からも、長慶が氏綱に対して発言力を有しており、周辺からもその抑止力を期待されていたことは読み取れる。

氏綱方による京都支配を国慶の旧臣が中心的に担ったのは、国慶存命中の立場をそのまま継続したからであろう。慶満や綱知が、「段米之儀御延引以外腹立候、今日中ニ於無納所者、催促可被入由候」と強圧的な催促をする一方で、「段米之儀も当年までの儀候間、御礼物なとにて御果候ても可然哉」と礼物で済ませてはどうかと述べていたり、実際「上京段米為御樽銭拾弐貫文請取申候」と礼銭で済ませていたりするように、段米賦課にあたって地下と直接交渉し、礼銭を確保するという手法は国慶段階のそれを踏襲したものといえる(91)。

このような状況のもとで、前出の例にみえるように、氏綱方の違乱を抑止する存在として長慶への期待は高まっていく。長慶が氏綱内衆の多羅尾綱知・若槻長澄に対し、「高雄事、従先々諸役被停止之処、棟別被相懸之由、不可然候、急度無別儀之様、可被仰付事、専一候」と述べている事例や、三好長逸が「今度淀御城為御用、従御屋形《（細川氏綱）》様竹之儀被仰出候、雖然守護使不入之段申分、以其筋目無別儀相調候」と述べている事例からもその様相は読み取れよう(92)。この時期に至ると、京都周辺で権力化を遂げた者たちの淘汰・統合が進んで肩を並べる存在がなくなり、荘園領主たちの期待は長慶へ集中することとなる。

ただし、京兆家の代替わり棟別銭を徴収するのは長慶や郡代の上使で、その免除はあくまでも氏綱方がするという分担状況がみられたり、段米等の免除は氏綱方三人と長慶方一人の連署状でなされるなど、天文末期までは氏綱方と長慶方の連携が模索されていた[93]。その活動のなかで、氏綱内衆の若槻長澄と斎藤長房が連署して、「三好家奉行衆存分候へ共、両人（若槻・斎藤）涯分申調候」と述べているように[94]、氏綱方と長慶方で意見が衝突するケースもみられるようになる。前項でみたように、弘治年間に入る頃までに京兆家の内訌が解消すると、氏綱の旗頭としての存在価値は大幅に低下したはずである。それと同時に、丹波守護代の内藤国貞父子が死没したり、足利義輝との反目を生じたりするなど、畿内支配の危機が訪れると、それを乗り越えるべく奔走する過程で、長慶は氏綱から委ねられてその権限を吸収し、権力としての安定化を目指した[95]。その結果、長慶は氏綱との連携をあえて模索する必要性もなくなり、京都支配の表舞台から氏綱の影は消えていくこととなった。

次に、長慶陣営の構成上の特質についてみておこう。天野忠幸氏は、天文二三年の芥川山城における裁許を事例に挙げて、地域社会を真正面に据えた三好氏の姿勢を高く評価している[96]。しかし、そこに名を連ねる評定衆は、もともと細川晴元の奉行人をつとめていた飯尾為清・茨木長隆、そして足利義維の奉行人斎藤基速のほか、一族の三好長逸と阿波国人の塩田左馬頭である[97]。このように評定衆が三好家独自の機関ではなく、京兆家をはじめとした諸勢力の連合体であることには注意を要する。評定衆はこの一例しかないが、例えば天文二二年に山科言継が三好方へ送った書状の宛所が、三好長逸・斎藤基速と阿波国人の森長門守の連名になるなど[98]、同様の構成はみられる。永正一六年（一五一九）段階の「三好殿年寄中」が、一族の三好家長と阿波国人の塩田一忠そして他国衆の加地為利という様々な勢力の代表者で構成されることに鑑みると[99]、評定衆もそのような三好家の伝統に基づく形で構成されたものという見方もできよう。

長慶陣営に組み込まれた氏綱の内衆についても注視しておきたい。例えば、氏綱奉行人の松田守興は、長慶の弟である十河一存の家臣になったと天野氏は評価している[100]。たしかに、守興が東寺へ宛てた書状では「仍十河（一存）方へ御巻数被遣候、則申聞候、以書状、御礼雖可申候、去年存分候つる以後、于今不申通候間、無其儀候」と述べており[101]、東寺から十河方へ音信が届いた事実を即座に知る立場にあった。しかし、それへの返事を出さずに放置していることを懸念しながらも、守興自身は傍観しているのである。四日後の書状で守興が、「唯今福家・中(中西)返事令申候」と述べ[102]、十河家被官の福家と中西から返事が発送されたことを伝えていることからも、守興は十河家に属しつつも被官関係にはなさそうである。一存の書状で「猶松左(松田守興)可被申候」と敬語が用いられていることからは[103]、守興が一存に付けられた寄子であり、氏綱との被官関係を解消していなかったと解釈できる。これは、京兆家被官を守護代の寄子とする政策を援用したものと評価できるのではなかろうか。国慶旧臣の事例も踏まえるならば、三好権力の構造を正しく理解するには、長慶とその一族の近くにいる人物すべてを被官としてしまう誤解を清算しなければなるまい。

最後に、権力と荘園領主・地域社会との関係について触れておきたい。天野氏は、長慶本人が村落共同体宛てに裁許を出していることを高く評価するが、郷村の掌握を目指すのは勝元期以来であったことを念頭に置くと、再考の余地があるだろう。そこで課題となったのは身分格差という葛藤であったが、その溝を埋めるために重用されたのが近習であった。柳本賢治の場合、京都において権力化を遂げて以降も、京兆家の申次として荘園領主たちと対峙していた。長慶もまた「代々長慶申次」とみえるように[104]、同様の姿勢を示している。そもそも彼らは、荘園領主とその先にある地下の掌握を役割としていたのである。ゆえに、比較的容易に共同体を直接相手にできたという側面を見落としてはなるまい。

また、共同体対象ではないが、開かれた裁許体制は高国期から確認できるので、この点についても段階的に進展を遂げたという見方が必要であろう。ここで注目したいのは、天文六年の勧修寺と秋岡修理亮の間の所領争いにおいて、「於芥(摂津)河城遂糺明之由候歟、此儀又虚言也、其子細者前々可竹軒為恣之儀之間、公事辺憲法仁可被申付之由、風聞事実存罷越、享禄弐年以来度々　公方御下知、其外数通証文等入見参、秋岡違乱無謂之由、及天文弐年月迫、致在城雖申之、不及是非、沙汰被打置、剰秋岡江被成下知候」と勧修寺が主張していることである(105)。今回の所領争いはすでに裁決済みの問題だという秋岡方の主張に対し、糺明を遂げてもらうため使者を芥川山城へ派遣したが、対決に及ぶことなく秋岡方への下知状が発給されたのだと反論している。これによると、天文二年に晴元方が芥川山城へ進出するとともに、前年に没した可竹軒周聡の裁許を「憲法」に照らし合わせて見直すという情報が広まっていたようである。裁許の事実を示すものではないものの、すでに晴元期には、芥川山城が問題の解決を求めて荘園領主の使者が「在城」しうる、開かれた場となっていることは読み取れよう。

ここで第四節を小括しておく。義晴の自立により対立構図は一旦流動的となったが、天文年間中頃にはそれも落ち着き、各地の勢力が支配領域を確保するために積極的に連合するようになる。その際、京兆家を旗頭として利用するため、氏綱対晴元という派閥の二系列化が進んだ。このように複雑な対立関係がある程度整理された段階に、二つの系列をまとめることで三好権力は誕生した。先代の元長段階に守護代となっているため、長慶自身はもはや近習と呼ぶべきではないかもしれないが、他の近習と同様のコースで権力化を遂げると、細川国慶などのもとで蓄積されてきた人材を一手に集約することとなる。いわば、細川権力内部で生じた権力化の動きが成熟した段階に、三好権力は成立したのである。したがって、初期の三好権力には、細川権力のなかで培われた性格が色濃く残っている。ただし、京兆家の内訌が収束することによって、地域統合の旗頭としての存在意義は薄れ、氏綱は後景に退く。

おわりに

本章では、細川京兆家が幕府や荘園領主・地域社会に対応するなかで、内衆構造をどのように変容させてきたのか、段階差を意識しながら検討してきた。ここでは、改めて全体をまとめるとともに、残された課題を提示しておきたい。

京兆家と幕府の関係についてまず確認したのは、管領政治から将軍親政へと幕府が独自路線を歩むとともに、京兆家も奉行人体制の整備を進めるなど独自の支配を充実させていったことである。とはいっても、幕府と京兆家の相互補完関係は完全に解消されることがなかったため、将軍家と京兆家がそれぞれ二分されると、その後の畿内の政治抗争は、いずれの将軍家といずれの京兆家を組み合わせるかという複雑な様相を呈することとなった。しかし、享禄二年（一五二九）までに義晴がその抗争から離脱する姿勢を明示すると、畿内の対立構図は京兆家の単純な家督争いへとなってしまう。それに伴い、一時的な混乱を招いたものの、対立構図が単純化したので同調しやすく、京兆家は地域的連携の旗頭として利用されるようになり、その利用価値が低下するとともに表舞台から姿を消してしまう。以上のように、義晴が中央における抗争から離脱した後の様子からは、京兆家が幕府との不即不離の関係によって最も実力を発揮する権力であったことが読み取れる。

次に荘園領主・地域社会との関係については、地下の掌握という応仁以降の新たな課題に対し、奉行人体制を活用することで対応したことを確認した。そののち、近習を活用しながら、守護の枠組を越えて京都の荘園領主と正面から向き合うようになった高国期に質的転換を認められよう。そして近習の配下たちは、地下との交渉を持つようになる。以上のように地下の掌握は、三好段階に一気に進展したのではなく、それ以前から段階的に進められた。三好長慶は京兆家と比べて地下との身分格差が小さいゆえに、地下に大きく歩み寄れたという側面もあるため、画期性だけで評価するのは一面的といわざるを得ない。

続けて、内衆構造の変化についてまとめておく。京兆家内衆は、年寄衆と同集団と理解されがちであったが、近習層の再生産により重層的な構造になっていた。さらに、高国期に守護分国の掌握から京都の荘園領主と都市・村落・流通の掌握に力点が移ったことで、支配の中心的な担い手は、年寄衆から近習へと変化する。高国期において領国が縮小したことは事実ながら、高国個人への権限集中はむしろ顕著であり、当該期を権力の拡大・縮小で評価するよりも、質の変化として捉えるほうが妥当かと思われる。

そしてその延長線上で、近習たちは次々と権力化を遂げることとなる。ただし、彼らは申次という立場を出発点としているため、あくまでも京兆家不在の京都などでその権限を代行をするに過ぎなかった。長慶ですら、氏綱から委ねられて初めてその権限を代行することができた。木沢長政のように将軍家に接近することで守護並の権限を行使するに至る例もあるが、それでも幕府や京兆家といった既存の枠組を越えて権力化を遂げるようなことは、三好権力の初期段階まではなかったのである。

とはいえ、権力化した近習の配下に下層身分の者たちが連なったことは、細川権力と地下の距離を埋めるもので、中世権力側からの京都周辺掌握に対する一つの到達点と評価しうる。都市や村落の実態を知る者が支配者側に参画したことは、都市社会や地域社会を真正面に据えた近世の統一的支配施策を推進する前提の一つになったとみることもできよう。このような新しい権力のもとに集積された人材は、譜代の主従制に基づくものではないため、権力の興亡とともに活動の場を変えることも比較的容易であった。典型的なのは今村慶満で、細川国慶→細川氏綱→三好長慶→松永久秀といったいわば最先端の権力のもとを渡り歩いている。これは、支配のためのノウハウやコネクションが、細川・三好・織田・豊臣といった支配者間だけで継承されるのではなく、その配下の間でも継承・蓄積されたということを意味しているのではなかろうか。本書では三好権力の初期段階までしか分析できなかったが、今後は右の諸点を踏まえたうえで、三好権力を段階的に分析することが課題となってくる。

註

（1）　今谷明『室町幕府解体過程の研究』（岩波書店、一九八五年）。

(2) 奥野高広「『堺幕府』論」(『日本歴史』第三二八号、一九七五年)。
(3) 小泉義博「室町幕府奉行人奉書の充所」(『日本史研究』第一六六号、一九七六年)。上島有「解説」(日本古文書学会編『日本古文書学論集』八、吉川弘文館、一九八七年)。
(4) 以上の研究視点については、本書第二部第三章「『堺公方』期の京都支配と柳本賢治」も参照されたい。なお、本章では「堺幕府」という用語は用いず、「堺公方」という史料用語に統一する。
(5) 天野忠幸『戦国期三好政権の研究』(清文堂出版、二〇一〇年)。仁木宏『京都の都市共同体と権力』(思文閣出版、二〇一〇年)。
(6) 末柄豊「細川氏の同族連合体制の解体と畿内領国化」(石井進編『中世の法と政治』吉川弘文館、一九九二年)。
(7) 設楽薫「将軍足利義晴の政務決裁と『内談衆』」(『年報中世史研究』第二〇号、一九九五年)。山田康弘『戦国期室町幕府と将軍』(吉川弘文館、二〇〇〇年)。
(8) 古野貢『中世後期細川氏の権力構造』(吉川弘文館、二〇〇八年)。川岡勉『室町幕府と守護権力』(吉川弘文館、二〇〇二年)。
(9) 浜口誠至『在京大名細川京兆家の政治史的研究』(思文閣出版、二〇一四年)。わずかに他守護の下国を制止した事例などがあげられているが(前掲註(8)古野著書二二三頁)、これのみをもって幕府権限を代替したとするのは飛躍が過ぎる。
(10) 本書第一部第三章「細川高国の近習と内衆の再編」。
(11) 内衆には新参が含まれないという誤解が生じた要因は、京兆家の内衆概念が、小川信「細川氏における内衆の形成」(同『足利一門守護発展史の研究』吉川弘文館、一九八〇年、初出一九六八年)によって規定されたものに基づいていることにも求められる。小川氏の分析対象はあくまでも室町前期であって、そこで析出された内衆構成のまま、室町後期に至るまで固定化しているというのは曲解である。
(12) 高木昭作「江戸幕府の成立」(『岩波講座日本歴史』九、岩波書店、一九七五年)など。
(13) 小谷利明「応仁の乱と細川京兆家近習一宮氏」(鶴崎裕雄編『地域文化の歴史を往く』和泉書院、二〇一二年)。
(14) 小谷利明「戦国期の河内国守護と一向一揆勢力」(同『畿内戦国期守護と地域社会』清文堂出版、二〇〇三年、初出一九九八年)。
(15) 本書第一部第一章「奉行人奉書にみる細川京兆家の政治姿勢」。以下、勝元期以前の奉行人奉書の変容についてはこれによる。
(16) 今谷明「室町幕府奉行人奉書の基礎的考察」（前掲註(1)今谷著書、初出一九八二年）。
(17) 「斎藤基恒日記」嘉吉元年六月条（『続史料大成』一〇）。
(18) 末柄豊「勘解由小路家の所領について」（『具注暦を中心とする暦史料の集成とその史料学的研究』研究代表者厚谷和雄、二〇〇八年）。
(19) 東寺百合文書つ函三―一八号。
(20) 勝尾寺文書九七一号（『箕面市史』史料編二）。
(21) 東寺百合文書ニ函七二―一号・ヲ函九八号。
(22) 川岡勉「室町幕府―守護体制と山城国一揆」（前掲註(8)川岡著書、初出一九九九年）。田中淳子「山城国における『室町幕府―守護体制』の変容」（『日本史研究』第四六六号、二〇〇一年）。
(23) 大徳寺文書（『大日本史料』文明三年一二月三日条）。
(24) 吉田賢司『室町幕府軍制の構造と展開』（吉川弘文館、二〇一〇年）。百瀬今朝雄「応仁・文明の乱」（『岩波講座日本歴史』七、岩波書店、一九七六年）。
(25) 輯古帖四―八二号（『三重県史』資料編中世一下）。
(26) 国立歴史民俗博物館蔵。この史料については、酒井紀美「応仁の乱と山科七郷」（同『応仁の乱と在地社会』同成社、二〇一一年、初出一九九九年）を参照されたい。
(27) 離宮八幡宮文書一四三号（『大山崎町史』史料編）。
(28) 本書第一部第三章「細川高国の近習と内衆の再編」。
(29) 「大永四年細川亭御成記」（『続群書類従』第二三輯下）。
(30) 「細川両家記」永正八年七月条。
(31) 「大舘記（十）」（『ビブリア』第八九号、一九八七年）七八頁。
(32) 本書第一部第二章「細川高国の近習とその構成」。近習内部にも様々な立場の者がいることは承知しているが、内衆構造の変化を長期的な視野で把握するため、本章では年寄衆と近習に単純化することとし、精緻化は今後の課題とする。
(33) 前掲註(13)小谷論文。

(34)『北野社家日記』長享二年四月二二日条。

(35)『長福寺文書の研究』一〇七五号・一〇七六号。

(36)『九条家文書』一〇五八号・一〇五九号。

(37)前掲註(9)浜口著書。

(38)本書第二部第三章「『堺公方』期の京都支配と柳本賢治」。

(39)『久我家文書』四一一号。

(40)『久我家文書』四一四号・四一五号。

(41)本書第一部第三章「細川高国の近習と内衆の再編」。

(42)塚本文書（東京大学史料編纂所影写本）。今谷明「管領代奉書の成立」（同『守護領国支配機構の研究』法政大学出版局、一九八六年、初出一九七五年）。

(43)服部玄三氏所蔵文書（東京大学史料編纂所影写本）。

(44)本項での高国内衆に関する私見は、特に断らない限り本書第一部第三章「細川高国の近習と内衆の再編」による。

(45)本書第一部補論二「上山城守護代の内堀東雲軒」。

(46)本書第一部補論一「細川高国の家督継承と奉行人」。

(47)岡田謙一「細川高国派の和泉守護について」（『ヒストリア』第一八二号、二〇〇二年）。

(48)本書第一部第二章「細川高国の近習とその構成」。

(49)守護代のもとにおける寄子編成については、本書第一部第四章「摂津守護代薬師寺氏の寄子編成」。『後法興院記』文明一九年六月六日条に「石井雅楽助根本雖為九条家僕、近年為細河被官、為摂州守護代寄子」とみられるように、守護代の寄子はあくまでも京兆家の被官であった。また、「為広越後下向日記」延徳二《（三）》年三月三日条（『冷泉家時雨亭叢書』第六二巻）によると、越後へ下向する政元には、寄子を伴う年寄衆と単身の近習が供奉しており、京兆家の人的構成が端的に反映している。

(50)年未詳一一月一七日付道永書状（尊経閣文庫所蔵文書〈東京大学史料編纂所影写本〉）。

(51)小谷利明「畠山稙長の動向」（矢田俊文編『戦国期の権力と文書』高志書院、二〇〇四年）。川岡勉「戦国期の室町幕府と尼子氏」（『尼子氏の特質と興亡史に関わる比較研究』島根県古代文化センター、二〇一三年）。

(52)平出真宣「戦国期政治権力論の展開と課題」（中世後期研究会編『室町・戦国期研究を読みなおす』思文閣出版、二〇〇七年）。
(53)　本書第二部第二章「『堺公方』期の京都支配と松井宗信」・第三章「『堺公方』期の京都支配と柳本賢治」。
(54)　「大舘記（四）」（『ビブリア』第八三号、一九八四年）七八頁の享禄四年三月一四日付菊池氏宛て御内書には、「猶右京大夫《（細川高国）》入道可被申候也」とみえる。また、七三頁の同年に推定される三月二一日付の御内書副状は、高国方の細川尹賢に宛てられている。
(55)　本書第三部第二章「細川晴国陣営の再編と崩壊」。
(56)　今岡典和「御内書と副状」（大山喬平教授退官記念会編『日本社会の史的構造　古代・中世』思文閣出版、一九九七年）。
(57)　前掲註(7)設楽論文。
(58)　本書第二部補論四「足利義晴派対足利義維派のその後」でみたように、支持する将軍が異なるため、京兆家内衆の内部で意見が対立することはあるが、それが戦争の直接的な争点ではなくなっていく。
(59)　晴国擁立の動きについては、本書第三部第二章「細川晴国陣営の再編と崩壊」。
(60)　本書第三部第一章「細川晴国・氏綱の出自と関係」。
(61)　本書第二部第三章「『堺公方』期の京都支配と柳本賢治」。以下、柳本賢治の動向についてはこれによる。
(62)　本書第二部第四章「三好元長の下山城郡代」。
(63)　本書第一部第三章「細川高国の近習と内衆の再編」。
(64)　本書第一部第四章「摂津守護代薬師寺氏の寄子編成」・第二部第六章「木沢長政の政治的立場と軍事編成」。
(65)　本書第二部第六章「木沢長政の政治的立場と軍事編成」。
(66)　長政の出自については、本書第二部第五章「畠山家における奉書の展開と木沢家の出自」。
(67)　本書第二部第一章「細川澄元陣営の再編と上洛戦」。
(68)　本書第二部第七章「細川晴元の取次と内衆の対立構造」。
(69)　『鹿王院文書』七〇〇号。
(70)　天文三年六月二日付茨木長隆・高畠長直他三名連署状（桂文書〈東京大学史料編纂所影写本〉）。年未詳一二月二三日付飯尾元運・高畠長直他三名連署状案（『尊経閣文庫所蔵石清水文書』四一四頁）。
(71)　「天文十七年細川亭御成記」（『続群書類従』第三五輯）。

(72) 本書第三部第三章「細川国慶の出自と同族関係」。
(73)『親長卿記』文明一八年一二月一六日条。
(74) 細川国慶内衆の動向については、本書第三部第四章「細川国慶の上洛戦と京都支配」。
(75) 本書第三部第五章「細川京兆家の内訌と京郊の土豪」。
(76) 長谷川博史「戦国期西国の大名権力と東アジア」(『日本史研究』第五一九号、二〇〇五年)。前掲註(51)川岡論文。
(77) 木下和司「大永七年九月の備後国衆和談と山名理興(上・下)」(『芸備地方史研究』第二七四号〜二七六号、二〇一一年)。
(78) 本書第二部補論一「桂川合戦前夜の細川晴元方による京都包囲網」。
(79) 本書第三部第二章「細川晴国陣営の再編と崩壊」。
(80)『実隆公記』享禄二年九月二〇日条。「細川両家記」享禄三年条。
(81) 前掲註(51)川岡論文。
(82) 前掲註(7)山田著書。小谷利明「畿内戦国期守護と室町幕府」(『日本史研究』第五一〇号、二〇〇五年)。
(83)「大舘記(四)」(『ビブリア』第八三号、一九八四年)七八頁・八二頁・八六頁・九〇頁にみえるように、「摂州」の「不慮」すなわち高国の自刃と同時に、西国諸氏へ御内書を送り連絡をとっている。
(84) 長府毛利文書(『戦三』四八五)。
(85) 今谷明「細川・三好体制研究序説」(前掲註(1)今谷著書、初出一九七三年)。
(86) 下川雅弘「上洛直後における細川氏綱の政治的役割」(『戦国史研究』第五一号、二〇〇六年)。同「三好長慶の上洛と東寺からの礼銭」(『戦国史研究』第五六号、二〇〇八年)。
(87) 本書第三部第四章「細川国慶の上洛戦と京都支配」。
(88) 本書第三部第六章「内衆からみた細川氏綱と三好長慶の関係」。
(89) 随心院文書六三号(『長岡京市史』資料編二・『戦三』参考二一)。
(90) 東寺百合文書い函一二一号(『戦三』七二四)。
(91) 東寺百合文書チ函二八六号(『戦三』二一〇五)。同上キ函二九三号。室町頭町文書(『京都町触集成』別巻二、一六六号・『戦三』二一〇一〇)。
(92) 柴辻俊六・千葉篤志編『史料集『萬葉荘文庫』所蔵文書』(日本史史料研究会、二〇一三年)五号(『戦三』三五七)。『賀茂別雷神社文書』三八五号（『戦三』一七二〇）。
(93)　本書第三部第六章「内衆からみた細川氏綱と三好長慶の関係」。
(94)　『大徳寺文書』二二七一号（『戦三』参考三一）。
(95)　本書第三部第六章「内衆からみた細川氏綱と三好長慶の関係」。
(96)　天野忠幸「畿内における三好政権の支配構造」（前掲註(5)天野著書、初出二〇〇六年）。
(97)　正木彰家文書（『長岡京市史』資料編三、一六六頁・『戦三』三九六）。
(98)　『言継卿記』天文二二年一〇月八日条（『戦三』三六九）。
(99)　東寺百合文書そ函一七六号（『戦三』一五）。本書第二部第四章「三好元長の下山城郡代」。
(100)　天野忠幸『三好長慶』（ミネルヴァ書房、二〇一四年）。
(101)　東寺百合文書ニ函二九四号（『戦三』七五四）。
(102)　東寺百合文書ミ函二一六号（『戦三』七五五）。
(103)　興福院文書（『戦三』三五五）。
(104)　賀茂別雷神社文書（『戦三』三六一）。
(105)　天文六年八月付勧修寺宮門跡雑掌申状（勧修寺文書〈東京大学史料編纂所影写本〉）。

あとがき

本書は、出版社から刊行されるという点では、私にとって初めての論文集である。ただし、幕末史の論文をまとめた拙著『楠葉台場跡（史料編）』（財団法人枚方市文化財研究調査会・枚方市教育委員会、二〇一〇年）がすでに存在する。いや、二〇〇六年度に大阪大学に提出した博士論文『戦国期城郭政策論』が厳密には第一論文集であろうか。そういえば、修士課程の途中までは近世史を専攻していたし、本当に自分でも「移り気な性格」に呆れてしまう。

自身の能力を顧みずに四方八方に手を伸ばしては、収拾がつかなくなって中途半端なところで投げ出す。その繰り返しの結果が右の為体である。だから、研究に一貫性がないことをそれなりに自省もしていた。そのなかでたどり着いたのが本書のテーマであり、今回ばかりはわれながら一貫性をもって取り組むことができたと思う。いささか私事にわたるが、この場を借りて本書のテーマにたどりついた経緯を振り返っておきたい。

広島で育った私は、小学生の頃から城が大好きな風変わりな子であった。一九九五年に熊本大学へ進学したのも、熊本城の存在が理由の一つである。当時の熊本大学国史研究室には、猪飼隆明・工藤敬一・松本寿三郎・吉村豊雄の四先生がいらっしゃって、充実した環境で歴史学の基礎を学ぶことができた。卒業論文では、一国一城令を主たる素材として、幕藩関係の成立過程を検討した。ご指導いただいた吉村先生の「先行研究をみるな」（もちろん文字通りの意味ではなく、史料から得た印象を大事にせよという意味だと理解している）という教えは、今でも守っている。

大学卒業後は、城郭史の泰斗である村田修三先生に師事することを希望し、幸いにして一九九九年に大阪大学大学院への入学が許された。入学当時は近世史を専攻していたため、村田路人先生の近世ゼミにも属することとなった。大阪大学では、梅村喬・平雅行の両先生、そして熊大時代に引き続き猪飼先生にも、公私にわたってお世話になった。

修士課程に進んだ私は、引き続き一国一城令を研究テーマとしていたが、さっそく研究に行き詰まりを感じていた。ちょうどそのころ、吉村先生から史料が豊富な毛利氏を研究対象に勧められ、せっかく村田修三先生のもとで学ぶのだから戦国時代を扱うべきとのご助言もいただいた。また、近世社会の成立を予定調和的にみてはならないという村田修三先生のご指導を受けていたこともあって、思い切って中世史に転向してみた。そのころ志した戦国期の城郭政策に関する研究は滞りがちとなっているが、中世史側から予定調和的にならないよう近世社会の成立をみようとする視点は、今も私のなかで一貫している。言い訳がましいが、統一権力の成立過程を解明すべき課題として冒頭に掲げつつも、本書がそこに到達していないのはそのためである。

二〇〇二年に博士課程へ進学すると、それとほぼ同時に大阪府枚方市の非常勤職員として採用された。その結果、次第に仕事に追われるようになり、大学にはあまり行けなくなってしまう。それでも、大学院生活は大変充実したものとなった。最大の要因は、後輩の田村正孝氏・太田光俊氏・松永和浩氏らとともに、史敏刊行会を立ち上げたことにあるだろう。夜遅くまで、ときには酒を交えながら『史敏』を編集する作業は、表現者としての私を鍛えてくれた。また、村田修三先生を中心とし、志賀節子氏・永松圭子氏および史敏刊行会のメンバー等で構成される『政基公旅引付』読書会は、公務員生活を送りながらも研究者として学び続ける貴重な場となった。

一方の勤務先である枚方市でも、「移り気な性格」は当初から発揮されるが、『楠葉台場跡（史料編）』刊行に至る経過はすでに拙稿「楠葉台場研究の回顧と展望」（後藤敦史・髙久智広・中西裕樹編『幕末の大阪湾と台場』戎光祥出版、二〇一八年）にまとめたので重複は避け、ここでは細川氏を研究対象とするに至った過程に限定して述べるに留めておく。

第一の契機は、私にとって畿内をフィールドとする最初の論文となった「城郭由緒の形成と山論」（『城館史料学』第二号、二〇〇四年）の準備過程で、細川氏綱の書状と出会ったことにある。そのとき私は、恥ずかしながら彼の名すら知らなかった。ただ、書札礼から実力者であることだけはわかった。ところが彼のことを調べてみると、三好長慶の傀儡というではないか。このギャップに違和感を覚え、以後、意識し続けることとなる。

そののち二〇〇六年から翌年にかけて、枚方市と大阪大学の共同で、三浦家文書の調査が実施された。報告書の編集方針として、近世の好古家が蒐集した中世文書は、写も含めて網羅的に翻刻することとなっていた。二六〇〇点余の文書のなかから、それを摘出するのは私の役目であったが、報告書にあたる『三浦家文書の調査と研究』（研究代表者村田路人、大阪大学大学院文学研究科日本史研究室・枚方市教育委員会、二〇〇七年）では、結果的に見落としがあった。よりによってその見落としが、何年も気に掛けていた氏綱の書状案であった（本書第三部第六章の表36［53］）。これはさすがに恥じたものの、同時に運命的なものも感じた。

二〇一〇年に『楠葉台場跡（史料編）』をまとめたことで、枚方市における一定の職責を果たすと、氏綱書状案の年代比定に取りかかった。しかし、内容による年代比定ができなかったため、花押を集めたうえで編年化しようと試みるようになる。その作業もままならなかったため、ただただ史料集めをするだけではもったいないと思うようになり、ついでに氏綱の周辺人物についても発給文書と花押を集め始めた。本書では、史料引用にあたって徹底的に写真版と向き合っているが、これはかかる形で研究を始めたことによる。その過程で、史料所蔵者の方々や史料保存機関には多くのご高配を賜った。紙面の都合で、逐一お名前をあげることは差し控えさせていただくが、謝意を表する次第である。

右の作業を進めるなかで、氏綱の動向を踏まえなければ、三好権力の成立過程も説明できないことに気付いた。とはいえ、この段階でも氏綱についてはわからないことだらけであったため、あらかじめ周辺人物の説明を進め、氏綱を終着点とする形で、本書第三部の各論文を構想していった。その初発として、細川国慶を扱った第三部第三章を公表したのと前後して、京都府長岡京市の文化財技師として採用され、二〇一二年四月に職場を移すこととなる。本書では、西岡の在地社会も重視しているが、幸いにもその現場で仕事ができることとなったのである。

当初は細川高国残党の動きだけを追っていたが、次第に高国方と晴元方の対立構図を踏まえなければ、この時期の戦争の本質や新興勢力が登場する構造を摑めないと感じるようになった。ちょうどそのころ、二〇一四年度の大阪歴史学会大会で報告をするよう、中世史部会の担当で大学院の後輩でもある高木純一氏からお声がけをいただいた（高木氏には本書の下読みもしていただいた）。本書第二部の中核となる第三章は、このときの成果である。柳本賢治という無名の人物をあえて主題としたのは、畿内政治史の見落としを強調することに狙いがあったが、大会当日の六月二九日が賢治の命日と重なったのは計算外であった。あまりの奇縁に、思わず報告中に今日が命日だと漏らしてしまったが、おかげで笑いを誘うことができ緊張もほぐれた。

この大会報告の準備過程で、戦国期の京兆家が政元期をあるべき姿としていることに気付いたため、本書第一部の構想も浮上してきた。そうしたところに、二〇一五年度の日本史研究会大会で報告をするよう、中世史部会担当で、これまた大学院の後輩にあたる前田英之氏からお声がけをいただいた。前田氏からは、論文集となったときに終章となるような報告をしてほしいと要望された。それを意識することで、一書にまとめる際に補うべき点も出揃ってきた。

二度にわたる大会では、準備報告などで実に多くの方々からご意見を賜った。すべてのお名前を挙げることは叶わないが、天野忠幸氏・小谷利明氏・中西裕樹氏・廣田浩治氏・福島克彦氏・古野貢氏・弓倉弘年氏など、畿内戦国史をリードしてきた諸賢が身近に多くいたのは大変心強かった。不思議と自治体に属する戦国史研究者が多いため、公務員時代には研究と仕事を両立する姿勢も大いに学ばせていただいた。

そして、二〇一五年には、現在の職場である大阪大谷大学に採用された。これまた風通しのよい恵まれた環境で、思いのままに研究をさせてもらっている。それどころか、この文章を書いているまさに今、本書第三部補論で取りあげた細川国慶禁制の購入手続きも進めていただいている。出版事情の厳しいなか、本書の刊行を吉川弘文館が引き受けてくださったのもありがたかった。大会報告後に進めた肉付け作業が、ことのほか早く終わったのもこれらのおかげである。

こうして振り返ってみると、本書は偶然の積み重ねで成立したということを思い知らされる。近世史に片足を突っ込んでいなければ、活字史料中心の研究に留まっていたであろう。氏綱の書状に出会わなければ、この研究を始めなかったし、転職のおかげで西岡の在地社会を目の当たりにすることもできた。立て続けに大会報告の依頼がこなければ、ひたすら文書の年代比定に格闘するだけで、体系化することはなかったかもしれない。おそらく公務員の仕事を続けていれば、生来の「移り気な性格」に溺れて、またもや脇道に逸れていたであろう。ここまで私を導いてくださった皆様には、ただただ感謝申しあげるほかない。

最後に私事ながらもう一言。修士課程のころから、酸いも甘いもともに味わってきた妻の華乃は、いつもできあがった論文の最初の読者になってくれている。面白くなさすぎて「睡魔に襲われる」と、毎度手厳しい指導もしてくれる。できるだけ眠くならない論文を書くよう心がけるので、これからもよろしく。

二〇一八年四月

馬部隆弘

初出一覧

序　章　問題の所在と本書の構成（新稿）

第一部　細川権力の基本構造と高国期の変容

第一章　奉行人奉書にみる細川京兆家の政治姿勢―勝元期から政元期にかけてを中心に―（『大阪大谷大学歴史文化研究』第一六号、二〇一六年）

補論一　細川高国の家督継承と奉行人（『戦国史研究』第六九号、二〇一五年）

第二章　細川高国の近習とその構成―「十念寺念仏講衆」の紹介と分析―（『年報　中世史研究』第四〇号、二〇一五年）

第三章　細川高国の近習と内衆の再編（『史敏』通巻一三号、二〇一五年）

補論二　上山城守護代の内堀東雲軒（『戦国史研究』第六七号、二〇一四年）

第四章　摂津守護代薬師寺氏の寄子編成（『新修　茨木市史年報』第一五号、二〇一七年）

第二部　澄元・晴元派の興隆

第一章　細川澄元陣営の再編と上洛戦（『史敏』通巻一四号、二〇一六年）

補論一　桂川合戦前夜の細川晴元方による京都包囲網（『戦国史研究』第六五号、二〇一三年）

第二章　「堺公方」期の京都支配と松井宗信（稲葉継陽・花岡興史・三澤純編『中近世の領主支配と民間社会―吉村豊雄先生ご退職記念論文集―』熊本出版文化会館、二〇一四年）
第三章　「堺公方」期の京都支配と柳本賢治（『ヒストリア』第二四七号、二〇一四年）
第四章　三好元長の下山城郡代（『日本歴史』第七九二号、二〇一四年）
第五章　畠山家における奉書の展開と木沢家の出自（『大阪大谷大学歴史文化研究』第一七号、二〇一七年）
第六章　木沢長政の政治的立場と軍事編成（小谷利明・弓倉弘年編『南近畿の戦国時代―躍動する武士・寺社・民衆―』戎光祥出版、二〇一七年）
補論二　木沢長政の墓と遺族の動向（『八尾市立歴史民俗資料館研究紀要』第二八号、二〇一七年）
補論三　青年期の細川晴元（『戦国史研究』第七三号、二〇一七年）
第七章　細川晴元の取次と内衆の対立構造（『ヒストリア』第二五八号、二〇一六年）
第八章　細川晴元に対する交渉と取次（『大阪大谷大学歴史文化研究』第一七号、二〇一七年）
補論四　足利義晴派対足利義維派のその後（新稿）

第三部　高国派残党の蜂起
第一章　細川晴国・氏綱の出自と関係―「長府細川系図」の史料批判を兼ねて―（天野忠幸・片山正彦・古野貢・渡邊大門編『戦国・織豊期の西国社会』日本史史料研究会、二〇一二年）
第二章　細川晴国陣営の再編と崩壊―発給文書の年次比定を踏まえて―（『古文書研究』第七六号、二〇一三年）
第三章　細川国慶の出自と同族関係（『史敏』通巻九号、二〇一一年）
第四章　細川国慶の上洛戦と京都支配（『日本史研究』第六二三号、二〇一四年）

補　論　三条御蔵町宛ての細川国慶禁制（新稿）
第五章　細川京兆家の内訌と京郊の土豪―今村家の動向を中心に―（『史敏』通巻一五号、二〇一七年）
第六章　内衆からみた細川氏綱と三好長慶の関係（新稿）
終　章　戦国期畿内政治史と細川権力の展開（『日本史研究』第六四二号、二〇一六年）

著者略歴
一九七六年　兵庫県に生まれる
一九九九年　熊本大学文学部卒業
二〇〇七年　大阪大学大学院文学研究科博士後期課程修了　博士（文学）
現在　大阪大谷大学准教授

〔主要著書〕
『楠葉台場跡（史料編）』（㈶枚方市文化財研究調査会・枚方市教育委員会、二〇一〇年）
『茄子作村中西家文書の研究』（枚方市立中央図書館市史資料室、二〇一〇年）
『由緒・偽文書と地域社会―北河内を中心に―』（勉誠出版、二〇一九年）
『椿井文書―日本最大級の偽文書』（中央公論新社、二〇二〇年）

戦国期細川権力の研究

二〇一八年（平成三十）十月十日　第一刷発行
二〇二〇年（令和二）十月一日　第二刷発行

著　者　馬《ば》部《べ》隆《たか》弘《ひろ》

発行者　吉川道郎

発行所　株式会社 吉川弘文館
郵便番号一一三―〇〇三三
東京都文京区本郷七丁目二番八号
電話〇三―三八一三―九一五一（代）
振替口座〇〇一〇〇―五―二四四番
http://www.yoshikawa-k.co.jp/

印刷＝亜細亜印刷株式会社
製本＝誠製本株式会社
装幀＝山崎　登

ISBN978-4-642-02950-6

索　　引

Ⅰ人名とⅡ地名・寺社名に分類のうえ，氏名等が明確でない場合と地名・寺社名には，〔　〕内に旧国名を記した。なお，図・表および研究者名・書名・論文名・史料名・国名・郡名・現在の地名は，採録の対象から除外した。

Ⅰ 人　　名

あ 行

か　行

さ 行

た　行

な　行

は　行

ま　行

や　行

ら　行

わ　行

Ⅱ　地名・寺社名

あ　行

か　行

さ　行

た　行

な　行

は　行

ま　行

や　行

ら　行

わ　行